长安学十年学术论著选集

编 委 会

编委会主任：李秉忠

编 委 会：黄留珠　贾二强　萧正洪

　　　　　　王　欣　王社教　冯立君

　　　　　　郭艳利　侯亚伟

总 主 编：萧正洪

副总主编：贾二强　石晓军

国家社会科学基金项目（批准号：21STA036）阶段性成果

長安學

十年学术论著选集

总 主 编 ○ 萧正洪
副总主编 ○ 贾二强　石晓军

古都长安的
空间结构与形态特征

主编 ◆ 肖爱玲

陕西师范大学出版总社

图书代号　SK23N1867

图书在版编目（CIP）数据

古都长安的空间结构与形态特征／肖爱玲主编. —西安：
陕西师范大学出版总社有限公司，2023.12
（长安学十年学术论著选集／萧正洪总主编）
ISBN 978-7-5695-3946-2

Ⅰ.①古…　Ⅱ.①肖…　Ⅲ.①长安（历史地名）—文化史—
文集　Ⅳ.①K294.11-53

中国国家版本馆CIP数据核字（2023）第190567号

古都长安的空间结构与形态特征
GUDU CHANG'AN DE KONGJIAN JIEGOU YU XINGTAI TEZHENG

肖爱玲　主编

出 版 人／刘东风
责任编辑／王文翠
责任校对／雷亚妮　刘存龙
装帧设计／飞铁广告
出版发行／陕西师范大学出版总社
　　　　　（西安市长安南路199号　邮编710062）
网　　址／http://www.snupg.com
印　　刷／中煤地西安地图制印有限公司
开　　本／787 mm×1092 mm　　1/16
印　　张／39.5
插　　页／4
字　　数／710千
版　　次／2023年12月第1版
印　　次／2023年12月第1次印刷
书　　号／ISBN 978-7-5695-3946-2
审 图 号／GS（2023）第2954号
定　　价／198.00元

读者购书、书店添货或发现印装质量问题，请与本公司营销部联系、调换。
电话：（029）85307864　85303629　传真：（029）85303879

总序

基于整体性思维的长安学研究：历史回顾与前景展望

贾二强　黄留珠　萧正洪

陕西师范大学国际长安学研究院（陕西省协同创新中心）至今年已经组建10年了。以此为契机，我们试图通过编辑一套学术回顾性文集，为学界反思相关学术发展的历程、推进未来的研究工作提供参照。文集分专题汇集特定领域内有代表性的论文（也有少量著作中的篇章）。选编工作得到了相当多学者的支持与鼓励，我们均深铭感，于此谨致谢忱。然而，因为眼界有限，很可能有遗珠之憾，为此亦深表歉意。

有一种看法，认为长安学的学术实践活动是从21世纪初开始的。但在我们看来，它很早就已经存在，只是人们一直没有清晰地将其作为一个具有相对独立性的学科或专门研究领域加以定义。黄留珠先生曾撰文，记述其源流，称2000年初，即有学者提出"长安学"研究的必要性。而2003年，荣新江教授撰《关于隋唐长安研究的几点思考》一文，指出，那个时候的一个遗憾，是并没有建立起像"敦煌学"那样的"长安学"来，但关于长安的资料的丰富性与内涵是不逊于敦煌的。其后，2005年左右，陕西省在省文史研究馆的牵头下，成立了长安学研究中心。至2013年，陕西师范大学组建了陕西省协同创新平台"国际长安学研究院"。

这一系列事件的发生表明，人们对于长安学作为一个学科或具有独立性的专门领域的认识，到21世纪初开始变得清晰了。这是长安学发展史上的重要标志，是一个理性认知新阶段到来的标志。严格说来，以长安研究的本体论，它并不是一种突然发生的创设，而是自中古甚至更早以来人们对于长安的兴趣、关注、记忆与反思在学术上的体现，且是经长期积累所形成的结果。这同敦煌学是有一些不同的。敦煌学以敦煌遗书为起始，而逐渐扩大到史事、语言文字、文学、石窟艺术、中西交通、壁画与乐舞、天文历法等诸方面。它是一个历史性悲剧之后的幸事。长安学则不是，它有着悠久的渊源和深厚的基础，因长安（包括咸阳等在内）作为统一王朝之都城而引发的关于政治制度、经济发展与文化建设的反思而产生，从一开始就同礼法制度等文明发展重大问题紧密关联。事实上，人们关注、研究长安，起源甚早，而历时甚长。我们完全可以写出一部以千年为时间单元、跨越不同历史时代的《长安学史》来。这是长安学的历史性特点。

在空间性方面，它也颇有特色。关于这一点，如我们曾经撰文所指出的那样，其以汉唐"长安"之名命名，研究对象虽以长安城、长安文化、长安文明为主，但却不完全局限于此，而扩展至建都关中地区的周秦汉唐等王朝的历史文化，另在地域上亦远远超出长安城的范围而扩大至整个关中以及更广泛的相关地区。尽管我们对长安学的空间边界问题还可商讨，但它一定是有明确范围与目标的。然而，长安的地理空间并不等同于关于长安的学术空间。简言之，长安学诚然是以古代长安为核心，以文化与文明为主体的研究，一些同古代长安相关的问题也应当包含在内，但其学术空间要大得多。其基本原则是：若有内在关系，罗马亦不为远；若无关系，比邻亦仅是参照。显然，它在学术空间边界上具有显著的开放性。

长安学的内涵也极为丰富。以地域为名的世界级学问皆有其特定意义与内涵。如埃及学，指关于古代埃及的语言、历史与文明的学问。它是从18世纪才开始发展起来的国际性古典文明研究。埃及学研究对象的时间范围是从公元前4500年到公元641年，所涉及的学科相当广泛，如考古、历史、艺术、哲学、医学、人类学、金石学、病理学、植物学和环境科学等，其研究方法，除了文献与语言文字分析外，还利用了现代测年技术、计算机分析、数据库建设甚至DNA分析等手段。长安学亦是如此。长安学具有学科群的意义，它要超出一般意义上的学科范畴。它综合了哲学、历史、考古、文学、宗教、地理、科学技术、文献研究等多个方面和多个层次，有着极为丰富的内涵。它既为我们研究人类文明的进步提供了一个不可或缺的样本，也提供了一个我们看世界、世界看我们的独特视角。

历史发展给我们提供了一个重要的机遇，也赋予我们重大的历史使命。我们现在的重要任务，是在新的历史条件下，以追求人类文明进步为基本价值观，对长安学作为具有独立性的学科和专门研究领域进行重新定义，并阐明其现代价值与意义。正是以此为基本宗旨，陕西师范大学联合校内外学术力量，组建了国际长安学研究院，此举得到陕西省教育厅的大力支持，并成为陕西省最早的协同创新中心之一。

历史上的长安研究，有官方叙述与私人撰述两类，但皆属于在传统的、旧的观念指导下对于长安的理解与解释，从形式上看，基本上是碎片化的。当下陕西师范大学和若干合作的大学、研究机构，共建国际长安学研究院，试图坚持科学与理性的原则，以系统化、整体性的思维，对历史发展中的某些重要问题提出基于历史事实的严谨而合理的解释。为实现这一目标，我们组建了学科咨询委员会、学术委员会、学术期刊编辑部、海外事务部、长安学理论研究中心、古都研究中心、长安与丝绸之路研究中心、长安文化遗产研发中心、数字长安新技术研发中心和长安文献整理与研究中心，以融合方式推进相关研究工作。

历史上的长安给我们留下了足够丰富的资料，能够让我们通过扎实的研究，总结文明进步的成就，特别是反思其中的曲折与艰辛。我们希望，长安学研究能够有助于社会进步，而不是相反。令当下人们的观念与感慨停留于帝制时代的荣耀，不是我们的追求。

为此，我们确定了建设工作的基本原则：历史起点、当代情怀、世界眼光。我们要使长安学成为具有世界性的学问，而不只是陕西的学问或中国的学问。长安学应当具有现代精神，应当是中华民族精神家园建设的重要组成部分。我们秉持这样的宗旨，并对此持有信心。我们将努力把国际长安学研究建设成一个开放的平台，联系各方学者和学有专长的同仁，为大家的研究工作提供便利与条件。

显然，长安学不是单纯基于现代城市空间的研究，而是以历史上的长安为核心，以探索中国历史渊源与文明发展的曲折历程为研究对象的独特领域和学科。以世界范围论，以地域为名且为国际学术界所公认的专门学问（学科）是不多的。比较著名的只有埃及学，而类似的希腊古典文明、罗马古典文明等，亦是某个地域引人注目、曾经深刻影响历史发展进程的重要的人类文化遗产，是特定地域优秀传统文化的标志性象征。

从学科属性上说，长安学既是古典的，也是现代的。长安的历史具有极为丰富的内涵，长安学则以独特的视角阐释中华民族优秀文化绵绵不绝的特性，因而不能简单化地以古代或近代等时间尺度加以定义。同时，如前所述，其学术空间边界具有显著的开放性，而不为特定地域所限。所以，我们在"历史起点、当代情怀、世界眼光"的建设原则中，特别重视世界眼光的目标定位。

世界眼光是我们将长安学命名为"国际长安学"的一个重要依据。其原因有二：一是历史上的长安具有世界上其他历史名城少见的国际性。从某种意义上说，长安从来不只是中国的长安，它也属于全世界。作为古都的长安，它曾经具有的以开放包容为特征的精神气质，乃是中华民族对于全世界文明进步的杰出贡献，而其历史的艰难曲折亦为人类发展提供了宝贵的借鉴。二是关于长安的研究从来具有国际性。在漫长的历史中，长安一直是外部世界关注的焦点。人们之所以对于长安有极大的兴趣，有着诸多的理由与原因。其中之一是它作为丝绸之路的东方起点，在东西方文明交往中具有最为突出的表征性。正因如此，并不是只有国人关注长安，它有着世界范围的学术文化吸引力。从某种意义上说，古代地中海沿岸及印欧大陆认识中国这个东方国度，正是从认识长安所在的地域开始，且在一个相当长的时段中，以长安为中心。而近数百年来，关于长安的研究著述不胜枚举，其中相当一部分出自海外人士之手。如此独特的性质与丰富的内涵决定了长安学研究必然要超越长安的空间范围。这个国际性是其原发的、内生的属性，并不是我们刻意赋予。正是基于这种思考，我们在英译"长安学"名称时，没有采用通常的做法将其译为the study of Chang'an，而是译为 Changanology，其用意就是从基础定义起，将其解释为一个内涵丰富且外延性显著的学术空间，而不为特定地域的边界所束缚。

长安学的主体内容当然是关于中国历史的，但它不能离开世界文明整体发展的视角。长安学研究包含了中国历史上政治、经济、社会、文化、民族与宗教信仰、地域关系、国际文化交流等各个方面。所以，长安学是中国史学科中的一个独特领域。它以长安为主题词和核心概念，将中国历史各个阶段和各个门类的研究综合在一起，试图提出关于中国历史发展的一种地域类型学解释。然而，当下学术发展的实际情形是，任何一个学科或专门研究领域，若不重视其外部性联系，将不会具有很强的解释力，即使它自身具有综合性的特征。基于单一的视角或特定区域的理解，不能解释文明发展的多元与多样性。中国地域辽阔，不同地区的发展本就存在着差异，遑论宏大的世界？以全球论，文明与文化发展的道路选择与存在形态具有极为丰富的多样性，所以，在研究长安的同时，也必须研究世界上其他文明之都。提供以长安为基础的具有典型意义的样本，将其同其他文明类型进行比较，必将极大地丰富我们关于世界文明发展的整体认识。在我们看来，长安学的价值只有置于世界文明发展的体系之中，方能得到充分的体现。

正是出于这样的认识，我们对国际长安学研究院的建设前景有一种期许：作为开放的平台，它将为中国以及海外相关专业人士提供共享的学术资料库，特别是创造相互交流的机会，为不同的思想与观点提供讨论的空间。我们特别期待将长安学研究的成果介绍给世界，将海外人士关于长安的研究与评论介绍给国人，也期待了解、学习世界其他地区文明与文化发展中的体验与思考，以在不同认知之间构建桥梁，以增进不同类型文明之间的相互理解与尊重。

目　录

空间布局、形制与结构特征

长安学理论研究

历史起点、当代情怀和世界眼光

——中国古都学研究的新思维*

萧正洪

  中国古都学会从建立起算，只有30余年的历史，虽然作为一门相对独立的学科，它还很年轻，但其学术根基并不浅薄。它具有特别的学术传统和独特的学术风格。然而，正如当代中国社会一样，中国古都学研究也面临着在新的时期如何进一步发展的重大挑战。这不能不令我们产生必要的忧患和担当意识。西汉贾谊曾说："安者非一日而安也，危者非一日而危也，皆以积渐然，不可不察也。"[①]借贾谊所言看中国古都学研究，亦令人产生颇多思考。显然，如果没有危机意识，不能积极地开拓创新，我们就难免故步自封，无法开创中国古都学研究的新格局。中国古都学会和成都古都学会协商，在成都举行"中国古都学研究高峰论坛"和"中国古都学会第七届会员代表大会暨成都古都文化学术研讨会"，原因之一，即在于这方面的思考。我们希望，通过本次会议的学术讨论，一方面提出未来五年中本学会在理论与方法等方面进行探索的基本思路；另一方面，则是就如何推动社会进步的战略性问题达成共识，并尽可能地提出一些新的构想和规划。总之，我们需要有新视野、新思维，在学术进步与服务社会两个方面做出创新性的工作。

  我将这一方面的思考概括为历史起点、当代情怀和世界眼光三个相互关联的基点。所谓历史起点，是说中国古都学研究应遵循严谨的学术原则，必须基于而不是背离历史的事实。所谓当代情怀，是说我们应当通过对历史都城的研究，为当代社会与人类文明的进步做出贡献。而世界眼光，则是说，我们需要有一个整体性或系统性的观念，在一个大的背景中评价古都的地位与历史作用，并通过比较研究，准确地说明不同地区的古代都城所具有的独特的文化价值与历史意义。在我看来，成都是我们探索从这三个方面思考中国古都学研究新思维的一个较好的范例。

  显然，在中国古都发展史上，成都是一个比较特殊的样本。我们以往的古都学

---

  * 本文是笔者2016年10月于成都举行的"中国古都学研究高峰论坛"和"中国古都学会第七届会员代表大会暨成都古都文化学术研讨会"上所做的主旨发言。

  ① 《汉书》卷四八《贾谊传》，中华书局，1962年，第2253页。

研究取得了重大的成就。但是有一点也应当看到，在关于古都历史地位的评价问题上，前人关于古都的经典定义和分类标准，使研究工作更多地集中于中原或者倾向于基于王朝体系立论的视角。这样的学术传统，有其重要的意义，但也可能导致忽视古都研究的另外一些方面或另外一些问题。

在我看来，以下几点可能是需要注意的。

首先，我们希望在中国古都研究中，能够对城市起源与古都发展的多元性和多样性问题予以更多的关注，在多元一体的框架中理解和解读中国古代的城市特别是都城的发展。中华民族共同体的形成与发展，是在一个相对广大的空间中进行的。由于不同地域的环境条件不同，城市的起源是多元的，而其发展的形式与内涵也就具有多样化的特点。"中国"的概念本身就是一个不断演变发展的过程。当我们说中华民族共同体或中华民族共有精神家园的形成与发展时，实际上就是以"中国"概念的演变过程为框架基础的。文明发展的早期，多元一体的"一体"如何体现？在对多元一体的理解和解释中，要特别注意各个组成部分之间的相互关系，这当然是不错的，其内在关联和基本特征也是可以通过考古和文献加以证明的。显而易见的是，由于"中国"的形成与发展是一个过程，我们今天讨论的基础必然是基于历史的客观事实而选择了某一个特定时代的空间进行定义的。其实我们可以看到，时空的交错导致问题具有复杂性，每一个时代的区域间联系在程度上有强弱的差异，同时差异之间的边界本身是不清晰的，它是一个空间上的渐变过程。如果基于这样的空间性认知，对于什么是中心，什么是周边，可能有不同的理解。

我们对古代城市的研究，一方面主要依据传世文献的记载，另一方面努力通过考古发掘加以佐证，这个研究方法为我们建立了古都发展史的基本体系和认知框架。然而有时我们也会因为文献所不载的古城的偶然发现而感到意外。最近的一个事例是石峁遗址。据目前的认识，石峁是中国已发现的龙山晚期到夏早期规模最大的城址，它位于陕西省榆林市神木市高家堡镇石峁村的秃尾河北侧山峁上，地处陕北黄土高原北部边缘。这是一处宏大的石砌城址。虽然对于石峁遗址的认识还在不断的深化之中，但它令我们这些研究古代城市特别是都城的人感到吃惊。因为它的发现，确实在一定程度上颠覆了凡讲早期城市必从中原开始或必以正史所载的王朝体系为纲的传统观念。石峁遗址的发现，具有一定的偶然性。但一个内在的必然是，它是一个客观存在，只是我们曾经不知道而已。其实三星堆文化也属于这种情况。没有三星堆，我们如何认识古蜀国？如何认识成都的历史地位？显然，石峁、三星堆也只是例证而不是全部，以后很可能还会发现类似的古代早期城市遗址。所以，石峁、三星堆这样的典型例证，或北或南，可以说明一个道理：多元的性质和多样化的发展，必须得到重视。早期城市如此，城市后来的发展难道不也是这样？如果我们拘泥于单一的城市发展道路，完全可能将丰富多彩的中国古代城市史纳入一个简单化的解释模式，可能将以城市为重要表现形式之一的中国传统文化解读为单一的结构与内涵，以主流的或占据主导地位的文化替代或掩盖其他形态和类型的文化传统。这显然是不恰当的学术思维。

其次，我们在古都研究中必须注意其发展的过程性。古都研究无疑具有现代意义，它能够为现代城市建设和社会文明的进步提供重要的借鉴。但是研究对象本身决定了它主要还是属于历史学的性质。当我们用"历史的"这个概念进行表述时，它必然地带有两个基本的含义：第一，是说它客观存在于某个特定的时代，具有时代性；第二，它必定属于一个过程，是动态过程的产物，而不是一成不变的事物。故此，我们看待包括古都在内的古代城市，要考察其起源、发展甚至衰亡的全过程，并以历史的眼光评价其地位与作用。一个伟大的历史城市，可以在某个特定的历史时期扮演过极其重要的角色，起过不可忽视的作用，它可能构成现代特定城市的直接的空间基础；也可能只不过是现代城市的一个背影，在有些现代人看来，可能是一个相当古老的传说。如果是前者，当然是一种幸运；即便后者，也并不妨碍我们充分肯定其曾经具有的伟大。基于这样的思维，我们理应在今后加强对于历史上不同时期、不同类型的城市的研究，即便其存在或者繁荣的时间不长，或者地理位置远离中原的王朝统治中心区域，只要它在一个地区的社会历史发展中起过重要的作用，我们都应予以重视，并从特定区域发展的角度对其作为历史文化遗产的意义予以客观而准确的评价。即便它已经不再是今天城市建设的空间或物质基础，但它代表着一种不能忘却的传统，因而可以也应当成为现代文明和城市精神的重要组成部分。

再次，我们在古都研究中，需要特别注意关系论的思维。所谓关系论，是说不宜孤立地看待一座城市的起源、演变及其功能与作用。现代城市的发展依赖于其周边的环境系统，这是我们容易认识到的。古代城市的发展又是如何？其实规律大体上是相同的。尽管在一个自给自足的传统社会中，社会的各个部分有一种相互隔离的倾向，但相互联系也是普遍存在的。隔离与联系乃是同一个过程的两个不同方面。所以，我们研究古代城市，需要特别重视其所赖以立足并发挥作用的环境系统，包括自然环境和社会环境。这就提示我们，研究古代都城需要将每一座具体的城市（都城）置于一个较为广阔的视野之中。若以关系论为思维基础，我们就会在重视一座城市的内部功能与结构的同时，重视其外部关系。这个关系，并不只是较为狭隘的地区内部关系，而应当是一个开放的、具有整体性的关系。比如，要理解多京制中的某一个都城，不能脱离另一个都城的作用，因为它们是互为条件的。要评价丝绸之路上的某个城市，比如隋唐时期的张掖，虽然张掖距长安相当遥远，但对它的解释不能离开后者，因为当时它的地位和作用是同长安紧密关联的。同样，评价别的地理位置稍显偏僻的古代城市，也不能就事论事，而需要将其纳入一个大的体系，这个体系可能不仅涉及同王朝统治中心区域的关系，甚至要超出现代国家的疆域范围，需要将其置于国际政治与文化发展的宏大视野之中予以评价。这样一来，我们的古都研究就不再是封闭的，不再是仅仅以传统中国为局限的研究，而可能成长为一门国际性的显学。若是如此，则需要我们特别重视比较研究方法的合理运用，不仅要比较中国的古都，还要对中外的古代城市进行比较。世界各地的文明体系各不相同，各自的起源与发展具有自身特殊的环境条件，因而在道路和发展模式选择上具有显著的多样性特征，而多样性特征也必定在城市发展的形态、功能、体系等各个方面表现出来。显然，我们需要通过比较研究，考察每一座古代城市的特殊价值，而不是强调某些城市的历史意义而忽视甚至否定其他。很多不同地域而又相互关联的城市，构成的是互补关系，而不是替代关系。换言之，我个人赞成以文化相对主义的方法看待不同的古代城市，而不是简单地以先进或者落后来加以评价。

再者，应当坚持古都的内在精神与外在表现形式的统一观。一座古都的规模以及作为都城存在的时间长短等要素，当然非常重要，但若是不注意其特定时代的精神气质，则可能导致某种片面性。我以前曾指出，任何城市的建设都同一定的理念有关。城市是有灵魂的，伟大的城市不在于其规模，而在于其理念与精神。历史上所有伟大的城市，之所以千古留名，从根本上说，是因为其体现了某种足以反映时代特征的伟大的思想和精神。不同的古都或城市在包容性、进取精神、创新精神、仁德文化、诚信文化、文武之道、信仰崇拜、族群认同、人文环境与气度，甚至人与自然的和谐统一观念等方面，其实是存在着差异的。事实上，在历史过程中形成的具有特殊性的精神气质，已经成为不同古都的文化传统，是一座伟大城市的不可分离的部分，至今影响着城市的形象和发展。现在我们提炼一座城市的精神，很大程度上就是基于对这座城市历史精神气质的分析与总结。所以，现代古都研究，必须坚持古都的内在精神与外在表现形式的统一观。

如果以上的思考能够成立，则我们的学术视野就能够得到显著拓展。正是基于这样的思考，我们希望成都这座历史名城，能够起到研究范例的作用。这是因为，成都在中国古都发展史中具有很特别的意义。显然，我们不能用其他古都研究的成功经验来简单化地看待成都或类似的古代城市。我个人有个感觉，在以往的研究中，有时研究者是不是也有一种倾向，更愿意强调中心区域的古代城市的意义而忽视周边的城市？其实中心区域与周边的概念是相对的，如果调整一下对空间维度的角度与立场，这主要是说，一是坚持中国整体观，二是将中国及其各个组成部分置于世界视野之中，我们一定会有不同的选择，让我们能够更为客观地评价不同的古都，而不是以一种模式解释所有的城市类型及其历史地位。

我个人希望，对于成都的研究与评价能够产生积极的意义，能够给我们以启发，并以之为范例，推进未来一段时间中国古都学会的学术研究工作。所以，选择在成都举行本次代表大会，它不只是一个会议的地点，还蕴含了丰富的意义。它可能成为一个学术思维的隐喻，以拓展我们的思路，将我们的研究工作向前推进。

最后，我想就成都作为大古都的历史地位谈谈个人的一点学术见解。

如上所述，讨论成都作为古都的历史地位，涉及一些观念问题，如文明起源、不同地区之间特别是周边地区同中原的关系、区域影响力等等。在这一方面，我们需要有理论创新和观念的突破，需要在多元一体的框架内真正建立新的思维。

我说，在中国古都发展史上，成都是一个比较特殊的样本，有着学术方面的理由。成都的历史发展具有显著的独特性。从成都的早期历史看，三星堆文明、金沙文明所昭示的独特的起源与发展道路显然不同于中原地区，其丰富的内涵与表达形式，代表着一种早期文明发展的特殊类型。三星堆遗址出土的青铜神树、金箔面具，金沙遗址出土的青铜头像、太阳神鸟，其精美的工艺无疑印证了三千年前古蜀文化的灿烂。而三星堆和金沙文明之后的成都发展，无论是从都城还是从更广泛的文化角度看，几乎在每一个时代都令世人称道。今天回顾历史，我们有理由认为，成都在地域和地缘关系、政治格局中的地位、经济发展的类型和程度、文化形态与精神气质、人民构成与来源（包括民族复杂性与融合性）、社会组织结构，特别是在西南亚的国际关系中，都具有独特性，是中国古代都城发展史中一类典型样式的代表，尽管并非唯一的代表。独特性有一个理解和认知的路径问题：它是一个综合表达，研究可以分析，但理解与诠释却需要整合。换言之，就像很多别的城市一样，成都具有丰富而显著的符号表达，但成都的特殊历史地位却不能分解为构成它的单个的符号，必须在一个包括物质和精神两个方面的整体的基础上加以认识。

成都作为中华名都毫无疑问。现在大家讨论大古都问题，看法有分歧，这很正常。分歧的原因在于一显一隐两个方面，显者是大古都的标准，隐者乃是文化心态。事实上，目前文化心态问题尚未引起足够的关注，大家都不约而同地纠结于标准。一座城市是否能够进入古都之列，这个问题基本上没有争议；若有争议，通常只是因某些存在时间特别短，或者不在王朝正统体系内的"都城"而起。但大古都的情况就有所不同。大古都的标准大体上说属于客观性问题。人们通常会问，从客观的角度看，这个古都是否真的够大，但我们这里需要重新审视一下，这个"大"的标准从何而来？它的实际内涵是什么？其实大古都开始只是一个较为模糊的概念，后来，发生了经常存在的事实在前、解释滞后的现象。我们回顾从20世纪前半叶，也就是民国时期产生了"大古都"的说法以来的学术史，大体上能够清晰地看出这一思维方式的形成、发展与演变。而现在讨论大古都的标准，多数人的做法是将前人，主要是一些名家的观点归纳为几条，其基本逻辑是将中原的或前人取得一定共识的典型古都模式化，然后用来比较其他城市。这个比较研究方法，将模式化以后的要素构成视为判断的标准了。这样一来，学者们往往不是从特定研究对象的个性和体系结构的整体性两个方面进行系统的和整合性的研究，而成了一种将不同城市割裂开来、将各个要素孤立起来进行比照的模式化的套用。

这样的学术范式，就历史学研究而言，在全世界范围内都是存在的，但显然有着思维方式上的缺陷：它容易导致对文化相对性的忽视。就中国古都而论，此前的所谓标准，从构成看，所强调的主要是外在特征，如规模、时间、影响区域大小、在王朝体系中的地位、是否为政治经济文化中心城市等。在我看来，其中有两个要素是较易引起异议的，一是山川形势、地理位置是否优越，二是同现代城市的关系。山川形势、地理位置是城市建设的环境基础，其优越与否，完全是一个相对性问题，而且同特定时代相关。汉唐长安的山川形势、地理位置具有优越性吗？从建都之时的政治军事战略上看，无疑是有的；但从经济以及发展空间方面看，显然有其不足。后来都城东移，正是因为随着时代的发展，其作为都城的缺陷越来越突出。至于古都同现代城市的关系，这涉及如何看待历史发展过程的曲折性与特定的时代意义，我们这里暂不置评。

这里还涉及"大"的定义。在我看来，此前几乎所有关于"大"的定义，似乎都过分地看重都城的外在特征，而忽视了其内在的精神和文化气质特征。外在特征当然非常重要，但是，在外在特征基础上，其实还应当重视一座城市的精神和文化气质：它是否足以代表一个时代和一个大的区域？是否对这个时代和区域产生了至关重要的影响？是否具有特别显著的持续性？这一方面，成都是特别典型而重要的。成都的精神、文化特质及其持续性特点特别突出，同其他大古都比较，成都在这一方面不遑多让，甚至可以位居前列。事实上，并不是所有的大古都在精神文化气质和持续性方面都具有显著表现的。

一座城市的发展，其特点、特色主要取决于其自身的环境条件、道路选择、功能定位等方面的原因。其中有的属于客观基础，有的则属于主观的选择与规划。

无论是客观的还是主观的角度，历代都城的形成与发展（其实是所有的城市）都不是完全抄袭照搬其他城市的表现形式。当然，我们也可以清晰地看到，历史上的都城存在一些重要的共同的或类似的形式表达。有人会认为，时代在后的就是汲取了时代在前的都城的做法。这样的观点其实只看到了不同城市之间表达形式上的相似性，而将相似的排列为一个时间序列，但是未看到其内在的本质：相似性本质上不是相互模仿，而实际上基于若干基本的理念、思想和制度，换言之，是基于基本相同的原则。中国古代城市建设的原则，分为特殊和一般两类。前者是特定的功能需要，后者则是以礼法制度为核心的基本理念。如宗庙祭祀、政治统治的地位、礼法制度对于功能分区的支配关系、文化象征等。既然如此，我们分析评价任何一座城市，包括历史上的成都，重要的不是将其同中原或者其他所谓中心城市进行形式上的比较，虽然这样做也很有必要，而是指出其对于基本理念的体现方式和特殊表达。就这样的研究目的来说，成都具有特别的意义。其所谓样本意义，从某种程度上说，恰恰在于它并非位于传统意义的中原地区，而是一个非常重要的大区域中心城市。如果它也位于传统意义的中原，则很可能是一种发展模式的重复说明。而作为大区域中心城市，其在空间体系中的位置和作用却要超过很多其他中心城市。因为它的影响力跨越"中国"的空间概念。而在现今的所谓中国大古都中，有些著名的古都，其实还不具有成都这样的大区域影响力，那些城市反而是有局限性的。

在我看来，大古都之"大"，亦可理解为伟大之"大"。基于这样的认识，从外部特征与内在精神素质两个方面综合考察，我个人认为，成都堪称中国大古都。伟大当然需要有空间物质基础，需要有外在的表达，但同时需要有精神文化气质的突出表现。无论是古代城市还是现代城市，这二者的结合，应当成为我们对其地位做出基本判断的认识基础。

原载《中国古都研究》（第31辑），陕西师范大学出版总社，2016年

（萧正洪，陕西师范大学历史文化学院教授，中国古都学会会长）

古都研究的空间系统观与关系论

—— 以大名、洛阳和长安为例*

萧正洪

近五十年来，学术界颇为重视不同类型和规模的古都名城，并将其联系起来开展包含政治、经济、环境和文化等诸多因素在内的综合性研究，以思考古代城市规划、布局与建设所反映的整体性和系统性，并在此基础上探讨中华古代文明在城市发展方面的体现。应当说，这是一个值得重视与反思的学术进步。回顾这一学术发展的历程，我们应当看到诸如史念海先生等老一代学者所做出的贡献。1986年，史念海先生曾发表《中国古都学刍议》一文，他在文中指出："每个古都都涉及许多方面，是相当复杂的。既然相当复杂，在研究时势必要兼顾有关的方面，了解其间相互联系和制约的关系，才能期望获得具体而有说服力的论证。"①应当说，史先生的这个论断，为我们以科学系统观考察历史上包括都城在内各类城市发展提供了有益的指导。在笔者看来，史先生所主张的世界观和方法论，在现今仍然具有重要的意义。而本次中国古都学会的年会选择在河北大名举行，内中也有这一方面的思考，即将大名作为一个具有典型意义的古代城市，将其置于一个较大的系统之中，以关系论的思维，既考察其在历史发展中的特殊性，也思考其所蕴含的一般性。

一、大名抑或洛阳：时代变局与北宋都城设置中的地理空间系统观

众所周知，大名之于中国历史，诚为非常重要的历史文化名城。不过在漫长的历史时期中，由于周边地区名城大邑不少，大名即似淹没于众多古城之中，其地位不得彰显。隋大业十四年（618），曾发生过一个较小的事件，即宇文化及称帝，

---

* 本文是笔者于2019年10月在河北大名举行的中国古都学会年会开幕式上的发言，发表时有所增改。

① 史念海：《中国古都和文化·中国古都学刍议》，见《史念海全集》（第1卷），人民出版社，2013年。

于大名县西南魏县建都，然其事所历不久，故亦不易为人所关注。其后，北方形势颇有变异。有唐一代，以大名为核心的地区，成为北方极为重要的所在，而唐代后期，藩镇割据，此地乃为兵家必争之地。到了宋代，由于北方民族冲突，形格势禁，不同政权之间攻守之势颇不同于前代，而大名之政治与军事位置，就显得格外重要。文献载，宋代以大名府为北京，以不示弱于契丹。《宋史》卷三一一《吕夷简传》称："契丹聚兵幽、蓟，声言将入寇，议者请城洛阳。夷简谓：'契丹畏壮侮怯，遽城洛阳，亡以示威，景德之役，非乘舆济河，则契丹未易服也。宜建都大名，示将亲征以伐其谋。'或曰：'此虚声尔，不若修洛阳。'夷简曰：'此子囊城郢计也。使契丹得渡河，虽高城深池，何可恃耶？'乃建北京。"①此事发生在仁宗庆历二年（1042），以是之故，北京大名与东京开封、南京应天和西京洛阳等共成诸京。这是历史上一个颇为引人注意的重要事件。

此事在当时发生了一些争议，且持续了数年之久。争议的核心问题，是在汴梁以外，以大名再设一都，还是重点修复洛阳，以加强其都城的地位。笔者这里所在意的，并不是不同方面在策略和具体选择上孰是孰非，而是面对北方契丹咄咄逼人之势，宋朝廷对于都城空间体系的战略思考，体现了一种什么样的思维。争议的一方以范仲淹为代表，亦即上文所言"议者"。当时亦有人颇以范仲淹所论为是，故史书载，"及辽人将渝盟，言事者请从仲淹之请"②。另一方即是吕夷简。据文献载，景祐三年（1036）朝廷讨论建都之事，范仲淹认为，"洛阳险固，而汴为四战之地。太平宜居汴，即有事必居洛阳。当渐广储蓄，善宫室"。在他看来，"东京根本也，北都枝叶也"③，以大名为都，只不过是虚张声势，而城洛阳乃为上策。事实上，庆历二年之后，范仲淹也没有放弃自己的主张。不过，他的观点遭到吕夷简的讥讽，认为是"迂阔之论"。吕氏之论，亦非缺少声援，有文献称，当时的一些有识之士也是赞同其观点的。④当然，更多的是因为吕氏执政，故而，以大名府为北京的主张遂得以实现。

显而易见的是，在都城空间体系的战略思考上，范、吕二人的认知有一点是相似的，即面对北方进逼之势，以汴为唯一都城诚非万全之策。差别在于，一个主张北方有事则以洛阳为退路，而于大名修建北京在军事上存在着很大的风险。用范仲淹自己的话说，"太平则居东京舟车辐凑之地，以便天下；急难则守西洛山河之

① 《宋史》，中华书局，1985年，第10209页。
② 〔清〕毕沅：《续资治通鉴》卷四四，中华书局，1999年，第1059页。
③ 〔宋〕范仲淹：《范文正集》卷一九《乞修京城劄子》，文渊阁《四库全书》本。
④ 《续资治通鉴》卷四四对于吕氏的主张，"识者甦之"。

宅，以保中原"①。另一个则强调气势与声威必须得到张扬，结合积极的军事行动，以阻敌于外，为此，宜于大名修建北京。这显然是两种差别很大的对于政治与军事空间关系的思考。

其实面对北方的严峻形势，关于围绕都城进行的空间安排，还存在着一种折中的主张。在大名已经被确定为北京之后，庆历四年（1044），韩琦自陕西还朝，联合范仲淹上四策，并请行七事，其一是请修京师外城："边城坚而难攻，京师坦而无备，一朝称兵，必谋深入。我以京师无备，必促河朔重兵，与之力战。彼战或胜，则更无所顾，直趋澶渊，张犯阙之势。""若京师坚完，则戒河朔之兵勿与之战，彼不得战，则无乘胜之气。欲谋深入，前有坚城，后有重兵，必将沮而自退。退而不整，则邀之击之皆可也。故修京城者，非徒御寇，诚以伐深入之谋也。"②此即是说，加强京师（汴梁）的防御即可放心诱敌深入而令其首尾难顾。此策如果得以实现，则是将广袤的河北大地当作空间上的缓冲，既不同于原来范仲淹提出的退保之策，也不同于吕夷简拒敌于外的方针。若此，此前将大名设为北京就没有实际意义了，换言之，吕夷简的谋划基本上等于失败了。

诸种观点，孰优孰劣，需要从特定的角度来加以评价。以当时情形论之，实不能说范仲淹和韩琦等人的意见没有一定道理，而且，范仲淹似乎还试图利用皇帝的个人心态来影响事情的进程。为说明这一点，我们可以更为详细地了解范仲淹的理由。据《范文正集》卷一九《乞修京城劄子》载，他认为：

> 修建北京，以御大敌，以臣料之，可张虚声，未可为倚。何哉？河朔地平，去边千里，敌骑豪健，昼夜兼驰，不数十日可及澶州。陛下乘舆一动，千乘万骑，非数日可办。仓卒之间，敌骑已近，欲进北京，其可及乎？此未可一也。又承平已久，人不知战，闻寇大至，群情忧恐，陛下引忧恐之师，进涉危地，或有惊溃，在爪牙之臣，谁能制之？此未可二也。又北京四面尽平，绝无险扼之地，倘乘舆安然到彼，而胡马旁过，直趋河南，于澶渊四向，乘冻而渡，京师无备，将何以支？宗庙、社稷、宫禁府库、皇宗戚里之属，千官百辟之家，六军万民，血属尽在，无金城汤池可倚，无坚甲利兵可御，陛下行在河朔，心在京师，岂无回顾之大忧乎？此未可三也。假使大河未冻，寇不得渡，而直围守澶渊，声言向阙，以割地会盟为请。当此之时，京师无备，边尘俯逼，陛下能谨守不动，而拒其请乎？

① 〔宋〕范仲淹：《范文正集》卷一九《乞修京城劄子》，文渊阁《四库全书》本。
② 〔宋〕李焘：《续资治通鉴长编》卷一四九，中华书局，2004年，第3603页。

看得出来，范仲淹忠心耿耿，所言皆为陛下考虑，这一做法也不是没有可能产生一定的效果。不过，范、韩等人的解决方案，从倾向性上说，较重军事方略的思考，而且以确保朝廷（陛下）万无一失为目标。这同另外一些人的出发点有所不同。以北宋中叶的形势论，另有一部分人则似有更多基于政治与族群情感的切肤之痛。显然，关于这个问题不能就事论事，只说军事上的得失。文献所载北宋时人的意见，颇多主张积极进取的态度，而时间稍晚一点的宋人，可能感受更深一些。其中的道理，似要超出单纯军事方略的思考。北宋中叶，危机尚不算特别急迫而深重，某些人考虑问题会基于王朝的道德与道义。如韩、范主张完修东京之时，谏官余靖言："王者守在四夷"，"臣愿陛下深思远虑，以安民为本。……今无故而修京城，乃是舍天下之大，而为婴城自守之计。四方闻之，岂不动摇？强弱之势，正在此矣。无戎而城，春秋所讥，守在四夷，义不如此"。①所谓"天子有道，守在四夷"，本是历史悠久的正统观念，以此说事，足以占据道德制高点。而到了北宋后期，形势大紧，北方人心问题就更成为讨论的话题。如北宋末年，金兵南下，面对朝廷若干人割地退让的主张，朝臣杨时认为："河朔为朝廷重地，而三镇又河朔要藩也。……一旦弃之北庭，使敌骑疾驱，贯吾腹心，不数日可至京城。今闻三镇之民以死拒之，三镇拒其前，吾以重兵蹑其后，尚可为也。"②而太学生陈东等人聚众言事，称："河北实朝廷之根本，而三关四镇③，实河朔之根本。若弃三关四镇，是弃河北。若弃河北，朝廷能复都大梁乎？能更都洛阳乎？"④我们知道，陈东聚众伏阙上书，其主张是带有强烈的政治与族群情感色彩。这同样是基于单纯军事战略考虑而做出的更为冷静的判断，当然有所不同。换言之，若以一种具有特定时代性的立场思考，并将前方民众抵御北虏之激情考虑进来，对于当时一些有识之士何以颇为肯定吕夷简的主张，就不难理解了。

当然，如上所言，我们这里更在意的是思维的方法论问题。尽管或进或退，境界、方略各有不同，但有一点是显而易见的，即参与争论者皆认为，孤立地看待一座城市的作用，并不能准确地理解和解释特定空间关系的意义。所以，不同的人持不同的观点，差别主要在于如何理解这个空间关系，以及在立场与态度上是基于传统的视野还是主动寻求变革。吕夷简为何指责范仲淹所持为"迂阔之论"？这显然

① 〔清〕顾祖禹：《读史方舆纪要》卷四七《河南二》，中华书局，2005年，第2138页；〔宋〕李焘：《续资治通鉴长编》卷一四九，中华书局，2004年，第3603—3604页。
② 《宋史》卷四二八《杨时传》，中华书局，1985年，第12740页。
③ 指高阳、凡桥、益津三关，太原、中山、河间、真定四镇。
④ 〔宋〕陈东：《少阳集》卷二，张国擎校注，北京古籍出版社，1999年。

是因为，尽管以洛阳为主要都城之一，在历史上自有先例，在军事地理空间的利用上也有理由，特别是洛阳本为中原重镇，其设置的合理性论证起来也更为容易，但是，在吕氏看来，都洛派对于特定时代空间关系的理解是不切实际的。

那么，什么才是切合实际的？其关键在于，以洛阳还是大名为都，似不能简单化地基于以中原为中心的空间观进行思考，而应以北宋时期北方的政治和军事形势为重要的基点。吕夷简应当是注意到这一点的，而且，从上面所引文献看，他不仅参考了历史的经验，还考虑到族群关系以及政治上积极的进取心对于北方军事形势的影响力。这才是北宋中叶中原王朝所面临的重大实际。

这里我们简要地说一下吕夷简。吕氏自是北宋名臣。据《宋史·艺文志》，吕夷简曾有一些著述，可是并未有政论类文集留传后世。故我们无法对其在城市体系和空间观方面的思考有更多的了解。不过，据《宋史》所论，吕夷简当是一个具有较大格局和视野的人。史称，自仁宗初立，太后临朝十余年，天下晏然，夷简之力为多。

而在契丹乘之，遣使求关南地的重大时刻，宋王朝"颇赖夷简计画"。这样的人在思维上通常会有一些特点，其一是从实际出发，求变而不墨守成规。所以，当时郭皇后对皇上说私房话，称吕氏其人"多机巧、善应变"①。如果属实，则吕氏显然是一个不拘成规的官员。这大概也就是他有胆气指责范仲淹"迂阔"的一个原因吧。所以，他主张提升大名的地位，应当是基于对古代城市体系性的较为成熟的思考，而且颇不拘泥于历史传统。古人往往持"世异则事异"②的观点，这一世界观和方法论，在北宋时期诚是经常引起争论的话题，而当时至少是一部分明智的朝臣所看重的思维方式与态度。以此论之，类似吕夷简这样有较大格局的人，讨论择都与城市格局，会有稍稍偏离传统的以中原为中心的、与众不同的空间思考，而这样的思考显然具有一种同那个时代相合的系统观和关系论基础。

核实而论，就黄河中下游地区而言，相较之下，洛阳当然是形胜之地，这是自秦汉以来关注都城设置的人理应具有的常识。无论是宋人还是今天的研究者，若不考虑北方形势的大变局，特别是不将积极防御的态度放在重要的位置，当然有理由认为都洛优于都大名。可是北宋之时大名重要性的彰显亦自有其理由，这也是不能忽视的。一是当时北方的政治与军事形势明显不同于此前，换言之，历史发展到北宋之时，北方的整体政治与族群格局、攻守之势呈现出前所未有的状态；二是中古时期特别是中唐以来，大名及其周边地区经济与社会的发展、其特殊的地理位置、

---

① 《宋史》卷三一一《吕夷简传》，中华书局，1985年，第10208页。
② 《韩非子》卷一九《五蠹》。

其在沟通南北之整体格局中的经济与交通枢纽作用，显然有助于其地位的提升。顾祖禹评价大名的历史地理意义时说："府西峙太行，东连河、济，形强势固，所以根本河北而襟带河南者也。"[①]诚哉斯言！在笔者看来，时人若不拘泥于原有的政治、经济与社会方面的历史经验，而以一种过程论的角度看待历史的变化，那就应当会有对空间关系新格局的深刻思考，其所蕴含的智慧一定会在城市体系的规划、安排和不同城市之间优势比较的权衡取舍中得到反映。此所谓进取之心与守成之态显然有别。而在特定时代条件下，不同的态度与空间布局的取舍，可能赋予相对确定的地理空间不同的空间政治与经济意义，并进而影响后来的空间生产。

历史给了后人很多启迪，让我们能够有一个更为开阔的视野，并在一个更具系统性的基础上考察古代都城的发展史。洛阳自不待论，而大名也是一个很好的样本。关于大名的历史特点及其地位，前辈学者亦颇有注意。大名处于冀鲁豫三省交界之地，境内河流众多，山川形势自有其特殊价值，历来为交通要冲。不过就其本身论，在中国古代都城体系中，如果单独论之，似乎缺少显著的重要性。史念海先生论中国古都，称内地与周边合计，凡217。这个数字，是未将大名计入的。可是史先生在讨论古都的空间体系和地理分布时，却明确地将大名（魏县）列于其中。按史先生的说法，中国历史上，以现代省域论，建都最多的地区，在黄河中下游，也就是所谓华夏核心区，为河南、河北、山西、山东和陕西五省。据此，我们似可将这个大的范围称为都城核心区。而大名，正在这样的核心区之内。如此说来，大名作为古代都城，尽管独立性意义不显著，然其性质与价值却要从一个更为广阔的视角加以认识和解释。如此，我们就不会低估大名及其周边地区在古代城市发展过程中的地位与系统性意义。

二、外部关系、周边乡村与古都长安的解读

由对大名的讨论联想到长安。位于关中的长安，同地居河北的大名，以研究古代城市论，似乎关联并不密切。虽同为历史文化名城，但无论就类型论还是就地位论皆不宜牵强附会。但是，我们发现，宋代人在讨论北方的战略形势时，特别是在涉及都城的地缘政治意义时，有时会将长安拉进来，进行视野更为广阔的考察。这里面似乎有些思维方法方面的道理值得深究。

我们还是引用一段宋人的评论。北宋末年，太学生陈东率众人伏阙上书，其事见诸文献，兹不赘述。唯其慷慨陈词，谓"若弃三关四镇，是弃河北。若弃河北，

---

① 〔清〕顾祖禹：《读史方舆纪要》卷一六《北直七》，中华书局，2005年，第696页。

朝廷能复都大梁乎？能更都洛阳乎？”之后，立即将太原和长安拉进来说事。他说：

　　且如太原一郡，凡经艺祖、太宗两朝亲征，仅乃得之。祖宗所以必取者，盖以其控扼二虏，下瞰长安，才数百里。今弃太原，则长安京城千里，已在其睥睨中。朝廷又安能往都乎？此祖宗所以特重两河之地。自真宗、仁宗朝以来，北虏盖有割地之请矣。朝廷宁屈己增币以塞其欲，至于土地，一寸不肯与之。圣圣相守，咸念祖宗艰难之功，惜国家要害之地，不忍弃也。①

　　读此陈词，颇令人感叹。以时局维艰，而反思历史之经验，这个角度比只讨论军事方略似略为高明。其内在含义，是说长安之战略位置，同北方整个形势是密切关联的，不仅唐以前如此，唐以后亦当作如是观。不过，不同的立场，对于历史经验与教训往往有不同的解读。范仲淹曾在前述讨论战略重点究竟宜重洛阳还是宜重河北的问题上反复上疏，其立论的依据却也提及唐代长安。他说：

　　唐明皇时禄山为乱，旧将哥舒翰四十万兵屯守潼关，请不出战，且以困贼，杨国忠促令讨贼，一战大败，遂陷长安。今京师无备，寇或南牧，朝廷必促河北诸将出兵截战，万一不胜，则有天宝之患，朝廷将安往乎？昔炀帝盘游淮甸，违远关中，唐祖据之，隋室遂倾。明皇出幸西蜀，非肃宗立于朔方，天下岂复为唐乎？德宗欲幸益都，李晟累奏乞且幸山南，以系人心，乃知朝廷万邦之根本。今陕西、河北聚天下之重兵，如京师摇动，违远重兵，则奸雄奋飞，祸乱四起。臣闻天有九阊，帝居九重，是王者法天设险以安万国也。易曰：天险不可升，地险山川邱陵，王公设险以守其国。正在今日矣。臣请陛下速修东京，高城深池，军民百万，足以为九重之备，乘舆不出，则圣人坐镇四海而无顺动之劳；銮舆或出，则大臣居守九重而无回顾之忧矣。②

　　范仲淹在此段奏疏之后，仍意犹未尽，因其语甚长，且同长安基本无所关涉，故此不再赘引。

　　上引不同意见，在时代上已有先后，但所论实为一事，故仍可两相比较。从中我们还是可以品味出一点名堂来的。简言之，北宋末陈东的观点，是攘外为上；而作为前辈的范仲淹的基点，则主要是安内。在地缘政治上差异如此显著的观点，居然都可以从同长安关联的历史分析中找到某种依据。这至少说明，如果我们讨论长安，从思维方法上说，坚持一种关系论与系统论的立场，并不是今人的发明，历史

---

　　① 〔宋〕徐梦莘：《三朝北盟会编》卷三四，中华书局，2004年。
　　② 〔宋〕范仲淹：《范文正集》卷一九《乞修京城劄子》，文渊阁《四库全书》本。

上的有识之士其实早就这么做了。

所以，历来的史家在讨论长安的历史地位与意义时，亦多采取关系论与系统论的立场，这显然是研究古代都城发展史的一个优良的学术传统。

不过，今天我们讨论这一话题，视野、立场同旧时代的有识之士还是有很大不同的。我们能够以一个更为开放的心态来看待城市文明史，而避免帝制时代的功利主义。还是让我们来学习一下前贤的学术示范。史念海先生在讨论中国古都学问题时，曾以长安为例说明都城地位的系统性问题。他在《中国古都学刍议》一文中说：

> 每个王朝或政权的都城虽非当时全国的经济中心，经济却相当发达。经济能够发达，原因自然不一，有国内的原因，也有国外的原因。汉、唐两代长安的繁荣，就和丝绸之路的畅通有关。……西域胡人和波斯人的往来，是为当时长安市廛生色。如果丝绸之路受到阻遏，长安经济就会受到一定的影响。这一点在西汉时还不至于显得突出。唐代中叶以后，吐蕃侵占河陇，丝绸之路受阻，安西、北庭及西域使人在长安者皆不得归去，德宗时曾经做过彻底检查，共有四千人，这应是一个惊人的数字。这四千人由于未能归去，长留为长安市民。以后长期再无来者，这当然对长安的经济不能了无影响。若舍此不论，就难得具悉其中的真相。长安的经济不仅受到丝绸之路的制约，还受到粮食供应的影响。唐代初期由于关中歉收，甚至皇帝也要去洛阳就食。中叶以后，藩镇割据，汴河运道中断，皇室衣粮的供应也几乎中断，更不要说长安城中的经济了。如果把这样一些现象当成孤立的问题去处理，而不细究其间的联系，就不易透彻地说明问题。①

先生所言，当然只是举例。可是有限的事例却涉及最为重要的方面，即都城之存在与发展，皆必然存在着内部和外部两个方面的关联。应当说，先生的论述，就其所举事例言，如果以长安为考察的基点，则所着眼者皆可纳入外部关系的范畴。但先生在其他文章的讨论中，对长安得以立都的直接基础，即关中的自然环境与社会条件是有相当深入的分析的。概而言之，史先生的思维与观点，给了我们很大的启发。我们可以在此基础上，对相关问题进行进一步的阐述。事实上，人类文明史的演变过程足以说明，任何城市都是在特定的自然与社会环境中才得以发展的。若自然环境有所恶化，城市发展就会面临不利的因素，其赖以存在的基础甚至可能出现动摇。而社会经济与文化环境的整体结构性改变，也会导致城市的命运发生重大

---

① 史念海：《中国古都和文化·中国古都学刍议》，见《史念海全集》（第1卷），浙江人民出版社，2013年。

变化，尽管其中有的曾经扮演过重要的角色，但后来可能失去其往日的光彩。

长安即是如此。我们今天讨论长安的历史地位，当然不能就事论事，而理应将其置于一个较为宏大的社会文化体系与环境背景之中，才能加以合理的判断。这个体系与背景，可以分为两个部分，一是长安与外部的关联，二是关中自身是如何支持都城的建设与发展的。由于学术界关于这两个方面皆有很多论述，故这里无须详细考察其具体内容。我们仍将重点放在系统论与关系论的思维方法上。

概而言之，就外部关系论，历史上的长安能够在一个较长的时间里作为都城，是以周边地区的发展作为条件的。换言之，如果脱离了周边地区的自然环境和社会经济条件，长安的都城史就很难得到合理的解释。以关中东边的河南论，陕、豫两个地域的历史，必须放在一起才能解释很多重要的问题。历史上的陕西和河南无法切割，两地构成了一种密切的互为条件和互为注脚的关系。长安的都城设置与交通，不仅仅要考虑北边的黄土高原和南边紧邻的秦岭，而且要将其同东边的关联置于非常重要的位置，有时甚至是需要优先考虑的因素。而关中西边的河西、陇右，南边越过秦岭而至汉中，由此更越过大巴山而至成都平原，北边则经黄土高原而至蒙古高原，东北跨越黄河而到山西，这些地区历来同关中都有着密切的关系。自秦汉以来，历代以长安为都城的王朝皆将对这些周边地区的开发与经营视为长安得以安存的重要条件。显然，脱离了周边就没法解释长安的历史，长安的历史地位也不易得到准确的评价。当然，若评价周边的历史意义，脱离了长安这个千年帝都也是不行的。这就是说，缺少一个整体的系统观和关系论的视角，就无法对整体结构中的任何一个单独部分做出准确的判断。相互联系的各个部分构成了一种相互支持、相互依赖的关系，即使是在政治形势对立的情况下，其内在的关联也是不能忽视的。

前文我们曾对洛阳予以较多的关注。现在还可以就洛阳同长安的关系再做赘言，以之为例，进一步阐明本文的主旨。近些年来社会人士颇为关心一个历史问题，即洛阳与长安谁更适合作为古代的都城。据观察，很多评论似将二者加以孤立判断，采取了非此即彼的态度，这显然有悖于历史理性认知。历史上长安和洛阳是一种典型的相互依存的关系，也就是黄河中游地区的"共在"，解释其中任何一个都不能离开另一方。二者诚然存在着比较优势问题。但如果不重视其中任何一个的作用，另一个城市的所谓优势也无法充分显示。与此同时，我们还应看到，历史上也屡屡发生一种现象，即这种因唇亡则齿寒的关联性，城门失火，难免殃及池鱼。单独而论，"西洛，帝王之宅"，"表里山河，接应东京之事势，连属关陕之形胜"。"长安自古兴王之都，天下胜地。"①这是各自的重要性，此类表述在历史文献中屡见不鲜。然而，顾祖禹在《读史方舆纪要》中的一段文字，在笔者看来，就其中以都城为关键词的区际关系问题，诚不乏精辟之论。我们不惮烦琐，引述如下：

河南，古所称四战之地也。当取天下之日，河南在所必争。及天下既定，而守在河南，则岌岌焉有必亡之势矣。周之东也，以河南而衰；汉之东也，以河南而弱；拓跋魏之南也，以河南而丧乱。朱温篡窃于汴梁，延及五季，皆以河南为归重之地。以宋太祖之雄略而不能改其辙也，从而都汴。都汴而肩背之虑实在河北，识者早已忧之矣。女真之季也，惧蒙古之逼，乃迁于汴；迁汴未已，又迁于蔡；始为亡宋之资，终为自弊之地。当其亡宋之日，岂料其祸之亦中于此哉？说者曰：洛阳，周公所以营成周也，形胜莫尚焉。夫周公营洛，岂意后世之遂迁而东哉？周以幽王之乱，而召犬戎之祸，惕目前之小警，弃创垂之远图。其迁而东也，洛阳、岐周，同为畿内地耳。使都洛阳而守岐周，犹未为失计。乃举岐西捐之于秦，而洛阳之根本不且自拨之哉？汉以三河并属司隶，唐以长安、洛阳并建两京，此亦得周公之遗意者欤？然则河南固不可守乎？曰：守关中，守河北，乃所以守河南也。自古及今，河南之祸中于关中者什之七，中于河北者什之九。秦人以关中并韩、魏，汉以关中定三河，苻秦以关中亡慕容燕，宇文周以关中亡高齐。隋之亡也，群雄角逐而唐独以先入长安，卒兼天下。金人之迁河南也，蒙古道汉中，出唐、邓而捣汴梁，汴梁遂不可守。谓关中不足以制河南之命乎？三晋之蚕食郑、宋也，光武之南收河、洛也，刘聪、石勒之略有河南也，鲜卑、氏、羌纵横于司、豫之境，晋、宋君臣切切焉图复河南，分列四镇，求十年无事而不可得也。元魏孝文远法成周，卜宅中土，规为措置，可谓盛强，乃仅一再传，而河北遂成戎薮。尔朱荣自河北来矣，尔朱兆自河北来矣，高欢亦自河北来矣，北中河桥易于平地，马渚、硖石捷于一苇，而魏以分，而魏以亡也。安、史以河北倡乱，而河南两见破残；存勗发愤太原，而朱梁卒为夷灭。契丹之辱，石晋罹于前；女真之毒，靖康被于后。河北犹不足以制河南之命乎？然则河南信不可守矣。曰：河南者，四通五达之郊，兵法所称衢地者是也。往者吴王濞之叛也，说之者曰："愿王所过城不下，直去，疾西据洛阳，

① 〔宋〕范仲淹：《范文正集》卷一九《乞修京城劄子》，文渊阁《四库全书》本。

虽无入关，天下固已定矣。"杨玄感祖是说以攻东都则败，李密复出此以攻东都则又败。盖濞举江东之众，合诸侯之师，诚能西入洛阳，则事势已就。玄感、李密，一朝创起，既不敢用长驱入蓟及直指江都之谋，又不能先据上游之势然后争衡天下，宜其败也。……夫古未有不可守之地而可以言战者，李光弼所以宁去洛阳而守河阳也。以大梁而战于城下，犹有自全之策乎哉？或曰：今日之河南，不既兼有河北乎？曰：以河北三郡而附于河南也，此固国家犬牙相制之意，出于山川条列之外者也。夫河北之足以制河南也，自昔为然矣。……夫邺倚太行，阻漳、滏，夏、商时，固有都其地者。战国之世，赵用此以拒秦，秦亦由此以并赵。……魏博以相州为捍蔽，终唐之世常雄于河、朔。河东得之，遂为灭梁之本。而谓邺非形势所在乎？且夫自古用兵，以邺而制洛也常易，以洛而制邺也常难，此亦形格势禁之理矣。……曰：然则建都不贵于险固乎？曰：所谓险固者，非山川纠结、城邑深阻之谓也。使弃关、河之都会，远而求之奥突之乡，是犹未见虎之入市，而先自窜于槛阱；知水之可以溺人，而坐橇于岩嵋也。岂所语于形势之常也哉？[1]

上引顾祖禹所言，后半部分主要涉及河北与河南之关系，已超出此处我们所在意的河南与关中之关联。唯其内含的空间系统性及关系论思想，在过于碎片化地引述中不足以清晰理解，故不妨对照一观。不难看出，顾氏所论中，关键的思想是：区位的优劣与环境的利弊（包括人们讨论择都问题时乐于提及的所谓"山川险固"要素），其实是若干因时势而变化的相对关系，各自的实际作用依特定的时代条件而转移，而每一个城市以及地域复杂的外部关系，在各自的发展中往往起到了超出时人预料的作用。尽管顾氏的思想仍以帝制时代的传统空间观为基础，但也能告诉我们，今日解释类似的区际和城市之间的关联与相互作用，理应秉持关系论和系统观的思维，不宜固守若干所谓要素而持一成不变的立场，而讨论长安与洛阳的关系，即是如此。

如果说，以上所论大体上属于相对宏观的空间关系，则基于系统观与关系论来解读唐代长安的地位还需要有一个相对微观的分析，即主要依据关中本区域来看古都长安的空间结构性质与意义。

这个问题，涉及对历史上长安空间性的定义。此前笔者曾撰文，对古都长安的

---

① 〔清〕顾祖禹：《读史方舆纪要》卷四六《河南一》，中华书局，2005年，第2083—2086页。

空间性问题有过浅陋解读。①在笔者看来，古都的空间范围本身并不唯一确定，其空间边界是变动的，空间内涵具有多样性，故其与周边地区的空间界线是相对的。笔者称其为相对边界论。然而，无论如何定义，古都长安在空间上总是存在着一个基于自然的实体边界。既然城市的边界属于客观存在，那么就必定会产生一个城乡关系问题。而城乡关系，从本质上说，是一种具有环境系统性的统一关系。从学术上说，这就意味着，如果脱离周边的乡村，是无法对长安这样规模的都城做出准确解释的。

遗憾的是，以往的都城研究（包括非都城的城市研究），多将注意力集中于城市本身，而较少将其置于以乡村为背景的更大的环境视野之中。人们在讨论古代城市时，提出了一些基本的立场。有一种较为普遍的看法，认为历史城市地理的研究需要兼顾的乃是两个方面：一是城市分布和城市间的相互关系，即城市体系；二是作为一个区域的城市自身，即其内部结构。②从较严谨的定义论，这一看法并无大的不妥。它明确指出，城市体系的整体性，乃是历史城市地理研究的关键概念之一。不过在笔者看来，将历史城市地理局限于包括城市体系在内的城市本身，这样的观点仍有其不足。这是因为，除了城市本身之外，我们还需要统筹考虑城市所赖以存在的乡村环境，只有基于城乡统一的视野，才能对特定城市的性质与意义予以真正合理和准确的解释。也就是说，无论从狭义还是广义的角度论，我们讨论包括大名、洛阳和长安在内的古代城市的历史地位，是不能脱离其周边，脱离其所处的空间结构关系，脱离总的环境系统性的。所以，从方法论的角度看，我们理应将城乡关系纳入历史城市地理研究的范围。

先贤们在这一方面也为我们做出了极好的学术示范。历史上，宋元时期，宋敏求纂修《长安志》二十卷，李好文编绘《长安志图》三卷，骆天骧纂修《类编长安志》十卷，皆以长安为名，因其所述并非以城市为围，而是包括一个大的行政区域，故其所述内容不仅涉及城市景观，而且也以颇多笔墨言及乡村。这就为后人考察古代长安的城乡关系问题提供了较好的基础。其中尤为值得称道的是《长安志图》，在其篇幅并不甚长的三卷之中，汉唐宫阙陵寝约占一半，另一半则详细记载泾渠图、石川溉田图、泾渠图说、渠堰因革、洪堰制度、用水则例、设立屯田、建言利病、泾渠总论等内容。《四库全书总目提要》说："泾渠图说详备明晰，尤有裨于民事。"这一评价是较为公允的。编纂者以此体现的思维，其实包含了很多的信

---

① 萧正洪：《相对边界：古都的空间特征——兼论古都学的学术空间问题》，见《中国古都研究》（第24辑），陕西师范大学出版社，2013年。

② 李孝聪：《历史城市地理》，山东教育出版社，2007年。

息，据之似可了解，即使是古人，论及长安，亦会下意识地将其周边的乡村经济基础置于重要的位置。

至于今人的研究，史念海先生的工作尤为我们学习的榜样。史先生从很早的时候起，在讨论长安之所以成为都城之时，就一直重视关中地区的农业经济，认为如果不注意关中的农业经济发展，就难以解释长安作为都城的基础与变迁。除大量已发表的论文外，特别需要提及的是，《史念海全集》第七卷中有《关中平原与汉唐长安城》①一文，其中有一节，题目即为"关中以适于农耕的富饶地区奠定作为都城的基础"，所论精当而明确，准确地说明了长安之为都城同周边乡村的环境系统性关系，值得一读。在我看来，史先生所展示的学术方法，至今仍有其无可替代的重要价值。它告诉我们，研究一个城市，无论是都城还是其他城市，将其外部的宏观关系和周边的乡村经济基础统一在一个体系之中，才是理解与解释城市发展史的唯一正确的途径。

三、结语

以一种系统观和关系论的立场考察包括都城在内的古代城市发展史，是本文的主旨。笔者有时会侧重其分析的功能，而称之为基于景观间性的整体思维。所谓景观间性，指的是景观整体所构成的系统关系及其性质。这个词汇，是笔者从现代解释学主体间性的概念借用来的。所谓主体间性（Intersubjectivity），是20世纪西方哲学中的一个重要范畴。它的主要内容是研究或规范一个主体怎样与完整的作为主体运作的另一个主体互相作用的。在现代哲学的发展中，主体间性具有哲学本体论的意义。依照这一理论，所谓主体间性的根据在于生存本身。生存的意义不是基于主客二分的前提下所进行的主从关系分析所能解释的。它是主体间的共在，是自我主体与对象主体间的交往与对话。这一理论涉及自我、精神和客观存在等一系列的哲学范畴，并不是笔者这里想要讨论的话题。但是，我们借用其思维方法和看待客观世界的方式，或许可以对历史城市体系与架构的性质及关系给予一种稍微不同的解释。

一个显而易见的事实是，对待历史上诸如城市等这样的客观存在的体系性景观，不能将其同别的相关联的事物隔离开来。一个事物的性质与意义是在同其他关联事物的联系与比较中才能得到认识的。换言之，孤立地考察一个对象，根本无法准确地说明其性质和特点，更谈不上合理地评价其地位与作用。所以，在笔者看

---

① 史念海：《史念海全集》（第7卷），人民出版社，2013年。史先生此文为此前未刊之稿，据推测作于1998年。

来，讨论古都或历史城市的地位，必须持有系统性和整体结构性的观点，必须将其置于一个广阔的环境体系之中加以评价。这个体系，基于一个较为宏大的区域视野，既包括城市与城市之间的关联，也包括城乡关系，因为城市无法离开乡村而得到准确评价。此外，我们还需要从动态的历史过程角度，探讨同特定时代的政治、经济和文化需求相关联的城市格局与体系的变革。诸如城乡分野变迁、生态环境的整体性、文化辐射和相互影响、朝野政治架构、民族关系与政权冲突、经济与交通网络的建设与支持、城市体系的空间布局等方面的问题，在解释古代城市时都理应得到重视。

总之，这是一种将事物、现象置于一个体系中加以理解和认识的思想。准确地说，不是我们要将其置于特定的体系之中，而是体系性本来就是它的固有性质，事物或现象的个性特征只有在特定的体系中才有真实的意义。宏大的视野和关系论的视角也是一种世界观。这种思考的一个重要特点，是共时性和历时性的统一，即事物既是一个纵向演化的过程，也是横向相互振荡的过程。而历时性与共时性的统一，就是所谓景观间性的本质。此外，我们还需要特别注意，这样的景观间性是内在地包括了人的因素的。一个复杂的变化过程中，城市体系发展与演变的某种机制之所以能够发挥作用，必然受到这个时代的文化传统、制度，人的思维、取舍和情感的深刻影响，社会的意识形态和价值观也因此得以突显其意义。

原载《中国古都研究》（第37辑），陕西师范大学出版总社，2019年

（萧正洪，陕西师范大学历史文化学院教授，中国古都学会会长）

学科构建与视野开拓：推进中国古都学研究的思考

何一民

当代中国和中华民族共同体的形成经历了漫长的过程，在几千年的文明史中，各族人民在中华大地上繁衍生息，共生共存，其中有和平也有分裂，有友好也有战争，千百年间建立了无数的政权，也因此诞生了一大批都城。据史念海先生研究，中国历史上大约建立了217个大小不等、不同类型的都城①，数量众多的古都成为中国城市史上闪亮的明珠。都城作为政治中心对于国家和区域的发展起着十分重要的作用，因而研究古都对于深入认识中国的历史和文化同样具有十分重要的作用。

中国古都数量虽然众多，但是有关古都的系统研究却起步较晚。有研究者认为："现代科学意义上的中国古都学，20世纪50年代始肇其端，然而其趋于成熟并正式建立却在80年代中。"②一个重要的标志就是1983年中国古都学会的成立。但我们认为20世纪80年代中国古都学会的成立并非标志着现代科学意义上的中国古都学"趋于成熟并正式建立"，而只是中国古都学从零星的研究向学科构建转变的开端。30余年来，中国古都学研究虽然发展很快，成绩斐然，但作为学科来讲仍然不够成熟，还未形成独立的理论方法体系和研究范式。笔者仅就如何促进中国古都学的理论体系构建、学科建设及研究领域的拓展等问题提出几点看法，以就教同仁。

一、理论体系的构建与学科体系的完善

中国古都学作为一门学科的构建至今仅30余年，发展历程较短，理论基础较薄弱，学科体系还不够完善，一个重要的表现就在于其学科属性一直没有明确的界定，在国家现行学科体系中没有相应的位置，也未能登上教育部的学科目录。而与

---

① 史念海：《中国古都概说（一）》，《陕西师大学报》（哲学社会科学版）1990年第1期。

② 朱士光：《中国古都学的形成与当前研究的几个重点问题》，《三门峡职业技术学院学报》2007年第1期。

中国古都学同时起步的中国城市史学，已经作为三级学科，归属于一级学科中国史之下的二级学科专门史，被列入教育部的学科目录。由于中国古都学未能列入教育部的学科目录，中国古都学在人才培养、学科建设和学术发展等方面受到很大限制。

从国内外新兴学科建设的经验来看，如果没有坚实的理论基础、完整的学科体系作为支撑，这门学科难以跻身学科之林，也很难获得重大发展。30多年来，以史念海先生等为代表的一批学者，为构建中国古都学学科体系做了很大努力，但总体上看，中国古都学仍然存在若干不够完善的地方，还没有形成完整的理论方法体系和研究范式。因此，要构建中国古都学学科体系，还需要在多方面下功夫。

（一）亟须进一步加强中国古都学理论体系的构建并确立其学科地位

学科主要是指一定知识领域的学术分类，表现为一定科学领域或一门科学的分支。我国在高校教学、科研等方面也有学科分类，不过更多的是指学科专业。两者既有区别，也有联系。史念海先生更强调的是第一种含义，即中国古都学是一门科学的分支。他认为："中国古都学是在悠久的历史渊源和广阔的学科基础上建立起来的一门新兴的科学。它研究我国历史上所有的都城的形成、发展、萧条以至于破坏及其中有的可以重建为现代城市的演变过程。通过这样一些演变过程，探索其中的规律，为当前的四化服务。"[①]史念海先生提出建设中国古都学学科的设想曾得到广泛支持，但30多年来，除了史念海先生等少数学者进行过相关理论研究外，其他古都学研究者对此较少关注，尤其是对中国古都发展规律的研究较为薄弱。考察中国古都的发展的规律，不能孤立地进行，而应当将古都的发展演变放在中国古代城市的发展进程中进行综合考察和研究。中国古代城市的形成发展遵循着政治中心城市优先发展的规律。先秦以来，中央集权制度对于城市发展产生了特殊的虹吸现象，即当某个城市成为国家政治中心后，就可以通过王权和与之相配套的各种制度，使政治、经济、社会和文化资源要素向都城聚集，从而使都城在短期内得到优先发展，甚至在较短的时间内成为国家或区域最大的城市；但是在失去都城地位后，其衰落的命运也随之降临。如汉代的长安、洛阳，隋代的大兴城，唐代的长安，以及宋代的开封、杭州等城市的兴衰发展演变无不与都城地位的确立和失去有关。可以说中国历史上的都城无不受政治中心优先发展规律的支配，即使是内陆边

---

① 史念海：《中国古都学刍议》，《浙江学刊》1986年第6期。

疆民族地区的都城也不例外。由此可见，中国都城的发展演变规律与中国的政治制度有着直接的关系，加强中国古都发展规律的研究要与研究中国社会发展规律相结合。除此之外，分区规划建设也是中国古都的一个发展定律。中国早期王都一般都具有分区规划建设的特点，如二里头古城、三星堆古城，都有着明确的功能分区，而周朝以后的都城营建则基本遵循"前朝后市，左祖右社"的布局。此外，中国古都的选址也有一定的规律。

目前中国古都学研究的理论体系构建明显滞后，除了对中国古都发展规律的研究薄弱外，关于中国古都研究的若干基本概念、原理都还需要进行梳理。由于中国古都学具有多学科、跨学科的特点，除涉及历史学、地理学外，还涉及城市学、政治学、军事学、经济学、文化学、社会学、宗教学、规划学、建筑学、生态学等多学科，因而中国古都学的理论体系构建还存在如何借鉴、利用其他学科的理论和方法，同时要避免与其他学科雷同等问题。

当前中国古都学研究的一个重要目标，就是要为中国古都学成为一门独立学科寻求内涵上的合法性依据，并使中国古都学的基础理论知识系统化、科学化、规范化。因而，一方面需要对已有的理论进行检验、修正和充实；另一方面还要不断地进行理论开拓和创新，着力构建中国古都研究理论方法体系，拓展研究领域。

（二）亟须加强中国古都学内在性要素和外显性要素的建设与整合

（1）加强学科建设内在性要素建设，重在研究方向的凝练、学术队伍的建设和科研基地的建立。学科研究方向的凝练对学科建设与发展十分关键。中国古都学应该有相对独立的研究方向，并在此基础上把握国际国内学术前沿，开拓新的研究领域、研究课题，引领学术发展潮流，服务于人类文明的发展和中华文明的复兴。目前国内多数研究者和研究机构还缺乏系统的、整体的思考，学科研究方向还不够明确。一个重要的原因在于老一辈专家学者退出研究队伍后，新生代中较少有人以中国古都学作为主要研究方向，一般是以其他领域的研究为主，兼做古都研究。由于缺乏主攻方向，因而很难在理论上有所创新和突破；而各地方古都学会的主要负责人基本上都以所在城市的研究为主，其研究呈现精细化趋势，甚至出现碎片化倾向。由于理论建设的薄弱，一些年轻学者在中国古都学研究领域内缺乏方向感、成长感和希望感。因而亟须加强中国古都学研究的整体规划，以国内国际学术前沿为引导，推动更多研究者参与中国古都学的重大课题研究。

学术队伍建设是一个长期的系统工程，包括学术带头人的培养和学术团队的构建。学术带头人是学科发展的核心，而学术团队则是学科发展的基础。20世纪80至

90年代，中国古都学研究领域内先后有杨宽、史念海、陈桥驿等一批大师级学术带头人，他们分别在国内多个重要研究机构引领中国古都学研究，因此才能在较短的时间内推动中国古都研究快速发展。21世纪以来，则有朱士光、萧正洪等先生薪火相传，他们引领中国古都研究不断向前深入发展。但是从全国范围来看，有影响力的中国古都研究学术带头人还是太少，遍及全国的各古都学会会员人数虽然很多，但是专门从事古都研究的著名学者却相对较少。就现状看，对中国古都学研究有相当影响的学者主要有两大部分：一是中国古都学会和各地古都学会的成员，其中部分人在国内高校从事科研和教学工作，部分人在地方文化部门从事实际的事务工作或研究工作；二是与中国古都学会无直接关系的考古学者或历史学者。前者的人数较多，较为集中，每年都会撰写与古都相关的文章，但是客观地讲有影响力的研究者相对较少。后者人数较少并分散，他们近年来所研究的问题与古都有关，发表或出版了部分与古都相关的论文著作，其中不少论著的学术水平较高，影响较大，但是他们的研究志趣并不在中国古都学，因而也较少对中国古都学如何发展进行思考。加强两个研究群体之间的联系，对于中国古都学的学科构建和学术发展十分重要，这就对中国古都学会提高其开放性提出了挑战。

近年，中国古都学研究领域虽有一批年轻学术骨干正待崛起，但既有的学术环境不利于新生代学术带头人脱颖而出。一方面，他们在中国古都学研究领域内还未能取得突破性的、创新性的重大研究成果；另一方面，在申请国家、省部相关课题以及在高级别刊物发表论文等方面都受到一定程度的制约。因而中国古都学会和相关学术机构如何创造更好的学术环境和条件，帮助年轻一代学术骨干成长为学术带头人，关系到中国古都学未来的发展和学科建设。

中国古都学团队建设方面，目前也有所欠缺。中国古都学会的团体会员虽然较多，但分散在各地，以某城市为单位的地方古都学会也是松散的学术团体。各地古都学会在开展学术研究方面的整合能力相对有限，一般都是以研究本城市的古都历史为主，较少有人能够从中国古都学的学科建设等方面展开系统的理论研究，对于中国古都的发展规律、中外古都的比较研究尤其缺乏。各地古都学会如何在立足本城市古都历史文化研究的基础上，面向全国，甚至面向世界开展中国古都学研究也是值得思考的重要问题。

另外，中国古都学作为一门独立的学科要得到较大的发展，还离不开高水平的科研环境和科研条件的支撑。中国古都学的学科归属不明确，未能形成专门的科研基地。即使在中国古都学会秘书处所在的陕西师范大学，也未能建立中国古都学的专门学术机构。因而加强科研基地建设成为中国古都学学科建设的重要任务之一。

（2）加强学科建设的外显性要素建设，重在人才培养、以科学研究来服务社会等方面。人才培养的重要基地是高等院校，特别是具有博士学位和硕士学位授权点的高校承担着高端学术人才培养的任务。如前面所述，由于中国古都学的学科归属不明确，目前还没有一所中国高校建立起一个培养中国古都学研究高端人才的基地。迄今为止，中国古都学高端人才的培养只能依托其他学科开展，如依托历史地理学、中国城市史学、考古学、断代史学等学科硕博士点。高端人才培养基地在学科建设方面具有极高的外在显示度，并在一定程度上影响到学科发展的水平、整体实力及社会声誉。因此，如何在中国高校建立中国古都学研究高端人才培养基地，成为中国古都学学科建设面临的重大问题。

在外显性要素方面，以科学研究来服务社会也非常重要。中国自古以来就有"经世致用"的优良传统，史念海先生在创建中国古都学会之初，就十分强调服务社会的功能。30多年来中国古都学会在服务社会方面积累了很多好的经验，进一步加强古都学研究的社会服务功能，可以增强本学科的显示度。

二、时代情怀、全球视野

（一）中国古都学研究者要有时代情怀，要具备时代使命感和责任感

21世纪以来，中华民族伟大复兴进程进入新的发展阶段，时代的巨变呼唤着中国人文社会科学工作者要具有时代情怀，要将自己的学术研究与中华民族伟大复兴相结合。现代城市发展不仅表现为工业、商业等城市经济的增长，也不仅是高楼林立或城市基础设施大规模建设，也表现为城市文化的大发展。文化已经成为城市核心竞争力所在，是构成城市特色的要素之一。文化决定城市发展的未来，不仅成为学界共识，也成为城市领导者的深刻领悟。发展城市文化被高度重视，对中华优秀传统文化的创造性转化和创新性发展更是被置于城市发展战略的突出地位，如北京、上海、广州、南京、西安、武汉、成都等国家中心城市，都相继制定了建设世界文化名城的目标。这些城市多为中国重要的历史文化名城，其中北京、西安、南京、成都皆为著名古都，因而建设世界文化名城离不开对古都文化的研究。培育和建设世界文化名城，不仅要注重现代人文思想、教育、文学艺术、科学技术等现代文化资源，还要特别重视历史文化资源，要充分利用和整合各种文化资源，使历史文化和现代文化呈现出有机的融合，由此升华为独具特色的城市文化特质与文化品牌。因而中国古都学研究者在当下可以大有作为，可以为世界文化名城、中国文化名城的建设提供智力支撑。30余年来，以史念海、朱士光等为代表的一批从事古都

研究的专家学者，"的确已经做出了不少有益的贡献，对于有关的现代城市建设解决了许多问题，卓有成效，加速了现代城市的建设，这是值得称道的"[①]。今天，中国古都学研究者要学习史念海先生等老一辈学者的时代情怀，要有一种时代使命感和历史责任感，站在历史与未来的交汇点，关注当代，研究过去，展望未来，将自己的学术研究与中国城市的发展和文化建设相结合，将自己的学术研究与中华民族的复兴相结合，勇立时代之潮头，这样才能使中国古都学的显示度提高，学科的功能增强。

（二）中国古都学研究者要具有全球视野，要将中国古都研究置于人类文明发展进程中，加强世界都城的比较与对话

学术的国际化是未来发展的重要趋势，而学术国际化首先在于研究者视野的国际化。当今世界正在进行巨大的变革和转型，以全新技术革命为特征的第四次工业革命正席卷全球，信息化、全球化成为不可逆转的大趋势，因而不仅要具有时代情怀，还要具有全球眼光、国际视野，要从世界看中国。

（1）要将中国古都研究置于人类文明发展过程中进行考察。人类文明的发展具有共性和差异性，世界历史上曾有多个地区几乎同时诞生了早期文明，如美索不达米亚文明、尼罗河文明、恒河文明、黄河文明等。人类从野蛮进入文明，具有三大重要标志：青铜器、文字和城市。青铜的冶炼和使用，使人类从石器时代进入金属器时代；文字的发明，改变了人类文化的传播方式，使人类的智慧、知识等得以保存和传承，人类之间的联系和交往得以扩大；城市的形成，使人类开始出现城乡分工、脑力劳动与体力劳动的分工，由此推动人类社会的大发展。在世界文明形成过程中，城市既是文明的产物，也是文明发展的载体。值得注意的是，无论是东方还是西方，早期历史上最发达的城市都是以都城为代表的政治中心城市。国家建立后，以王权为中心的城市会形成权力聚集资源的特殊虹吸现象，从而得到优先发展，如古巴比伦、罗马、雅典、长安和洛阳等不同政权的都城皆是当时世界最大的城市。因而研究中国都城的产生、发展，不仅要对古代中国的国情进行研究，还应放在世界城市兴起和发展的历史背景下加以考察，要系统、深入地研究中外都城形成发展的共性与差异性。

全球视野下的中国古都研究，将成为未来中国古都学发展的一个新起点，其核心观点就是不仅要加强对中国古都的研究，还要重视中国和外部世界的关系，探

---

① 史念海：《中国古都学刍议》，《浙江学刊》1986年第6期。

究中国与世界的联系与互动。中国古都研究自20世纪80年代以来，一直以中国主要都城，特别是大古都为主要研究对象，强调中国古都自身的发展演变，部分都城研究已进入精细化阶段。对中国古都进行精细化的微观研究固然重要，但是如果不具备全球视野，缺乏对中国古都整体的宏观研究，就会使中国古都学研究走入"碎片化"的死胡同，难以探寻中国古都发展规律与发展特点。中国传统哲学注意整体性思维，人类城市文明的发展具有整体性，只有整体思维才能把握世界城市发展的特征，尤其是在全球化时代，中国古都学研究者不能再简单地只观察某一个城市、某一个地区或某一个国家，而应将全球城市作为一个整体来进行观察和思考，进行跨国度的互动研究。对中国古代都城发展演变的研究既要从中国内部来观察，也要从全球来思考。中国与世界其他几个主要文明发源地相比，一个突出的特点就在于中国的文明没有中断，这与都城—郡（州、府）—县制等与地方行政制度相联系的城市行政等级体系的构建和持续发展有着直接的关系。从秦汉到明清，中国的都城制度不仅对中国城市产生了深远的影响，也对周边国家产生了深刻而重要的影响。唐宋时期，中国的不少邻国都采用了中国的都城发展模式。因此，加强中国古都与世界古都的对话，将中国古都研究置于世界古都的整体发展语境中进行研究，不仅可以开辟中国古都学研究的新路径，而且会带来研究思路和研究方法的创新与发展。可以说如果没有全球视野，中国古都学研究就不会有大的格局，也就跳不出地方城市学研究的窠臼。

开展中外古都比较研究将成为未来中国古都研究的一个学术生长点和新的突破口。全球视野下的中国古都研究，应兼具宏观和微观双重特点，兼具历史叙事和基础理论研究两重性，并要高度重视多学科的参与和跨学科研究。中外古都比较研究不仅要从宏观上比较中外古都的发展演变、特点，以及相互联系、相互影响，还要从微观层面展开多方面的研究，比如对中外古都的形态比较研究、道路系统比较研究、城垣布局比较研究、都城制度比较研究等，只有通过多角度和多层次的比较研究，才能使我们更加深刻地认识中国古都的发展轨迹、特点和规律。

（2）加强国际交流和对话，讲好中国古都故事。改革开放后，中国逐渐打开国门，融入世界。特别是进入21世纪以来，在全球化潮流引导之下，"超越国界"的发展更成为一种新趋势，"一带一路"合作成为国际化的一种新典范。但在中国古都学研究领域，国际合作还是一个比较薄弱的环节。加强国际合作，一方面是中国古都学自身发展的学术需要，另一方面也是外国部分学者希望对中国进行学术研究、普通民众渴望了解中国的社会需要。中国的崛起，对世界其他国家的人民产生了越来越多的吸引力，他们渴望对中国的历史与现状进行深入了解，这从近年来中国历史文化名城特别是著名古都成为国际重要旅游目的地可见一斑。因而加强中国古都学的国际交流和对话变得十分重要。中国历史悠久，古都数量甚多，不少古都独具特色，有着巨大的文化魅力和丰富的内涵，有着许多传奇故事，因而中国古都学会和古都研究者应充分利用全球化的新契机，推出带有"中国味道"的独特古都故事，让世界更好地认识中国的古都和文化，认识当代中国古都的发展与变迁。尽管改革开放以来中国与世界各国的文化交流越来越多，但是西方世界对中国的认识仍然不足，存在若干盲区和误区，有些西方学者对中国历史的了解，主要是来自西方学者所写的著作，可见讲好中国故事十分重要。

"讲好中国故事"，一是要有故事，二是要会讲故事。中国数量众多的古都不乏故事，但中国的研究者一般都是按照自己的文化习惯来讲故事，而传统的中国式故事叙述在内容和形式等方面不太适应外国人的需要，不易被其接受。故加强与外部世界的交流、加强国际合作和东西方学者之间的沟通，应成为中国古都学会和各地古都学会的重要任务之一。各重要古都的政府部门也应努力营造国际化学术环境，建立国际化的古都研究机构，抓住"一带一路"建设的时代机遇，组织召开东西方古都对话的国际学术研讨会。一方面，可以邀请海外学者共同开展中国古都研究，共同举办国际会议，促成专家互访、合作研究、合作创办刊物，进而联合申请重大项目、共建实验室、联合培养中外学生等；另一方面，中国古都学研究者也要走出去，与相关的国际组织建立广泛的联系与合作机制，让国际社会对中国古都学研究有一个正确的认识和了解。

中国古都学研究的国际化和讲好中国古都故事，应以信息化、智能化为载体，尽显中国古都学的中国特色和时代特点，展示中国古都文化的丰富和精彩。中国有200余座历史悠久的古都，其古都历史文化的传承与创新不应仅仅停留在纸面上，躺在文献之中，而应紧跟时代步伐，把握世界脉搏，把中国古都文化加以数字化、图像化、四维立体化，并通过网络、微信、自媒体等信息化方式充分展示出来，使中国古都学研究不再成为全球化潮流中的文化孤岛。

三、中国整体观与研究领域的拓展

所谓中国整体观，就是要有中国的统一性和完整性观念。中国的统一性和完整性具有历时性，当代中国的形成经历了数千年发展演变过程，从原始社会解体至当代，在中华大地上曾有无数的政权不断兴起、消亡，也有若干民族在历史长河中不断交流、碰撞、冲突、融合、整合，最终形成中华民族。中国作为国家的概念内涵也在不断扩大和丰富。

如何看待历史上的中国，如何确定中国古都学的研究对象，是多年来一直困扰不少研究者的问题。有部分研究者受中原正统论影响，主张中国古都研究应集中于对中原正统王朝都城的研究上。这种观点的出现与中国传统文化有着密切的关系。传统史学家始终关注于所谓正统王朝、主干王朝、中原王朝。20世纪80年代中国古都学兴起之初，史念海先生以宽广的胸怀主张中国古都学研究的对象应包括当代中国版图内所有的古都，他所撰《中国古都概说》一书即是以此理念来构建相关理论体系的。但是除史先生等学者外，仍然有相当部分研究者坚持中原正统观，他们只关注北京、西安、南京、洛阳、开封等曾统一全国、建立过盛世王朝的都城。在中国古都学刚刚兴起时，重点研究这些主要古都是应该的，也是必要的，但是如果将中国古都学研究的对象仅局限于中原王朝的都城，则存在明显的不足。事实上，当下部分古都研究者的潜意识中仍然存在"正统论"观念，如有研究者主张中国古都学主要研究"汉文化圈大一统王朝的都城"，即"周、秦以后大一统王朝的都城"，将中国古都学研究对象限定在"秦、汉、隋、唐、宋、元、明、清"诸大一统王朝的都城范围内，认为先秦时期非夏、商、周王朝之外的各政权都城，秦以后中国分裂时期或多个政权对峙时期的都城，以及少数民族政权的都城均不应被列入中国古都学研究的范围内。[①]这种以"汉文化圈大一统王朝的都城"作为中国古都研究对象的观点的理论依据，即所谓"拥护和平、统一，反对战争、分裂"，维护中央统一政权。这种观点表面上理由充足，实际上是狭隘的中原正统观的表现。另外，也有部分学者在具体研究中有意或无意地体现了中原正统观，如他们认为中国大古都必须是中国传统王朝、主干王朝的都城。表面上看，似乎只有中原王朝的都城才具有规模大、影响大的特点，但是将中原王朝的都城作为大古都的必要条件，具有强烈的排他性。一个城市是否是大古都，必须在深入考察其都城规模、建都历史、城市影响力等之后，才能做出结论，而如果事先设立只有"中原王朝都城"才能成为大古都的前提条件，就势必将所有非中原王朝的都城排斥在外，显然有失偏颇。我们认为中国古都研究应具有中华民族命运共同体的整体观念和国家统一意识。正如有学者所言："应该站在今天全国各族人民共同的立场上，而不是用封建正统的、某一民族的或某一个地方的观念，来评价古都。"[②]十分明显，那种以大汉族为中心，以中原王朝为中心的正统观，既不符合中华民族命运共同体构建的历

---

① 朱启銮、夏万年：《关于制订古都学研究规范的建议》，见《中国古都研究》（第3辑），浙江人民出版社，1987年，第35—42页。

② 葛剑雄：《论中国的大古都的等级及其量化分析——兼答安阳能否列为"七大古都"》，《中国历史地理论丛》1995年第1辑。

史实际，更不符合当下中华民族复兴的需要。在中国共产党的领导下中国各民族正在进行一次伟大的民族复兴，而中华民族的复兴，需要积极培养中华民族共同体意识，增强中华民族认同感。因此，中国古都学研究应强化中国整体观，应从构建中华民族命运共同体、构建现代国家、实现民族复兴的时代需要出发，确立学科的发展方向和研究对象。

由于过去的一段时间内中国古都学研究在一定程度上出现导向偏差，因而中国古都研究发展极不平衡。早在十年前，就有研究者指出："以往学者们只重视正统王朝、中原地区政权或汉族政权的首都，导致我国的古都研究发展得很不均衡。大的古都已多有研究，人们较为了解，其古都文化的旅游开发也很红火。而对为数更多的中小古都和边疆古都却很少有人进行研究，人们对其了解无多，甚至全然不知。"①中国古都学会和古都研究者在今后应注意加强和引导相关研究，将研究兴趣和研究力量投向中国古都研究的一些薄弱环节，特别是中小古都研究和内陆边疆民族地区的古都研究，推动中国古都研究全面、均衡地向前发展，为古都文化的开发和利用奠定坚实的基础，创造必要的条件。

中华民族是一个不断融合发展的命运共同体，中华民族的历史是从多元化向一体化发展的。历史上中国曾出现过数量甚多的政权，由此都城的数量也较多。那么，中国古都学要研究哪些都城？令一些研究者困惑的是，不少民族地区的都城在历史上并不属于中原统一国家管辖，如西域国家的都城，吐蕃的都城，辽、金、夏的都城等，这些地区的都城是否也应纳入中国古都学研究的范围？对此，我们认为可以参考谭其骧先生在处理历史上的中国疆域范围时所采取的态度和方法，他认为："我们是如何处理历史上的中国这个问题呢？我们是拿清朝完成统一以后，帝国主义侵入中国以前的清朝版图，具体说，就是从18世纪50年代到19世纪40年代鸦片战争以前这个时期的中国版图作为我们历史时期的中国的范围。所谓历史时期的中国，就以此为范围。不管是几百年也好，几千年也好，在这个范围之内活动的民族，我们都认为是中国史上的民族；在这个范围之内所建立的政权，我们都认为是中国史上的政权。简单的回答就是这样。超出了这个范围，那就不是中国的民族了，也不是中国的政权了。"②对待中国历史上的都城也应如此，即中国古都学应以"18世纪50年代到19世纪40年代鸦片战争以前"这个时期的中国版图作为中国古都研究的空间范围。这个时期的中国版图远远超越了夏商周秦汉唐宋明的疆域，因而

① 尹钧科：《中国古都文化的特点及旅游开发》，《上海城市管理职业技术学院学报》2006年第2期。

② 谭其骧：《历史上的中国和中国历代疆域》，《中国边疆史地研究》1991年第1期。

研究中国历史上的都城，要将这一时期版图上所有的都城都纳入研究范围，换句话讲，今天的云南、西藏、新疆、内蒙古、东北三省等地区历史上的都城皆属于中国古都学研究的对象，这就是中国整体观在古都学研究领域内的表现。可以说缺少了对云南、西藏、新疆、蒙古等边疆地区古都研究的中国古都学显然是不完整的"中国古都学"。

四、结语

综上所述，中国古都学研究在新时代面临新的发展机遇，关键在于中国古都学研究者如何适应时代发展的需要。中国古都学研究者视野的开阔和研究思路的变化，将有助于大量具有创新性的课题的研究和探索，而中国古都学作为一门学科的建设也将出现新的局面。就中国古都研究者而言，既要立足中国，对中国古都的兴起、发展、演变进行深入的研究，又要将中国古都的发展置于世界城市的发展进程中，置于世界城市网络体系之中，以世界的眼光、全球的视野来观察中国城市、中国古都，由此提出的新思路、新观念、新理论和新方法，才能使中国古都研究更具有学术价值和实践意义，也才能使中国古都研究居于国际学术前沿。

原载《四川大学学报》（哲学社会科学版）2018年第5期

（何一民，四川大学城市研究所所长、教授）

东亚都城研究若干理论问题刍议

韩宾娜　王艺深

《中国古都学会成都共识》与《学科构建与视野开拓：推进中国古都学研究的思考》①指出，一方面当前全球化是不可逆转的大趋势，在此形势之下古都研究应兼具世界眼光，将外国都城纳入研究范围，加强国际交流，开展比较研究；另一方面"中外古都比较研究将成为未来中国古都研究的一个学术增长点和新的突破口"。

以比较研究为基点，国内学者将研究视角投向东亚始于20世纪70年代，早期进行研究的一些学者提出了唐长安城与洛阳城是东亚都城的范本这一主要观点。②21世纪以来，都城源流的探讨逐渐深入，各种观点不断呈现，研究内容也不再囿于都城制度源流而发展到对都城各组成部分的专门分析、都城所体现礼制的探讨。③但目前这方面的研究仍存在对外交流相对较少、所引外国学者的观点比较陈旧、研究学科的视角不平衡等问题。本文认为东亚都城研究所强调的主旨应为古代各国间都城建设中的互动性，而研究视域与研究问题的适当调整能够在避免出现一些问题的同时

---

① 中国古都学会：《中国古都学会成都共识》，见《中国古都研究》（第31辑），陕西师范大学出版总社，2016年，第7—10页；何一民：《学科构建与视野开拓：推进中国古都学研究的思考》，《四川大学学报》（哲学社会科学版）2018年第5期。

② 宿白：《隋唐长安城和洛阳城》，《考古》1978年第6期；王维坤：《隋唐长安城与日本平城京的比较研究——中日古代都城研究之一》，《西北大学学报》（哲学社会科学版）1990年第1期；王维坤：《日本平城京模仿中国都城原型探究——中日古代都城研究之二》，《西北大学学报》（哲学社会科学版）1991年第2期；王仲殊：《关于日本古代都城制度的源流》，《考古》1983年第4期。

③ 牛润珍：《古都邺城研究——中世纪东亚都城制度探源》，中华书局，2015年；牛润珍：《论中世纪东亚都城制度研究》，见《中国古都研究》（第33辑），陕西师范大学出版总社，2017年，第62—78页；王晖：《日本古代都城条坊制度的演变》，《国际城市规划》2007年第1期；王晖：《日本中世时期的政治格局与城市空间的变迁——以京都为例》，《国际城市规划》2008年第2期；章林：《古代日本的都城与律令制国家——以东、西市为中心的考察》，《外国问题研究》2012年第3期；王海燕：《古代日本的都城空间与礼仪》，浙江大学出版社，2006年；王仲殊：《论唐长安城圆丘对日本交野圆丘的影响》，《考古》2004年第10期；郭湖生：《台城辩》，《文物》1999年第5期。

增加研究的深度与广度。

一、学科属性、研究对象与时空范围

（一）东亚都城研究的学科属性与研究对象

已有学者指出古都学、历史地理学、城市史学相互交叉形成都城史、城市历史地理、都城历史地理的学科关系[①]，东亚都城研究的学科划分归属也与之类似，不同之处在于，应对研究的时空范围做出具体限定。东亚都城研究是东亚史与古都学、历史地理学、城市史学的交叉学科，这种特殊属性使东亚都城研究具有各基础学科的关注重点。上述的母学科中，东亚史强调从东亚整体出发，以他者的研究视角审视东亚互动的过程；都城史则以都城为明确的研究对象，个体性十分突出，注重城市功能与结构演变。都城地理学更注重都城实体，包括与各要素结合及演变的研究，古都学则强调古都史与古都文化的研究。[②]各学科交叉使东亚都城研究带有很强的综合性，其研究的内容也十分丰富，其中都城制度的互动应是研究紧扣的主题。另外，东亚史研究者已经指出，东亚史是许多地域史之一，它一方面包括本国史，另一方面又链接世界史。[③]由此也可以认为东亚都城研究是突破本土研究界限，向域外都城研究发展的窗口之一。

与中国都城研究相对应，东亚都城的研究对象即是东亚地域范围内的都城，其首先需要解决的问题是立足于东亚视角下的都城研究与已有的立足于各国学者视角的本土都城研究有何区别。诚然，各国的本土研究从研究对象与研究的时空范围来看，应囊括在东亚都城研究的范围之内，其研究多少也包括本土都城与东亚各国都城的比较，但很少上升至东亚都城的层次。故应有意识地将研究的目标引向通过对都城制度的分析，以使东亚互动的深层背景得以显现。值得注意的是，东亚地域范围广阔，各国历史发展之间既有联系又不完全同步，因而都城所产生的影响也不完全相同，所以研究的侧重点也有所区分。中国古代都城对东亚地区都城建设的核心性影响是不容忽视的，对比各国都城所凸显的文化共性，其重要程度也不言而喻。另外，文化制度传播的接受过程与外来文化本土化产生新的文化制度的过程是同等

---

① 毛曦：《城市史研究的范围与方法——试论历史地理学、古都学及城市史学之关系》，《史林》2009年第4期。

② 吴宏岐、郝红暖：《中国都城地理学若干问题刍议》，《陕西师范大学学报》（哲学社会科学版）2009年第3期。

③ 柳镛泰：《从东洋史到东亚史再到亚洲史：走向认识体系之重构》，《江海学刊》2017年第6期。

重要的，中国都城制度在他国的本土化与中国周边各国对东亚都城制度发展的贡献是值得注意的两个问题，这一点将在下一部分详细展开。

（二）东亚都城研究的时空范围

从空间上来看，广义的东亚指亚洲东部。①而东亚都城研究范围的"东亚"应该更为狭义，接近历史文化上的"汉字文化圈"，具体而言包括今天的中国、日本、朝鲜、韩国、越南。而其他邻近国家古代都城因为与前述国家都城的形制"异"大于"同"，且缺乏内在关联，研究时则不归入东亚都城，或可作为研究东亚都城的参照对象，进行比较研究。

从时间跨度上来看，都城研究包括古代、近代，甚至现代。但是近现代之后，首都作为现代城市与古代都城有着很大不同，各国根据国情与建设需要建立起各自的发展模式。从都城发展的区内关联度上来看，在历史时期古代国家政权的建设过程中，都城建设所体现的文化制度的关联度尤为密切。基于这一点，在研究时段上，东亚都城的研究更集中于古代。从中国历史发展的时间线来看，汉代到唐代，中国与东亚周边政权、国家在这一时期内互动逐渐频繁，都城建设中也体现出较高的关联性，自隋朝建立大兴城后的200年间，日本、新罗、吐蕃、回鹘、渤海等国家与政权相继建立了大量都城。②而自唐代以后东亚都城之间的互动性与前一时段相比较是有所减弱的。唐以后随着政权更迭，中国新建都城、都城形制也不断发展变化。越南的顺化城建立于明清时期，其受到中国都城的影响是不可忽视的③，这可以作为东亚都城发展过程中的一个特例。

前文提到东亚都城应该包括自都城产生直到近代城市兴起之间的各类都城，若以此为标准则可以将各国都城发展作为独立的子系统进行考察，各国间都城发展中的差异——包括不同源头和不同走向——将成为研究的重点。隋唐时期中国对东亚周边各政权、国家产生影响的时段则应划定在6至10世纪。更狭义的东亚都城研究则在7至8世纪的时段内开展，此时期内隋唐帝国兴衰影响到周边国家都城建设，中国风格的律令制都城在日本大量兴建，且都城规模较前一阶段大幅扩张。隋代大兴城建立后，东亚周边国家出于紧张感与竞争压力纷纷仿效中国制度，存在一个各政权

---

① 杨军、张乃和：《东亚史》，长春出版社，2006年，第7—9页。

② ［日］妹尾达彦：《东亚都城时代的诞生》，见《唐史论丛》（第1辑），陕西师范大学出版总社，2012年。

③ 葛剑雄：《顺化散记（上）》，《文史知识》2002年第6期；葛剑雄：《顺化散记（下）》，《文史知识》2002年第7期。

纷纷建立都城且都城均快速发展的"都城时代"。从相似性与相关性来看，此时期各国都城形制相似，各国都城之间的关系最为紧密，因而可以作为一个独立的研究时段。就这一时期而言，研究的核心问题是东亚各都城之间的互动关系，与都城相关的政治、文化交流，以及"都城时代"对后世东亚政治、文化格局、各国都城发展所产生的影响。

"都城时代"的划分方法为整体的东亚都城研究时段提供了参照。大体来看，中国都城发展较早并具有先进性，成为周边国家建设都城的参考范本。隋唐时代之前相当长时间内应为东亚都城的萌芽期，除中国外的其他政权开始建立都城，但并不完善；唐代中后期及以后各国都城发展逐渐成熟，新建都城数量减少，迁都减少，本土化趋势加强。整个研究时段内朝鲜半岛、日本、越南等地的都城发展均不同程度借鉴于中国都城形制，有一定渊源关系，同时体现出跨越式发展的特点。例如7世纪中叶伴随大化改新建立的难波宫，一改此前飞鸟地区诸宫（大王居所）以天皇私人空间为核心的特点，建有内里与朝堂院，并在规模上与后来的藤原宫相当，具有显著的律令制都城特点。[①]朝鲜半岛大陆风格的都城发展早于日本、越南。

二、研究内容

东亚都城研究体现出多学科交叉的属性，研究视野与涵盖时空范围广阔，因而其研究内容也十分丰富，可大致归纳为：关注都城内外空间运作、性质与布局的空间研究；探究都城建立原因、规划指导思想、选址影响要素的建置研究；分析都城国际影响、各国都城与地方中心城市关系的都城系统研究等。

（一）空间研究

东亚都城的建设及指导思想体现着古代东亚的文化共性，都城空间具体体现着其内涵。西嶋定生指出古代东亚世界以中国文化为内核，周围民族或国家受其影响而形成。以此为前提需要解决的问题有二：一是中国古代国家如何构成并运作，二是中国制度与文化如何对周边国家产生影响而诞生东亚世界。与此相对，东亚都城理论也可以理解为中国都城制度如何形成演变及中国都城对周边国家都城造成何种影响。西嶋进一步指出衡量东亚世界的指标可以简要地概括为：汉字（基础媒介），律令制（政

---

① ［日］直木孝次郎：《直木孝次郎古代を語る11・難波宮の歴史と保存》，吉川弘文館，2009年，第104—106页。

治、法律体制），儒教（政治思想），佛教（宗教、艺术）。①若以此为衡量标准，东亚都城能够体现东亚共性的空间集中于权力空间、礼仪空间、宗教空间。

权力空间的关注点在于权力对城市空间布局的主导作用。如果说城墙是官府威仪的象征，是国家利用权力对城市空间进行划分的工具②，那么城市的中轴线则象征着权威的延伸。有时都城中轴线会超越城市主干道这一实物载体，向更高远的自然界延伸，此时的城市中轴线则意味着权力以都城为中心向外辐射。《唐六典》对其有明确记载，曰："今京城，……南直终南山子午谷，北据渭水……"③《元和郡县图志》对东都洛阳的相关问题也有记载。④将都城正对山川谷口的做法若是建都者有意为之，则可以认为是古人有将山谷两端作为都城门阙的习惯，而都城轴线自然也会得以延伸。这种轴线超越城墙的现象并非唐时才有，根据考古发掘，汉代长安城建筑基线也超出城墙范围，若以更宏观的角度观察，其坐标尺度则以全国为范围。⑤这种现象最早可以追溯到秦朝修筑阿房宫时"表南山之巅以为阙"，以及秦始皇立石东海上，"以为秦东门"⑥。这种做法提示着都城直接控制范围与国家范围这两个空间层次，联系到上文隋唐时期的记载可以认为，城市轴线设置不仅符合《周礼·考工记》的城市布局思想，一定程度上也是国家权威的重要象征。都城轴线虽然以城市主干道为实物载体，但其所指向的空间范围却是地域性的，甚至是国家性的。

古代东亚其他国家在都城建设时也存在类似的行为。日本天皇天武、持统陵古坟位于藤原京中轴线的南延长线上，日本学者考察多座都城后认为都城的中轴线向南经过山顶，山间多有神社、寺院，或在都城之南营建天皇陵墓，以上行为是为了迎合道教中的朱火宫思想。⑦通过比对，发现中日古代都城都有将都城内轴线向都城外延伸的做法，这足以说明中轴线在古代东亚都城建设中的重要地位。不同的是，中国以山峰为阙映射全国的轴线设计更加注重现世的权力象征。

礼仪空间、宗教空间的研究方法与权力空间类同，但值得注意的是，同一空间

---

① ［日］西嶋定生：《中国古代国家と東アジア世界》，東京大学出版会，1983年，第399页。

② 鲁西奇、马剑：《空间与权力：中国古代城市形态与空间结构的政治文化内涵》，《江汉论坛》2009年第4期。

③ 《唐六典》，中华书局，1992年，第216页。

④ 〔唐〕李吉甫：《元和郡县图志》，中华书局，1983年，第130页。

⑤ 秦建明、张在明、杨政：《陕西发现以汉长安城为中心的西汉南北向超长建筑基线》，《文物》1995年第3期。

⑥ 《史记》，中华书局，1959年，第241页。

⑦ ［日］千田稔：《日本古代の歴史地理学研究》，岩波书店，1991年，第26—49页；姜生：《马王堆一号汉墓四重棺与死后仙化程序考》，《文史哲》2016年第3期。

往往因历史事件不同而被赋予不同的属性。如唐代长安城玄武门，除作为城门起到空间标识的作用——唐代前期宫廷政变中玄武门是重要的场所，具有军事空间、权力空间的属性①——之外，还曾作为会见外交使节的场所②、皇家生活休闲场所③。东亚都城也有类似功能空间。在研究都城空间时应注意都城所兼具的多种功能，某些城内空间也具有多种属性。

相比于都城整体具有较长的"生命"而言，城内空间细部时常发生改变，某些场所功能会变质、增加或丧失。例如，唐长安兴庆宫的修建可以视为权力空间对皇室生活空间的侵夺。再如，日本唐招提寺建立时采用了朝堂院东朝集殿的建筑材料，但在招提寺建设完成后，朝集殿并没有再建痕迹④，作为权力空间使用的场所消解了。

施坚雅在城市层级分类时曾提及城市类型，并将肖伯格的城市分类进一步细分为"东欧型""中东型""印度型""华夏型"。⑤而"华夏型都城"这一概念也被国内部分学者接受。一言以蔽之，东亚都城研究的目的即在于探寻"华夏型都城"的内涵及发展脉络，空间研究则是探寻"华夏型都城"的关键。但已有学者指出在没有直接材料证明都城之间相互联系的情况下，都城制度的研究本质上是希望将中国古代都城的形态史归结为相互联系、前后影响的历史，其中不可避免地带有主观性。具体问题在于缺少比较标准，相似要素之间可能内涵、产生原因不同，无法直接证明有前后影响关系。⑥东亚都城研究的难点也在于此，因而东亚都城研究不能只关注都城的布局形式，更应将空间研究深入建都思想、都城空间中体现的礼制含义、文化共性的层面，一方面归纳东亚地区古代都城区别于世界上其他地区古代都城的特点，另一方面在共性的基础上明确地区内国别间的差异。

（二）建置分析

侯甬坚指出国都的定位通常有两个重要的参考指标，即对内安全指向与对外发展指向。⑦这事关整个国家的稳定与发展，因此历代在国都定位问题上无不持极其慎

① 孙英刚：《唐代前期宫廷革命研究》，见荣新江主编：《唐研究》（第7卷），北京大学出版社，2001年，第263—287页。

② 《新唐书》，中华书局，2013年，第6199页。

③ 《旧唐书》，中华书局，2013年，第147页。

④ ［日］田中琢：《古都発掘——藤原京と平城京》，岩波书店，1996年，第156页。

⑤ ［美］施坚雅主编：《中华帝国晚期的城市》，叶光庭、徐自立、王嗣均等译，中华书局，2000年，第5页。

⑥ 成一农：《历史不一定是发展史》，《云南大学学报》（社会科学版）2017年第6期。

⑦ 侯甬坚：《区域历史地理的空间发展过程》，陕西人民教育出版社，1995年，第161—170页。

重的态度。但是城址终究是人为选定的，以人为主体的人地关系是国都定位分析中的重要指标，①突破地理决定论，通过都城考察人与制度才能使都城研究更加深入。同样，对都城布局的研究不应止步于城市规划形态的分析。城市内具体空间的分布也体现着在城市建造时的规划思想，"一言概之，古代中国城邑建设的历程是对《周礼·考工记·匠人营国》所载制度的趋合、迎合，乃至调适的过程"②。但是，在中国都城发展过程中并没有完全符合《考工记》规划的都城，其他如《管子》中因地制宜、都城不必完全符合传统形制的观点③，对"天下之中"的追求④等思想潜移默化地影响着古代东亚都城建设。

此外，在东亚都城研究中，还有一些具有普遍意义的现象需要加以分析。古代东亚各国都曾经历频繁迁都的时段。夏商周三代时期，中国都城不断迁移。日本都城也有类似的时段：在律令制都城建立之前，日本都城规模较小，迁移频繁，甚至一代一迁；在律令制都城建立后，都城的使用年限也并非十分长久，直到平安京的建立，都城才不再迁徙。朝鲜半岛上的政权也是如此，百济先后定都慰礼城、熊津城、泗沘城。⑤唯一的特例是古代新罗，其都城一直在位于今庆尚北道庆州市的金城，与政权的存亡相始终。关于迁都的原因各国学者各有论说⑥，观点的多样体现出东亚都城研究的活力，但是仍有孤立研究与本土视角的某些缺陷。虽然频繁迁都在各国历史上存在先后时间之差，但都城的共同发展阶段是可以肯定的，同时提示着国家形成的不同阶段对都城发展的影响。

古代通过设置陪都实现首都功能的裂变与地理空间上发展的平衡，在对陪都建置进行分析时不仅要注意都城定位时的区位因素，还应联系当时的时代环境进行分析。《中国古代陪都史》对中国古代的陪都进行了系统的研究，分析了中国陪都现象长期存在的原因，并将中国古代陪都分为十个类型。但同时作者认为，其他国家的陪都不是一种经常性、连续性的设置，因而不像中国的陪都一样，并不具有普遍

① 成一农：《中国古代城市选址研究方法的反思》，《中国历史地理论丛》2012年第1辑。
② 王静：《中古都城建城传说与政治文化》，社会科学文献出版社，2013年，第2页。
③ 〔清〕戴望：《管子校正·乘马第五》，中华书局，1954年，第13页。
④ 李久昌：《"天下之中"与列朝都洛》，《河南社会科学》2007年第4期；韩宾娜：《日本历史上的迁都与社会转型》，博士学位论文，东北师范大学，2006年。
⑤ 〔韩〕朴淳发：《百济都城的考古发现与研究》，许莉译，《南京晓庄学院学报》2012年第28卷第4期。
⑥ 〔日〕仁藤敦史：《都はなぜ移るのか遷都の古代史》，吉川弘文館，2011年，第4—9页；叶骁军：《中国都城发展史》，陕西人民出版社，1988年，第35—36页；张光直：《关于中国初期"城市"这个概念》，《文物》1985年第2期；〔日〕千田稔：《唐文明の導入·宮都の風光》，角川书店，1990年。

意义。①虽然其他国家的陪都在存续时间、个体数量上都无法和中国陪都相比拟，但是从整个都城体系而言却是十分重要的，如从日本都城史的角度来看，除平安京外，难波作为都城的时限最长②。虽然大部分时间作为陪都出现于历史舞台，但其影响也不容小觑。日本陪都的建设是国家律令制转型、东亚世界交往、佛教传播的重要体现。圣武天皇在位期间建立起陪都难波京、恭仁京，有学者指出加上平城京在内其都城体系不得不让人联想到唐代的"三京制"③。总之，东亚都城建置的过程体现着古代东亚国家的发展阶段以中国为核心的文化传播，以及都城制度在东亚地域范围内的展开，对都城建置的分析有助于对以上问题的理解。

（三）都城系统

"所谓系统，是指构成现实的基本要素和对其结合关系的抽象概括"④，即对存在联系的各要素及其相互之间关系进行研究的一种技术手段。所谓东亚都城系统即指各都城间的相互关系，这种关系可以是纵向的继承关系，也可以是横向的互动关系，重点在于各国都城间如何相互影响，都城创建方式如何传播。

都城制度也带有都城体系的含义。现代汉语语境下的"制度"一词的含义有二：其一，"要求大家共同遵守的办事规程或行动准则"；其二，"在一定条件下形成的政治、经济、文化等方面的体系"⑤。如邺南城"上则宪章前代，下则模写洛京"，又如建康城"方之汉魏"。都城制度作为制度区别于政治制度、职官制度等，并没有明确制约条例，因此都城制度这种制约并非强制性规定，甚至从文献记载来看，"模仿范本"的含义相较于"规定"这种强制性制约更符合古代都城的语境，前文所引的《匠人营国》也属此范畴。因此，都城制度的规范作用应从广义的角度，从习惯继承、价值认同的角度予以理解，其演变也通常呈现出一种前后关系模糊的状态，"宪章前代"并没有明确的所指，可以是前一个朝代，也可以是所有的前代，并且都城制度从理论的产生到实际运用于都城建造也有一个过程，许多东亚都城建设中的布局形式很可能产生于较早的时代，如前文所述将都城轴线与周边自然山川融为一体以示对国家的控制，再如唐代及同时期周边政权对《周礼》"三

① 丁海斌：《中国古代陪都史》，中国社会科学出版社，2012年，第8—9页。

② 大阪市文化财协会：《難波宫址の研究·第十》，大阪市文化财协会，1995年，第5—6页。

③ ［日］瀧川政次郎：《京制並びに都城制の研究》，角川书店，1967年，第38—60页。

④ ［日］菊地利夫：《历史地理学的理论与方法》，辛德勇译，陕西师范大学出版社，2014年，第70页。

⑤ 《现代汉语词典》（第7版），商务印书馆，2016年，第1689页。

朝制"的运用。①以都城系统研究充实都城制度研究，围绕一个都城，将对其有影响（包括直接影响与间接影响）的城市全部加以考察，进而形成网状都城谱系或许更为贴切。这一问题在东亚的视域下尤为显著，仅从城市布局的相似程度上来看，难以断定某一都城规划的直接影响来源，在研究中将纵向的继承与横向的互动综合起来考虑是必要的。

中国都城制度在东亚地域范围内产生了巨大的影响，但也应当承认各国都城发展有着自身的特点并均为人类社会做出了贡献。正像拉铁摩尔的边疆理论所提示的那样，通过汉族与周边各少数民族互动中国才得以形成。②东亚世界的形成过程中，各国不同程度、不同形式地参与促成了东亚都城不同的形制。通常认为古代东亚中国周边政权与国家从中国吸收先进的经验技术，进而与本土文化结合。都城制度的接受程度是需要注意的问题之一。例如，古代日本参考中国唐代法律体系推行本土化的律令制度，进行国家改革，都城在空间布局、都城管理、社会结构、城址迁移等方面都体现出律令制对日本都城的影响。一方面，律令制施行后因官僚机构扩大在都城空间中官府空间所占比例明显扩大；另一方面，律令体系也对都城空间中的生活作息、物资获取做出了规范。③与中国各个时代知识分子涌向都城的向心力不同，日本都城体现出的是贵族势力影响下的离心力。日本古代统治阶层中的贵族是不容小觑的势力，而律令体制也承认了贵族的合法地位。因而有学者认为日本古代都城频繁迁移以及陪都的设立都是为了促成城市贵族的形成，进而使贵族脱离原有土地，达到集权的效果。④当然更多的学者坚持传统的观点，认为贵族的势力范围及权力消长左右着古代日本择地建都。⑤律令制国家是日本学者从事都城研究的基本立足点之一，与强调互动影响的整体视角不同，律令制国家表达的更多的是日本作为主体对中国文化的吸收与改良，所凸显的是日本的民族特色。古代东亚世界大多受到中国的影响，因而其他汉字文化圈国家的古代都城也可以从这一角度进行研究。

都城研究的终极关怀应是探索人类历史发展过程中都城的建设规律。中国历史

---

① 庞骏：《东晋建康城权力空间——兼对儒家三朝五门观念史的考察》，东南大学出版社，2012年，第226—241页。

② 黄达远：《边疆、民族与国家：对拉铁摩尔"中国边疆观"的思考》，《中国边疆史地研究》2011年第4期。

③ 韩宾娜：《平城京与律令制》，《东北师大学报》（哲学社会科学版）2015年第6期。

④ ［日］仁藤敦史：《都はなぜ移るのか遷都の古代史》，吉川弘文馆，2011年，第136—138页。

⑤ ［日］直木孝次郎：《直木孝次郎古代を語る11・難波宮の歴史と保存》，吉川弘文馆，2009年，第159—164页；［日］小笠原好彦：《聖武天皇が造った都——難波宮・恭仁宮・紫香楽宮》，吉川弘文馆，2012年，第174—178页。

上不乏作为国际大都市的古代都城，东亚都城系统对世界范围内古代都城发展的贡献是值得探讨的话题。西方城市建设与中国城市建设有着思想源流上的不同，这从中西方原典文献中可以清楚地认识到。中国古代都城的建设思想在不同时期都不同程度地体现了《周礼·考工记》的影响，"匠人营国"中的城市设计不仅对城市布局管理做出规划，突出宫城位于都城正中的"王权至上""天人合一"理念，同时"营国制度又列有礼制营建制度，作为实施建设体制的特定手段。礼制营建制是运用量的概念，以量的多寡表达城邑等级的尊卑，从而约束不同等级城邑的建设"①。可以说，以都城为代表的中国古代城市设计从城市布局与城市体系两个方面体现出政治权威追求的设计理念。日本、韩国、越南受中国的影响在都城建设时也体现出相通的设计理念。而西方的城市设计以维特鲁威《建筑十书》②为圭臬，其书中的布局理念与古代东亚有着很大的区别。将都城研究置于全球史的视野下不仅为研究主体提供了优秀的对比样本，也是对人类城市规划理念的探索，反过来亦可进一步深化中国城市史研究。③

三、研究层次

朱士光先生曾指出中国古都学的学科组成有三个层次：第一层次是地理环境与资源；第二层次是古代都城空间布局与形态、结构特点；第三层次是文化与制度。④东亚都城研究离不开中国都城研究的基础。借鉴上述划分方法，可以将东亚都城研究分为四个层次：（1）各国都城面貌的复原，包括都城定位时区域优势的分析与城市空间的复原。（2）都城建设时各国交往的时代背景与民族自身的文化背景。这一部分的研究虽然与都城的直接联系并不明显，却是论证东亚各国都城之间关系的重要论据。（3）各都城的特色与发展演变，包括建筑方式、规划原则、城内各要素、都城与全国城市网关系、都城文化等方面。也可以说就是各国都城的各自发展脉络，其中强调的是更加关注空间演变的动态研究。（4）东亚都城系统的研究，即东亚都城相互借鉴、影响的过程。研究的重点是各国都城间发展、借鉴的源流及各自不同的发展方向。前两部分研究是深入探讨各国都城间异同的前提与基础，后两部分以比较研究为基础研究方法，并需要大量外文文献的支持，是都城研究纵深发

---

① 贺业钜：《考工记营国制度研究》，中国建筑工业出版社，1985年，第139页。

② ［古罗马］维特鲁威：《建筑十书》，高履泰译，知识产权出版社，2001年，第30页。

③ 毛曦：《全球城市史视域中的中国城市史研究——读乔尔·科特金〈全球城市史〉引发的思考》，《史学理论研究》2007年第4期。

④ 朱士光：《中国古都学的研究历程》，中国社会科学出版社，2008年，第21页。

展、走向国际化的必要部分。

若以研究视野的广度为标准，则可将东亚都城研究分为四个层次：本土都城研究，以本土为基础兼及他国都城的比较研究，"他者"视角下的其他国都城研究（可能带有对本国的人文关怀），系统分析东亚各国都城制度源流的东亚都城研究。四个层次的研究逐层深入，研究的视野不断扩大，将东亚视为内部联系的整体，并总结东亚都城发展的规律，进而与世界其他文明进行比较正是当下需要努力的方向。因此东亚各国都城之间的关系与特色正是需要加强研究的课题。

四、结语

强调东亚都城研究，即在强调古代东亚各国都城间的互动性与关联性，从都城建设过程中体现的共性来考察当时制度、文化之间的交流。正因为政治经济文化的互动，又促成了都城的形态产生了相似与继承。都城互动过程的研究在东亚都城学科理论建设的各个层面均是较为重要的问题。

"加强国际交流，讲好中国古都故事。"[①]东亚都城研究，一方面应在各国都城复原研究的基础上，通过比较研究揭示东亚都城的共同特点与内在差异；另一方面应持续不断推动该领域理论研究，推进学科纵深发展。

结合当今的研究趋势，我们可以对东亚都城研究做出如下展望：（1）不同学科与领域的互动。都城的建设是不同领域、不同文化互动的结果，今天的研究队伍构成同样也应该囊括多领域的人才，从多学科出发，发掘东亚古代都城建设的科学、社会价值；建设跨国的研究队伍，从不同的文化背景审视这一历史过程。（2）视角的互换。从中国看东亚，从东亚看中国，是中国学者的出发点，那么自然存在从日本看东亚与从东亚看日本，其他国家也是同样，应立足于"理解"的视角，客观地审视各国发展的独特之处与对整个东亚的贡献。（3）研究手段与方法的引进。如目前针对中国都城的一些研究已经使用了历史地理信息系统等，而目前所见的东亚都城研究尚没有运用这一研究手段，以此为代表，引进新的研究手段与方法会给东亚都城研究带来更多的研究话题和科学性。

原载《东北师大学报》（哲学社会科学版）2021年第4期

（韩宾娜，东北师范大学历史文化学院教授；王艺深，东北师范大学历史文化学院博士研究生）

---

① 中国古都学会：《中国古都学会成都共识》，见《中国古都研究》（第31辑），陕西师范大学出版社总社，2016年，第7—10页；何一民：《学科构建与视野开拓：推进中国古都学研究的思考》，《四川大学学报》（哲学社会科学版）2018年第5期。

西安地区周秦汉与隋唐时期古都文化之主要内涵与基本特点

朱士光

西安市及其附近地区，作为中国历史上16个王朝与政权建都之地（在西安市及其附近地区先后建都的16个王朝与政权是：西周、秦、西汉、新、汉更始帝刘玄、赤眉帝刘盆子、东汉献帝、西晋愍帝、前赵、前秦、后秦、西魏、北周、隋、唐、大齐皇帝黄巢）[①]。特别是其中的西周、秦、西汉、隋与唐等几个统一强盛的王朝均建都于此，由于在中国以至世界历史进程中发挥过重大作用，因而其都城文化也内涵丰富，特点突出，影响范围广阔且深远。都城文化不仅是西安乃至关中地区地域文化的核心成分，也是中华传统文化的重要组成部分。基于这一认识，本文拟就西周、秦、西汉、隋与唐等王朝都城之规制、建设、平面布局、重要建筑之思想理念，剖析其主要的文化内涵与基本特点。

一、西周都城文化之主要内涵

周人始祖名弃，尧舜时任农师之职，受封于邰（今陕西杨凌区），号后稷。后至其孙公刘，带领族人定居于豳（今陕西旬邑县西）。下传至古公亶父（周文王祖父），又带领周族迁至岐下，即今关中西部岐山之南的周原一带，并营筑城郭室屋，作五官有司，建立了西周早期的奴隶制国家。近几十年来通过长期考古发掘，在周原地区除发现一个北以岐山山脉为界，东至扶风县黄堆村，西到岐山县祝家庄镇，南达扶风县法门镇，面积约为15平方公里的西周遗址区外，还在这个遗址区内岐山县京当乡凤雏村发掘出一座早期周人的宫殿基址，并在其东约2公里之扶风县法门镇召陈村发掘出一座西周中期偏晚的大型宫室建筑基址。这证实了此即为早周都城岐邑的宫室分布区。[②]

[①] 朱士光、吴宏岐：《西安的历史变迁与发展》，西安出版社，2003年。

[②] 陕西商原考古队：《陕西岐山凤雏村西周建筑基址简报》，《文物》1979年第10期；陕西商原考古队：《扶风召陈西周建筑群基址发掘报告》，《文物》1981年第3期；潘明娟：《周秦时期关中城市体系研究》，人民出版社，2009年。

周王室传至西伯昌（即后追谥的文王）时，因遵后稷、公刘之业，继古公、公季之法，笃仁，敬老，慈少，礼下贤者，士以此多归之，国势大振；在与周围诸侯、诸戎之战争中屡屡取胜，因而与殷王之矛盾日益加剧。而当时殷纣王荒淫暴虐，天下归心于周。于是文王决定东向发展，第一步就是伐灭位于今西安市渭水以南鄠邑至蓝田一带的殷人附属国崇侯，继而在沣水以西建立丰邑，并自岐邑徙都于丰。徙都丰邑后之次年文王崩殂，武王继位，很快又在沣水东岸营建镐京。[1]丰镐二京隔沣水相望，实为一城。周武王正是以都城丰镐为政治中心，励精图治，历12年经营，终于在公元前1046年灭掉殷商王朝[2]，使周王朝成为中华大地上替代商王朝而继起的华夏一统之强盛王朝。

西周都城文化最鲜明的特点是充分反映了周代之礼乐文化。

西周是"宗法封建社会"，也就是前期封建制社会，强调王权天授。周人认为，天地间最高统治者是"天帝"，周王又称"天子"，即"天帝之子"，所谓"君天下曰天子"，秉承天意而君临天下，"溥天之下，莫非王土；率土之滨，莫非王臣"。[3]在国内推行分封制与宗法制，通过建立宗族政权，即血缘亲属网络，别嫡庶亲疏与尊卑贵贱，形成礼制，巩固政权。上述西周统治集团之思想观念在都城各类设施之布设建筑上都有充分的体现。这主要表现在以下几方面：

第一，统治集团举行大典与祭祀活动的宫殿、宗庙都设置在都城中心部位及地势高耸之处，且建筑严整雄伟，以显示周王之权势与威严。

前已述及的岐邑之凤雏甲组宫室（宗庙）基址，丰京遗址北部之大型宫殿与宗庙基址、镐京遗址北部坐落在高台基上的5号宫殿基址等，都是具体例证，且呈一脉相承之文化传承关系。这一都城中宫殿、宗庙之布设理念，对后世之都城建设产生了重大影响。

第二，岐邑与丰镐二京中宗庙和宫殿建筑处于同等重要地位，凸显了西周都城中祭祀活动的盛行与祭祀文化的浓厚。

西周时本有"国之大事，在祀与戎"的治国理念，而且国都也必须有宗庙[4]，西周都城正是这方面的范例。如岐邑，因是周族与西周王朝发迹之地，又是文王、武王、周公等西周初期重要王侯埋葬地，因而被论定为西周的"圣都"，之后的宗

① 《史记》卷四《周本纪》，中华书局，1959年，第118、128页；《诗经·大雅·文王有声》及毛传释文、郑玄笺注。

② 此据夏商周断代工程专家组之研究结论，见《夏商周断代工程1996—2000年阶段成果报告》（简本），世界图书出版公司，2000年，第49页。

③ 《礼记·曲礼下》；《诗经·小雅·北山》。

④ 《左传》"成公十三年"条、"庄公二十二年"条所记："凡邑有宗庙先君之主曰都。"

周，即丰镐二京则被视作"俗都"。[1]俗都作为王朝之实际统治中心，虽也举行日常之祭祀仪式，但圣都是宗教祭祀意义上的都城，是"先朝宗庙的永恒基地"，"一直保持着祭仪上的崇高地位"。[2]因而尽管文王末年已迁都于丰，武王又都于镐，但终西周之世，岐邑之祭礼设施仍在不断增加，祭祀活动也一直持续。再如丰京，虽然武王继位后，另建镐京，并长居之，以后西周诸王也加承袭，但因丰京周王室宗庙地位崇高，武王及之后的历代周王，每遇大事都要去丰京宗庙祭告，丰京仍是祭祀活动之中心。当然，镐京之祭祀活动也是常年不断的。上述情况从岐邑、丰京、镐京遗址区发现的宗庙遗址及大批甲骨文、青铜礼器、玉器中均可得到证明。

第三，西周都城中发掘出多处家族墓葬，如丰京遗址区、今张家坡村之西周贵族井叔家族墓葬等，反映了西周宗族政权的统治理念。因为西周宗族社会政权形态是按照"天子立国，诸侯立家，卿置侧室"[3]分级立宗的分封制建立起政治上的统治体系，因而各级宗族都掌握大小不等的权力，生时要聚族而居，死后也要聚族而葬。

第四，西周都城基本上是按《周礼·考工记》之规制原则布局建设的。《周礼》一书，尽管在西汉后期问世后曾遭今文学派诬为伪书，但经西汉以后历代学者，特别是近现代众多学者研究，上说已被否定，且被明确论为系战国时期学者所著，保存有大量西周史料，许多内容参照了西周时的实况，并非战国时人的向壁虚造。其中《考工记》一篇，虽为西汉景帝时河间献王补之，但也被近世学术界考证为战国时人所作[4]，其性质与价值当与《周礼》其他名篇相类似。《考工记》所述"匠人营国，方九里，旁三门，国中九经九纬，经涂九轨，左祖右社，面朝后市"，也当本西周礼制思想，参照西周都城之实际状况总结而出。前已述及，西周都城岐邑与丰镐，虽经近几十年考古工作者长期钻探发掘，已发掘探明大量的建筑基址与手工业作坊遗址、墓葬，出土大批青铜器、玉器、陶器与砖瓦残片，但终究因年代久远，破坏埋废严重，整个岐邑与丰镐二京之整体布局状况并未全面揭示出来，因而尚不能完全证明其与《周礼·考工记》所记国都规制相吻合。但是从已发掘探明之岐邑凤雏甲组宫室（宗庙）基址与镐京5号建筑基址，也反映出《周礼·考工记》都城规制思想之一斑。同时，从周成王即王位与其叔周公旦摄政

---

① 陈全方：《周原与周文化》，上海人民出版社，1988年。

② 张光直：《夏商周三代都制与三代文化异同》，见《中国青铜时代》，生活·读书·新知三联书店，1999年。

③ 《左传》桓公三年。

④ 杨天宇：《郑玄三礼注研究》，中国社会科学出版社，2008年。

时所建洛邑（又称"成周"）之规模与布局也可加以印证。《逸周书·作雒解》曾记："乃作大邑成周于土中，立城方千七百二十丈，郭方十七里"，"建大社于国中"，"乃立五宫：太庙、宗宫、考宫、路寝、明堂"，"设丘兆于南郊"。这表明成周有城有郭，城内有太庙、宫寝，南郊有祭天之丘坛。作为西周时期之陪都，其规模宏伟，主要设施齐全。按西周宗法礼制，成周之规制不能逾越作为主都的宗周（丰镐），从中也可概见宗周之规制，其基本状况应是与《周礼·考工记》相通的。

二、秦都城文化之主要内涵

秦之都城，以雍、栎阳以及尚未建成的大一统帝都咸阳为代表，都是在秦统治集团的政治理念主导下兴建并扩展的。其中尤以咸阳反映最为突出，对后世影响也最大。这里即以它为例，举出主要的几端加以论析。

第一，商鞅"大筑冀阙"所彰显的法家治国思想。商鞅大筑之冀阙，就是修建于咸阳宫宫廷外的高大阙门，即于宫廷大门外两侧各建楼观，中间阙然为道，可以通行。商鞅所建之冀阙，据《史记·秦本纪》中《正义》引刘伯庄的解释是："冀犹记事，阙即象魏也。"所谓"象魏"，则来自《周礼·天官·大宰》。该条记道："正月之吉，始和，布治于邦国都鄙，乃悬治象之法于象魏，使万民观治象，狭日而敛之。"也就是说，古代君王与大臣，于正月朔日，在国都宣示治国之法令，并悬之于象魏，使万民观后知晓，十日后始收藏。文中之"象魏"，古人即指门阙，"象者，法也；魏者，当涂而高大貌也"[1]。《周礼》中有此记载，商鞅将之实际践行。他曾将在秦国推行变法与在咸阳"大筑冀厥"联系起来，自得地说："始秦戎翟之教，父子无别，同室而居。今我更制其教，而为其男女之别，大筑冀阙，营如鲁卫矣。"迁都咸阳后，商鞅继续大行变法之令，使"秦人富强，天子致胙于孝公，诸侯毕贺"。[2]商鞅被杀之后，其法继续得以施行，并促成秦国完成帝王之业。因此商鞅以刑名之学施行变法之策以求帝王之业的治国理念，在秦国统一全国进程中发挥了关键性作用，同时反映在秦之新都咸阳之建筑过程中，冀阙显然是其标志性建筑。

第二，宫殿宗庙建置中法天象地的规划思想。这在秦始皇于吞灭关东六国后次年在渭河南岸兴建信宫起即已显其端倪。史载信宫建成后，秦始皇即改其名为"极庙""象天极"。"极庙"即为他生前的宫庙，被称为"象天极"，即以天上之天

---

① 《梁书》卷五一《何点〈附弟何胤〉传》，中华书局，1973年，第737页。
② 《史记》卷六八《商君列传》，中华书局，1959年，第2234、2232页。

极星，也就是北极星自况，以天空中为群星拱卫的北极星来显示他作为人间皇帝之至尊地位。之后，他在兴建阿房宫时，又擘画"为复道，自阿房渡渭属之咸阳，以象天极阁道绝汉抵营室也"①。东汉末人所撰《三辅黄图》在述及此事即写道："始皇穷极奢侈，筑咸阳宫，因北陵营殿，端门四达，以则紫宫，象帝居。渭水贯都，以象天汉，横桥南渡，以法牵牛。"文中所说秦始皇"筑咸阳宫"，实指他对咸阳宫进行的大规模改建与扩建，包括秦昭襄王时在渭河上所建的横桥。其中咸阳宫与天上的"紫宫"对应。"紫宫"即紫宫垣星，又称紫微星，北极星居其中，众星四布以拱之，也称天极星，是主宰宇宙的"大帝""泰一"之座，天帝所常居；地面上，渭水北岸的咸阳宫则为人间主宰生杀予夺大权的皇帝所居，是地面之"紫宫"。而渭河南岸的阿房宫与天上之营室星相对应。营室星在古代也被认为是天子之宫，是天子的离宫别馆。而处于咸阳宫与阿房宫之间的渭河，则与天上之银河对应。银河又称"天河""天汉"。而渭河上之横桥，即与阁道星对应。阁道，古人认为是"天子欲游别宫之道"。②每年农历十月黄昏时分，在咸阳原上仰望，天空营室星正当南中天，紫微星居北，北极星位于其中心，银河居中东西横贯其间。此时天空中这一星象分布格局，正好与渭水两岸之咸阳宫殿群遥相应对。③显然，对都城咸阳这一由秦统治集团精心所做的规划与建构，就是要通过"法天象地"这一意象，向臣民传达出秦王与统一天下后之秦始皇帝，是代表天帝君临天下的思想，借以巩固他们的统治，妄求自始皇帝起，"后世以计数，二世三世至于万世，传之无穷"④。

第三，大一统的精神所形成的秦都咸阳盛大而开放的气象。西汉贾谊在他的著名策论《过秦论》上篇起首即写道："秦孝公据崤函之固，拥雍州之地，君臣固守，以窥周室。有席卷天下，包举宇内，囊括四海之意，并吞八荒之心。"言明自孝公起，秦之君臣就有统一天下之雄心。后又写道："及至秦王，奋六世之余烈，振长策而御宇内，吞二周而亡诸侯，履至尊而制六合。执棰拊以鞭笞天下，威振四海。南取百越之地，以为桂林、象郡，百越之君，俯首系颈，委命下吏。乃使蒙恬北筑长城而守藩篱，却匈奴七百余里，胡人不敢南下而牧马，士不敢弯弓而报怨。"

---

① 《史记》卷六《秦始皇本纪》，中华书局，1959年，第256页。
② 《史记》卷二七《天官书》，中华书局，1959年，第1289、1290、1291、1309页；《汉书》卷二六《天文志》，中华书局，1962年，第1274、1279页；《晋书》卷一一《天文志》，中华书局，1974年，第290页。
③ 朱士光、吴宏岐：《西安的历史变迁与发展》，西安出版社，2003年；张鸿杰：《秦都咸阳的规划与建设》，见《周秦文化研究》编委会编：《周秦文化研究》，陕西人民出版社，1998年。
④ 《史记》卷六《秦始皇本纪》，中华书局，1959年，第236页。

正是因为自秦孝公十三年（前349）徙都咸阳之后，随着商鞅变法持续而顺利地推行，以及攻灭关东六国战争的节节胜利，秦君臣统一天下之思想日益强烈，从而对国都咸阳之规划建设，除了前述遵从法天象地观念进行实施之外，还有就是以宏大气魄进行开放式布设，这主要体现在两个方面：

第一，咸阳有宫城无郭城。尽管自新石器时代晚期起，中国先民即有筑城自卫的传统，且史籍中也有"筑城以卫君，造郭以守民"①的记述。再揆之春秋、战国时期之史实，各国筑城之风甚盛，秦国在徙都咸阳前所建都城也都曾筑城；但在秦都咸阳，经考古工作者数十年来反复调查勘探，除发现渭河以北咸阳宫城外，一直找不到郭城踪迹。一些研究秦都咸阳的学者因此论定咸阳"有宫城无郭城"，从秦迁都咸阳后集中力量从事统一战争并节节取得胜利之史实与秦国君臣自恃关中河山险固，对国都安全充满自信的认识根源做出了解释。

第二，与之相关，就是除在咸阳及其以南区域扩建新建宫殿外，还在整个关中地区大肆兴建宫观。始皇三十五年（前212），还令"咸阳之旁二百里内，宫观二百七十复道甬道相连，帷帐钟鼓美人充之，各案署不移徙"，史籍上甚至还留下"北至九嵕、甘泉，南至长杨、五柞，东至河，西至汧渭之交，东西八百里，离宫别馆相望属也。木衣绨绣，土被朱紫，宫人不徙。穷年忘归，犹不能遍也"②等记载。以上史籍中所言虽难免夸饰成分，但经近世学人考察研究，关中地区除渭北咸阳宫室区与六国宫室区、渭南兴乐宫室区与阿房宫室区外，其他地方的秦代宫殿确也不少。其中已知确址的就有步高宫（在今渭南市临渭区阳郭镇张胡村）、长杨宫（在今周至县终南镇东南竹园头村）、林光宫（在今淳化县凉武帝村一带）、梁山宫（在今乾县县城西关外1公里处）、回中宫（在今陇县东南5公里之汧河右岸磨儿塬上）等10多处。③

综上所论，在完成统一天下的帝业进程中，秦君臣对于都城之理念的确不同于之前的古人与同时代关东六国君主，而是具有宏阔的胸襟与开放的心态。以至于到宋代时，宋敏求在其所著的《长安志》中竟引文论道"始皇表河以为秦东门，表汧以为秦西门"，真是达到何等的恢宏气度。然而滥用民力，穷极奢侈，加之暴虐无道，终于激起民怨沸腾，天下反叛，看似固若金汤的崤函雄关险隘以及关中之千里金城，瞬时易势，土崩瓦解，原企盼的万世帝业，仅二世即亡。庞大而雄伟的秦帝都咸阳，特别是其渭水北岸咸阳宫、六国宫区部分，也在秦末战火中遭到毁灭性破

---

① 《吴越春秋》卷五。

② 《史记》卷六《秦始皇本纪》，中华书局，1959年，第241、257页。

③ 王学理：《咸阳帝都纪》，三秦出版社，1999年。

坏。还是贾谊在《过秦论》中一语中的："一夫作难而七庙堕，身死人手为天下笑者，何也？仁义不施而攻守之势异也。"此中之历史教训已不限于都城营建规划与规模了。

三、汉长安城文化的主要内涵

汉长安城作为继秦王朝大一统封建帝国覆亡后兴起的西汉王朝的国都，在其200余年的历史中，随着经济社会的发展，统治集团治国施政理念之变化，也都反映到都城建设中。另外，西汉帝国之都城文化，有的则是继承前代之传统文化。现择其要加以剖陈。

第一，萧何之"重威"思想。萧何是辅佐刘邦取得楚汉战争胜利建立西汉帝国的主要功臣，被刘邦誉为"汉初三杰"之一，屡受刘邦褒奖。高祖五年（前202），萧何受命营建长乐宫与未央宫。高祖八年（前199），未央宫成，立有东阙、北阙、前殿、武库、太仓等。高祖东击韩王信余众后还京，见宫阙壮甚，对萧何大怒道："天下匈匈苦战数岁，成败未可知，是何治宫室过度也？"萧何回答道："天下方未定，故可因遂就宫室。且夫天子以四海为家，非壮丽无以重威，且无令后世有以加也。"高祖听后信以为是，转怒为喜。[1]萧何前述回答所言，治宫室壮丽以为天子重威的思想本是前人之传统观点，他只是加以践行发扬，且也为后世师法。

第二，汉惠帝筑城之"道法自然"思想。因西汉初兴，接秦之敝，诸侯并起，战乱频繁，民作失业，饥馑建年。就连在楚汉战争结束，汉王刘邦即皇帝位后，也是民亡盖藏，经济仍然十分凋敝。这一状况虽到孝惠、高后时有所缓解，但并未根本好转。面对这一经济社会状况，西汉前期统治集团皆崇奉"黄老之学"，推行无为而治的施政方针。自帝后起皆躬修俭节，以农为本，轻徭薄赋，以安百姓。因而在都城建设上，除先后在汉长安城中修建了太上皇庙（刘邦父亲的宗庙）、高庙（高祖刘邦的宗庙）、惠帝庙、顾成庙（文帝的宗庙，在汉长安城东南）外，于宫殿上一直保持萧何所建之规模，未再增建。就是到惠帝修筑长安城墙时，也如前文所述，利用农闲时间，采取分期分段筑城方略，前后历时5年，分3次征发男女民人，其中一次还是动用诸侯王、列侯之徒隶。尤其是在汉长安城之城墙形制上，不追求四面墙垣端正平直、长短划一，而是随地形高低与河流走向曲折多变。对于汉长安城墙何以筑成这等形状，《史记》《汉书》等两汉史籍均无明确记载。但东汉末成书的《三辅黄图》卷一"汉长安故城"条中称"城南为南斗形，北为北斗形，

---

① 《史记》卷八《高祖本纪》，中华书局，1959年，第385—386页。

至今人呼汉京城为斗城是也"，之后，唐代李吉甫之《元和郡县图志》与宋代宋敏求的《长安志》中均照录不疑，认为是惠帝筑城时，主其事者有意仿天上南斗星、北斗星设计修筑的，以证实并强化君权神授的观念。此类都城规划、建筑观念古代虽确曾有过，就如前述秦都咸阳是按"法天象地"观念建成那样的。但揆诸汉长安城之建设过程就可看出，所谓"斗城"之说全属东汉之后魏晋唐宋时人附会之言。因而到元代，李好文在《长安志图》卷中《图志杂说·北斗城》中就提出了质疑。他指出："'长安城南为南斗形，北为北斗形。'今观城形，信然。然《汉志》及班、张二赋皆无此说，予尝以事理考之，恐非有意为也。盖长乐、未央，酂侯（萧何）所作，皆据冈阜之势，周二十余里，宫殿数十余区。惠帝始筑都城，酂侯已没，当时经营必须包二宫在内。今南城及西两方凸出，正当二宫之地，不得不曲屈以避之也。其西二门以北，渭水由西南而来，其流北据高原，千古无改，若取东城正方，不惟大宽，又当渭之中流，人有至其北城者，言其委曲迂回之状，盖是顺河之势，不尽类斗之形。以是言之，岂后人偶以近似而目之也欤？"李好文首将汉长安城形状与周围地理环境联系起来进行分析，突破前人将天上星象与地面皇居相互比附借以神化皇权的观念，确是一大突破。但此说仍犹未尽意，还需再结合惠帝时西汉国力屡弱，君臣上下遵行黄老之术，实行"无为而治"，以体恤民力，节省财物的治国方针。本着这一治国方针，在兴筑长安城墙这一浩大工役时，自会遵从较低标准，根据附近冈阜地形与河流走向，因势而建，使新建之长安城既能获得安全保障，有利于皇室与大臣们施政、居住，又能不至太繁难靡费，加重朝廷财政负担。而这一"道法自然"的黄老思想才是促使汉长安城之城墙依冈阜就势，顺河流成形的最根本的原因。

第三，汉武帝尊儒思想。西汉前期崇奉黄老之学，推行"无为而治"；到汉武帝（前140—前87年在位）继位时这一国策发生了重大变化。因当时经60余年休养生息，天下乂安，国力已盛，加之武帝向往儒术，极欲有所作为。建元六年（前135），汉武帝"绌黄老、刑名百家之言，延文学儒者数百人"；次年又召齐地儒士公孙弘，相继任为博士、太常、御史大夫、丞相，并封为平津侯，于是"天下学士靡然乡风矣"。[①]因而班固在《汉书》卷六《武帝纪》最后的赞语中，对武帝开边拓土的武功未涉一字，而对武帝的文治大加颂扬，赞道："孝武初立，卓然罢黜百家，表章《六经》。遂畴咨海内，举其俊茂，与之立功。兴太学，修郊祀，改正朔，定历数，协音律，作诗乐，建封禅，礼百神，绍周后，号令文章，焕焉可述。

---

① 《史记》卷一二一《儒林列传》，中华书局，1959年，第3118页；《汉书》卷八八《儒林传》，中华书局，1962年，第3592、3593页。

后嗣得遵洪业，而有三代之风。如武帝之雄才大略，不改文景之恭俭以济斯民，虽诗书所称何有加焉！"武帝大倡儒学，在都城建设上即有建明堂、兴太学之举。武帝之后的历代皇帝也遵此道，太学生员逐代增加，因而使汉长安城儒学之风日益浓郁，西汉后期之学术文化也获得前所未有之发展与繁荣。

第四，《周礼·考工记》之都城规制思想。西汉王朝承西周、秦王朝之后，其首都长安城又建在西周与秦王朝故都丰镐、咸阳之旁，因而在都城内相关建筑设施的规划布设上必然受到周、秦文化中关于建都理念的影响，特别是《周礼·考工记》中"匠人营国，方九里，旁三门，国中九经九纬，经涂九轨，面朝后市，左祖右社"等基本理念的影响。正如国内长期从事秦汉都城与汉唐帝陵考古发掘及研究的著名考古学家刘庆柱、李毓芳在他们合著的《汉长安城》（文物出版社，2003年）一书最后部分概括总结的，在汉长安城规划建设上，反映出的"崇方""择中""轴线""面朝后市""左祖右社"等特点，均与先秦时期传统都城规划思想一脉相承。尽管上述特点在汉长安城中体现得不如后代一些都城那么突出典型，但汉长安城的考古发掘与古都学家的研究已表明上述特点是确实存在的。因而汉长安城也成为体现西汉时人践行《周礼》理念规划国都所建成的一座早期都城之实例。

四、隋唐长安城文化的主要内涵

隋唐时期，主要是唐代，是中国历史上多种文化交融并蓬勃发展的时期，其国都长安城之文化也体现了这一特点。现着重从下列几个方面加以论列。

第一，崇奉严整规则宏阔壮丽的儒学文化。魏晋南北朝时期，中原大地虽有匈奴、鲜卑、羯、氐、羌族内徙，并与汉族等征战争逐，导致政权不断更迭，社会动荡，但也促成了民族与文化之融合。至隋唐时，政局趋于一统，社会日渐安定，民族与文化融合的积极作用也日益显现出来；特别是到唐代，在文化上儒、释、道诸学术流派并行不悖，相互融会。然而儒学在政治与社会生活中仍处基础与主流地位。唐太宗虽好道喜佛，但仍强调"朕今所好者，惟在尧、舜之道，周、孔之教，以为如鸟有翼，如鱼依水，失之必死，不可暂无耳"[1]。因而隋唐两朝培养官员的国子监、弘文馆、崇文馆等学校，都以儒家经典为主要学习内容。也正是在儒学思想影响下，隋都大兴城的建设，其形制就与《周礼·考工记》基本相通。如城郭方正，道路通直，里坊规整，宫城与皇城占据城中北部高处，且与庶民百姓严格分离等。

至唐代，因崇奉儒学思想，帝都长安之恢宏气概更达到极致。如唐太宗兴修唐

---

① 〔唐〕吴兢：《贞观政要》卷六《慎所好第二十一》，中华书局，2009年，第331页。

高宗建成之大明宫，本即修在高出唐长安城郭城10余米的龙首原上，殿基高达4丈多，殿面宽为11丈，超出传统中国帝王宫殿最高面阔9间的旧制。平面呈凹字形，殿前东西两侧建有向外延伸的高大阁楼，东为翔鸾阁，西名栖凤阁。前距丹凤门四百余步（约588米），东西五百步（约735米），面积达0.43平方公里，殿庭极为宽阔，远超古代西方罗马帝国之诸多广场。殿前修建的两条平行的斜坡砖石阶道，长达75米。每有朝会，大臣与外国使节由此两道而上，从丹凤门北望，宛如龙垂其尾，极为壮观，故又称"龙尾道"。如此之设计与建筑，为帝王权势大壮声威，达其南面而治的意念。唐代李华在他写的《含元殿赋》中称颂其有"如日之升"的气势，写尽了大唐气概。

第二，崇奉通易灵变、遵道循势的道家文化。中华传统学术文化中，道家学派也如同儒家学派一样源远流长。而道家学说中，《周易》一书曾被古文经学家奉为群经之首，对中国历史上政治与学术文化多方面均有直接影响，在都城建设上也反映十分突出。至隋建大兴城时，宇文恺即运用《周易》乾卦卦象，针对选定建大兴城之龙首原以南广大区域高低起伏之地形特点，从中选出六条大体东西向横亘的高坡，象征乾卦之"六爻"，从北向南依序排名为初九、九二、九三、九四、九五、上九高地；又按《周易》所论，分别布设不同建筑设施，规划出不同的功能分区。唐代李吉甫在其所著《元和郡县图志》中写道："初，隋氏营都，宇文恺以朱雀街南北有六条高坡，为乾卦之象，故以九二置殿以当帝王之居，九三立百司以应君子之数，九五贵位，不欲常人居之，故置玄都观及兴善寺以镇之。"而六坡之间的低凹地带，宇文恺则用于开渠引水，凿池造湖，这既有助于解决城内生活用水所需，也增加了水面，改善了环境，增添了园林景点。总体上看，利用冈阜低地因势规划布设各功能区与建筑物得当，既满足了皇室贵族与百官僚属居高称治的要求，也使全城各类建筑各得其宜，高低错落，变化有致。此外，宇文恺还以易学中风水思想与厌胜理论，在大兴城东南角开凿曲江池，虽将之隔于城外，但占了东南角一坊之地，使之与城外部分建成皇家禁苑，以永保隋朝王者之气不受威胁（程大昌《雍录·曲江池》）。[1]

至唐代，由于道教以老子李聃为教祖，因而深得李氏皇室的尊崇，追认他为先祖。也正因为如此，道家思想更为流行。唐太宗建大明宫，选在东北郭城外之龙首原顶上，固然有地势高耸、可居高临下俯视全城的地形上的优势，也契合《周易》先天八卦方位即伏羲八卦方位的观念，因东北属"震"位，震为龙，是兴旺发达之

① 王维坤：《试论隋唐长安城的总体设计思想与布局：隋唐长安城研究之二》，《西北大学学报》（哲学社会科学版）1997年第3期。

象。因此大明宫建成后，尽管在地理位置上不处于全城的中位，但在《周易》之文化理念上却是对居于全城中位的太极宫的补充与崇"中"观念的强化。而玄宗时修建兴庆宫，从其择位与设计布局上，也分明受到道家思想中亲自然天道与天道无为等思想的影响。

第三，多元文化荟萃融合的开放气象。前已述及，隋唐时，特别是唐代，在政治思想与学术文化上是儒、释、道三者并行不悖的，尽管其间也有曲折变化，但总体看仍是相互融会而发展。加之唐王朝自太宗起，就对域内各民族爱之如一，对域外相邻诸国也分别采取册封、羁縻、朝贡等政策，大力推进政治交往、商业贸易与文化交流，因而使都城长安呈现出一派多元文化荟萃融合的开放气象。就儒、释、道三教而言，长安城中大型礼制建筑就有皇城安上门之东的太庙、含光门之西的社稷坛，以及城外南郊明德门道东1公里的祭天之坛圆丘，城北7公里祭地之坛方丘，东郊春明门外朝日之坛日坛，西郊开远门外低坎之中夕月之坛。除上述祭祀天、地、日、月坛庙外，四郊还有太乙坛、先农坛、黄帝坛、赤帝坛、青帝坛、白帝坛、黑帝坛等众多神坛星罗棋布。此外城内还有数十所公私官庙。官立庙堂中，即有追赠皇后与皇太后、赠皇太子、赠皇帝与公主庙22处，品官家庙可查知的有36处[1]，而佛教、道教及其他外来宗教之寺观数量亦复不少。据史载，隋代有76座，唐代新建83座，共为159座，其中寺83座、尼寺29座、道观34座、女冠观6座、祆祠5座、波斯寺2座。[2]这些寺观占地面积甚广，其中最大者往往占一坊之地，如靖善坊的大兴善寺即是。上述坛庙与寺观占据了外郭城内相当大的面积，也构成了唐长安城三教崇隆的繁盛景象与特异的文化氛围。

综前所论，可以看出隋唐都城之文化特征，充分反映了这一时期，当然主要是唐朝开放的胸襟与磅礴的气势。因而唐都长安城之规划思想与建设匠意，不仅对中国后世之都城发展产生了深远的影响，也对周边地区甚至域外，如日本等国起到了示范与引领作用，日本古都京都与奈良就是典型例证。唐朝诗人王维在《和贾至舍人早朝大明宫之作》一诗中写下的"九天阊阖开宫殿，万国衣冠拜冕旒"诗句，可以说就是对都城长安所反映出的盛唐气象的深邃而形象的概括与揭示。

---

① 朱士光、吴宏岐：《西安的历史变迁与发展》，西安出版社，2003年。
② 〔宋〕宋敏求：《长安志》，长安县志局；〔唐〕段成式：《酉阳杂俎续集》，齐鲁书社，2005年；曹尔琴：《唐长安的寺观及有关的文化》，见《中国古都研究》（第1辑），浙江人民出版社，1985年。

五、西安地区周、秦、汉与隋、唐时期古都文化之基本特点

关于古都文化，笔者曾指明了它的四大特点：（1）古都文化是历史上一个王朝或一个时代文化之缩影；（2）古都文化是历史上以至当今特定区域的代表性文化；（3）古都文化内涵丰富，规格甚高；（4）古都文化空间辐射力、时间穿透力强劲。[①]以上是古都文化总体上的特点。而就西安地区之古都文化，特别是周、秦、汉与隋、唐时期之古都文化而言，还独具以下几个特点。

第一，这一古都文化不仅是中华传统文化之核心与精髓，还是中华传统文化之源头与主流。这当然是因地处关中地区中心部位的西安及其附近地区自公元前11世纪中成为西周王朝统治中心之后，迄至公元10世纪初唐代末年，它作为周、秦、汉、隋、唐等统一强盛王朝首都的这一时期，正是中华文化经过之前历史时期孕育后，灿然形成并进入成熟、繁盛的阶段。因此，西周、秦、西汉、隋、唐之古都文化，作为强势文化，凭借政治上的张力，自然成为中华文化之源头与主流。

第二，这一古都文化充分吸纳了世界文化精华，既彰显了东方文化神韵，也是世界文化的重要载体。这显然也是因在西安及其附近地区建都的西周、秦、西汉与隋、唐王朝，不仅是中国历史上强盛的统一王朝，而且其统治集团与士庶百姓，对外族与域外文化也普遍持有开放包容的心态。特别是西汉与唐王朝，更是心胸开阔，眼界高远，气魄宏大，对域外文化兼收并蓄，广泛吸纳。以自汉代由天竺（今印度）传入的佛教为例，汉长安城因是国都，不仅是首先传入汇聚之地；至唐代，长安城依仗皇室贵族的推动更成为全国佛教核心地区，是当时中国佛教的僧才凝聚、经典翻译、宗派创立、佛教弘传、文化交流的五大中心。长安因此成为世界佛教文化城市和国际大都会，中华传统文化也因此更为丰富深邃，并成为东方文化的代表、世界文化的重要组成部分。

第三，这一古都文化，其主体部分上升至制度层面，在国家治理工作中发挥了重要作用，且对后世产生了深远的影响。中国历史发展至西周时，奴隶制社会已开始解体；自秦始皇建立大一统的封建帝制，至唐王朝，封建制社会发展至鼎盛。而这一时期，几个最重要的统一王朝均在西安及其附近地区建都，因而它们的古都文化，也即最高统治集团的治国理念。西周的礼乐文化、秦王朝的法家思想、西汉王朝的尊儒崇法与"霸王道杂之"[②]思想、唐王朝儒道释相融会的多元文化等，多渗进

---

① 朱士光：《中国古都与中华文化关系研究》，《陕西师范大学学报》（哲学社会科学版）2004年第1期。

② 《汉书》卷六《武帝纪》、卷九《元帝纪》，中华书局，1962年，第212、277页。

治国理政的制度层面，例如西周的分封制、秦之郡县制、西汉察举制度、唐之科举制度等。由上足见，上述帝都文化具有强劲的实用性与社会效应，且对中国社会发展产生了重大的促进作用。

六、结语

西安市及其附近地区是中国历史上16个王朝与政权建都之地。不同朝代都城之规制、建设、平面布局、主要建筑之思想理念都有所不同。其中西周都城文化最鲜明的特点是充分反映了周代之礼乐文化。秦都城彰显了法家治国思想与法天象地的规划思想，并形成了秦都咸阳盛大而开放的气象。汉长安城体现了萧何"重威"思想、"道法自然"思想、汉武帝"尊儒"思想和《周礼·考工记》中都城规制思想。隋唐长安城崇奉严整规则、宏阔壮丽的儒学文化和循势的道家文化，呈现出多元文化荟萃融合的开放气象。因此，西安地区的古都文化是中华传统文化源头与主流的重要组成部分，既彰显了东方文化神韵，也是世界文化的重要载体，对后世产生了深远影响。

原载《长安大学学报》（社会科学版）2011年第4期

（朱士光，陕西师范大学西北历史环境与经济社会发展研究院教授）

地位与特性：大古都视阈中的古都西安

毛　曦

西安是中国最为重要的古都之一，关于西安的古都地位，学界从西安建都的历史实际出发，论述已较为充分。著名历史地理学家史念海提出西安为17个政权的建都之地，历时1077年。[①]也就是说，西安是西周、秦、西汉、新莽、前赵、前秦、后秦、西魏、北周、隋朝、唐朝建都的11朝古都；如果加上东汉献帝建都和西晋惠帝建都，西安为13朝古都；如再加上汉更始帝刘玄的短暂建都，以及赤眉、黄巢、李自成农民起义的短期建都，西安曾为17个政权的都城所在。西安的建都政权数量较多，建都历时较为长久，这是西安建都的基本历史事实。但也应该看到，关于西安古都的历史地位及其特殊性所在，依然有进一步探讨的学术空间，依然可以从更多的视角理解西安的古都地位。通过学术史的梳理，可以看到学人们对于西安古都地位的认同情况；从中国历史的整体视野和世界历史的宏观视野加以分析，可以看到西安古都在中国历史中的特殊地位及应有的世界历史地位。

一、大古都之说中的西安地位

在认识古都问题时，一些地位显著的高等级古都，通常被人们誉为大古都（英文可译为his-toric capitals，或the most important capitals）。中国历史上在评估前代不同都城的地位时，形成了类似的大古都之说。如宋代郑樵提出："自成周以来，河南之都，惟长安与洛阳，或逾河而居邺者，非长久计也。自汉、晋以来，江南之都，惟有建业，或据上流而居江陵、武昌者，亦非长久计也。是故定都之君，惟此三都是定，议都之臣，亦惟此三都是议。"[②]即认为长安、洛阳和建业是最为重要的三座都城。从明初关于建都问题的讨论中也可以看到，人们认为历史上最为重要的

---

① 史念海：《中国古都和文化》，中华书局，1998年，第136页。
② 〔宋〕郑樵：《通志二十略》，中华书局，1995年，第561页。

都城有长安、洛阳、汴梁、北平和建业等五大都城。[①]明朝中期陈建也提出："古今天下大都会有四：曰长安，曰洛阳，曰汴，曰燕。"[②]即认为明代以前，中国最重要的都城有长安、洛阳、汴（今开封）和燕（今北京）四座。可以说，在古代人们关于历史上最重要都城的认识中，长安（今西安）占据首要位置。

　　1902年以来至20世纪80年代以前，先后出现了中国五大古都、六大古都和四大古都之说。梁启超1902年提出长安、洛阳、汴京、燕京、金陵为中国"五大都"。[③]刘麟生1931年提出"中国五大名都"之说，认为从建都久暂来看，分别为长安、洛阳、北平、南京、开封。[④]邹新垿1944年在文中写道："以西安、洛阳、开封、北平、南京等地，建都最为悠久，故有我国五大古都之称。"[⑤]王恢1976年提出五大古都中西安为13朝古都，历时1068年，其他依次为洛阳、开封、北平和南京。"统一年代长，则为西安与洛阳，国势强，则为西安与北平。"[⑥]六大古都之说始于1927年张其昀的表述，他提出中国有"历史上之六大都会"，即长安、洛阳、开封、南京、杭州、北平。[⑦]朱偰1934年指出中国最为重要的古都有6座，即长安、洛阳、金陵、北京、汴京、临安。[⑧]1936年李健人在《洛阳古今谈》一书中采纳了张其昀的说法，同时强调洛阳建都历年超过西安，位居首位。[⑨]周仁术1936年在书中认同我国六大古都为长安、洛阳、开封、杭州、北平和南京。[⑩]四大古都之说与民国时期的迁都历史密切相关。1932年4月国民政府通过了《确定行都和陪都地点案》，决定以洛阳为行都，以长安为陪都，并定名为西京。如此，便有了行都洛阳和陪都西京，加之此前的首都南京和故都北平，便有了民国时期的四都之名。1936年，倪锡瑛在《西京》中写道："在中国历史上，有四个著名的古都，便是长安、洛阳、北平、南京。""历史上的四大都城，在现代可以这样写法：1.首都——南京；2.故都——北

---

　　① 〔清〕陈鹤：《明纪》，见《四库未收书辑刊》（第6辑第6册），北京出版社，1999年，第47—48页。

　　② 〔明〕陈建：《皇明通纪法传全录》，见《续修四库全书》（第357册），上海古籍出版社，1995年，第315页。

　　③ 梁启超：《中国地理大势论》，见《梁启超全集》（第4卷），北京出版社，1999年，第929页。

　　④ 刘麟生：《中国沿革地理浅说》，商务印书馆，1931年，第9—22页。

　　⑤ 邹新垿：《战后国都位置问题》，《地学集刊》1944年第1期。

　　⑥ 王恢：《中国历史地理》（上册），台湾学生书局，1976年，第11—98页。

　　⑦ 张其昀：《中国地理大纲》，商务印书馆，1927年，第47—50页。

　　⑧ 朱偰：《金陵古迹图考》，商务印书馆，1934年，"自序"。

　　⑨ 李健人：《洛阳古今谈》，史学研究社，1936年，第5—6页。

　　⑩ 周仁术：《中国地理讲话》，中央军校特别训练班教务组，1936年，第70页。

平；3.陪都——西京；4.行都——洛阳。"①在上述三种大古都之说中，古都西安位居首席，只有李健人提出洛阳建都历年超过西安。从这些大古都之说中，可以看到人们对于西安古都重要地位的认同。

20世纪80年代以来新出现了中国七大古都、八大古都等说法。1983年陈桥驿主编的《中国六大古都》一书的内容安排遵循了北京、西安、洛阳、开封、南京、杭州的先后顺序。②1991年陈桥驿主编的《中国七大古都》一书的内容安排依次为北京、西安、安阳、洛阳、开封、南京、杭州7座古都。而谭其骧在为该书所作的序文中强调："这七大古都在历史上的重要性又有差别，西安、北京、洛阳应列第一等，南京、开封属于第二等，安阳、杭州属于第三等。"③也就是说，谭其骧以为中国七大古都依次为西安、北京、洛阳、南京、开封、安阳、杭州。2007年，朱士光主编、人民出版社出版的《中国八大古都》一书的内容安排依照北京、西安、郑州、洛阳、安阳、开封、南京、杭州的顺序。李令福认为，在八大古都中，郑州属于第三层级。④八大古都排序可依次为西安、北京、洛阳、南京、开封、杭州、安阳和郑州。此外，谭其骧的大古都层级说亦可视为三大古都的学术源头。尹钧科1992年指出："在我国众多的古都之中，最重要的是北京、长安与洛阳。"⑤可以看到，20世纪80年代以来，在中国大古都的有关表述中，西安在中国大古都中的排序要么继续位居首位，要么位居北京之后，但始终是隶属第一层级的大古都，由此可见学界对于西安大古都地位的认同。

除中国大古都学说之外，在世界大古都的表述中同样可以见到古都西安的身影。1996年出版的由史念海主编的《西安历史地图集》一书曾提到西安是世界四大古都之一。"西安（古称长安）是我国历史上建都时间最长的都城，与雅典、开罗、罗马并称世界四大古都。""西安市是举世闻名的历史文化名城，与埃及首都开罗、希腊首都雅典、意大利首都罗马并称为世界四大古都；同时，在中国七大古都中则是建都朝代最多建都时间最长的一个。"⑥"世界四大古都"亦称"世界四大文明古都"，对此目前有三种不同的表述：一是指罗马、雅典、西安、开罗；

---

① 倪锡瑛：《西京》，中华书局，1936年，第2、4页。

② 陈桥驿主编：《中国六大古都》，中国青年出版社，1983年，"目录"。

③ 陈桥驿主编：《中国七大古都》，中国青年出版社，1991年，"序"第2页。

④ 李令福，《郑州列入"中国八大古都"的原因、过程及启示》，见《中国古都研究》（第26辑），三秦出版社，2014年，第152—161页。

⑤ 尹钧科：《略论北京、长安、洛阳三大古都之异同》，见北京市社会科学院历史所编：《北京与中外古都对比研究》，燕山出版社，1992年，第198页。

⑥ 史念海：《西安历史地图集》，西安地图出版社，1996年，"序"第6页。

二是指罗马、雅典、西安、土耳其的伊斯坦布尔；三是指西安、特若奇提特兰（亦译为特若奇蒂特兰，中美洲阿兹特克帝国首都，地处今墨西哥首都墨西哥市地面之下）、底比斯（古埃及的九个王朝建都于此，地处今埃及境内）、尼尼微（亚述帝国都城，位于今伊拉克北部尼尼微市）。其中，到目前为止，以罗马、雅典、西安、开罗为世界四大古都之说，在我国传播较为广泛。如《中国地名》2012年第5期刊发四篇专文①，分别介绍罗马、雅典、开罗、西安世界四大古都；又如中华人民共和国国务院新闻办公室网站的新闻报道中亦采用了这一说法。此外，国外评出的世界十大古都中，中国仅有西安名列其中。美国《生活科学》杂志2006年评出、2007年公布的世界十大古都依次为罗马、雅典、君士坦丁堡、巴比伦、库斯科、特诺奇蒂特兰、底比斯、大津巴布韦、西安、卡霍基亚，西安名列第九。②从已知的三种"世界四大古都"之说和一种"世界十大古都"之说来看，西安作为中国众多古都的唯一代表均位列其中，由此可见西安的世界古都地位已得到了较为广泛的认同。

二、西安在中国古都中的特殊地位

学界以往在论说西安的古都地位时，特别强调西安建都历时的长久和建都次数的众多③，而在说明西安的大古都地位时，同时强调了西安多为统一王朝的都城且古今城址具有连续性。④葛剑雄提出了考察中国古都地位的九项主要指标，认为应从现代观念出发，进行多维度的综合性的量化分析，从而更为准确地把握不同古都的等级地位。⑤笔者以为，中国古都研究应该从对大古都问题的关注转向对不同古都特殊属性及其历史地位的深入探讨。西安作为历史上的中国都城，具有诸多方面的特

---

① 宇文忠洋：《罗马以世界"四大古都"之一 2700多年灿烂历史被誉"永恒之城"的声名使其地名璀璨靓目》；欧文：《雅典以世界"四大古都"之一西方文化发源地"众神之城"使其地名生辉》；陆开平：《开罗以世界"四大古都"之一世界最古老城市之一世界伊斯兰文化中心使其地名声韵广播》；于茜：《西安以世界"四大古都"之一中国千年帝都"不朽之城"耀亮地名华彩》。

② 阿禾、杨教：《世界十大古都西安名列第九》，《建筑工人》2007年第7期。

③ 关于西安是否为中国建都次数最多、历时最为长久的古都，学术界也存在不同的看法。随着都城考古和都城研究的推进，以及所持统计标准的差异，对于不同都城的建都次数和历时的统计结果也会因此而有所不同。参见毛曦：《从大古都之说看洛阳在中国古都中的地位》，见《中国古都研究》（第34辑），陕西师范大学出版总社，2018年，第19—27页。

④ 毛曦：《中国大古都标准问题的百年回顾与当代思考》，《天津师范大学学报》（社会科学版）2017年第2期。

⑤ 葛剑雄：《论中国的大古都的等级及其量化分析——兼答安阳能否列为"七大古都"》，《中国历史地理论丛》1995年第1辑。

性，如建都的军事地理形势极为优越，一直是许多人思想认识中建都的首选之地[①]；而关于西安古都的历史探究，在已有研究的基础上，可以从更广的维度加以分析，探讨西安在中外都城史上的特殊属性和重要地位。

从中国历史尤其是中国都城史的整体和较长时期来看，西安作为都城具有特殊的属性，曾为中国历史上的盛世之都。据史念海统计，西安建都历时共有1077年，其中最重要的是西周、秦、西汉和唐四个时期，作为中国历史上盛世的西汉和唐代，建都长安历时分别是208年和266年，占西安建都历时的较大比例。[②]纵观中国历史，可以看到王朝的更迭极其频繁，不同朝代的发展起伏不定，其中有些历史时期被誉为盛世，史书上不时可见治世和盛世的记载。[③]当代学者概括出中国历史的五大盛世，战国盛世、西汉文景盛世、唐开元盛世、明永宣盛世、清康乾盛世。[④]但若就整个朝代而言，汉代和唐代通常被认为是中国历史上的强盛时代，汉唐盛世之说多为人们所认同。[⑤]对比中国历史上的各个朝代，总的来看，汉朝和唐朝在政治、军事、经济、文化等方面的发展，以及所享有的国际声望等，为中国历史上的其他朝代难以企及的，汉唐盛世的社会发展体现出中国历史上少有的积极开放的汉唐气象、汉唐气魄。[⑥]作为汉唐盛世，都城无疑是国家的中心所在。西汉和唐代均建都长安，由此奠定了西安古都在中国众多古都和中国都城史上作为盛世国都的特殊地位。

西安古都的特殊之处，还表现在与中国诸多古都的比较上，西安作为国都，曾是中国历史上规模最大的都城。西汉国都长安城的周长约为25700米，城垣内面积约36平方公里，是"我国历史上第一个规模最大的城市"[⑦]。唐代首都长安城（隋代大兴城）的周长约36700米，城垣内面积约84平方公里。隋唐长安城的占地规模，无

① 关于西安建都优越条件的认识，尤其是有关关中军事地理优势的论述，自西汉以来，历代不乏专门论及，古代者如娄敬、顾祖禹等人，近代以来如钱穆、王恢等学者。对此，笔者拟撰文专门讨论。

② 史念海：《中国古都和文化》，中华书局，1998年。

③ 王曾瑜：《试论国史上的所谓"盛世"》，《中国文化研究所学报》2005年第45期。

④ 李治亭：《中国历史五大盛世》，河南人民出版社，1998年，"总序"。

⑤ 刘后滨：《打破断代为史，追求学术创新——"汉唐盛世学术研讨会"综述》，《中国人民大学学报》2004年第5期。

⑥ 《季羡林教授说：我们要有点"汉唐气魄"》，《社科纵横》1992年第5期；李唐：《鲁迅汉唐气魄论》，《唐都学刊》1993年第4期；李清凌：《汉唐气象与西北开发——汉唐开发西北的历史回顾》，《甘肃社会科学》2002年第1期；高天民：《汉唐气象与中国价值标准的确立》，《荣宝斋》2014年第10期。

⑦ 张永禄主编：《汉代长安词典》，陕西人民出版社，2012年，第97页。

论与其前王朝都城相比较，还是与其后的北宋东京、南宋临安、元代大都、明代南京①、明清北京来比较，皆无出其右者（参见表1）。可以说，唐长安城是中国古代占地规模最大的一座都城，在中国都城史上享有重要地位。对此，已得到学界的认同。②据学者推算，唐长安城繁盛时期的人口数量达100万左右。③长安城的占地规模之大和人口规模之巨，在一定程度上体现出了唐代盛世的景象，也体现出西安古都地位的特殊之处。

表1　中国古代重要都城占地规模统计表

朝代	都城	周长（m）	面积（km²）	资料来源
西汉	长安	25700	36	《图》57页，《汉》81、97页，《都》514页
		25015	34	《考》263页
东汉	雒阳	13000	10	《考》322、879页
隋	大兴	36700	84	《图》76、84页，《唐》49页，《都》446、519页，《考》356页
唐	长安			
隋唐	洛阳	27516	47	《都》450页，《考》389页
北宋	东京	29180	53	《都》469页，《考》402页
南宋	临安	18000	14	《都》472页，《考》423页
元	大都	28600	51	《都》485页，《考》503页
明	南京	33676	43	《都》486、524页，《考》948页，《南》99页
明清	北京	33199	62	《都》493页，《京》11、17页

　　说明：表中周长与面积均为大约数字，面积为城垣内的面积，且为当期都城最大时期的数据；资料来源中《图》指《西安历史地图集》（史念海主编，西安地图出版社，1996年），《汉》指《汉代长安词典》（张永禄主编，陕西人民出版社，2012年），《唐》指《唐代长安词典》（张永禄主编，陕西人民出版社，2012年），《都》指《中国都城辞典》（陈桥驿主编，江西教育出版社，1999年），《考》指《中国古代都城考古发现与研究》（刘庆柱主编，社会科学文献出版社，2016年），《京》指《明清北京城》（罗保平，北京出版社，2000年），《南》指《南京明代城墙》（杨国庆，南京出版社，2002年）。

---

　　① 明初国都南京城墙与其他都城不同，除了宫城、皇城和郭城三层城墙外，还有最外围的第四层城墙；以第三层城墙来算，周长为33676米，面积约43平方公里；以第四层围墙来算，周长达60公里，面积约为230平方公里。（杨国庆：《南京明代城墙》，南京出版社，2002年，第99页）但第三、四层城墙之间区域，多为大山丘陵，虽面积广阔，但建筑极少，故《中国都城辞典》（陈桥驿主编，江西教育出版社，1999年）等工具图书在论述明初南京都城规模时皆以第三层城墙作为边界。

　　② 史念海主编：《西安历史地图集》，西安地图出版社，1996年，第86页；张永禄主编：《唐代长安词典》，陕西人民出版社，2012年，第49页。

　　③ 陈桥驿主编：《中国都城辞典》，江西教育出版社，1999年，第218页。

三、西安在世界古都中的特殊地位

从中国历史特别是中国都城史来看，古都西安具有特殊地位。若从世界历史尤其是世界都城史来看，古都西安仍具有特别之处，在世界古都中具有显著地位。汉唐长安是西安建都最为重要的两个时期，是中国都城发展的最为重要的时期，同时属于中国都城在世界历史上具有国际影响的重要时期。

长安是西汉王朝200余年全国政治、经济和文化的中心，是中国历史上第一个规模最大的城市，城垣周长25015米，面积约34平方公里，人口在50万左右。在张骞通西域之后，长安逐渐成为当时中外交流的国际性都城，成为"丝绸之路"的起点。因此，汉代长安在世界都城史上具有极其重要的地位。[①]这一历史时期的世界舞台上，东有长安，西有罗马，汉代长安与西方罗马并为当时世界最具影响的都城，也正因如此，长安与罗马两座都城成为历史比较研究的重要论题。正如有学者所评论的："尽管西汉王朝和早期罗马帝国之间存在着时间差，但从历史发展阶段和地位来看，它们旗鼓相当，同样在世界历史上留下了极为深刻的印记。这两座帝都遥相对望，各自矗立在亚欧大陆的一端，统治着前所未有的版图。它们是时人津津乐道的谈资和向往，是后人追忆不尽的兴亡故事，是当时世界上最伟大的两座城市，是'丝绸之路'象征的终始，也造就了现代中国与欧洲挥之不去的文化基因。"[②]可以说，西汉长安所具有的国际影响与国际地位，构成了西安作为中国古都的特点之一。

"九天阊阖开宫殿，万国衣冠拜冕旒。"[③]与汉代长安相比，唐都长安更是一座享誉世界的国际性大都市。隋代建都大兴城，唐朝因之以为国都，更名长安。唐都长安规模宏大，面积已达84平方公里，是明清西安城的9.5倍；人口众多，曾达100万人左右；建筑宏伟，布局严整，功能分区明显。唐代长安与当时世界上的其他都城相比，是447年建立的东罗马帝国首都拜占庭面积的7倍，800年建立的伊拉克首都巴格达面积的2.75倍，690年日本所建奈良藤原京面积的12.92倍，708年日本建立的奈良平城京面积的3.73倍，793年日本所建京都平安京的3.67倍，[④] "是当时世界上也是我国古代规模最大的一座都城"[⑤]。唐都长安不仅是全国政治、经济和文化的中心，

① 张永禄主编：《汉代长安词典》，陕西人民出版社，2012年，"序"。

② 刘文锁：《长安与罗马的双城记》，《人民日报》2017年6月20日。

③ 王维：《和贾至舍人早朝大明宫之作》，见王友怀：《王维诗选注》，陕西人民出版社，1988年，第126页。

④ 张永禄：《隋唐长安城的规划布局与其设计思想》，《西北大学学报》（自然科学版）2014年第4期。

⑤ 张永禄主编：《唐代长安词典》，陕西人民出版社，2012年，第49页。

也是唐代对外交流的中心，一方面，"丝绸之路"连接着长安与西方，唐代长安对中亚、西亚乃至欧洲有着重要影响；另一方面，唐长安的政治与文化影响到东亚地区的发展，从政治制度到都城规制与建筑，在不同的层面均有较大影响。唐都长安作为当时世界的东方国际大都市，是国外使者和留学生的向往之地。与之对应，罗马城也是当时罗马帝国的国都，是西方世界最伟大的城市。长安与罗马，作为东方与西方的双璧，共同闪耀于世界。[①]唐代长安的世界地位，达到了以西安作为都城的历史时期的顶峰，同时是中国古代都城世界地位的高峰。唐长安城的世界影响，造就了西安古都的特殊地位。

周秦汉唐时期尤其是汉唐时期，是西安都城史上最为重要的时期，同时是中国古代都城史上极其重要的时期。美国人类学家艾丹·索撒尔认为，当今西方的工业城市虽是现代世界最为普遍的城市形式，但历史最为悠久、规模最为宏大且从未中断过文化传统的城市属于中国。汉唐长安，尤其是唐代长安无疑是这方面典型的代表性城市。[②]汉唐长安不仅是中国都城发展史上的里程碑，还是中国文化传统的典型代表；同时属于国际性的大都市，在当时的世界上具有举足轻重的影响。汉唐长安的繁盛是汉唐综合国力的体现，西安古都的历史地位源于建都于此的中国古代王朝的强盛。当今西安的崛起应是以中华民族的伟大复兴为前提，与国家的不断发展繁荣相伴随的。

原载《天津师范大学学报》（社会科学版）2019年第3期

（毛曦，天津师范大学历史学院教授）

---

① 王开明：《隋唐长安城与帝国时期罗马城的城市形态比较研究》，硕士学位论文，陕西师范大学，2017年。

② 张永禄主编：《汉代长安词典》，陕西人民出版社，2012年，"序"。

20世纪40年代中国建都论战现象解析

肖爱玲

在中华民国存续的短短的30余年间，国民政府的办公地点有南京、北京及重庆三处。在史念海看来，南京、北京、重庆三座城市与商都、周都、秦都、西汉都、新都、东汉都、晋都、隋都、唐都、宋都、元都、明都、清都一样，都可视为都城，是中国古都学研究的对象。①然而，纵观中国历代都城的空间选择和位置变化，像民国时期这样如此频繁迁都的王朝或政权尚不曾见到。更为重要的是，民国时期的历次都城迁移均引起了社会各界的广泛关注和讨论。发生于20世纪40年代抗日战争胜利前后关于都城选址问题的争议，是一次持续时间最长、涉及面最广、内容最为丰富、影响力最为深远的论战。

关于这场建都论战资料的搜集、整理和研究，当时就有一些出版社、报刊搜集和集中排印的论文集或论文摘要集出现，如《中国战后建都问题》②《建都问题论集》③《战后建都论丛》④《战后之建都》⑤，以及《国防周报》《思想与时代》《新中华》《东方杂志》《地学杂志》等等。而20世纪70年代出版的王克编辑的《建都论战》是以不同的建都地点为中心，重新组织、编排了当时发表的重要文章的相关内容而成的论文集。⑥20世纪90年代，国内开始有专门讨论这场建都问题的论文陆续发表。截至本文撰写完成，共搜集相关研究成果近20篇。已有成果主要重于对

---

① 史念海：《中国都城和文化》，中华书局，1998年，第54—60页。

② 新中华杂志社编：《中国战后建都问题》，中华书局，1944年。

③ 独立出版社资料室编：《建都问题论集——附历代建都议》，独立出版社，1944年。

④ 康国栋：《战后建都论丛》，人文书店，1944年。

⑤ 孙公达：《战后之建都》，中华出版社，1944年。

⑥ 沈云龙主编：《近代中国史料丛刊续编》（第11辑），文海出版社，1974年。

建都论战观点、原则及相应理论依据的梳理和分析①，亦有研究者从近代史观（思想史）、政治学（学术、媒体与政治之关系）、社会学（知识分子参政、议政意识）、人文地理学（对沙学浚历史地理、区域地理）等领域出发展开的专门研究，他们引用的文献、研究的内容及视角虽各不同，缺乏系统性的整理和分析，然已为整体性考察20世纪40年代建都问题提供了必要前提和参照。本文基于中国古都学研究视野，聚焦于都城选址问题，对20世纪40年代建都论战现象进行系统探讨，期望于中国古都学、近代城市史学理论研究有所帮助。

一、建都论战的起因与过程

20世纪40年代建都论战的起因和过程，不仅与当时国际、国内环境紧密相关，更与中国抗战形势有关。

1937年5月18日，《中华民国宪法草案（修正案）》第七条明确规定："中华民国定都于南京。"11月21日，国民政府宣布移驻重庆，随后就常有人议论建都南京的得失。②1940年3月30日，汪伪中央政权建都南京，于国民政府考试院旧址（今北京东路41号）办公，并发布了《国民政府政纲》和《还都宣言》，宣称重庆国民政

---

① 钟少华：《中国首都研究的近代观》，《史学理论研究》1996年第4期；黄立人、郑洪泉：《论国民政府迁都重庆的意义与作用》，《民国档案》1996年第2期；姜道章：《沙学浚教授对中国历史地理研究的贡献》，见《历史地理学》，三民书局，2004年，第441—454页；徐畅：《抗战后期建都之争》，《民国档案》2004年第3期；沈卫威：《对民国时期建都问题论争的回顾》，《南京理工大学学报》（社会科学版）2005年第4期；马勇：《抗战后期关于建都问题的讨论》，见《中国抗战与世界反法西斯战争——纪念中国人民抗日战争暨世界反法西斯战争胜利60周年学术研讨会文集》（下卷），社会科学文献出版社，2005年，第1110—1131页；何方昱：《学术、媒介与政治——论20世纪40年代〈思想与时代〉月刊社关于建都之争》，《求是学刊》2008年第2期；王明德：《抗战后期的择都之争》，《甘肃社会科学》2010年第2期；陈宏明：《1946年国民大会期间的建都之争》，《贵州社会科学》2011年第2期；何科：《抗战后期的西安建都论》，《西安文理学院学报》2012年第6期；何科：《抗战后期的武汉建都论》，《黄冈师范学院学报》2012年第4期；彭南生、邵彦涛：《陆地中国还是海洋中国——民国时期第四次建都论战中的东西之争及其内涵》，《人文杂志》2014年第2期；贾琦伟、李文芩：《抗战后期建都论战的重新审视》，《广东社会科学》2015年第3期；侯甬坚：《国都区位论——以长安都城的政治地理实践为例证》，见《长安学研究》（第1辑），中华书局，2016年，第53—65页；侯甬坚：《沙学浚先生〈西安时代与北平时代〉（1944年）评论》，见《北京史学》（第9辑），社会科学文献出版社，2019年，第83—102页；张博：《沙学浚区域研究的特点与方法》，《中国历史地理论丛》2021年第1辑；沈卫威：《何以建都》，《南方周末》2021年1月7日；任锋、马猛猛：《"建国于大地之上"：钱穆的首都论、立国形态观与文化地理学》，《思想战线》2021年第2期。

② 武彝：《战后建都问题平议》，《西北研究》（西安）1943年第9、10期。

府为伪政府。1940年9月6日，国民政府发布《明定重庆为陪都令》，将重庆确定为中华民国陪都，以澄清汪伪混淆视听之举。很显然，政府的合法性与都城所在位置紧密相关。

汪伪政权成立一个月后，《青年中国》季刊上刊发了时任国民政府立法院立法委员卫挺生《梦游新都》①一文。文章假设在南京屡有水患的情况下，提出了迁都江西九江、庐山及附近江湖之间的方案。新首都命名为"中正京"，中正京之外另设5处陪都——金陵、北平、洛阳、长安、重庆，10处行都——广州、昆明、昌都、拉萨、皋兰、迪化、疏勒、库伦、（黑）龙江、沈阳，形成了一个由首都、陪都和行都构成的都城体系。该文内容、结构及其对战后首都、都城体系的思考和论述方式，对战后建都问题的讨论及相关文章的内容和形式都有重要的影响。

1941年3月1日，在第二届国民参政会第一次会议上，蒋介石提出了"建国必须达到国防绝对安全"的建国目标和"一切建设必须国防化"的要求，制定了《战时三年建设计划大纲》。该文件对1942年1月至1944年底国防建设涉及的基层政治、国防经济、国防社会、国防教育文化等都有详细规划。在随后开展的国防科学运动中，将"国族至上，国防第一"的观念植入社会，1942年被认为是"国防建设年"②。美国卷入世界大战一年后，世界反法西斯战争进入战略大反攻的新阶段。举国上下，莫不为之振奋。③与上述一系列事件相伴生的是关于战后建都地点的激烈讨论。

1941年9月，张其昀在论述中央与地方关系时强调国民政府应执行孙中山以南京为首都的遗命。④12月，钱穆就建都南京为孙中山遗命之依据提出疑问和张其昀的答复以《论建都》⑤为题联合发表。钱在给张的书信中明言之前尽管久抱"国都必迁北方之私见"而未敢轻易发议，所以此文的发表可视作建都论战正式开始。⑥其间，王

---

① 卫挺生：《梦游新都》，《青年中国》1940年第3期。

② 钟期森：《国防建设论——为民国三十一年元旦特刊写》，《国防周报》1942年第5、6期。

③ 中国第二档案馆编：《中华民国史档案资料汇编》（第5辑），江苏古籍出版社，1998年，第190页。

④ 张其昀：《中央与地方均权制度》，《思想与时代》1941年第2期。

⑤ 钱穆、张其昀：《论建都》，《思想与时代》1941年第5期。

⑥ 徐畅认为论战起于1942年下半年。

维屏①、侯仁之②亦有相关论文发表。1942年仅有钱穆③、斯巴脱④和劳贞一⑤的文章发表。1943年后半年，文章数量猛增，下文为叙述方便，对每年发文量做一统计（表1）。

表1　20世纪40年代建都文章统计

首都	1940	1941	1942	1943	1944	1945	1946	1947	合计
西安			1	8	3				12
武汉		1		10	4				15
南京		2	2	6	7	1	15	4	37
北平				13	9	2	17	2	43
散点	1			6	7	1			15
无地点		1			4		10	3	18
合计	1	4	3	43	34	4	42	9	140

资料来源：依据《民国时期期刊全文数据库》（1911—1949）资料统计形成。

据表1可知，1943年发表文章总量43篇，1944年34篇，1945年4篇，1946年42篇，1947年9篇。然1943年9月至1944年6月，发表文章共有61篇，到了"车载斗量"⑥"载不胜载"⑦的地步。难怪时人李旭旦认为："最近数月来，国都位置成了问题，国内贤达纷纷立言。"⑧1945年初到1946年5月国民政府还都南京前后，报刊上关于建都问题的讨论几乎销声匿迹了，这一现象当与政府有关。⑨然1946年11月15日，吴稚晖在致国民大会开幕词时提出了"以南京为典礼国都，以北平为政治国都"的建议，并希望参会代表"研讨出一个完美的结果"。⑩一石激起千层浪，"国都问题今日已成国人心目中极普遍的问题"⑪及国民大会上争论最激烈的议题之

---

① 王维屏：《中国战后之国都问题》，见新中华杂志社编：《中国战后建都问题》，中华书局，1944年，第46—47页。

② 侯仁之：《北平的地理背景：重要性在介于二区域间最大缺点为分经济中心新中国建都北平恐无希望》，《燕京新闻》1941年11月24日。

③ 钱穆：《战后新首都问题》，《思想与时代》1942年第17期。

④ ［美］斯巴脱：《论首都发展之因素》，见美国地理学会：《地理论衡季刊》第32卷第4期；转引自新中华杂志社编：《中国战后建都问题》，中华书局，1944年，第73页。

⑤ 劳贞一：《论国都的建置及六代以前的都邑设计》，《人文科学学报》1942年第1期。

⑥ 崔书琴：《奠都问题》（上），《建国评论》1946年第1期。

⑦ 《大公报》社评：《战后国都宜建在北方》，《大公报》1943年9月25日。

⑧ 李旭旦：《让我们还都南京》，《新中华》1943年第12期。

⑨ 金兆梓：《论复员与还都》，《联合增刊》1945年第5期。

⑩ 鄜廷和：《典礼国都与政治国都》，《时代周刊》1946年第24期。

⑪ 《编后记》，《自强月刊》1946年第4期。

一①。国民大会之后，虽仍有贺昌群②、徐高阮③、高仲捷④等人发文力陈建都事宜，但仅能视为论战余续，因为返都南京已成事实。⑤至1948年1月14日，国民政府明令北平为陪都，建都论战彻底结束。

国民大会之前发表的文章大多集中于《国防周报》《思想与时代》《新中华》《大公报》《东方杂志》《地学杂志》《地学集刊》《华侨先锋》《东南日报》《邵阳中央日报》《中央党报》《新经济半月刊》《新使命》等报刊上，诸多文章又多次被不同的刊物、机构汇编成册。⑥国民大会期间的文章集中发表在《中央日报》《申报》《大公报》《新中华》《思想与时代》《建国评论》《中央周刊》《学生杂志》《革新（南京）》《自强月刊》《建苏月刊》《现代文丛》等报刊上。前期讨论中，首都地点相对集中于南京、北平、西安、武汉四座城市；后期集中在北平和南京两座城市之间，后者争论更为激烈（图1）。

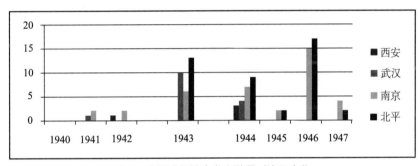

图1　主要建都地点发文数量对比及变化

二、主要观点及其立论依据

都城所在地的选择及其建设，对每一个王朝或政权都是至关重要的大事。"自

① 刘宗禄：《宪法上的国都问题：致意国民大会代表》，《革新》（南京）1946年第21期。
② 张其昀《再论建都》、贺昌群《再论历代建都与外患及国防之关系》，均载《思想与时代》1947年第42期。张其昀的《首都十论》汇编了曾经发表和演讲过的与首都有关的文章，以提要形式发表于《胜流》1947年第1期。
③ 徐高阮：《国都问题的一解》，《建苏月刊》1947年第3期。
④ 高仲捷：《国都问题还有一谈的必要（特稿）》，《现代文丛》1947年第6期。
⑤ 劳榦：《略论南京市区的发展》，《思想与时代》1947年第50期。
⑥ 仅1944年就有新中华杂志社编：《中国战后建都问题》，中华书局；独立出版社资料室编：《建都问题论集——附历代建都议》，独立出版社；康国栋编：《战后建都论丛》，人文书店；孙公达编：《战后之建都》，中华出版社；梅盦编：《战后中国建都问题》，总动员出版社；《战后国都建设问题全国各家论著集锦》，《国防周报》第4期。

古帝王维系天下，以人和不以地利，而卜都定鼎，计及万世，必相天下之势而厚集之。"①都城地点的选择和确定不是偶然的，而是多种要素的综合体现。从历代王朝的政权治理来看，其目标便是国运长存、国家安全与稳定。国家稳定是指王朝或政权控制境域的百姓安居乐业、百官各司其职，经济、社会安定祥和。国家安全则指无外敌入侵，边境无军事活动。历代王朝的稳定和安全与其都城位置休戚与共，这也是20世纪40年代各种建都观点的立论前提和目标。

中国地域宽广，可以选作国都之地的都市颇多。20世纪40年代建都论战中有近20座城市和区域被推选出来作为战后都城的候选城市和地区，其中西安、武汉、南京、北平是主要建都地点（图1、表2）。傅孟真、纪文达、沙学浚、陶孟和首选建都北平，其次才是南京。《东南日报》、封开基、王世超主张都城首选南京，其次才是北平。谷春帆主张建都东北，其次为北平。《大公报》、荣贞固亦主张以北平为宜，其次为西安。何国维主张建都武汉或西安，而以南京为陪都。崔书琴则主张建都北平，或选择适当而又合于公论的地点。金兆梓早期主张建都北平，后期转向建都南京，还曾主张暂都重庆。②历史上的著名古都，如长安、北京、洛阳、南京以及作为近代革命策源地和地理中心的武汉都是被重点选择的地点。

表2 20世纪40年代主要建都地点支持者情况

首都	支持者
西安	钱穆、张君俊、吴景敖、柯璜、龚德柏、丘良任、郑励俭、黄廷柱、余秋洛
武汉	王维屏、胡焕庸、章丹枫、史立常、鲍觉民、张印堂、陈尔寿、冯绳武、周立三、邹新垓、欧阳缨、黄照熹、舒扬
南京	张其昀、李旭旦、金祖孟、雷海宗、谷风、徐俊鸣、陈正祥、蔡鸿干、斯巴脱、封开基、王康、叶青、劳榦、张印堂、王世超、吴寿彭、孙甄陶、徐高阮、张剑鸣、倪志伟、张道藩、褚柏斯，以及《中央日报》社评、《大公报》社评
北平	金兆梓、沙学浚、纪文达、荣贞固、傅孟真、冯绳武、程晓华、洪绂、谭炳训、陶孟和、齐植璐、荣贞一、杨曾威、沈天水、康国栋、吴传钧、武彝、竺可桢、崔书琴、酈廷和、李禹年、王蔡、贺昌群、高仲捷、邓公玄、祁志厚、张世杰、王亚明、李文圃、张辑颜、文守仁

除四大著名古都之外，论战中尚有10余处其他城市或地区被选作未来之都（表3）。它们有两大特点：一是它们被提出的时间在国民政府返都南京之前，二是它们所在区域位置依然体现了古代都城选址原则。如天下之中——洛阳本就是这一原则的代

---

① 〔清〕顾炎武：《历代宅京记》，于杰点校，中华书局，1984年，"徐元文序"第3页。
② 金兆梓：《论复员与还都》，《联合增刊》1945年第5期。

表，九江、襄阳、长沙、兰州均缘于此；长春、松辽东北地区则有"天子守边之意"；济南、青岛、苏北等则为实现南北均衡发展之目的。至国民大会召开之后，建都地点的争议集中于北平和南京之间。《中央日报》1946年11月21日发表了国民大会代表张其昀主张建都南京的文章，11月30日转发了北方300余名代表主张建都北平的信息，12月2日又刊载张剑鸣的定都南京论，争议的焦点是迁北平还是都南京的问题。正如崔书琴所言："我国不是一个新兴的国家，所以我们的问题并不在选定某一地点去建筑一个新的首都。因此像在九江、庐山及附近江湖间地区新建首都那样的主张，是可以不必深加考虑的。""我们需要在原有的、较大的、富庶都市中选择，这样可以将建都节省的人力、物力用在旁的建设事业上去。"①这一建都空间特征恰是近代以来地方势力增长及割据社会形态在政治领域上的反映，也是近代区域政治、经济、文化、社会发展水平的一次横向比较。

表3 其他建都地点的讨论

作者	文章名称	期刊	刊发时间	提议首都
卫挺生	《梦游新都》	《青年中国季刊》第1卷第3期	1940年4月	九江、庐山及附近
胡秋原	《长春建都论》	《重庆大公报》	1943年9月26日	长春／北平
宁墨公	《论国都》	《扫荡报》	1943年10月3日至4日	襄阳—南阳
谷春帆	《选都商兑》	《重庆大公报》	1943年10月18日	松辽平原／北平
殷祖英	《论战后的国都问题》	《西北学报》第2卷第1—2期	1943年10月2日至4日	内陆
朱文长	《战后应建都兰州》	《东方杂志》第39卷第16号	1943年11月	兰州
程晓华	《大陆建都论》	《江西赣县青年报》	1943年12月12日	北方
翁文灏	《建都济南议》	《重庆大公报》，并以"悫士"笔名发表于《新经济》半月刊第10卷第9期	1944年1月2日	济南
周宪文	《亦论建都》	《东南日报》南平版	1944年1月18日至19日	边防
张元群	《建都问题与国防建设》	《重庆扫荡报》	1944年2月4日	青岛
葛绥成	《建都之我见》	《东南日报》南平版	1944年11月23日	洛阳
刘炳黎	《关于战后建都问题》	《重庆扫荡报》	1944年1月9日	长沙
朱厚信	《论吾国今后之建都》	《国防周报》第7卷第4期	1944年	许昌
庄泽宣	《战后中国建都管见》	《旅行杂志》第18卷第10期	1944年	苏北择地
金兆梓	《论复员与还都》	《联合增刊》第5期	1945年	重庆

---

① 崔书琴：《奠都问题》（上），《建国评论》1946年第1期。

综合分析百余篇文章，不难发现建都地点选择的主要原则，当综合考虑其历史、地位、文化、力源、气候、安全、交通、国策、景物、设备等各方面条件，可概括为：（1）历史悠久，享国久远的古代旧都。（2）地位适中。由"天下之中"的概念发展而来，又引申为地理中心、几何中心、经济中心、交通中心、文化中心、人口中心等。如首都须在全国中枢区域或核心区域之中央或其附近的边线，应位于国内交通便利的中心地点；接近全国最富庶之区，以取得人力、物力支撑；应接近国家经济上最重要的区域，临近交通经济中心及重工业资源、户口繁密和人文荟萃之地。（3）地形险要，可攻可守，既便于观瞻，又利于防守。（4）气候与环境适宜，有利民族优生。（5）革命发祥之地或根据地等。沙学浚认为首都之地应重于领导建国，首都位置的选择，除历史、地理（包括气候地形、经济、交通、聚落、民族等）两大因素外，尚须考虑到与权力很有关系的国策与力源两大要素。[1]地点不同，选址依据自然也就不一，各说各的理，正如钟少华指出的那样："论战的综合效果之一就是可以看出近代中国学者，对于中国首都研究的水准，无论从哪一个方面，都能够罗列一堆资料，并且自以为是地不受干扰地加以证明。"[2]

比较各地建都条件，主张建都南京、武汉者相对重视经济因素，主张建都北平、西安者则更为重视北部陆防，主张建都南京、北平者重视海洋权益与国外发展，主张建都武汉、西安者又重视国内建设与国防安全等，很难选出一座十全十美之都城。正如谷风所言："兰州为西北之门庭，西安为西北之堂奥，惟因整个西北人口仅占全国之十分之一，绝难建都。洛阳、开封原为中原之目，惟因黄河为患，虽远胜兰州、西安，仍非理想首都。武汉位于江浙、巴蜀之间，人物均称丰厚，水陆交通俱便，地位稍嫌隐蔽，而有国防安全之利。北平为我国近六百年之旧都，在黄河以北具有优越形势，距海不远，且易控制东北及全国矿藏丰富地带。惟距全国经济文化之中心地区太远，为其弱点。南京位于长江下游，近百年来突飞猛进，隐然已成全国产业金融人口之中心，为海禁大开后之骄子；惟因距海过近，外患可虑，是其缺点。"[3]正因为如此，也注定了这场轰轰烈烈的建都之争无疾而终的结局。

以上论述是在假定所有论战参与者，包括决策者都基于客观的立场，无论是就政治、经济因素而言，还是从国防战略角度入手，都本着公信在申明主张。其实，都城的选址与意见表达，都有强烈的主观意志。意见相左者，不全是因为所考虑的

---

① 沙学浚：《中国之中枢区域与首都》，《大公报》（重庆）1943年12月19日。
② 钟少华：《中国首都研究的近代观》，《史学理论研究》1996年第4期。
③ 谷风：《论建都》，《东南日报》（南平）1943年10月28日至31日。

客观因素偏重不同，也有主观意志甚至私心，如个人动机、地域情感等。李旭旦开篇就声明自己不带有地域偏好、没有私人利益，但又说道"对南京有一些感情"①；而从主张建都兰州的文章中明显地体会到作者较为激动的情绪②。所以，论战参与者的背景与主观意向可能是需要考虑的问题。钟少华强调了论战者地理、历史专业背景之差异，这只不过是一个大致的划分，因为地理学中不仅有自然地理与人文地理学之观点的不同，还有与其他学科背景，如社会学、政治学等学者之间的差异。受论文篇幅及研究主题所限，本文暂不讨论这一复杂现象。

综上所论，20世纪40年代建都论战是一场在抗战后期由知识阶层发起，被国民大会代表利用，关于战后都城选址问题的大讨论。国内外政治、军事形势影响了建都论战的主要内容及进程。1940年初至1943年第四季度之前为论战酝酿期，1943年9月至1944年底、1946年末为高峰期，抗战胜利前后至1946年11月的国大大会之前为低谷期，国大会议之后渐渐平息，至1948年1月结束。1946年5月5日还都南京以前，参与论战的主体为知识阶层，国民大会期间的论战主体则为国大代表，两种身份往往又是合一的。建都论战中提出了诸多建都地点及其立论依据，各种观点纷乱杂陈，我们显然很难以常规论战，或以二元论的方式厘清各论点之高下，但我们可将各建都观点及其立论依据作为整体进行分析，来探究这次建都问题讨论的学术价值和意义。

三、学术价值与意义

都城选址是一个比较复杂而重要的问题，是由多种因素共同作用的结果。20世纪40年代前期正值第二次世界大战时期，中国抗日战争是否能够取得胜利，胜利后能否获得独立自主发展的机会，以及战后中国如何应对外部压力，积极的还是消极的国防，陆防还是海防，均衡发展还是集中优势，发展重工业还是传统经贸，诸多问题都是社会各界、国民政府必须慎重和全面思考的，这也是讨论建都问题的前提。在战后国策没有确定之前，新都选址势必引起社会各界的广泛关注和议论，诸多问题注定了近代建都问题的复杂性。

从最终结果来看，20世纪40年代的建都论战并没有影响国民政府首都位置的选择，分散的建都观点及其被国民政府无视的状态，是当代学者对此次建都争议长期疏于研究的主要原因。但论战中关于历代都城空间选址、国外都城位置和相关理论的借鉴以及对中国国防和未来发展之路的思考等之于中国古都空间的认识和研究，

---

① 李旭旦：《让我们还都南京》，《新中华》1943年第12期。
② 朱文长：《战后应建都兰州》，《东方杂志》1943年第39卷第16号。

意义非常。

（一）对历代都城选址问题进行较为全面、系统的梳理和总结

历史记载是成功与失败的证迹，虽不是千古不变的定律，但可以考古求今。20世纪40年代建都论战之成果反映了近代中国的古都空间观，有助于对中国历代都城空间形态的把握。

其一，系统梳理和总结了历代王朝都城发展规律及特征。张君俊、黄廷柱等系统梳理和统计了历代建都时间、地点，得出历史上享国最久之都、短促之都、高纬度之都的认识，是为战后择都的历史依据，在当时即被广泛引用。

其二，总结历代都城的建都原则。此次论战基于对西周洛阳、西汉长安、北宋东京、明代北京定都经验的历史总结，申明了天下之中、山川险要、天子守边、门庭与堂奥腹地等都城基本选址原则。

其三，总结了历代都城选址的微观地理环境要素，主要分析了四大古都（指西安、北京、洛阳、南京）都城选址条件，如历史、地理、经济和军事等多方面的优势。对开封、杭州虽有论述，但相对要少得多。

其四，历代都城空间意向的地方化。如"建都北方者享国长，建都南方者享国短""由北治南者强，由南治北者弱""北人南走强者弱，南人北走弱者强"[①]，强化了南北方地域文化的认识。再如，基于"勇而进取者求近敌，和平而保守者求居中，怯弱图存者求远敌"的认识，历史上的都城则有进取、保守、苟安之都的区别。[②]进取之都有明永乐迁都之燕京、宋太祖奠都之汴梁、周武王奠都之镐京、秦都咸阳、汉都西京、隋唐都长安。保守之都为周平王之洛邑。苟安之都有东晋都建康、南宋都临安。

其五，总结了历史时期的都城空间选择方式及其发展特征。历代王朝或政权在都城空间选址中多有讨论，最典型的就是西汉初年娄敬、张良劝谏刘邦定都关中一事。沙学浚依据王朝历史中都城空间变化，提出了西安时代和北京时代、南渡时代和西迁时代的观点。[③]

最后，在如何吸取古代建都经验上亦有很多可取之处。如徐高阮评价国防建都论者"总以师中国历代定都用意"，但假如我们以古人为师来定都，自然应该以汉

---

① 柯璜：《定都之我见》，《大公报》（重庆）1943年9月25日。
② 朱厚信：《论吾国今后之建都》，《国防周报》1944年第7卷第4期。
③ 沙学浚：《西安时代与北平时代》，《京沪周刊》1947年第6期；沙学浚：《南渡时代与西迁时代》，《学原》1947年第1期。

高祖的谋臣张良为师。假如我们专就军事安危来着眼，自然应选择一个距威胁较远的地带。张良的用意不是苟安，而是务根本。毫无根据地想比隆汉唐，以"置之死地而后生"的心态选择国都，是和留侯的精神完全相反的[1]，这一认识是很有见地的。

（二）对域外都城空间文化的借鉴

20世纪40年代建都论战的另一个突出特点就是对域外都城选址空间的借鉴。《新中华》杂志社将"各国首都之海拔与海距"[2]与"中国历代首都""中国之都市"[3]一起编入论文集，即为便于比较和学习之用。吴景敖以苏联建都莫斯科、土耳其建都君士坦丁堡、美国建都华盛顿、德意志建都柏林，以及英国、葡萄牙、日本建都特征为例论述中国建都问题。[4]王世超举以"英国的伦敦，美国的华盛顿，俄国的莫斯科，意大利的罗马，并不是全国之中心"[5]之事实，佐证其国都位置不必为全国中心之说。谷风分析各国选择国都意向时指出，倘使一国领土面积不大，国内地理与人文诸条件平等发展的话，国都便选择在国土中央，如德国之都柏林、西班牙之都马德里及波兰之都华沙。[6]当然拿外国首都位置作为中国首都选址的依据亦遭到了批评。[7]

此外，还可以西方城市分布理论作为建都论战的武器。如柯尼希关于建都交叉路口、要塞与谷仓三个条件的理论就被国人广泛接受和运用。民族生物学家则以"气候之能影响于国民已为健康中外地理学家所公认"[8]为据，提出建都西安的意见。其他如希腊物理学家希波拉革拉第、法国孟德斯鸠、美国散普勒和亨廷顿等的研究结论均被利用。

（三）对中国未来发展之路的预判与思考

近代都城选址既要密切注意世界各国，尤其是大国、强国之发展趋向及其对中

---

[1] 徐高阮：《国都问题的一解》，《建苏月刊》1947年第3期。

[2] 新中华杂志社编：《中国战后建都问题》，中华书局，1944年，第20页。

[3] 该表数字根据沈汝生《中国之都市分布》一文，原载《地理学报》1937年第4卷。引自新中华杂志社编：《中国战后建都问题》，中华书局，1944年，第10页。

[4] 吴景敖：《建都与建国试论》，《新中华》1943年第12期。

[5] 王世超：《为建都问题进一解》，《国防周报》1944年第4期。

[6] 谷风：《论建都》，见孙公达编：《战后之建都》，中华出版社，1944年，第12页。

[7] 沙学浚：《建都论战之批判》，《新中华》1943年复1第12期。

[8] 黄廷柱：《战后国都问题商兑》，《国防周报》1944年第4期。

国之关系与影响，还要想象着中国与世界在战后及三五十年后各是什么样子，不可只看中国，如中国工业化成功了多少，敌友关系是否与今日完全相同，不可只看现在。①历史是演进的，对新中国未来的发展，要有新的时代眼光和新的理论根据。论战者依据对战时以及战后中国国际地位等的判断，提出了诸多不同的建都地点。假如抗战胜利以后能够彻底扫除日寇武装而致东亚永久和平，或日寇至少在数十年内不能再起侵略，则应定都于各种条件均备的北平。假如抗战以后国际形势不能尽如人意，则应建都西安。中国战后建国应采取积极态势，都城要能"以控制全国的最重要军区为第一要义（海陆空）；以控制全国的最重要重工业区为第二要义；以控制全国交通中区为第三要义（包括海洋交通）"②。

20世纪40年代都城选址思想，一是源自传统中国的建都经验，二是源自世界强国的建都特点，三是源自基于当时中国未来发展国策之分析。近代都城空间选择不仅延续和使用了古代都城空间的选择方式与理论依据，其位置特征还深受当时国际环境的影响。国际社会、政治、经济联系的加强，以及国际地缘政治形势的变化是影响近代都城空间生产的关键要素。因此，在中国古都研究与都城遗址保护中，研究者更应坚持"历史起点、当代情怀和世界眼光"③的基本原则。

以上三点即为20世纪40年代建都论战与中国古都学研究的理论意义和价值所在。

四、结论

20世纪40年代初的中国正值抗日战争最艰难时期，即使在太平洋战争爆发后，国人对战后中国在国际局势发展中的状态也难以估计。战后中国的威胁来自西北大陆、东北地区，加之东南沿海等不确定性因素，都将影响中国国策之制定和都城空间位置之选择。另外，中国自近代以来民族自觉、地方自治意识的增强，清末科举制废除之后士绅阶层参政、议政形式的改变，中国区域经济发展在南北方之间、东南沿海与西北内陆之间的显著差异等现象，都增强了近代中国社会的不稳定与政治结构的调整。由士绅演变而来的新知阶层，如何在这种复杂的局势下获得立足之地，实现个人的理想抱负更是一个艰难的抉择。所以，当抗日战争出现转机，政府

---

① "拿外国首都的位置作为中国首都必在北方的根据亦不敢苟同"，参见沙学浚：《中国之中枢区域与首都》，《大公报》（重庆）1943年12月19日。

② 武彝：《战后建都问题平议》，《西北研究》（西安）1943年第9、10期。

③ 萧正洪：《历史起点、当代情怀和世界眼光——中国古都学研究的新思维》，见《中国古都研究》（第31辑），陕西师范大学出版总社，2016年，第4—9页。

发出在国防战略下进行抗战建国的命令之后，新知分子纷纷就建国的首要问题——建都建言献策，尽管他们对政府的批评相对温和而克制①，但是我们透过字里行间依然可以窥见传统知识分子经世致用的学术责任与担当。

从整体角度来看，20世纪40年代的建都论战现象是社会矛盾与自由理性的统一。所谓矛盾是整体之中个体观念之间的相互抵牾，理性则指近代以来社会新知阶层对世界整体认识水平的提高与深入。近代建都立论依据体现为对传统与现代的继承与创新，历史与现实的矛盾与融合，国内与国际社会联系之加强。正是基于这样的复杂环境，建都论战让国民政府的都城选址问题变得更趋复杂，论战中形成的处处可都和无处可都的印象也为国民政府返都南京提供了"口实"。这场社会各界广泛参与的建都讨论，最终既不能为国民政府明确指出战后的建都地点，也没有为国民政府战后返都南京提供内在的逻辑依据。如果蒋介石所谓政府所在地即首都的命令还只是为了平息迁都冲突的说辞，那么战后国民政府还都南京一定是其昭示胜利的必然举措。这种特定决策的产生，首先取决于社会的压力，其次才是现实政治的需要。但是，那些参与建都论战者，无论持何种观点、采取哪些原则，无论是出于公信还是暗藏私念，毕竟都曾经置身其中，审视他们周围的一切。

原载《中国历史地理论丛》2021年第4辑

（肖爱玲，陕西师范大学西北历史环境与经济社会发展研究院教授）

---

① 谢慧：《知识分子的救亡努力——〈今日评论〉与抗战时期中国政策的抉择》，社会科学文献出版社，2010年，"序言"第3页。

论秦汉都城空间的演进与京都赋的形成

刘全志

关于京都赋的形成，学界往往归因于东汉前期的政治形势，如曹胜高认为京都赋的兴起源于东汉的迁都之争，班固的《两都赋》创作于"马窦党争最为激烈"的章帝时期。①与此有别，根据"东汉前期三代帝王的治国方略"以及京都赋的创作主旨，王德华指出《两都赋》的写作与"两大外戚马、窦之争的政治背景"无关，其真正的政治背景应是"汉明帝永平十七年云龙门对策'颂述功德'的政治导向"②。与归因于具体的政治事件不同，许结认为东汉京都赋的产生"有赋体的创作前源与当时的政治背景。创作前源当属西汉的宫廷游猎赋与地方都城赋（如扬雄的《蜀都赋》）"，而"就当时的政治背景而言"，定都之争又"演变成东、西之辨与礼制之争，其中内含了对东汉王朝合法（合'礼'）性的考虑"。③显然，从东汉王朝的礼制之争、治国方略、政治导向来思考京都赋的产生及创作过程较以往的讨论更为深入、切实。

然而，对京都赋而言，无论是"颂述功德"的政治导向还是"东汉王朝合法性的考虑"，都存在着一个值得重视的问题，即容易忽略京都赋作为独立赋类的独特价值和意义。④作为直接表现京都题材的文学作品，京都赋形成的背后，蕴含着比现实政治、礼制之争更为直接、客观而深刻的文化根据，而这一文化根据就是秦汉都城空间的演进及都城文化的连续性建构。

---

① 曹胜高：《汉赋与汉代制度》，北京大学出版社，2006年，第16、26、27页。
② 王德华：《东汉前期京都赋创作时间及政治背景考论》，《文学遗产》2008年第2期。
③ 许结：《论东汉赋的历史化倾向》，《文史哲》2016年第3期。
④ 例如归因于"颂述功德"的政治导向，容易得出京都赋与其他汉大赋一样承担着"'润色鸿业'的重要的政治文化功能"（王德华：《东汉前期京都赋创作时间及政治背景考论》，《文学遗产》2008年第2期）；而关注两汉王朝的礼制之争、合法性的考虑，又容易得出京都赋与其他作品一样成为东汉赋体"历史化倾向"的典型代表（许结：《论东汉赋的历史化倾向》，《文史哲》2016年第3期）。这些分析有助于我们认识京都赋与其他赋体作品的共性，但也容易忽略京都赋作为都城文学作品的独特价值。

一、京都赋与都城空间的演进

谈及京都赋与两汉都城的关联，学界的眼光多集中于东西二都的分化和对立。如曹胜高根据京都赋描述的都城选址、规划、建筑等，认为这些内容呈现出两汉都城在文化取向、营国思想、政治文化方面的差异。[①]侯文学结合两汉赋作对长安、洛阳的描写，认为《上林赋》《西都赋》《西京赋》等描述的西都长安是"威权之域"，而《东都赋》、《东京赋》、傅毅《洛都赋》、李尤《辟雍赋》等呈现的东都洛阳是"首善之区"。[②]显然，他们讨论的重心仍然是京都赋之于两汉都城制度、都城形象的区别，即将长安、洛阳置于对立双方立论。当代学者的这一研究视角并非无据，因为《两都赋》《二京赋》的结构设置就是如此：两篇均选择以长安、洛阳两都（二京）分篇行文的方式写作，设置的人物对话也是辩驳式的两都优劣论。

然而，班固、张衡的这一结构设置只是文本呈现的表层结构，他们的主观目的也许有展现长安、洛阳优劣的一面，但更在于强调洛阳是自己心目中的理想都城，即比较两都只是方式、手段，目的则在于赞颂"洛邑之美"[③]。为了实现这一创作目的，班固、张衡固然根据的是现实中的长安、洛阳，但侧重的内容无疑是经过筛选、加工甚至夸饰而成的，如"在西京部分，既写朝政，又写民俗；而在东京部分，只有朝政，没有民俗"，"班固、张衡排斥民风习俗，把它作为低层次、否定性的因素看待"，在他们看来"西都的朝政民俗都是有违于礼乐法度"。[④]这还只是就朝政、民俗的筛选而言，如果再涉及具体的语言、字句的使用，其中夸饰、渲染的成分不胜枚举。[⑤]因此，班固、张衡笔下的长安、洛阳，是文学作品塑造的都城。《两都赋》《二京赋》的这一创作方式提醒着我们：东西二都的优劣之争只是文本的表层结构，而他们的目的在于赞颂理想的都城。

也许以后人的立场来看，班固笔下的东都洛阳"是以理性为基础营造出来的"

---

① 曹胜高：《汉赋与汉代制度》，北京大学出版社，2006年，第16—115页。

② 侯文学：《汉代都邑与文学》，上海古籍出版社，2019年，第130—150、151—177页。另外，谢昆芩在讨论京都赋的文学抒写时，也是将长安、洛阳的"帝都风貌"分别加以展现，详见谢昆芩：《长安与洛阳——汉唐文学中的帝都气象》，上海古籍出版社，2013年，第56—79页。

③ "洛邑之美"见于《后汉书·循吏列传》言说与班固同时的王景之作《金人论》，绎其文义，"洛邑之美"似为《金人论》中的原文。详见《后汉书》，中华书局，1965年，第2466页。

④ 李炳海：《朝政与民俗事象的消长——古代京都赋文化指向蠡测》，《社会科学战线》2000年第4期。

⑤ 如《文心雕龙·夸饰》云"《东都》之比目，《西京》之海若"等。

甚至是"经过蒸馏升华得来的，只存在于理想中，在现实生活中是不可能有的"①，但是以他的主观感受而言，《东都赋》中的洛阳又是"有制"、符合"法度"的，这也是他热情而真诚地"宣上德而尽忠孝"的基础和前提。②因此，京都赋作家笔下的"洛邑之美"尽管呈现出理想化的色彩，但无疑又具有都城实体的支撑，如宫殿布局、郊祀之礼、三雍建筑等都可以找到考古学上的证据。然而，"有制""法度"之下的东都并非一蹴而就的，即"洛邑之美"的形成本身就是一个持久而长期的历史进程，而它一旦形成便促使、激励着班固、傅毅等人创作京都赋，以呈现它的"完美"而成熟。

所以，京都赋在呈现两都对立的表层结构之下，更蕴含着东西二都于文化品格上的关联和演进：由长安到洛阳，名称、地理位置已发生变化、转移，但在都城空间的建设和布局上，两者又具有必然的连续性和整体性。以洛阳为中央集权制下的都城而论，京都赋作家笔下的"洛邑之美"不但延续着西都长安的文化建设，也应有秦都咸阳乃至西周丰镐的品格和血脉，这也许正是杜笃、班固、张衡等作家在言说西都时总是提到"秦制""秦朔"及丰镐二京的潜在心理。③如果说"丰镐二京、咸阳与长安，从自然和文化地理上便自然形成了一种文化的整体性与继承性"④，那么从咸阳、长安到洛阳，帝国时代之都城的地点虽然在不断转移，但都城空间的演进无疑具有"文化的整体性和继承性"。也正是这种文化的连续性和整体性使得"洛邑之美"得以形成，进而成为"体国经野，义尚光大"之京都赋的审美对象。

二、"帝都"的出现与作为独立词语的使用

提到两汉都城，学界时常引用王国维的定义加以论说，即"都邑者，政治与文化之标征也"⑤。王国维针对的是西周与前代都邑的区别，重点呈现的是殷周之际政治与文化的剧烈变革。以先秦时期的历史语境来看，都城被称为"都邑"是合理

① 李炳海：《朝政与民俗事象的消长——古代京都赋文化指向蠡测》，《社会科学战线》2000年第4期。

② 〔梁〕萧统编，〔唐〕李善、〔唐〕吕延济、〔唐〕刘良等注：《六臣注文选》，中华书局，1987年，第41、24页。

③ 如《西京赋》的"欲沣吐镐""乃览秦制，跨周法""获林光于秦余"等。

④ 康震：《唐长安城宏观布局与初盛唐诗歌》，《陕西师范大学学报》（哲学社会科学版）2002年第3期。

⑤ 王国维：《观堂集林·殷周制度论》，中华书局，2006年，第451页。

的①，而借此称谓秦汉之后的都城则缺乏语义的周严，因为秦汉都城在等级、性质上已与先秦时期存在本质的不同。

以个体都城而言，东汉京都赋之都城无疑是指长安、洛阳，但如果就都城的性质而言，长安、洛阳乃至秦之咸阳又同属于中央集权制下的天子之都。它们与先秦时期的诸侯之国都，乃至西周时期的丰镐之王都存在着性质的不同：周王治下的丰镐尽管是天子之都，但以等级而论，它们显然属于王都②，这与战国时期诸侯称王时代的都城在性质上具有一致性，而与秦汉时期的咸阳、长安、洛阳则有根本的不同。也许杜笃、班固、张衡等人在追溯都城历史时还没有注意到这一性质和等级的变化，所以他们提到了西周的丰镐、洛邑，但是毋庸置疑，在他们心中西周与两汉时期一样是天下大一统的王朝。也就是说，杜笃、班固、张衡等人在言说长安、洛阳时之所以要追溯至西周时期，重在展现都城的历史沿革、文化血脉的关联，他们也许在主观上还没有清晰地认识到秦汉都城与先秦都城的区别，但无疑均期望长安或洛阳是大一统王朝的代表。客观而言，这种大一统王朝政治与文化的代表，显然已不是先秦时期的"王都"，而是中央集权制下的"帝都"。

与此相应，京都赋作家虽然没有直接使用"帝都"一词，但已使用相应的词句视长安、洛阳为"帝都"，如杜笃"以关中表里山河，先帝旧京""夫雍州本帝皇所以育业""斯固帝王之渊囿，而守国之利器也""乃廓平帝宇，济蒸人于涂炭"，班固"三成帝畿，周以龙兴，秦以虎视"，张衡"惟帝王之神丽，惧尊卑之不殊""望先帝之旧墟，慨长思而怀古"等。③这些词句说明，在京都赋作家笔下，"帝都"一词呼之欲出。

以现存的文献而言，"帝都"一词，最早见于《山海经·北山经》"帝都之山"，同类的词组还有"帝之下都""帝之囿""帝之密都"。④显然，在《山海经》中"帝都"还不是独立的词汇，表义也不同于后世之"帝都"：《山海经》之"帝"也并非皇帝、帝王之"帝"，而是指天帝。与此相比，表义清晰、使用准确

---

① 如《左传》庄公二十八年云："凡邑，有宗庙先君之主曰都，无曰邑。"有关都城称谓使用的动态性变化，可参见刘全志：《论先秦两汉时期"都城"及其相关名称的衍生和定型》，《西北大学学报》（哲学社会科学版）2020年第6期。

② 结合苏秉琦、严文明、张忠培、李伯谦等学者的讨论，王巍认为中国古代国家发展的三个阶段应是邦国、王国、帝国，邦国从龙山时代开始，夏商周是王国阶段，秦统一全国则代表着帝国阶段的开始。详见王巍：《中国古代国家形成论纲》，《中原地区文明化进程学术研讨会文集》，科学出版社，2006年。

③ 《后汉书》，中华书局，1965年，第2595页；费振刚、仇仲谦、刘南平校注：《全汉赋校注》，广东教育出版社，2005年，第387、388、465、631、682页。

④ 袁珂校注：《山海经校注》，上海古籍出版社，1980年，第98、47、294、125页。

的"帝都"最早见于王充的《论衡》,如《寒温》云:

> 帝都之市,屠杀牛羊,日以百数,刑人杀牲,皆有贼心,帝都之市,气不能寒。①

又《自纪》云:

> 夫形大,衣不得褊;事众,文不得褊。事众文饶,水大鱼多。帝都谷多,王市肩磨。②

王充三次使用"帝都",均指天下至尊的皇帝之都,特别是前两次使用重点在于言说寒温之气非人力所能为,如同"帝都之市"的"屠杀牛羊""刑人杀牲"并不能"寒"帝都之气。王充使用的"帝都"不但完全没有了神秘莫测的色彩,而且还能成为反驳盲目迷信的证据。显然,这里的"帝都"已是现实意义上的皇帝之都,而非《山海经》中的"天帝之都"。在王充身后,"帝都"一词的使用渐广,迨至东汉末年,"帝都"已成为知识界对京都的习称③。与"帝都"同类的词语还有"帝京",见于梁鸿《五噫歌》:"顾览帝京兮,噫。"④王充、梁鸿与杜笃、班固同时且稍长于班固,他们对"帝都""帝京"的使用,颇能与京都赋的形成时间相一致。这一现象也能说明京都赋在东汉前期的形成,表面上与当时的政治形势密切相关,而更为深层的根据则是秦汉都城建设与文化演进的必然结果。

结合传世文献和考古成果,当代学者对秦汉都城形制的变化多有比较精确的概括,如帝都朝向由咸阳、长安的坐西朝东渐变为洛阳的坐北朝南⑤,中轴线的模糊不显到相对清晰⑥;分散单体的多宫制逐渐走向相对集中的两宫制⑦,进而宫室的布局逐渐结构化,即"秦朝咸阳是宫城的初步连缀,西汉长安是宫城连缀之后的进一步集聚,东汉洛阳则是宫城集聚以后的结构化"⑧。这些无不在说明,从咸阳经长

---

① 黄晖:《论衡校释》,中华书局,1990年,第628页。
② 黄晖:《论衡校释》,中华书局,1990年,第1202页。
③ 如陈琳《为袁绍传檄各州郡文》、应劭《风俗通义·愆礼》。
④ 《后汉书》,中华书局,1965年,第2746页。
⑤ 刘瑞:《汉长安城的朝向、轴线与南郊礼制建筑》,中国社会科学出版社,2011年,第2—45页。
⑥ 东汉洛阳的中轴线并不在城的居中位置,与长安城有明显的差异,这"显示出古代都城中轴线形成的初期特点"。详见李久昌:《国家、空间与社会——古代洛阳都城空间演变研究》,三秦出版社,2007年,第308页。
⑦ 李久昌:《国家、空间与社会——古代洛阳都城空间演变研究》,三秦出版社,2007年,第237—238页。
⑧ 张腾辉:《从"帝都"到"天下"——"主体空间"视域下的秦汉都城研究》,《都市文化研究》2013年第1期。

安到洛阳，都城的地点虽然不断转移，但其建设理念却在逐渐接续、反思、完善、定型之中。当帝都的空间建设达到一定成熟、相对完善的阶段，与之相应的文学主题——京都赋也得以形成。

三、东都洛阳的空间建设与"元始故事"

许多学者指出，京都赋作家在称颂洛阳时往往强调"京洛之制""典章之美"。[①]也许在后人看来，帝国信奉的礼节典礼与都城本身存在着距离，但在时人看来，作为"帝都"的洛阳正是信奉礼节典礼的代表。以京都赋的内容来看，"京洛之有制"的典型表现并不在于都城的朝向、宫室的结构化、中轴线的明晰等，而在于都城礼制空间的完善。这就是班固、傅毅等人屡屡提到的"三雍"，即明堂、辟雍、灵台。为了突显这些礼制建筑的重要性，班固甚至觉得只在正文描绘还不足以呈现它们的价值，所以在结尾处又以"颂诗"的形式单独加以赞颂，以此东都主人也彻底折服了西都宾，后者更真诚地赞叹，并做出了终生的承诺：

> 美哉乎此诗！义正乎杨雄，事实乎相如，非唯主人之好学，盖乃遭遇
>
> 乎斯时也。小子狂简，不知所裁，既闻正道，请终身诵之。[②]

班固在描述西都宾叹服之时，也点明了自己的作品与司马相如、扬雄之作的区别。其中"义正""事实"除了批评"夸诞不信的藻词丽句"，"强调征实"赋风之外[③]，还应蕴含着对洛阳帝都气象的强调：与司马相如、扬雄笔下的长安事物相比，东都洛阳的特质是"义正""事实"，而"义正""事实"落脚于实体建筑无疑正是"三雍"。[④]通过这样的行文安排，班固显然是在强调完美的礼制建筑是帝都不可或缺的重要空间，它是"京洛之有制"的重要标志，也是"法度"的核心代表。

同都城的整体空间一样，洛阳礼制建筑的完善也呈现着秦汉礼制空间的连续性和继承性。京都赋作家引以为豪的"三雍"于"中元元年（56）动工，永平二年（59）完工"[⑤]，时间跨越光武、明帝两朝，三雍之礼的制定和实施也由汉明帝承

---

① 如康达维和彭行的观点："与其说这些赋作是对东都的赞歌，不如说是对帝国信守礼节典礼的赞美。"详见康达维、彭行：《汉颂——论班固〈东都赋〉和同时代的京都赋》，《文史哲》1990年第5期。

② 《后汉书》，中华书局，1965年，第1371页。引文中"杨雄"即"扬雄"，为与使用习惯一致，笔者在正文表述时使用"扬雄"。

③ 详见冷卫国：《赋中论赋：汉代赋学批评的另一种形式》，《文学遗产》2008年第3期。

④ 这一点也正是西都宾承诺要"终身诵之"的原因。

⑤ 李久昌：《国家、空间与社会——古代洛阳都城空间演变研究》，三秦出版社，2007年，第242页。

担。"三雍"建成当年，汉明帝"初祀五帝于明堂，光武帝配"，同时"登灵台以望云物，袒割辟雍之上，尊养三老五更"①，这是在制定并实施明堂祭祀、灵台望气、辟雍养老等礼仪。与三雍之礼相配合的是五郊迎气之礼，即"是岁，始迎气于五郊"②。汉明帝制定和实施的三雍之礼、五郊迎气之礼，标志着"东汉国家的郊祀开始形成体系"③。然而，无论是三雍礼制空间的建设，还是汉明帝制定和实施的相关礼仪都存在着曾经在西都长安讨论、实施的历史踪迹。

对于东汉士人而言，三雍之制往往被追溯至西周乃至更早的远古帝王，但对于汉帝国而言，在京都建设"三雍"，最早可追溯至汉武帝时期：汉武帝即位之初与"赵绾、王臧等以文学为公卿，欲议古立明堂城南，以朝诸侯"，但最终"未就"；后来，汉武帝又建"汶上明堂"，④这座明堂显然远离帝都长安。黄展岳指出："不仅武帝时没有在长安兴建明堂、辟雍，武帝以后平帝以前的诸帝也没有兴建过。只有到了平帝即位，王莽当权的时代，明堂、辟雍等礼制建筑才大量在南郊出现。"⑤王莽奏建"三雍"的时间是在平帝元始年间⑥，除了"三雍"的建设，更为重要的是制定了一系列郊祀礼仪，这就是光武帝、汉明帝举行祀典时所经常言说的"采元始中故事"⑦。也就是说，东汉时期成体系的国家祭祀礼典应直接来源于"元始中故事"。与之前相比，王莽所制定的"元始仪"提升了帝都长安的地位，他"设置了一个百神毕集的巨大神坛，这个神坛的中心就是长安城"，"长安南北郊成为国家最高祭祀所在地，也是皇帝唯一需要亲临祭祀的场所"，进而"象征皇权的首都地位也变得不容质疑"。⑧从这一层面来看，"元始故事"使长安成为帝国的政治中心和神圣中心。然而，王莽的作为和努力在东汉统治者以及京都赋作家那

---

① 《后汉书》，中华书局，1965年，第3181、2545页。

② 《后汉书》，中华书局，1965年，第104页。

③ 张鹤泉：《东汉五郊迎气祭祀考》，《人文杂志》2011年第3期。

④ 《史记》，中华书局，1982年，第452、480、1401页。

⑤ 黄展岳：《汉长安城南郊礼制建筑的位置及其有关问题》，《考古》1960年第9期。

⑥ 1957年发掘的西安大土门礼制建筑遗址即王莽奏建的"三雍"，学界多认为这一遗址主要是指明堂，参见刘瑞：《汉长安城的朝向、轴线与南郊礼制建筑》，中国社会科学出版社，2011年，第70—121页。以《汉书·王莽传》记载来看，这一礼制遗址应是"三雍"："是岁，莽奏起明堂、辟雍、灵台，为学者筑舍万区，作市、常满仓，制度甚盛。"王莽奏立"三雍"被当时的士人当作一大功绩加以赞颂。（《汉书》，中华书局，1962年，第4069页）

⑦ 如"祭告天地，采用元始中郊祭故事"，"别祀地祇，位南面西上，高皇后配，西面北上，皆在坛上，地理群神从食，皆在坛下，如元始中故事"，"自永平中，以《礼谶》及《月令》有五郊迎气服色，因采元始中故事，兆五郊于洛阳四方"等。参见《后汉书》，中华书局，1965年，第3157、3181页。

⑧ 田天：《西汉末年的国家祭祀改革》，《历史研究》2014年第2期。

里并未得到认可。

四、京都赋对王莽的否定与"帝德"的确立

对于东汉统治者而言，"元始故事""元始仪"虽然为帝国的礼制建设提供了依据或参照，但它的主持者王莽却最终谋篡了大汉的天下，这一点也许正是东汉统治者只乐意提及"元始中故事"而不愿意提及王莽的原因所在。

同时，京都赋作家在作品中对新莽一朝的鄙夷与批判显得更加直接，如杜笃云"逮及亡新，时汉之衰，偷忍渊囿，篡器慢违，徒以势便，莫能卒危。假之十八，诛自京师"，班固言"往者王莽作逆，汉祚中缺，天人致诛，六合相灭"，张衡曰"巨猾间衅，窃弄神器。历载三六，偷安天位"等。①既然是"篡器""作逆""窃弄"，班固、张衡等人显然不愿意将洛阳之"法度""有制"追溯于王莽治下的长安。从《两都赋》《二京赋》的内容来看，西都宾、凭虚公子对长安的描述限定王莽之前，因此举行"元始仪"时期的长安是被京都赋作家有意忽略的阶段。班固、张衡的这一做法，符合东汉知识界的惯例，如东汉王朝在使用"五行相生的五德终始说"时，也有意忽略了王莽"新朝为土德"②的阶段，而直接采用了"汉承尧运""协于火德"之说③，即《东都赋》所云"系唐统，接汉绪"④。

客观来看，元始礼制的确有助于提升帝都长安的地位，是都城文化空间建设的一个重要阶段，然而新莽祚短、天下汹汹，"郊祀的威严与神圣"不但没有巩固、持续，反而被一再地亵渎和破坏。因此，长安也就没有真正成为天下士人心中的理想之所，帝都的神圣与权威更没有真正地建设成功。这一点从王莽自身的"迁都计划"即可得到证明，王莽于建国四年（12）下诏云：

> 昔周二后受命，故有东都、西都之居。予之受命，盖亦如之。其以洛
> 阳为新室东都，常安为新室西都。邦畿连体，各有采任。⑤

这是在模仿西周制度，设立东西二都⑥，从中可以看出东西都的设立是长安、洛阳两都并重的计划。然而，时隔一年，王莽便使用谶纬直言自己的迁都大计："定帝

---

① 费振刚、仇仲谦、刘南平校注：《全汉赋校注》，广东教育出版社，2005年，第388、495、678页。

② 王莽新朝为土德的分析，详见蒋重跃：《五德终始说与历史正统观》，《南京大学学报》（哲学·人文科学·社会科学）2004年第2期。

③ 《汉书》，中华书局，1962年，第81—82页。

④ 《后汉书》，中华书局，1965年，第1360页。

⑤ 《汉书》，中华书局，1962年，第4128页。

⑥ 沈刚：《王莽营建东都问题探讨》，《中国历史地理论丛》2005年第3辑。

德，国雒阳"，并以"建国八年，岁缠星纪"之时"在雒阳之都"。①不过，当年年底即改元"天凤"，但是年号的更换并未打消王莽的迁都心意，他于天凤元年（14）正月即下诏："毕北巡狩之礼，即于土中居雒阳之都焉。"②然而，巡狩之行被群臣劝阻，迁都洛阳的计划眼看再次泡汤，王莽明晓群臣"毋食言焉"，"更以天凤七年，岁在大梁，仓龙庚辰，行巡狩之礼。厥明年，岁在实沈，仓龙辛巳，即土之中雒阳之都"，随后"乃遣太傅平晏、大司空王邑之雒阳，营相宅兆，图起宗庙、社稷、郊兆云"。③显然，这一次王莽下了迁都的决心：不但定下了具体的时间，还派遣位列四辅三公的太傅、大司空先行考察并设计图纸。然而，与"建国八年"同样，计划中的"天凤七年"也仅存于诏书，"天凤"作为年号仅使用了六年，至于"岁在实沈，仓龙辛巳"的"厥明年"更是无从依附，以年数而论，王莽所说的"厥明年"应是地皇二年，但此时天下混乱、叛军四起，不但迁都之事不见提及，即使巡狩四方也根本没有施行。

王莽新朝的国策多变，固有多种原因所致，迁都之事虽然最终搁浅，但从王莽迁都心意的坚定性来看，帝都长安显然不是新朝中心的理想所在。经过"元始改制"，作为天下中心的帝都长安本应成为时人心中的"首善之区"④，然而王莽迁都的计划足以说明事实远非如此。因此，王莽主持的建三雍、定郊祀流于形式和表面，根本没有真正完成帝都神圣与权威的文化建设，而这一点则要延续至东汉光武帝、明帝时期加以完成。

光武、明帝两朝都城文化建设可依靠的知识资源是包括"元始故事"在内的"汉家故事"。渡边信一郎指出，东汉初年的光武帝、明帝是"礼乐制度再定位"的时期，"作为国制再定位的核心人物是张纯和曹充"，而礼制、国制的"再定位"则昭示着"东汉古典国制的建立"。⑤以都城的文化空间建设而论，"古典国制的建立"同样蕴含着洛阳作为帝都文化建设基本完成的意义。

相对于王莽新朝礼制的空洞、无力，汉明帝制定并实施的三雍之礼、五郊迎气之礼显得真实而强劲，更带有正统而神圣的色彩。也许东汉王朝的礼制体系还

---

① 《汉书》，中华书局，1962年，第4132页。
② 《汉书》，中华书局，1962年，第4133页。
③ 《汉书》，中华书局，1962年，第4134页。
④ 以"首善"称谓京师，始见于公孙弘的上书"建首善自京师始"，可视为汉儒对帝都文化建设的一种努力。详见《史记》，中华书局，1982年，第3119页。
⑤ ［日］渡边信一郎：《东汉古典国制的建立——汉家故事和汉礼》，张娜译，《法律史译评》2017年第2期。

需明帝之后的章帝、和帝继续完善①，但经过光武、明帝的努力，都城的文化空间建设显然已经走向了成熟：帝都洛阳成为集皇权与神圣于一体的天下中心，"处乎土中""图书之渊"连同礼制之美、神雀宝鼎之瑞，一起见证着帝都的完美和首善。于此，王莽心仪而未能实现的"定帝德，国雒阳"，此时已经成为不争的事实。对于东汉朝廷而言，"帝德"显然就是"汉德"，即班固所言的"目中夏而布德""精古今之清浊，究汉德之所由""述叙汉德"②，张衡所云的"汉帝之德，侯其祎而""大汉之德馨，咸在于此"③。"帝德"的确立与明晰，昭示着帝都文化建设的基本完成，与此同时"帝都"一词得以独立，"义尚光大"的京都赋也得以形成。

五、帝都神圣性的建构与附会

迁都之论是京都赋所呈现的表层结构，但是否迁都显然不是班固、崔骃、傅毅、张衡等人所能决定的，他们以赋的体式言说迁都之争，主观目的也许各有不同，但由此而塑造的理想都城显然是洛阳而非长安。那么，京都赋作家心中的洛阳无疑是完美的帝都，它强调"法度"、"有制"、仁义道德，更是"大汉之德馨"的象征；与此同时，它又是圣主"体神武之圣姿，握天人之契赞""寻历代之规兆"的结果④，它的明堂、辟雍、灵台使得"上帝宴飨，五位时序"、"三光宣精，五行布序"、宝鼎神雀之瑞频现天地。⑤将这两方面相结合便可以看出，班固等人的京都赋为我们呈现出一座十分完美的"统和天人"之帝都，这也正是一座集皇权与神权于一体的帝都。

京都赋作家的这一塑造并非个例，同时期的大臣王景有感于迁都之论，"会时有神雀诸瑞，乃作《金人论》，颂洛邑之美，天人之符，文有可采"⑥。可见，王景在写作《金人论》之时与《两都赋》一样通过"神雀诸瑞"强调"洛邑之美"在于"天人之符"。与盲目、过度、无节制的神灵信仰相比，班固、张衡描述的神圣帝都显然是有序的、礼制化的，也正因为如此，才能受到天神的护佑并降下诸般祥

① 如曹褒言"大汉自制礼，以示百世"（《后汉书·曹褒传》）；安帝永初中，谒者仆射刘珍等"撰集《汉记》，因定汉家礼仪，上言请衡参论其事"（《后汉书·张衡传》）。

② 《后汉书》，中华书局，1965年，第1364、1369、1375页。

③ 〔梁〕萧统编，〔唐〕李善、〔唐〕吕延济、〔唐〕刘良等注：《六臣注文选》，中华书局，1987年，第79、82页。

④ 费振刚、仇仲谦、刘南平校注：《全汉赋校注》，广东教育出版社，2005年，第408页。

⑤ 《后汉书》，中华书局，1965年，第1371、1372页。

⑥ 《后汉书》，中华书局，1965年，第2466页。

瑞。所以，帝都的神权是以德性为基础和前提的，这也是班固、张衡等人一直强调"汉德"的原因所在。

与此相比，在班固之前的杜笃不但没有深入这一层面，更缺乏对帝都神权根据的描绘，虽然他也使用了"天人之符"，但杜笃强调的不是帝都，也非立都，而是限定于光武帝"受命立号"，即所谓"于时圣帝，赫然申威。荷天人之符，兼不世之姿。受命于皇上，获助于灵只。立号高邑，搴旗四麾"①。在杜笃眼中，帝都是"守国之利器"，与神权无关、与仁义无关，所以他的结论是"虽有仁义，犹设城池也"②。杜笃的持论并非无据，而是来源久远，直承于西汉初年的刘敬、张良等人的定都之言。在刘敬言说定都关中之时已经明言并非"与周室比隆"，也不是"务以德致人"，而是以关中"阻险""入关而都"形成"扼天下之亢而拊其背也"。③刘敬之言，又被留侯张良认可，进而刘邦定都长安。

因此，杜笃与刘敬、张良等人的观点，具有一脉相承性：两者在强调关中之"阻险""守国利器"的同时，排除了"仁义""有德"之于帝都的意义。与班固、傅毅等人相比，杜笃的论调显得陈旧，他既没有注意到东西汉建国初期客观形势的不同，也没有考虑大汉帝国经武宣元成时期国家意识形态的转变，更没有探及都城文化空间的建设和积淀。

与之相反，班固等人不但强调帝都的德性，更尽力展示帝都的神圣。当然，神权笼罩下的帝都并非从班固等人笔下开始建设的，在此之前可追溯至秦始皇"作宫渭南，已更命信宫为极庙，象天极"，建阿房宫"为复道，自阿房渡渭，属之咸阳，以象天极阁道绝汉抵营室也"。④古今学者多认为这是"象天设都"的典型代表⑤，而贾鸿源指出现存"秦代'象天设都'的相关资料，是通过两汉乃至后来文献的记载而被反映出来的，因此其中恐怕掺杂有后人的比拟附会；另外，即使这些记载反映的是秦代实情，象天设都也主要是在参考秦代都城的既有空间布局的基础上而产生的附会"⑥。以《史记》的记载而言，秦朝的咸阳城还谈不上"象天设都"，因为秦始皇关注的是个体宫殿的"象天"而非都城的整体布局，所以准确地说应该是"象天设宫"。

秦朝的"象天设宫"观念是否直接影响了长安城宫殿的建设，我们很难从《史

① 《后汉书》，中华书局，1965年，第2606页。
② 《后汉书》，中华书局，1965年，第2608页。
③ 《史记》，中华书局，1982年，第2715—2716页。
④ 《史记》，中华书局，1982年，第241、256页。
⑤ 郭璐：《秦咸阳象天设都空间模式初探》，《古代文明》2016年第2期。
⑥ 贾鸿源：《秦代咸阳"象天设都"思想研究》，《中国历史地理论丛》2017年第2辑。

记》《汉书》中找到切实的证据。魏晋时期出现的《三辅黄图》记载了长安城上应南斗、北斗的天象，因此称之为"斗城"①。这一描述关注的是长安城的整体布局，因此常被当作"象天设都"观念的主要论据。但是自从元朝开始，这一说法广受质疑。当代学者结合相关考古成果指出，"斗城"之说的城墙曲线都是因地形所致，即"汉长安城南、西、北三面城墙弯曲的原因各不相同，但都与当地的微地貌景观有关，南城墙的弯曲诚然与长乐宫和未央宫建筑在前、城墙修筑于后有关，但更确切地说，主要还是受当地微地貌景观的制约"②。显然，"斗城"之长安是《三辅黄图》的一种附会。

六、京都赋的重塑与都城实体的互动

然而，值得重视的是，《三辅黄图》对长安城的附会也并非完全没有踪影。以现存的文献来看，言说长安城的建筑上应天象的内容不见于史书，而见于《两都赋》《二京赋》，且都指向宫室、池沼建筑，如《西都赋》言"其宫室也，体象乎天地，经纬乎阴阳。据坤灵之正位，仿太紫之圆方"，昆明池"左牵牛而右织女，似云汉之无涯"，《西京赋》云"思比象于紫微，恨阿房之不可庐"，"正紫宫于未央，表峣阙于闾阖"等。③以秦朝的"象天设宫"而论，班固、张衡的描述应该具有真实性。这在验证长安宫殿延续秦朝观念的同时，展现出《两都赋》《二京赋》的价值：它们以文学的手法为后人呈现了帝都长安城建设中的"象天设宫"。更为重要的是，班固、张衡的这些描绘成为《三辅黄图》进一步演绎的基础④，并最终提出长安为"斗城"之论，由此中国古代的"象天设都"观念也正式形成。

由"象天设宫"走向"象天设都"，即由都城的局部走向都城的整体，京都赋是这一衍生过程的关键阶段。最能说明问题的是张衡的《西京赋》：

> 及帝图时，意亦有虑乎神祇，宜其可定以为天邑。岂伊不虔思于天
>
> 衢？岂伊不怀归于枌榆？天命不滔，畴敢以渝！⑤

这是言说刘邦定都长安的过程，与杜笃明显不同，张衡虽然把西京长安置于东京洛

---

① 何清谷校注：《三辅黄图校注》，三秦出版社，2006年，第75页。

② 王社教：《汉长安城斗城来由再探》，《考古与文物》2001年第4期。

③〔梁〕萧统编，〔唐〕李善、〔唐〕吕延济、〔唐〕刘良等注：《六臣注文选》，中华书局，1987年，第18、33、48、46页。

④《三辅黄图》有多处直接引用《西都赋》《西京赋》的内容，详见何清谷校注：《三辅黄图校注》，三秦出版社，2006年，第107、121、150页。

⑤〔梁〕萧统编，〔唐〕李善、〔唐〕吕延济、〔唐〕刘良等注：《六臣注文选》，中华书局，1987年，第46页。

阳的反面，但并没有刻意回避长安作为帝都的"神性"：他使用"神祇""天命"来表述选都的过程，使用"天邑"来称谓长安，也许"天邑"在张衡的本意中是指"天子之邑"[①]，如同《尚书》之"天邑商"，但在其他人看来，又完全可以理解为"象天之邑"。再结合其中"天衢，洛阳也"[②]，"象天之邑"的理解显得更为合理、有据，于此西京长安在整体上拥有的"象天"之神意呼之即出。因此，京都赋对长安神性的描述，直接启发了魏晋时人看待长安城的视野，进而形成长安为"斗城"的持论，"象天设都"的观念也正式提出。

其实，以《两都赋》《二京赋》的内容而论，它们启发《三辅黄图》还不仅仅局限于对长安的描述，《东都赋》《东京赋》对洛阳城礼制和法度的描绘，同样启发着《三辅黄图》对长安城的塑造。最为典型的例证便是《三辅黄图》对三雍礼制建筑的重塑：长安"三雍"的建造晚至平帝时期，但《三辅黄图》却将明堂、辟雍的建设追溯至汉武帝时期。[③]这一看似无意的重塑显然增强了帝都长安的礼制性格，以至"隋宇文恺议立明堂，王元规议上帝后土坛"[④]皆以《三辅黄图》的记载为论据。所以，《三辅黄图》对帝都建筑、形制的重塑，一方面承继于京都赋的描绘，另一方面又启发着后世帝都建造者的设计和构想。这是由京都赋经都城文献（《三辅黄图》）再至都城建设的路径。如果以此来说明京都赋对都城实体的影响还显曲折的话，那么隋唐长安城的建造者宇文恺对《东京赋》"三雍"内容的引用[⑤]，则能够证明京都赋对于后世帝都建设的直接影响。

明堂、三雍、圆丘等还仅仅局限于都城单体建筑，至于都城整体的形制和布局，宇文恺更是实践、落实着由京都赋到《三辅黄图》的知识衍生，这就是隋唐长安城的"象天设都"："隋初宇文恺设计规划大兴城，以皇帝居处的宫城象征天象中天帝所在的北辰，位于都城北部的正中，以为天中；以位于宫城南侧的皇城

---

① 如班固《典引篇》云"至乎三五华夏，京迁镐亳，遂自北面，虎离其师，革灭天邑"，其中"天邑，天子所都也"，班固对"天邑"的使用应来源于《尚书》"天邑商"。在东汉末年，"天邑"已指洛阳，如《后汉书·马融传》"是以大汉之初基也，宅兹天邑，总风雨之会，交阴阳之和"，其中"天邑谓洛阳也"。（《后汉书》，中华书局，1965年，第1379、1956页）

② 〔梁〕萧统编，〔唐〕李善、〔唐〕吕延济、〔唐〕刘良等注：《六臣注文选》，中华书局，1987年，第46页。

③ 何清谷校注：《三辅黄图校注》，三秦出版社，2006年，第344、351页。

④ 何清谷：《〈三辅黄图〉的成书及其版本》，《文博》1990年第2期；杨鸿勋：《宇文恺承前启后的明堂方案——宇文恺一千四百周年忌辰纪念》，《文物》2012年第12期。

⑤ 宇文恺的引用，见《隋书·宇文恺传》："《东京赋》曰：乃营三宫，布政颁常。复庙重屋，八达九房。造舟清池，惟水泱泱。"（《隋书》，中华书局，1973年，第1592页）

百官廨署，符比天象中环绕北辰的紫微垣；以分布在郭城中以宫城为中心的众坊里与东、西两市，符比天象中天上向北环拱的群星。"①于是，隋唐长安城在"有制""法度"之中又有上天星象的象征，是真正"统和天人"的完美代表，更是"天邑"的完美呈现，由此"象天设都"的观念也得以完美的落实。也许正因为帝都长安的这种形制和布局，激荡着盛唐时代的胸怀和信心，以至"大唐诗人的骄傲与激情，大一统王朝的政治意志、审美理想，就在这平整方正的布局里得到了尽情的发挥"②。

从两汉时期长安、洛阳的实体建筑到京都赋的描绘和增饰，再经过《三辅黄图》的演绎和重塑，以至隋唐长安城的设计和建造，可以呈现出都城实体、都城文学、都城文献乃至都城文化之间的多维互动：两汉时期的都城实体反映于京都赋，京都赋的铺陈与夸饰又被都城文献（《三辅黄图》）加以延伸和推进，进而又影响隋唐时期都城建筑的设计和整体布局。都城文学、都城文化乃至都城实体也正是在这一多维互动之中逐渐走向丰富和繁荣的。

七、结语

以东汉前期的历史语境而论，京都赋的形成存在着迁都之争的现实政治，也借助于诸多赋体前源的文学积淀③，更依赖于都城文化空间的建设和阶段性成熟。京都赋作家对都城文化的追溯，也许可以上至西周时期的丰镐、洛邑，甚至关联至《周礼》、陶唐④，但中央集权制下的都城即帝都显然是由秦朝开始的。咸阳、长安、洛阳，帝都的名称、地理位置虽然已发生转移，但它们相同的现实功能与象征意义又确证着三者在文化空间上的连续和演进。于是，经过咸阳、长安的实践和反思，洛阳成为东汉前期知识界的理想都城，京都赋也正是这一都城文化演进的必然产物。与此相应，"帝都""帝京"等词语的出现同样见证着帝都文化经咸阳、长安至洛阳的演进过程。所以，京都赋的形成是秦汉都城文化空间在长时段演进过程中的必然结果。

以都城整体结构和考古发掘来看，东汉时期的洛阳，从宫殿布局、城郭结构、

---

① 张永禄：《隋唐长安城的规划布局与其设计思想》，《西北大学学报》（自然科学版）2014年第4期。

② 康震：《唐长安城宏观布局与初盛唐诗歌》，《陕西师范大学学报》（哲学社会科学版）2002年第3期。

③ 京都赋的"创作前源"，除了《蜀都赋》还应包括汉赋中的宫殿、田猎、郊祀等类别。

④ 如班固《东都赋》所言"系唐统，接汉绪"，当代学者又以《周礼》所记都城形制比附于洛阳城的布局等。

市坊区分乃至中轴对称等方面，并不是都城形制发展的典型阶段①，但是京都赋的形成，足以说明这一时期都城文化空间的建设已经十分丰富，以至于班固、傅毅、崔骃、张衡等人在面对并非完美形制的都城时，早已按捺不住激动的心情，热情而真诚地描绘、赞颂，他们在言说都城的优劣之时，也在寻找都城的血脉根据、王朝的文化正统，即在探寻帝都之所以成为帝都的核心和灵魂。以《三辅黄图》的演绎和提升、宇文恺的设计和实施来看，京都赋作家的呈现和探寻不但是成功的，而且他们与作品一起成为充实、丰富乃至重塑都城文化的重要阶段。从这一角度来看，秦汉都城空间的演进促成了京都赋的形成，同时京都赋的呈现、增饰建构成新的帝都文化，以至影响其后的都城文献、都城空间。京都赋与都城空间也正是在这一双重建构中相辅相成，并逐渐走向成熟、稳固乃至求新与开拓。②

原载《北京师范大学学报》（社会科学版）2020年第6期

（刘全志，北京师范大学文学院教授）

---

① 杨宽从市坊等布局指出从先秦到隋唐的都城是封闭式结构，而其后则是"新结构和新街市"；许宏从城郭关系的方面指出从先秦至东汉是大都无城的阶段，其后魏都邺城是一个重要的转变；刘庆柱以《考工记》的"九六城"来衡量东汉洛阳城，指出其"平面形制并不符合《考工记》"的要求，"规划受《考工记》的影响并不大"；其他论者结合"主体空间"的衍生，认为秦汉都城的最终完成形态是具有明确结构的隋唐长安都城。显然，这些分析说明东汉洛阳在都城发展史上并非典型的都城实体样式。相关分析详见杨宽：《中国古代都城制度史》，上海人民出版社，2016年，第245—325页；许宏：《大都无城：中国古都的动态解读》，生活·读书·新知三联书店，2016年，第39—70页；刘庆柱：《中国古代都城考古发现与研究》，社会科学文献出版社，2016年，第331页；张腾辉：《从"帝都"到"天下"——"主体空间"视域下的秦汉都城研究》，《都市文化研究》2013年第1期。

② 中国古代京都赋的衍变存在多方面的线索，有关描摹内容的衍生，可参见李炳海：《朝政与民俗事象的消长——古代京都赋文化指向蠡测》，《社会科学战线》2000年第4期；思想观念的衍生，可参见李炳海：《帝都中心论的文化承载——古代京都赋意蕴管窥》，《齐鲁学刊》2000年第2期；有关都城变迁、文化衍生的分析，可参见史念海：《中国古都和文化》，中华书局，1998年，第289—539页。

北宋吕大防《长安图》补绘研究

王树声　崔　凯　王　凯

　　中国固有本土的城市理念与规划传统，这从不同时期的城市地图中略窥一斑。20世纪90年代，吴良镛先生曾在《江南建筑文化与地区建筑学》一文中，就以刻绘于南宋绍定二年（1229）的《平江府图》为例，进一步阐释了中国"融于山水之间的规划设计体系"的深刻含义，即"在注重建筑群体格局的基础上，还糅进了其秀丽山川的独特结构，努力凭借城市四周的山水环境，形成风格独具的城市构图"[①]。这为从建筑与城市规划学科视角来认识中国古代城市地图所蕴含的价值打开了一扇窗户，也为深入研究中国本土城市规划理念与方法提供了新的视野。

　　在我国诸多的古代城市地图中，石刻城市地图占有十分重要的地位。如上文所提到的《平江府图》，以及刻于南宋咸淳八年（1272）的《静江府图》、刻于南宋绍兴二十四年（1154）的《鲁国之图》等都是我国现存较早的石刻地图中的瑰宝，具有重要的历史价值。事实上，我国现存最早的石刻城市地图是刻于北宋元丰三年（1080）的《长安图》，比《鲁国之图》早74年，比《平江府图》早149年，比《静江府图》早192年。可惜，由于历史原因，《长安图》未能完整保存下来，仅留有残片拓本21块。[②]原碑仅有一块在西安碑林展陈。尽管如此，还是可以通过对原碑残片以及留世拓片的分析，并结合历史文献和现代考古成果进行综合研究，对残缺部分进行推想和补绘，更进一步认识《长安图》的基本格局和整体面貌。这对于隋唐长安城规划乃至中国本土城市规划的理念与方法的研究具有十分重要的意义。

---

①　吴良镛：《吴良镛城市研究论文集》，中国建筑工业出版社，1996年，第178—179页。

②　胡海帆：《北京大学图书馆藏吕大防〈长安图〉残石拓本的初步研究》，见荣新江主编：《唐研究》（第21卷），北京大学出版社，2015年。

一、《长安图》概述

（一）刻绘背景

吕大防（1027—1097），字微仲，京兆府蓝田（今陕西省蓝田县）人，为皇祐元年（1049）进士。神宗元丰初年，宋与西夏战事频繁，他曾上书皇帝"三说九宜"，累累数千言，进治国安民之道。"元祐更化"，吕大防与文彦博、范纯仁、刘挚等同朝执政，废除王安石新法。哲宗亲政后，崇尚变法，大防被排挤，先后被贬谪随州、郢州、安州、舒州等地，后病逝于任上。

吕家世代书香门第，吕大防与其兄弟大忠、大钧、大临，皆登进士第，并称为"吕氏四贤"。兄弟四人文德教化之风浸染甚厚，皆在诗文、金石、考古等方面成就卓然。毋庸置疑，良好的家庭环境和个人学养是吕大防《长安图》绘刻的先决条件。

《长安图》为吕氏任永兴军知军在长安驻守时所绘刻。除绘刻《长安图》外，吕大防又"考定太极、大明、兴庆三宫，不能尽容诸殿，又为别图"，对唐长安城"三大内"专门绘制别图来详细补充，可见其对唐长安城考证研究的全面与负责任。宋代赵彦卫《云麓漫钞》载："长安图，元丰三年正月五日，龙图阁待制知永兴军府事汲郡吕公大防，命户曹刘景阳按视，邠州观察推官吕大临检定。"① 又据吕图题记："予因考证长安故图，爱其制度之密，而勇于敢为，且伤唐人冒袭，史氏没其实，聊记于后。"可知，吕氏所绘《长安图》的直接依据是长安故图，而"故图"为何？从吕氏所述文字内容看非唐图，既非唐图，只能是隋图，则吕大防所绘刻《长安图》的蓝本为隋时所绘之长安故图。

（二）刻绘方法与内容

吕大防采用"内折外容"之法绘制长安城市空间格局以及周边自然形态，巧妙地将人工的城市与自然的山水结合得天衣无缝，清晰地反映出城市与自然的相互关系，这也恰到好处地反映出隋初规划师宇文恺设计大兴（长安）城时的原始思想。

从整体来看，《长安图》是无明显比例尺标注的，但它却以文字的方式在此图的题记中明确标注了比例关系。按吕氏所说，"隋都城大明宫，并以二寸折地一里"，即图中主体采取了"计里开方"之绘制方法，"计里画方的数学基础与以形

---

① 〔宋〕赵彦卫：《云麓漫钞》，明万历吴勉学刻本。

象符号和抽象符号相配合表示地图内容的绘制方法，共同构成了中国传统的地图制图法"。①宋元一寸折合为今天的3.12厘米，一尺折合29.5厘米，一里为今531米，通过计算，可以明确推算出图中隋都城和大明宫的比例尺约为1∶9000。同时，为了验证城图比例的准确性，我们曾尝试将拼接后的此图残片与现今考古勘测的长安城复原图相叠合，结果竟然基本重合，从而说明了《长安图》绘制的严谨与准确。

在《长安图》中，其内容主体隋都城和大明宫的形制比例表达准确的同时，城南郭外直至终南山的水系、山谷、川原、寺庙，这一部分范围极广，如果继续用"折"法，则限于有限的图幅不能表达，所以吕大防在绘制时采取了这些内容与城市的相对位置予以标注，以求表现这些内容与长安城的关系，即"外容"之法。"内折外容"是中国古人运用自己的智慧灵活巧妙进行地图绘制的方法，既能严谨地描绘出所要表达的城市内容主体，又能富有诗意而不失准确地将城市主体之外大空间内的自然及人文内容表达得恰如其分。而且，对于主图（《长安图》）不能清晰表达的内容（如太极、大明、兴庆三宫），又以别图予以详细表达，使人们能够一目了然地看到这座"世界之都"内容的丰富与伟大。

从现存残图看，长安城建筑鳞次栉比、街道笔直宽阔，大到巍峨壮观的宫殿，小到各坊坊门、居民庭院、私人园池，其位置均得到了图示标注，可谓应有尽有、洋洋大观，并且详细记载了唐城内外汉代遗迹的位置，历史而全面地让人们了解到唐代长安城的整体和细节。有理由相信，随着以后对隋大兴唐长安城遗址的考古发掘的深入，吕氏《长安图》还会补正更多人所未知的关于隋唐长安城认识的谬误与空白。此外，《长安图》还记录了当时长安的自然地理和人文地理的内容。自然地理内容在图中涉及并不多，只在图的南部能见山脉和大体水系。值得重视的是，此图中大篇幅绘录的长安城人文内容，如宫殿、衙署、宅邸、寺观、商业市场、城防建筑等，同时全面显示出城市用水的状况，详尽地反映了唐代长安城的面貌。

《长安图》绘刻完成时，距离唐长安城被毁仅仅176年，长安外郭城内的遗迹尚历历在目，从晚于此图6年成文的张礼《游城南记》所叙述的情况看，其时长安城内建筑及水系的遗迹尚十分明显，因此，吕大防绘制此图也"以旧图及韦述《两京记》为本，参以诸书及遗迹"，结合唐代文献对长安城遗迹进行了实地踏勘，将"长安都邑、城市、宫殿故基，立之为图"②。隋唐时代所绘长安城原图今已失传，吕氏《长安图》虽已残缺不全，但所幸还能让今人睹其概貌。该残图所反映的隋唐长安城的基本信息在现存所有古代所绘长安图中也是可信度最高的，比如大明宫丹

---

① 阎平、孙果清等编著：《中华古地图集珍》，西安地图出版社，1995年，第31页。
② 〔宋〕程大昌：《雍录》，黄永年点校，中华书局，2002年，第8页。

凤门，吕氏《长安图》所绘丹凤门为五门道，而20世纪50年代考古发掘认为该门是三门道建筑，2005年至2006年再次对丹凤门遗址进行考古发掘，发现了另外两个门道的遗迹，从而纠正了以往丹凤门只有三个门道的说法，此图的准确性可见一斑。其他如长安城外郭城各门位置、各坊内名人宅邸和寺观的具体位置等，在吕图中皆得到了真实详尽的反映。诚然，对于历史事物不能苛求，《长安图》也不是完美无瑕的，其中也存在着诸如下马陵、清明渠等具体位置的标注错误，但这些瑕疵丝毫不能掩盖其图绘制的意义与价值。

（三）《长安图》的流传与现状

《长安图》石碑绘刻完成后立在京兆府公署内，吕大防又刻题记于其上，后吕氏复将文与图梓行，是为《长安图记》一书，明代《文献通考》即录有此书书名及卷数（吕大防《长安图记》一卷），然该书今已失传，实为遗憾之至。金代末年，吕氏所刻此碑毁于战乱，自是原石残块随岁月埋入地下，元时，"有雷德元、完颜椿者，访得碑本，订补复完，命工锓梓，附于《长安志》后"[1]。可见，吕氏原图石碑虽毁，但后人依旧对其图十分重视，并想方设法使其存留传之后世，足见吕氏此图之意义。元时所翻刻之图虽亦已失传，但可以想见，此时所梓行之图由于书籍纸张大小之所限，已经与吕氏原图有差别。自元以后，《长安图》碑刻渐渐从人们的视野中消失。清代末年，此碑部分残块才得以重见天日，民国时期又于西安城内发现吕氏所刻唐代三宫之碑刻残块，自是人们得以窥得北宋吕大防《长安图》样貌，也为后世学人研究此图提供了便利条件。

时至今日，世人所能见到的吕大防《长安图》与《三宫别图》也仅仅只有两块而已，即西安碑林博物馆所展出的《长安图》皇城一角及唐兴庆宫图碑刻残块。因此，今天对《长安图》进行研究，唯一所能依靠的就是清末民国时期对碑刻残块进行拓制的余墨芳华了。

二、近代以来学界对吕氏《长安图》的研究

自近世吕氏《长安图》碑刻残块出土以来，多有中外学者对其进行深入详细的研究，并取得了丰硕的成果。民国二十三年（1934），国立北平研究院何士骥曾经在大明宫残图与兴庆宫图碑刻残块出土之后，于当时的《考古专报》上撰写了一篇论文，名为《石刻唐太极宫暨府寺坊市残图大明宫残图兴庆宫图之研究》，文中对

---

① 〔元〕李好文：《长安志图》，辛德勇、郎洁点校，三秦出版社，2013年，第20页。

碑刻残块出土事宜进行了详细描述报告，这是世界上第一篇研究吕大防《长安图》碑刻的文章。

（一）日本学者对《长安图》的研究

1953年，日本学者福山敏南在《唐长安城的东南部》一文中对吕氏《长安图》残存拓片进行了字母编号并将其初步拼接，又按照文献记载的唐代长安城的布局绘制了一幅粗略复原的《长安图》全图。需要说明的是，当时福山没有进一步考究其内容。

1955年，日本学者平冈武夫和其同事依靠所存残块拓片的照片对《长安图》进行了艰难的拼接复原，并将其收入所著《长安与洛阳》一书中，残图的内容得以在世界上第一次清晰地展现在世人面前。在《长安与洛阳》一书中，平冈武夫对吕大防《长安图》的流传保存情况和所存内容进行了介绍分析，并对此图题记进行了推敲复原，他在分析此图题记最后一段话时说："照他（吕大防）的说法，这长安城是隋代人优秀的设计和气魄大的建设，是一件伟大的功绩。"并且认为吕大防的《长安图》题记"对于想研究长安城的任何人都是最重要的依据"。[①]

平冈武夫还指出，《长安图》中的建筑反映的是开元二十年（732）前后的状况，近来妹尾达彦已经指出此种认识的局限。而妹尾达彦所指出此图描绘"从唐初到8世纪前半期玄宗的开元年间长安的城市社会成熟之过程"的说法亦非定论，因为在现在所能看到的残图中，也可以看出此图不仅有盛唐开元年间的内容，还有灵花寺（在常乐坊，本名太慈寺，代宗大历时因灵异而更名为灵花寺）、凝晖殿〔宪宗元和十三年（818）造，又名承晖殿〕等中晚唐的内容，况且在原图下方吕大防的题记中也提到了唐武宗筑望仙台和唐宣宗修宪宗遗迹于夹城中的事。同时对于汉代长安城的内容（唐代存在的和当时已经消失的），该图也是尽量详细展示出。所以，《长安图》的时间段恐怕并非初唐到盛唐这一时期，而是一个在作者吕大防心目中以唐代内容为主体兼有前代内容的综合体。

现代日本学者妹尾达彦亦曾对此图进行过系统研究，并侧重从绘制时间（上文已提及）和城市结构方面对其进行十分详尽的阐释。他认为吕大防《长安图》是"无愧于天子之都的，既有秩序又富有活力的城市空间浮现眼前"，"是一幅展现开始涉及个人的、近代性的均质的权力制形成的中国最早的城市图，在这一《长安图》中见到的都城的城市图之描绘方法与功能，在整个前近代为后世的城市图所

[①] ［日］平冈武夫：《长安与洛阳》，杨励三译，陕西人民出版社，1957年，第41、42页。

继承"，并且认为该图"为城市图的世界引进了新的视角"。①

（二）1949年后我国学者对《长安图》的研究

在我国，对于吕大防《长安图》的科学研究是在新中国成立后伴随着对唐长安城遗址的发掘开始的。最先学界只是将此图作为考古发掘过程中的对照参考，而20世纪80年代以来，随着国内对唐长安城遗址研究和发掘的深入，吕大防《长安图》及其题记的价值愈加显现出来。截至目前，国内很多学者对此图及其题记进行了研究，对其科学价值进行了深入分析和探讨。

1984年，李健超曾经撰写了《宋·吕大防〈长安图〉的科学价值》一文。该文对《长安图》的流传进行了详细介绍，随后侧重对其在学术实践中的地位和作用及其精确度进行了分析。文中指出，吕大防《长安图》及别图的准确性不仅"继承和发展了我国绘制城市地图的传统画法"，"充分反映了我国古代城市规划和建设的高度成就"，而且其所绘内容从多方面为考古发掘所验证，"在我国地图史中……占有重要的地位"。②

1992年，刘家信撰写了《宋碑〈长安图〉考》一文，对吕大防《长安图》的内容与特点进行了简要的介绍与分析。该文称此图是"中国现存碑刻最早、幅面最大、范围最广、注记最多的古都平面图，同时，它又是汉、隋、唐三代都市融于一幅的巨型石刻图，堪为世界古都图中一绝"，并说"图上内容之丰富、符号之多样、注记之齐备（多达近千处）、比例之准确，在世界都市图史上是绝无仅有的"，③对《长安图》给予了很高的评价。

2007年，陕西师范大学硕士学位论文《宋吕大防〈长安图〉及后世复原图研究》④对吕大防《长安图》进行了分析和探讨。该文对《长安图》的成图背景和具体内容加以详细全面的考察，并对其缺失的内容进行了尝试性复原探讨，还重点分析了该图的绘制技术和性质。

2015年，北京大学胡海帆撰写了《北京大学图书馆藏吕大防〈长安图〉残石拓

---

① ［日］妹尾达彦：《长安：八世纪的都城——吕大防〈长安图〉的世界认识》，见《空间新思维：历史舆图学国际研讨会论文集》，2011年。
② 李健超：《宋·吕大防〈长安图〉的科学价值》，《西北历史资料》1984年第2期。
③ 刘家信：《宋碑〈长安图〉考》，《地图》1992年第4期。
④ 王宁：《宋吕大防〈长安图〉及后世复原图研究》，硕士学位论文，陕西师范大学，2007年。

本的初步研究》①。该文对吕大防《长安图》拓片的诸版本尤其是北京大学图书馆所藏残拓各本（A、B、C、D四本）进行了对比分析，并着重分析研究了所存残拓中的细节内容，首次根据残拓之B本信息发现了吕氏《长安图》与题记的位置关系，并参考诸家对吕氏《长安图》碑的题记和题榜文字进行了校正和统计，首次公布了该图西南部的一块残石拓片（清明渠、东交河、龙骧谷部分），为认识吕图原貌提供了十分重要的证据。

近世以来，中外学者从不同角度对吕大防《长安图》的探讨和研究为后人更加深入认识该图的价值奠定了坚实的基础。该图有多方面的研究价值，例如历史、考古、文化、科技等方面，都有待进一步研究。仅就城市规划而言就足有令现代借鉴之处。然而，长期以来，由于该图残损，不利于认识其所蕴含的中国优秀规划传统。因此，补绘该图就显得十分必要了。

三、补绘《长安图》的原则与方法

（一）《长安图》残图的信息及补绘的可能性

从现有残片补绘该图并非易事，除非所有残片都能现世，不然，呈现原图真貌几乎是无法实现的。然而，吕氏《长安图》虽仅余20余残片之拓片都属城市的关键之处，通过这些信息，可窥长安规划格局之大概（图1）。如汉都城，三大宫殿，北郊禁苑，皇城，城内东、北部20余坊和城南山水，部分图记碑文等。现将残图情况介绍如下：《长安图》左上角为汉长安城，残图存汉长安城图的2/3，未央宫部分缺失；西内苑完整无缺；东内苑残存约1/2；太极宫图完整无缺；皇城缺西南部一角（缺失部分不到1/4）；大明宫、兴庆宫两宫形制基本完整；坊市部分，残图共存25坊和东市，其中16坊保存完整，9坊及东市分别有不同程度的残损；城南山水部分约存2/3。这些《长安图》的现存残图为后世研究补绘此图提供了便利条件。

从2011年开始，笔者进行了一项尝试性研究工作：利用文献资料尽可能全面地对存留至今破裂不全的吕大防《长安图》进行补绘研究，绘出成图。其中共补绘缺失内容320处（郭城内及北部汉城禁苑等处补绘缺失内容296处，南部至终南山等处补绘缺失内容20处，城郭内补绘水系5处）。此次研究重在通过对该图整体的展现，

① 胡海帆：《北京大学图书馆藏吕大防〈长安图〉残石拓本的初步研究》，见荣新江主编：《唐研究》（第21卷），北京大学出版社，2015年。

理解中国本土城市人居环境的营造理念，领悟吕氏当年以"内折外容"之法绘制囊括万象、包容天地的长安城图的境界，从而进一步加深对中国本土城市规划模式的认识，更好地服务于今。

图1　吕大防《长安图》残片拼合

（二）《长安图》遗存信息及补绘原则

1.《长安图》遗存信息

由于残图中长安城几个大单位的形制基本都在，这就为初步补绘完全该城的大致全貌提供了便利。按文献记载与考古印证，唐长安城中坊的类型有三类：皇城南面四列只开东西两门的坊为第一类，残图中存务本坊全部（部分残缺者此处不一一冗述，下同）；四列两门坊的东西三列坊为第二类，残图中存平康、道政二坊的全部；皇城东西各三排开四门的坊，面积与第二类不同，此为第三类，残图中存修德、光宅、永昌、翊善、来庭、永兴、崇仁、长乐、大宁、安兴、兴宁、永嘉12坊的全部（十六宅除外）。长安城东南角，残图中约存芙蓉苑南部的1/2直至最南端之终南山，芙蓉苑北部及夹城南端新开门缺失。

2.《长安图》补绘原则

补绘原则以吕大防《长安图》残存者依原样摹绘之，以求尊重和保持古图的原貌。对于吕图原样中，经过考证存在的错误之处，补绘中仍尊重原图，未作订正，但在补绘说明中予以指出；对于残缺不存的部分，以目前所能见到的唐以降记载研究唐长安城的文献与近代以来科学勘考遗迹的实际作为补绘依据，既不迷信古文，也不盲从今论，综合数家之说，遴其最正者订之。对于补绘图例，则依照残图绘法，所幸残图中各种图例俱全，宫墙、坊墙、郭城墙、宫门、坊门、郭城门、宫殿（大殿、小殿）、衙署、仓库、宅邸、园林池沼、寺庙、道观、祠堂、河渠、山谷等俱有可摹之例，补绘内容依成例摹之。

（三）《长安图》的补绘方法

补绘《长安图》之始是按全城108坊之数（《长安志》载，万年县"领市一，坊五十四"，长安县"领市一，坊五十四"[①]），将城中西部、南部残缺诸坊依样绘出，缺失坊名依诸文献补之。补绘时，长安城西南角唐以来文献记载一致，外郭城角无有更改，按方角绘制，其内和平、永阳二坊合并，为两寺（大庄严寺、大总持寺）占据，是无异议的。长安城西北角亦为方角，隋唐两代并无改作，亦依常制绘出。

---

① 〔宋〕宋敏求：《长安志》卷一一、卷一二，清乾隆灵岩山馆刻本。

图中缺失诸坊的内容，逐一按照文献记载予以恢复，力图使其名称及位置在最大限度上得以客观真实地展现。在补绘坊中建筑具体名称及位置的过程中，如遇到唐代文献与后世文献说法相矛盾的，以唐代文献为准，因为对于一些建筑的细节和名称，生活在唐代的人在记述自己现实中耳熟能详的客观事物名称时，当无错误之理，他们所述所言在很大程度上要比后世凭吊遗迹和根据纸上文字想象研究的学者精准权威得多。

对于唐代文献中记载缺失而宋代及以后的文献中记载的内容，以年代最早的文献为准；今天的考古勘测已经完全证实无误的内容，则以考古发现的结果为准。需要说明的是补入内容遴选的原则，即以唐以来文献资料中有明确记载其所在具体位置的内容，文献中没有直接言明其具体位置的，采取间接推断的方式，间接推断仍无考者，不予入选。下面仅举几个典型的例子加以说明。

其一，亲仁坊回元观。唐代郑嵎《津阳门诗》注云："时于亲仁里南陌为禄山造甲第，今回元观是也。"《谈宾录》曰："禄山入朝，敕以亲仁坊南街造宅。""南陌""南街"一词不足以说明其具体位置。又，唐人姚汝能《安禄山事迹》注曰："今亲仁坊东南隅回元观，即其地（安禄山宅）也。"①1986年西安出土之唐碑《大唐回元观钟楼铭》云："京师万年县所置回元观者，按乎其地，在亲仁里之巽维（东南）。"唐人文献加唐代文物实证，是故安禄山宅在亲仁坊东南隅无疑。

其二，靖安坊武元衡宅。诸书无载其位置。《旧唐书·武元衡传》载："（武元衡）将朝，出里东门，……贼射之中肩。又有匿树阴突出者，以棓击元衡左股，……乃持元衡马，东南行十余步害之，批其颅骨怀去。及众呼偕至，持火照之，见元衡已踣于血中，即元衡宅东北隅墙之外。"②按此处所叙逻辑推断，武元衡宅当在靖安坊东门之南紧依此坊东坊墙之处。

其三，紫云楼位置。此楼始建于唐玄宗开元年间，而位置无考。文宗"（太和）九年七月，敕修紫云楼于芙蓉北垣"③，可知紫云楼在芙蓉苑之北垣。又《剧谈录》的"曲江池……其南有紫云楼、芙蓉苑，其西有杏园、慈恩寺"④，是云紫云楼位置在芙蓉苑之北垣偏西处无疑，故依此补之。

在补绘图中缺失诸坊的过程中，值得推敲的是朱雀街东第四街之东一列坊升道

① 〔唐〕姚汝能：《安禄山事迹》，中华书局，2006年，第77页。
② 《旧唐书》卷一五八，中华书局，1975年，第4161页。
③ 〔宋〕王溥：《唐会要》卷三〇，中华书局，1960年，第563页。
④ 〔唐〕康骈：《剧谈录》卷下，中华书局，1991年。

坊之南坊数及名称问题。升道坊之南有言"广德坊"，有言"立政坊"，今按立政之名补，因广德坊有名无实。杨鸿年的《隋唐两京坊里谱》"立政坊"条认为立政之别名广德、谈宁，今按杨说。

立政坊之南为敦化坊，查《长安志》敦化坊下有诸多宅邸寺观，如郧国公殷开山宅、太常少卿欧阳询宅、著作郎沈越宾宅、净影寺等，而朱雀街之西第一列坊自北而南第二坊缺名，而缺名之下尚有内容，其内容与"敦化坊"条下完全相同，诸文献议而不决，窃思敦化坊地处长安外郭之东南，距皇城遥远无比，殷开山、欧阳询、沈越宾等俱为初唐名臣，在长安城内人烟不甚兴旺的初唐时期，诸多权贵名臣当无舍近求远选择在距离办公地点皇城最远的地方建宅之理。又，与敦化坊东西并为一排的其他九坊在整个唐代绝少官员宅第多是寺庙之内容。故"敦化坊"下内容应为自此处缺名之坊下移抄，而缺名者为何？唐韦述《两京新记》残卷曰："朱雀门街之西从北第二曰：通化坊。"其下列"净影寺""殷开山宅"等条目，是故原诸多文献所列"敦化坊"下内容为此处"通化坊"所有无疑，而"敦化坊"内容无考（或地近东南外郭，无人居住所致）。敦化坊之南与曲江池之间尚有一坊，查诸文献多议而不决，新近之图多以"缺名"冠，今按缺名空出。

图中水系及城南山川补绘问题：郭城内外水系共补绘7处，分别是龙首渠、曲江、清明渠、永安渠、漕渠及城外的潏水、滈水。长安城南郭至终南山补绘内容16处，分别是寺庙2处（兴教寺、香积寺）、川原3处（自东向西为少陵原、凤栖原、神禾原）、山谷11处（白道谷、锡谷、石鳖谷、黄谷、白塔、子午谷、白石谷、太和谷、丰谷、祥谷、高冠谷）。在补绘此段的过程中，发现了一个不可回避的问题，即吕大防在《长安图》题记中指出的石鳖、子午两谷和汉唐长安城的相对关系与残图中所描绘的不一致，因为吕大防《长安图》题记中很明确地指出："子午谷乃汉城所直，隋城南直石鳖谷，则已微西，不正与子午谷对也。"而按现存残片补绘出来的南山诸谷中子午、石鳖两谷所直与其叙述相矛盾，采取了折中为制的办法，对残片各谷的位置略调整，使子午、石鳖二谷分别与汉唐二城相对，以便与吕图题记及现实中一致。

四、结语

历来对隋唐长安城的研究中，吕大防《长安图》是不可忽略的一项重要内容，其价值和意义中外学者也都进行了较为全面的阐述，因此，补绘《长安图》就显得十分必要。所幸残图所遗留的关键信息和前人的研究成果也使补绘此图有了可能。

补绘而成的全图，对于人们领略吕氏原图以及长安故图的基本精神具有重要价值，对认识中国本土城市设计的理念具有一定的意义。限于研究的水平，此次补绘而成的《长安图》仅是一个阶段性成果，必定有很多需要完善的地方，这些都有赖于学界方家的指正，以便日后进一步对此图进行修正完善。同时，期待再有《长安图》原碑残片信息现世，以进一步完善，从而更好地揭示和光大中国优秀的城市规划传统。

本文研究过程中，得到西北大学李健超教授和陕西师范大学侯甬坚教授、李令福教授的支持和帮助，特此致谢！

原载《城市规划》2016年第12期
（王树声，教授；崔凯，西安建筑科技大学文化艺术教育中心副主任、书院副院长；
王凯，西安建筑科技大学建筑学院讲师）

城市建构的地理基础

西周都城诸问题试解

周宏伟

一、引言

提及西周王朝的都城，众所周知的是丰（邑）、镐（京），即通常所谓文王都丰、武王都镐的所在。翻一翻今人有关西周都城历史叙述的文献，不管是研究论著[①]还是高等学校教材[②]，我们很容易发现，这种认识由来已久、影响深远，显然属于学术界的主流看法。然而，百余年来，由于金文、简牍和古遗址等新材料的不断发现、公布，过去学界有关丰（邑）、镐（京）及周、宗周、成周、郑、京师等西周都城方面的很多认识，相互之间往往矛盾不一，其实可能存在严重问题甚至是错误的。也就是说，关于西周都城的许多问题还需要我们重新思考。

概括说来，这些问题主要表现在七个方面。一是西周时期都城的数量问题。学术界现在几乎一致认为，西周的王都为丰（邑）、镐（京），洛邑（成周）为陪都，或称东都。也就是说，如果视丰（邑）、镐（京）为一的话，西周时期就有两个都城；如果视丰（邑）、镐（京）为二的话，西周时期就有三个都城。也有学者意见不同，或认为"庆节国豳，古公亶父居岐下，王季宅程，文王居丰，武王都镐，成王作洛邑，穆王都西郑，又居荠京，懿王居犬邱，至于平王东居洛邑……都邑计十余迁"[③]；或认为周都有不窟故城、豳邑、岐邑、丰邑和镐京等五个[④]；或认

---

① 如齐思和：《西周地理考》，《燕京学报》1946年第30期；王世民：《周都丰镐位置商榷》，《历史研究》1958年第2期；卢连成：《西周丰镐两京考》，《中国历史地理论丛》1988年第3辑；杨宽：《西周史》，上海人民出版社，1999年，第114—120页；李峰：《西周的灭亡——中国早期国家的地理和政治危机》，上海古籍出版社，2007年，第49—55页；沈长云：《中国历史·先秦史》，人民出版社，2006年，第98—99页。

② 如张岂之主编：《中国历史（先秦卷）》，高等教育出版社，2001年，第50—51页；董鉴泓主编：《中国城市建设史》，中国建筑工业出版社，2004年，第12页。

③ 丁山：《由三代都邑论其民族文化》，见《古代神话与民族》，商务印书馆，2005年，第23页。

④ 胡谦盈：《三代都址考古纪实——丰、镐周都的发掘与研究》，中国社会科学出版社，2009年，第9页。

为周都实际上有京（岐周）、丰镐和洛邑三个[1]。于是，西周时期都城的认定标准明显就成了问题。二是丰（邑）、镐（京）与莽京的关系问题。众所周知，莽（京）是发现于金文中的一个地名。就是这样一个金文中的多见地名，自清末以来的百多年里，带给了古史学者们无尽的苦恼：莽京是镐（京），还是丰（邑），或是其他什么地方？至今莫衷一是。[2]三是丰（邑）、镐（京）与宗周的关系问题。宗周即镐京，这是汉代、三国时期就开始流传的看法[3]，一直到今天，这个看法仍为绝大多数学者所认同。然而，让人困惑的是，在金文中却有宗周、莽京并举的情况。如果像大部分学者所认定的那样，莽京是镐京，那么宗周自然就不可能是镐京。于是，宗周到底是不是镐京，几十年来争执不休，让人无所适从。四是周的性质与位置问题。东汉以降的古代学者多认为周即镐京或成周[4]；百余年来，由于大量金文的发现，学者们对于周的看法产生分歧：有的坚持周是宗周[5]，有的坚持周是成周[6]，更多的学者认为周即岐周（邑）[7]，或以岐周为先（早）周都城[8]，或以岐周为西周时期的都城[9]；也有学者认为周的指代并不一定，有时指岐周（邑），有时指宗周（镐京），有时指成周王城[10]。周到底何指？近两千年来似仍无确论。五是丰（邑）、镐京的位置问题。从20世纪30年代以来，经过几代考古工作者的努力，周都丰（邑）的位置被确定在今陕西省西安市长安区沣河西岸的马王村、客省庄等地一带，镐

① 许倬云：《西周史》，生活·读书·新知三联书店，1994年，第90页。

② 黄盛璋：《关于金文中的"莽京（莽）、蒿、丰、邦"问题辨正》，《中华文史论丛》1981年4期；王玉哲：《西周莽京地望的再探讨》，《历史研究》1994年第1期；王辉：《金文"莽京"即秦之"阿房"说》，见《陕西历史博物馆馆刊》（第3辑），西北大学出版社，1996年，第11—16、144页。

③ 《十三经注疏·毛诗正义》，北京大学出版社，1999年，第714页《毛传》，第252、731页《郑笺》。如第252页郑笺曰："宗周，镐京也，谓之西周。"三国皇甫谧《帝王世纪》（《丛书集成》，商务印书馆，1935年）有云："武王自丰居镐，诸侯宗之，谓是宗周。"

④ 东汉马融、唐张守节持镐京说，详见《史记》卷三三《鲁周公世家》裴骃《集解》引、卷四《周本纪》张守节《正义》，中华书局，1959年，第1519、129页；唐孔颖达持成周说，详见《十三经注疏·尚书正义》，北京大学出版社，1999年，第414页。

⑤ 吴其昌《矢彝考释》（《燕京学报》1930年第9期）认为"宗周"指镐京；曹玮《也论金文中的"周"》［见《考古学研究》（5），科学出版社，2002年］认为"宗周"指丰。

⑥ 郭沫若：《两周金文辞大系考释》（1），文求堂书店，1936年，第16页。

⑦ 《辞海·地理分册（历史地理）》，上海辞书出版社，1982年，第157页。

⑧ 陈全方：《早周都城岐邑初探》，《文物》1979年第10期；陈全方、陈敏：《周原》，文物出版社，2007年，第13页。

⑨ 尹盛平：《试论金文中的"周"》，《考古与文物丛刊》1983年第3期；宗德生：《试论西周金文中的"周"》，《南开学报》1985年第2期。

⑩ 陈梦家：《西周铜器断代》（上），中华书局，2004年，第366—368、405页。

（京）被确定在沣河以东的洛水村、上泉北村、普渡村、花园村、斗门镇一带①，主要依据是该区域周文化遗存分布密集，文化堆积丰厚，且二区遗址与文献记载的丰、镐相对位置大致符合。于是，学术界普遍认为，丰、镐"两京相距，近在咫尺（仅五华里之遥），仅以沣水相隔，名虽不同，实为一京的两部分"②。然而，让学者们十分迷惑的是，沣西马王村、客省庄的大型夯土基址，沣东普渡村、花园村的宫室遗址群③，却与同时期的墓葬区④紧密相邻——这样的建筑布局景观好像与丰邑、镐京作为西周都城的身份很不协调，与后来《周礼·考工记·匠人》所谓"方九里，旁三门，国中九经九纬，经涂九轨，左祖右社，前朝后市，市朝一夫"的周代王都模式更是格格不入。这又让人不得不对沣东遗址是不是镐京、沣西遗址是不是丰（邑）产生严重的怀疑。六是郑的性质与位置问题。郑（西郑）是西周时期的重要都城，在《竹书纪年》中有明确记载，少数学者也给予肯定，但绝大部分学者仍持怀疑态度。至于郑的位置，或云在关中东部，或云在关中西部，更有说在河南叶县的，迄今无法定论。⑤七是槐里（犬丘）的性质与位置问题。传统一直认为槐里（犬丘）是周懿王所都，⑥但今主流学界好像对此问题极少关注。槐里（犬丘）到底是不是西周都城？具体位置何在？一直没有明确结论。

应该说，这些问题的长期存在，使我们对西周的都城历史不能有正确的理解，对发现的可能与西周都城有关的遗址不能有正确的判断，甚至对未来有关西周都城的考古工作和昆明池遗址公园建设工作也可能会产生十分不利的影响。这些问题难

---

① 徐锡台：《论周都镐京的位置》，《陕西师大学报》1982年第3期。另外，石璋如曾认为镐京在北丰镐村西北（《传说中国都的实地考察》，《中央研究院历史语言研究所集刊》第20本下册，1949年）；黄盛璋的看法近同，认为在南丰镐村一带（《周都丰镐与金文中的荃京》，《历史研究》1956年10期）；等等。

② 陕西省考古研究所：《镐京西周宫室》，西北大学出版社，1995年，第77页。

③ 中国社会科学院考古研究所沣西发掘队：《1979—1981年长安沣西、沣东发掘简报》，《考古》1986年第3期；《陕西长安沣西客省庄西周夯土基址发掘报告》，《考古》1987年第8期；陕西省考古研究所：《镐京西周宫室》，西北大学出版社，1995年，第3—7页。

④ 中国社会科学院考古研究所沣西发掘队：《长安张家坡西周井叔墓发掘简报》，《考古》1986年第1期；陕西省文物管理委员会：《西周镐京附近部分墓葬发掘简报》，《文物》1986年第1期；中国社会科学院考古研究所沣西发掘队：《1984年长安普渡村西周墓葬发掘简报》，《考古》1988年第9期；等等。

⑤ 传统说法认为郑在关中东部的古郑县，即今华县；唐兰首倡郑在关中西部的今扶风、宝鸡一带说（见《陕西省岐山县董家村新出西周重要铜器铭辞的译文和注释》，《文物》1976年5期）；裘锡圭提出郑在今河南叶县说[《说簋的两个地名——棫林和胡》，见《古文字论集》（1），《考古与文物》编辑部，1983年]。

⑥ 〔北魏〕郦道元：《水经注》卷一九《渭水》。

以解决，笔者以为主要的原因可能有四：一是相关的历史文献记载有限，而过去的某些误解还使我们对有关历史文献（如今本《竹书纪年》①）的重要价值长期忽视；二是近几十年来公布的大量金文、简牍、考古报告虽然丰富了研究材料，但对这些新材料进行科学释读并不容易，使得一些重要的问题长期难有共识；三是问题之间既相互联系又矛盾丛生，单个问题的解决方案即使正确也往往难以得到认可，进行进一步的深入研究更是困难；四是对西周时代都城的认定一直没有明确的标准，使得西周时期都城研究的最基本方面也没有达成一致。显然，在这样的研究背景下，要解决与西周都城相关的一系列复杂问题，没有科学、合理的研究视角是不可能完成的。那么，什么是科学、合理的研究视角？就上述问题来说，笔者以为，主要依靠历史、环境和语言文字的综合视角，就有可能找到较好的解决途径与方法。所谓历史视角，是指要以历史的眼光来看待上古时代的都城问题。都城既是一个当代概念，也是一个历史概念。当代意义上的都城，众所周知是一国的最高行政机关所在地。但是，西周时期的都城，其内涵却与今天的情况有很大不同。例如《左传·庄公二十八年》云："凡邑有宗庙先君之主曰都，无曰邑。"《说文·邑部》亦云："有先君之旧宗庙曰都。"也就是说，先秦时代建有先君宗庙的城邑就可谓之都。我们如果能够从有关西周的史料中找出某地拥有周王先君宗庙，那么即可以认定该地为西周时期的都城。显然，先君宗庙可视为西周都城的标志物，是否有先君宗庙，应当成为我们判断西周时期都城的唯一标准。所谓环境视角，是指要特别注意都城及其附近的自然与人文环境面貌。例如，依据金文的记载，葊（京）附近是有一个可以进行渔猎活动的"大池"的。显然，我们如果能够确定这个大池的性质及具体位置，对于镐（京）、葊京（京）是否为一地就可以提供强有力的自然环境证据。又如，同样依据金文的记载，周、成周、宗周等地除了太庙以外，还有一些不

---

① 清中期以来，今本《竹书纪年》一直被主流学界认为是伪书。近三十年来，数有学者论定今本《竹书纪年》的内容其实是基本可信的，具有十分重要的史料价值。参见陈力：《今本〈竹书纪年〉研究》，《四川大学学报丛刊》1985年第28集，第4—15页；Edward L. Shaughness（夏含夷）："On the Authenticity of the Bamboo Annals"（《论〈竹书纪年〉的真实性》），*Harvard Journal of Asiatic Studies*，vol. 46（1），1986；[美]夏含夷：《也谈武王的卒年——兼论〈今本竹书纪年〉的真伪》，见《文史》（第29辑），中华书局，1988年；杨朝明：《〈今本竹书纪年〉并非伪书说》，《齐鲁学刊》1997年第6期；张富祥：《今本〈竹书纪年〉纂辑考》，《文史哲》2007年第2期。本文下述的一些论述也能够证实今本《竹书纪年》的内容具有较高的可信度。本文所引今本《竹书纪年》采用南朝沈约注《竹书纪年》[见《万有文库》（2），商务印书馆，1937年]，古本《竹书纪年》采用方诗铭、王修龄撰《古本竹书纪年辑证（修订本）》（上海古籍出版社，2005年）。下引《竹书纪年》一般只别今本、古本，不另注。

同名目的建筑物，通过比较各地建筑物的情况，我们应就可以判定周与成周、宗周是否为一地。所谓语言文字视角，是指要科学认识上古时代文献记录的语言文字特征。上古时代的文献，不管是传世文献还是出土文献，涉及有关自然、人文事物的名称记载时，由于文化传播的地域障碍、时间差异和文化传播者的知识局限，大都不可能存在十分规范、统一的语言文字表达方式。因而，在解读上古文献时，我们必须要考虑历史方言、通假字、异体字等语言文字问题所产生的影响。

基于上述思考，笔者不揣浅陋，希望能够在前人的研究基础上，解决上述与西周都城相关的一系列重要谜题。下文主要围绕丰、镐、郑、周四者来进行讨论。文中或有不当之处，谨请方家不吝指正！

二、镐（京）与菳（京）

要证明古史时代的某地与某地是否一地，最好的办法应是抓住二地的标志性特征进行比较。因此，我们不妨对"镐（京）"和"菳（京）"二者的情况分别进行考察。

（一）镐（京）

先看看关于镐（京）的相关记载。关于镐京的记载并不多，皆来自传世文献。通过分析相关文献，我们大体可以知道镐京的主要地理特征与城邑功能。

其一，辟雍本是镐京的标志性水体。《诗经·大雅·文王有声》中即有"镐京辟雍"一句（引文见后），可见镐京、辟雍关系密切。之所以说辟雍本是水体，是因为辟雍也可以叫"辟池"，辟池之"池"即与辟雍之"雍"同义。《史记·封禅书》说："沣滈有昭明天子辟池。"唐代司马贞注云："顾氏以为……今所谓天子辟池，即周天子辟雍之地。张衡亦以辟池为［辟］雍。"[1] 其实，此前千多年的《诗经·周颂·振鹭》中即云："振鹭于飞，于彼西雝。"《毛传》："雝，泽也"。[2] 这里的"雝"即同"雍"[3]，也就是湖泽的意思。那么，作为水体的西周镐京辟雍，其具体位置何在？今本《三辅黄图》说辟雍"在长安西北四十里"[4]，显为唐人口气，自不可凭信。不过，由于辟雍是与镐京相联系的，只要知道了镐京的位置，辟

---

① 《史记》卷二八《封禅书》。所谓"顾氏"，当指南朝顾野王，《玉篇》撰者。

② 《毛诗正义》，中华书局，1957年，第1766页。

③ 如《尔雅·释地》"河西曰雝州"之雝州，《尚书·禹贡》《周礼·职方氏》中均作"雍州"。（《尚书正义》，上海古籍出版社，2007年，第221页；《周礼注疏》，中华书局，1957年，第1190页。）

④ 陈直校证：《三辅黄图校证》，陕西人民出版社，1980年，第111页。

雍的位置应就可以确定。《史记·周本纪》裴骃《集解》引晋徐广有曰："镐在上林（苑）昆明（池）北，有镐池。"郦道元说得更清楚："（昆明）池水北径鄗京东，秦阿房宫西。"[1]众所周知，镐、镐京、鄗京为一地，而根据近年的考古探测，汉唐昆明池遗址的准确位置被确定在今西安市西长安区斗门镇、细柳镇一带[2]（参见图1），因而，镐（京）应在此昆明池遗址之北、镐池（昆明池水北流通道）遗址之西无疑。今昆明池遗址之北、镐池遗址之西区域是长安区洛水村、上泉北村一带。据报道，这一带存在着大量的西周文化堆积，发现有大量的西周瓦和涂抹有"白灰面"的草泥土，研究者因此认

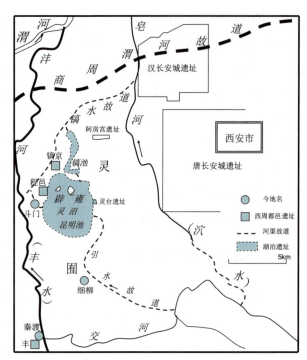

图1　西周镐京辟雍附近复原示意图

（本图水系的绘制参据中国社会科学院考古研究所汉长安城工作队：《西安市汉唐昆明池遗址的钻探与试掘简报》，《考古》2000年第10期；李令福：《从汉唐渭河三桥的位置来看西安附近渭河的侧蚀》，见史念海主编：《汉唐长安与关中平原》（《中国历史地理论丛》增刊），1999年，第260—283页；吕卓民：《西安城南交滈二水的历史变迁》，《中国历史地理论丛》1990年第2辑；中国科学院考古研究所丰镐考古队：《1961—1962年陕西长安沣东试掘简报》，《考古》1963年第8期）

为这里当属于西周权贵人物的生活场所。[3]笔者以为，准确地说，这里应就是西周镐京遗址的所在（参见图1）。而镐京遗址一带除了昆明池外，没有更大的湖泊水体，昆明池的前身应当就是周代的辟雍。

然而，按汉《白虎通·辟雍》的说法："辟者，璧也，象璧圆以法天也；雍者，雍之以水，象教化流行也。"[4]汉毛亨亦说："水旋丘如璧曰辟雍。"[5]今天发

----

① 〔北魏〕郦道元：《水经注》卷一九《渭水》。

② 中国社会科学院考古研究所汉长安城工作队：《西安市汉唐昆明池遗址的钻探与试掘简报》，《考古》2006年第10期。

③ 中国科学院考古研究所丰镐考古队：《1961—1962年陕西长安沣东试掘简报》，《考古》1963年第8期。

④ 〔汉〕班固撰，〔清〕陈立疏证：《白虎通疏证》卷六，中华书局，1994年，第131页。

⑤ 《十三经注疏·毛诗正义》，北京大学出版社，1999年，第1043页。

惟以永年。惟德惟义，时乃大训。不由古训，于何其训？"

显然，毕公的主要任务在于"旌别淑慝，表厥宅里，彰善瘅恶，树之风声"①等，与上录《荀子·王制》所谓"论礼乐，正身行，广教化，美风俗，兼覆而调一之，辟公之事也"完全一致。这进一步证实辟公、毕公确为一人而异写。

其二，镐京（辟雍）是显示周王权威、教育贵族子弟的地方。对此，《诗经·大雅·文王有声》中有明确的描述：

　　镐京辟雍，自西自东，自南自北，无思不服。皇王烝哉！

　　考卜维王，宅是镐京。维龟正之，武王成之。武王烝哉！

　　丰水有芑，武王岂不仕？诒厥孙谋，以燕翼子。武王烝哉！

诗中的"皇王""武王"，指的周文王、周武王父子。所谓"镐京辟雍，自西自东，自南自北，无思不服"的意思，郑笺的说法是："周武王于镐京行辟雍之礼，自四方来观者，皆感化其德，心无不归服者。"②这也是近两千年来古今学者一致认可的说法。但是，对照前文关于辟雍为水体的论证、皇王指周文王的共识，我们就会发现，郑玄这样的解释是无比错乱的。其实，诗中关键的"无思不服"四字，当不是"无不归服"的意思。"思"，可能不是传统所认为的语助词，而当与"司"通假，为主管的意思。郑玄释《周礼·地官·司市》"思次"二字时即云："思当为司字。"③而"服"，《说文·舟部》云："用也。……从舟，艮声。𦨶，古文服，从人。"也就是说，服的本义应该与人使用舟船有关。"镐京辟雍"句的意思大概是说：镐京辟雍，无论是东岸、西岸，还是南岸、北岸，没有文王的许可人们是不能够下水用船娱乐的。从图1可以看出，辟雍的形状接近四边形，确实是有东、西、南、北四岸的。所谓"考卜维王，宅是镐京。维龟正之，武王成之"，是说周文王做出在镐京建设居所的决定，周武王圆满完成了建设任务。所谓"诒厥孙谋，以燕翼子"，则是指辟雍也是培训周朝统治者子孙后代的地方。

其三，镐京（辟雍）是周王居住、饮酒、渔猎和娱乐的地方。先看《诗经·小雅·鱼藻》：

　　鱼在在藻，有颁其首。王在在镐，岂乐饮酒。

　　鱼在在藻，有莘其尾。王在在镐，饮酒乐岂。

---

① 《史记·周本纪》云：武王"命毕公释百姓之囚，表商容之闾"。这是说，周武王命令毕公释放前朝囚禁的百姓，旌表前朝贤士商容的家乡。可见，《毕命》虽可能为晋人伪作，但其所述内容并非没有依据。

② 《十三经注疏·毛诗正义》，北京大学出版社，1999年，第1053页。

③ 《十三经注疏·周礼注疏》，北京大学出版社，1999年，第370页。

鱼在在藻，依于其蒲。王在在镐，有那其居。

诗中的"镐"，当然就是镐京。所谓"王在在镐，有那其居"，是说周王在镐京拥有安逸的住所；所谓"王在在镐，岂乐饮酒""王在在镐，饮酒乐岂"，则是说周王在镐京饮酒、娱乐。

再看《诗经·大雅·灵台》：

经始灵台，经之营之。庶民攻之，不日成之。经始勿亟，庶民子来。

王在灵囿，麀鹿攸伏。麀鹿濯濯，白鸟翯翯。王在灵沼，于牣鱼跃。

虡业维枞，贲鼓维镛。于论鼓钟，于乐辟雍。

于论鼓钟，于乐辟雍。鼍鼓逢逢，蒙瞍奏公。

该诗一般认为是诗作者借百姓为周文王建造灵台的故事来歌颂文王有德，人民乐于归附，反映了周文王在灵囿狩猎、灵沼捕鱼、辟雍娱乐的情形。灵台、灵囿、灵沼，一直以来被认为是在丰邑附近。其实，从此《灵台》诗的内容并结合相关记载来看，周初作为水体的辟雍应该与灵台、灵囿二者相近相邻，而灵沼其实就是辟雍水位降低后分割出来的周边小水体，或辟雍的孑遗。为什么这么说？

一说灵沼。《三辅黄图》有云："周文王灵沼，在长安西三十里。……《三秦记》曰：'昆明池中有灵沼，名神池，云尧时治水，当停船于此池。'"[1]我们知道，昆明池乃是汉武帝元狩三年（前120）发谪吏所"穿"，是为讨伐滇池所在的"昆明国"而训练水军。由《三秦记》可知，汉武帝穿昆明池之前这里已经有水体，即所谓"灵沼"。灵沼所在地的水体面积原本应当不小，但自殷末以至汉代，可能受气候冷干、泥沙淤浅、渗水（黄土的蓄水性不好）的长期影响，绝大部分时间水体面积已不是很广，故称"沼"。《说文》："沼，小池也。"《左氏》有云："雍之灵沼谓之辟雍。"[2]这应是说殷末周文王时周人把淤浅趋干的"灵沼"壅水后称为"辟雍"。汉初的灵沼，显然也是由很多小片水体构成的类似沼泽的低洼地带。汉武帝时要在长安附近找一片大面积的水体来训练水军，自然会想到利用这片低洼地带蓄水，因为土方工程量较小。所谓"穿"昆明池，当不是今天绝大部分学者所理解的在平地新开凿出一个昆明池，而当是指模仿周人把灵沼所在的这片

---

① 陈直校证：《三辅黄图校证》，陕西人民出版社，1980年，第92、96页。陈直认为《三辅黄图》原书大约成书于汉末，今本为唐人补缀，甚为精当。可补证者为各古迹与"长安"的距离，如此谓"灵沼在长安西三十里"之类，皆是以唐长安（县）为中心；如果是汉长安，则当在其西南（参见图1）。按1唐小里约等于443米计，则灵沼在唐长安之西约13公里。这与自唐长安县治所在地（今西安市徐家庄）至昆明池遗址中部的距离略合。

② 〔宋〕王应麟：《玉海》卷一六二《宫室·庭台》"周灵台"条引《左氏》，江苏古籍出版社、上海书店，1987年，第2980页。

洼地疏浚、注水，将形成的巨大水体称为昆明池。《说文》："穿，通也。"大约正是因为此，《史记·平准书》《汉书·食货志》里换了一种说法，叫"大修昆明池"。胡谦盈曾根据昆明池遗址的地质钻探情况认为，汉昆明池原来是一个面积广大的十分古老的天然湖泊，文献记载所谓汉武帝"穿昆明池"，是对自然湖泊进行整治以及在其附近地区建筑离宫别馆，而不是在当时的地面上向下挖掘出一个"周回四十里"的人工湖。①这个看法大体是正确的。胡氏所谓古老的天然湖泊当然也就是"辟雍"，或金文中提到的"璧雍""大池""密永"等。顺便说，自郦道元以来，学者们普遍认为镐京遗址之所以大部分不见，是因为汉代开凿昆明池而被破坏②，这样的说法显然是缺乏可靠依据的。

二说灵台。据汉初《毛诗序》所言："灵台，民始附也。文王受命，而人乐其有灵德，以及鸟兽昆虫焉。"稍后刘向《新序》则云：

周文王作灵台及为池沼，掘地得死人之骨，吏以闻于文王。文王曰："更葬之。"吏曰："此无主矣。"文王曰："有天下者，天下之主也。有一国者，一国之主也。寡人固其主，又安求主？"遂令吏以衣棺更葬之。天下闻之，皆曰："文王贤矣，泽及枯骨，又况于人乎？"或得宝以危国，文王得朽骨以喻其意，而天下归心焉。③

《诗经·灵台》的内容及其后来学人所谓"文王受命，而人乐其有灵德，以及鸟兽昆虫焉""文王贤矣，泽及枯骨，又况于人乎"之类的解说，主旨是百姓对一个传说中的好帝王的赞美与期望，但其中的"周文王作灵台及为池沼"一句，却道出了灵台的位置是与辟池（辟雍）或灵沼的位置相联系的：灵台可能是利用疏浚灵沼时取出的土方在附近堆筑而成，所以才能"不日成之"。④灵台的功能何在？《孟子》有云："文王以民力为台、沼，而民欢乐之，谓其台曰灵台，谓其沼曰灵沼，乐其有麋鹿鱼鳖。古之人与民偕乐，故能乐也。"⑤这就明确指出了灵台、灵沼所具有的娱乐功能。据《三辅黄图》所载，周灵台"高二十丈，周回四百二十

---

① 胡谦盈：《汉昆明池及其有关遗存踏察记》，见《胡谦盈周文化考古研究选集》，四川大学出版社，2000年，第22页。

② 《水经注》卷一九《渭水》有云："自汉武帝穿昆明池于是地（指镐京），基构沦褫，今无可究。"

③〔汉〕刘向撰，赵仲邑注：《新序详注》，中华书局，1997年，第147页。

④《史记·封禅书》司马贞《索隐》引顾氏有曰："既立灵台，则亦有辟雍耳。"也证实了灵台与辟雍的依附关系。

⑤〔清〕焦循：《孟子正义》卷二《梁惠王上》，中华书局，1987年，第47页。东汉郑玄云："天子有灵台者，所以观祲象、察气之妖祥也。"（《十三经注疏·毛诗正义》，北京大学出版社，1999年，第1038页）当是指汉时灵台的功能。

步"①。这是说周灵台的高度大约为当今46米，台基周长大约为当今582米。由如此之高的高度和如此宽阔的台基，可推知灵台台基之上必然是夯土多层楼阁建筑物。②西安附近的关中平原地区地面较平坦，登上高高矗立的灵台可以有较广远的视野，这就决定了灵台必然会成为游赏的佳处。灵台之名在春秋时期似仍然存在，如《左传·僖公十五年》有载，秦穆公（前659年—前621年在位）之妻穆姬就曾把俘来秦国的晋侯软禁在灵台。到战国时代，灵台之名已不见记载，取而代之的好像是"章台"。《史记·秦始皇本纪》载，秦始皇初并天下时，谓"诸庙及章台、上林皆在渭南"。秦的章台可能是由灵台改名而来的，因为《三辅黄图》所述诸台，除周灵台以外，其他皆为汉代兴建，并无秦代建台的记载。战国时期南方楚王建立的数处章华台，可能也是模仿灵台的产物。进入汉代，章台之名又消失了，出现在史籍中的是"豫章台"。《三辅故事》有曰："（昆明）池中有豫章台……；一说甘泉宫南有昆明池，池中有灵波殿。……池中有龙首船，常令宫女泛舟池中，张凤盖，建华旗，作棹歌，杂以鼓吹，帝御豫章观临观焉。"③班固《西都赋》亦云："集乎豫章之宇，临乎昆明之池。"④可见汉代的豫章台（豫章观、灵波殿、昆明观）或在昆明池中，或在昆明池边。《尔雅》："豫，乐也。"《周礼·考工记·画缋》云："赤与白谓之章。"⑤豫章一名的含义，大约就反映了豫章台的娱乐功能和台上建筑物的红白色彩。如前所述，昆明池遗址位于今陕西省西安市长安区斗门镇、细柳镇一带，而经过近年考古工作者的勘测，昆明池的遗址范围也已基本明确。但是，对于豫章台的所在并没有能够确定⑥，尽管此前已有学者指出昆明池东的建筑基址即为豫章台遗址⑦。笔者以为，说昆明池东的建筑基址（后来的三号建筑基址）为汉

---

① 〔宋〕王应麟：《玉海》卷一六二《宫室·庭台》"周灵台"条引《三辅黄图》，江苏古籍出版社、上海书店，1987年，第2980页。今本《三辅黄图》作"周灵台，高二丈，周回百二十步"（陈直校证：《三辅黄图校证》，陕西人民出版社，1980年，第105页），有脱讹，不取。

② 先秦时代台榭建筑的基本技术特点是夯土为层台，逐层内缩，各层背依台壁绕台建屋，顶上建主体建筑，形成外观似为多层的大建筑群体。这样，台基面积越大，台上建筑可以越高。参见傅熹年：《战国铜器上的建筑图像研究》，见《中国古代建筑十论》，复旦大学出版社，2004年，第61—94页。

③ 陈直校证：《三辅黄图校证》，陕西人民出版社，1980年，第94页。

④ 〔梁〕萧统编：《文选》卷一《赋·班孟坚两都赋二首》。

⑤ 《十三经注疏·周礼注疏》，北京大学出版社，1999年，第1115页。

⑥ 中国社会科学院考古研究所汉长安城工作队：《西安市汉唐昆明池遗址的钻探与试掘简报》，《考古》2006年第10期。

⑦ 胡谦盈：《汉昆明池及其有关遗存踏察记》，见《胡谦盈周文化考古研究选集》，四川大学出版社，2000年。

代的豫章台是正确的。试看上述昆明池遗址钻探与试掘简报对三号建筑基址情况的描述：

> 三号建筑遗址位于万村西北约760米处的东岸上，南距万村西侧进水渠口约850米。现存遗址平面呈曲尺形，东西80米、南北75米，是一处东面连岸，其他三面环水的台榭类建筑遗址。遗址现为一片高地，最高处高出周围地面约2.5米。从遗址断面观察，这里的地层堆积可分三层。耕土层下即为夯土台基，台基又分上下两层：上层夯土厚约1.5米，夯层清晰，每层厚约8厘米，内含大量西汉板瓦及筒瓦残片；下层夯土在现地面以上厚约1米，灰土筑成，土质紧密，夯层不清晰，夯土中夹杂较多夹砂陶片。陶器多为西周时期的器物残片，如残鬲足，夹砂红陶，袋足。表面饰绳纹。残高9厘米、壁厚0.8厘米。由此分析，下层夯土在修筑时破坏了西周时期的文化堆积，可能是汉代昆明池东岸上建筑的基址；上层夯土中夹杂较多的西汉瓦片，说明在修筑时破坏了原来的西汉建筑遗址，其时代在西汉以后，应是后来（可能是唐代）重修池岸的遗存。

由此可知，三号建筑遗址位于昆明池边，三面环水，早在西周时代已经被利用，这与上述汉豫章台的演变历史和相关记载颇为符合，也与《三辅故事》"周作灵台，在丰水东"、《水经注》佚文"自丰水北迳灵台西，文王又引水为辟雍灵沼"[1]的说法完全一致。可见，汉豫章台的前身当即周灵台（参见图1）。《左氏》有谓"天子灵台，在太庙之中"[2]，应是说的东周春秋时洛邑王城灵台的情形。今本《三辅黄图》所谓"周文王灵台，在长安西北四十里"文字当为唐人所补，并不可信。

三说灵囿。据《三辅黄图》卷四"苑囿"所记，周灵囿的情况大体如下：

> 周灵囿，文王囿也。《诗》曰："王在灵囿，麀鹿攸伏，麀鹿濯濯，白鸟翯翯。"毛苌注云："囿，所以域养禽兽也，天子百里，诸侯四十里。灵者，言文王之有灵德也。灵囿，言道行苑囿也。"《孟子》曰："文王之囿，方七十里，刍荛者往焉，雉兔者往焉，与民同其利也。"[3]

显然，灵囿的主要功能是圈养禽兽，有些类似于今天的一个大型野生动物园。

---

① 〔宋〕王应麟：《玉海》卷一六二《宫室·庭台》"周灵台"条引《水经注》，江苏古籍出版社、上海书店，1987年，第2981页。

② 〔宋〕王应麟：《玉海》卷一六二《宫室·庭台》"周灵台"条引《左氏》，江苏古籍出版社、上海书店，1987年，第2980页。

③ 陈直校证：《三辅黄图校证》，陕西人民出版社，1980年，第83页。

周代"方七十里"，约当今29公里，面积不可谓小。后来的上林苑应该是在灵囿的基础上发展起来的。"上林苑"的名字可能就来自"灵囿"。灵，上古来母耕部，可拟lieŋ¹；林，上古来母侵部，可拟lǐəm¹。①二字读音近同，而"苑""囿"同义。《史记·秦始皇本纪》在秦始皇二十五年（前222）初并天下时已提及位于渭水南面的"上林（苑）"，到10年后，"始皇以为咸阳人多，先王之宫廷小……乃营作朝宫渭南上林苑中：先作前殿阿房，东西五百步，南北五十丈，上可以坐万人，下可以建五丈旗，周驰为阁道，自殿下直抵南山，表南山之巅以为阙。为复道，自阿房渡渭，属之咸阳，以象天极阁道绝汉抵营室也"②。秦上林苑的建设规模显然十分庞大。

然而，无论如何，秦上林苑是位于以阿房宫为中心的地带，而今阿房宫遗址确实离昆明池不远（参见图1）。汉以降，上林苑基本上保持着秦上林苑周回三百余里的面积规模，这从《三辅黄图》所述即可以看得出来：

> 汉上林苑，即秦之旧苑也。《汉书》云："武帝建元三年开上林苑，东南至蓝田宜春、鼎湖、御宿、昆吾，旁南山而西，至长杨、五柞，北绕黄山，濒渭水而东，周袤三百里。"离宫七十所，皆容千乘万骑。《汉宫殿疏》云："方三百四十里。"《汉旧仪》云："上林苑方三百里，苑中养百兽，天子秋冬射猎取之。"帝初修上林苑，群臣远方，各献名果异卉三千余种植其中，亦有制为美名，以标奇异。③

可见，秦上林苑、汉上林苑是与周灵囿一脉相承的，周灵囿与秦汉上林苑的核心地带皆位于今西安市西的昆明池遗址一带，前者是包括在后者之中的。（参见图4）宋代程大昌《雍录》有称丰宫"今在鄠县，灵台、灵沼、灵囿皆属其地也"④，后世学者多承其说。笔者以为，程氏关于灵台、灵沼、灵囿在鄠县（治今陕西鄠邑区）的看法，既缺乏有力的史料依据支撑，今所谓灵台遗址也没有发现有说服力的遗迹遗存，当是错误的。

---

① 李珍华、周长楫编撰：《汉字古今音表》，中华书局，1999年，第364、427页。

② 《三辅黄图》所记与之有不同："阿房宫，亦曰阿城，（秦）惠文王造，宫未成而亡；始皇广其宫。规恢三百余里，离宫别馆，弥山跨谷，辇道相属。阁道通骊山八十余里，表南山之巅以为阙，络樊川以为池。"（陈直校证：《三辅黄图校证》，陕西人民出版社，1980年，第14页）此之"规恢三百余里……辇道相属"一句当为错简，宜删。因为，对照下录《三辅黄图》所言汉上林苑"周袤三百里""方三百四十里""方三百里"诸说，"规恢三百余里"显然是说阿房宫所在的上林苑，而不是阿房宫。因为阿房宫"东西三里，南北五百步"（《宋著长安志》卷三《宫室一》引《三辅旧事》，长安县志局印，1935年），规模甚为明确。

③ 陈直校证：《三辅黄图校证》，陕西人民出版社，1980年，第83页

④ 〔宋〕程大昌：《雍录》，黄永年点校，中华书局，2002年，第11页。

（二）莽（京）

传世文献中镐京及其附近的情况如此。那么，出现于金文中的莽（京）的情况又如何？

我们不妨先把出现"莽（京）"字样的20余器铭的时代及相关内容①罗列如下。

1.西周早期（武、成、康、昭、穆王）器铭。

（1）《奢簋》：唯十月初吉辛巳，公姒赐奢贝在莽京。

（2）《王盂》：王作莽京中寝浸盂。

（3）《戒鬲》：戒作莽官明尊彝。

（4）《方鼎》：唯八月辰在乙亥，王在莽京。

（5）《伯姜鼎》：唯正月既生霸庚申，王在莽京湿宫。

（6）《臣辰盉》：唯王大禴于宗周、延裸莽京年，……王命士上及史寅殷于成周。

（7）《麦方尊》：王命辟井侯出坏，侯于井。粤若二月，侯见于宗周，无尤。合王裸莽京，酚祀。粤若翌日，在璧雍，王乘舟为大丰（礼），王射大鸿禽，侯乘于赤旗舟从，死咸。之日，王以侯入于寝，侯赐玄瑚。粤王在斤，已夕，侯赐诸□臣二百家，齎用王乘车马、金□、冕衣、市、舄。唯归，扬天子休，告亡尤，用恭义宁侯显考于井侯。作册麦赐金于辟侯，麦扬，用作宝尊彝。

（8）《小臣传簋》：唯五月既望甲子，王［在莽］京，命师田父殷成周年。

（9）《伯唐父鼎》：乙卯，王裸莽京。［王］祓辟舟，临舟龙，咸祓，伯唐父告备。王格乘辟舟，临祓白旂，［用］射兕、斁虎、貉、白鹿、白狐于辟池，咸祓。

（10）《鲜簋》：唯王三十又四祀，唯五月，王在莽京，禘于昭王。鲜蔑历裸，王赏裸玉三品、贝二十朋。

---

① 主要依据中国社会科学院考古研究所：《殷周金文集成释文》（第1—6卷），香港中文大学中国文化研究所，2001年；刘雨、卢岩编著：《近出殷周金文集录》（第1—4册），中华书局，2002年；唐兰：《西周青铜器铭文分代史征》，中华书局，1986年；陈梦家：《西周铜器断代》（上、下），中华书局，2004年；马承源主编：《商周青铜器铭文选》（3、4），文物出版社，1988年、1990年；王辉：《商周金文》，文物出版社，2006年。其他器铭内容与所录器铭内容重复或基本重复者不列。为方便阅读理解，释文尽量使用通行字。释文句读据文意略有修改。下录金文释文及断代出处皆同此，不另出注。

（11）《遹簋》：唯六月既生霸，穆穆王在莽京，呼渔于大池。

（12）《静卣》：唯四月初吉丙寅，王在莽京，王赐静弓。

（13）《静簋》：唯六月初吉，王在莽京。丁卯，王命静司射学官，小子及服、及小臣、及夷仆学射。粤八月初吉庚寅，王以吴夆、吕牺合□□师、邦君，射于大池，静教无尤。王赐静鞞瑹。

（14）《小臣静簋》：唯十又三月，王祼莽京，小臣静即事。王赐贝五十朋。

（15）《史懋壶》：唯八月既死霸戊寅，王在莽京湿宫，王亲命史懋路筮，咸。

（16）《井鼎》：唯七月，王在莽京。辛卯，王渔于密永①，呼井从渔，攸赐鱼。

（17）《寓鼎》：唯二月既生霸丁丑，王在莽京□□。

（18）《弭叔簋》：唯五月初吉甲戌，王在莽，格于大室，即立中廷，井叔入佑师察。王呼尹氏册命：师察，赐汝赤舄、攸勒，用楚弭伯。

2.西周中期（恭、懿、孝、夷王）器铭。

（1）《卯簋》：荣伯呼命卯曰：载乃先祖考夷司荣公室，昔乃祖亦既命乃父夷司莽人……今余唯命汝夷司莽官、莽人。

（2）《楚簋》：唯正月初吉丁亥，王格于康宫，仲偁父入佑楚立中廷，内史尹氏册命楚赤袚、燕旂，取五锊，司莽鄙官入师舟。

3.西周晚期（厉、宣、幽王）器铭。

（1）《召伯虎簋》：唯六年四月甲子，王在莽。

（2）《训匜》：唯三月既死霸甲申，王在莽上官。

由上可见，关于莽（京）的铭文虽然西周早、中、晚期都有，但周王在莽

---

① "密永"二字，原文作▨▨，为莽京的大水体名无疑，而莽京边的大水体无他，必然是指"璧雍"（《麦方尊》）、"大池"（《遹簋》《静簋》）。"密"在西周甲文中或作▨（陈全方等：《西周甲文注》，学林出版社，2003年，第66页），金文或作▨（《虎簋盖》）、▨（《趩簋》），与此首字上部同为"宀"，而首字中部"▨"，与《南宫乎钟》铭文之"▨（必）"近同，似是"必"字异体，右下两小撇可能是表重写"必"字的符号，故疑首字为"密"字的变体；《师遽方彝》之"永"作▨，与此次字近同（金文中"永"字多见，笔画、构形常有一定变化）。以此，二字当隶作"密永"。《井鼎》铭文的意思是说，王去密永钓鱼，叫井随从。"密永"，当即"辟雍"之同音异写。金文中另有地名"永"，如《散从盨》（厉王时器）铭云："王在永师田宫。"意思是说周王住在永邑驻军的田宫。"永邑"当即"程邑"异写，位于辟雍西岸。《殷周金文集成释文》隶二字作"寘池"，前字不识，后字作"池"，却与《遹簋》之"池"字作▨形差异巨大，疑误。

（京）的活动明显集中于早期，中晚期极少，甚至"莽京"的名称在中晚期都被去掉了"京"字，这似可反映作为都城的莽京地位在中晚期有巨大下降。而由上述铭文内容，我们无疑可以总结出莽京的以下五点特征。

其一，莽京也有一个"璧雍"（《麦方尊》）。《三辅黄图》有云：周文王辟雍"亦曰璧雍"[①]。可见辟雍、璧雍为一。顺便说，莽京都城地位在中晚期的巨大下降，很可能就与中晚期辟雍的淤浅、干涸有关。[②]因为莽京赖以为都的有利条件就是其在关中平原所具有的独特水体环境，辟雍的淤浅、干涸，也就意味着莽京对周王贵族已缺乏很大的吸引力。莽京称呼的变化似乎可以印证此点。从金文来看，西周五个具有都城功能的城邑中，只有莽京带有"京"字后缀。莽京之所以称"京"，自然不是以其作为都城的标志，而当是由于莽（镐）的附近有前述灵台的存在，因为京的本义即为土筑的高丘。《说文》云："京，人所为绝高丘也。"莽京在中晚期之所以只称莽，很可能就是由于辟雍淤浅、干涸后，辟雍岸边的灵台已失去作为观览、游憩性建筑的意义。璧雍又可以异写作"密永"（《井鼎》），或称"辟池"（《伯唐父鼎》）、"大池"（《静簋》）。这样一地异名的情况，其实可以帮助我们解决某些西周地名的位置之谜：一是"密""毕"的位置，一是"程""毕郢"[③]"毕烝"[④]"毕程"[⑤]等的位置。谜题的简单答案就是："毕""密"为一地的异写，"程"为"毕郢""毕烝""毕程"的略写兼异写，"毕郢""毕烝""毕程"则为水体名称辟雍的聚落地名转化。这是上古时代，"程""郢""烝"三字读音近同、"辟""毕""密"三字读音近同所致。上古"程""郢"二字读音相同，清代已

---

① 陈直校证：《三辅黄图校证》，陕西人民出版社，1980年，第111页。

② 如前文所论，早在周文王时就有疏浚灵沼之举，这其实反映的是作为湖泊水体的辟雍在商末时已经开始淤浅。从上录金文可见，西周中后期再也见不到"辟雍"的记载。这种情况的出现与众所周知的商周之际全新世大暖期（距今8000—3000年）的结束（参见王绍武等编著：《现代气候学概论》，气象出版社，2005年，第83—86页）正好呼应。因为，距今3000年前大暖期的结束，意味着冷干气候的到来，商末辟雍湖泊水体开始的沼泽化或淤浅、趋干，其实就是关中平原区冷干气候到来所导致的结果。当然，这并不排除个别或少数年份因降水量较多而出现辟雍水面较广的情况，如穆王时期金文多次提及在辟雍（大池）的活动，可能就与此间辟雍水面较广有关。关于距今三千余年前关中平原的环境改变问题，可参见黄春长《渭河流域3100年前资源退化与人地关系演变》（《地理科学》2001年第1期）。

③ 《孟子·离娄下》云："文王生于岐周，卒于毕郢。"是知毕郢为文王的卒地。

④ 《段簋》（懿王时器）有云："唯王十又四年十又一月丁卯，王在毕烝。"

⑤ 《逸周书·史记解》有云："昔有毕程氏，损禄增爵，群臣貌匮，比而戾民，毕程氏以亡。"毕程氏，当指居住于毕程地方的部落首领。

有学者指出。①而"烝"与"程""郢"的读音同样很近：上古"烝"为章母蒸部，"程"（郢）为定（余）母耕部，章母、定（余）母可以互谐，"蒸""耕"二部皆为阳声韵；而"辟""毕""密"三字声母皆为双唇音，韵部近同，故上古因发音近同而通用。②因此，密永、辟池、辟（璧）雍，以及毕郢、毕程、毕烝等的得名，皆与密（辟、毕）地之大水池有密切关系。③其实，传世文献中我们熟知的崇国之"崇"，也当是"雍""永""烝""程""郢"诸字的异写。试看《史记·周本纪》中关于周灭崇的过程记载：

> 西伯曰文王，遵后稷、公刘之业，则古公、公季之法，笃仁，敬老，慈少。礼下贤者，日中不暇食以待士，士以此多归之。……崇侯虎谮西伯于殷纣曰："西伯积善累德，诸侯皆乡之，将不利于帝。"帝纣乃囚西伯于羑里。……纣大说，……乃赦西伯。……明年，伐崇侯虎，而作丰邑，自岐下而徙都丰。

崇侯之国（邑）何在？《史记正义》引皇甫谧云："夏鲧封。虞、夏、商、周皆有崇国，崇国盖在丰、镐之间。《诗》云'既伐于崇，作邑于丰'，是国之地也。"可见，崇侯之国（邑）就在丰、镐一带。这样的位置显然是会把辟雍包括在内的。但是，关中平原上的这样一个著名古国（邑），且与周人为邻为敌，却在西周甲文、金文中毫无提及，这当然很不正常，说明甲文、金文中可能有另外的名称表达。"崇"，上古崇母冬部，与"烝""程"的读音极近，当为音近异写。之所以出现"雍""永""烝""程""郢""崇"这样一些近音、同音异写字，当是不同时代不同地方记录者的方言发音、书写习惯、知识素养差异所致。当然，

---

① 清人孔广森《经学卮言》（华东师范大学出版社，2010年，第122页）云："郢与程通。……毕者，程地之大名；程者，毕中之小号也。……《吕览·具备篇》云：'武王尝穷于毕程矣。'毕程即毕郢。"孔氏这样的说法大体是正确的。

② 三字发音近同通用的例证如下：（1）"毕"通"辟"。《周礼·大司寇》："使其属跸。"郑玄注："故书'跸'作'避'。"（《十三经注疏·周礼注疏》，北京大学出版社，1999年，第910页）古足、辵（辶）二部首常通用。（2）"毕"通"密"。《吕氏春秋·仲春纪》："寝庙必备。"毕沅注："必，《月令》作毕，古通用。"（许维遹：《吕氏春秋集释》（上册），中国书店，1985年，卷二第3a页）又上古"密"同"宓"，从必得声（〔汉〕许慎撰，〔清〕段玉裁注：《说文解字注》，上海古籍出版社，1981年，第339页。）

③ 过去有学者认为毕地或在渭河以北，而密或密须则在今甘肃灵台。应该说，这样的看法较为晚出，都缺乏强有力的证据支持。现在，知道了辟雍、密永为一，则文献中相关的一些矛盾记载即可以迎刃而解。例如，今灵台县之所以于唐天宝元年改名，唐人说是因为该地为古密国之地（《元和郡县图志》卷三《关内道三》，中华书局，1983年，第56页）。可见，唐以前民间可能就有灵台在密地的传说。这正好可辅证前文所获周灵台位置应与辟雍相依的结论，也可辅证密、辟、毕为一地异写的正确性。

"雍""永""烝""程""郢""崇"诸字的读音虽然近同，但使用时是作水体名还是水边聚落名应有一定区别："辟雍""密永"等双字连写当指湖泊水体，毕郢、毕程、毕烝、程、崇、永等名称则指湖边聚落。这与春秋战国时期常见的楚都名称"郢"的得名原因类同。最近公布的清华简《楚居》①有谓"至武王酓达，自宵徙居免，焉始□□□□□福。众不容于免，乃溃疆涅之陂而宇人，焉抵今曰郢"，即是说楚人名郢之地与雍（涅）水之地有关，意即"郢"为"涅"的聚落地名转化。学界一直不清楚文献中密、毕、程、崇的准确位置何在，知道了这样的关系，主要依据今本《竹书纪年》的记载，即可以比较清楚、完整地了解周人与古密（毕）人（地）关系的来龙去脉（下录冒号后文字除注明来源外皆为今本《竹书纪年》原文，【】中文字为笔者的说明）。

（1）季历时期

殷武乙二十四年：周师伐程，战于毕，克之。【此时仅距周人自豳（邠）迁岐20余年。此为周人居岐（周原）后的首次对外军事行动。可见，程地必定对周人具有很大吸引力。这种吸引力可能来自程地所拥有的湖泊辟雍。在黄土高原区，像辟雍一样的大面积湖泊水体十分少见。前述在距今约3000年，全新世大暖期结束，气候逐渐变得冷干，而属于渭北旱原的岐下周原一带，虽然在雨水丰沛的年份会出现《诗经·大雅·绵》所谓"周原膴膴，堇荼如饴"的景象，但在气候冷干的背景下，这里地势偏高、水源不足，多数时间农业生产的自然条件并不优越，这大约是周人要设法夺取自然条件更好的生存空间的原因。"毕"即后来所谓"毕原"。《史记·魏世家》"正义"引《括地志》："毕原在雍州万年县西南二十八里。"唐万年县即在今西安市区。程，即前述其他文献中所称的"崇国"。"国"为城邑之意，故上引皇甫谧谓"崇国盖在丰、镐之间"（参见图1）】

殷文丁五年：周作程邑。【上距"伐程"16年。周原甲骨卜辞H31：5有云"密囟（思）城"②，是说周人想在密（毕）地修建城邑。这当就是周人"作程邑"前的

① 清华大学出土文献研究与保护中心编、李学勤主编：《清华大学藏战国竹简（壹）》，中西书局，2010年，第180—194页。

② "囟"为西周甲文中的常见字。陈全方等《西周甲文注》（学林出版社，2003年）释此"密囟城"为"密为城"（第68页），即把"囟"字原文"由"字释作"为"；但另处"今秋王由克往密"一句，陈氏又释"由"为"西"（第65页），可见陈氏所释当误。笔者以为，李学勤、王宇信、夏含夷等学者释"由"为"思"字〔李学勤、王宇信：《周原卜辞选释》，见《古文字研究》（第4辑），中华书局，1980年；夏含夷：《试论周原卜辞由字》，见《古文字研究》（第17辑），中华书局，1989年〕，可从；但"思"并不是虚词、副词、连词之类，就是其本义"考虑、打算"的意思。

占卜实录。】

（2）姬昌（文王）时期

殷帝辛六年：西伯（文王）初礿于毕。【上距"作程邑"23年。礿，春祭，很可能是在程邑进行。】

殷帝辛二十三年：囚西伯于羑里。【崇侯虎谮西伯于殷纣王（帝辛）所致。】

殷帝辛二十九年：（帝辛）释西伯；诸侯逆西伯，归于程［周］。【此处"程"当为"周"之误。由于文王被囚羑里6年，程邑在此间应为崇侯虎收复，故才有下文帝辛三十三年"密人降于周师，（西伯）遂迁于程"的情况出现。《史记·周本纪》记文王获释后事有曰："西伯阴行善，诸侯皆来决平。于是虞、芮之人有狱不能决，乃如周。"亦可证。】

殷帝辛三十一年：西伯治兵于毕，得吕尚以为师。【为伐毕（密）做准备。吕尚，即姜太公。】

殷帝辛三十二年：密人侵阮，西伯帅师伐密。【西伯借口密（毕）人侵阮而伐密。《诗经·大雅·皇矣》亦为此次战事的记录，诗云："密人不恭，敢拒大邦，侵阮徂共，王赫斯怒。……帝谓文王，……以伐崇墉。临冲闲闲，崇墉言言，执讯连连，攸馘安安。……临冲茀茀，崇墉仡仡，是伐是肆，是绝是忽，四方以无拂。"即其事。该诗中的"崇墉"其实是数十年前周人自己修建的城池程邑，而此时已变为密人抵抗周人的堡垒。可见，密、崇（程）确是联系在一起的。周原甲骨卜辞H11：136号有云："今秋王囟（思）克往密。"这是说该年秋天周王打算去伐密。显然，这当是周人在制定伐密计划过程中的卜筮实录。《史记·周本纪》记作："明年，伐密须。"①】

殷帝辛三十三年：密人降于周师，（西伯）遂迁于程。【密（毕）人投降后，周文王从岐周迁居于程。《逸周书·大匡》有云"维周王宅程"，当其事。此亦进一步证明密、程是相联系的。】

殷帝辛三十四年：周师取耆及邘，遂伐崇，崇人降。【此条"伐崇，崇人降"与上二条伐密、密人降为一事。这当是因《竹书纪年》作者所据原始材料来源不同而在时间记载上略有差异。西汉末年成书的《易乾凿度》作："（文王）二十九年，伐崇，作灵台。"②又略不同。】

殷帝辛三十五年：西伯自程迁于丰。【《史记·周本纪》直接说文王"自岐

---

① "密须"之名，另见于《左传》昭公十五年、定公四年。"密"当为"密须"之略读。

② 〔宋〕王应麟：《玉海》卷一六二《宫室·庭台》"周灵台"条引《易乾凿度》，江苏古籍出版社、上海书店，1987年，第2980页。

下而徙都丰"，省略了居程的经历。文王自程迁丰可能是由于天灾。《逸周书·大匡》云："维周王宅程三年，遭天之大荒……"本年正好是周文王在程邑居住的第三年，所谓"天之大荒"自然是指年成极不好，而关中平原年成不好最有可能是干旱导致的。干旱很可能造成程邑旁的水体辟雍趋干，周文王居住于此生活不便。程邑的位置当为今西安市长安区普渡村、花园村一带，正位于辟雍水体西岸，据称考古工作者在这里发现了11处"镐京西周宫室夯土基址"①。但此地事实上并不是镐京，而应是程邑。皇甫谧所谓"崇国（指程邑）盖在丰、镐之间"，与其相对位置正合（参见图1）。进入西周后，这里可能慢慢成为田猎之地。上录《𪟝从盨》（厉王时器）铭文有云："王在永师田宫。"因为"永"亦是"程""崇"的异写，而"师田宫"是指周朝军队系统的田猎之宫，所以，作为田猎之地，前述今天考古工作者在这里发现贵族墓群是不奇怪的。】

殷帝辛三十六年：西伯使世子发营镐。【周文王都丰邑后，大概想通过在距程邑不远（约1.5公里）、同在辟雍湖滨的镐修建新的宫室，作为丰邑近郊的王公贵族游憩、渔猎地。工程活动由其子姬发（周武王）负责。今本《竹书纪年》有云："周德既隆，草木茂盛，蒿堪为宫室，因名蒿室。既有天下，遂都于镐。"此"营镐"与前1046年灭商后"都于镐"在时间上相隔约28年。】

殷帝辛三十七年：周作辟雍。【前述商末辟雍湖泊水体已有沼泽化或淤浅、趋干的迹象。这里当指对作为自然湖泊的辟雍进行疏浚、注水。《诗经·大雅·文王有声》有"丰水东注，维禹之绩，四方攸同，皇王维辟。皇王烝哉"一句，其中所谓"丰水东注"与丰水北注渭水的自然流向明显不合。这句话的意思其实很可能是颂扬周文王为解决辟雍的水源问题而人工引丰水东流。《水经注》佚文有曰："自丰水北迳灵台西，文王又引水为辟雍灵沼。"又曰："交水又西南流，与沣水支津合，其北又有汉故渠出焉；又西至石墕，分为二水：一水西流注沣，一水自石墕北径细柳诸原北流，入昆明池。"②可见，古代沣（丰）水确实可以循今交河（沣水支津）河道东流汇古交水再北注昆明池（辟雍）的。参见图1。】

殷帝辛四十年：周作灵台。【指利用疏浚辟雍挑出的堆在湖岸附近的泥土，在湖边修筑具有观览作用的高台式建筑物。参见前】

殷帝辛四十一年：西伯昌薨。【《孟子·离娄下》云："文王生于岐周，卒于毕

---

① 陕西省考古研究所：《镐京西周宫室》，西北大学出版社，1995年，第3—7页。

② 〔宋〕王应麟：《玉海》卷一六二《宫室·庭台》"周灵台"条引，江苏古籍出版社、上海书店，1987年，第2981页；《宋著长安志》卷一二《长安县·交水》引《水经注》，长安县志局印，1935年。

郢。"西伯昌（文王）大概是在新修整的辟雍湖畔的宫殿（毕郢）休养时逝世的。】

（3）武王时期（？—前1043）

九年：武王上祭于毕。【据《史记·周本纪》。】

（4）成王时期（前1043—前1020）

元年：葬武王于毕。

二十二年：葬周文公于毕。【周文公即周公。《史记·周本纪》，太史公曰："所谓'周公葬于毕'，毕在镐东南杜中。"】

（5）康王时期（前1020—前996）

十二年：王如丰，锡毕公命。【周武王克殷后，封周文王庶子姬高于毕（密），毕（密）成为毕公高采邑，始改为姬姓，"姬"或写作"姞"。这就是应劭所谓"密须氏，姞姓之国"[1]，韦昭所谓"康公，密国之君，姬姓也"[2]的来历。参见前录《尚书·周书·毕命》。】

（6）穆王时期（前976—前922）

十四年：翟人侵毕。【翟同"狄"，指关中平原以西以北的游牧民族部落。】

（7）共（恭）王时期（前922—前900）

四年：王师灭密。【《国语·周语一》载有共王灭密康公的故事。密（毕）康公当为毕公高之后代。此后再无密（毕）的记载，亦可辅证密、毕为一。】

（8）懿王时期（前899—前892）

七年：西戎侵镐。【西戎，即猃狁。《诗经·小雅·六月》有云："猃狁匪茹，整居焦获。侵镐及方，至于泾阳。"当指此。镐（京）宫室可能因此被毁而至荒芜。】

（9）宣王时期（前827—前781）

三十年：有兔舞于镐京。【可见镐京一带已完全荒芜。宣王时器《吴虎鼎》铭谓"厥西疆， 姜及疆"，即指镐京一带其时已为姜氏居住。此后文献再无镐（京）的明确记载。】

其二，莽京有周王的宗庙和宫室。《弭叔簋》铭所谓"大室"，应就是太庙。《卯簋》《戒鬲》中的"莽宫"，直接以地名名宫，好比"周庙""鄷宫"之名分别指周、丰（鄷）二地的太庙一样，很可能也是指莽京的太庙。至于《麦方尊》所谓"寝"，《王盂》所谓"莽京中寝"，《训匜》所谓"莽上宫"，《史懋壶》《伯姜鼎》所谓"莽京湿宫"，应该都是属于莽（京）在不同时期不同类型和位置

---

① 《史记·周本纪》裴骃《集解》引。
② 《国语》卷一《周语上·密康公母论小丑备物终必亡》韦注。

的周王宫室。这些西周宫室已有一定的遗迹发现。据报道，在沣东遗址北半部的洛水村周围发现三处西周宫室建筑遗存：一是在洛水村西边村旁发现一座不辨形制的西周初期大型夯土基址和一个大卵石柱础；二是在洛水村村北靠近一处断崖的地面上发现一座不辨形制的西周大型夯土基址，基址上堆积着大量的西周板瓦碎片；三是在洛水村村北西周夯土基址附近曾发现一口西周水井，井内埋藏着大量板瓦及涂抹着"白灰面"的草筋泥土块墙皮等西周建筑遗存。①

其三，莽京有"学宫"存在，辟雍亦充教学场地。这可以通过上录《静簋》铭文反映出来。这段铭文的意思是说：六月丁卯这天，住在莽京的周（昭）王，命静在学宫教习射箭，让一批年轻的贵族子弟、低级官员跟着学习；在八月初吉庚寅这天，周（昭）王与一众贵族、君主前往大池（辟雍）射箭，静又不厌其烦地进行讲解，于是周（昭）王赐给静一个漂亮的刀鞘。可见，汉以降的辟雍之所以发展成王朝的教育场所，虽然可能受到春秋以降的误识影响，但显然还是有一定历史依据的。

其四，周王常常来莽京喝酒、渔猎。从上引文中可以看到，《臣辰盉》《麦方尊》《小臣静簋》《伯唐父鼎》诸器铭中都说周王"裸莽京"。裸是什么意思？《诗经·大雅·文王》毛传谓："裸，灌鬯也。"②鬯即古代祭祀、宴饮用的香酒。灌鬯之礼当就是饮酒之前的一种祭礼，如以酒洒地之类。③这可能与西周时期周王曾明令禁止聚众酗酒，只有在祭祀时可以饮酒的规定有关。④因为，如果先行灌鬯之祭礼，周王贵族就可以借裸祭之名饮酒。《鲜盘（簋）》所谓"鲜蔑历裸，王赏裸玉三品、贝二十朋"，则说明陪同周王饮酒的人也得到了周王赏赐的饮酒玉器等。至于《遹簋》所谓"穆穆王在莽京，呼渔于大池"、《井鼎》所谓"王渔于密永，呼井从渔"，很明显是说周王在莽京辟雍钓鱼或捕鱼；《麦方尊》《伯唐父鼎》则反

---

① 胡谦盈：《周文化及相关遗存的发掘与研究》，科学出版社，2010年，第25—26页；中国科学院考古研究所丰镐考古队：《1961—1962年陕西长安沣东试掘简报》，《考古》1963年第8期。前已述及，今天考古工作者在斗门镇普渡村、花园村发现了11处西周建筑基址，而最大的五号基址总体长59米，宽23米，面积为1357平方米，主体建筑结构布局坐北朝南，整体布局平面呈"工"字形，由主体建筑和左右两翼附属建筑、夯土墙及墙基部分组成。（陕西省考古研究所：《镐京西周宫室》，西北大学出版社，1995年，第12页）但是，对于五号基址的情况，胡谦盈质疑。（胡谦盈：《三代都址考古纪实——丰、镐周都的发掘与研究》，中国社会科学出版社，2009年，第10页）笔者以为，五号基址如果属于西周宫殿，很可能是前述周人在程（永）邑所建宗庙、师田宫之类。不过，此地虽距莽京甚近，却是另一个城邑。

② 《十三经注疏·毛诗正义》，北京大学出版社，1999年，第962页。

③ 唐代孔颖达疏有云："裸，灌也。王以圭瓒酌鬯之酒以献尸，尸受祭而灌于地，因奠不饮谓之裸。"（《十三经注疏·尚书正义》，北京大学出版社，1999年，第420页）《说文》："尸，神像也。"

④ 《尚书·酒诰》。

映周王在辟雍进行的射猎活动（辟雍湖的水面上以及湖中的岛屿上当有鸟兽生活。参见图1）。

其五，莽京有专门的管理机构。《卯簋》所谓"今余唯命汝夷司莽宫、莽人"，意思是任命卯来管理莽宫、莽人。《楚簋》所谓"司莽鄙官"，可能就是莽京管理机构的官员之一。

综上可见，传世文献中的"镐京"与金文中的"莽京"，不但位于同样的地域"辟"地，有着同名的地理标志物——辟雍，而且发挥着几乎完全一样的功能——祭祀、居住、宴饮、娱乐、教育等。因此，镐京、"莽"京应是一地异写无疑。其实，莽京或镐京是相对晚出的写法，在西周早期的出土文献中，莽本是写作"蒿"的。如西周初年甲骨文有"祠，自蒿于丰"（H11：20）、"祠，自蒿于周"（H11：117）[1]字样，《德方鼎》也有"王在成周，延武王福自蒿，咸"[2]的记载。之所以称"蒿"，《大戴礼记·明堂》如此说："周时德泽洽和，蒿茂大，以为宫柱，名蒿宫也，此天子之路寝也。"前引今本《竹书纪年》的说法也差不多："周德既隆，草木茂盛，蒿堪为宫室，因名蒿室。"蒿宫、蒿室当可异写作莽宫，上录《卯簋》《戒鼎》即有"莽宫"之名。《大戴礼记》、今本《竹书纪年》的意思其实应该是说，由于辟雍一带蒿草茂盛，于是就地取材[3]，修建以蒿草为主要建筑材料（如墙体材料、屋顶覆盖材料）的蒿宫。稍后，又有把"莽"简写作"旁"的，如周康王时器《高卣》铭文有"唯十又二月，王初祼旁"字样。研究者早就指出，"莽""旁"的读音相同。[4]在传世文献中，镐则明确有"鄗""滈"等异写。[5]有研究者已经论证，上古时代的关中一带，蒿（镐、鄗、滈）、莽（旁）二者的读音本是差不多的，后来二者之间之所以出现巨大的读音差异，应是不同时代地方方音演变的结果。[6]这样的说法是合理的。此

---

① 陈全方、侯志义、陈敏：《西周甲文注》，学林出版社，2003年，第15、20页。

② 马承源主编：《商周青铜器铭文选》（3），文物出版社，1988年，第26页。

③ 当时可能还制作有专门用于刈除蒿草的"镈"。西周铜器有《敔司土（徒）镈》，铭文为"敔司土（徒）北征蒿镈"七字，唐兰理解为司徒北征到蒿（镐京）而要用镈。（唐兰：《中国古代社会使用青铜农器问题的初步研究》，《故宫博物院院刊》1960年第2期，第10—34页）笔者以为，释为司徒（从丰邑出发）北征蒿（镐）地时所使用的镈，可能更准确。由此，可知该器的制作年代当在懿王7年"西戎侵镐"之时。

④〔清〕吴大澂：《说文古籀补·附录》，中华书局，1988年，第69页上。

⑤ 例如，《水经注》卷十九《渭水》中"镐水"又写作"鄗水"；《荀子·议兵》所谓"古者汤以薄，武王以滈，皆百里之地也"，在《荀子·王霸》中则作"汤以亳，武王以鄗，皆百里之地也"。

⑥ 周宏伟：《楚人源于关中平原新证——以清华简〈楚居〉相关地名的考释为中心》，《中国历史地理论丛》2012年第2辑。

外，金文中出现的"减"，也当是"鄩""滴"（"沈"）等字的异写。

三、宗周与丰（邑）

知道了传世文献中的"镐京"与金文中的"莽京"为一，为我们研究宗周是不是镐京的问题提供了很大的方便。宗周的记载同样出现在传世文献、出土文献中。

传世文献中关于宗周的记载不是很多。一是《尚书·周书·多方》有谓："唯五月丁亥，王来自奄，至于宗周。周公曰：'王若曰：猷，告尔四国多方，唯尔殷侯尹民。我唯大降尔命，尔罔不知。洪唯图天之命，弗永寅念于祀……'"这是说在五月丁亥这天，周王从奄回到了宗周，要周公向各诸侯国宣示周王的旨意。后来，这事被司马迁写入了《史记·周本纪》（见后引）。二是今本《竹书纪年》中的数处记载。如"（成王）十九年，……召康公从，归于宗周，遂正百官，黜丰侯"，是说周成王在宗周任命百官，贬黜了丰侯。丰侯应该就是以宗周所在地丰为采邑的诸侯。证之金文，除了数见"丰王"（指周文王）之外，确实只见"丰伯"之称——此或是贬黜丰侯之结果。三是《诗经》中的记载。《诗经·小雅·正月》有谓："燎之方扬，宁或灭之？赫赫宗周，褒姒灭之！"这是说褒姒把强盛的"宗周"给毁灭了。《诗经·小雅·雨无正》则谓：

周宗既灭，靡所止戾。正大夫离居，莫知我勚。三事大夫，莫肯夙夜。邦君诸侯，莫肯朝夕。……谓尔迁于王都，曰予未有室家。鼠思泣血，无言不疾。昔尔出居，谁从作尔室？

这里描述的是西周末年被破坏后的"周宗"（宗周）的萧条情形：正大夫、三事大夫（即太师、太傅、太保）和邦君诸侯（各诸侯国国君）都已不在这里居住。对于传世文献中出现的宗周或周宗，如前所述，汉以来的学者们都认为是镐京。但是，只要仔细阅读上述关于镐京的相关记载，我们很容易发现，镐京给我们的印象与宗周给我们的印象是明显不同的：镐京呈现的多是轻松的气息，而宗周显示的多是严肃的氛围。这一点，从下述出土器物铭文中也可以得到进一步的反映。

出土器物铭文中关于宗周的记载较传世文献要多得多。为便于研究，不妨把现有金文中有"宗周"字样的简明内容分时期条列如下。

1.西周早期（武、成、康、昭、穆王）器铭。

（1）《乍册翭（畟）卣》：唯公大史见服于宗周年；在二月既望乙亥，公大史咸见服于辟王，辨于多正；四月既生霸庚午，王遣公大史，公大史在丰，赏作册翭（畟）马。

（2）《献侯鼎》：唯成王大被在宗周，赏献侯器、贝，用作丁侯尊彝。

（3）《大盂鼎》：唯九月，王在宗周。

（4）《吴方鼎》：唯二月初吉庚寅，在宗周。

（5）《夔尊》：唯公男被于宗周，夔从。

（6）《隙作父乙尊》：唯公遘于宗周，睦从公。

（7）《静方鼎》：唯七月甲子，王在宗周，命师中及静省南国，相艺居。八月初吉庚申，至告于成周。月既望丁丑，王在成周大室。

（8）《麦方尊》：王命辟井侯出坯，侯于井。粤若二月，侯见于宗周，无尤。合王裸莽京，彰祀。

（9）《臣辰盉》：唯王大禴于宗周、延裸莽京年。

（10）《庸伯厓又簋》：唯王伐逨鱼，遂伐淖。黑至，燎于宗周。

（11）《董鼎》：匽（燕）侯命董饴大保于宗周。

（12）《羿彝》：唯八月甲申，公中在宗周，赐羿贝五朋。

（13）《匽侯旨乍父辛鼎》：匽（燕）侯旨初见事于宗周，王赉旨贝廿朋。

（14）《班簋》：唯八月初吉在宗周；甲戌，王命毛伯更虢城公服。

（15）《史叔隋器》：唯王被于宗周，王姜、史叔吏于大保，赏叔隋皀、白金。

（16）《善鼎》：王在宗周，王格大师宫。

（17）《元年师事簋》：唯王元年四月既生霸，王在减居；甲寅，王各庙即立，徫公入右师事，即立中廷，王呼作册尹册命师事曰：备于大左，官司丰还（及）左右师氏。

2.西周中期（恭、懿、孝、夷王）器铭。

（1）《同簋》：唯十又二月初吉丁丑，王在宗周，格于大庙。荣伯佑同立中廷，北向。王命同佐佑吴大父，司场、林、虞、牧，自虒东至于河。

（2）《趞簋》：唯二月，王在宗周。戊寅，王格于大庙。密叔佑趞即位，内史即命。

3.西周晚期（厉、宣、幽王）器铭。

（1）《大克鼎》：王在宗周，旦，王格穆庙，即立。

（2）《小克鼎》：唯王廿又三年九月，王在宗周，王命善夫克舍令于成周。

（3）《微縊鼎》：唯王廿又三年九月，[王]在宗周，王命微縊耕司九陂。

（4）《史颂鼎》：唯三年五月丁巳，王在宗周，命史颂……于成周。

（5）《晋侯苏编钟》：唯王卅又三年，王亲遹省东国、南国。正月既生霸戊午，王步自宗周。二月既望癸卯，王入格成周。

从这些材料可知，在整个西周时期，周王在宗周一直没有停止过活动，早期的活动明显较多，而中晚期的活动则相对较少。进行这些活动的场所以及活动内容大致可以归纳为四点。第一，宗周有大庙、穆庙等宗庙建筑物。《同簋》《趞簋》所谓大庙，即太庙，是安放周王先君神位的建筑物。《大克鼎》所谓穆庙，是祭祀周穆王的建筑物。第二，宗周有大师宫之类的官署，是大师、大保等重要官员的办公地。《善鼎》所谓"大师宫"，应是指太师的办公兼居住场所。太师居周初"三公"（太师、太傅、太保）之首，为辅弼周王之官。《史叔隋器》所谓"大保"就是太保，亦为"三公"之一。三公官署的存在，说明宗周是西周王朝重要政治事务的进行地。《诗经·国风·王风》中有一首很伤感的诗《黍离》，毛传释该诗的写作背景时有曰："闵宗周也。周大夫行役，至于宗周，过故宗庙宫室，尽为禾黍。闵周室之颠覆，彷徨不忍去，而作是诗也。"①可见，传世文献关于宗周有宗庙、宫室的记载，能够呼应金文中的内容。第三，宗周是各地诸侯述职的主要场所之一。如《匽侯旨乍父辛鼎》所谓"匽（燕）侯旨初见事于宗周"，是说燕侯在宗周向周王述职；《乍册䰧（畟）卣》所谓"唯公大史见服于宗周"，是说公大史在宗周向周王述职。这进一步说明宗周在当时的重要政治地位。第四，宗周是举行大型祭祀活动的地方之一。如《献侯鼎》所谓"唯成王大祓在宗周"，《臣辰盉》所谓"唯王大禴于宗周"。祓为祈福祭，禴（礿）为春祭。

可见，把宗周的情况与前述镐京的情况相比，会发现二者确有很大的差异，应不会是一地。其实，从有关金文中宗周与镐京同称的情况，也可以证实此点。上录《麦方尊》所谓"王命辟井侯出坏，侯于井。粤若二月，侯见于宗周，无尤。合王祼荽京，酌祀"一句，是说周王命令辟井侯出朝作井（荆）地的诸侯，及至二月，辟井侯在宗周拜见了周王；正好周王要去荽京举行祼祭，辟井侯于是一同前往。《臣辰盉》所谓"唯王大禴于宗周、延祼荽京"，是说周王在宗周举行大型春祭活动之后，接着又去荽京参加祼祭。显然，如果宗周与荽京是一处，则完全不应并称。

宗周与荽京既然不是一处，那么，宗周又在哪里？从道理上说，应该是文王所都之丰（鄷）邑。看看有关明确记载丰邑的材料，即可以发现：第一，丰邑确实是周王进行重要政治经济活动的地方。今本《竹书纪年》有载，周武王十二年牧野之战后的"夏四月，王归于丰，祮于太庙。十三年……荐殷于太庙，遂大封诸侯"。这是说周武王先后在丰邑的太庙开庆功宴会并大封诸侯。《左传》昭公四年在回顾西周诸王的重要功业时有云："周武有孟津之誓，成有岐阳之蒐，康有鄷宫之朝，

---

① 《十三经注疏·毛诗正义》，北京大学出版社，1999年，第252页。

穆有涂山之会。"《括地志》云:"周酆宫,文王宫也。"由于文王属于周朝王室先君之列,酆宫或文王宫应就是太庙的俗称。所谓酆宫之朝,是说周康王在酆宫(太庙)接受诸侯朝见。丰邑也是册命重要官员、举行重要仪式的场所。《逸周书·大开武》有曰:"维王一祀二月,王在丰,密命访于周公旦。"这是说武王在丰与周公旦密谋灭商之事。周公旦为周初太傅,乃"三公"之一。金文召公《玉刀铭》有曰:"六月丙寅,王在丰,命大保省南国……"这是说周王在丰邑颁令大保召公南巡。大保即太保,亦为周初"三公"之一。这显然与《董鼎》"匽(燕)侯命董饴大保于宗周"、《史叔隋器》"王姜史叔吏于大保"的内容可以呼应。《史记·鲁周公世家》亦曰:"(成)王朝步自周至丰,使太保召公先之雒相土。"《裘卫盉》则载有一次有周王参加的重要经济活动:

> 唯三年三月既生霸壬寅,王禹旗于丰。矩伯庶人取瑾璋于裘卫,值八十朋,厥贮其舍田十田。矩或取赤琥两、麂韨两、奉鞈一,值廿朋,其舍田三田。裘卫乃矢告于伯邑父、荣伯、定伯、亮伯、单伯。乃命三有司:司徒微邑、司马单奥、司工(空)邑人,服还授田。

这是说周王在丰邑举行仪式,见证矩伯与裘卫之间的土地交易。第二,丰邑建有太庙,多有西周百官贵族居住。由上引今本《竹书纪年》周武王"荐殷于太庙,遂大封诸侯"事可知,丰邑是有太庙的。而从上引《逸周书·大开武》《裘卫盉》等的记载来看,丰邑也很可能是周初三公、三司(司徒、司马、司空)等重要官员和伯邑父、荣伯、定伯、亮伯、单伯等一些贵族的居住地。第三,丰置有专门的管理者"大左(祝)"。穆王时器《元年师事簋》有云:"唯王元年四月既生霸,王在减居;甲寅,……王呼作册尹册命师事曰:备于大左,官司丰还(及)①左右师氏。"稍后的西周恭、懿时器《申簋盖》则云:"唯正月初吉丁卯,王在周康宫,格大室,即位。……王命尹册命申:赓乃祖考疋大祝,官司丰人及九□祝。"此二器的器主师事与申很可能是爷孙关系,所以,申能袭其祖任"大左(祝)"。大左

---

① "还"(原文作🔲),郭沫若释作"苑",唐兰、李家浩释作"县"(李家浩:《先秦文字中的"县"》,《文史》1987年第28辑),似皆误。对照下《申簋盖》铭"官司丰人及九□祝"句,知此"还(還)"为"及(眔)"之误写无疑。"眔"即"逮","逮"异作"還",当因形近而误,就像前录《伯公父簋》铭文"我用召卿事辟王"句中"卿"字应为"飨"字一样。其实,这从《方言》中的有关记载也可以得到证明。例如《方言》第十三有谓:"還,积也。"第三有谓:"逮,及也。"《荀子·非相篇》唐代杨倞注引《方言》有云"儴,疾也。"(《荀子》,上海古籍出版社,1989年,第24页)。"积""及""疾"三字上古读音当近同,由此而知,"還""逮""儴"三字的上古读音亦当近同,且都可借作"及"字用。参见后录《免簋》铭文。

（祝）可能是属于司徒系统的官职，①其首要职责显然在于管理丰邑的土地与人民。

第四，宗周即丰有较明确的文献记载。《史记·周本纪》有载：

> 成王既迁殷遗民，……召公为保，周公为师，东伐淮夷，残奄，迁
> 其君薄姑。成王自奄，归在宗周，作《多方》；既绌殷命，袭淮夷，归在
> 丰，作《周官》。兴正礼乐，度制于是改，而民和睦，颂声兴。

这是记周成王东伐后回归的地方，先说归在宗周，后说归在丰，好像宗周、丰是二地，历来学者也因此被误导。其实，周成王御驾东征仅有一次，约发生在成王四年至五年间，往复时间延续半年左右。今本《竹书纪年》记该事时如是说："（成王四年），王师伐淮夷，遂入奄。五年春正月，王在奄，迁其君于薄姑。夏五月，王至自奄。"对比两处对同一事件的记载，即可知宗周即丰无疑。另外，西周初年器《作册䰧（畏）卣》有如下铭文可辅证：

> 唯公大史见服于宗周年：在二月既望乙亥，公大史咸见服于辟王，辨
> 于多正；粤四月既生霸庚午，王遣公大史，公大史在丰，赏作册䰧（畏）
> 马。

前面已经指出辟王就是周武王，因此，该铭文的大概意思是说：公大史在宗周述职之年，二月既望乙亥那天，公大史向周武王汇报，回答了官员们的质询；到四月既生霸庚午那天，周武王为公大史送行，公大史在丰邑，赏给作册䰧马匹。这里宗周与丰并称，似乎宗周与丰也不是一地，但是，细析文意，就会发现这里的宗周与丰其实同样是一处。因为，该器铭所述为同一事件，只是作册䰧在纪年时称宗周，而在纪日时改称丰。这很可能是西周早期周人以大事纪年时习惯用大名、正名，而叙述事件具体过程时习惯用小名、俗名的缘故所致。

那么，作为宗周的这个丰邑在哪里？是不是如前述在众所周知的今沣西马王村、客省庄一带？应该说，像一些学者所质疑的一样，马王村、客省庄一带的发掘情况并不能支持有关丰邑方位的文献记载。一是丰、镐之间的距离问题。《史记·周本纪》裴骃《集解》引晋徐广曰："镐在上林昆明北，有镐池，去丰二十五里。"这是说镐在汉上林苑的昆明池北，丰、镐二地相距25晋里。如前所述，按目前的主流认识，周都丰（邑）的位置大体被确定在今西安市长安区沣河西岸的马

---

① "大祝"与"大左"音近［如今粤方言"祝"读tʃuk⁷，"左"读tʃɔ³。见李珍华、周长楫编撰：《汉字古今音表》（修订本），中华书局，1999年，第24、301页］，疑为异写。《周礼·天官》有"大祝"，主掌祭祀类事，与此师事、申的主要职责明显不同。山东出土的春秋时器《鲁大左司徒元鼎》有"大左司徒"一名，故疑此"大左"或为"大左司徒"的略称，属于地官系统。

王村、客省庄等地一带，镐（京）的位置大体被确定在沣河以东的洛水村、上泉北村、普渡村、花园村、斗门镇一带，而斗门镇、花园村一带的夯土宫殿建筑基址群被部分学者认为是镐京的中心。如果马王村、客省庄一带是丰邑中心的话，那么，斗门镇、马王村二地的距离只有约2.5公里。显然，这个距离与文献记载的"二十五里"（约当13公里）差距太大。二是丰与鄠县之间的距离问题。汉唐间鄠县即当今户县①。皇甫谧《帝王世纪》说："丰在京兆鄠县东，沣水之西，文王自程徙此。"《史记·周本纪》"正义"引《括地志》云："周丰宫，周文王宫也，在雍州鄠县东三十五里。"清乾隆《鄠县新志》亦称："周丰宫，旧志一名酆宫，在沣水西，去县三十里。"所谓"周丰（酆）宫"，自然应该在周都丰邑。唐"三十五里"、清"三十里"，皆约当今15公里。距今户县东15公里左右的地方属于该县秦渡镇附近，正在沣河西岸。让人惊讶的是，今秦渡镇附近一带确实有过较大规模的西周时期聚落存在。如该镇潭沱村遗址的情况②如下：

> 潭沱村遗址位于今西安市户县秦渡镇潭沱村东北300米沣河西岸的二级
> 台地上，西周文化遗址。东西长约400米，南北宽约300米，面积约120000
> 平方米。潭沱村遗址文化层厚1—1.5米。出土有石斧、鬲足、陶罐、带孔石
> 镰和带孔蚌刀等。另采集有夹砂红、褐陶片和泥质褐陶片，纹饰主要为绳
> 纹，可辨器型有鬲、罐等。1957年5月31日，潭沱村遗址被陕西省人民委员
> 会公布为第二批省级文物保护单位。由于20世纪六七十年代的大规模土地
> 平整及砖厂取土，对潭沱村遗址造成很大破坏，现仅中心区域略有保存，
> 可见少量夹砂红、褐陶片。遗址区现为耕地。

而巧的是，今秦渡镇潭沱村遗址距前考作为镐京所在的洛水村一带正好是13公里左右，与晋徐广"丰镐之间相距'二十五里'"的说法完全一致。可见，周都丰邑（宗周）的所在应该是在户县秦渡镇潭沱村遗址一带（参见图1、图4），而不是在马王村、客省庄一带。众所周知，今马王村、客省庄一带西周时期的墓葬密集，

---

① 户县于2017年改鄠邑区。

② 西安市文物局、西安市广播电视局、西安民视台编：《西安古遗址》，陕西人民出版社，2008年，第54页。

但一直没有发现先（早）周宫殿遗址群，①之所以如此，应当是因为我们已有的考古发掘偏离了周都丰邑的中心。早在清初，已有学者明确指出，"秦渡即古丰地，沣水之西岸，丰旧城在焉"②，即认为今秦渡镇附近为周都丰邑的所在。笔者以为，这种认识既与早期学者的相关记载③完全符合，线索古老、清楚，今天又能够得到地面遗迹的支持，且秦渡镇附近位置紧邻沣河西岸，至今没有发现西周时期的任何墓葬分布，符合西周都城的自然、人文环境条件，因而是正确、可靠的。

四、郑与槐里

郑是西周的重要都城，在传世文献、器物铭文中都有明确记载。

传世文献中关于周王居郑的记载如下。

（1）古本《竹书纪年》：穆王元年，筑祇宫于南郑。（《穆天子传》注）

（2）古本《竹书纪年》：穆王以下，都于西郑。（《汉书·地理志》薛瓒注）

（3）古本《竹书纪年》：穆王所居郑宫，春宫。（《太平御览》卷一七三）

（4）今本《竹书纪年》：（穆王元年）冬十月，筑祇宫于南郑。……以下都于西郑。十八年春正月，王居祇宫，诸侯来朝。……五十五年，王陟于祇宫。

（5）今本《竹书纪年》：（懿王）元年丙寅春正月，王即位，天再旦于郑。

文献中的"西郑"可能不是西周时期的称呼，这从下录《免尊》等铭文皆单称"奠（郑）"即可以得到证明，当是《竹书纪年》的作者战国时魏国史官的区别

---

① 据报道，近数十年在马王村、客省庄一带发现了一些夯土基址，最大的四号夯土基址面积甚至达到1826.98平方米。但遗憾的是，这些夯土基址上并没有发现任何柱穴、础石或墙基之类的建筑遗存，故不能称之为宫室基址；且这些夯土基址的上限年代晚于西周初期前段，与文献记载的文王自程迁丰的时间为商朝末年的早（先）周时代亦完全不合。参见胡谦盈：《周文化及相关遗存的发掘与研究》，科学出版社，2010年，第23—25页；中国社会科学院考古研究所沣西发掘队：《陕西长安沣西客省庄西周夯土基址发掘报告》。

② 《古今图书集成·方舆汇编·职方典》第498卷《西安府部·汇考八》，中华书局，第5页。

③ 东汉许慎云："酆，周文王所都，在京兆杜陵西南。"（〔汉〕许慎撰，〔清〕段玉裁注：《说文解字注》，上海古籍出版社，1981年，第286页下）东汉高诱云："酆郭在长安西南。"〔许维遹：《吕氏春秋集释》（上册），中国书店，1985年，卷八第9a页〕参见图1。

性称呼。因为，春秋时期中原有郑国存在，尽管郑都、郑国有一定联系，但如果不加前置方位词，西周之郑、春秋之郑会很容易混淆。关中之郑在中原之郑的西面，故称西郑，容易理解。需要特别说明的是南郑。从今本《竹书纪年》看，南郑显然是周穆王十分喜爱且常去居住的地方，因为从元年他初登王位即在该地筑祇宫，一直到50余年后他又在祇宫去世。《穆天子传》的最后一句"吉日辛卯，天子入于南郑"①，即可与之呼应。那么，南郑何在？为今陕西省汉中市区无疑。理由有二。其一，汉中名南郑的历史可以追溯到西周时期。《水经注·沔水》引《耆旧传》云："南郑之号，始于郑桓公。桓公死于犬戎，其民南奔，故以南郑为称。"这样的说法并不准确，因为郑桓公与周幽王一起死于前771年，已是西周结束的时间，而今本《竹书纪年》明明是说周穆王元年已在南郑筑祇宫。南郑既然筑有宫室，自然需要有人管理，可能周穆王在元年都郑之后，即从新都郑邑迁徙了一部分人民南去汉中褒（国）地，这样，位于关中秦岭以南褒地的祇宫所在地也就被人们称为"南郑"。先秦时代人民迁徙新地居住，其新聚落名称往往与原居地名称有联系。其二，汉中一带冬春有较好的气候条件，适宜休养避寒。春季关中平原仍较寒冷，而汉中盆地由于有秦岭对南下冷空气的阻挡，春季平均气温往往要比关中平原高2—3℃。因此，古本《竹书纪年》所称穆王所居的郑宫，应就指的是南郑祇宫。之所以特别称之为"春宫"，应当是指穆王经常在春季去那里居住。

器物铭文关于周王居郑的记载如下。

（1）《免尊》：唯六月初吉，王在奠（郑）。丁亥，王格大室。井叔佑免，王蔑免历。

（2）《大簋》：唯六月初吉丁巳，王在奠（郑）。蔑大历。

（3）《三年㽙壶》：唯三年九月丁巳，王在奠（郑），飨醴。呼虢叔召㽙，赐羔俎。

《免尊》《大簋》《三年㽙壶》分别为穆王、懿王、孝王时器。由此可见，一方面，郑有"大室"建筑物存在，说明郑确实如《竹书纪年》所说为周都，因为大室即太庙，为西周都城的标志性建筑物；另一方面，穆王、懿王、孝王皆有在郑地进行册命活动的情况，也相当程度上能够证明《竹书纪年》"穆王以下，都于西郑"的记载可信。

---

① 〔晋〕郭璞注：《穆天子传》卷六，中华书局，1985年，第39页。

应该说，目前学术界有部分学者已认可西周时期都郑的历史事实。[①]但是，对于西周时期作为都城的郑的具体位置，他们却有相当大的分歧。如唐兰从春秋时期棫林的位置考察推测郑在泾水之西的扶风、宝鸡一带；卢连成、尚志儒等主要根据《史记·秦本纪》秦雍城（今陕西凤翔）有"大郑宫"的记载和秦雍城遗址有"棫阳"瓦当发现，进一步推测郑在今凤翔县城一带。无疑，前辈学者的上述工作对于郑都位置问题的解决十分有启发意义，但众所周知，凤翔雍城遗址明确为秦国都城遗址，在西周灭亡近百年后的秦德公元年（前677）才正式启用，显然，以之来证明西周时期的情况说服力不强。因此，笔者以为，要确定郑都的准确位置，还是有必要从直接的文献材料考察入手。

众所周知，郑在春秋时期是著名的诸侯国。郑国的始封者被认为是西周时期的郑桓公。在大家熟知的历史文献中，《史记·郑世家》相关的记载如下。

> 郑桓公友者，周厉王少子而宣王庶弟也。宣王立二十二年，友初封于郑。封三十三岁，百姓皆便爱之。幽王以为司徒，和集周民，周民皆说。河、雒之间，人便思之。

宣王二十二年，即前806年。从司马迁的记载看，郑桓公所封的郑，似乎与两个地方有关：一是周地，一是河雒之间。初封之地可能离周（岐周，今扶风、岐山二县交界一带）地不远，甚或是属于周地范围。不过，借助下述今本《竹书纪年》的记载，即可以较好地解决郑桓公的封地位置问题：

> （宣王）二十二年，王锡王子多父，命居洛。……（幽王二年），晋文公同王子多父伐郐，克之，乃居郑父之丘，是为郑桓公。……八年（前774），王锡司徒郑伯多父命。

古本《竹书纪年》的相关记载作："（晋文侯）二年（前779），同惠王子多父伐郐，克之。乃居郑父之丘，名之曰郑，是为郑桓公。"李峰指出，今本《竹书纪年》由于没有经过引用和复原的复杂过程，较古本《竹书纪年》的记载更为可靠，而古本《竹书纪年》的内容在流传和复原中更容易出现错误，与郑相关的例子是误"郐"为"郐"[②]。笔者以为，李说是正确的，因为《国语·郑语》中有"申、

---

①　唐兰：《陕西省岐山县董家村新出西周重要铜器铭辞的译文和注释》，《文物》1976年5期；卢连成：《周都减郑考》，见《古文字论集》（2），《考古与文物》编辑部，1983年，第8—11页；尚志儒：《郑、棫林之故地及其源流探讨》，见陕西历史博物馆编：《周文化论集》，三秦出版社，1993年，第272—279页。

②　李峰：《西周金文中的郑地和郑国东迁》，《文物》2006年第9期。

缯、西戎方强……若伐申，而缯与西戎会以伐周"之文，新公布的清华简《系年》①中也有"曾人乃降西戎，以攻幽王"一句，而"缯""曾"即"鄫"之异写。认识到今本《竹书纪年》记载的可靠性，再比较上述《史记·郑世家》与今本《竹书纪年》中关于郑桓公的记载，就会发现今本《竹书纪年》的可信度要强于《史记·郑世家》。例如郑桓公的名字歧异问题就是如此。郑桓公的名字，《郑世家》作"友"，《竹书纪年》作"多父"。从《竹书纪年》今、古本皆作"多父"，以及1976年1月陕西扶风云塘村西周晚期墓出土的铜器有《伯多父盨》4件②（作器者"伯多父"当即今本《竹书纪年》中"郑伯多父"的略称，也就是郑桓公）来看，《郑世家》作"友"错误。这个脱讹大约是在篆书隶变过程中因"多""友"二字篆书字形有时接近（如"多"可作**𝐃𝐃**，"友"可作**ʔʔ**③）所导致。又如，郑桓公的始封时间和地点歧异问题也是如此。对于郑桓公的始封时间和地点，《郑世家》作前806年封郑，今本《竹书纪年》作前806年"王锡王子多父命，居洛"，前780年（幽王二年）多父克郐后始居"郑父之丘"。显然，《郑世家》把二事混同为一事，是错误的。而对于"郑父之丘"名称来历的分析，也能够进一步说明今本《竹书纪年》记载所具有的原典性。"郑父之丘"一名最早就出现在《竹书纪年》中，到4世纪后期的前秦时期已开始有人引用，④由于这个地名颇为奇怪，因而很有讨论的必要。我们知道，西周时期的地名一般为单字或双字两种表现形式，像这样的地名在文献中可谓仅见。考虑到该地为郑桓公的始封地，该地名应当是大地名"郑"和小地名"父之丘"的联称。在周代地名中，某些双字地名间可以加"之"字，如"牧之野"即"牧野"⑤，"寝之丘"即"寝丘"⑥。因此，此"父之丘"亦即"父丘"。可是，这个父丘的位置何在？由于其他文献中并无父丘之名，似乎无

---

① 清华大学出土文献研究与保护中心编、李学勤主编：《清华大学藏战国竹简（贰）·第二章》，中西书局，2011年。

② 陕西省考古研究所等编：《陕西出土商周青铜器》（3），文物出版社，1980年，第92—94页。

③ 容庚：《金文编》，科学出版社，1959年，第150、385页。

④ 《汉书》卷二八上《地理志上》"京兆尹郑县"条颜师古注引臣瓒，亦作"郑父之丘"。臣瓒之言当出自西晋出土的《竹书纪年》。今《汉书》标点者以"郑父"作地名，当误。

⑤ 《诗经·鲁颂·閟宫》《战国策·魏策一》等作"牧之野"，《尚书·牧誓》、今本《竹书纪年》等作"牧（埇）野"。

⑥ 《吕氏春秋·异宝》云："楚越之间有寝之丘者。"毕沅注："《列子·说符篇》《淮南·人间训》皆作寝丘，无之字。"（见许维遹：《吕氏春秋集释》卷一〇，中国书店，1985年，第13b页）

从考知。其实，"父丘"就是"犬丘"之误，这个错误很可能是西晋学者在把《竹书纪年》的先秦篆书进行隶变的过程中误认"犬"为"父"所致。"父""犬"二字，如楚简字形分别作"〓""〓"①，较为接近，如果字迹漫漶，很容易误认。对此，下列关于"棫林"的讨论，《世本·居篇》也能够进一步证实此点："郑桓公封棫林。桓公居棫林，徙拾。"

东汉宋衷释曰："棫林与拾，皆旧地名，封桓公，乃名为郑。"好像"郑"是西周末年才有的一个新地名。显然，宋衷的看法是错误的。因为，前录《竹书纪年》、西周中期器《免尊》等铭文中出现的"郑"就否定了这一点。但是，棫林在郑犬丘应为无疑，因为"郑桓公封棫林"与"晋文公同王子多父伐郐，克之，乃居郑（父）［犬］之丘，是为郑桓公"讲的是一回事。知道了棫林的位置，也就知道了郑的所在。因为，棫林既是犬丘，犬丘也就是槐里。今本《竹书纪年》说："（懿王）十五年，王自宗周迁于槐里。"《世本》则说："懿王徙于犬邱。"班固《汉书·地理志》归纳说："槐里，周曰犬丘，懿王都之。秦更名废丘。高祖三年更名。"尽管班固的说法存在一定错漏，②但认为槐里、犬丘为一地是无可疑问的。前录《竹书纪年》称"穆王以下，都于西郑"，意思当然是说穆、恭、懿、孝、夷、厉、宣、幽8位周王皆以郑为王朝都城，而懿王徙居槐里或犬邱，其实也是迁居于郑，这正好能够解释穆王以降都郑、都槐里二者看似有些矛盾的记载。顺便说，槐里、棫林之所以为一地，当是因为槐里、棫林为一名异写。按上古读音，槐从鬼得声，见纽微韵，里为来纽支韵，故槐里可拟音为kǐwəi² lǐə²；③"棫"从或得声，金文或同国，见纽职韵，林为来纽侵韵，故棫林可拟音为kuək⁴ lǐəm¹。④显然，槐里、棫林二名的上古读音甚是接近。棫林一名在金文中也有出现。穆王时器《𢼸簋》铭文云：

　　　唯六月初吉乙酉，（王）在京之师。戎伐□，𢼸率有司、师氏奔追，

　　御戎于棫林，搏戎𩰫。

　　这个"棫林"之"棫"字原文，左部不从"木"而从"周"，可以呼应《史

　　① 分别采自荆门市博物馆：《郭店楚墓竹简》33号简，文物出版社，1998年；湖北荆沙铁路考古队：《包山楚简》219号简，文物出版社，1991年。

　　② 吴卓信《汉书地理志补注》（北京出版社，2000年）卷三有曰："《世本》懿王二年自镐徙都犬丘，《（竹书）纪年》懿王十五年自宗周迁于槐里。是周时已有槐里之名。……据《汉书》周勃、樊哙传，汉初有废丘，又有槐里，或其后置县，乃统谓之槐里耳。"

　　③ 李珍华、周长楫编撰：《汉字古今音表》（修订本），中华书局，1999年，第67、62页。

　　④ 李珍华、周长楫编撰：《汉字古今音表》（修订本），中华书局，1999年，第402、427页。

记·周本纪》所谓郑桓公"和集周民，周民皆说"的记载。顺便说，学者们根据穆王时器《长由盉》有"穆王在下淢居"之文，《元年师旋簋》亦有"王在下淢居"之文，周懿王时器《蔡簋》又有"王在淢居。且，王格庙"之文，而认为其中的淢、下淢为一地，且与棫林有关的看法，[1]可能是不正确的。因为，"淢"字在《诗经·大雅·文王有声》中已有出现。《文王有声》一诗中有云：

> 文王受命，有此武功，既伐于崇，作邑于丰。文王烝哉。
>
> 筑城伊淢，作丰伊匹，匪棘其欲，遹追来孝。王后烝哉。
>
> 王公伊濯，维丰之垣，四方攸同，王后维翰。王后烝哉。
>
> 丰水东注，维禹之绩，四方攸同，皇王维辟。皇王烝哉。

毛传云："淢，成（城）沟也。"郑笺云："方十里曰成，淢其沟也，广深各八尺。"孔疏云："成间有淢，字又作'洫'，《韩诗》云：淢，深池。"[2]可见，淢必定是与城邑有关的水体。该诗显然是歌颂文王功业的，所谓"筑城伊淢，作丰伊匹"，是指文王既在淢水边筑城，又在丰水边作邑。对比前录今本《竹书纪年》之文"周师取耆及邗，遂伐崇，崇人降"，"西伯自程迁于丰"，"西伯使世子发营镐"，知文王伐崇后的主要功业就是迁丰营镐，因此，"筑城伊淢"更准确的意思就是说在淢水边修筑镐京。我们知道，镐京边有鄗池、鄗水，而鄗水又名洨水[3]。上古"淢"可二读，一是"淢"从或得声，金文或同国，见纽职韵，可拟音kuək[4]，而"鄗"，从高得声，见纽宵韵，可拟音kau[1]，二字读音较近；一是"淢"同"洫"，从血得声，晓纽质韵，可拟音hiwet[4]，而"洨"，从穴得声，匣纽质韵，可拟音ɣiwet[4]，[4]二字读音同样接近。因此，周王的"淢居""下淢居"应该是在镐京或其附近的淢水边。"王在×居"（"居"或释作"应"）的句式，在金文中有数见，杨树达认为×居"犹言某都也"[5]，惜其说并无依据，不取。笔者以为"王在×居"之"居"，大约相当于周王的别墅，其建筑地点可以肯定都在主要都城或其附近的环境优雅之处。另如《师虎簋》有云："王在杜居，格于大室。"意思是说

① 唐兰：《陕西省岐山县董家村新出西周重要铜器铭辞的译文和注释》，《文物》1976年第5期；唐复年：《师旋簋新释》，见《古文字论集》（2），《考古与文物》编辑部，1983年，第30—35页；卢连成：《周都淢郑考》，见《古文字论集》（2），《考古与文物》编辑部，1983年，第8—11页；尚志儒：《郑、棫林之故地及其源流探讨》，见陕西历史博物馆编：《周文化论集》，三秦出版社，1993年，第272—279页。

② 《十三经注疏·毛诗正义》，北京大学出版社，1999年，第1050页。

③〔北魏〕郦道元：《水经注》卷一九《渭水》。

④ 上拟音参见李珍华、周长楫编撰：《汉字古今音表》（修订本），中华书局，1999年，第275、400、256页。

⑤ 杨树达：《积微居金文说》，中华书局，1997年，第49页。

周王来到杜居大室，而杜居自然在杜，杜在今西安南郊河谷，本是离宗周不远的。

知道了郑、槐里、棫林、犬丘为一地，那么，其具体位置就很容易确定了。《水经注·渭水》有云：

> 渭水又东迳槐里县故城南。县，古犬丘邑也，周懿王都之。秦以为废丘，亦曰舒丘。中平元年，灵帝封左中郎将皇甫嵩为侯国。县南对渭水，北背通渠。……后项羽入秦，封司马欣为塞王，都栎阳；董翳为翟王，都高奴；章邯为雍王，都废丘，为三秦。汉祖北定三秦，引水灌城，遂灭章邯。三年，改曰槐里。王莽更名槐治也，世谓之为大槐里。晋太康中，始平郡治也。其城递带防陆，旧渠尚存，即《汉书》所谓"槐里环堤"者也。

始平，到唐代改名兴平，也就是今陕西兴平。元《类编长安志》云："槐里故城一名犬丘城，在兴平县东南一十里，周十二里，崇二丈五尺。"[①]今在兴平东南该位置发现有南佐村遗址，该遗址地面平坦开阔，采集标本以砖、半瓦当较多，有绳纹板瓦和筒瓦残片；遗址区西南念流寨村曾出土金饼。[②]大约是由于在该遗址地表没有发现西周遗物，有的学者认为该遗址为秦代建筑遗址，不是西周遗址。其实，由该遗址清晰的历史线索即可知该遗址为西周槐里（犬丘）遗址无疑。之所以至今没有在遗址上发现西周遗物，一是因为汉祖北定三秦攻章邯时引水灌城而被泥沙较深掩埋，二是因为考古工作者从来没有在遗址上做过科学的考古发掘工作。假以时日，笔者以为该地必定当有西周遗物发现。顺便说，周穆王时之所以选择建新都于郑（槐里、犬丘），可能与该地靠近河湖、林木广阔、能猎能牧的良好自然环境条件有重要关系。因为众所周知周穆王本人性喜游玩，而周王室贵族也多爱好游猎。

其一，穆王时器《免簋》提到郑有"林""虞""牧"的存在。"唯三月既生霸乙卯，王在周，命免作司土（徒）司郑，及林及虞及牧。"[③]周代"司土（徒）"是管理土地、人民的官员，可见在郑成为都城后，司土（徒）可能成为郑重要的官员，以至幽王时其弟多父（郑桓公）被封为"郑伯"后不久，又被赐以司徒职务。其二，当时郑的附近有较大的湖泊水体存在。《元和郡县图志》有云：

---

① 〔元〕骆天骧：《类编长安志》，黄永年点校，三秦出版社，1990年，第226页。

② 咸阳市文物事业管理局编：《咸阳市文物志》，三秦出版社，2008年，第21页。

③ "命免作司土（徒）司郑，及林及虞及牧"句，学者原多读作"命免作司土（徒）司郑苑（或作县）林，及虞及牧"，即以郑字后"🔲（還）"字作"苑"或"县"。前已释"還"即"及"字，而前录《同簋》有谓"王命同佐佑吴大父，司场、林、虞、牧"一句，故知《免簋》此句必当读"及林及虞及牧"为句。

"马牧泽，在（兴平）县东南二十里，南北广四里，东西二十一里。"①既然唐代尚有马牧泽，唐以前千数百年的西周时期该泽面积应该更为广阔。这样，该泽的位置离在"兴平县东南一十里"的槐里故城就很近。其三，郑（槐里、犬丘）城当时就在渭河北岸水滨（今犬丘故城南距渭河北岸约3.3公里，说明该段渭河河道近3000年来已大幅南迁）。这样，如前录，汉时刘邦才能"引（渭）水灌城"而灭章邯。可见，在镐京辟雍已经基本淤塞的情况下，郑显然具有接替其作为王室贵族居住、游赏、渔猎之地的自然环境条件。例如，西周中晚期器铭中发现有"郑井叔"（《郑井叔甗》等）、"郑羌（姜）伯"（《郑羌伯鬲》《郑姜伯鼎》）、"郑（城）虢仲"（《郑虢仲簋》《城虢仲簋》）、"郑义伯"（《郑义伯盨》）、"郑邓伯"（《郑邓伯鬲》）等人名，显然，井叔、羌（姜）伯、虢仲、义伯、邓伯等都应该是常年寄居于新都郑的贵族。又如，史载穆王十四年"夏四月，王畋于军丘；……冬，搜于萍泽"②，即是说穆王在军丘、萍泽狩猎。军为见纽文部，犬为溪纽元部，上古读音较近，疑"军丘"即"犬丘"之异写；萍泽，或为唐马牧泽的前身。到后来的汉代，位于渭北的这一带甚至仍然被包括在上林苑的范围内，即前录《三辅黄图》引《汉书》所谓上林苑"旁南山而西，至长杨、五柞，北绕黄山，濒渭水而东"。长杨、五柞、黄山皆为离宫名，而黄山宫明确是在汉槐里县境内的。③（参见图4）

椷林（犬丘）性质和位置的确定，一是对于正确理解郑国的建国过程很有帮助。过去，学者们依据《史记·郑世家》的说法以宣王二十二年（前806）作为郑国的立国时间，现在看来，依据今本《竹书纪年》，该年只是"王锡王子多父命，居洛"，洛即洛邑成周，属"东土"。郑作为采邑赏给多父的时间应是幽王二年，即前780年，如前录，该年"晋文公同王子多父伐鄫，克之，乃居郑（父）[犬]之丘，是为郑桓公"。郑桓公自是郑人后来追谥，实际上应是因多父的伐鄫之功，幽王把郑作为采邑赏赐给其弟多父，多父从此改爵称"郑伯"。也就是说，幽王是把周都城郑作为赏赐给郑伯多父的采邑。这种把都城所在地作为采邑赏赐给重臣的情况周初就有周公、毕（辟）公、丰侯等，周公的采邑即周，毕（辟）公的采邑即镐，丰侯的采邑即丰。六年后的前774年，郑伯多父又被任命为司徒，说明多父特别受到周幽王的器重。由于西周末年的幽王时期时局

---

① 〔唐〕李吉甫：《元和郡县图志》卷一《关内道二·京兆下·兴平县》，中华书局，1983年，第25页。

② 今本《竹书纪年》卷下《穆王》。

③ 《汉书》卷二八上《地理志上》"槐里县"条。

动荡，多父为了保护郑地的人民和亲眷不受战争袭扰，听从太史伯的意见，于前773年将周都郑的人民和亲眷东迁到"虢、（邻）[郐]之间""寄孥"，即依附王太子宜臼（周平王）所在的申（即拾，当今华县东北的古郑城①）地建立郑国。②所谓寄孥，有些类似于后世的寄籍、借居。大约由于周平王曾居此，"申"的名称东周以降也就被曾作为周都城名称的"郑"所取代，而原来的郑则被称为"棫林"。前771年，由于郑伯多父与幽王一同被杀于骊山下，迁居于虢、郐之间的郑人于是拥立多父之子袭位，是为"郑子"（即郑武公）。同年，郑子（武公）等人即在申（郑）地拥立宜臼为周平王；次年（前770），又与晋、卫、秦等国国君一起护送周平王东徙洛邑成周。到周平王六年（前765），郑武公才把郑人再迁于新的"溱洧"之地，也就是今河南中部新郑一带。③二是对于理解其他文献中关于"棫林"的记载也很有帮助。例如，《左传·襄公十四年》有云：

> 夏，诸侯之大夫从晋侯伐秦，以报栎之役也。晋侯待于竟，使六卿帅诸侯之师以进。……济泾而次。秦人毒泾上流，师人多死。郑司马子蟜帅郑师以进，师皆从之，至于棫林，不获成焉。

---

① 顾祖禹《读史方舆纪要》卷五四《陕西三》引明《（陕西）通志》有云："古郑城在（华）州东北二十五里，郑始封邑也"。《世本》所谓"拾"，即是汉晋间的郑县县治、明《（陕西）通志》所谓华州（今华县）古郑城。至于《竹书纪年》之"申"（西申），与《世本》之"拾"亦为一地，这当是因为"拾""申"二字上古读音近同（"拾"，声部禅纽；"申"，声部书纽，皆为舌上擦音，发音部位近同），可以通假。郑桓公徙拾，即是徙申，也就是徙于王太子宜臼（周平王）因母亲失宠而出奔的申。申国本是宜臼母亲的娘家。申（西申）地并不在今学术界所普遍认同的今陕西眉县。

② 今本《竹书纪年》云："（幽王）五年（前777），王世子宜臼出奔申。"清华简《系年》亦云："周幽王取妻于西申，生平王，王或（又）取褒人之女，是褒姒，生伯盘。褒姒嬖于王，王与伯盘逐平王，平王走西申。"知郑人东迁申（即拾）地之前，宜臼已在申。《史记·郑世家》云："而虢、（邻）[郐]果献十邑，竟国之。"可见郑国建立的准确时间应为前773年。虢在今河南陕县无疑，而郐的位置一直不得而知。其实，从汉桑钦《水经》谓"溎水出郑县（治今陕西华县拾村附近）西北平地，东过其县北，又东南过其县东，又南入洧水"（因郦道元误认此"郑县"作今河南新郑，又不知"溎与洧"原本在郑县，新郑的溎、洧是前765年郑国东迁后移来的地名，导致其注《水经》时大惑不解："自郐、溎东南，更无别渎，不得迳新郑而会洧也。郑城东入洧者，黄崖水也。盖《经》误证耳"），以及《说文》"溎"下亦作《诗·溎与洧》，与今本作《诗·溱洧》用字不同，知西周时作为洧水（即渭水。"洧""渭"为同音异写）支流的溎水必在今陕西华县北境，自然，郐（缯、曾）亦当在今华县北的古溎水边。这既与太史伯谓虢、郐二邑"前华（今华山）后河（今黄河）、右洛（今渭水支流洛河）、左济（今河南济源境）"（《国语·郑语》）的位置情形正相符合，也恰好能够解释为什么曾国会与申国一道成为伐灭西周的主力，原来申、曾二国有唇齿关系。

③ 关于郑国东迁的过程，笔者另有文论证，此不赘。

所谓"至于棫林,不获成焉"的含义,一直不好理解,传统说法是晋与秦没有和解成功,或没有弄成战阵之事。[1]这样的解释显然十分勉强。按:"成"可通"城",而从上录《诗经·大雅·文王有声》来看,丰、镐似皆有城垣,郑(棫林)作为西周穆王的新建都城,应该也是修筑有城墙的。因而,"不获成焉"的含义很可能就是指晋军没有攻下棫林城。

五、周与岐周

丰既然是宗周,那么,金文中多见的"周"是不是像有学者所说的也可指"宗周"?应该说,仅从《史记·鲁周公世家》有"(成)王朝步自周至丰,使太保召公先之雒相土"一句,就可以判断周不是宗周(丰),也不是成周(雒)。这样一来,周只能是指岐(下),即俗称的岐周,旧所谓"周城",也就是众所周知的岐山之阳的周原地方。[2]因此,过去有学者认为周为镐京、宗周乃成周的观点都是错误的。应该说,整个西周时期,岐周确确实实表现出它在周王朝祭祀、政治、军事活动中的极端重要性。为了证明《史记·鲁周公世家》所言不误,我们不妨把金文中关于"周"地记载的主要内容整理侈录如下。

1. 西周早期(武、成、康、昭、穆王)器铭。

（1）《周公东征鼎》:唯周公东征,伐东夷,丰伯、薄姑咸戈。公归,荐于周庙。戊辰,饮秦饮。公赏塑贝百朋。用作尊鼎。

（2）《史墙盘》[3]:粤武王既厥殷,微史烈祖乃来见武王,武王则命周公舍宇于周,卑处甬。

（3）《保员簋》:唯王既燎,厥伐东夷,在十又一月,辟公返自周。

（4）《保卣》:乙卯,王命保及殷东国五侯,诞赐六品,蔑历于保,赐宾。……遘于四方,会大祀,祓于周,在二月既望。

（5）《小盂鼎》:唯八月既望,辰在甲申。昧爽,三左三右,多君入。明,王格周庙。……西旅□□入,燎周□。……大采三周,入服酒。……用牲,褅周王、[武]王、成王……

---

[1] 《十三经注疏·春秋左传正义》,北京大学出版社,1999年,第920页。

[2] 关于周城的具体位置,传统说法略有异。《汉书·地理志》右扶风"美阳"条云:"中水乡,周大王所邑。"《水经注·渭水》云:"(周)城在岐山之阳而近西,所谓居岐之阳也。"《括地志》云:"故周城,一名美阳城,在雍州武功县西北二十五里,即太王城也。"据今天的考古发现情况,周城的具体位置应该在以凤雏、召陈西周宫殿遗址为中心的岐山、扶风二县交界一带。

[3] 《史墙盘》为西周中期恭王时器,因此所引内容涉武王事迹而置此。

（6）《守宫盘》：唯正月既生霸乙未，王在周。周师光守宫事裸，周师不否否。

（7）《柞伯簋》：唯八月辰在庚申，王大射，在周。

（8）《应侯见工钟》：唯正月初吉，王归自成周，应侯见工遗王于周。

（9）《高卣》：唯十又二月，王初裸旁，唯还在周；辰在庚申，王饮西宫。

（10）《虎簋盖》：唯卅年四月初吉甲戌，王在周新宫，格于大室，密叔入佑虎，即位。

（11）《卫簋》：唯八月既生霸庚寅，王格于康大室。卫曰：朕光尹仲侃父佑，告卫于王。

从这些材料看，西周早期在周的建筑物主要有周庙、康大室、新宫、西宫等，周王在周的活动，除了常见的册命活动，尚有祭祀、饮酒、射猎活动。如荐（《周公东征鼎》）、祓（《保卣》）、燎（尞）（《小盂鼎》）之类，即属于祭祀活动。荐乃祭祖，祓乃祈福（《说文》："祓，除恶祭也。"），燎乃祭天（《说文》："祡，烧柴焚尞以祭天神。"）。"饮秦饮""服酒""裸""饮西宫"之类自然属于饮酒活动，"大射"（《柞伯簋》[①]）则属于射猎活动。

2. 西周中期（恭、懿、孝、夷王）器铭。

（1）《二式狱簋》：唯十又一月既望丁亥，王格于康大室。狱曰：朕光尹周师佑，告犭臣犬于王。

（2）《狱盘》：唯四月初吉丁亥，王格于师褒父宫。狱曰：朕光尹周师佑，告狱于王。

（3）《庚嬴鼎》：唯廿又二年四月既望己酉，王格周宫，卒事。

（4）《师汤父鼎》：唯十又二月初吉丙午，王在周新宫，在射庐。

（5）《七年趞曹鼎》：唯七年十月既生霸，王在周般宫。旦，王格大室，井伯入佑趞曹，立中廷，北向。

（6）《十五年趞曹鼎》：唯十又五年五月既生霸壬午，恭王在周新宫，王射于射庐。

（7）《士山盘》：唯王十又六年九月既生霸甲申，王在周新宫。王格

---

① 《柞伯簋》的时代，学者多认为或在康、昭、穆时代，笔者以为可能在此前的成王时代。因为《左传》昭公四年所载成王的重要功业"岐阳之蒐"，似就是指此之周地的"大射"活动。

大室，即位，士山入门，立中廷，北向。

（8）《师晨鼎》：唯三年三月初吉甲戌，王在周师录官。

（9）《九年卫鼎》：唯九年正月既死霸庚辰，王在周驹宫，格庙，眉敖、诸肤卓事见于王。

（10）《智鼎》：唯王元年六月既望乙亥，王在周穆王大（室）。……王在囗（杜）居。

（11）《智壶盖》：唯正月初吉丁亥，王格于成宫。井公入佑智，王呼尹氏册命智曰：更乃祖考作冢司土（徒）于成周八师，赐汝秬鬯一卣、玄衮衣、赤市、幽黄、赤舄、鋚勒、銮旗。用事。

（12）《免簋》：唯十又二月初吉，王在周。昧爽，王格于大庙，井叔佑免即命。

（13）《敌簋》：唯四月初吉丁亥，王在周，格于大室。

（14）《穆公簋盖》：唯王初如囗，乃自商师复还至于周，王夕飨醴于大室。

（15）《师遽簋盖》：唯王三祀四月既生霸辛酉，王在周，格新宫。

（16）《大师虘簋》：正月既望甲午，［王］在周师量官。旦，王格大室。

（17）《廿七年卫簋》：唯廿又七年三月既生霸戊戌，王在周，格大室，即位。

（18）《申簋盖》：唯正月初吉丁卯，王在周康宫，格大室，即位。益公入佑申，立中廷，王命尹册命申："赓乃祖考疋大祝官，司丰人及九囗祝。"

（19）《望簋》：唯王十又三年六月初吉戊戌，王在周康宫新宫。旦，王格大室。……王呼史年册命望："死司毕王家。"

（20）《师𤸷簋盖》：唯二月初吉戊寅，王在周师司马官，格大室。

（21）《牧簋》：唯王七年十又三月既生霸甲寅，王在周，在师汗父官，格大室，即位，公族县入佑牧，立中廷，王呼内史吴册命牧。

（22）《瘨盨》：唯四年二月既生霸戊戌，王在周师录官，格大室，即位，司马共佑瘨。

（23）《盠方尊》：唯八月初吉，王格于周庙，穆公佑盠立中廷，北向。王册命尹赐盠赤市、幽亢、攸勒，曰用司六师。王行三有司司徒、司马、司空，王命盠曰：司六师及八师，艺。盠拜稽首。

（24）《趩觯》：唯三月初吉乙卯，王在周，格大室，咸井叔入佑趩。

（25）《师遽方彝》：唯正月既生霸丁酉，王在周康寝，飨醴，师遽蔑历侑。

（26）《吴方彝盖》：唯二月初吉丁亥，王在周成大室。旦，王格庙，宰胐佑作册吴入门，立中廷，北向。

（27）《达盨盖》：唯三年五月既生霸壬寅，王在周，执驹于滆居。

（28）《走马休盘》：唯廿年正月既望甲戌，王在周康宫。旦，王格大室，即位，益公佑走马休入门，立中廷，北向。

（29）《宰兽簋》：唯六年二月初吉甲戌，王在周师录宫。旦，王格大室，即位。司土（徒）荣伯佑宰兽入门，立中廷，北向。王呼内史尹仲册命宰兽曰："昔先王既命汝，今余唯或申京乃命，赓乃祖考事，司康宫王家臣妾仆佣外内，毋敢无闻知。"

（30）《殷簋》：唯王二月既生霸丁丑，王在周新宫。王格大室，即位，士戍佑殷立中廷，北向。王呼内史言命殷，赐市、朱黄。王若曰："殷，命汝赓乃祖考友，司东鄙、五邑。"

显然，与前期相比，西周中期周王的主要活动内容（即册命官员贵族）并无改变，但活动场所除了先君宗庙、宫室，最有特色的变化是出现了属于"周师"系统的录宫、量宫、汸父宫、禹父宫、司马宫等。

3. 西周晚期（厉、宣、幽王）器铭。

（1）《克钟》：唯十又六年九月初吉庚寅，王在周康剌（厉）宫。王呼士智召克，王亲命：克，遹泾，东至于京师。

（2）《无叀鼎》：唯九月既望甲戌，王格于周庙，述于图室，司徒南仲佑许惠入门，立中廷，王呼史翏册命许惠。

（3）《趞鼎》：唯十又九年四月既望辛卯，王在周康昭宫，格于大室，即位，宰讯佑趞入门，立中廷，北向，史留受王命书。

（4）《酅攸比鼎》：唯卅又二年三月初吉壬辰，王在周康宫夷大室。

（5）《此鼎》：唯十又七年十又二月既生霸乙卯，王在周康宫夷宫。旦，王格大室。

（6）《膳夫山鼎》：唯卅又七年正月初吉庚戌，王在周，格图室。南宫乎入佑膳夫山入门，立中廷，北向，王呼史 册命山。

（7）《走簋》：唯王十又二年三月既望庚寅，王在周，格大室，即位。司马井伯［入］佑走。

（8）《楚簋》：唯正月初吉丁亥，王格于康宫，仲偁父入佑楚。

（9）《元年师兑簋》：唯元年五月初吉甲寅，王在周，格康庙，即位，同仲佑师兑入门，立中廷。

（10）《谏簋》：唯五年三月初吉庚寅，王在周师录官。旦，王格大室。

（11）《辅师嫠簋》：唯王九月既生霸甲寅，王在周康宫，格大室，即位，荣伯入佑辅师嫠。

（12）《伊簋》：唯王廿又七年正月既望丁亥，王在周康宫。旦，王格穆大室，即位，申季入佑伊，立中廷，北向。王呼命尹封，册命伊嗣官，司康宫王臣妾百工。

（13）《寰鼎》：唯廿又八年五月既望庚寅，王在周康穆宫。旦，王格大室，即位。

（14）《扬簋》：唯九月既生霸庚寅，王在周康宫。旦，格大室，即位，司徒单伯入佑扬。

（15）《鄂簋盖》：唯二年正月初吉，王在周昭宫。鄂丁亥，王格于宣榭，毛伯入门，立中廷，佑祝鄂。

（16）《师颖簋》：唯王元年九月既望丁亥，王在周康宫。旦，王格大室。司工（空）漉伯入佑师颖，立中廷，北向。

（17）《三年师兑簋》：唯三年二月初吉丁亥，王在周，格大庙，即位，醒伯佑师兑入门，立中廷。

（18）《师嫠簋》：唯十又一年九月初吉丁亥，王在周，格于大室，即位，宰琱生入佑师嫠。

（19）《颂簋》：唯三年五月既死霸甲戌，王在周康昭宫。旦，王格大室，即位，宰引佑颂入门，立中廷，尹氏受王命书，王呼史虢生册命颂。

（20）《膳夫克盨》：唯十又八年十又二月初吉庚寅，王在周康穆宫。

（21）《吴虎鼎》：唯十又八年十又三月既生霸丙戌，王在周康宫夷宫，……申厉王命。

（22）《虢季子白盘》：唯十又三年正月初吉丁亥，虢季子白作宝盘。丕显子白，将武于戎功；径维四方，搏伐猃狁，于洛之阳，折首五百，执讯五十，是以先行。桓桓子白，献馘于王。王孔嘉子白义，王格周庙，宣榭爰飨。

由上可见，西周晚期周王在周的活动性质基本上属于册命，活动地点主要是在康（×）宫、大室、周庙，而前述周师系统宫室、官员的作用明显弱化。这似乎可以反映康（×）宫、大室这样的建筑在此间周地具有特别重要的地位。

综合上述三部分文字，可见周王在周地的活动早、中、晚期都有，这似乎可以说明西周中晚期周（岐周）在周王朝的政治、祭祀、军事活动中具有最为重要的作用。应该说，周地作为西周时期的都城，相比丰、镐、郑、成周等，确实表现出两大特征。特征之一是祭祀、政治、军事活动的场所最多。一是有"大庙"，如《免簋》《三年师兑簋》所言。大庙可能就是《周公东征鼎》《无叀鼎》《盠方尊》《虢季子白盘》《小盂鼎》中的"周庙"、《庚嬴鼎》中的"周宫"。晚期大庙中有"图室"（《无叀鼎》《膳夫山鼎》），其可能是陈列先王画像的房间；还有"康庙"，如《元年师兑簋》，康庙应就是下述"康宫"的异名。二是有"大室"，如《敔簋》《穆公簋盖》《走簋》《廿七年卫簋》《师毀簋》《趩觯》等所言。大室就是传世文献中的"太室"①"京室"②"京太室"③。西汉孔安国曰："太室，清庙。"东汉王肃曰："太室，清庙中央之室。"④意思是说，太室就是太庙，或太庙建筑（群）中居于中心位置的部分。1974年，岐山凤雏村发现的始建于殷末先周时期、沿用至西周晚期的甲组宫殿建筑，⑤其中央主体为一大殿（前堂），面积达105平方米。⑥该大殿建筑东西各有厢房，按《尔雅·释宫》谓"室有东西厢曰庙"，则该建筑群亦可称"庙"（参见图2），而建筑群的中央之室应就是"周大室"。周大室当是周庙大室的略称，或周庙的异称。东汉蔡邕《明堂论》就曾指出周庙、太庙、太室、京太室为一。⑦这样看来，周地的所谓大庙、周庙、周宫、大室、京室、京大室等，当是指的同一处建筑（群），只是不同时代或不同地方的人们对此有不同的称呼。三是有"成大室"，如《吴方彝盖》铭文。这应是指祭祀周成王宗庙的大室，也就是成庙。《智壶盖》铭中有所谓"成宫"，亦当指其。四是有"新宫"，如《虎簋盖》《师汤父鼎》《十五年趞曹鼎》《士山盘》等所言。

---

① 《尚书·洛诰》有云："王入太室祼。"

② 《诗经·大雅·思齐》有云："思媚周姜，京室之妇。"周姜，周文王祖母。京，大也。

③ 《吕氏春秋·古乐》有云："周文王处岐，诸侯去殷三淫而翼文王。……武王即位，以六师伐殷。六师未至，以锐兵克之于牧野。归，乃荐俘馘于京太室，乃命周公为作《大武》。""京太室"当为后世秦人对周京室、太室的合并性称呼。

④ 《十三经注疏·尚书正义》，北京大学出版社，1999年，第419、420页引。

⑤ 徐锡台：《周原考古工作的主要收获》，《考古与文物》1988年第5—6期；王恩田：《岐山凤雏村西周建筑群基址的有关问题》，《文物》1981年第1期；杨鸿勋：《西周岐邑建筑遗址初步考察》，《文物》1981年第3期；杜金鹏：《周原宫殿建筑类型及相关问题探讨》，《考古学报》2009年第4期。

⑥ 陈全方、陈敏：《周原》，文物出版社，2007年，第46—65页。

⑦ 《全上古三代秦汉三国六朝文·后汉》卷八〇《蔡邕》，河北教育出版社，1997年，第741—742页。

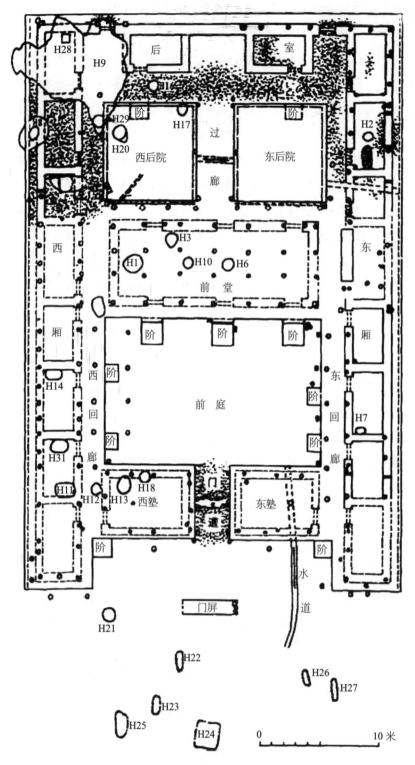

图2　岐山凤雏建筑基址平面图

（据杜金鹏《周原宫殿建筑类型及相关问题探讨》文附图，略作改注）

新宫大约建于穆王时，现存最早出现"新宫"一名的《虎簋盖》即为穆王时器。新宫可能是一个小型建筑群，因为除了必备的大室外，还有叫作"射庐"的建筑，射庐自是练习射术的独立性房舍（《十五年趞曹鼎》），但同样可以进行娱乐活动。如懿王时器《匡卣》铭曰："唯四月初吉甲午，懿王在射庐作象舞，匡甫象乐二。"这个新宫与下述"康宫"建筑群中作为宗庙的"新宫"似不是一回事。五是有"康宫"建筑群，如《此鼎》《申簋盖》《辅师嫠簋》《伊簋》《师颕簋》《趞休盘》等所言。康宫在周康王死后建成使用，为祭祀周康王的宗庙①，也可叫"康大室"。康宫建筑群中显然又包括有昭宫（《趞鼎》《颂簋》《鄂簋盖》）、穆宫（《袤鼎》《膳夫克盨》）、新宫（《望簋》）、夷宫（《此鼎》）、厉宫（《克钟》）、宣榭（《鄂簋盖》《虢季子白盘》）、寝等名目。昭、穆、新、夷、厉诸宫中都含有"大室"，如《颂簋》所谓："王在周康昭宫。旦，王格大室。"以此，诸宫似也可别名为"×大室"，如《𩁹攸比鼎》谓"王在周康宫夷大室"，《伊簋》谓"王格穆大室"。宣榭，后来春秋时期的成周亦有，《左传·宣公十六年》释为讲武屋。可能由于康宫建筑群庞大，以至于先安排有专人"司康宫王家臣妾仆佣外内"（《宰兽簋》），后又设置有专"司康宫王臣妾百工"的耕官（《伊簋》）。而从金文对康宫的多次提及，可以推测康宫应是周地十分重要的宫室群，尤其在西周中晚期。今天，在周原扶风县召陈发现的西周建筑群，已揭露出建筑基址15座，其中大型宫殿建筑基址的平面布局均为纵向分隔的三部分，中间是堂，两侧为厢夹（如图3，注意其中的F3、F5、F8号建筑基址），研究者认为该建筑群上层建筑始建于西周中期，废弃于西周晚期，为西周宫室建筑无疑，部分建筑应属与西周政治、宗教有关的礼仪建筑。②笔者以为，召陈发现的西周宫室建筑主体很可能

---

① 唐兰：《西周铜器断代中的"康宫"问题》，《考古学报》1962年第1期。康宫问题经历数十年的论辩，仍没有取得一致意见。学者关于康宫性质的讨论，有死人宗庙与生人宫室二说，而宗庙说又有王室宗庙与康王之庙的区别，宫室说则有时王所居之宫与王储所居之宫的不同。笔者大体赞成死人宗庙说。因为今本《竹书纪年》中有两条重要记载——"（穆王）元年己未春正月，王即位。作昭宫。""（厉王）元年戊申春正月，王即位。作夷宫。"——可以呼应金文内容。这是说穆王、厉王即位后的第一件事就是分别为刚刚故去的昭王、夷王建造昭宫、夷宫。可见，昭宫、夷宫是死人宗庙无疑。康宫虽出现在昭宫、夷宫之前，但性质应该一样，即周昭王为故去的康王所建宗庙。不过，周人以祭祀为先，作为宗庙的康宫等，其"大室"的主要用途当在于祭祀，而两侧的厢夹并不妨碍其作为生人宫室的居住用途（参见图3）。

② 陕西周原考古队：《扶风召陈西周建筑群基址发掘简报》，《文物》1981年第3期；杜金鹏：《周原宫殿建筑类型及相关问题探讨》，《考古学报》2009年第4期。另外，杨鸿勋认为召陈建筑为当时的高级设置（杨鸿勋：《西周岐邑建筑遗址初步考察》，《文物》1981年第3期），傅熹年以为遗址的性质待定（傅熹年：《陕西扶风召陈建筑遗址初探》，《文物》1981年第3期）。

就是康宫建筑群。因为，从时间上看，康宫建筑群主体无疑是在昭王及其以后时代才修建的，这与召陈建筑群属于西周中期基本符合；从建筑结构来说，金文所反映的康宫等存在"大室"的情况，与召陈建筑群大型宫殿建筑基址中间均为大堂的形式亦相符合（参见图3）。六是有"周师"宫室群，包括录宫（《师晨鼎》《谏簋》《瘤盨》）、量宫（《大师虘簋》）、司徒宫（《师痹簋盖》）、汗父宫（《牧簋》）、再父宫（《狱盘》）等。所谓"周师"，从《狱盘》有"狱曰：朕光尹周师右，告狱于王"（大意是：我很荣幸有周师护佑，来向大王汇报）一句来看，当是指周王的禁卫军，也就是指众所周知的"周六师"或"西六师"之部。这似可说明，西周中期岐周的军事力量已经增强，而周王对"周师"的依赖性同样增强。这可能是因为西周中期懿王时西戎、翟人相继侵扰镐京、岐周①。顺便说，金文中多见的某些建筑物名前置"周师"或"师"字，应是该建筑物具有军方性质或军事用途的标志，如录宫、量宫、汗父宫、再父宫、戏大室②等；人名前置"师"字，如师虎、师　、师察、师痹、师晨、师俞、师汤父等，则是对在"周师"中任职务者的标示性称呼③。扶风云塘、齐镇发现的西周晚期建筑基址群，正好位于凤雏与召陈之间，部分建筑基址下压有西周前中期的大型建筑基址，④这些前中期建筑基址有可能就属于周师宫室，因为作为周王的禁卫军，其驻扎地不应该远离周地的政治、礼仪活动中心。七是其他宫室。如西宫（《高卣》），可能是饮酒的场所；般宫（《七年趞曹鼎》），可能是用于娱乐的房子（《尔雅·释诂上》有云："般，乐也。"；驹宫（《九年卫鼎》），应当是圈养骏马的屋舍；涺居（《达盨盖》），则可能是周王在岐周的河边别墅。

特征之二，是政治、军事性活动最为频繁。这些政治、军事性活动主要是册命诸侯、官员、贵族、将领。册命是西周时期的重要制度，内容包括继承王位、分封诸侯、任命官职、赏赐臣下、诰诫臣下、指挥将帅等。西周时代，周（岐、岐周、

---

① 今本《竹书纪年》有云："（懿王）七年，西戎侵镐。十三年，翟人侵岐。"可证。

② 《豆闭簋》有云："唯王二月既生霸辰在戊寅，王格于师戏大室。"师戏大室，可能是指驻扎于戏的周师军营大型宫殿建筑。戏，金文中数见，另如《师虎簋》所记"司左右戏、繁、荆"之类，为西周时渭水南岸的重要邑名，在今陕西临潼东北戏河边。

③ 李峰《西周的政体——中国早期的官僚制度和国家》（生活·读书·新知三联书店，2010年，第226—229页）认为"师"乃"前军事官员"的标志。笔者以为，"师"当为现职军事官员，这正好能反映"周师"在王朝中后期的作用加强。

④ 周原考古队：《陕西扶风县云塘、齐镇西周建筑基址1999—2000年度发掘简报》，《考古》2002年第9期。

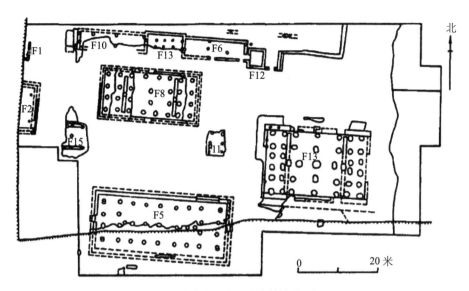

图3　扶风召陈的大型宫殿建筑基址群局部平面图

（据杜金鹏《周原宫殿建筑类型及相关问题探讨》文附图，略作改注）

岐下）、宗周（丰）、成周（雒、雒邑、新邑、大邑、新大邑、新邑洛、洛）[①]、镐京（莽京、莽、旁、蒿、镐、鄗、滈、减、下减）、郑（槐里、棫林、犬丘、军丘）、斥（寒、咸、涵）等地皆有册命活动进行。表1是现存出土金文中关于周、宗周、成周、镐京、郑、斥等地册命活动数量的大略统计。

表1　西周主要都邑册命活动数量比较

城邑	周	宗周	成周	镐京	郑	斥
册命活动（次）	65	28	17	20	3	4

由表1可见，在六地的册命活动中，以在周进行的册命活动占绝对优势。周作为册命活动进行得最为频繁的地方，在西周王室政治、军事生活中的地位自然最为重要。

把上述所录金文中有关周王在周进行册命活动的情况与在镐京、宗周进行册命活动的情况进行简单比较，很容易发现周不可能指镐京，也不可能指宗周。那么，周有没有可能指成周？我们不妨再看看金文中关于周王在成周进行活动的具体地点记载。

（1）《何尊》：唯王初迁宅于成周，复稟武王礼福自天。在四月丙戌，王诰宗小子于京室。

（2）《周甲戌方鼎》：唯四月，在成周。丙戌，王在京宗，赏在安

---

① 西周时成周即洛（雒）邑，学界已基本形成共识。参见梁云：《成周与王城考辨》，《考古与文物》2002年第5期；朱凤瀚：《〈召诰〉、〈洛诰〉、何尊与成周》，《历史研究》2006年第1期；徐昭峰：《成周与王城考略》，《考古》2007年第11期；等等。

□□□贝……

（3）《静方鼎》：唯七月甲子，王在宗周，命师中及静省南国……；
八月初吉庚申，至告于成周；月既望丁丑，王在成周大室。

（4）《十三年痶壶》：唯十又三年九月初吉戊寅，王在成周司土淲
宫，格大室，即位。

（5）《十月敔簋》：唯王十月，王在成周。……唯王十又一月，王格
于成周大庙。

（6）《晋侯苏编钟》：唯王卅又三年，王亲遹省东国、南国。正月既
生霸戊午，王步自宗周。二月既望癸卯，王入格成周。……王唯返，归在
成周公族整师宫。六月初吉戊寅，旦，王格大室，即位。

（7）《令彝》：唯八月，辰在甲申，王命周公子明保尹三事四方，受
卿事寮。丁亥，令矢告于周公宫，公令出同卿事寮。唯十月月吉癸未，明
公朝至于成周，出令，舍三事令，及卿事寮、及里君、及百工、及诸侯侯
田男，舍四方令。既咸令，甲申，明公用牲于京宫；乙酉，用牲于康宫。
咸既，用牲于王。明公归自王。

由上可见，周王在成周的活动地点包括京室、京宗、京宫、大室、大庙、康
宫、王（宫）①、周公宫、司土淲宫、公族整师宫等名目。与前述周地类似，京室、
京宗、京宫、大室、大庙应该也是不同时期不同人士对同一建筑成周大庙的不同称
呼。比如，《何尊》所谓的京室，无疑就是《周甲戌方鼎》的京宗。大庙即太庙，
作为安放周先君神位的建筑物，除了周、成周二地有，前述镐京、宗周、郑也有。
至于康宫、周公宫，自是祭祀周康王、周公的宗庙。显然，如果把西周时期成周与
周地的建筑物名目进行比较，就会发现，二地除了皆有太庙、康宫（庙）之外，其
他的建筑物配置并不相同：成周仅有周公宫、司土（徒）淲宫、师宫等，而周地则
有昭宫、穆宫、新宫、夷宫、厉宫诸先王庙，以及包括录宫、量宫、司徒宫、汸父
宫、再父宫等建筑在内的"周师"宫室群。

从金文记载看，西周时期的诸王，除了武王、宣王、幽王三人，在周地似乎都
有宗庙，或是独立设置，如成宫；或是集合设置，如康宫。康、穆二王在周地之外
还另有宗庙。康王时期成就了"酆宫之朝"的大业，天下安宁，国力强盛，这可能
是在周地之外的成周（洛邑）别立宗庙祭祀康王的原因。至于周穆王，通过"涂山

---

① 《令彝》铭文中的两处王字，当指王宫，即周王在成周的住处或行宫，非指西周之
后才有的王城。参见朱凤瀚：《〈召诰〉、〈洛诰〉、何尊与成周》，《历史研究》2006年
第1期。

之会"，大合诸侯，"刑帅宇海"（《史墙盘》），其功业也是可以比肩康王的，这可能是周人在岐周之外的宗周（丰邑）别立宗庙祭祀穆王的原因。"司土淲宫"无疑属于名叫"淲"的司徒的住所或官署，"公族整师宫"则当指在成周八师任职的名叫"姬整"的周王同族兄弟的住所。

根据上录金文资料及其讨论，辅之以传世文献、简帛资料，可以把西周时代各都城可考宗庙的基本情况表列如下。

表2　西周都城宗庙情况一览

序号	庙名（异称）	祭祀对象	建置地点	备注
1	大庙（周庙、大室、京室、京大室、天室）	周先君	周	天室，见《逸周书·世俘解》
2	大庙（酆宫、丰宫）	周先君	宗周	
3	大庙（大室、京、京宫、京宗）	周先君	成周	
4	大室（蒿室、蒿宫、宫）	周先君	镐京	
5	大室	周先君	郑	
6	文大室	周文王	周	见清华简《耆夜》[①]
7	成宫（成大室）	周成王	周	
8	康宫（康大室、康庙）	周康王	周	
9	康宫	周康王	成周	
10	昭宫	周昭王	周	属康宫系统
11	穆宫（穆大室、穆王大室）	周穆王	周	属康宫系统
12	穆庙	周穆王	宗周	
13	新宫	周恭王、周懿王（？）、周孝王（？）	周	属康宫系统
14	夷宫（夷大室）	周夷王	周	属康宫系统
15	剌（厉）宫	周厉王	周	属康宫系统

可见，上面提到的周与成周、宗周、镐京、郑，作为西周时期周王祭祀、政治、军事活动的主要地点，在不同时期不同程度地体现了西周都城的全部或部分功能，应当在西周时期具有独特的地位。西周穆王以降的金文中多次出现过专以"五邑"为名的职官，如"五邑走马御人"（《虎簋盖》，穆王时器）、"五邑

---

① 清华简《耆夜》有云："武王八年，征伐耆，大戡之，还，乃饮至于文大室。"（清华大学出土文献研究与保护中心编、李学勤主编：《清华大学藏战国竹简（壹）》，中西书局，2010年）"耆"即"黎"。此即《尚书·西伯戡黎》所记事，在今本《竹书纪年》中则记作"（帝辛）四十四年，西伯发伐黎"。商帝辛四十四年相当于周武王四年。无论是武王四年还是八年，皆在灭商的牧野之战前。以此，文大室的地点当在岐周无疑。

走马"（《元年师兑簋》，西周晚期器）、"五邑甸人"（《柞钟》，西周晚期器）、"五邑守堰"（《救簋》，西周晚期器）、"五邑祝"（《毛伯敦》，西周晚期器）等，然其"五邑"所指为何一直不得而知。笔者以为，从周与成周、宗周、镐京、郑五都所具有的特殊地位以及五都格局实际形成于穆王以降的西周中晚期来看，"五邑"很可能就是指此五都（邑）。在西周五都（邑）中，毫无疑问，周是设施最为完备，功能最为齐全，地位最为突出，延续时间最为持久的祭祀、政治、军事中心，应为西周王朝的首都。传世文献中之所以没有特别提及周人以周为都，当是因为初时周部落迁居岐下建立的"小邦"（《尚书·大诰》："兴我小邦周。"），地狭人少，而邦即国，国即城（如《周礼·考工记·匠人》："国中九经九纬。"郑注："国中，城内也。"①），城即都（《左传·庄公二十八年》："都曰城。"），无须专门说明。周人都名周，与虢人都名虢、郑人都名郑等一样，为时人所周知。

汉以降，人们常把王朝首都称为"京师"，并追根溯源到西周文献中出现的京师称呼。那么，京师是不是西周时期的都城别称？回答是否定的。众所周知，西汉成书的《春秋公羊传》中有一个关于京师的著名解释："京师者何？天子之居也。京者何？大也。师者何？众也。"应该说，这样的解释可能已受到西汉时流行理解②的影响，是存在一定问题的。因为，所言"师者何？众也"的解释显然为"师"的引申义，而不是"师"的本义。师的本义或早期含义是指军队，或与军队相关。《说文》云："师，二千五百人为师。"因此，京师的本义或早期含义当是大军的意思，而不是大众的意思。西周时期的王朝大军自然就是众所周知的"周六师"（西六师）、"成周八师"（殷八师），或略称"周师""王师"。以此，京师实际上应就是王师、周师，或周六师（西六师）、成周八师（殷八师）的别称。大约由于西周时王朝大军常常驻扎于重要都邑或其附近，而至东周时王师仅限于驻扎在王城洛邑附近，③故东周以降京师也就慢慢演变成为对王朝都城的别称。也就是说，西周时代的京师，并不是严格意义上的地名，而是王朝军队的通称，其含义与周师、王师等同。明白了这一点，对于我们确定西周时期有关材料中"京师"的

---

① 《十三经注疏·周礼注疏》，北京大学出版社，1999年，第1149页。

② 《汉书·沟洫志》载有西汉时的一首著名歌谣："郑国在前，白渠起后；泾水一石，其泥数斗；且溉且粪，长我禾黍；衣食京师，亿万之口。"把其时京师与"亿万之口"联系起来，极言其人众。

③ 《左传·僖公十一年》有云："夏，扬、拒、泉、皋、伊、雒之戎同伐京师，入王城，焚东门，王子带召之也。"由春秋时戎人先攻京师，再入王城的情形，知其时京师驻地与王城非一，但相邻近。

指称对象很有意义。在传世文献和出土金文、简牍文中，属于西周及其以前的"京师"，大约有如下几处，试为释证。

（1）《诗经·大雅·公刘》中的"京师"：

> 笃公刘，逝彼百泉，瞻彼溥原；乃陟南冈，乃觏于京。京师之野，于
> 时处处，于时庐旅，于时言言，于时语语。

这是《公刘》的一段，一般认为该诗初成于周成王初即位时。该段意思是说：周先君公刘在观察了水源之后，还想再看看广袤的田园，于是他登上南面山冈上的高台瞭望，他看到那京师所在的原野上，到处在搭建军营，人声鼎沸。诗中的"庐旅"是说士兵在为自己搭建军营，并非如传统所解释的"寄旅"之意。《说文》："旅，军之五百人为旅。"故旅亦可泛指军队。显然，这里的"京师"应是指公刘居豳时附近驻扎的大军。至于诗中"乃觏于京"之"京"，显为名词，与前述荟（镐）京之"京"一样是指土筑的高台。京作名词的类似用法，《诗经·大雅·大明》中也有"挚仲氏任，自彼殷商；来嫁于周，曰嫔于京"（意指挚任成为岐周人）、"有命自天，命此文王，于周于京"（意指文王在岐周受天命）二处。这里的"京"与"周"并称，应当是指西周时期王都岐周用于举行重大典礼的"京室"，即太庙。例如，《诗经·大雅·思齐》所谓"思媚周姜，京室之妇"即可以作为挚任"曰嫔于京"的注脚。过去以"京"为京城的解释应当是错误的。

（2）《𢧜簋》铭文中的"京师"：

> 唯六月初吉乙酉，（王）在京之师。戎伐□，率有司、师氏奔追，御
> 戎于械林，搏戎害夫"。

《𢧜簋》为穆王时器。"京之师"，原文作""，有学者释为"窒师"①，而未知何意。其实原文首字乃"京之"合文，"京之师"即指京师。前已指出，先秦时代，双字名称之间可加"之"字，如"牧之野"即牧野、"寝之丘"即寝丘、"犬之丘"即犬丘，此"京之师"则又是一类例。该铭文说的是𢧜为保卫周王，率军出击，在械林地方与戎兵战斗。前文已经指出械林即穆王新都郑之所在，因此，此之京师应即指驻于郑的王朝军队，"（王）在京之师"，意为周王在王师军营之中。

（3）《多友鼎》铭文中的"京师"：

> 唯十月，用猃狁方兴，广伐京师，告追于王。命武公：遣乃元士，
> 羞追于京师。武公命多友率公车羞追于京师。癸未，戎伐筍，卒俘，多友
> 西追。甲申之辰，搏于郑，多友有折首、执讯。凡以公车折首二百又□又

---

① 唐兰：《陕西省岐山县董家村新出西周重要铜器铭辞的译文和注释》，《文物》1976年第5期。

五人，执讯廿又三人，俘戎车百乘一十又七乘，卒复筍人俘。或搏于共，折首卅又六人，执讯二人，俘车十乘。从至，追搏于世，……复夺京师之俘。多友乃献俘馘讯于公，武公乃献于王。乃曰武公曰：汝既静京师，釐汝，赐汝土田。丁酉，武公在献宫，乃命向父召多友，乃延于献宫。公亲曰多友曰：余肇使汝休不逆，有成事，多擒。汝静京师，赐汝圭瓒一、锡钟一肆、鐈鋚百钧。

《多友鼎》为西周晚期厉王时器。这说的是多友率兵车抗击猃狁攻击"京师"事。文中六处提到"京师"，但只需从"复夺京师之俘"一句就可以知道这里的"京师"是指周朝军队无疑，而不是王朝首都。所谓"复夺京师之俘"，意为多友又夺（救）回被猃狁俘虏的王师官兵。今本《竹书纪年》有云："（厉王）十四年，猃狁侵宗周西鄙。"宗周西鄙，即指宗周丰邑以西的郊野，与《多友鼎》所记"多友西追"在方向上相合，当即其事。其时宗周附近应有"京师"驻扎。

（4）《克钟》铭文中的"京师"：

　　唯十又六年九月初吉庚寅，王在周康剌（厉）宫。王呼士智召克，王亲令："克，遹泾，东至于京师。"赐克甸车马乘。

《克钟》是西周晚期器，具体做器时间必在厉王之后。由于"遹泾"是沿着泾水的意思，因而，"东至于京师"之"京师"，很有可能是指当时驻在戏邑附近的王朝军队。戏即周幽王的死地，位于泾水入渭水处东去不远，是渭水南面交通要道上的重要城邑。（参见图4）西周时，确实在戏邑驻扎有王朝军队。如前引西周中期器《豆闭簋》有云："唯王二月既生霸辰在戊寅，王格于师戏大室。"所谓"师戏大室"之"师"，即指周师、王师。

（5）清华简《系年》中的"京师"：

　　邦君诸正乃立幽王之弟余臣于虢，是携惠王。立廿又一年，晋文侯仇乃杀惠王于虢。周亡王九年，邦君诸侯焉始不朝于周。晋文侯乃逆平王于少鄂，立之于京师。三年，乃东徙，止于成周。晋人焉始启于京师，郑武公亦正东方之诸侯。[1]

这说的是西周、东周之交的政治斗争。这里的"京师"，《系年》整理者认为指的是宗周，另有学者则认为指的是晋都，皆不确，因为传世文献中有如下相关记载：

　　《左传》僖公二十五年：晋侯辞秦师而下。……右师围温，左师逆

<hr />

① 清华大学出土文献研究与保护中心编、李学勤主编：《清华大学藏战国竹简（贰）》，中西书局，2011年。

王。夏四月丁巳，王入于王城。

今本《竹书纪年》：申侯、（鲁）［曾］侯①、许男、郑子立宜臼于申，虢公翰立王子余臣于携。

古本《竹书纪年》：先是申侯、（鲁）［曾］侯、许文公立平王于申。以本太子，故称天王。幽王既死，而虢公翰又立王子余臣于携。

在前面郑国建国过程讨论的基础上，对比《系年》与上传世文献中加着重号的引文内容，可知两点：一是《系年》"晋文侯乃逆平王于少鄂"之"少鄂"，当指前述郑人寄籍的古申邑（西申、拾），东周以降多称郑。少、申二字上古双声（申，书母真部；少，书母宵部），音近，当为异记；"少鄂"之鄂，乃边界之意②，非地名组成文字。这是说晋文侯来到申邑（国）边界一带迎接平王。古申邑即今陕西华县东北的拾村附近。（参见图4）拾村可谓是一个罕见的延续了近三千年而没有改变位置和名称的聚落。二是《系年》所谓"京师"即指驻扎在申地附近一带的王朝军队。据今本《竹书纪年》，幽王十年（前772），"王师伐申"；清华简《系年》也说："幽王起师，回（围）平王于西申，申人弗界。"这样，申邑附近当时必定有王朝军队营地。因此，《系年》之"京师"同样指的是王师、周师。

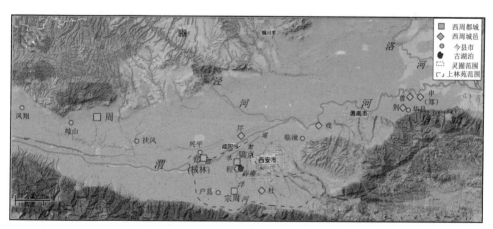

图4 西周关中地区的都邑分布

六、结论

根据上面的讨论，笔者以为主要可以获得如下几方面结论。

其一，镐（京）即（京），最有力的证据是"辟雍"的存在。"璧雍""密永""辟池"皆为"辟雍"的异写，为辟（密、毕）地之大水池的意思。辟雍的"大学"含义是春秋以后产生的误识。灵沼、灵台、灵囿三者与辟雍有密切关系。程（邑）、永、崇（国）、毕程、毕郢、毕烝为一地异写，是位于辟雍湖滨的城邑。镐（蒿、鄗、莘、旁、滈）是商末新建于辟雍湖滨的城邑，拥有良好的渔猎、游赏条件，很受周王、贵族喜爱，承担了西周早期周王贵族居住、宴饮、娱乐、教育和部分政治、祭祀等方面的功能。"蒿""镐""鄗""莘""旁""滈""减"等字存在的读音差异，是不同时代不同地域方音演变的结果。

其二，宗周为丰（邑），不是传统所称的镐京。金文、传世文献中有宗周与丰（邑）为一地的记载，且二者所表现出的重要政治、祭祀功能具有类同性。宗周（丰）是贯穿西周王朝的重要政治、祭祀、军事中心，设置有"三公""三司"等重要的政治、军事机构和大型祭祀、朝觐场所"酆宫"。丰（邑）的位置不在今考古工作者所发现发掘的陕西长安区沣西马王村、客省庄一带，而在今陕西户县东境的秦渡镇左近。

其三，郑（西郑）是周穆王建立的新都无疑。郑的都城功能类似于镐（京），是西周中后期周王贵族居住、渔猎、游赏的重要场所，具有一定的政治、军事意义。郑（西郑）即棫林（槐里）、犬丘（军丘），其故城遗址在今陕西兴平东南。穆王常居的南郑，当今陕西汉中。西周末的前780年，郑（西郑）被幽王作为采邑赐予郑伯多父（郑桓公）；西周灭亡前一年（前772），郑（西郑）人东迁于拾（即申、西申，今陕西华县东北拾村一带）地寄籍；随着前770年周平王由申（拾、郑）迁洛（成周），周平王六年（前765）郑人再东迁于今河南新郑一带。

其四，周即指岐周无疑。过去学者以周为镐京、宗周乃至成周的观点都是错误的。整个西周时期，岐周作为周王朝最为稳定的祭祀、政治、军事中心，拥有规模最大、名目最多的祭祀、政治、军事性设施，与镐京、宗周、成周等地的设施有显著不同。周的祭祀、政治性设施有大庙（或称周庙、周宫、大室、京室、京大室等），遗址很可能是陕西岐山县凤雏发现的甲组宫殿建筑基址；有康宫建筑群，遗址很可能是陕西扶风县召陈发现的西周建筑群基址。周的军事性建筑设施有周师宫室群，包括录宫、量宫、司徒宫、浮父宫、再父宫等。

其五，《左传》所谓"凡邑有宗庙先君之主曰都"应是西周王都的判断标准。据此，西周时期符合该条件的王都只有周、宗周、成周、镐京、郑（西郑）五地[①]（参见图4）。其中，周的政治、祭祀、军事功能最为完善，应是西周王朝的首都。传世文献中之所以没有明确提及周为王都，可能是因为当时国、都名号相同。宗周、成周分居关中、东土，拥有较强的政治、祭祀、军事功能，相当于西周王朝的行政性陪都。镐京、郑（西郑）的主要功能在于居住、渔猎、游赏，政治、祭祀、军事功能有限，接近于游憩性陪都。

其六，西周时期的"京师"，指的是周六师、成周八师等周王朝军队，含义等同于周师、王师，不具有严格的地名意义，并不是西周时期的都城别称。西周之后，京师才逐渐演变出都城含义。

西周都城问题的上述新认识，较好地解决了西周都城研究中的主要谜题，改正了有关西周都城历史、地理传统认识中的某些错误，对于西周时期一些重要历史、地理问题的深入研究，对于今天西周都城考古的推进和昆明池遗址公园（昆明池文化生态景区[②]）的保护与建设工作，应当具有十分重要的意义。

原载《中国历史地理论丛》2014年第1辑

（周宏伟，陕西师范大学西北历史环境与经济社会发展研究院教授）

---

① 《师西簋》有云："唯王元年正月，王在吴，格吴大庙。"此所谓"吴"，学者多指为"虞"之异写，即吴太伯之后周章弟虞仲所封的"周之北故夏虚"（《史记·吴太伯世家》），在今山西南部。笔者疑此吴或即周章所君之吴，当今江苏苏州。据今本《竹书纪年》，周穆王时曾"伐越，至于纡"，"纡"即"吴"之异写。不过，无论是"虞"还是"吴"，西周时既已封为诸侯，其"吴大庙"自然不具有中央王朝设施意义，故无由视吴为王朝都城。

② 《西咸新区沣东新城重现千年昆明池胜景》，《西安晚报》2011年11月7日。

西周西都的要素、组织与性质

王鲁民

本文所说的西周西都，指先周及西周在沣水流域设置的都城总体。根据《诗经·大雅·文王有声》的记载，这个在沣水流域的组合体是由丰邑、镐京两部分构成的，二者隔河相望。《长安志》卷三引皇甫谧《帝王世纪》说："武王自丰居镐，诸侯宗之，是为宗周。"[1]因此，很多研究者认为镐京又可以称作宗周。可是，由于新的考古资料逐步进入研究者的视野，这种传统的说法受到了挑战。

一、"莽京"为何？

"莽京"是在西周青铜器铭文中屡屡出现的一个地名。自这个地名被发现以来，学界对于它究竟是一个聚落还是一处宫室，它的位置，以及它与丰、镐的关系等问题一直争论不休。

周代青铜器铭文提到"莽京"者有20余条，全部集中在西周。现择与本文相关度较高者节录如下：

> 《臣辰盉》（又名《士上盉》）：佳王大禴于宗周，造饌莽京年，才五月既望辛酉，王令士上既史寅殷于成周，豊百止豚暨商卣邑贝，用作父癸宝尊彝。[2]

> 《静卣》（又名《静彝》）：佳四月初吉丙寅，王才莽京，王易静弓，静捧稽首，敢对扬王休。用作宗彝，其子子孙孙永宝用。[3]

> 《王盉》：王乍莽京帝（寝）中归盉。[4]

> 《麦方尊》：王令辟井（邢）侯出杋，侯于井（邢）。雩若二月，侯

---

① 〔宋〕宋敏求：《长安志》，辛德勇、郎洁点校，三秦出版社，2013年，第160页。

② 中国社会科学院考古研究所：《殷周金文集成释文》（第4卷），香港中文大学中国文化研究所，2001年，第164—165页。

③ 中国社会科学院考古研究所：《殷周金文集成释文》（第4卷），香港中文大学中国文化研究所，2001年，第152页。

④ 刘雨、卢岩：《近出殷周金文集录》（第4册），中华书局，2002年，第33页。

见于宗周，亡述。诒王饩莽京彤祀。霄若翌日，在辟雍，王乘于舟为大豊，王射大龙，禽。侯乘于赤旗舟从。死咸之日，王以侯内入于寝，侯易玄周戈。霄王才啟，祀月。①

《史懋壶》：佳八月既死霸戊寅，王才莽京湿官，王亲令史懋路篦，咸。王乎伊伯易懋贝。②

《弭叔簋》：佳王月初吉甲戌，王才莽，各于大室，即立中廷。③

《偺匜》：佳三月既死霸甲申，王才莽上宫。④

《伯唐父鼎》：乙卯王饩莽京，王蓁，辟舟归舟龙，咸，伯唐父告备，王各乘辟舟，临蓁白旗，用射缘、摫虎、貂、白鹿、白狼于辟池，咸蓁，王蔑曆。⑤

《静簋》：佳六月初吉，王才莽京。丁卯，王令静司射学官，小子罙服、罙小臣、罙夷仆学射。霄八月初吉庚寅，王以吴蓁、吕劅鄉醋蒜师，邦君射于大池……⑥

《鲜盘》：王才莽京，禘于昭王。⑦

《逼簋》：穆王在莽京，呼渔于大池。⑧

《井鼎》：王在莽京，辛卯，王渔于密永。⑨

西周晚期，人们似乎习用一个"莽"字来代替"莽京"，如：

《召伯虎簋》：唯六年四月甲子，王在莽。⑩

---

① 中国社会科学院考古研究所：《殷周金文集成释文》（第4卷），香港中文大学中国文化研究所，2001年，第276页。

② 中国社会科学院考古研究所：《殷周金文集成释文》（第5卷），香港中文大学中国文化研究所，2001年，第455页。

③ 中国社会科学院考古研究所：《殷周金文集成释文》（第3卷），香港中文大学中国文化研究所，2001年，第369页。

④ 中国社会科学院考古研究所：《殷周金文集成释文》（第6卷），香港中文大学中国文化研究所，2001年，第169页。

⑤ 刘雨、卢岩：《近出殷周金文集录》（第2册），中华书局，2002年，第220页。

⑥ 中国社会科学院考古研究所：《殷周金文集成释文》（第3卷），香港中文大学中国文化研究所，2001年，第386页。

⑦ 中国社会科学院考古研究所：《殷周金文集成释文》（第6卷），香港中文大学中国文化研究所，2001年，第123页。

⑧ 中国社会科学院考古研究所：《殷周金文集成释文》（第3卷），香港中文大学中国文化研究所，2001年，第335页。

⑨ 中国社会科学院考古研究所：《殷周金文集成释文》（第2卷），香港中文大学中国文化研究所，2001年，第328页。

⑩ 王辉：《商周金文》，文物出版社，2006年，第194页。

《训匜》：唯三月既死霸甲申，王在荼上宫。[1]

由铭文可见，荼京应是周人的一个重要仪式场所。《臣辰盉》和《麦方尊》都说到周王在宗周举行仪式后，马上就在荼京举行仪式，可见其距宗周不远，所以一些研究者[2]认为荼京在沣水流域应该不错。至于荼京的性质，多数研究者将其理解为都邑：有说荼京就是镐的，有说荼京即丰者，也有认为荼京是另一聚落者。[3]由于周代铭文在使用"荼京"的同时，又出现了"丰"和"蒿"（通"镐"）两个指涉地名的字，所以荼京应该既不是丰，也不是镐。

现有论述将荼京理解为都邑者是主流，但也有指其为宫室或建筑者。例如，尹盛平认为荼京实际上是指周王室在丰邑的宗庙与王宫区[4]，李仲操认为荼京是西周一座重要的宫室[5]，吕全义认为荼京是坐落在高台上的建筑[6]。由于《说文解字》有"京，人所为绝高丘也"[7]，《尔雅义疏》中也有"京者，丘之大也，与坟同意"[8]的说法，可见最初"京"字并不指称都邑，所以指荼京为建筑极有道理。

那么荼京究竟是什么样的建筑呢？或许首先需要再次确认"京"字的意义。因为甲骨文和金文中所见的"京"字均为"🏠"形，乍看像是一个高高架起的建筑，所以今人颇质疑许慎等指"京"为丘坟的说法。[9]其实，从字形看，许慎等的解释应该不错。在"🏠"字中，下部为丘台本无疑义，笔者注意到这个丘台轮廓拟为直线，应该是为了表明其为"人所为"。至于这个"人所为"之丘坟之上的"🏠"形，笔者认为并不是今人认定的房屋的象形，而是古人所说"建木"通天的表达。按照传说，"建木"是通达天宇的巨柱，其立脚于昆仑山之巅，众天神借助它上天下地。昆仑山绝高，在一般的山顶上呼叫总有回声，而在昆仑之巅"呼而无响"，即呼叫并不形成回声。我们知道中国古人设想之宇宙形态，与传统的建筑形态有莫大关系，在这种理解中，建

---

① 中国社会科学院考古研究所：《殷周金文集成释文》（第6卷），香港中文大学中国文化研究所，2001年，第169页。

② 如徐同柏、吴大澂、郭沫若、唐兰、容庚等。

③ 如杨宽、黄盛璋、刘雨等。

④ 尹盛平：《西周史征》，陕西师范大学出版社，2004年，第97—98页。

⑤ 李仲操：《京考》，《人文杂志》1983年第5期。

⑥ 吕全义：《〈臣辰盉〉铭文研究》，硕士学位论文，福建师范大学，2010年。

⑦〔汉〕许慎：《说文解字》，中华书局，1963年，第111页。

⑧〔清〕郝懿行：《尔雅义疏》，上海古籍出版社，1983年，第12页。

⑨ 李孝定：《金文诂林读后记》，"中央研究院"历史语言研究所，1982年，第214页；杨希牧：《论殷周时代高层建筑之"京"、昆仑与西亚之Zikkurat》，见《先秦文化综论》，广西师范大学出版社，2008年，第71—92页。

筑的屋顶对应的正是天空。①在"合"形上端的一撇一捺之构形极似传统建筑屋顶之剪影，可以认为其意指天空。因为天神"所自上下"，所以建木很自然地和梯子有关，而"合"字中位于天空和人为之高台之间的"H"形，确可视为梯子的表达。于是，由于"合"的存在，正表明了其下边的"冊"形之丘坟绝高。由此可见，《说文解字》与《尔雅义疏》对"京"字本意的说明是至为准确的。这样，从名称上看，"莽京"就是称作"莽"的高度十分可观的台丘，或者说是以台丘为主体的建筑单位。

从传世文献看，在周人都邑构成的关键要素中，确实存在一个以高台为主体的建筑，那就是"灵台"。《诗经·灵台》云：

> 经始灵台，经之营之。庶民攻之，不日成之。经始勿亟，庶民子来。
>
> 王在灵囿，麀鹿攸伏。麀鹿濯濯，白鸟翯翯。王在灵沼，于牣鱼跃。
>
> 虡业维枞，贲鼓维镛。於论鼓钟，於乐辟雍。
>
> 於论鼓钟，於乐辟雍。鼍鼓逢逢，蒙瞍奏公。②

比较《诗经》中的"灵台"和青铜器铭文中的"莽京"，可以看出二者环境的关联与功能的高度一致。第一，灵台与灵沼相关，"沼"与"池"的意思相通，而《伯唐父鼎》《遹簋》则提到莽京边上有辟池、大池。第二，灵台与灵囿相关，周边草木丰懋。而罗振玉说，"莽"字上下皆为草字，从字形上表明莽京所处之地草木丰盛。③第三，《伯唐父鼎》《麦方尊》说周王在莽京射猎，其猎物中有禽鸟、白鹿、白狼，《遹簋》《井鼎》提到周王在京捕鱼，而《灵台》诗提到的鹿走、鱼跃、白鸟飞翔也暗示了相应的射猎机会的存在。第四，《诗经》说灵台与辟雍相关，而《麦方尊》《井鼎》表明了莽京也与辟雍相关。④第五，莽京是周人举行祭祀活动的场所，在古人那里，盲人往往被认为有通神的能力，而《灵台》篇中的蒙瞍敲钟击鼓，描述的正是祭祀中的情形。不仅如此，"莽"字的金文图形为"圖"，其四角为草木形，主干部分为上下两段：上段为"▲"形，可以理解为丘台，下边则是一个"方"字。《说文解字》释"方"为"并船也。象两舟省、总头形"⑤。古代文献多强调周文王在礼仪制度上的两项作为，即制作"造舟"和"灵台"。古人释"造舟"为并船，即"方"。《伯唐父鼎》中提到王乘"辟舟"，"辟"通

---

① 王鲁民：《中国古典建筑文化探源》，同济大学出版社，1997年，第55—56页。

② 〔清〕方玉润：《诗经原始》，中华书局，1986年，第495页。

③ 罗说转自陈云鸾：《西周莽京新考——读西周金文札记》，上海古籍出版社，1984年，第106—107页。

④ 周宏伟认为"密永"即辟雍，甚是。参见周宏伟：《西周都城诸问题试解》，《中国历史地理论丛》2014年第1辑。

⑤ 〔汉〕许慎：《说文解字》，中华书局，1963年，第176页。

"并"，故"辟舟"亦即"方"或"造舟"。有人认为"造舟"是将多舟并置而成浮桥，应有误。①"造舟"为专有名词，其意当指某种特别的舟船形式。在黄淮流域，确曾有一种广泛使用的双体船，这种双体船由两个长约2米、宽约0.5米的小舟加木杆并联而成。因为船体小，且两舟之间有空档，所以可以一个人立于两舟间用扁担挑起就走。同时因为双体并联，这种船行驶时安全平稳，特别适合在沼泽地区使用。此应即古人所谓的"造舟""辟舟"或"方"。"辟舟"或"方"应是当时针对北方池沼地区的专意发明。将"方"字作为"荓"字的核心组成，表明了"荓京"周边池沼勾连，甚至在此常以"辟舟"为乘具进行渔猎的情形。这样，将"荓"字理解为灵台构成的图像描述是合理的：不但主体部分相同、环境关系一致，使用功能也相通，结合"荓"字的字形所透露的信息，应可充分表明"荓京"就是灵台。

《诗经·六月》说："玁狁匪茹，整居焦获，侵镐及方，至于泾阳。"②从诗句看，"方"与"镐"应该不远，且"方"字是"荓"字的主体，我们以为，《诗经》里的"方"应是"荓"字的省写。由是或可推认"荓"字应读作"fang"。王国维等认为"方"为"京"亦应是不错的，但认为"方"即汉代河东郡之蒲坂（今山西永济）③则不能成立。

郑玄说："天子有灵台者，所以观祲象，察气之妖祥也。文王受命，而作邑于丰，立灵台。"④可见灵台是和丰邑并峙的单位，其位置应在沣水以西、距丰邑不远处。

二、镐京之辩

"京"字的本意为人工高台，那么，古人所说的"镐京"是否也不是一个聚落，而是一处与高台相关的宫室建筑呢？这要从什么是"辟雍"说起。

《史记·封禅书》云："沣滈有昭明、天子辟池。"唐代司马贞注："今谓天子辟池，即周天子辟雍之地。……张衡亦以辟池为〔辟〕雍。"⑤《诗经·振鹭》云："振鹭于飞，于彼西雍。"⑥《毛传》云："雍，泽也。"⑦可见，"辟雍"的

---

① 《诗经·大雅·大明》："造舟为梁。"疏："造舟者，比船于水，加版于上，即今之浮桥。"按照"造舟"的意思，应为"比舟而渡也"，所以谓造舟为浮桥应是后起的说法。

② 〔清〕方玉润：《诗经原始》，中华书局，1986年，第360页。

③ 王国维：《周荓京考》，见《王国维遗书》（第1册），上海书店出版社，1983年，第539—542页。

④ 《十三经注疏·毛诗正义》，北京大学出版社，1999年，第1038页。

⑤ 《史记》，中华书局，1959年，第1375、1376页。

⑥ 〔清〕方玉润：《诗经原始》，中华书局，1986年，第601页。

⑦ 《十三经注疏·毛诗正义》，北京大学出版社，1999年，第1324页。

"雍"字本指水体。但"辟雍"并不是自然的水体。《白虎通·辟雍》说："辟者，璧也，象璧圆以法天也；雍者，壅之以水，象教化流行也。"①《毛传》释《诗经·灵台》云："水旋丘如璧曰辟雍，以节观者。"②《郑笺》注《诗经·泮水》云："辟雍者，筑土壅水之外，圆如璧，四方来观者均也。"③可见，辟雍本指施于建筑周围，环绕主体建筑以为空间界线的水体。不仅如此，后世"辟雍"一词也用以指称某种建筑。从《灵台》一诗看，其涉及的与灵台相关的"辟雍"已经是人们可以在其中活动的房子。《麦方尊》说："〔王〕在辟雍。""辟雍"是可以"在"的，表明此处所谓"辟雍"为可居留于其中的设施。为什么本来用以指称建筑周边水体的"辟雍"一词又可指称房屋？这与古代的建筑制度有关。在古代，一些高等级建筑为了进行空间区别且满足容纳要求，会在重要建筑的主体周围设置廊房。这种廊房的作用及位置与有"节观者"作用的水体"辟雍"在功能上相同、空间上相近，故可以结合布置。明代方以智所撰的《通雅》卷三八《宫室》说："谯周曰：'成王作辟上宫。'周器之铭多有曰：'王在雍上宫。'……大夫始锡作彝，文曰：'王在辟宫，献工锡章。'"④"辟上宫""雍上宫"和"辟宫"应是指这种与四周环水的特定建筑结合布置的廊庑或其上之节点。由于廊子更具有视觉标识性和功能性，一旦廊子与水体辟雍结合成为特定建筑的固定搭配，将二者的结合体甚至直接将廊子称作辟雍也是可以理解的。

主体建筑周边的廊子在古代又称作"序"。人们往往利用此类廊庑作为教学场所，所以"序"也可以作为古代对学校的一种称呼。《礼记·王制》将天子的学校称作辟雍，由此应可推出，辟雍即为特殊的"序"，即特定建筑周边的廊子。在古代，"序"又称"榭"，而"榭"为"讲武之屋"。⑤之所以如此，是因为讲武是古代学校重要的教育内容，习射则是讲武最重要的课程。所以，"序"又可以用与"射"有关的"榭"字称呼。综上，辟雍就是与水体相关的廊庑，它是学校之所在，且因此天然地与练武、习射等活动相关。前引的青铜器铭文显示，"茶京"总是与习射相关，原因应在于"茶京"边上设有辟雍。

用"辟雍"指称一个包括了核心建筑在内的建筑组合整体的做法是西汉时才出

---

① 〔汉〕班固等：《白虎通》，中华书局，1985年，第131页。
② 《十三经注疏·毛诗正义》，北京大学出版社，1999年，第1043页。
③ 《十三经注疏·毛诗正义》，北京大学出版社，1999年，第1396页。
④ 〔明〕方以智：《通雅》，中国书店，1990年，第457页。
⑤ 杨宽：《西周史》，上海人民出版社，2003年，第717页。

现的，^①所以在周人那里，作为建筑的辟雍只能指施于特定建筑周边的廊子。从《诗经·文王有声》的"镐京辟雍"^②中可知镐京与辟雍的明确相关性。在这里，如果将"镐京"理解为聚落，则诗句中的"辟雍"应为"镐京"中某一建筑之附属。这样，不直接说镐京与辟雍所服务的主体建筑有关，而只提其附属建筑，不合叙述之通例。所以，"镐京辟雍"一句只能意味着在镐京周边设置了辟雍。我国古代建筑制度没有环绕整个聚落设置廊庑者，于是，镐京只能是一座或一组建筑。

那么，镐京是什么建筑呢？《大戴礼记·明堂》说："明堂者，所以明诸侯尊卑。外水曰辟雍。"^③《隋书·牛弘列传》说："明堂必须为辟雍者何？《礼记·盛德篇》云：'明堂者，明诸侯尊卑也。外水曰辟雍。'"^④以上记载都是说辟雍和明堂是一个基本组合。既然镐京外围有辟雍，那么从建筑单元构成的角度看，镐京可以是明堂。不仅如此，何晏《景福殿赋》中有"故其华表，则镐镐铄铄"文句，注云："皆谓光显昭明也。"^⑤可知"镐"字有"光显昭明"的意思，即其与"明"同义。而"堂"字本指施于建筑下面的台基，也就是说"堂"与"京"字同义。这样，至少从字面上看，"镐京"可以是明堂。再者，《诗经·文王有声》说周王"宅是镐京"^⑥。因为明堂并非常规的居住建筑，所以"宅是镐京"一句并不是说周王以镐京为王宫，而是说周王将王宫与镐京相并安排。将用于朝会和寝居的宫殿与明堂相并安排是上古沿袭久远的建筑制度。同类做法，人们既可以在二里头遗址中看到，也可以在偃师商城中看到。二里头遗址宫殿区的F1为夏明堂（世室），王之居所应在F1四周围廊的北段。^⑦在偃师商城宫城西列的建筑中，位于南部的是朝会之所，中央的则是明堂，明堂北面则为君王寝居之处。^⑧于是，从环境相关性看，镐京亦应是明堂。

按照《礼记·明堂位》，周人利用明堂进行大朝会时，参与仪式的群臣要在四个方向上均衡安排，这就要求周人的明堂形态和布置与夏、商有所不同。适应四个方向上均衡安排群臣的明堂主体不仅应四向对等，还要与其他建筑用廊庑、环水乃至墙垣加以区隔；或者说，这里周王的宫殿应该与镐京各自成区，并立安排。相应

---

① 王鲁民：《营国——东汉以前华夏聚落景观规制与秩序》，同济大学出版社，2017年，第282页。

② 〔清〕方玉润：《诗经原始》，中华书局，1986年，第499页。

③ 〔汉〕戴德：《大戴礼记》，中华书局，1985年，第142页。

④ 《隋书》，1973年，第1304页。

⑤ 〔梁〕萧统编：《文选》，上海古籍出版社，1986年，第525页。

⑥ 〔清〕方玉润：《诗经原始》，中华书局，1986年，第499页。

⑦ 王鲁民：《营国——东汉以前华夏聚落景观规制与秩序》，同济大学出版社，2017年，第108—110页。

⑧ 王震中：《商代都邑》，中国社会科学出版社，2010年，第109页。

做法可参考晋新田遗址和赵邯郸王城部分的处理。①

古人多强调明堂和灵台的关联。1975年发掘的东汉洛阳灵台遗址显示，灵台主体轮廓基本由明堂拓来，②加上灵台周边使用本与明堂做固定搭配的辟雍进行空间区隔，这都可以表明，灵台是周人以早已存在的明堂为基础的发明。在与丰邑的匹配上采用灵台，应该是周人遵从自己文化传统的表现。西周西都的建设顺序是先丰后镐，灵台作为丰邑的匹配，其建设应先于明堂，并且应该是一定条件下明堂的替代。由大房子演变而来的明堂本是早期都邑之必须要素，因此从都城功能设定的完整性要求着眼，作为明堂的替代，灵台与丰邑共同支撑着一个完整的都邑系统。

灵台是明堂的替代，其与丰邑相配合已经意味着一个独立的都邑系统的存在，那么镐京的设置就意味着另一个独立聚落系统的出现。

胡谦盈结合文献描述及考古资料，认为镐京应该在今洛水村、上泉北村、普渡村、花园村、斗门镇一带。③但这一带多有墓葬，且缺乏与高台及辟雍相对应的遗迹，故其说难以成立。

《水经注·渭水》谓镐京"自汉武帝穿昆明池于是地，基构沦褫，今无可究"④，明确交代了镐京之位置在昆明池范围之内。从工程角度看，镐京周边本有辟雍（池沼），这样，"汉武帝穿昆明池于是地"确是相对方便的做法。《集解》也引徐广曰"镐在上林昆明北"⑤，而今位于昆明池遗址的"中部靠北即常家庄一带，地势较高，像是池内的孤岛"⑥。这样的地形状态与明堂有高台、周边为池沼的构成特征相合，故而认为常家庄一带是镐京主体之所在是合理的。

晋人徐广认为镐"去丰二十五里"⑦，晋代的一里约合432米，也就是说丰邑距镐京约11公里。在常家庄西南接近10公里的沣水西岸边，有今人所指的周人灵台遗址所在。如果今人所指周灵台的位置无误，那么丰邑的主要部分应在其以南或西南不远处（图1）。

① 王鲁民：《营国——东汉以前华夏聚落景观规制与秩序》，同济大学出版社，2017年，第175—176、194—198页。

② 中国社会科学院考古研究所洛阳工作队：《汉魏洛阳城南郊的灵台遗址》，《考古》1978年第1期。

③ 胡谦盈：《丰镐地区诸水道的踏察——兼论周都丰镐位置》，《考古》1963年第4期。

④ 〔北魏〕郦道元撰，陈桥驿校证：《水经注校证》，中华书局，2007年，第449页。

⑤ 《史记》，中华书局，1959年，第118页。

⑥ 胡谦盈：《丰镐地区诸水道的踏察——兼论周都丰镐位置》，《考古》1963年第4期。

⑦ 《史记》，中华书局，1959年，第118页。

图 1　西周西都主导元素位置关系图

[笔者根据中国社会科学院考古研究所等编著的《丰镐考古八十年》（科学出版社，2016年）图版2《丰镐遗址西周遗存分布范围图》、胡谦盈《丰镐地区诸水道的踏察——兼论周都丰镐位置》（《考古》1963年第4期）中《沣镐地区位置图》所示基本信息，以卫星影像图为底图绘制]

三、五邑与西都

从名称上看，"宗周"意味着周人的宗庙所在。夏商之时，明堂与宗庙是两个功能独立的单位，且往往以宗庙为主导，在名称上不可能用明堂包括宗庙。既然镐京应为明堂，那么，以镐京为宗周的说法也便值得质疑。

"镐"在某些传世文献和甲文中写作"蒿"，暗示周人的这个明堂与草木丰盛之地相关。把原本起源于聚落中大房子的明堂设在草木丰茂之地，这当是在殷墟才出现的做法。这在一定程度上暗示，含有镐京的新的聚落系统的设置方式与殷人在殷墟的做法有关。

盘庚之时，殷人在今安阳的洹水以北设置洹北商城。该城的中心组织本该与偃师商城后期的宫城相似，在宫城范围内的东侧设立宗庙，西侧安排朝宫、明堂和寝宫，形成宫庙主导、明堂从属的格局。可是，东侧的宗庙刚刚完成，西侧的朝宫、明堂等还未建设，这里便发生了火灾，使已有建设毁于一旦。推测应是出于避讳或者巫术的理由，殷人没有在原地继续营造，而是一方面保留宗庙遗址，为将来宗庙复建留下机会，另一方面离开本来设定的宫城区，在洹北商城以外西南方、背负洹水的小屯一带另设对应于原宫城西半的朝宫、明堂和寝宫等，并由此形成了明堂与宗庙拉开距离而相对独立地位于草木丰盛之地的做法。明堂从西南方向，与东北方之潜在宗庙区遥相呼应，构成新的都城框架主体。[①]这与明堂、宗庙、朝宫、寝宫共同构成一个空间关系密切的群体之做法有所不同。

如果我们认为周文化是接续夏、商并辐射后世的文化变迁上的一环，且宗周不等于镐京时，以周人宗庙为主要内容的宗周或应独立成区，其所在应该到镐京的东北方去找。殷墟之宗庙区与明堂区间距十分有限，而现在常家庄之东北方则存有大面积的西汉昆明池遗址。若以洹北商城宫城区与小屯明堂区的间距为依据，则可能的宗周一区也应已没入昆明池底。

以上的讨论涉及西周西都两个单元中的四个重要部分，即丰邑、宗周、灵台、明堂。这四个部分都是生人存留之处，对于完整的聚落系统来说，还缺少一个墓葬区。

《孟子·离娄下》云："文王生于岐周，卒于毕郢。"[②]《史记·周本纪》

---

① 王鲁民：《营国——东汉以前华夏聚落景观规制与秩序》，同济大学出版社，2017年，第148页。

② 杨伯峻：《孟子译注》，兰州大学中文系孟子译注小组修订，中华书局，1960年，第184页。

云："武王上祭于毕。"①可见文王是葬于毕的。今本《竹书纪年》云："葬武王于
毕……葬周文公（即周公）于毕。"②可见武王和周公也是葬于毕的。也就是说，毕
是西周西都的王陵区。毕即毕原。《史记正义·魏世家》引《括地志》云："毕原
在雍州万年县西南二十八里。"③《史记正义·周本纪》引《括地志》又云："镐在
雍州西南三十二里。"④曲英杰谓后一条"当是沿袭旧说，以汉长安城（后周于此城
内置雍州万年县）为基点指示其方位里程"⑤，甚是。汉长安在常家庄或者镐京之东
北，按照《括地志》，毕应在镐地以北。今在常家庄西北多有西周墓葬，从功能布
局的连续性看，这些墓地应是毕原西边的延续部分。也就是说，毕原的主体应在普
渡村以东为汉昆明池所覆盖的地区。这个地区及常家庄与汉长安中央的距离分别约
为28里和32里，与上述记载相符。

　　由上述位置判断，周人在沣水以东的设置系统格局为明堂与宗庙做西南、东北
呼应，王陵在宗庙区以西或明堂区西北。这一格局，与殷人在洹水流域都城相关要
素的位置关系完全相同（图2）。

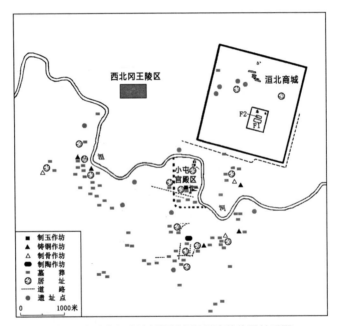

图2　殷人在洹水流域都城相关要素的位置关系图

［笔者根据许宏《先秦城邑考古》（上编）中的图5-58（金城出版社、西苑出版社，2017年，第195页）改绘］

　　① 《史记》，中华书局，1959年，第120页。
　　② 〔南朝〕沈约注：《竹书纪年》，中华书局，1985年，第40—41页。
　　③ 《史记》，中华书局，1959年，第1835页。
　　④ 《史记》，中华书局，1959年，第118页。
　　⑤ 曲英杰：《史记都城考》，商务印书馆，2007年，第89页。

20世纪以来，考古工作者持续在沣水两岸进行发掘，所得资料不仅难以与传世文献的表述相呼应，并且其自身也不能指向具有某种合理性的系统。之所以如此，应该是曾经有人对周人之西都进行过系统的破坏。镐京的沉沦、宗周的淹没、周王陵的消失以及丰邑主体位置难以确定，这些都是这种破坏存在的证据。

西周穆王以降的青铜器铭文中出现了以"五邑"为空间界定的职官，如《虎簋盖》"五邑走马驭人"①，《元年师兑簋》"五邑走马"②，《柞钟》"五邑甸人"③，《殳簋盖》"五邑守堰"④，《毛伯敦》"五邑祝"等。对于五邑的具体内容，学者存有不同看法。周宏伟认为五邑指岐周、成周、宗周、镐京及郑邑。⑤许倬云推测为岐下、程、丰镐、西郑、槐里等。⑥按常理，以五邑为范围设置专门的官职，表明五邑在空间中距离较近，只有这样才能实施统一的管理。周、许二位所指的五邑，涉及地域均过于广阔，设置单一职官来统筹相关事务并不合理。笔者认为，在西周西都的主要元素中，只有丰邑和宗周是人口聚集的中心，莽京为灵台，镐京为明堂，二者本非刻意的人口聚集点。但在西周的太平时段，人们以这两个空间上独立于其他部分的重要设施区为基础，形成一定水平的人口聚集，甚至最终形成空间上独立并在京畿地区占据重要位置的聚落，也是很自然的。从逻辑上推，正是莽京由宫殿组合向聚落的转变，使得"京"字在后世取得了"都邑"的意涵。西周中晚期的青铜器铭用"莽"取代"莽京"的做法，⑦可以理解为"莽京"转为聚落的语言反映。另外，《逸周书·作雒解》载周公在平定三监之乱后，"俘殷献民，迁于九毕"⑧。"九毕"当与毕原相关，迁殷民于此当然形成聚落，此或即陵邑设置之始。因此，所谓五邑应该就是指京畿地区五个主要的人口聚集地。之所以这么说，是因为笔者认为西周西都除了五邑，还应当包括一系列其他相对次要的人口聚集地。但在西周穆王以后，丰、宗周、莽、镐、毕等是周人西都的主导性人口聚集地，在一定场合用"五邑"指称西周西都乃至整个京畿地区是合理的。

如前所述，五邑可以被归纳为跨沣水的两个系统。这两个系统各有主体，互为

---

① 王辉：《商周金文》，文物出版社，2006年，第122页。

② 中国社会科学院考古研究所：《殷周金文集成释文》（第3卷），香港中文大学中国文化研究所，2001年，第389—390页。

③ 王辉：《商周金文》，文物出版社，2006年，第270页。

④ 中国社会科学院考古研究所：《殷周金文集成释文》（第3卷），香港中文大学中国文化研究所，2001年，第361页。

⑤ 周宏伟：《西周都城诸问题试解》，《中国历史地理论丛》2014年第1辑。

⑥ 许倬云：《西周史》（增补二版），生活·读书·新知三联书店，2012年，第235页。

⑦ 周宏伟：《西周都城诸问题试解》，《中国历史地理论丛》2014年第1辑。

⑧ 〔晋〕孔晁注：《逸周书》，中华书局，1985年，第135—136页。

支持，形成了西周西都的防御体系主轴。对于周人来说，宗庙的存亡是政权存亡的根本标志。不仅宗周含有宗庙，丰邑里也有祭祀文王等人的设施，因此，一旦战争发生，宗周和丰邑是要死守的地方。上引的《诗经·六月》述，猃狁入侵时，方及镐受到了严重的掳掠，而未提及丰邑与宗周，应是这种情况的反映。

从传世文献看，由文王设立丰邑到其确定镐京的建设，二者的时间间隔非常有限。在这有限的时间里，很难想象丰邑有众多的人口聚集，所以张载说文王设镐是丰地的容纳能力不够所致恐不准确。从建筑的设置看，丰邑与荼京、宗周与镐京是两个独立的祭祀系统。从沣东聚落的系统构成与洹水殷都相类看，镐京的建设是另一项周人得膺天命的政治宣示，它的出现表明了一个可以取代殷人统治的新势力的诞生。

由现有的考古资料可知，偃师商城后期的宫城布局方式，才标志着中原地区宗庙主导概念的完全确立，周在武王以后，都城应该是以宗庙为归依的。所以当时镐京当是宗周之从属，西周人不可能用"镐京"指称周人在沣东设置的聚落系统整体。不过，春秋战国以降，以王宫为都城主导的概念逐渐形成，[①]在新的理解框架中，人们就有可能用"镐"来指称周人在沣东设置的聚落系统。这样，后世文献中暗示镐京包括宗周，也是有某种根据的。

四、总结

本文的考证表明，荼京就是后世所说的灵台，其为周人结合自然所成之与明堂类似的综合性礼仪场所，镐京则是明堂，宗周应是独立的宗庙区。西周的西都包括丰邑、荼京（灵台区）、镐京（明堂区）、宗周（宗庙区）和毕（王陵区）五个主导部分。这五个部分实际上是两个自成体系的都邑系统。以灵台为主导，由丰邑和荼京构成之都邑系统处在沣河以西。如果现在指认的灵台位置不错的话，丰邑应该在荼京以南或者西南。沣水以西都邑系统的构造方式应该源于周人长期遵循的文化传统。以宗周为主导，由镐京、宗周和毕构成之都邑系统在沣水以东。镐京应在常家庄一带，宗周在其东北，毕在其西北。这种设置依照的是殷人在洹水流域所置之都城。以殷人在洹水流域所设都城相应单元的相对位置为据，宗周、毕原之主体部分和镐京三者均应在汉代开掘的昆明池水域范围之内。

原载《建筑遗产》2020年第1期

（王鲁民，深圳大学建筑与城市规划学院教授）

---

① 王鲁民：《营国——东汉以前华夏聚落景观规制与秩序》，同济大学出版社，2017年，第229页。

西周的"京宫"与"康宫"问题

尹夏清 尹盛平

一、问题的由来

西周金文中有"康宫"。1913年王国维在《明堂庙寝通考》中，首先提出"康宫"为康王之庙的见解。[①]1929年，河南洛阳邙山马坡出土了一批西周青铜器，主要是作册矢令和臣辰两个家族的铜器。这批铜器出土后，当年为在日本的罗振玉所得，因此他在日本发表了《矢彝考释》一文。[②]令彝铭文中的"康宫"，他认为是康王之庙。当时郭沫若正在日本撰写《两周金文辞大系》一书，因此对令彝铭文与罗氏的文章格外关注，先后发表了《由〈矢彝考释〉论及其他》《令彝令簋与其他诸器物之综合研究》等论文。他认为令彝等铜器的时代应该是成王世。此后，唐兰在国内于1932年撰写了《作册令尊及作册令彝铭考释》一文，并于1934年公开发表，文中力主"康宫"为康王之庙，认定令彝等数十件铜器为昭王时代的器物。1935年郭沫若的《两周金文辞大系考释》出版，书中仍认为令彝等铜器是成王时代的器物，说西周金文中"京"与"康"等宫名都是懿美之辞，并认为唐兰之说"实巧费心思，唯惜取证未充，且包含选择与解释之自由"[③]。

陈梦家于1955年至1956年在《考古学报》分6期，发表了总名为《西周铜器断代》的长篇论文。他同意郭沫若"康宫"不是康王庙的说法，认为宜侯矢簋的时代为成王世，令方彝铭文中的作册令就是宜侯矢，所以令方彝的时代必在成王世。他还提出宫与庙有别，认为"康宫"是时王所居之王宫，亦是朝见群臣之所。[④]

针对否定"康宫"是西周宗庙的说法，唐兰于1962年在《考古学报》第1期发表了《西周铜器断代中的"康宫"问题》。文中全面系统地论证了"康宫"是康王宗庙的观点，影响极大。1973年，他以"康宫"为西周铜器的断代标尺，撰写了《论

---

① 王国维：《明堂庙寝通考》，见《观堂集林》，中华书局，1959年，第123—144页。
② 罗振玉：《矢彝考释》，见《辽居杂著》，1929年，第1—4页。
③ 郭沫若：《两周金文辞大系图录考释》（6），科学出版社，1957年，第8页。
④ 陈梦家：《西周铜器断代》（上册），中华书局，2004年，第36页。

周昭王时代的青铜器铭刻》一文，将郭、陈二人在《两周金文辞大系考释》《西周铜器断代》中认定的大部分成王时代的铜器归入了昭王时期。1986年他的遗作《西周青铜器铭文分代史征》出版，书中贯穿了"康宫"是西周铜器断代标尺的原则。

唐兰关于"康宫"是康王之庙的观点在学术界影响巨大，众多学者不仅从其说，而且提出了更多的证据，力主令方彝诸器为昭王时代的铜器。如高明在《中国古文字学通论》中说：

> 既言用牲于京宫和康宫，京康二宫应皆为先王之庙……成王五年相宅
> 于成周，在短时间内不可能修建成若多宫庙和王城，从铜器时代来看，唐
> 兰定为昭王比较可信。[1]

李学勤《令方尊、方彝新释》一文，将1976年陕西扶风庄白青铜器窖藏出土的折方彝与令彝诸器联系起来考察后指出：

> 与令方彝非常相似。折的世系清楚，不难估定其活动年代在昭王时，
> 伴出的同期器物又可与铭记伐楚的其他昭王青铜器联系。这就为判定令方
> 彝年代提供了类型学的证据。[2]

马承源主编的《商周青铜器铭文选》说：

> 由于令簋有伐楚伯事，而据墙盘铭周室伐楚在昭王时，与史籍所载相
> 合，故本器主令与令簋之令为同一人，是以不得早于昭王。[3]

王世民、陈公柔、张长寿的《西周青铜器分期断代研究》是夏商周断代工程的成果之一。他们根据西周铜器器形和花纹的演进特点，认为令方尊和令方彝属于昭王时期的铜器，这已是学者公认的事实。[4]

贾洪波认为："唐兰先生据以创立'康宫说'的基点没有问题。而迄今所见的相关铜器材料中也没有一例是与'康宫说'相违的，相反却不断有新出材料验证了它的正确性。"[5]

据上述，可知唐兰关于"康宫"为西周铜器断代的标尺，已得到众多学者的认同。但是，改革开放以来，随着学术研究的不断深入，对"康宫"是康王庙的说法

---

① 高明：《中国古文字学通论》，北京大学出版社，1996年，第382页。

② 李学勤：《令方尊、方彝新释》，见《古文字研究》（第16辑），中华书局，1989年，第218页。

③ 马承源主编：《商周青铜器铭文选》（3），文物出版社，1988年，第68页。

④ 王世民、陈公柔、张长寿：《西周青铜器分期断代研究》，文物出版社，1999年，第112、143页。

⑤ 贾洪波：《论令彝铭文的年代与人物纠葛——兼略申唐兰先生西周金文"康宫说"》，《中国史研究》2003年第1期。

提出否定意见的学者也不少。1985年，何幼琦发表《论"康宫"》一文，阐述了他对康宫问题的新认识，并对"康宫"是康王庙的说法提出了质疑。①

赵光贤在《评唐兰西周金文年代研究》的文章中也不同意"康宫"为宗庙说，他说：

> 我们从大量的金文认识到，"宫"是王的居室的大名，宫内分"大室"和"庙"……也有省略宫名，只书室的……至于庙，并不似后世专作为祭祀祖先的地方，而是和室一样，也作为接见大臣、封官加爵、赐与种种赏品的地方。②

杜勇在《关于令方彝的年代问题》中认为："说令方彝制作于成王时代应该可以成立。这样，要把铭中的'康宫'说成康王之庙就有困难了，因为成王时代是不可能存在康王之庙的。"③

杜勇、沈长云还将他们的研究成果汇集成《金文断代方法探微》一书。他们不同意"康宫"是康王庙的说法，认为把"康宫"作为西周铜器断代中的标尺是不妥善的。他们在序言中说：

> 从令方彝、令簋之为成世器，以及相关人物如王姜、太保、明保、伯懋父等人活动年代大都不晚于康王时代来看，见于令方彝铭文中的康宫不会是康王之庙，它器亦然……因此把有无康宫视为金文断代的重要标尺可能是不妥善的。④

我们对"康宫"是康王之庙也曾有过怀疑。在洛阳召开的西周史学术讨论会上提交的论文中，我们根据扶风县博物馆收藏的后母姒康方鼎、洛阳博物馆收藏的王姒方鼎以及传世的保辰母壶铭文，认为后母姒康是成王妃，因此提出：

> 康王之母名康，可知康王是以其母名称康王。由此可知，令尊、令彝铭文中的"康宫"，当是康王生前以他母亲的名字在成周洛邑建造的宫室，或许就是康王为其生母在成周建造的庙，但不是康王死后昭王为其所建的庙，因此不能因为铭文中有"康宫"就判定令尊、令彝的时代晚于康王世，而列于昭王世。⑤

---

① 何幼琦：《论"康宫"》，《西北大学学报》1985年第2期。

② 赵光贤：《评唐兰西周金文年代研究》，见钱伯城主编：《中华文史论丛》（第51辑），上海古籍出版社，1993年，第128页。

③ 杜勇：《关于令方彝的年代问题》，《中国史研究》2001年第2期。

④ 杜勇、沈长云：《金文断代方法探微》，人民出版社，2002年，第3页。

⑤ 尹盛平：《西周的昭穆制度与金文中的"康宫"问题》，见《周文化考古研究论集》，文物出版社，2012年，第447页。

2007年，韩军发表了《西周金文研究中的"康宫问题"论争述评》一文，对过去数十年关于"康宫"问题论争的历史进行了概述，并介绍了"康宫"问题在当代的研究状况。[①]

据以上所述，可知西周的"京宫"与"康宫"的性质，特别是关于"康宫"作为西周铜器断代标尺的问题，目前在学术界尚有争议，并无定论。最近有学者提出，"京宫"与"康宫"是王宫而不是宗庙，矢令方彝作于康王时代，这就否定了西周金文中的"康宫"是西周铜器断代的标尺。[②]我们赞同"京宫"与"康宫"都不是单纯的宗庙，但是其中有宗庙之说，可是我们认为唐兰关于"康宫"是西周铜器断代标尺的观点是成立的。下面我们根据文献和金文资料，并结合唐兰的论述，对西周"京宫"与"康宫"的性质，特别是关于"康宫"是西周铜器断代标尺的问题进行讨论。

二、"京宫"是王宫的总称，但是其中有宗庙

讨论西周的"京宫"与"康宫"问题之前，需要简要地说明西周的几个王都问题。西周有三个王都——宗周、成周，还有故都岐周。关于宗周是镐京（包括丰京），成周是洛邑，已经成为定论。但是过去有些学者将西周金文中的"周"与宗周或岐周混为一谈，例如吴其昌认为"周"是宗周的简称，[③]陈梦家说："宗周，宗庙所在地，即武王时的周，在岐山。"[④]

1976年西周微氏家族铜器窖藏出土的史墙盘铭文（《集成》[⑤]10175）说："雩武王既殷，微史烈祖乃来见武王，武王则命周公舍宇于周俾处。"瘋钟（《集成》24659）铭文说："雩武王既殷，微史烈祖乃来见武王，武王则命周公舍宇以五十颂处。"据此，我们曾著文提出：成王五年以后，西周金文中的"周"是岐周。[⑥]宗德生后来又在《南开学报》1985年第2期发表了《试论西周金文中的"周"》，也提出西周金文中的"周"是岐周。目前，西周成王五年以后，金文中的"周"是指

---

① 韩军：《西周金文研究中的"康宫问题"论争述评》，《殷都学刊》2007年第4期。

② 王晖：《西周金文"京宫""周庙""康宫"考辨——西周宗庙制度研究之一》，《中华文化论坛》2019年第2期。

③ 吴其昌：《矢彝考释》，《燕京学报》1931年第9期。

④ 陈梦家：《西周铜器断代》（下册），中华书局，2004年，第133页。

⑤ 中国社会科学院考古研究所编：《殷周金文集成》，中华书局，1984—1994年。本文简称《集成》。

⑥ 尹盛平：《试论金文中的"周"》，见《周文化考古研究论集》，文物出版社，2012年，第300页。

岐周，已得到大多数学者的认同。有了上述概念，便于我们讨论西周的"京宫"与"康宫"问题。

唐兰在《西周铜器断代中的"康宫"问题》中说：

> 我在《作册令尊及作册令彝铭考》和写在容庚所著的《武英殿彝器图录》里的一条考释，认为"康宫"是周康王的宗庙。令彝上"京宫"和"康宫"并称，"京宫"是祭太王、王季、文王、武王、成王的宗庙；"康宫"里有"邵宫""穆宫""剌宫"，是昭王、穆王、厉王的宗庙，徲太室是夷王的宗庙。①

这就是说："京宫""康宫"都是宗庙，而且"京宫""康宫"实行的都是五庙制度。那么"京宫"与"康宫"是不是宗庙呢？唐先生在这篇著名的论文中说：

> 《吕氏春秋》说："归，乃荐俘馘于京太室。"可见这个"京宫"是在宗周的。当时成周还没有建立，当然不会有"京宫"。当周公营建洛邑作为大邑成周的时候，据《逸周书·作雒解》说："乃位五宫：大庙、宗宫、考宫、路寝、明堂。"所谓"宗宫"，显然就是宗庙（宗周之所以称为宗，也就因为宗庙所在），它必然是仿照宗周的"京宫"盖的……据《逸周书》里所讲的"五宫"，是"太庙、宗宫、考宫、路寝、明堂"，朱右曾《逸周书集训校释》说："宗宫文王庙、考宫武王庙。"从营造洛邑是成王时代来说，当时的"考宫"确实应该是"武王庙"。

唐先生认为《吕氏春秋·古乐》所说的"京宫"是在宗周，并认为《逸周书·作雒解》所说的"乃位五宫：大庙、宗宫、考宫、路寝、明堂"，"它必然是仿照宗周的'京宫'盖的"，这些看法都是正确的。这就是说周公营建洛邑时，仿照宗周的"京宫"在洛邑又建了一座"京宫"，其中有太庙、宗宫、考宫、路寝、明堂五宫。《逸周书·作雒解》孔晁注："五宫，宫府寺也。大庙，后稷；二宫，祖考庙也。"②由此可知，"京宫"中的宗宫是文王庙，考宫是武王庙。正因为成周的"京宫"有上述宗庙和路寝、明堂等建筑，所以朱凤瀚说："在洛邑内所见王宅（即王宫），包含有多种王室宗庙与宫寝。"③

《逸周书·世俘解》说：

> 时四月既旁生魄越六日庚戌，武王朝至燎于周……乃以先馘入，燎于

---

① 唐兰：《西周铜器断代中的"康宫"问题》，《考古学报》1962年第1期。
② 黄怀信、张懋镕、田旭东：《逸周书汇校集注》，上海古籍出版社，1995年，第573页。
③ 朱凤瀚：《〈召诰〉、〈洛诰〉、何尊与成周》，《历史研究》2006年第1期。

周庙……武王乃以庶祀馘于国周庙……①

《汉书·律历志下》引《尚书·武成》篇说：

惟四月既旁生霸，粤六日庚戌，武王燎于周庙。翌日辛亥，祀于天
位。粤五日乙卯，乃以庶国祀馘于周庙。②

"燎于周"，是指在镐京进行火祭祭天，武王时镐京也称"周"。"祀馘于国周
庙"，是指在周庙中献俘馘祭文王。这是武王灭商后回到丰镐地区的事情，可知丰
镐地区有周庙。关于周庙，《左传》襄公十二年说："秋，吴子寿梦卒，临于周
庙，礼也。"杨伯峻说："'周庙'，杜注以为周文王庙。吴祖泰伯，鲁祖周公，
鲁或无泰伯之庙，故以文王庙为周庙。"③《吕氏春秋·古乐》说："武王即位，以
六师伐殷。六师未至，以锐兵克之于牧野。归乃荐俘馘于京太室。"④这里的"乃
荐俘馘于京太室"，与《逸周书·世俘解》《尚书·武成》所说"祀馘于周庙"，
讲的是同一件事情，都是指周武王灭商后归来，在"京宫"的"太室"中献俘馘之
事。所以"京太室"当是指"京宫"中周庙的"太室"。西周金文中宗周有太庙，
例如趞鼎铭文（《集成》4266）说："唯二月，王在宗周。戊寅，王格于太庙，密
叔右趞即位，内史即命。"同簋盖铭文（《集成》4270）说："唯十又二月，初吉
丁丑，王在宗周，格于太庙，荣伯右同，立中廷，北向。"宗周的太庙也应该是在
"京宫"中，那么宗周的"京宫"以及其中的太庙、周庙是在镐京还是在丰京呢？

《尚书·召诰》说："王朝步自周，则至于丰。"孔颖达疏："成王朝行，从
镐京则至于丰，以迁都之事告文王庙。告文王则告武王可知，以祖见考。"⑤《史
记·鲁周公世家》说："成王七年二月乙未，王朝步自周，至丰，使太保召公先之
雒相土。其三月，周公往营成周雒邑，卜居焉，曰吉，遂国之。"《集解》引马融
曰："周，镐京也。丰，文王庙所在。朝者，举事上朝，将即土中易都，大事，故
告文王、武王庙。"⑥宋代程大昌《雍录》也说：

武王继文，虽改邑于镐，而丰宫元不移徙。每遇大事，如伐商、作洛
之类，步自宗周而往，以其事告于丰庙，不敢专也。⑦

① 黄怀信、张懋镕、田旭东：《逸周书汇校集注》，上海古籍出版社，1995年，第463—
468页。
② 《汉书》卷二一下《律历志下》，中华书局，1983年，第1015—1016页。
③ 杨伯峻编著：《春秋左传注》，中华书局，1981年，第996页。
④ 许维通：《吕氏春秋集释》卷五，梁运华整理，中华书局，2009年，第127页。
⑤ 《尚书正义》卷一五，《十三经注疏》本，中华书局，1997年，第211页。
⑥ 《史记》卷三三《鲁周公世家》，中华书局，1982年，第1519页。
⑦ 〔宋〕程大昌：《雍录》，黄永年点校，中华书局，2002年，第12页。

由此可知宗周的"京宫"以及其中的文王庙、武王庙，也就是周庙是在丰邑，而不是在镐京，那么太庙也应该在丰邑的"京宫"中。所以今本《竹书纪年》说："夏四月，王归于丰，禴于太庙。十三年……荐殷于太庙，遂大封诸侯。"[1]唐兰说：

> 《逸周书·世俘解》说武王在"荐俘殷王鼎"时，先告"天宗上帝"，接着"格于庙"，在"籥人九终"以后，"王烈祖自太王、太伯、王季、虞公、文王、邑考以列升，维告殷罪。"第三天又"荐殷俘王士百人"。这些记载都和《吕氏春秋》符合。可见这个时候在京宫里所祭的是由太王到邑考等六人。到了《诗经·下武篇》，则说"下武维周，世有哲王，三后在天，王配于京。"京宫的祭祀典礼，显然已经有了调整，所以只说到三后，也就是只有太王、王季跟文王了。《下武》这首诗是成王时做的，说"王配于京"，是指武王在这时已经列入配享里面去了。[2]

祭祀太王至伯邑考等六人，应该是在"京宫"的太庙中进行的。《逸周书·世俘解》中的"格于庙"，应该是指进入太庙，所以下文说："王烈祖自太王、太伯、王季、虞公、文王、邑考以列升，维告殷罪。"清华简《耆夜》篇说：

> 武王八年，征伐耆，大戡之。还，乃饮至于文太室。[3]

"文太室"，当是文王庙的太室，可知武王灭商前已在丰邑的"京宫"中建立了周庙。到了成王时代，又在"京宫"的周庙中建立了武王庙，因此武王配享于"京宫"。《诗经·下武》所说的"王配于京"，这个"王"确实是指周武王。总之，宗周的太庙、周庙是在丰邑的"京宫"中的。成王初年所做的塑方鼎（《集成》2739）铭文说：

> 隹（唯）周公征伐东尸（夷），丰伯、薄姑咸。公归羼（彝）于
> 周庙。

周公征伐东夷诸国取胜归来，献俘馘并祭祀于"周庙"。当时丰邑"京宫"中的"周庙"，包括文王庙、武王庙，相当于"成周"洛邑的"宗宫""考宫"。康王二十五年的小盂鼎（《集成》2839）铭文说：

> 隹（唯）八月既望，辰才（在）甲申，昧丧（爽），三左三右多君入

---

① 王国维：《今本竹书纪年疏证》，见方诗铭、王修龄：《古本竹书纪年辑证》，上海古籍出版社，1981年，第236页。

② 唐兰：《西周铜器断代中的"康宫"问题》，《考古学报》1962年第1期。

③ 清华大学出土文献研究与保护中心编、李学勤主编：《清华大学藏战国竹简（壹）》，中西书局，2010年，第150页。

服酉（酒），明，王格周庙……□□入燎周庙……□□用牲啻（禘）周王（文王）、〔武〕王、成王……

小盂鼎铭文记载康王在周庙中禘祭周王、武王、成王。彭林指出："周代禘祭是从殷代禘祭发展而来的，但致祭的对象不再像殷代那样泛杂，而是专一于先祖父考。"[①]小盂鼎铭文中在周庙的禘祭，正是康王对曾祖父、祖父、父考三代的祭祀。铭文中的"周王"是文王。《诗经·大雅·棫朴》有"周王于迈，六师及之""周王寿考，遐不作人"，《诗序》认为诗中的"周王"是文王。[②]《礼记·明堂位》说"鲁公之庙，文世室也；武公之庙，武世室也。"郑玄注："此二庙象周有文王、武王之庙也。世室者，不毁之名也。"[③]由此可知，西周"京宫"中的文王庙、武王庙是两座世世不毁之庙。

西周金文中成周也有太庙，敔簋（《集成》4323）铭文说：

惟王十又（有）一月，王格于成周太庙，武公入右敔告离（擒）馘百讯四十……

据《逸周书·世俘解》，成周的太庙是在"京宫"中的。敔簋铭文说周王进入成周的太庙后，武公作为"右"者，导引敔步入太庙，敔报告（与淮夷的战争中）俘虏可供审问的人四十名，杀死后割下耳朵的人一百名。敔在"太庙"献俘馘。正是因为成周洛邑的"京宫"中有太庙、周庙，所以成王五年的何尊（《集成》6014）铭文说：

佳（唯）王初迁宅于成周，复禀珷（武）王豊（礼），祼自天，才（在）四月丙戌，王诰宗小子于京室，曰："昔在尔考公氏，克逨（弼）玟（文）王，肆玟（文）王受兹大命。"

西周金文中有"京室"，还有"京宗"（见下文班簋铭文）等名称。"京宗"是指"京宫"中的宗庙；而"京室"是指"京宫"中宗庙的"太室"，即"京宫"中太庙或周庙的"太室"。"王诰宗小子于京室"，是说成王在成周"京宫"中太庙或周庙的"太室"，告诫同宗的小子们。成周洛邑"京宫"中虽然有太庙、周庙，但是"京室"很可能是指"京宫"中周庙的太室，因为周庙才是西周王室这一支的宗庙，所以文王庙被称为"宗宫"。

太庙、周庙是成周洛邑"京宫"中的宗庙，已如上述，而路寝又称正寝、大

---

① 彭林：《周代禘祭平议》，见陕西历史博物馆编：《西周史论文集》（下册），陕西人民教育出版社，1993年，第1049页。

② 《毛诗正义》卷一六，《十三经注疏》本，中华书局，1997年，第514页。

③ 《礼记正义》卷三一，《十三经注疏》本，中华书局，1997年，第1491页。

寝，是周王的寝宫。根据周原扶风召陈西周大型建筑基址群的F5、F8，也就是五号和八号寝宫性质房基的分间来看，西周的路寝也应该是一明两暗，即中间是太室，两侧是"夹室"[1]。西周的明堂，根据《周礼·考工记》记载，商代称为"重屋"，夏代称为"世室"，是周王听朔布政之所，也就是朝见大臣的宫殿（朝堂），所以后世说"天子坐明堂"。王国维指出：

> 古制中之聚讼不决者，未有如明堂之甚者也。……今试由上章所言考之，则《吕氏春秋》之四堂、一太室实为古制。《考工记》中世室、五室、四旁、两夹、四阿、重屋等语，均与古宫室之制度合……则明堂之制……中央有太室，是为五室。太室之上为圆屋以覆之，而出于四屋之上，是为重屋。[2]

"太室"就是大房间，后世称为厅、堂，居于明堂的中央，故又称为中央太室。又据《考工记》，明堂的另外四室为"四旁两夹"，就是由位于中央太室四旁（四角）的四室组成中央太室左右两侧的两个"夹室"。因为中央太室之上有圆形的重屋顶，光线明亮，所以西周称之为明堂。

周原遗址扶风召陈大型建筑群基址中的F3，中央是"太室"（呈正方形，面积180平方米）。中央太室东西两侧的两个稍间（夹室），从其柱础布局来看，南北最中间的两排柱础比较靠近，也就是这两排柱础之间的距离小于其他南北之间的柱间距，因此推测这两排柱础之间可能有隔墙，将两个稍间（夹室）分为四个小房间，形成所谓的"四旁两夹"。所以召陈F3，即三号建筑复原后，应该就是明堂一类的建筑。

综上所述，成周的"京宫"中除了有太庙、周庙外，还有周王的正寝——路寝，以及周王的宫殿——明堂等建筑。所以朱凤瀚说："在洛邑内所建王宅，包含有多种王室宗庙与宫寝……作册令方彝所记成周内之名'王'的场所即应是指王宅内之宫寝，而非'王城'。"[3]成周的明堂在"京宫"中，那么宗周的明堂也应该在"京宫"中。有明堂必有路寝，而且成周的"京宫"是仿照宗周的"京宫"建造的，所以宗周丰邑的"京宫"中除了有太庙、周庙外，还应该有明堂、路寝等建筑。宗周的"京宫"虽然是在丰邑，但是丰邑与镐京隔沣河相望，近在咫尺，而且

---

① 尹盛平：《西周史征》，陕西师范大学出版社，2004年，第220页图94《召陈F8复原设想图》。周原扶风召陈西周大型建筑群基址中，F3、F5、F8中央都有大房间，可知西周的"太室"是指大房间，相当于后世的厅、堂。"太室"居于房子的中央位置，其左右有两个小的稍间，称为"夹室"，即夹堂之室。

② 王国维：《明堂庙寝通考》，见《观堂集林》，河北教育出版社，2001年，第73—75页。

③ 朱凤瀚：《〈召诰〉、〈洛诰〉、何尊与成周》，《历史研究》2006年第1期。

宗周的宗庙是在丰邑的"京宫"中，所以丰邑是宗周的一个分区。

总之，宗周、成周的"京宫"中，包括有路寝、明堂等建筑，所以"京宫"不是单纯的宗庙，而是王宫的总称。"京宫"是以周王室在豳地居住的地名命名的王宫，其中有西周王室的宗庙——太庙、周庙。

小盂鼎铭文中"京宫"的周庙中有三庙。凤翔县马家庄发掘的春秋时期秦国近亲父祖曾宗庙遗址，也是三庙，其排列布局是曾祖庙居中，昭庙（祖父庙）居左，穆庙（父庙）居右。①小盂鼎铭文中康王时代的周庙中有文王庙、武王庙、成王庙，其排列布局应与凤翔马家庄秦国宗庙遗址相同。"京宫"在西周金文中，最后见于周穆王时代的铜器铭文，班簋（《集成》4341）铭文说：

> 佳（唯）八月初吉，王才（在）宗周……班拜稽首曰："乌（呜）虖（呼）！不（丕）杯（显）孔皇公，受京宗懿釐，毓（后）文王姒圣孙，登于大服广成厥工（功）。"

"不（丕）杯（显）孔皇公，受京宗懿釐，毓（后）文王姒圣孙"，说明毛班是出自王族，他的父亲是文王与太姒（王姒）的孙子，他是文王的四世孙。"京宗"，是指"京宫"的宗庙，可知西周穆王时代，宗周的"京宫"还在金文中出现，但是此后西周金文中，不见"京宫"及与其有关的"京室""京宗"的踪影，这是为什么呢？

我们曾根据周原遗址大量发现西周铜器窖藏，以及西周中晚期金文中多记载"王在周"的史实，指出"西周中晚期，周王室实际是都于周邑"②。当时的周王经常住在岐周，很少在宗周、成周活动，这也许正是西周中晚期宗周、成周的"京宫"在金文中不见了踪影的原因。

三、"康宫"也是王宫的总称，但是其中也有宗庙

"京宫"既然不是单纯的宗庙，那么"康宫"是不是宗庙呢？我们继续讨论。唐兰指出：

> 令彝铭里记载周王在八月甲申这一天命令周公的儿子明保"尹三事四方，受卿事寮"，明保由于做了尹，所以改称为明公。隔了两个月，十月月吉癸未，明公才到了成周，发布了尹三事四方的命令。第二天"甲申，

① 陕西雍城考古队：《凤翔马家庄一号建筑群遗址发掘简报》，《文物》1985年第2期。

② 尹盛平：《周原遗址为什么大量发现西周青铜器窖藏——兼论周原遗址的性质》，见《周文化考古研究论集》，文物出版社，2012年，第318页。

明公用牲于京宫，乙酉，用牲于康宫，咸既，用牲于王"。①

当年唐兰认为"康宫"是宗庙，其中有康王、昭王、穆王、夷王、厉王五庙，依据的是"王在周"，也就是周王在岐周的金文资料。当时他没有将金文中的"周"（岐周）与成周（洛邑）区别开来，而是将成周的"康宫"与岐周的"康宫"混同起来论述，当然那时候还不知道金文中的"周"与成周是两个不同的地方。

西周金文中，成周的"康宫"中没有出现康王及其后世子孙的宗庙，而岐周的"康宫"多次出现康王或其子孙的宫或庙。西周中晚期的金文中，岐周的"康宫"中有以康王为始祖的周王室宗庙"康庙"，其中有"昭宫""穆宫"，分别为昭王庙、穆王庙。例如西周晚期的元年师兑簋（《集成》4274）铭文说："唯王五月初吉甲寅，王在周，格康庙，即位，同仲右师兑入门，立中廷。"南宫柳鼎（《集成》2805）铭文也说："王在康庙"。元年师兑簋铭文中的康庙，以及南宫柳鼎铭文中的康庙（康王庙）是在"周"，也就是在岐周，即今周原遗址。西周金文中，记载岐周"康宫"中有昭宫的铭文较多，例如西周晚期的颂鼎（《集成》2827）铭文说：

唯三年五月既死霸甲戌，王在周康昭宫。旦，王格太室，即位。

"周康昭宫"是指岐周"康宫"中的昭宫（昭王庙）。颂鼎铭文是说周王夜晚住在岐周"康宫"中昭宫的后寝，天亮后进入太室即位。《周礼·隶仆》说："隶仆掌五寝之埽除粪洒之事。"郑玄注："五寝，五庙之寝也……诗云：'寝庙绎绎'，相连貌也。前曰庙，后寝。"②由此可知，宗庙是有后寝的，可供生人居住。

西周中晚期，金文记载"康宫"中有穆宫的铭文也较多，例如西周晚期的善夫克盨（《集成》4465）铭文说：

唯十又八年十又二月初吉庚寅，王在周康穆宫。

"周康穆宫"是指岐周"康宫"中的穆宫，即穆王庙。西周共王时代的金文中，穆王庙还不称穆宫，而称新宫或穆太室、穆王太室。例如望簋（《集成》4272）铭文说："唯十又三年六月初吉戊戌，王在周康宫新宫。旦，王格太室。"望簋是西周共王十三年器，"周康宫新宫"，就是岐周"康宫"中的新宫，也就是后来的穆宫（穆王庙）。铭文是说周王夜晚住在新宫的后寝，天亮后，周王进入中央太室。西周的伊簋（《集成》4287）铭文说："唯王廿又七年正月既望丁亥，王在周康宫。旦，王格穆太室，即位。"这是说周王夜晚住在"康宫"的寝宫内，天亮后，周王

---

① 唐兰：《西周铜器断代中的"康宫"问题》，《考古学报》1962年第1期。
② 《周礼注疏》卷三一，《十三经注疏》本，中华书局，1997年，第852页。

进入穆太室（智鼎铭文作"周穆王太室"）。

关于共王时代，为什么称穆王的庙为新宫和穆王太室呢？这个问题唐兰已有合理的解释：

> 《春秋》闵公二年"夏五月乙酉，吉禘于庄公"，《公羊传》说："其言'于庄公'何？未可以称宫庙也。"根据这个例子，我们可以看到剌鼎说"王禘，用牲于太室，禘昭王"，是在周穆王初年，昭王死得不久，还不能称为"昭宫"或"昭庙"。又智鼎说："唯王元年六月既望乙亥，王在周穆王太室"，显然是共王元年，穆王刚死不久，所以不说"穆室"、"穆庙"或"穆太室"，而说"周穆王太室"，跟鲁闵公时只说庄公而不说庄宫是一个道理。《春秋》成公三年二月"甲子新宫灾"，《公羊传》说："新宫者何？宣公之宫也。"何休注说："以无新公，知宣公之宫庙。"《榖梁传》说："新宫者祢宫也……迫近不敢称谥，恭也。"成公称他父亲宣公的庙为"新宫"，《榖梁传》说是"祢宫"，那就是《逸周书》的"考宫"了。由此可见，金文趞曹鼎第二器说"龏王在周新宫"，师汤父鼎说"王在周新宫"，师遽簋说"王在周，客新宫"，望簋说"王在康宫新宫"等资料里的"新宫"，都是周穆王的庙，因为这些铜器都是共王时做的，所以还称为新宫。①

因为穆王是共王之父，所以共王不称穆王的庙为"穆宫"，而称为"新宫""穆王太室"，这是一种恭敬的称呼。

西周晚期厉宣时代的金文中，岐周的"康宫"内出现了"夷宫"和"厉宫"。例如吴虎鼎（《新收》②）铭文说："唯十又八年十又三月既生霸丙戌，王在周康宫徲宫。""徲"通"夷"，"徲宫"就是夷宫。"周康宫徲宫"是指周（岐周）的康宫内夷王的宗庙。《国语·周语上》记载周宣王"乃命鲁孝公于夷宫"，韦昭注："命为侯伯也。夷宫者，宣王祖父夷王之庙。古者爵命必于祖庙。"③夷宫是周厉王之父夷王的宗庙。再例如此鼎甲（《集成》2821）铭文说："唯十又七年十又二月既生霸乙卯，王在周康宫徲（夷）宫，旦，王格太室。"是说周王夜晚住在岐周"康宫"内夷王庙的后寝里面，天明后进入太室（当是夷王庙的中央太室）。克钟（《集成》204）铭文说："唯十又六年九月初吉庚寅，王在周康剌（厉）

———————————

　　① 唐兰：《西周铜器断代中的"康宫"问题》，《考古学报》1962年第1期。

　　② 钟柏生等：《新收殷周青铜器铭文暨器影汇编》，艺文印书馆，2006年。本文简称《新收》。

　　③ 《国语》，上海古籍出版社，1988年，第23、24页。

宫。""剌"通"烈",也就是"厉"。岐周"康宫"中的"剌宫",就是厉宫,也就是厉王庙。唐兰指出:

> 而金文里所说"周康邵宫""周康穆宫"等都在厉王时代或宣王时代,那末很可能在厉宣时期对宗庙制度又有过新的安排……金文厉宣时代,既有"昭宫""穆宫",又有"夷宫""历宫",显然由于共、懿等王已为桃庙,附入昭穆两宫了,可见西周后期,还是用五庙制度的。①

西周是不是实行五庙制度还可以讨论,但是西周晚期金文"康宫"中,除了周庙外只有康庙、昭宫、穆宫、夷宫、厉宫五庙。至于引簋铭文中的"龚太室"(共王庙的太室)在哪里,目前尚不能确指。如果西周晚期确是实行五庙制度,这可能与厉王"革典"有关。周厉王"革典",虽然引起国人暴动,被国人赶跑了,但是他不失为一位改革者。当厉王之父夷王死后,可能是周厉王调整了"康宫"中原有的宗庙制度,为夷王在"康宫"中立了庙,建立了夷宫,所以厉王死后,其子宣王又在"康宫"中为他立了庙,建立了厉宫,这也是合乎情理的。

"康宫"与"京宫"一样,也不是一座单纯的宗庙,而是一座王宫的总称,其中不但有康庙,还有康寝、周庙等寝庙建筑。师遽方彝(《集成》9897)铭文说:

> 佳(唯)正月既生霸丁酉,王才(在)周康寝卿(飨)醴。

金文中"飨"的本字像对坐取食之形,故隶定为"卿"。康寝犹如"京宫"中的路寝,是周王的正寝、大寝,所以周王在其中举行酒席宴会。夨簋(《新收》1958)铭文说:

> 唯十又一月既生霸戊申,王在周康宫卿(飨)醴。

飨醴当是在康寝中举行,因为宴会之类的活动不大可能是在宗庙中进行的,但是铭文中省略了康寝,直书总宫名。正因为"康宫"是一座王宫的总称,所以伊簋铭文说:"命伊觅司'康宫'王臣妾百工。"陈梦家曾提出:"康宫之内有臣妾百工。由此知康宫为时王所居之王宫,亦是朝见群臣之所。"②今天看来陈先生的意见是正确的。

西周中期后段的宰兽簋(《近出》③)铭文说:

> 唯六年二月初吉甲戌,王在周师录宫,旦,王格太室,即位。司土荣伯右宰兽入门立中廷,北向。王呼内史尹仲册命宰兽曰:"昔先王既命汝,今余唯或(又)醯(申)憙(就)乃命,更(赓)乃祖考事,觅司'康宫'王家臣妾,莫章(墙)外内,毋敢毋闻知。"

---

① 唐兰:《西周铜器断代中的"康宫"问题》,《考古学报》1962年第1期。
② 陈梦家:《西周铜器断代》(上册),中华书局,2004年,第367页。
③ 刘雨、卢岩:《近出殷周金文集录》,中华书局,2002年。本文简称《近出》。

蔡簋（《集成》4340）铭文说：

> 唯元年既望丁亥，王在减应。旦，王格庙，即位。宰智入右蔡，立中廷，王呼史敷册命蔡。王若曰："蔡，昔先王既命汝作宰，司王家，今余唯申虩（就）乃命，命汝眾智覯曶对各，从司王家外内，毋敢有不闻，司百工，出入姜氏命"……

宰兽簋铭文说"司'康宫'王家臣妾"，说明"臣妾"是属于王家（周王室）的男女奴隶。蔡簋铭文记周王重申先王对蔡的册命，命蔡担任"宰"这一官职，与智互相配合，管理"王家外内，毋敢有不闻"。"王家"就是周王的家，也就是王宫。这句话简单地说，就是管理王宫内外的事务，做到每一件事情都要让周王及时知晓。又命蔡主管"百工"，出入传达姜氏（王后）的命令。这就进一步证明"宰"是王宫的大总管，也证明"康宫"是王宫的总称，而不是单纯的宗庙之名。

"康宫"中有周庙，昭穆时期的盠方彝（《集成》9899）铭文说："唯八月初吉，王格于周庙。穆公佑盠，立中廷，北乡（向）。"宣王时代的虢季子白盘（《集成》10173）铭文说："佳（唯）十又二年正月初吉丁亥，虢季子白乍（作）宝盘……王孔加（嘉）子白义，王各（格）周庙宣廚，爰卿（飨）。""宣廚"，是"周庙"中的习射之宫。铭文是说：周王进入"宣廚"举行酒席宴会。西周晚期的无虫鼎（《集成》2814）铭文说："佳（唯）九月既望甲戌，王各（格）于周庙，灰（馈）于图室。"周王步入周庙，馈于图室，知"图室"在周庙内。宣王四十三年逨鼎（《铭图》①）铭文说："王在周康宫穆宫，旦，王格周庙即立（位）。"是说宣王夜晚住在岐周"康宫"中"穆宫"的后寝，天明后，进入周庙即位。这就证明"康宫"中也有周庙。

综合以上所述，可知"京宫""康宫"都不是单纯的宗庙，而是王宫的总称，但是两座王宫中都有宗庙。宗周、成周的"京宫"中有路寝、明堂等周王的寝宫和朝堂建筑，而且还有西周王室早期的宗庙——太庙、周庙；岐周的"康宫"中有周王的寝宫康寝，还应该有明堂等建筑，其中的宗庙有周庙（文王庙、武王庙）和康庙。

总之，"康宫"是王宫而不是宗庙，"康宫"中的"康庙"才是以康王为始祖的宗庙，其中有康庙、昭宫、穆宫、夷宫、厉宫五宫。

前文已指出成周洛邑的"京宫"是仿照宗周的"京宫"建造的，所以宗周与成周都有"京宫"，而且宗周的"京宫"是在丰邑而不是在镐京。成周有"康宫"，

---

① 吴镇烽：《商周青铜器铭文暨图像集成》，上海古籍出版社，2012年。本文简称《铭图》。

那么宗周有没有"康宫"呢？大克鼎（《集成》2836）铭文说：

> 王在宗周，旦，王格穆庙，即位。𥃚季右善夫克入门，立中廷，北
>
> 向，王呼尹氏册命善夫克。

穆庙是穆王庙，在"康宫"中，这说明宗周与成周一样，既有"京宫"又有"康宫"。那么宗周的"康宫"是在镐京还是在丰邑呢？周穆王时代的鲜簋（《集成》10166）铭文说：

> 唯王卅又四祀，唯五月既望戊午，王在荚京，𪔳（禘）于昭王。

这是说周穆王在"荚京"禘祭昭王。禘祭昭王要在"昭宫"中进行，而"昭宫"又是在"康宫"中，所以宗周有"康宫"，而且是在"荚京"，不是在镐京。"荚京"是宗周在丰邑的王宫宗庙区，所以被称为"荚京"①。总之，宗周的"康宫"也是在丰邑。

许多金文资料证明岐周（岐邑）有"康宫"，那么岐周（岐邑）有没有"京宫"呢？据《诗经·大明》和《诗经·思齐》所云，岐周（岐邑）有"京室"，就是"京宫"之室。西周金文也证明岐周有"京宫"，例如免簋（《集成》4240）铭文说："唯十有二月初吉，王在周，昧爽，王格太庙。"再例如三年师兑簋（《集成》4318）铭文："唯三年二月初吉丁亥，王在周，格太庙。"宗周、成周的太庙，都在"京宫"中，那么岐周的太庙也必在"京宫"中，所以岐周有"京宫"。

总而言之，西周王朝的都邑宗周、陪都成周、故都岐周，都建有"京宫"和"康宫"，而且宗周和成周的"京宫"中，都有周王室早期的宗庙——太庙、周庙，已知宗周建在"荚京"的"康宫"中有昭王庙、穆王庙等宗庙。

岐周的"京宫"中有太庙；"康宫"中有周庙（文王庙、武王庙）、康庙、昭宫、穆宫、夷宫、厉宫等宗庙，岐周"康宫"中的周庙，可能是营建岐周的"康宫"时所建。西周王朝在三个都邑都建有"京宫""康宫"等王宫，其中不仅有明堂、路寝等宫殿、寝宫，还都有周王室的宗庙，这是为什么呢？这是因为"国之大事，唯祀与戎"，周王非常重视祭祀活动。

四、"康宫"是西周铜器断代的可靠标尺

唐兰认为矢令方彝（《集成》9901）是昭王时代的铜器，但是铭文中没有明确的断代要素，而且铭文涉及的人物、事件较多，所以学术界争议很大。杜勇在《关于令方彝的年代问题》摘要中说：

---

① 尹盛平：《西周史征》，陕西师范大学出版社，2004年，第97—98页。

令方彝作于昭王、康王之世的说法存在着诸多矛盾，不可遽信，唯有成世说不仅可以从宜侯矢簋、作册大鼎等相关器铭的内在联系中得到认证，而且与王姜、太保、明保、伯懋父等人在周初的活动年代相一致，最为接近历史的真实。

贾洪波的《论令彝铭文的年代与人物纠葛——兼略申唐兰先生西周金文"康宫说"》一文，对令彝铭文及相关人物详细地进行了考辨后说：

通过以上对令彝及相关铜器铭文和史实的综合考察，我们认为，将令彝的年代定在昭王时期是可以成立的，与其他相关铜器的年代与人物关系并无扞格犯驳之处。就是说，唐兰先生据以创立"康宫说"的基点没有问题。

我们同意贾洪波的意见，首先要讨论的是"周公子明保"的问题。唐兰晚年说："周公子明保，疑是君陈之子，周文公旦之孙。在康王二十五祀的盂鼎里，他称为明伯……明伯、明保、明公，实际上是一个人前后称呼之异。"①此说正确。《史记·鲁周公世家》之《索隐》云："周公元子就封于鲁，次子留相王室，代为周公。其余食小国者六人，凡、蒋、邢、茅、胙、祭也。"②据此可知，周公旦次子君陈继承了周公的爵禄，称周公。"周公子明保"应是第二代周公君陈之子，第一代周公旦之孙。

其次要讨论的是西周早期"分陕而治"的问题。杨宽说："自从东都成周建成，成王命周公留守成周，主持东都政务以后，宗周和成周就都设有中央政权机构，都设有卿事寮。"并指出："所谓召公和周公'分陕而治'，实际上就是两人分别以太保、太师之职，分管了宗周和成周的卿事寮。"③

《书序》说："周公既没，命君陈分正东郊成周，作《君陈》。"由此可知，周公旦之后，主持成周政务的是君陈。《书序》说："康王命作册毕分居里成周郊，作《毕命》。"《史记·周本纪》引作："康王命作策毕公分居里，成周郊，作《毕命》。"

《尚书·毕命》说："惟十有二年，六月庚午朏，越三日壬申，王朝步自宗周，至于丰，以成周之众，命毕公保厘东郊。"④"惟十有二年"是康王十二年，可知毕公当是在康王十二年接替了君陈的职务，去成周洛邑主持政务的。继毕公之

---

① 唐兰：《西周青铜器铭文分代史征》，中华书局，1986年，第206—207页。
② 《史记》卷三三《鲁周公世家》，中华书局，1982年，第1524页。
③ 杨宽：《西周中央政权机构剖析》，《历史研究》1984年第1期。
④ 《尚书正义》卷一九，《十三经注疏》本，中华书局，1997年，第244页。

后，去成周主持政务的当是君陈之子明保。所以，"周公子明保"很可能是在昭王初年被任命为成周卿事寮的长官，然后到成周去发布"三事""四方"命，因此矢令方彝当是昭王初年的铜器。

关于矢令方彝的时代，最有力的证据在令簋（《集成》4300）铭文中。令簋铭文开头的话，过去的释读是："唯王于伐楚伯，在炎。"而唐兰晚年改读为："惟王于伐楚，伯在炎。惟九月既死霸丁丑，作册矢令尊俎于王姜。"他解释说："此应以伐楚断句，伯在炎为句。下召尊、召卣铭说：'唯九月，在炎自，甲午，伯懋父赐召白马姜、黄散。'与此铭同在炎地，又同在九月，彼铭为甲午，较此铭丁丑晚十七日，可见此两铭是同时事。那末，下文的伯就是伯懋父。"①

令簋铭文中涉及的历史事件，首先是昭王伐楚。史墙盘铭文说："弘（弘）鲁邵（昭）王，广敝（惩）楚荆，隹（唯）寏（焕）南行。"逨盘（《铭图》14543）铭文说："雫朕皇高祖惠仲盠父，盩龢（和）于政，又（有）成于猷，用会邵（昭）王、穆王，溢（盗）政四方，厰（扑）伐楚荆。"上述两篇铜器铭文证实伐楚是昭王所为。

令簋铭文涉及的历史事件，还有东夷大反，伯懋父率领殷八师征东夷。小臣謎簋（《集成》4238）铭文："叡东夷大反，伯懋父以殷八师征东夷。"关于伯懋父，学术界有两种不同的意见。第一种意见是以郭沫若为代表的学者，认为伯懋父是卫康叔封的儿子康伯髦，也就是王孙牟；②第二种意见是认为伯懋父是祭公谋父。这两种意见哪一种正确呢？

据《史记·楚世家》和《左传》"昭公十二年"条，卫康叔的儿子康伯髦是成康时代的人，他要活到昭王伐楚时那是不可能的，因此伯懋父不是康伯髦。那么伯懋父是不是祭公谋父呢？刘启益说：

> 召圜器中的伯懋父即祭公谋父，1977年我曾就此问题向唐兰师请教，得到唐老首肯。在文献中，祭公谋父与穆王共存，他是穆王的祖辈，穆王称他为祖祭公，与康王为兄弟行，召卣铭文的出现，就把祭公谋父的政治活动时间往上推到康王，他应是康王后期至穆王前期时人。③

唐兰最早同意伯懋父为康伯髦，后来又说："疑伯懋父为祭公谋父，谋、懋声

① 唐兰：《西周青铜器铭文分代史征》，中华书局，1986年，第275页。
② 郭沫若：《两周金文辞大系图录考释》（6），科学出版社，1957年，第24页。
③ 刘启益：《西周康王时期铜器的初步清理》，见文化部文物局古文献研究室编：《出土文献研究》，文物出版社，1985年，第91页。

近。祭公谋父在昭穆之际，时代正合。"①彭裕商《伯懋父考》，在分析了小臣谜簋、召尊、召卣、吕行壶、师旗鼎、御正卫簋的时代后说："以上与伯懋父有关的诸器，年代都不出昭穆二世。这就是说伯懋父应为昭穆时人。"并指出："据《逸周书·祭公》，祭公谋父死于穆王时，但篇中记载祭公谋父说'朕身尚在兹，朕魂在于天昭王之所，勖宅天命'，则其曾辅佐昭王甚明，这与金文中的伯懋父为昭穆时人年代相合。"最后说："我们认为伯懋父应该就是祭公谋父。"②

伯懋父当是祭公谋父，他与"周公子明保"都是周公旦之孙，与康王同辈。他曾辅佐过昭王，并参与过伐楚之事。《吕氏春秋·音初》说："周昭王亲将征荆，辛余靡长且多力，为王右。还反，涉汉，梁败，王及祭公抎于汉中，辛余靡振王北济，又反振祭公。"③这说明祭公谋父参加过昭王伐楚。

根据令簋铭文，昭王伐楚时，征伐东夷的战争已经结束，所以伯懋父（祭公谋父）驻军在炎师（山东郯城县）。由此可知，东夷大反，伯懋父率领殷八师征伐东夷的战争发生在昭王伐楚以前，小臣谜簋、令簋都是昭王时代的铜器。

西周的旅鼎（《集成》2728）铭文说："惟公太保来伐反夷年，在十又（有）一月庚申，公在盩师。"唐兰所著《西周青铜器铭文分代史征》一书中考释说："此公太保当是明保。"④至确。"明保"又称"明公"，"明保"是"明公"与"太保合"在一起的简称。铭文中的"在十有一月"与小臣谜簋铭文中的"惟十有一月"相同，知"公太保来伐反夷年"与"伯懋父以殷八师征东夷"为同时之事。

西周的鲁侯簋（《集成》4029）铭文说："惟王命明公遣三族伐东国，在盩。鲁侯又（有）囶（协）工（功），用作旅彝。""囶工"，郭沫若在《两周金文辞大系图录考释》中释为"过功"，谓有优越之战功。"囶"从口下声，与"协"字当为一声之转，可能是假借为"协"，"协功"就是协助之功。因为明公派遣鲁国殷民三族伐东夷，所以下文说鲁侯有协助之功，明公与鲁侯显然是两个人。

《史记·周本纪》说："故成康之际，天下安宁，刑错四十余年不用。"夏商周断代工程公布的年表说：成王在位22年，康王在位25年，成康两代君王在位共47年。其中成王初年有三年的东征战争，康王二十五年发生过征伐鬼方的战争。47年中掐头去尾，"刑错四十余年不用"是可信的。这就说明昭王伐楚之前进行过一次征伐东夷反叛的战争，可惜文献失载。

---

① 唐兰：《西周青铜器铭文分代史征》，中华书局，1986年，第317页。
② 彭裕商：《述古集》，巴蜀书社，2016年，第479—481页。
③ 许维遹：《吕氏春秋集释》卷六，梁运华整理，中华书局，1986年，第140页。
④ 唐兰：《西周青铜器铭文分代史征》，中华书局，1986年，第216页。

关于令簋铭文中的王姜，学术界有武王后、成王后、康王后、昭王后之说，刘启益考定王姜为康王后。[①]康王后王姜活到昭王伐楚时是完全可能的，昭王伐楚时她并没有参加，所以作册矢令受伯懋父派遣前往宗周拜见王姜，受到王姜设大俎款待。

刘启益曾经把令方彝、令方尊、令簋铭文中的矢令，说成是宜侯矢簋铭文中的宜侯矢，因此得出一个结论："那就是说，令方彝、令簋就不能为昭王时期了。"[②]他后来发现自己的说法不妥，已予更正。[③]矢令一称，矢是氏名，令是人名。作册矢令是指矢氏族名字叫令的人进入了周王室担任作册之官。宜侯矢簋铭文中的宜侯矢，改封前康王称他为虞侯矢，矢是氏名，侯是爵称，虞、宜是国名。矢令与宜侯矢只是氏名相同，但是官职不同，二者根本不是同一个人，不能用宜侯矢证明矢令是成康时代的人。

综上所述，说明矢令方彝、令簋确是昭王时代的铜器。我们认为，尽管唐兰关于"康宫"是康王宗庙的说法不准确，不能成立，但是由于"康宫"中有"康庙"，说明"康宫"应当是以康王的谥号命名的王宫，而且"康宫"中有周庙，特别是有以康王为始祖的周王室宗庙"康庙"，其中有昭宫、穆宫、夷宫、厉宫等昭王庙、穆王庙、夷王庙、厉王庙，所以唐兰把"康宫"看作西周铜器断代中一个标尺的观点，还是可以成立的，而且这个标尺还是可信的、可靠的。

后记：本文2017年初投稿后，经过三次修改。第一次修改，根据专家的意见，增加了西周"京宫"与"康宫"百年论争的学术史部分，并对西周"京宫"与"康宫"问题的论述部分进行了个别之处的修改；第二次修改，2019年年中读到韩军《西周金文研究中的"康宫问题"论争述评》、王晖《西周金文"京宫""周庙""康宫"考辨——西周宗庙制度研究之一》两篇文章，于是对学术史部分进行了补充，并修改了其中引文的错误；第三次修改，对原文关于西周三个王都的论述进行了压缩，保留了有关西周"京宫"与"康宫"问题论述部分，未作改动。

原载《中国史研究》2020年第1期

（尹夏清，西北大学文化遗产研究院教授；尹盛平，陕西历史博物馆研究馆员）

---

① 刘启益：《西周金文中所见的周王后妃》，《考古与文物》1980年第4期。
② 刘启益：《微氏家族铜器与西周铜器断代》，《考古》1978年第5期。
③ 刘启益：《西周康王时期铜器的初步清理》，见文化部文物局古文献研究室编：《出土文献研究》，文物出版社，1985年，第103页。

《诗经·六月》与金文荼京的地理问题[*]

杜 勇

  《诗经·小雅·六月》是一首描述周宣王时尹吉甫征伐狁狁、告胜凯旋、宴飨庆功的诗篇。诗中言及狁狁"侵镐及方，至于泾阳"，兵锋直指京师地区，是西周建国以来最为严重的外族入侵事件。然《六月》诗中"侵镐及方"所涉地理问题，虽经历代鸿儒苦心孤诣，探颐索隐，却未得其真谛。近世学者得用金文资料续加考析，多有进展，惜仍无定论。随着时间的推移，以及青铜器铭文的不断发现，解决这个问题的条件日益成熟。本文拟在前贤时彦研究成果的基础上，把《六月》诗中"镐及方"与金文所见"荼京"问题结合起来加以考察，希望有助于落实其地理方位，深化对两周之际政治变局的历史认知。

一、《诗经·六月》释地

  《六月》一诗凡六章，章八句。其中第四章有云："狁狁匪茹，整居焦获。侵镐及方，至于泾阳。"第五章云："薄伐狁狁，至于大原。"①这里先后涉及五个地名：焦获、镐、方、泾阳、大（太）原。正确考订这五个地名的实际方位，对于深入理解西周晚期政治空间形势的变化具有重要意义。下面先分两个问题来谈。

（一）"镐及方"非北方地名

  "镐及方"的地理位置何在，牵动和制约着《六月》诗中地名群的准确定位，是整个问题的关键和核心。不知是谨慎还是迷茫，毛传于此无说。郑笺则云："镐也、方也，皆北方地名。言狁狁之来侵，非其所当度为也，乃自整齐而处周之焦获，来侵至泾水之北。"②郑玄把"镐""方"释作北方地名，成了无法确定地望的

---

  * 本文为国家社科基金重点项目"西周金文地名集证"（14A2D112）及国家社科基金重大项目"多卷本《西周史》"（172DA179）的阶段性成果之一。

  ① 《毛诗正义》卷一〇，《十三经注疏》本，中华书局，1980年，第424—425页。

  ② 《毛诗正义》卷一〇，《十三经注疏》本，中华书局，1980年，第424页。

模糊指称，意味着它们与西周镐京并无关联。如果往前追溯，西汉时期刘向即有此种说法。据《汉书·陈汤传》载，刘向曾向汉元帝上疏，引及《诗经·六月》"吉甫燕喜，既受多祉，来归自镐，我行永久"，言称"千里之镐犹以为远"①，即以为诗中的"镐"远在宗周千里之外。这种"赋诗断章"的做法，本来不足为训，反为郑玄误为正解加以承继。曹魏时期的王肃提出诗中的镐是镐京，却受到王基的批驳：

> 据下章云"来归自镐，我行永久"，言吉甫自镐来归。犹《春秋》
> "公至自晋""公至自楚"，亦从晋、楚归来也。故刘向曰："千里之镐
> 犹以为远。"镐去京师千里，长安、洛阳代为帝都，而济阴有长安乡，汉
> 有洛阳县，此皆与京师同名者也。②

这是用异地同名的现象来解说诗中的"镐"为北方地名，意在进一步肯定郑玄的说法。之后，从唐宋时期的孔颖达、朱熹，到清代的陈奂、方玉润，乃至专门研究《诗经》地理的朱右曾，无不认为"镐"非"丰镐"之"镐"，众口铄金，殆成定案。近世著名学者王国维也认同北方地名说，并试图落实其具体地望。他说："《小雅》云'薄伐猃狁，至于太原'，又云'来归自镐，我行永久。'极其所至之地曰'太原'，著其所由归之地曰'镐'，则镐与太原殆是一地。或太原其总名，而镐与方皆太原之子邑耳。"③依照王氏所论，镐与方成了太原所属子邑，且太原不在泾水之北，而是在河东一带，使问题更为复杂化。

在这个问题上，当代学者赞同王肃"镐"即镐京说的不多。黄盛璋先生认为："所谓'侵镐及方'，是指入侵的目的地，非谓到达其地。"④此说甚有见地，唯其以镐、方即镐、丰作为论证的基点，缺少应有的逻辑力量。王玉哲先生认为："宣王初年盖即居成周。当时猃狁侵周，乃自山西之太原南犯，循河、渭西指，镐京、泾阳乃被其威胁。王命吉甫先战之于太原，后又曾西追，败敌于泾渭，保护了镐京，大功告成，凯旋返成周。"⑤所言亦有疑点。宣王初年是否恒居成周，太原是否就在山西，并不确定。特别是吉甫"薄伐猃狁，至于太原"，事在猃狁"侵镐及方，至于泾阳"之后，却被说成先战于太原而后西追于泾渭，与诗义绝相冲突。所以黄、王二氏的意见还无法得到人们的首肯。在这里，我们想转换一下视角，重新

① 《汉书》卷七〇《陈汤传》，中华书局，1962年，第3017页。
② 《毛诗正义》卷一〇，《十三经注疏》本，中华书局，1980年，第425页。
③ 王国维：《周荟京考》，见《观堂集林》（外二种），河北教育出版社，2003年，第268页。
④ 黄盛璋：《周都丰镐与金文中的荟京》，见《历史地理论集》，人民出版社，1982年。
⑤ 王玉哲：《西周荟京、镐京地望的再检讨》，见《古史集林》，中华书局，2002年。

说明"镐"即"镐京"说的正确性。

其一，"侵镐及方"只是反映猃狁来犯的军事企图，而非实至其地。《六月》云："侵镐及方，至于泾阳。"又云："薄伐猃狁，至于大原。"诗中"至于"两见，文例相同。细味诗意，所谓"薄伐猃狁"不过是尹吉甫攻伐的军事目标，太原为其中心族居地，这是无可怀疑的。同样的道理，猃狁"至于泾阳"，亦当与其军事目标逼近，这就是"镐及方"。诗中的"侵"字不是已然之词，而是代表所要入侵的目的地。因而诗中的"镐"除了西周王朝的政治中心镐京外，恐怕别无他地可以当之。如果"镐及方"只是千里之外的西北边疆之地，诗中"猃狁孔炽，我是用急，王于出征，以匡王国"的危急局势便无从谈起。从前的经学家没有弄清这个道理，只就诗中叙事文字的先后上来考虑问题，误以为猃狁首先侵犯镐与方，然后才攻至泾阳，于是只好把镐与方看作北方地名。当今学者受其影响，还试图利用金文资料予以证明。如唐兰先生例举司土斧铭："叔司土（徒）北征，蒿（镐）甫（斧）。"（《集成》①11785），认为"周朝有两个镐，原来的镐，应在北方"②，其说亦难成立。遍查西周铜器铭文，凡言"北征""东征""南征"者，"征"字后面均无宾语以言征伐对象。例如：

> 吕行壶："唯四月伯懋父北征。唯还，吕行捷。"（《集成》9689）
>
> 史密簋："唯十又一月，王命师俗、史密曰：'东征。'"（《近出》③489）
>
> 昔须盨："昔须罙遣东征，多匋（勋）工（功）。"（《铭图》④3349）
>
> 鄂侯驭方鼎："王南征，伐角、遹。"（《集成》2810）
>
> 鸿叔鼎："鸿（鸿）叔从王南征，唯归。"（《集成》2615）
>
> 虢仲盨盖："虢仲以王南征，伐南淮夷。"（《集成》4435）
>
> 狀驭簋："狀驭从王南征，伐楚荆。"（《集成》3976）
>
> 伯戈父簋："王出自成周，南征，伐反（服）子。"（《铭图》5276）
>
> 启尊："启从王南征，珊山谷。"（《集成》5983）
>
> 小子生尊："唯王南征，在庐。"（《集成》6001）

上引金文表明，"征"前有方位词概不用作及物动词，欲言征伐对象，须在"征"

---

① 中国社会科学院考古研究所编：《殷周金文集成》（修订增补本），中华书局，2007年。本文简称《集成》。

② 唐兰：《西周青铜器铭文分代史征》，中华书局，1986年，第133页。

③ 刘雨、卢岩编著：《近出殷周金文集录》，中华书局，2002年。本文简称《近出》。

④ 吴镇烽：《商周青铜器铭文暨图像集成》，上海古籍出版社，2012年。本文简称《铭图》。

字后面加一"伐"字，如"伐角、遹""伐南淮夷""伐楚荆""伐服子"等。是知司土斧铭同样当以"北征"断句，后面的"蒿"字指镐京，并非司徒北征的对象，无法对镐为北方地名说形成支持。

其二，"来归自镐"是说吉甫从镐京返归成周，非谓自北而还。吉甫征伐狁之役，除《六月》一诗有所记述外，兮甲盘亦有反映。盘铭云：

> 唯五年三月既死霸庚寅，王初格伐玁狁于䣙盧，兮甲从王，折首执讯，休亡憨，王锡兮甲马四匹、驹车。王命甲政司成周四方积，至于南淮夷。淮夷旧我帛晦人，毋敢不出其帛、其积、其进人，其贾，毋敢不即次即市，敢不用命，则即刑扑伐，其唯我诸侯、百姓，厥贾，毋不即市，毋敢或入蛮宄贾，则亦刑。兮伯吉父作盘，其眉寿万年无疆，子子孙孙永宝用。（《集成》10174）

铭文中的兮甲，又称兮伯吉父，兮为氏名，伯为排行，甲为其名，吉父为其字。王国维推证"兮伯吉父"就是《六月》诗中的"吉甫"，得到学界公认。只是在征伐玁狁的时日上，铭记在三月，诗云在六月，略有龃龉。对此王国维解释说：

> 此盘所纪，亦宣王五年三月事，而云"王初各伐"，盖用兵之始，未能得志。下云"王命甲政麟成周四方赉至于南淮夷"，赉读为委积之积，盖命甲征成周及东诸侯之委积，正为六月大举计也。此盘当作于三月之后、六月之前，吉甫奉使成周之时。[①]

然观铭文，兮甲政司成周四方之积，似非临时职务，仅为六月伐戎做准备。因为征伐玁狁乃军国大事，吉甫既为主帅，当全力加强军队的休整与训练，以提高克敌制胜的作战能力，至于粮草军需似无必要躬亲其事。更为重要的是，不管何种建正的历法，三月或六月都不是收获季节，不可能在短时间内完成粟米之征，以供军需之用。可见王国维先生这个推论是有问题的。细绎盘铭，其主旨并非述说吉甫受命前往成周筹办军需，而是因功受赏后被委以新的职务。吉甫又称尹吉甫，尹为治事之官，应与本次"政司成周四方积，至于南淮夷"的职责有关。至于篇前那段有关征伐玁狁的文字，无非是交代作者得以晋升的缘由和背景，因而只有简略叙述。三月庚寅以言战争之始，受赐车马以言战事之终，并不是详述战争的整个过程。若将盘铭与《六月》合观，可知此役大体分为两个阶段。第一阶段如诗云"王于出征，以佐天子"，即由宣王率师亲征，兮甲从王，对来到家门口的玁狁奋勇还击，"戎车十乘，以先启行"，赢得"䣙盧"之战的胜利。盘铭中的"䣙盧"，王国维释

---

① 王国维：《兮甲盘跋》，见《观堂集林》（外二种），河北教育出版社，2003年，第651页。

作"彭衙"（今陕西白水），也有学者释作"余吾"（在今山西屯留）[①]，都是出于把古太原定位于河东一带所做的推断，恐非是。揆诸情势，"罱虘"当为玁狁所至"泾阳"附近一个不见于经传的地名，是王师首次反击玁狁的作战之地。继后战争进入第二阶段，由吉甫独肩大任，继续追击玁狁败军，直至太原而归。诗中"维此六月，既成我服，我服既成，于三十里"，当是吉甫挥师北进的时间。战争结束大约在数月之后，时值秋收季节，故而吉甫还师镐京，接着便受命前往成周履新，以征四方之委积。诗句"来归自镐，我行永久"，是说吉甫出征时间甚长，现在才从镐京回到可能是先前的任职之地——成周，宴飨庆功，"饮御诸友"。这恐怕就是"来归自镐"的真实意蕴，不能由此说明"镐"为北方地名。

其三，泾阳为近京之地，不在泾水之北。诗云玁狁"整居焦获"，而后"至于泾阳"。所言"焦获"其地望是清楚的。《尔雅》卷七《释地》言古有十薮（大泽），称"周有焦护"，《经典释文》谓："获，胡故反，又作护，同。"[②]是"焦护"本作"焦获"。郭璞注《尔雅》云："今扶风池阳县瓠中是也。"邢昺疏引孙炎注："周，岐周也。《诗·六月》云'玁狁非茹，整居焦获'是也。时人谓之刭中也。"[③]又《史记·匈奴列传》犬戎"遂取周之焦获，而居于泾渭之间"，《正义》引《括地志》云："焦获亦名刭口，亦曰刭中，在雍州泾阳县城北十数里。周有焦获也。"[④]凡此说明焦获在汉代池阳县（今陕西泾阳北）是有根据的。有的学者把"焦"与"获"分作二地，以为位于晋南，[⑤]似过离奇。至于诗中的"泾阳"，郑玄释为泾水之北，本是以镐、方为北方地名作为前提所形成的错误认识，孔颖达作疏却为之辩解说："镐、方虽在其下，不必先焦获乃侵镐、方，据在北方，在焦获之东北。"清儒顾炎武、胡渭、陈奂等循此思路，也认为"泾阳"即汉时安定郡泾阳县（治今甘肃平凉西北）。他们把泾阳确定为一个实有所指的地名，是切合诗义的。但由焦获而泾阳，则泾阳为后至之地，必在其南，这才符合玁狁犯周的进攻方向。所以王国维说："先儒多以汉时泾阳县属安定郡，在泾水发源之处，疑《诗》之泾阳亦当在彼，不知秦时亦有泾阳，在泾水下游。"并正确指出周之泾阳"当为

---

① 王玉哲：《中华民族早期源流》，天津古籍出版社，2010年，第233页。

② 〔唐〕陆德明：《经典释文》卷二九《尔雅音义》，张一弓点校，上海古籍出版社，1985年，第1649页。

③ 《尔雅注疏》（卷七），《十三经注疏》，中华书局，1980年，第2615页。

④ 《史记》卷一一〇《匈奴列传》，中华书局，1982年，第2881—2882页。

⑤ 赵铁寒：《太原辨》，见《古史考述》，正中书局，1965年。

今日之泾阳县"①。泾阳作为古邑，秦灵公曾建都于此，后来又成为秦昭王同母弟泾阳君的封邑。此地与猃狁犯周的集结地焦获正相距不远。焦获、泾阳地望既定，益知猃狁"侵镐及方"非谓北方之地，而是以此作为打击宗周的终极战略目标。

从上面的分析来看，《六月》诗中的"镐"指镐京，"方"为相邻地名，泾阳位于镐京之北，泾阳附近的"罿虡"则是战争初期阶段的主战场。是时猃狁攻占周地焦获，以此作为进攻丰镐的大本营，来势凶猛，京师安危告急。宣王率师亲征，初战告捷，继由吉甫独任主帅，北进追击，直至把猃狁驱逐到自身族居地太原。在这场旷日持久的战争中，吉甫指挥若定，尽显文韬武略，力建卓越功勋，为诗人所称颂。

（二）关于"太原"的地望问题

关于《六月》诗中"太原"的地望，历代学者纷纭其说，至今聚讼未已。早在汉代，毛亨、郑玄即不详其地，后来朱熹《诗经集注》始定其为太原府阳曲县（今太原市）。清代学者质疑朱说，先后提出三种不同的看法：一是陇东说。顾炎武《日知录》谓在今甘肃平凉，胡渭《禹贡锥旨》谓在今宁夏固原，陈奂《诗毛氏传疏》谓在今甘肃镇原，都把太原确定在当时陇东一带。二是五原说。朱右曾《诗地理征》主之，地在今内蒙古包头市西北。三是雍州说。阎若璩《潜邱札记》等认为，太原在雍州，其地近豳。纵观清人新解，五原说其地遥远，与情势不合；雍州说仅言其大略，不能实定其地，亦不可信。唯有固原说最为近实，今已得到大多数学者的认同，同时朱子山西太原说仍有相当影响。

清儒坚持镐、方为北方地名，又以平凉为泾阳所在，可以说一误再误，但对古太原地望的推定却具有极大的合理性。兹引顾炎武《日知录》略作分析：

> "薄伐猃狁，至于大原。"毛、郑皆不详其地。其以为今太原阳曲县者，始于朱子。而愚未敢信也。古之言大原者多矣。若此诗则必先求泾阳所在，而后大原可得而明也。《汉书·地理志》："安定郡有泾阳县，开头山在西，《禹贡》泾水所出。"《后汉书·灵帝纪》："段颎破先零羌于泾阳。"注："泾阳县属安定，在原州。"《郡县志》："原州平凉县，本汉泾阳县地。今县西四十里，泾阳故城是也。"然则，大原当即今之平凉，而后魏立为原州，亦是取古大原之名。计周人之御猃狁，必在泾原之间。若晋阳之太原在大河之东，距周京千五百里，岂有寇从西来，

---

① 王国维：《鬼方昆夷猃狁考》，见《观堂集林》（外二种），河北教育出版社，2003年，第303页。

兵乃东出者乎？[①]

观顾氏的逻辑思路，猃狁犯周无论如何不会离开泾水，故谓"寇从西来"。又从后世"原州"地名向前追溯，因定平凉为古太原之地。这个探索路径可谓独具只眼，不乏卓见，只是在有些细节把握上略有失误。事实上，"后魏之立原州"，实治高平县（今宁夏固原市）。《魏书》卷一〇六下《地形志》说："原州太延二年置镇，正光五年改置，并置郡县。治高平城。"[②]因此，要从"原州"追溯"太原"之地，只可前及汉代安定郡高平县，而与平凉（汉时泾阳县）无涉。胡渭发现这个问题，起纠顾氏之失，提出固原为古太原说：

> 汉安定郡治高平县，后废。元魏改置曰平高，唐为原州治……《小尔雅》云：高平谓之太原。则太原当在州界，非平凉县，县乃古泾阳，在固原之东。猃狁侵及泾阳，而薄伐之以至于太原。盖自平凉逐之出塞，至固原而止，不穷追也。[③]

在这里，胡氏没有明确表述原州为北魏所置，但引据《小尔雅》来说明固原之为古太原的地貌依据，比顾炎武精进一层。继之陈奂根据《读史方舆纪要》谓汉代高平县在镇原县西二里的说法，提出"古太原当在镇原"[④]。《读史方舆纪要》这个说法与《明一统志》相同，其谬误已被《大清一统志》驳正，证明汉代高平县当在固原而非镇原。由此可见，在太原位于陇东的三种说法中，由顾炎武导夫先路，后经胡渭精确修正的固原说颇有理据，可信度较高。

清人有关太原地望的看法是在深入审视朱熹说的基础上提出来的。从表面上看，他们立说的依据似乎都是来自汉唐以后的材料，因而不免使人欲信还疑。王国维就不同意他们的看法，并根据《尚书·禹贡》的"既载壶口，治梁及岐，既修太原，至于岳阳"，《左传》昭公元年"宣汾洮，障大泽，以处太原"等材料，对朱熹的山西太原说略作修订，提出"太原一地当在河东"[⑤]。赵铁寒先生引为同调，认为"越是古老的太原，越在山西的南部，到秦才北移其名于并州"[⑥]。王玉哲先生更

---

① 〔清〕顾炎武：《日知录》卷三"大原"条，文渊阁《四库全书》，台湾商务印书馆，1986年。

② 《魏书》卷一〇六下《地形志》，中华书局，1974年，第2622页。

③ 〔清〕胡渭：《禹贡锥指》，邹逸麟整理，上海古籍出版社，2006年，第35—36页。

④ 〔清〕陈奂：《诗毛氏传疏》卷一七《六月》，中国书店，1984年，第19页。

⑤ 王国维：《鬼方昆夷猃狁考》，见《观堂集林》（外二种），河北教育出版社，2003年，第304页。

⑥ 赵铁寒：《太原辨》，见《古史考述》，正中书局，1965年。

将太原具体定位于今山西临汾一带。①其实，就文献材料的时代性来说，《禹贡》《左传》成书于战国时期，并不算早。更早的还是周宣王时代的《六月》之诗。所以顾炎武、胡渭等人仔细寻绎《六月》诗义，虽把泾阳释错方位，但以泾水上游作为西周晚期猃狁的活动中心却是值得信据的。这里，我们将固原说有关证据重新整合并加以充实，可使问题更加明了。

第一，固原与猃狁旧壤相符。《汉书·杨恽传》载杨恽报会宗书曰："顷者，足下离旧土，临安定，安定山谷之间，昆戎旧壤。"②这条材料很能说明问题，可惜未能引起学者的充分注意。杨恽、孙会宗为汉宣帝时人，堪称去古未远，言之有据。孙会宗时任安郡太守（治高平县），与杨恽为好友，所以杨恽报书言其"临安定"。最值得注意的是，书中说到安定为"昆戎旧壤"。昆戎即猃狁，古有其说。《史记·匈奴列传》说："自陇以西有绵诸、绲戎、翟、獂之戎。"《正义》云："上音昆，字当作混。颜师古云：'混夷也。'韦昭云：'《春秋》以为犬戎'"。③又《汉书》卷九四上《匈奴传》说："周西伯昌伐畎夷。"颜师古注："畎夷即畎戎也，又曰昆夷。昆字或作混，又作绲，二字并音工本反。昆、绲、畎声相近耳，亦曰犬戎也。"④昆夷、犬戎、猃狁乃一族之异名，王国维有详密考证。⑤这说明高平为猃狁旧壤于史可征。这一点非常重要，只有猃狁确曾在高平居住过，才有条件考虑它是古太原所在地。

第二，固原与太原名义相符。胡渭引《小尔雅》"高平谓之太原"，说明在汉代人的观念中，"太原"当是一个大而高平的地方。《尚书大传》释"东原底平"亦云："大而高平者谓之太原。"⑥《释名》卷一《释地》："高平曰原。原，元也，如元气广大也。"⑦虽然尚无证据显示早在西周高平已有太原之称，但此地无疑是符合"太原"的名义的。近经学者实地考察得知："固原地区的面积超过80平方公里，位于清水河的上游，平均海拔1600米，比泾河上游地区所有的高原都要高。"⑧可见在泾河上游地区，唯有汉代的高平县（今固原市）具备称为"太原"

① 王玉哲：《西周时太原之地望问题》，见《古史集林》，中华书局，2002年。

② 《汉书》卷六六《杨恽传》，中华书局，1962年，第2897页。

③ 《史记》卷一一〇《匈奴列传》，中华书局，1982年，第2883—2884页。

④ 《汉书》卷九四上《匈奴传》，中华书局，1962年，第3744—3745页。

⑤ 王国维：《鬼方昆夷猃狁考》，见《观堂集林》（外二种），河北教育出版社，2003年。

⑥ 伏生：《尚书大传》卷一，文渊阁《四库全书》本。

⑦ 〔清〕王先谦撰集：《释名疏证补》，上海古籍出版社，1984年，第53页。

⑧ 李峰：《西周的灭亡——中国早期国家的地理和政治危机》，徐峰译，汤惠生校，上海古籍出版社，2007年，第193页。

的地理条件。所以顾炎武相信北魏置原州必是"取古大原之名尔",不是无端的猜想。同时,这里还是古代关中通往西北地区的交通要冲,古称"萧关道",后世谓此"据八州之肩背,绾三镇之要膂。左控五原,右带兰会,黄河绕北,崆峒阻南,称为形胜"①。猃狁以此作为根据地,看来也不是没有缘由的。

第三,固原与太原方位相符。《后汉书·西羌传》说:"至穆王时,戎狄不贡,王乃西征犬戎,获其五王,又得四白鹿、四白狼,王遂迁戎于太原。"②《穆天子传》说:"天子北征于犬戎。"郭璞注云:"《纪年》又曰取其五王以东。"③是知穆王迁戎一事当出自古本《竹书纪年》。从这里虽然看不出太原的具体位置,但在宗周西北应无疑问。《穆天子传》卷四说:"自西王母之邦,北至于旷原之野,飞鸟之所解其羽,千有九百里。□宗周至于西北大旷原,万四千里。"④疑此"西北大旷原"即指穆王迁戎之"太原"。据多友鼎铭文显示,多友率领王师反击猃狁"广伐京师"(今陕西彬县东北),多友西追,在郜(幽地漆水)、龚(今甘肃泾川)等地获胜后,又追击到世和杨冢(今平凉、固原一带)。⑤说明猃狁退守之地,必近其老巢太原。又如不其簋铭文,涉及秦庄公抗击猃狁之地者,有西(今甘肃礼县东北)、略(今甘肃秦安县东北)、高陶等,均在陇东南一带,⑥亦与猃狁总部相距不远。

以此观之,前贤谓固原即猃狁所据太原,应该说是很有价值的学术见解。这不仅符合古太原所在方位和地理背景,而且与新旧文献所反映的情况亦相印合,对其怀疑可能是多余的。这样,《六月》诗中的地理问题,只剩下"侵镐及方"之"方"有待进一步考订。

二、"方"与"荼京"的关系

《六月》诗中"侵镐及方"之"方",因与镐京并举,可判断其地相邻。先儒以为此"方"即《诗经·小雅·出车》中的"方",又称"朔方",意为北方。然朔方之"方"是通名,而《六月》之"方"为专名,二者不可混为一谈,故此"方"非彼"方",当与"镐"同为具体地名。但这个"方"在什么地方,它与金文中的"荼京"是何关系,尚需仔细考察,以求其是。

---

① 《甘肃通志》卷四《固原州》,文渊阁《四库全书》本。
② 《后汉书》卷八七《西羌传》,中华书局,1965年,第2871页。
③ 〔晋〕郭璞注:《穆天子传》,上海古籍出版社,1990年,第3页。
④ 〔晋〕郭璞注:《穆天子传》,上海古籍出版社,1990年,第14页。
⑤ 李学勤:《论多友鼎的时代及意义》,《人文杂志》1981年第6期。
⑥ 杜勇:《不其簋史地探赜》,《天津师范大学学报》2016年第5期。

（一）"方"即金文中的"莽京"

《六月》诗中的"方"与金文中的"莽京"，具有本质上的同一性。这个问题可从"莽"字的释读说起。

"莽"字为《说文》所无，但在西周金文中却出现近40次。其时代早至成王，晚至宣王，几与西周一代相始终。"莽"字在金文中主要用作人名和地名。人名如称叔莽父、莽酲等。用作地名则指城邑，如谓莽京，或省称莽，或称邑之边鄙为"鄙"（楚簋）；至于邑之宫馆，则称为"莽宫"（卯簋盖）、"莽馆"（戒鬲）；而将邑之管理者称"莽人"（卯簋盖），近邑族居者则有"莽姜"（吴虎鼎）。

从字形上看，"莽"字从芔从旁，旁从方声，是很明确的。但学者对其字义的考释，却颇多歧见。概括起来主要有三种说法，即镐京说、旁京说、方京说。

（1）镐京说。此为清人吴大澂首倡。他说："古器多莽京，旧释旁京。大澂窃疑古镐京，字必非从金从高之字……丰多丰草，镐多林木，故从芔从旁。它邑不得称京，其为镐京无疑。"[1]"镐"与"莽"字形有别，音亦有异，吴大澂并不否认这一点。他之所以把"莽京"释作镐京，只是因为"它邑不得称京"。丁山先生据麦尊铭文说，莽京有辟雍，与《诗经·文王有声》云"镐京辟雍"密合，则莽京即镐京"又得一有力直证"[2]。陈梦家先生承认"金文镐京之镐作莽，字不能分析其音义所从来"[3]，但他还是信之不疑。陈云鹗先生认为："西周莽京的称号，是从莽（蓬）蒿得名，莽（蓬）为本名，蒿为别字。"[4]但其所言根据不足，受到学者普遍质疑。[5]李学勤先生则认为"指镐京"，"其字从'敽'声，即'镐'字"[6]。此说亦无学者响应。镐京说除了镐与莽在形音义上不易讲通外，在西周金文中"镐"作"蒿"，已有德方鼎、司土斧两见。司土斧铭前已引及，德方鼎铭说："唯三月王在成周，诞武祼自蒿（镐）。"（《集成》2661）同时，在士上盂、麦尊等铜器铭

---

① 〔清〕吴大澂：《说文古籀补》，清光绪二十四年增辑本，第11页。

② 丁山：《由三代都邑论其民族文化》，见《中央研究院历史语言研究所集刊》（第5本第1分册），1935年。

③ 陈梦家：《西周铜器断代》，中华书局，2004年，第373页。

④ 陈云鹗：《西周莽京新考》，《中华文史论丛》1980年第1辑。

⑤ 黄盛璋：《关于金文中的"莽京（莽）、蒿、丰、邦"问题辨正》，《中华文史论丛》1981年第4辑；宗德生：《〈西周莽京新考〉质疑》，《中华文史论丛》1981年第4辑；张懋镕：《镐京新考》，《中华文史论丛》1981年第4辑。

⑥ 李学勤：《吴虎鼎考释》，《考古与文物》1998年第3期。

文中，“宗周”（镐京）与“莽京”共出一铭，说明“莽京”与镐京绝非一事。这些都是镐京说无法克服的障碍，以至日渐式微，势不可免。

（2）旁京说。此为清人阮元首创，影响甚大。阮氏说：莽字“旧释作楚，非是。此旁之繁文”[①]。释莽作旁，在字形和音韵上都有道理，容易被人接受。但在“旁京”的释义上因与具体地名相关，结果又旁逸斜出蒲坂说、丰京说、豳地说、岐周说等不同支脉。①蒲坂说。王国维认为，“莽”字不可识，“当是从茻旁声之字”，亦即《诗经·小雅·出车》《六月》中的“方”，“莽在阳部，蒲在鱼部，为阴阳对转之字”，故其地在今山西蒲坂。[②]此说只强调音韵学上的相通是不够的，根本问题是蒲坂从未有过周代都邑的任何踪迹，因而无法得到学者的认同。②丰京说。郭沫若先生认为，“莽”字当即“旁”之古字，“菊”之繁文也。“菊、丰古同纽，而音亦相近，且彝器中所见之莽京与宗周比邻，是则莽京即丰京矣。”[③]其说信从者众，但毕竟在金文中“丰”是“丰”，“莽”是“莽”，毫不相混。即使力挺郭说的黄盛璋先生后来也明确指出“莽字不是丰”，“莽京应该就是利用丰邑之外已经开辟经营之地，包括辟雍、大池等而扩展新建为王离宫别馆之处，与丰同处一个地区，彼此相近，但还不是同一个地方”[④]。③豳地说。唐兰先生认为，“莽即菊字，其变ㄖ作A，或以为菊京专名之故也”。金文之菊京，即《诗》“镐及方”之方，方与镐本为一地，则镐京之即豳地，“为周之陪都”[⑤]。由于根据不足，唐兰先生后来主动放弃此说，是可不论。④岐周说。李仲操、卢连成等学者通过对王盂、楚簋铭文及其出土地的分析，提出莽京即是旁于岐周东边的黄土台原。[⑥]此说违背莽京与镐京邻近的基本史实，仍不可信。

（3）方京说。此说由清人方浚益提出，他说：“莽从茻、从A、从方，当为方之繁文。”《诗·出车》有“往城于方”，《六月》有“侵镐及方”，“镐

---

① 〔清〕阮元：《积古斋钟鼎彝器款识》卷五《继彝》，清嘉庆九年自刻本，第32页。

② 王国维：《周莽京考》，见《观堂集林》（外二种），河北教育出版社，2003年，第269页。

③ 郭沫若：《两周金文辞大系图录考释》（6），科学出版社，1957年，第32—33页。

④ 黄盛璋：《关于金文中的“莽京（莽）、蒿、丰、邦”问题辨正》，《中华文史论丛》1981年第4期。

⑤ 唐兰：《莽京新考》，见故宫博物院编：《唐兰先生金文论集》，紫禁城出版社，1995年。

⑥ 李仲操：《莽京考》，《人文杂志》1983年第5期；卢连成：《西周金文所见莽京及相关都邑讨论》，《中国历史地理论丛》1995年第3辑；罗西章：《西周王盂考——兼论莽京地望》，《考古与文物》1998年第1期。

即镐京，方即此菶京。方、菶，古今字也"①。王国维虽也认为菶京即《诗》中之"方"，实际上又把这个"方"读作"旁"。②唐兰先生后来也认为，"菶京为京师的一部分，菶就是方字""菶京不应离开宗周很远"。③刘雨先生承其说，肯定"菶京是镐京附近的地方"④。王玉哲先生在此基础上进一步研究认为，"方或菶、菶京则在渭水南岸，距秦阿房不远"⑤。王辉先生的看法与此相近，他说："菶从方声，房、方、旁音近，可以通用""菶京乃宗周（镐京）旁之京，最先指丰，其后丰向北扩展，甚至向东扩展到镐之北，仍沿旧名称菶或旁；周末或春秋时人称方（犹蒿后人称镐）；战国及秦附会房宿，称房或阿房，其实都是一地"。⑥

上述三种说法中，我们认为方京说最为合理，如谓菶京与宗周邻近，是京师的一部分，都是可以信据的。至于菶京就是阿房或距阿房不远的看法，可能与实际情况略有距离。在这里，有两个问题尚需特别注意。

一是菶京就是方京，不必解作旁京。"菶"之作"旁"，见于高卤盖铭："王初餐旁。"（《集成》5431）此与麦尊、伯唐父鼎铭称"王餐菶京"（《集成》6015、《新收》⑦），士上盂谓"（王）诞餐菶京年"（《集成》9454），其文例相类，均指"餐"祭的地点。以此证明"旁"与"菶"相通假是没有问题的。但是，金文中的"菶"字近四十见，以"旁"相称者却仅高卤盖铭一例，这说明"旁"只是借字，"菶"才是正字。"旁"与"菶"不仅同为方声，其义亦通。《广雅》卷四下《释诂》：旁，"方也"⑧。《仪礼》卷三五《士丧礼》有"牢中旁寸"，郑注：今文"旁为方"⑨。金文者减钟："闻于四旁（方）"（《集成》193）；秦伯政丧戈："戮政西旁（方）"（《铭图》17356）；梁伯戈："印（抑）鬼方蛮，印攻旁（方）"（《集成》11346）；亡智鼎："徂省朔旁（方）"（《集成》

① 〔清〕方濬益：《缀遗斋彝器考释》卷一三《史懋壶盖》，商务印书馆，1935年，第7—8页。
② 王国维：《周菶京考》，见《观堂集林》（外二种），河北教育出版社，2003年，第269页。
③ 唐兰：《论周昭王时代的青铜器铭刻》，见故宫博物院编：《唐兰先生金文论集》，紫禁城出版社，1995年。
④ 刘雨：《金文菶京考》，《考古与文物》1982年第3期。
⑤ 王玉哲：《西周菶京、镐京地望的再检讨》，见《古史集林》，中华书局，2002年。
⑥ 王辉：《金文"菶京"即秦之"阿房"说》，见《陕西历史博物馆馆刊》（第3辑），西北大学出版社，1996年，第15页。
⑦ 钟柏生等编：《新收殷周青铜器铭文暨器影汇编》，艺文印书馆，2006年。本文简称《新收》。
⑧ 〔清〕王念孙：《广雅疏证》，江苏古籍出版社，1984年，第132页。
⑨ 《仪礼注疏》卷三五，《十三经注疏》本，中华书局，1980年，第1131页。

2746）。诸铭均是以"旁"作"方"，可见高卣盖铭中的"旁"亦应读作"方"，"莽京"就是"方京"。故无必要从"旁"的字义上再作引申，把"莽京"理解为旁于京师，甚至解作蒲坂、丰邑、豳地、岐周等京外之地。

二是莽京乃指辟雍高丘之地，非京都之谓。"京"字在甲骨、金文中均有所见，其构形相近。《说文·京部》曰："京，人所为绝高丘也。从高省，｜象高形，凡京之属皆从京。"[1]郭沫若先生反对此说，认为"（京）即象宫观庤廛之形。在古朴素之世非王者之居莫属。王者所居高大，故京有大义、有高义。更引申之，则丘之高者曰京，困之大者曰京，鹿之大者曰麠，水产物之大者曰鲸，力之大者曰勍，均京之一字之引申孳乳也。世有以高丘为京之本义者，未免本末颠倒"[2]。"京"之本义犹可再议，但"京"有高丘或高丘宫观之义，则是不争的事实。《诗经·墉风·定之方中》"景山与京"，《小雅·甫田》有"如坻如京"，毛传均谓："京，高丘也。"《大雅·公刘》有"乃觏于京"，郑笺："绝高为之京。"《尔雅·释丘》："绝高为之京，非人为之丘。"是"京"为人力作，丘乃自然生。由于镐京为天子之居，则莽京当另有所指，应即"镐京辟雍"所在。据麦尊铭文显示，莽京有辟雍，而辟雍中央即有高丘，高丘之上建有高大的建筑。《诗经·大雅·灵台》言及"辟雍"，毛传："水旋丘如璧曰辟雍。"这个在莽地四面环水的高丘及其宏大壮观的建筑，正与"京"之字义相吻合，自可以"京"相称，是知莽京内涵不能与京师同观。

（二）关于莽（方）京的地望问题

关于莽京的地望，学界讨论逾百年，迄无满意结果。1992年，吴虎鼎的发现本可使问题基本得到解决，只因缺少深入研究，情况仍然不明。现在，我们利用这一难得的金文资料加以综合考察，以期弄清事实的真相。

先从宗周与莽京并出共见的两条金文资料说起：

（1）士上盉："唯王大禴于宗周，诞䄜莽京年，在五月既望辛酉，王令士上眔史寅殷于成周。"（《集成》9454）

（2）麦尊："王令辟井（邢）侯出坏侯于井，雪若二月侯见于宗周，亡尤，迨（会）王䉬莽京，酚（肜）祀，雪若翌日，在璧（辟）雍，王乘于舟，为大礼。王射大龚（鸿），禽（擒）。侯乘于赤旂舟从。"（《集成》6015）

---

① 〔汉〕许慎：《说文解字》卷五下，中华书局，1992年，第111页。
② 郭沫若：《两周金文辞大系图录考释》（7），科学出版社，1957年，第113页。

铭文中的"餐"，郭沫若先生释为"馆"①，陈梦家先生疑是"居"②字，唐兰先生释为"裸"③，餐当以唐释祭名为长。在茡京举行祭祖裸礼，看来并不是经常性的，故铭文说"（裸）茡京年""会王餐（裸）茡京"。士上盉说在宗周举行禴祭（夏祭），又在茡京举行裸祭，足见茡京也是重要的祭祀场所。麦尊说邢侯到宗周觐见天子，当时周王在茡京举行裸祭，所以第二天邢侯也赶到那里，参加周王在辟雍举行的大礼。这说明镐京离茡京不远，绝不超过一日行程。更重要的是，这个辟雍必在镐京而非丰邑。文王迁都于丰，建有辟雍，有《诗经·灵台》可证。但武王迁都镐京之后，同样建有辟雍，此即《诗经·大雅·文王有声》所说"镐京辟雍"。麦尊作于康王时代，所言辟雍只能是镐京辟雍。因此茡京的地望当在丰水东岸，而不应到丰水之西的丰邑一带去寻找。

关于镐京的考古发掘工作，成果还很有限。可以初步确定的是，今西安市长安区斗门镇、白家庄、花园村、普渡村、上泉北村、洛水村等地的西周遗址，当是镐京的中心区域。而镐京的大致范围为：东边界古滮水，南近洨河，西界和北界都临丰水，是一处四面环水、相对密闭的地区。④那么，茡京辟雍在镐京的什么位置呢？

《礼记》卷一二《王制》说："大学在郊，天子曰辟雍。"⑤《大戴礼记》卷八《明堂》说："明堂者，所以明诸侯尊卑。外水曰辟雍……在近郊，近郊三十里。"⑥这表明大学、辟雍、明堂本质上是一回事。蔡邕《月令论》说："取其宗庙之清貌则曰清庙，取其正室之貌则曰太庙，取其堂则曰明堂，取其四门之学则曰太学，取其周水圆如璧则曰辟雍。"颍子容《春秋释例》亦云："太庙有八名，其体一也。肃然清静之清庙，行禘祫、序昭穆谓之太庙。告朔行政，谓之明堂。行乡射，养国老，谓之辟雍。占云物、望气祥，谓之灵台。其四门之学谓之太学。其中室谓之太室。总谓之宫。"⑦汉代这些说法大体与实际相合。⑧关于辟雍的位置所在，有国中说和南郊说之异。郑玄以为"大学在郊"是殷制，而《王制》所谓"周

---

① 郭沫若：《两周金文辞大系图录考释》（6），科学出版社，1957年，第32页。

② 陈梦家：《西周铜器断代》，中华书局，2004年，第42页。

③ 唐兰：《西周青铜器铭文分代史征》，中华书局，1986年，第257页。

④ 徐锡台：《论周都镐京的位置》，《陕西师大学报》1982年第3期；卢连成：《西周丰镐两京考》，《中国历史地理论丛》1988年第3辑。

⑤ 《礼记正义》卷一二，《十三经注疏》本，中华书局，1980年，第1332页。

⑥ 〔清〕王聘珍：《大戴礼记解诂》，王文锦点校，中华书局，1998年，第149—151页。

⑦ 《毛诗正义》卷一六《大雅·灵台》疏引，《十三经注疏》本，中华书局，1980年，第524页。

⑧ 王玉哲：《西周茡京、镐京地望的再检讨》，见《古史集林》，中华书局，2002年。

人养国老于东胶"，此"东胶"即周之大学，"在国中王宫之东"①。这种说法不符合西周金文所见辟雍不在城中的事实。《诗经·灵台》孔疏引《韩诗》说："辟雍者，天子之学……在南方七里之内，立明堂于中。"又引马融云："明堂在南郊，就阳位。"②据此可知，莽京辟雍当在镐京南郊。这一点，可以从传世文献和新出金文得到二重证明。

宋敏求《长安志》卷一二《长安县》引《水经注》云："（丰水）又北，交水自东注焉。又北，昆明池水注之。又北，迳灵台西。又北，至石墩注于渭。"③这段逸文曾被补入《四库全书》本《水经注》，应该是可靠的。这里所说的灵台，似非周文王时的灵台，而是周武王建都镐京后的灵台，即莽京辟雍。因为它不在丰水之西，而是在丰水之东、昆明池之北。据黄盛璋先生研究，此"灵台的具体位置虽不能确指，但必在马营西北，马务村东南"④。这个推断是可信的，并为新出吴虎鼎所证明。鼎铭云：

> 唯十又八年十又三月既生霸丙戌，王在周康宫徲（夷）宫，导入右吴
> 虎，王命善夫丰生、司工雍毅，申厉王命：付吴莶旧疆，付吴虎：厥北疆涵
> 人眔疆，厥东疆官人眔疆，厥南疆毕人眔疆，厥西疆莽姜眔疆。厥具履封：丰
> 生、雍毅、伯导、内司土寺荠。吴虎拜稽首，天子休。（《近出》364）

该铭记载宣王重申厉王之命，把吴莶的旧有土地授予吴虎，并委派官员勘定其四至疆界。其中说道"厥南疆毕人眔疆，厥西疆莽姜眔疆"，所言"莽姜"当与"毕人"同例，是在莽地享有邑土的姜氏之人。毕是文王之子毕公高的封地，其所在地古有渭北毕陌和渭南毕郢（或曰毕原）二说。毕陌说前人已辨其非。如《皇览》曰："秦武王冢在扶风安陵县西北，毕陌中大冢是也。人以为周文王冢，非也。周文王冢在杜中。"⑤《括地志》亦云："秦悼武王陵在雍州咸阳县西十里，俗名周武王陵，非也。"⑥至于"毕郢"或曰"毕原"，既是文王、武王、周公墓地所在，也是毕国封地。《孟子》卷八上《离娄下》说："文王生于岐周，卒于毕郢。"⑦古本《竹书纪年》说："毕西于丰三十里。"⑧《史记·周本纪》说："所

① 《礼记正义》卷一三，《十三经注疏》本，中华书局，1980年，第1346页。
② 《毛诗正义》卷一六，《十三经注疏》本，中华书局，1980年，第524页。
③ 〔宋〕宋敏求：《长安志》卷一二《长安》引，文渊阁《四库全书》本。
④ 黄盛璋：《周都丰镐与金文中的莽京》，见《历史地理论集》，人民出版社，1982年。
⑤ 《史记》卷五《秦本纪》裴骃《集解》引，中华书局，1982年，第210页。
⑥ 《史记》卷六《秦始皇本纪》张守节《正义》引，中华书局，1982年，第289页。
⑦ 《孟子注疏》卷八上，《十三经注疏》本，中华书局，1980年，第2725页。
⑧ 方诗铭、王修龄：《古本竹书纪年辑证》，上海古籍出版社，2005年，第39页。

谓周公葬于毕，毕在镐东南杜中。"①《左传》僖公二十四年杜注："毕国在长安县西北。"②《括地志》云："毕原在雍州万年县西南二十八里。"③唐代万年县与长安县同治都城，万年县辖其东偏，长安县辖其西偏，治今长安区韦曲镇。1989年，韦曲北东韦村出土的韦豫、韦最两通墓志都记其葬地为"毕原"，长安县文管会藏韦憕墓志亦云憕葬于"洪固乡之毕原"。王辉先生据此推断，毕在吴虎鼎铭文中称"南疆"，"则吴虎授地必在其北，大约应在今西安市丈八沟、鱼化寨二乡之内"④。毕地既已明确，则吴虎封土西疆"荼姜"之"荼"，当在丈八街、鱼化街之西、斗门镇之南一带。由于"荼姜"只是贵族个人的封地，当然不在王家"荼京"的区域之内，但两地相邻是可以肯定的。这就意味着学者多年来寻觅的荼京所在地应该就在距今长安区斗门镇不是太远的南边或东南方向。此与《水经注》所示宗周灵台在马营寨村一带若合符契。斗门镇和白家庄以南的西周遗址，在汉武帝穿昆明池时已遭破坏，或许昆明池利用过西周荼京辟雍的水道亦未可知。

由此看来，《诗经·六月》中的"方"不是《出车》中的"方"或"朔方"，绝非北方普通地名可以比附。此"方"与金文中所见"荼京"其字虽异，事体则一。荼（方）京位于镐京南郊，即今西安市长安区斗门镇以南一带，是一个特殊的王家之邑，因有辟雍高丘及其他宏大建筑，故有"荼京"之称。

三、"侵镐及方"与戎祸加剧

宣王初年，猃狁"侵镐及方"，竟将武装入侵的矛头直指西周统治中心。由此引发我们思考的问题是："方"（荼京）具备什么资格可与镐京相提并论？这样的军事进攻目标意味着什么？又给西周王朝带来怎样的政治后果呢？

（一）荼京的特殊功能与地位

"荼"（方）之称"京"，并不代表它与镐京、丰京一样也是一个独立的都邑，实则不过是京师的附邑而已。这个附邑与宗周的王室宫殿相比，虽然只是一个行政副中心，但其文化教育中心、观赏游乐中心的功能与地位却是不可取代的。

从金文资料来看，荼京是有宫殿建筑的。卯簋盖所谓"荼宫"（《集成》4327），可能是其宫室的总称，具体则有上宫（偻匜）、湿宫（史懋壶盖、伯姜

---

① 《史记》卷四《周本纪》，中华书局，1982年，第170页。
② 《春秋左传正义》卷一五，《十三经注疏》本，中华书局，1980年，第1816页。
③ 《史记》卷四四《魏世家》张守节《正义》引，中华书局，1982年，第1835页。
④ 《考古与文物》编辑部：《吴虎鼎铭座谈纪要》，《考古与文物》1998年第3期。

鼎）、大室（弭叔师察簋、裛卣）、中寝（王盂）等。周天子在这里可以下榻，处理各种政务。（1）祭祀。在莽京举行的祭祀活动，有裸祭、肜祭、橐祭、禘祭。如鲜簋铭说："王在京，禘于昭王，鲜蔑历，裸，王赏裸玉三品、贝廿朋，对王休，用作子孙其永宝。"（《近出》482）此即穆王在莽京禘祭昭王，举行裸祭礼，赏赐大臣。（2）布政。周王在此"呼尹氏册命师察"（弭叔师察簋，《集成》4253），"命静司射学宫"（静簋，《集成》4273），"命师田父殷成周年"（小臣传簋，《集成》4206），"命史懋路（露）筮"（史懋壶盖，《集成》9714）。此属册命职官，交办政务。（3）司法。最有名的是儆匜铭文，说"王在莽上宫"，伯扬父对牧牛"以乃师讼"定下判词，最后判处牧牛"鞭五百"，罚铜"三百锊"（《集成》10286）。此外，据六年琱生簋铭，召伯虎处理有关田赋的"狱讼"案也是在莽京进行的。（4）颁赏。周王在莽京赏赐臣工非常频繁，赐品多样，有铜（金）和铜器（爵），有玉三品、贝廿朋、贝百朋，有玄衣、黹纯、缁市、赤舄，有鱼与羹，有作战装备鉴勒、銮赤旗，等等。这些政治活动表明莽京具有一定程度的行政功能。

莽京也是一个文化教育中心，最重要的是建有国家大学辟雍。除麦尊明确说到王在莽京辟雍主持大礼、乘舟射鸿外，静簋、遹簋铭文也反映了这方面的情况：

（1）静簋："唯王六月初吉，王在莽京，丁卯，王命静司射，学宫小子眔服眔小臣眔尸（夷）仆学射，雩八月初吉庚寅，王以吴夆、吕牺合齔盉师邦君射于大池，静学无尤，王锡静鞸剥。"（《集成》4273）

（2）遹簋："唯六月既生霸，穆穆王在莽京，呼渔于大池。王飨酒，遹御无遣，穆穆王亲锡遹爵。"（《集成》4207）

据《史记·封禅书》说："沣滈有昭明、天子辟池。"《索隐》云："今谓天子辟池，即周天子辟雍之地，故周文王都酆，武王都滈，既立灵台，则亦有辟雍耳。"[1] 杨树达先生对上引的金文进行比较分析后，认为"《史记》之辟池即辟雍，亦即此铭之大池，铭文与传记互相契合如此"[2]。近出伯唐父鼎言及"辟池"，即为辟雍大池的简称。辟雍虽名大池，实则学宫，是西周王家最高教育机构。学宫小子主要是王室高级贵族子弟，还有服政事的官吏、小臣以及被当作臣仆的外族人。其教学内容以"礼、乐、射、御、书、数"六艺为主。《周礼》卷一四《保氏》云："而养国子以道，乃教之六艺：一曰五礼，二曰六乐，三曰五射，四曰五驭，五曰六书，

---

① 《史记》卷二八《封禅书》，中华书局，1982年，第1375—1376页。
② 杨树达：《积微居金文说》（增订本），中华书局，1997年，第169页。

六曰九数。"①如静簋铭文所示，"静"即是学宫主射的教官，负责教国子习射。两个月后，周王在大池举行大射礼。静在整个过程中因工作出色，得到周王的赏赐。麦尊说王在辟雍举行大礼，乘舟举箭，射中大鸿。可见辟雍既是国子习射之地，又是周天子举行大射礼的重要场所。有时周天子还在辟雍举行饮酒等礼仪活动。如通簋所谓"飨酒"，赐予臣下爵一类酒器即是。由于礼与乐是相配合的，因而习乐也是学宫小子的重要课程。《诗经·大雅·灵台》说："于论钟鼓，于乐辟雍。"可见大学具有弦歌不辍的礼乐氛围。

莽京还是一处有离宫别馆的王家游乐中心。周人克商之后，周公告诫成王勤政勿逸，怀保小民，成为周人既定的重要国策。但随着太平日久，淫逸滋生，至厉王时发展到顶峰。京师之中，莽京可能是穆王以后诸王经常往还的游乐之地。请看下面的金文资料：

（1）井鼎："唯七月，王在莽京，辛卯，王渔于癨池，呼井从渔，攸锡鱼。"（《集成》2720）

（2）老簋："唯五月初吉，王在莽京，渔于大瀖（潍），王蔑老历，锡鱼百。"（《新收》1875）

（3）王盂："王作莽京中寝归盂。"（《近出》1204）

（4）伯唐父鼎："乙卯，王餈莽京，［王］辟舟，临舟龙，咸。伯唐告备，王格，辟舟，临梦白旂。用射兕、梦（鏖）虎、貉、白鹿、白狐于辟池。"（《近出》356）

上述诸器除王盂可能属于西周早期外，余为西周中期物。王盂所见"中寝"犹言"中宫"，当为天子嫔妃的寝宫。周王在此捕鱼，并赐予臣工若干，多半属于游乐性质，似非礼仪活动。特别是举行消灾祈福的祭，可在辟雍大池射击兕、虎、貉、鹿、狐等野兽，意味着莽京存在一个规模甚大的狩猎场，具有原生态的野外环境，否则这些猛兽在这里难于生存。若谓人工圈养，则射猎的情趣或军事训练的效果都会大打折扣。《诗经·大雅·灵台》云："王在灵囿，麀鹿攸伏。麀鹿濯濯，白鸟翯翯。王在灵沼，于牣鱼跃。"②情形与莽京相类。可见有野兽出没、林泉泪淌、大池泛舟的莽京，必是一处秋水长天、落霞孤鹜的风景秀丽之地。据《孟子》卷二上《梁惠王下》说："文王之囿方七十里。"③则武王所建灵台辟雍，估计其规模也不会太小。楚簋铭文言及"莽鄙"（《集成》4246），是莽京本身亦有郊鄙，可知其

---

① 《周礼注疏》卷一四，《十三经注疏》本，中华书局，1980年，第731页。

② 《毛诗正义》卷一六，《十三经注疏》本，中华书局，1980年，第525页。

③ 《孟子注疏》卷二上，《十三经注疏》本，中华书局，1980年，第2674页。

面积甚大。这些都反映了莱京具有观赏游乐中心的性质。

上述情况表明，莱京与镐京正式的王宫相比，可能在行政功能方面有所逊色，但其文化教育中心、观赏游乐中心的功能却是无可比拟的，也是独具特色与魅力的。猃狁"侵镐及方"，把中心城邑与郊邑莱京相提并论，不只说明莱京具有与镐京比肩的资格，而且包藏着猃狁东进扩张的野心，企图在政治上、文化上给西周王朝以毁灭性的打击。这或许就是狁把"侵镐及方"作为终极军事目标的缘由所在。

（二）"猃狁方兴"与王冠落地

"侵镐及方"虽然只是猃狁入侵的军事目标，但由此发出的政治信号却是强烈的，那就是宣王时代已经面临巨大的戎祸危机。然司马迁作《史记·周本纪》对此认识不深，只说宣王"修政，法文、武、成、康之遗风，诸侯复宗周"[①]。班固《汉书·匈奴传》引《六月》《出车》之诗，竟谓"是时四夷宾服，称为中兴"[②]。看来，史迁、班固当时所能接触到的材料，除了《诗经》言及猃狁为祸的四首诗篇外，似乎别无所见。这四首诗中，《六月》《采芑》公认为是宣王时诗，而《采薇》《出车》却被当时的经学家说成是文王时代的作品。今据历世多友鼎所说"猃狁方兴，广伐京师"（《集成》2835），清华简《芮良夫毖》所说"周邦骤有祸，寇戎方晋"[③]，证明猃狁为祸主要是在厉宣时期。清代魏源《诗古微》以为《采薇》《出车》俱为宣王时诗，是很正确的。班固只说《出车》作于宣王时，却把《采薇》改订为懿王时诗，然后从《六月》《出车》《采芑》等诗中看到的就只是宣王抗击猃狁的辉煌战绩，因而认为是时四夷宾服，称为中兴。实际上，这种认识受到材料的局限，具有很大的片面性。之后范晔撰作《后汉书》，由于《竹书纪年》出土可资利用，才对厉宣时期的戎祸危机有了较为真切的反映。其《西羌传》云：

> 厉王无道，戎狄寇掠，乃入犬丘，杀秦仲之族，王命伐戎，不克。及宣王立四年，使秦仲伐戎，为戎所杀，王乃召秦仲子庄公，与兵七千人，伐戎破之，由是少却。后二十七年，王遣兵伐太原戎，不克。后五年，王伐条戎、奔戎，王师败绩。后二年，晋人败北戎于汾隰，戎人灭姜侯之邑。明年，王征申戎破之。[④]

---

① 《史记》卷四《周本纪》，中华书局，1982年，第144页。

② 《汉书》卷九四上《匈奴传》，中华书局，1962年，第3744页。

③ 清华大学出土文献与保护中心编、李学勤主编：《清华大学藏战国竹简（叁）》（下册），中西书局，2013年，第145页。

④ 《后汉书》卷八七《西羌传》，中华书局，1965年，第2871—2872页。

从这段材料看，厉宣时期戎狄为患相当严重。虽然戎族不少分支都有军事行动，但以主支太原之戎（猃狁）为祸最烈。厉王初期的多友鼎铭文显示，"猃狁方兴，广伐京师"，主帅武公命多友率部西追，先后经过四次战役，始将猃狁逐出周族故土豳地。厉王末年，猃狁又转向南线寇掠，以至杀戮秦仲之族。清华简《芮良夫毖》谓"寇戎方晋，谋猷为戎"，希冀君王"以力及作，燮仇启国，以武及勇，卫相社稷"[1]。表明寇戎极为猖獗，已到严重威胁国家安全的程度。但厉王不以为意，只顾敛财逸乐，结果给宣王时代留下了一道不易破解的难题。

现在，我们把传世文献与金文资料结合起来，对宣王时代征伐猃狁之战略作编年，或许可以看出一些有意义的问题。

宣王五年（前823），吉甫伐猃狁之战。这次战争见载于《诗经·六月》和兮甲盘。盘铭说"王初格伐猃狁"，知是宣王统治时期与猃狁正面交锋的首次战争。战争是由猃狁企图"侵镐及方"引起的，周王朝处于防御一方。猃狁沿泾河东进，屯兵焦获，直捣泾阳，离镐京也就四五十公里了。《六月》诗云之"六月栖栖""猃狁孔炽"，其情势紧张可知。在宣王率师还击，初战告捷后，第二阶段则由吉甫作为主帅，挥师北进，最后把猃狁赶到自己的老巢太原。尹吉甫此次征战，无疑是非常艰难的，所以花去好几个月的时间。虽有斩获，但并未彻底解决猃狁继续为患的问题。

宣王十一年（前817），虢季伐猃狁之战。据虢季子白盘铭，"唯十又二年正月初吉丁亥，虢季子白作宝盘。丕显子白，壮武于戎工（功），经维四方，搏伐猃狁，于洛（略）之阳，折首五百，执讯五十，是以先行"（《集成》10173）。盘铭所记宣王十二年正月为制器日期，则此次搏伐猃狁的"洛（略）之阳"战役当发生在上一年。此役又见载于不其簋铭，铭中白氏（虢季子白）说："不其！驭方猃狁广伐西俞，王命我羞追于西，余来归献禽（擒）。余命汝御追于（略），汝以我车伐猃狁于高陶，汝多折首执讯。"所言"不其"即秦仲长子秦庄公，他由虢季授权指挥王室军队，在略阳川水之北的高陶会战中打败了猃狁的大规模进攻，与《后汉书》所说秦庄公"伐戎破之，由是少却"相合。铭文涉及的"西""略"等地名，均位于陇东南天水一带。[2]这说明猃狁除沿泾水河谷进攻外，还从南线汧水河谷经秦地向西周王朝发动进攻。

宣王三十一年（前797），王遣兵伐太原戎之战。此见载于《后汉书·西羌

① 清华大学出土文献与保护中心编、李学勤主编：《清华大学藏战国竹简（叁）》（下册），中西书局，2013年，第145页。

② 杜勇：《不其簋史地探赜》，《天津师范大学学报》（社会科学版）2016年第5期。

传》，当采自《竹书纪年》。因文辞简略，除知王师未胜之外，其他细节不明。所谓"太原戎"当为盘踞古太原（今宁夏固原市）一带的西戎猃狁。《西羌传》接下来还说道"晋人败北戎于汾隰"，"汾隰"当指今山西临汾一带。这也说明古太原不在河东。汾隰一带的北戎，即使与猃狁有某种族源关系，最多也不过是戎族的一个分支，与猃狁绝非一事。

宣王四十二年（前786），逨伐猃狁之战。卌二年逨鼎记载，王对逨说："余肇建长父侯于杨，余命汝奠长父。休。汝克奠于厥师，汝唯克井（型）乃先祖考，戎猃狁出捷于井阿，于历岩，汝不畏戎，汝光长父以追博戎，乃即宕伐于弓谷，汝执讯获馘，俘器车马。汝敏于戎工，弗逆朕新命。"（《铭图》2501）不少学者以为长父所封之"杨"在今山西洪洞东南，[①]恐未必然。长父之封由逨佐其治军，分明具有防范猃狁入侵的意图，故长父搏击之戎非猃狁莫属。猃狁大肆出动，侵入井（邢）阿、历岩等地，逨与长父在弓谷予以还击，颇有斩获。这里的"井阿"据散氏盘等铭文，可知在宝鸡、凤翔一带，则杨国亦当在关中西部求之。这才符合周人对外族头号之敌加强守备、以藩屏周的分封意图。

以上编年所用史料，除《诗经·六月》外都是司马迁、班固不曾见到的，由此我们对宣王时期伐戎之战的特点，可以得到一些新的认识：一是持续时间长。从宣王五年到四十二年，战争从未停止过。除了上述四次战争外，还有无叀鼎、司土斧、《诗经·出车》提到的司徒"南仲"，以及《诗经·采芑》提到的"方叔"，他们都是名重一时的伐戎将领，与猃狁有过战事。这就意味着宣王一朝对猃狁的战争具有相当高的频度，绝非尹吉甫可以毕其功于一役，使戎祸彻底消弭。二是攻防战地广。据史念海先生研究，关中西部横峙着陇山和岍山，两山之间为汧水河谷。岍山东北是泾水河谷。这两条河谷是从西北方面到关中的军事通道所必经之地。[②]比较起来，北线通道相对好走，是猃狁犯周的主要通道。厉王时期猃狁沿着泾水河谷进至豳地一带，宣王时则由此直逼丰镐。或许南仲"城彼朔方"加强了北线守备，之后猃狁的进攻方向则重点转向汧水河谷，自西向东入侵，因而与秦庄公发生略阳之战，与长父发生弓谷之战。这表明猃狁要千方百计打败周王朝，实现其"侵镐及方"的战略目标。三是社会震荡大。表面上看，宣王对猃狁的战争总是从胜利走向胜利，其实可能有很多失败的记录因不利于歌功颂德未曾保留下来，否则何至于战争旷日持久，迟迟不能解除猃狁的威胁？在对猃狁的长期战争中，饱受灾难和痛苦

---

① 李学勤：《眉县杨家村新出青铜器研究》，见《中国古代文明研究》，华东师范大学出版社，2005年。

② 史念海：《河山集》（4），陕西师范大学出版社，1991年，第192—193页。

的当然还是人民大众。《诗经·小雅·采薇》云："靡室靡家，猃狁之故。不遑启居，猃狁之故。"①可见猃狁的频繁侵掠，已把民众弄得居无宁日，无家无室。《国语》卷一《周语上》载："王事唯农是务……三时务农而一时讲武，故征则有威，守则有财。"②但这种正常状态的社会秩序，因战争而惨遭破坏。《采薇》又云："昔我征矣，杨柳依依；今我来思，雨雪霏霏。行道迟迟，载饥载渴。我心伤悲，莫知我哀。"战士自春至冬兵役在身，就算不计自己的饥寒与生死，又哪有时间顾及农事和家人？这对整个社会都造成了极大的冲击和破坏，势必动摇西周王朝的统治基础。宣王时期的伐戎之战如是，与周边其他异族的战争亦相仿佛。这说明班固所谓宣王中兴、四夷宾服，实际只是一种历史假象。是时，民怨沸腾，四夷犯边，危机四伏，西周王朝正在一步一步走向末日。猃狁"侵镐及方"成为一个非常危险的政治信号，一场颠覆西周王朝的历史风暴正在形成。

讨论至此，可就本文主旨略作归纳：《诗经·六月》看似是一首称颂宣王初期伐戎之功的诗篇，实则表明西周王朝当时面临着寇戎为祸的严重危机。猃狁"侵镐及方"，"镐"指镐京，"方"即金文中的蒡京，位于镐京南郊（今西安市长安区斗门镇以南）。蒡京与镐京相比，虽然只是一个行政副中心，但其文化教育中心、观赏游乐中心的功能与地位，却是镐京王宫无法替代的。猃狁"侵镐及方，至于泾阳"，兵锋直指西周王朝的统治心脏，试图给予其毁灭性的打击。故终宣王一朝，猃狁的进攻始终不曾中止，并未出现旧史所谓四夷宾服的中兴局面。相反，民怨载道、四夷交侵，离王冠落地的日子已经为时不远了。待幽王时西戎猃狁与申侯联手，终于一朝断送了赫赫宗周的政治命运。

原载《中国史研究》2018年第3期

（杜勇，天津师范大学历史文化学院教授，陕西师范大学人文科学高等研究院特聘研究员）

---

① 《毛诗正义》卷九，《十三经注疏》本，中华书局，1980年，第413页。
② 《国语》卷一，上海古籍出版社，1995年，第21页。

秦封泥与宫室苑囿研究

徐卫民

　　"封泥"二字最早在传世文献《后汉书》中出现。《后汉书·百官三》曰："守宫令一人，六百石。"本注云："主御纸笔墨，及尚书财用诸物及封泥。丞一人。"[①]过去秦封泥的实物甚少，以至于人们分不清秦封泥与汉封泥的区别。20世纪90年代出土于西安北郊汉长安城内西北相家巷村（秦甘泉宫遗址附近）的大量秦封泥，为我们进行秦文化的研究提供了第一手的资料。其是继云梦睡虎地秦简、秦始皇兵马俑、秦都咸阳、秦都雍城、里耶秦简之后秦考古的又一重大发现，极大丰富了秦文化的研究内容。

　　封泥是印章按于泥上作为实物和木制牍函封缄的凭证。古代文书都用刀刻或用漆写在竹简或木札上，封发时装在一定形式的斗槽里，用绳捆上，然后在打结的地方填进一块胶泥，在胶泥上按上玺印。如果简札过多，则装在一个口袋里，在扎绳的地方填泥打印，作为信验，以防私拆。封发物件也常用此法。这种钤有印章的土块被称为"封泥"，"缄之以绳，封之以泥，抑之以印"[②]。封泥不是印章，而是古代用印留下来的遗迹，是盖有当时印章的干燥坚硬的泥团，是保留下来的珍贵实物。由于原印是阴文，钤在泥上便成了阳文，其边为泥面，所以形成四周不等的宽边。承办人用印章钤盖泥封，是为了保证文书安全而采取的加密手段，起着"以检奸萌"的作用，可以说是我国最早的"保密"措施。如今存留下来的秦封泥成了研究秦历史的密码。

　　封泥的使用自战国直至汉魏，晋以后纸张、绢帛逐渐代替了竹木简书信的来往，人们改用红色或其他颜色的印色印在书牍上，才有可能不再使用封泥。后世的篆刻家从这些珍贵的封泥拓片中得到借鉴，用以制印，从而扩大了篆刻艺术取法的范围。

---

　　① 《后汉书》，中华书局，1965年，第3592页。
　　② 韩天衡：《封泥概说》，见吴幼潜编：《封泥汇编》，上海古籍出版社，1984年，前言第1页。

一、秦封泥概况

封泥不仅具有非同寻常的历史学术价值，更具有丰富的艺术内涵。据研究，现存的秦汉印章实物，多半是殉葬用的明器，并非那个时期的实用印章，它的制作技术和艺术水平都难以和当时的实用印章相比，而封泥则是由官方正式颁发的玺印或者私家常用的玺印钤出的。因此封泥上的印文，真实地反映了当时印章艺术的实际情况，无疑是古代玺印文化不可多得的宝贵遗产。另外，由于施行封泥时，软泥入槽多少不一，如正好填满方槽，则泥块干后呈方形，如软泥多而溢出方槽，则这块泥干后呈不规则的圆形，加之年代久远，自然剥蚀脱落致使封泥的边缘残缺破损，这种宽厚的边栏，以及粘连断续的状态，具有古拙质朴、自然率真的美感，可谓天然之雕饰。

本文采用的秦封泥的资料均来自正规的考古发掘或者已经公布并被学界证实的秦封泥，主要是20世纪90年代在汉长安城内相家巷遗迹发现的数千枚封泥。这些出土的大批量秦封泥主要收藏于北京古陶文明博物馆、西安中国书法艺术博物馆、西安市文物保护考古研究院、中国社会科学院考古研究所、南京艺兰斋美术馆、西北大学博物馆等单位。1997年初，周晓陆、路东之、庞睿在《秦代封泥的重大发现——梦斋藏秦封泥的初步研究》[1]中将古陶文明博物馆中收藏的秦封泥进行了释读；1998年，他们又在《西安出土秦封泥补读》[2]中把陆续进入古陶文明博物馆的秦封泥进行了公布；2000年，周晓陆、路东之将西北大学博物馆和古陶文明博物馆藏以及历代著作确认的秦封泥进行了整理，出版了《秦封泥集》，书中收录了大量秦封泥。[3]西安中国书法艺术博物馆是秦封泥的另一个重要收藏之地，傅嘉仪、罗小红在《汉长安城新出土秦封泥——西安中国书法艺术博物馆藏封泥初探》中对这批封泥进行了初步介绍。[4]后庞任隆在《秦封泥官印考》[5]和《秦封泥官印续考》[6]中又公布了书法博物馆新收藏的秦封泥。此后傅嘉仪出版了《秦封泥汇考》[7]。相家巷秦封

---

① 周晓陆、路东之、庞睿：《秦代封泥的重大发现——梦斋藏秦封泥的初步研究》，《考古与文物》1997年第1期。

② 周晓陆、路东之、庞睿：《西安出土秦封泥补读》，《考古与文物》1998年第2期。

③ 周晓陆、路东之：《秦封泥集》，三秦出版社，2000年。

④ 傅嘉仪、罗小红：《汉长安城新出土秦封泥——西安中国书法艺术博物馆藏封泥初探》，《收藏》1997年第6期。

⑤ 庞任隆：《秦封泥官印考》，《秦陵秦俑研究动态》1997年第3期。

⑥ 庞任隆：《秦封泥官印续考》，《秦陵秦俑研究动态》1998年第3期。

⑦ 傅嘉仪：《秦封泥汇考》，上海书店出版社，2007年。

泥出土之后，曾有一部分流入日本。2004年，日本收藏家太田博史将自己收藏的250枚秦封泥捐赠给南京艺兰斋美术馆。目前还有西安考古研究院发掘的一批数千枚的秦封泥尚在整理过程中。

《秦封泥集》《秦封泥汇考》等书籍中收录的有关秦宫室苑囿方面的封泥有：西共丞印、西采金印、雍工室印、雍丞之印、栎阳丞印、栎阳右工室丞、咸阳丞印、咸阳亭印、咸阳亭丞、咸阳工室丞、南宫郎中、南宫郎丞、北宫工丞、北宫弋丞、北宫斡丞、北宫宦丞、北宫私丞、章台、高章宦者、高章宦丞、安台丞印、宜春禁丞（图1）、杜南苑丞、阳陵禁丞、具园、麋园、康园、尚御弄虎、鼎湖苑丞、白水之苑、白水苑丞（图2）、左云梦丞、右云梦丞、平阿禁印、桑林、桑林丞印、居室丞印、居室寺从、上林丞印（图3）、御羞丞印、东苑、东苑丞印、华阳禁印、坏禁丞印、庐山禁丞、公车司马丞、泰厩丞印、宫厩、章厩丞印、宫厩丞印、都厩、中厩、中厩丞印、中厩将马、中厩马府、左厩丞印、右厩丞印、小厩丞印、小厩将马、御厩丞印、下厩、下厩丞印、上家马丞、下家马丞、泾下家马、左弋丞印、狡士之印、西陵丞印、都竹丞印、都船丞印、橘官、都水等。这些可谓是研究秦都邑宫室非常重要的资料。

图1　宜春禁丞封泥

图2　白水苑丞封泥

图3　上林丞印封泥

中国社会科学院考古研究所汉长安城考古队于2000年对该遗址进行了科学发掘，出土了比较完整或字迹较清晰的325枚封泥，共100多个品种，从而使人们对这批封泥的真正出土地有了清楚的认识，也使人们知道了这批封泥在此处出土的原因。这些封泥上的印文多数为四字，少数为二字，个别为三字，无字封泥极少。封泥面上多数有"田"字或"日"字界格，亦有少数无界格者。①

关中地区的地下自然环境不利于竹木质简牍的长期保存，因此关中地区虽然长期作为秦汉时期的都城和文化中心，但出土的简牍寥寥无几。秦封泥的大量出土无疑弥补了这一文献缺憾，具有不可替代的作用和意义，必将大大推动秦文化的研究。

二、秦封泥与都邑宫室

秦的都邑、宫室是秦文化的重要组成部分，《后汉书·光武十王列传》："园邑之兴，始自强秦。"②《史记·秦始皇本纪》："诸庙及章台、上林皆在渭南。秦每破诸侯，写放其宫室，作之咸阳北阪上，南临渭，自雍门以东至泾、渭，殿屋复道周阁相属。所得诸侯美人钟鼓，以充入之。"③这些在秦封泥中也得到了充分体现。

秦的都邑自西向东逐步迁徙并不断扩大，由甘肃的陇东地区迁徙到关中地区，凡九都八迁，包括秦邑、西犬丘、汧、汧渭之会、平阳、雍、泾阳、栎阳、咸阳。这一方面是秦人为了寻求更好的自然环境，另一方面也与秦人的不断强大有关。这九个都邑有圣都与俗都之分。传世文献中关于秦都邑的记载比较少，这对秦都邑的进一步研究造成一定的困难，秦封泥的发现无疑提供了第一手的资料。在秦封泥中，关于都邑的不仅仅有秦统一后的都城咸阳，还包括咸阳以前的都邑，比如西犬丘、雍、泾阳、栎阳等。据不完全统计，目前的封泥中有关秦都咸阳的53品，雍城的17品，栎阳的9品。④

秦的都邑发展可分为四个阶段，即雍城以前，雍城，泾阳和栎阳，咸阳。雍城以前即秦德公以前，其都城包括天水附近的秦邑和西犬丘，关中的汧、汧渭之会、平阳。平阳及其以前的秦都城在秦的都城发展史上是一个探索性的阶段，属于秦都邑的早期阶段。由于秦当时的国力还比较弱小，未能建立较大的都邑，仅一两个宫殿或者宗庙而已。如秦在西犬丘仅有西垂宫和西畤，位于甘肃陇南礼县永兴附近的大堡子山一带，在此发现了属于诸侯级的"中"字形大墓及其陪葬坑，也发现了

① 中国社会科学院考古研究所汉长安城工作队：《西安相家巷遗址秦封泥的发掘》，《考古学报》2001年第4期。

② 《后汉书》，中华书局，1965年，第1437页。

③ 《史记》，中华书局，1959年，第239页。

④ 张宁：《秦封泥历史地理研究》，硕士学位论文，首都师范大学，2012年。

建筑遗址。秦襄公因护送周平王东迁有功，才被正式封为诸侯，也才可以越过陇山进军关中地区，先后建都汧、汧渭之会、平阳，直到平阳时也只有一个平阳封宫而已，目前在此地已经发现了秦的"中"字形大墓。

公元前770年，秦襄公立国后的都邑称为西犬丘，位于今甘肃省陇南礼县，目前发现与都邑西犬丘有关的秦封泥有西共丞印、西共、西田、西丞之印、西盐、西盐丞印、西采金印、西采金丞等。封泥中的"西"字指的是当时的西犬丘。在早期都邑缺乏史料记载的情况下，这些封泥无疑对研究秦早期都邑有十分重要的意义。目前，礼县的采金业还在继续进行，大堡子山秦公墓葬出土的大量金箔应与这里的金矿有关系。礼县现在还有盐官镇地名留了下来，这里历史上盛产盐，对秦的养马业是非常有利的，且此地商业贸易一直比较发达。

秦德公时迁都雍城，直到秦灵公时离开雍城"居泾阳"，雍城作为秦都城的时间达255年之久，特别是秦穆公在这里完成了"独霸西戎"的伟业，在秦都城发展过程中具有里程碑的作用。秦在雍城修建了众多的宫殿，规模很大，豪华壮观，以至于西戎人由余在观看了秦雍城后不禁叹言："使鬼为之，则劳神矣。使人为之，亦苦民矣。"[①]雍城四周有城墙围绕，平面略似正方形，东西长3300米，南北宽3200米。城内发现规模宏大的宫殿区三处，即姚家岗、马家庄、铁沟高王寺宫殿区，还发现了凌阴与宗庙遗址、市场遗址和精美的青铜建筑构件窖藏。马家庄1号宗庙遗址是迄今发现规模较大、保存较完整的先秦高级建筑。在雍城南发现了规模庞大的秦公陵区，其中秦公1号大墓是目前发掘的先秦时期规模最大的墓葬，长300米，深达24米，城外还有供秦公狩猎的北园等苑围。秦封泥中与雍城有关的有雍丞之印、雕工室丞、雍工室印、雕左乐钟、雕祠丞印等。城外还有供秦公狩猎休憩的北园、具园等苑围。雕祠丞印封泥的发现与史书中关于雍城时文化发达的记载相互引证。近年来在雍城血池和其他祭祀遗址的考古发现与发掘引起了极大的轰动，被评为十大考古发现，也充分印证了秦都雍城祭祀文化的发达。

泾阳和栎阳是秦为了向东方扩大领土而修建的具有临时性质、军事性质的都城。秦封泥中有一枚泾下家马，这是一个养马的机构。《汉书·百官公卿表》：太仆属官"家马三令，各五丞一尉"。颜师古云："家马者，主供天子私用，非大祀戎事军国所须，故谓之家马也。"[②]秦都咸阳有上家马丞。这里的"泾"，笔者认为当指泾阳。

栎阳城近几年的考古工作已经取得了明显的进展，发现了宫殿遗址和大型建筑

① 《史记》，中华书局，1959年，第192页。
② 《汉书》，中华书局，1962年，第729页。

材料等。封泥中关于栎阳的有栎阳右工室丞，是反映栎阳手工业工官的资料。栎阳的手工业比较发达，过去常在此地发现带有"栎市"陶文的陶器，文献中也有"栎邑北却戎翟，东通三晋，亦多大贾"①的记载。秦国经商鞅变法后国力增强，与魏国的战争不断胜利，使魏国从过去对秦的战略攻势变为守势，除把国都从安邑（今山西夏县）迁到大梁（今河南开封）之外，还沿洛河东岸修建长城以防御秦。

迁都咸阳是秦孝公十二年（前350）进行的，是秦都城历史中的一件大事。此后，秦国真正步入发展的快车道。从战国时期到秦统一乃至灭亡，咸阳一直是秦的都城，长达144年。都城的建设规模不断扩大，由渭北地区发展到渭南地区，至秦始皇时已经形成了"渭水贯都，以象天汉；横桥南渡，以法牵牛"②的规模。咸阳的内涵和外延都发生了深刻的变化，因此确切地说，秦都咸阳可分为渭北宫室和渭南宫室两大部分，以至于咸阳要"表汧（今宝鸡千河）以为秦西门，表河（黄河）以为秦东门"③，当时的关中地区有"计宫三百"④，欲把整个关中地区作为秦都咸阳。正如《三辅黄图》记载：咸阳"北至九嵕、甘泉，南至鄠、杜，东至河，西至汧、渭之交，东西八百里，南北四百里，离宫别馆，相望联属。木衣绨绣，土被朱紫，宫人不移，乐不改悬，穷年忘归，犹不能遍"⑤。

有关秦都咸阳的封泥很多，如咸阳丞印、咸阳亭丞、咸阳亭印、咸阳工室丞、咸阳、高章宦丞、高章宦者、信宫车府、中宫、南宫郎丞、南宫丞印、南宫郎中等。特别是北宫屡见，主要有北宫、北宫榦丞、北宫工丞、北宫弋丞、北宫私丞、北宫宦丞、北宫榦官、北宫工室、北宫库丞、北宫御丞等，充分说明北宫规模大，需要的职官机构庞大，是一处规模宏大的宫室建筑群。

2017年考古工作者在咸阳宫1号建筑遗址以西发现的秦府库遗址中也发现了"北宫乐府"的石刻文字。北宫是渭河以北咸阳宫的总称，是与南宫对应的方位称呼，在时人的书面语中仍称咸阳宫。如《史记·秦始皇本纪》云："始皇置酒咸阳宫，博士七十人前为寿。……听事，群臣受决事，悉于咸阳宫。"⑥《史记·刺客列传》也云："见燕使者咸阳宫。"⑦文献中常常出现的咸阳宫，是秦孝公迁都咸阳后首先修建的宫殿，后不断修建完善，成为一个庞大的宫殿群，由众多的宫殿组合而成。

① 《史记》，中华书局，1959年，第3261页。
② 何清谷：《三辅黄图校释》，中华书局，2005年，第22页。
③ 〔清〕张澍辑：《三辅旧事》，陈晓捷注，三秦出版社，2006年，第4页。
④ 《史记》，中华书局，1959年，第256页。
⑤ 何清谷：《三辅黄图校释》，中华书局，2005年，第25页。
⑥ 《史记》，中华书局，1959年，第254页。
⑦ 《史记》，中华书局，1959年，第2535页。

与北宫对应的是渭河以南的南宫，出土的南宫封泥有南宫尚浴、南宫郎丞、南宫郎中等。从秦封泥及文献记载来看，过去把章台称为章台宫是不确的，因为文献中多为章台，而且新出土封泥中也为章台，而非章台宫。

三、秦封泥与苑囿

"苑，所以养禽兽囿也"；"囿，苑有垣也"。[①]苑囿是指划定一定范围的，具有休闲、游赏、狩猎等多功能的专属地区。秦的苑囿众多，功能完善，是秦文化的重要元素之一。《吕氏春秋·重己》记载："昔先圣王之为苑囿园池也，足以观望劳形而已矣。"[②]早在雍城时期，秦人就修建了苑囿，到秦都咸阳时期，特别是灭六国之后，除了在关中地区修建众多苑囿以外，还将原六国的苑囿加以改造利用。在秦的诸多苑囿中，最著名的就是上林苑、宜春苑、云梦苑等。《史记·秦始皇本纪》云："嫪毐封为长信侯。予之山阳地，令毐居之。宫室车马衣服苑囿驰猎恣毐。事无小大皆决于毐。又以河西太原郡更为毐国。"[③]秦国的大臣都有自己的苑囿，可以想见国君及后来的秦始皇的苑囿肯定更胜一筹。

秦的苑囿不仅数量多，而且规模大，秦昭王时已有五苑。当时，秦大饥，应侯请曰："五苑之草著，蔬菜橡果枣栗，足以活民，请发之。"[④]到了秦始皇时期，由于国力的强大，又加之秦始皇好大喜功，因此他"欲大苑囿，东到函谷，西到陈仓，优旃曰：'善哉，若寇从东来，令麋鹿触之。'始皇乃止"[⑤]。由于优旃的谏言，秦始皇才改变了原来的打算。

秦的苑囿融山水、花木、建筑等为一体，是中国古典园林的雏形。秦统治者在都城附近修建了不少苑囿，作为其游猎休憩的场所。秦人以善于养马和驾车名闻遐迩，获得周天子的青睐，成为秦发展史上的重要节点。非子由于善养马才被周天子封为"附庸"，邑之秦，奠定了秦后来发展的基础。马和车是当时国君与贵族出行和日常生活中的重要组成部分，因此贵族以上的墓地一般都会有车马坑作为陪葬。也正因为如此，秦封泥中关于马政和厩苑的内容比较丰富。1975年发现的云梦睡虎地秦简中专门设有《厩苑律》《公车司马猎律》《牛羊课》等，记载了战国至秦代厩苑管理组织、制度、饲养等多方面的马政内容，再结合封泥等其他的文献资料，

---

① 许慎：《说文解字》，中华书局，1963年，第23、129页。
② 陈奇猷校释：《吕氏春秋校释》，学林出版社，1984年，第34页。
③ 《史记》，中华书局，1959年，第227页。
④ 《韩非子》，见许嘉璐主编：《文白对照诸子集成》（中），陕西人民教育出版社，1995年，第168页。
⑤ 《史记》，中华书局，1959年，第3202页。

可以对秦苑囿有个比较完整的认识。根据目前的文献资料可以看出，秦最晚在秦都雍城时期已经在都城附近修建供国君休闲狩猎的苑囿了，秦封泥中发现的具园就说明了这一问题，还有传统文献中提到的北园。到秦都咸阳时期，大量的苑囿散布于都城附近，如杜南苑、宜春苑、鼎湖延寿苑、梁山苑等等。秦封泥中提到的苑囿有10多个，比传统文献记载的秦苑囿要多，其中有些是过去史书中没有记载的。此外，还发现了许多关于养马的封泥，以及一些与苑囿有关的封泥，从而大大丰富了人们对秦苑囿的认识。

秦封泥中有关苑囿的主要有上林苑丞、上林丞印、宜春禁丞、杜南苑丞、鼎湖苑印、鼎湖苑丞、菌阳苑丞、华阳禁印、阳陵禁丞、白水苑丞、白水之苑、御羞丞印、东苑、东苑丞印、坼禁丞印、庐山禁丞、云梦禁丞、左云梦丞、右云梦丞、平阿禁印、安台丞印、安台左壄、桑林丞印、章厩丞印、中厩廷府、橘官、橘丞、具园、麋园、康园、尚御弄虎、桑林、桑林丞印、公车司马丞、上家马丞、下家马丞、左弋丞印、狡士之印、都竹丞印、都船丞印、都水等。

在这批封泥中，发现了不少中央地区马厩官员的名称，有泰厩丞印、宫厩、章厩丞印、宫厩丞印、都厩、中厩、中厩丞印、中厩将马、中厩马府、左厩丞印、右厩丞印、小厩丞印、小厩将马、御厩丞印、下厩、下厩丞印等，如此多的马政官员名称，说明了秦对马匹的饲养与管理是非常严格的，除了秦人善于养马以外，也和当时马在人们生活中的重要作用有关。马既是人们生活中的必需品，也是当时战争中的必需品，因此不同用途的马匹的饲养和管理都有专门的部门和官员负责。此外，厩和苑是古代不同的养殖场所，《睡虎地秦墓竹简·厩苑律》记载："将牧公马牛，马（牛）死者……其大厩、中厩、宫厩马牛也，以其筋革角及其贾（价）钱，其人诣其宫……。"[1]大厩、中厩、宫厩、都厩、御厩均为宫廷厩苑的名称，进一步证明了秦养马厩苑的种类繁多。马政官员和饲养马匹厩苑种类的繁多，说明秦中央与地方的马政管理制度已经初步健全并逐步完善。从新的考古资料来看，秦不仅中央地区具备完善的马政系统，地方郡县也类似于中央，虽比不上中央完善，但也有一定的发展。

由于苑囿范围广大，故而在其内还修建有驰道和甬道、复道、阁道等道路系统，为皇帝休闲狩猎服务，就像当时秦在关中的宫殿都有各种道路系统一样。《龙岗秦简》简三一："诸弋射甬道、禁苑外卅（？）里，去甬道、禁苑。"[2]简五九：

---

① 睡虎地秦墓竹简整理小组：《睡虎地秦墓竹简》，文物出版社，1990年，第24页。
② 中国文物研究所、湖北省文物考古研究所：《龙岗秦简》，中华书局，2001年，第84页。

"骑作乘舆御，骑马于它驰道，若吏〔徒〕。"①甬道是筑有隔墙的、专供皇帝车辆行走的大道。驰道和甬道在咸阳城中都有，是为了保障皇帝行车方便、快速和安全，苑囿中的驰道和甬道的功能也是如此，特别是甬道，是为了保障打猎安全。《龙岗秦简》中对于甬道或驰道的管理要求是相当严格的。距甬道外30里范围内是不能随便弋射的，否则立即拘留。对于胆敢在苑囿驰道当中行走的人，不仅要被流放，还没收其所骑乘的车、马、牛。由于禁苑中的通道是纵横相交的，所以如果有横穿驰道的，或私自骑马在驰道上乱跑的，都要受到相应的惩处。如有人在苑囿驰道上行走，官吏未能察觉处置，相关机构的管理者也要受到连累。既针对犯事者，也针对管理不力的官吏，可见法律对苑囿的管理相当具体全面。

政府为了管理好苑囿，设置了诸多官吏进行管理。封泥中有狡士之印，"狡"即狗，狡士是管理狗的人。还有尚犬、狡士将犬、弄狗厨印封泥，足以证明当时在苑囿中行猎时狗的辅助作用是不可或缺的。上林苑还专门为禽兽修圈，并在旁筑观，供人观赏射猎。封泥中有麋圈封泥，这说明麋鹿在秦上林苑中皆有饲养。秦封泥中有御弄尚虎，还有缺字的"虎□之□"，补全或许是虎圈之印，说明秦苑囿有养虎以供玩赏之风习。秦封泥中的御弄、阴御弄印、阳御弄印，都是苑囿中禽兽的管理机构。御弄从属于少府，下设阴阳御弄负责不同类别的珍禽异兽。苑囿之下，由各苑令、丞主管苑囿，苑尉管理禽兽，根据动物种类分属阴阳，设置兽圈，是苑囿管理的地方机构。秦专门在苑囿中设有佐弋官，掌管弋射事宜。秦封泥中有佐弋丞印，这是少府属官，目前共发现8品。水池的修建是利用了当时的水环境，既改善了苑囿中的环境，也增加了苑囿中的景色。出土的秦封泥中有都水丞印、都船丞印、都船等与水有关的封泥，说明了苑囿中水环境的重要性。

除了秦都咸阳附近的苑囿以外，秦在征服东方六国的过程中对六国原有的苑囿大多加以利用，这些从出土秦封泥中也能反映出来。先秦时期楚国就有名为"云梦"的楚王狩猎区，规模庞大。其中山林、川泽等各种苑囿应该有的环境生态在云梦苑中均可以看到。秦统一天下后，云梦苑也成为秦始皇的禁苑，左云梦丞、右云梦丞封泥的发现提供了第一手的证据。秦始皇出巡时多次在此游猎休憩。《云梦龙岗秦简》中记载，云梦禁苑的规模相当大，仅禁苑堧地（禁苑外的隔离带和保护圈）就有60里宽，那么禁苑的主体至少方圆数百里。禁苑中豢养各种家畜，放养各类野兽、鱼类，种植经济林木，等等。

根据目前的封泥资料，我们可以看出，最晚在秦都雍城时期已经在都城附近修

---

① 中国文物研究所、湖北省文物考古研究所：《龙岗秦简》，中华书局，2001年，第96页。

建供国君休闲狩猎的苑囿，秦封泥中发现的"具园"就说明了这一问题，还有传统文献中提到的"北园"。到秦都咸阳时期，大量的苑囿散布于都城附近，特别是上林苑，不仅规模大，而且影响深远。

综上，秦封泥的出土无疑对于缺少文字记载的秦宫室苑囿的研究提供了难得的第一手资料，补充了许多宫室苑囿的资料，增加了许多我们过去从文献中没有看到的苑囿，诸如白水之苑、杜南苑、东苑、鼎胡苑丞、华阳禁丞、庐山禁丞、突原禁丞等；狡士之印、尚犬封泥、弄狗厨印、麋圈封泥、御弄尚虎等的出土，大大丰富了当时苑囿中珍禽异兽的种类。大量关于厩苑封泥的出土，大大丰富了我们对秦在养马和马政方面的认识，有的封泥也订正了文献中的错误。

原载《重庆师范大学学报》（社会科学版）2019年第5期

（徐卫民，西北大学文化遗产学院教授）

西汉长安都城建设的立体化趋向

王子今

公元前3世纪末至公元初年，中国城市史的突出成就表现为西汉长安的规划与建设。作为形成国际影响的东方大都市，西汉长安的都市形制出现了新的迹象。阙、台、楼等显著提升高度的宫廷建筑受到重视，体现出通过"壮丽"形制追求"重威"效应的努力，也体现出了新的建筑艺术和建筑美学理念。因复道实现的立体交通，显现出都市交通形式的进步。营建于高敞之地的帝陵和陵邑，因"诸陵长安""长安诸陵"和"长安五陵"都市圈的形成，又构成另一种立体关系。"上下诸陵"故事反映了对这种高差的历史记忆。"云阳都"与长安的关系又形成另一层次的高下对应格局。甘泉宫以北的石门可以看作长安都市圈的北阙。这一地标和"表南山以为阙"的所在与长安城区构成的另一等级的立体关系，也是我们在考察西汉长安都城建设的规划思想时不宜忽视的。西汉长安都市建设体现的立体化趋向，在某种意义上继承并实现了秦始皇的都市建设理念。其意识背景和文化条件，也值得研究者重视。西汉长安规划者以"崇高"显示皇权地位，以"上下"交错营造都市建筑格局特殊美感的理念，通过多种形式表现了出来。相关现象应当引起建筑史和城市规划史研究者的关注。"重威""通天""求仙""厌胜"等意识背景，则是思想史、观念史考察不宜忽视的对象。

一、阙、台、楼：宫廷建筑的高程提升

先秦都市注重通过宫室高台建筑营造君王贵族把握政治权力的气势。西汉长安未央宫据龙首山高地营建，继承了这一传统。

宫廷建筑地上结构本身也注重高度追求，例如阙的营造就是典型例证。秦孝公和商鞅合作策动变法，重要举措之一即自雍迁都咸阳。《史记》卷五《秦本纪》载："十二年，作为咸阳，筑冀阙，秦徙都之。"张守节《正义》载："刘伯庄云：'冀犹记事，阙即象魏也。'"[①]《史记》卷六八《商君列传》也写道："作为

---

①《史记》，中华书局，1959年，第203页。

筑冀阙宫庭于咸阳，秦自雍徙都之。"①"冀阙"，是咸阳的标志，也宣示秦文化登上了新的历史阶地。②

西汉长安都市建设的起始工程也包括阙。《史记》卷八《高祖本纪》："萧丞相营作未央宫，立东阙、北阙、前殿、武库、太仓。"裴骃《集解》："《关中记》曰：'东有苍龙阙，北有玄武阙，玄武所谓北阙。'"司马贞《索隐》："东阙名苍龙，北阙名玄武，无西南二阙者，盖萧何以厌胜之法故不立也。《说文》云'阙，门观也'。高三十丈。秦家旧处皆在渭北，而立东阙、北阙，盖取其便也。"③

《三辅黄图》卷二又可见所谓"长乐宫东阙"，建章宫则有"建章凤阙"，亦称"凤凰阙""别凤阙""折风阙""嶕峣阙"。④《太平御览》卷一七九引《关中记》："建章宫圆阙临北道，凤在上，故号曰'凤阙'也。闶阆门内东出有'折风阙'，一名'别风'。"⑤可见阙往往立于宫门，临于大道。《文选》卷一班固《西都赋》有"树中天之华阙"句，又写道："设璧门之凤阙，上觚棱而栖金爵。内则别风之嶕峣，眇丽巧而耸擢。""神明郁其特起，遂偃蹇而上跻。轶云雨于太半，虹霓回带于棼楣。""攀井干而未半，目钩转而意迷。舍栋槛而郊倚，若颠坠而复稽。"⑥张衡《文选》卷二《西京赋》："表嶕峣阙于阊阖""圜阙竦以造天，若双碣之相望"，又赞美宫廷门阙"阊阖之内，别风嶕峣""干云雾而上达，状亭亭以苕苕"。⑦阙前广场形成公共空间，屡有聚众甚多史例。⑧高阙俯瞰平场，实现了皇家

① 《史记》，中华书局，1959年，第2232页。

② 王子今：《秦定都咸阳的生态地理学与经济地理学分析》，《人文杂志》2003年第5期；王子今：《从鸡峰到凤台：周秦时期关中经济重心的移动》，《咸阳师范学院学报》2010年第25卷第3期。

③ 《史记》，中华书局，1959年，第385页。

④ 何清谷校注：《三辅黄图校注》，三秦出版社，1995年，第104、117、120—121页。

⑤ 《太平御览》，中华书局，1985年，第871页。

⑥ 〔梁〕萧统编：《文选》，中华书局，1977年，第25、27页。

⑦ 〔梁〕萧统编：《文选》，中华书局，1977年，第38、40—41页。

⑧ 如《汉书》卷六六《刘屈氂传》记载汉武帝征和二年（前91）"巫蛊之祸"情景，说："（太子刘据）殴四市人凡数万众，至长乐西阙下，逢丞相军，合战五日，死者数万人。"《汉书》卷七一《隽不疑传》："始元五年，有一男子乘黄犊车，建黄旐，衣黄襜褕，着黄冒，诣北阙，自谓卫太子。公车以闻，诏使公卿将军中二千石杂识视。长安中吏民聚观者数万人。右将军勒兵阙下，以备非常。"据《汉书》卷八《宣帝纪》，汉宣帝五凤二年（前56）："三月辛丑，鸾凤又集长乐宫东阙中树上，飞下止地，文章五色，留十余刻，吏民并观。"（《汉书》，中华书局，1962年，第2881、3037、267页）

宫廷"壮丽""重威"的效能。①所谓"状亭亭以苕苕""眇丽巧而耸擢",通过"树中天""竦以造天"这种高程追求的营造实践,也体现出了新的建筑艺术和建筑美学的理念。

班固《西都赋》关于宫殿建筑,说到"崇台",又言:"抗仙掌以承露,擢双立之金茎。轶埃堨之混浊,鲜颢气之清英。"李善注:"言承露之高也。《汉书》曰:孝武又作柏梁、铜柱、承露仙人掌之属矣。"②其实,原始记载见于《史记》。《史记》卷二八《封禅书》:"……其后则又作柏梁、铜柱、承露仙人掌之属矣。"③《史记》卷三〇《平准书》:"是时越欲与汉用船战逐,乃大修昆明池,列观环之。治楼船,高十余丈,旗帜加其上,甚壮。于是天子感之,乃作柏梁台,高数十丈。宫室之修,由此日丽。"④所谓"天子感之"者,也就是"高"即"壮""丽"的理念占了上风。《汉书》卷二五上《郊祀志上》:"其后又作柏梁、铜柱、承露仙人掌之属矣。"颜师古注引苏林曰:"仙人以手掌擎盘承甘露。"颜师古说:"《三辅故事》云建章宫承露盘高二十丈,大七围,以铜为之,上有仙人掌承露,和玉屑饮之。盖张衡《西京赋》所云'立修茎之仙掌,承云表之清露,屑琼蕊以朝餐,必性命之可度'也。"⑤

《史记》卷二八《封禅书》记载"柏梁台灾"事件。"勇之乃曰:'越俗有火灾,复起屋必以大,用胜服之。'于是作建章宫,度为千门万户。前殿度高未央,其东则凤阙,高二十余丈⑥。其西则唐中,数十里虎圈。其北治大池,渐台高二十余

---

① 《史记》卷八《高祖本纪》:"萧丞相营作未央宫,立东阙、北阙、前殿、武库、太仓。高祖还,见宫阙壮甚,怒,谓萧何曰:'天下匈匈苦战数岁,成败未可知,是何治宫室过度也?'萧何曰:'天下方未定,故可因遂就宫室。且夫天子四海为家,非壮丽无以重威,且无令后世有以加也。'高祖乃说。"(《史记》,中华书局,1959年,第385页)

② 〔梁〕萧统编:《文选》,中华书局,1977年,第25、27页。

③ 《史记》,中华书局,1959年,第1388页。《史记》卷一二《孝武本纪》:"是时上求神君。"张守节《正义》:"《汉武帝故事》云:'起柏梁台以处神君,长陵女子也。先是嫁为人妻,生一男,数岁死,女子悼痛之,岁中亦死,而灵,宛若祠之,遂闻言宛若为生,民人多往请福,说家人小事有验。平原君亦事之,至后子孙尊贵。及上即位,太后延于宫中祭之,闻其言,不见其人。至是神君求出局,营柏梁台舍之。'"(《史记》,中华书局,1959年,第452页)

④ 《史记》,中华书局,1959年,第1436页。

⑤ 《汉书》,中华书局,1962年,第1220页。

⑥ 司马贞《索隐》:"《三辅黄图》云'武帝营建章,起凤阙,高三十五丈'。《关中记》:'一名别风,言别四方之风。'《西京赋》曰'阊阖之内,别风嶕峣'也。《三辅故事》云'北有圜阙,高二十丈,上有铜凤皇,故曰凤阙也'。"(《史记》,中华书局,1959年,第1402页)《汉书》卷二四下《郊祀志下》说,建章宫"其东侧凤阙,高二十余丈"。(《汉书》,中华书局,1962年,第1245页)

丈，名曰泰液池。……乃立神明台、井干楼，度五十余丈，辇道相属焉。"①建章宫"前殿度高未央"，其东凤阙"高二十余丈"，"渐台高二十余丈"，"神明台、井干楼，度五十余丈"。可知"有火灾，复起屋必以大"的"大"，或突出体现为"高"的追求。

关于汉宫建筑高程的记载未必完全可信，然而可以作为我们考察当时宫廷营造的参考。"承露""仙掌""高二十丈"，建章宫东凤阙"高二十余丈"，或说"高三十五丈"②，未央宫东阙、北阙"高三十丈"③，"渐台高二十余丈"，"神明台、井干楼，度五十余丈"，都达到惊人高度。以西汉尺度每尺大致合今23.1厘米计④，二十丈，相当于46.20米；三十丈，相当于69.30米；三十五丈，相当于80.85米；五十丈，相当于115.50米。以当时的建筑技术考虑，"神明台、井干楼，度五十余丈"之说，其真实性是可疑的。但是西汉长安建筑追求超前之高度的风习，是确定的历史真实。这在中国古代城市史和中国古代建筑史历程中，是划时代的历史进步。

二、长安立体交通

与"宫室之修""高数十丈"的情形相对应，有特殊的交通结构以为配合。宫殿区阁道、复道的普及，最为引人注目。这种先进的交通道路形式，在秦代宫廷建筑规划中的重要地位已经见诸史籍。但是其早期形式，可能战国时已经出现。然而现在可以明确，阁道、复道在西汉长安城市交通结构中，得到了更高程度的普及。

班固《西都赋》写道："周庐千列，徼道绮错。辇路经营，修除飞阁。"李善注："辇路，辇道也。《上林赋》曰：'辇道缅属'。如淳曰：'辇道，阁道也。'司马彪《上林赋》注曰：'除，楼陛也。'"《西都赋》关于长安宫殿区的交通形式，强调了这种交通形式的作用："自未央而连桂宫，北弥明光而亘长乐。凌隥道而超西墉，揵建章而连外属。"李善注："薛综《西京赋》注曰：'隥，阁

---

① 《史记》，中华书局，1959年，第1402页。

② 《史记》卷一二《孝武本纪》司马贞《索隐》："《三辅黄图》云'武帝营建章，起凤阙，高三十五丈'。"（《史记》，中华书局，1959年，第482页）

③ 《史记》卷八《高祖本纪》司马贞《索隐》："（未央宫）东阙名苍龙，北阙名玄武，……高三十丈。"（《史记》，中华书局，1959年，第385页）

④ 丘光明《汉代尺度总述》说："纵观两汉400余年，尺度应该说是基本保持统一的。西汉和新莽每尺平均长为23.2和23.09厘米，二者相差甚微，考虑到数据的一惯性，故厘定为23.1厘米。而东汉尺的实际长度略有增长，平均每尺23.5厘米。为了尊重实测数据，故东汉尺单位量值暂定为23.5厘米。"参见丘光明：《中国历代度量衡考》，科学出版社，1992年，第55页。

道也。'"①所谓"凌"，所谓"超"，均是以立体方式实现了跨越式连接。

西汉长安"桂宫周匝十里，内有复道，横北渡，西至神明台"②。"北宫有紫房复道通未央宫"，汉哀帝祖母傅太后居北宫，"从复道朝夕至帝所"，由于往来方便，以至经常干扰最高行政事务，"使上不得直道行"。③《史记》卷五五《留侯世家》裴骃《集解》引如淳曰："上下有道，故谓之复道。"④看来，复道是类似陆上高架桥式的空中道路。⑤

汉文帝行中渭桥，曾有人从桥下走出，惊乘舆马。⑥王莽时灞桥失火被焚毁，据说火灾起因是桥下所寄居的贫民取暖用火不慎。⑦看来，秦汉桥梁建筑已包括平阔滩地长长的引桥，复道之出现，无异于引桥在陆上的延长。有的学者称这种建筑形式为"飞桥"或"天桥"，显然注意到这种复道设计的最初起由是受到桥梁建筑的启发，而秦始皇"为复道，自阿房渡渭"，西汉桂宫"复道横北渡"的文字记载，"渡"字的使用可以证实这一推论。

《史记》卷九九《刘敬叔孙通列传》说到汉惠帝在长安城中筑作复道的经过："孝惠帝为东朝长乐宫，及间往，数跸烦人，乃作复道，方筑武库南。叔孙生奏事，因请间曰：'陛下何自筑复道？高寝衣冠月出游高庙，高庙，汉太祖，奈何令后世子孙乘宗庙道上行哉？'孝惠帝大惧，曰：'急坏之。'叔孙生曰：'人主无过举。今已作，百姓皆知之，今坏此，则示有过举。愿陛下为原庙渭北，衣冠月出游之，益广多宗庙，大孝之本也。'上乃诏有司立原庙。原庙起，以复道故。"⑧这一段复道，用于"东朝长乐宫"，可避免"数跸烦人"，不再动辄清道戒严，影响

---

① 〔梁〕萧统编：《文选》卷一，中华书局，1977年，第27页。

② 《艺文类聚》卷六四引《三辅故事》，上海古籍出版社，1965年，第1154页。

③ 《汉书》卷八一《孔光传》，中华书局，1962年，第3356页。

④ 《史记》，中华书局，1959年，第2042页。

⑤ 王子今、马振智：《秦汉"复道"考》，《文博》1984年第3期。

⑥ 《史记》卷一〇二《张释之冯唐列传》："上行出中渭桥，有一人从桥下走出，乘舆马惊。"（《史记》，中华书局，1959年，第2754页）

⑦ 《汉书》卷九九下《王莽传下》：地皇三年（22），"二月，霸桥灾，数千人以水沃救，不灭"。王莽下书曰："乃二月癸巳之夜，甲午之辰，火烧霸桥，从东方西行，至甲午夕，桥尽火灭。大司空行视考问，或云寒民舍居桥下，疑以火自燎，为此灾也。"（《汉书》，中华书局，1962年，第4174页）

⑧ 《史记》，中华书局，1959年，第2725—2726页。

交通，显然是一种立体交叉形式。①讨论秦汉时代的复道，不可不注意到这种早期立体交叉道路在交通史上体现的重要发明的意义。

西汉中晚期奢侈之风盛起，豪门权贵争相仿效宫廷生活。霍禹"盛饰祠堂，辇阁通属永巷，而幽良人婢妾守之"②。王凤"大治第室，起土山渐台，门洞高廊阁道，连属弥望"③。复道逐渐成为宫廷之外相当普及的建筑形式。江苏徐州汉画像石有表现人似乎循屋顶行走于两座楼阁之间的画面④，大概可以说明复道的形制。《淮南子·本经》批评当时世风，说道："大构驾，兴宫室，延楼栈道，鸡楼井干。""魏阙之高，上际青云；大厦曾加，拟于昆仑，修为墙垣，甬道相连。""栈道""甬道"，高诱注皆以为"复道"⑤。甬道一般为两边有壁的夹道，或以此以为高注误，其实有甬道形式的复道，如1969年甘肃武威雷台汉墓出土陶楼四隅角楼以及门楼之间凌空相通的复道，两边就有障墙，以保证在地面弓弩射程内行者的安全。⑥这种建筑形式，或称"飞桥""天桥"，其提供了复道的实体模型。⑦所谓"复道"，或说"高廊阁道""延楼栈道"的兴起，也是"上际青云""拟于昆仑"，疯狂追逐"高""大"侈靡的都市建筑风尚的表现之一。但是这种建筑形式，确实促成了长安城市格局的立体化，显示出超越简单平面形式之单调陈旧传统的新风格。

三、"诸陵长安"的立体组合与"上下诸陵"故事

以稍微宽广的空间视角考察西汉长安建设的立体化趋向，可以关注诸陵邑与长安城的立体关联。

杨宽讨论西汉长安城市布局时曾经说道："西汉长安城内，宫室、宗庙和官署

---

① 《汉书》卷一〇《成帝纪》："帝为太子，……初居桂宫，上尝急召，太子出龙楼门，不敢绝驰道，西至直城门，得绝乃度，还入作室门。上迟之，问其故，以状对。上大说，乃著令，令太子得绝驰道云。"颜师古注："绝，横度也。"（《汉书》，中华书局，1962年，第301页）

② 《汉书》卷六八《霍光传》，中华书局，1962年，第2950页。

③ 《汉书》卷九八《元后传》，中华书局，1962年，第4023页。

④ 江苏省文物管理委员会编著：《江苏徐州汉画像石》，科学出版社，1959年。

⑤ 刘文典：《淮南鸿烈集解》，冯逸、乔华点校，中华书局，1989年。

⑥ 王子今：《秦汉"甬道"考》，《文博》1993年第2期。

⑦ 甘博文《甘肃武威雷台东汉墓清理简报》（《文物》1972年第2期）："院墙四角，各有一方形望楼，望楼之间以飞桥相连，桥身两侧皆有障墙，成悬槽之式，以防外面敌人之射袭。"甘肃省博物馆《武威雷台汉墓》（《考古学报》1974年第2期）："院墙四隅上建角楼，高二层，各角楼之间和门楼，均架设有栏杆的天桥相通。"

占全城面积三分之二以上。""规模巨大的皇宫、宗庙、官署、附属机构以及达官贵人、诸侯王、列侯、郡主的邸第，占据了长安城的绝大部分。"①他还指出："西汉陵邑应看作构成汉长安城的要素之一。"②长安的都市功能，在一定意义上可以说借助诸陵邑的作用得到了补充。

西汉王朝在帝陵附近设置陵邑的制度，使官僚豪富迁居于此，每个陵邑大约聚居五千户到一万多户，不仅用这种形式保卫和供奉陵园，还形成了相对集中的经济中心和文化中心。陵邑直属位列九卿的太常管辖。于是，从高祖长陵起，到昭帝平陵止，形成了若干个直辖于中央的异常繁荣的准都市。这些陵邑，实际上也可以看作长安的卫星城，或亦可看作"大长安"的有机构成。③"诸陵"与"长安"合为一体，史籍因此称"长安诸陵"④"诸陵长安"⑤"长安五陵"⑥。

《汉书》卷八《宣帝纪》记述汉宣帝领导资质之形成的特殊路径："高材好学，然亦喜游侠，斗鸡走马，具知闾里奸邪，吏治得失。数上下诸陵，周遍三辅，常困于莲勺卤中。尤乐杜、鄠之间，率常在下杜。"颜师古注："'诸陵'皆据高敞地为之，县即在其侧。帝每周游往来诸陵县，去则上，来则下，故言'上下诸陵'。"⑦班固《西都赋》说到诸陵邑形势："若乃观其四郊，浮游近县，则南望杜、霸，北眺五陵，名都对郭，邑居相承，英俊之域，绂冕所兴，冠盖如云，七相三公。与乎州郡之豪杰，五都之货殖，三选七迁，充奉陵邑，盖以强干弱枝，隆上都而观万国也。"⑧四方精英，五都货殖，都聚萃于诸陵邑。实际上"五陵""近县"，也成为强化"上都"威势，令"万国"仰望的文明胜地。这里广聚天下"英俊"，集会州郡"豪杰"，又能够较为显著地打破传统的地域文化界域，能够毫无成见地吸取来自不同区域的文化营养，于是文化的积累和文化的创获也有突出的成效。分析西汉人才的地理分布，可知五陵荟萃英俊之士的说法，的确是历史的真

---

① 杨宽：《中国古代都城制度史研究》，上海人民出版社，2003年，第110、111页。

② 杨宽：《西汉长安布局结构的探讨》，《文博》1984年第1期；杨宽：《西汉长安布局结构的再探讨》，《考古》1989年第4期。

③ 刘文瑞：《试论西汉长安的卫星城镇》，《陕西地方志通讯》1987年第5期；刘文瑞：《我国最早的卫星城镇——试论西汉长安诸陵邑》，《咸阳师专学报》1988年第1期；王子今：《西汉诸陵分布与古长安附近的交通格局》，见《西安古代交通志》，陕西人民出版社，1997年；王子今：《西汉长安居民的生存空间》，《人文杂志》2007年第2期。

④ 《史记》卷一二九《货殖列传》，中华书局，1959年，第3261页。

⑤ 《汉书》卷四九《爰盎传》，中华书局，1962年，第2273页。

⑥ 《汉书》卷九二《游侠传·原涉》，中华书局，1962年，第3715页。

⑦ 《汉书》，中华书局，1962年，第237页。

⑧ 〔梁〕萧统编：《文选》卷一，中华书局，1977年，第23页。

实。这一地区因此在实际上获得文化领导的地位。张衡《西京赋》所谓"五县游丽辩论之士，街谈巷议，弹射臧否，剖析毫厘，擘肌分理，所好生毛羽，所恶成创痍"①，又说明这里甚至成为具有强有力的社会影响的舆论中心。

所谓"上下诸陵"，体现出诸陵与长安之间的立体关系。所谓"去则上，来则下"情形的体现，又见于汉文帝故事。②

四、关于"云阳都"

《汉书》卷六《武帝纪》记载："（元封二年）六月，诏曰：'甘泉宫内中产芝，九茎连叶。上帝博临，不异下房，赐朕弘休。其赦天下，赐云阳都百户牛酒。'"这里出现了"云阳都"。对于"云阳都"，颜师古注："晋灼曰：'云阳、甘泉，黄帝以来祭天圆丘处也。武帝常以避暑，有宫观，故称都也。'师古曰：'此说非也。都谓县之所居在宫侧者耳。赐不遍其境内，故指称其都，非谓天子之都也。若以有宫观称都，则非止云阳矣。'"③其实，可能晋灼的说法是正确的。王先谦《汉书补注》认为："《礼乐志》载歌云：'玄气之精，回复此都。'即谓云阳为都也。颜谓专指居在宫侧者，无据。"④

《汉书》卷二二《礼乐志》也有很可能是言及"云阳都"的文字："歌云：'玄气之精，回复此都。'"颜师古注其实也以为"此都"就是"云阳之都"："言天气之精，回旋反复于此云阳之都，谓甘泉也。"⑤陈直《汉书新证》写道："西汉未央、长乐二宫规模阔大之外，则数甘泉宫。甘泉在云阳，比其他县为重要，故称以'云阳都'。"⑥居延汉简10.27及5.10关于改火的文书中，可见"（别火）官先夏至一日，以除隧取火，授中二千石、二千石官，在长安、云阳者，其民皆受，以日至易故火"⑦字样，也说明云阳是仅次于长安，有时可以与长安并列的政治中心。班固《西都赋》言长安形势，说道："其阴则冠以九嵕，陪以甘泉。"⑧所

①〔梁〕萧统编：《文选》卷二，中华书局，1977年，第43页。
②《史记》卷一〇一《袁盎晁错列传》："文帝从霸陵上，欲西驰下峻阪。袁盎骑，并车擥辔。上曰：'将军怯邪？'盎曰：'臣闻千金之子坐不垂堂，百金之子不骑衡，圣主不乘危而徼幸。今陛下骋六騑，驰下峻山，如有马惊车败，陛下纵自轻，奈高庙、太后何？'上乃止。"（《史记》，中华书局，1959年，第2740页）
③《汉书》，中华书局，1962年，第193页。
④〔清〕王先谦：《汉书补注》，中华书局，1983年，第96页。
⑤《汉书》，中华书局，1962年，第1065页。
⑥陈直：《汉书新证》，天津人民出版社，1979年，第35页。
⑦谢桂华、李均明、朱国照：《居延汉简释文合校》，文物出版社，1987年，第8页。
⑧〔梁〕萧统编：《文选》卷一，中华书局，1977年，第24页。

谓"陪以甘泉"，似可理解为云阳甘泉当时据有后世称为"陪都"之地位的暗示。

《史记》卷二八《封禅书》说，"柏梁台灾"事件发生后，汉武帝曾经以甘泉作为行政中心。这亦可以理解为给予"甘泉"以"都"的地位。"以柏梁灾故，朝受计甘泉。公孙卿曰：'黄帝就青灵台，十二日烧，黄帝乃治明庭。明庭，甘泉也。'方士多言古帝王有都甘泉者。其后天子又朝诸侯甘泉，甘泉作诸侯邸。"关于所谓"以柏梁灾故，朝受计甘泉"，张守节《正义》："顾胤云：'柏梁被烧，故受记故之物于甘泉也。'颜师古曰：'受郡国计簿也。'"①行政典礼在这里举行，又有"诸侯邸"设置，可知"云阳""甘泉"确实在当时曾经具有"都"的地位。

"云阳都"地方是秦与西汉两代长期经营的一个规模宏大的宫殿区，据司马相如《上林赋》，这里"离宫别馆，弥山跨谷，高廊四注，重坐曲阁"②，多处宫殿建筑即所谓"离宫别馆"依"山""谷"地形修造，自身也形成了呈立体态势相互连属、彼此映带的格局。《汉书》卷八七上《扬雄传上》载《甘泉赋》："离宫般以相烛兮，封峦石关施靡虖延属。"颜师古注："般，连貌也。烛，照也。……施靡，相及貌。属，连也。"③

云阳甘泉宫在海拔400米左右的汉长安城北面，中心位置大约海拔1000米。也属于甘泉宫遗址范围内的黄花山的海拔则为1808.9米。在长安、云阳构成的可以称作"大长安"的都城结构中，南北高程差异明显。正因为如此，汉武帝在这里设置了皇家祭祀中心，并以为避暑胜地经常居留。④由此体会汉武帝关于"甘泉宫内中产芝，九茎连叶"诏文所谓"上帝博临，不异下房"之"上"与"下"，也可以对长安都市圈的构成有立体化的理解。

---

① 《史记》，中华书局，1959年，第1402页。
② 《汉书》卷五七上《司马相如传上》，中华书局，1962年，第3026页。
③ 《汉书》，中华书局，1962年，第3526页。
④ 《史记》卷一二《孝武本纪》："公卿言'皇帝始郊见泰一云阳'。"张守节《正义》："《括地志》云：'汉云阳宫在雍州云阳县北八十一里。有通天台，即黄帝以来祭天圜丘之处。武帝以五月避暑，八月乃还也。'"（《史记》，中华书局，1959年，第470页）《汉书》卷六《武帝纪》："赐云阳都百户牛酒。"颜师古注引晋灼曰："云阳、甘泉，黄帝以来祭天圆丘处也。武帝常以避暑，有宫观，故称'都'也。"（《汉书》，中华书局，1962年，第193页）《汉书》卷六六《刘屈氂传》言巫蛊之祸发生时："是时上避暑在甘泉宫。"（《汉书》，中华书局，1962年，第2880页）《汉鼓吹铙歌十八曲·上之回》所谓"夏将至，行将北。以承甘泉宫，寒暑德"，也透露了这层意思。（《宋书》，中华书局，1974年，第640页）

五、甘泉"石阙"与"表南山之巅以为阙"

要理解西汉时代长安都城立体化建设规划者的设计思想，或许还应当与长安周边自然地理条件及地貌形势相关照。

司马相如《子虚赋》有关于大山崇峨的描写："崇山龍嵷，崔巍嵯峨，深林巨木，崭岩参嵯，九嵕、巀嶭，南山峨峨。岩阤甗锜，摧嵬崛崎。"① "九嵕""南山"一北一南，是以长安为中心的。班固《西都赋》也说长安形势，指出南北方向都有形势"崇""冠"的高山："其阳则崇山隐天，幽林穹谷"，"其阴则冠以九嵕，陪以甘泉"。②

与"南山"形势形成对应关系的长安以北的"高山"，据《艺文类聚》卷六二引刘歆《甘泉宫赋》的记述，曾经被汉帝国最高执政者以为帝居，"为居""为宫"，内心看作具有神圣意义的所在："回天门而凤举，蹑黄帝之明庭。冠高山而为居，乘昆仑而为宫。按轩辕之旧处，居北辰之闳中。背共工之幽都，向炎帝之祝融。封峦为之东序，缘石阙之天梯。"③

所谓"天门""石阙"，应当就是甘泉宫向北扼守直道通路的石门。石门在今陕西旬邑境内。石门山海拔1855米，南坡稍缓，临北则山势峻拔、崴嵬陡立。《元和郡县图志》卷三《关内道三》"宁州三水县"条："石门山在三水县东五十里，峰岩相对，望之似门。"④明代赵廷瑞修《陕西通志》卷二《土地二·山川上》"邠州淳化县"条："石门山在县北六十里，两山壁立如门。"⑤沈青峰撰雍正《陕西通志》卷一三《山川六·邠州·三水县》又写道："石门山一名石阙，在县东六十里，相传为秦太子扶苏赐死处。碑刻剥落不可考。"⑥《三水县志》记载："石门，

---

① 《史记》，中华书局，1959年，第3022页。

② 〔梁〕萧统编：《文选》卷一，中华书局，1977年，第24页。

③ 《艺文类聚》，上海古籍出版社，1965年。

④ 《元和郡县图志》，中华书局，1983年，第62页。又《元和郡县图志》卷三《关内道三》"宁州真宁县"条："子午山，亦曰桥山，在县东八十里，黄帝陵在山上，即群臣葬衣冠之处。《史记》曰汉武帝北巡朔方，还祭黄帝冢于桥山。"又"襄乐县"条："秦故道，在县东八十里子午山。始皇三十年，向九原抵云阳，即此道也。"（《元和郡县图志》，中华书局，1983年，第65—66页）

⑤ 又"三水县"条："黑石岩在县东五十里石门山之西，其山石色似漆，壁立万仞。"参见〔明〕赵廷瑞修，〔明〕马理、吕柟纂：《陕西通志》，董健桥总校点，三秦出版社，2006年，第82—83页。

⑥ 《陕西通志》卷一三，文渊阁《四库全书》本。

在汉名石阙，高峻插天，对峙如门。汉武时于此立关。"①扬雄《甘泉赋》："离宫般以相烛兮，封峦石关施靡虖延属。"②汉时称作"石阙"的石门，当时已经是属于甘泉宫殿区的重要名胜，也可以看作规模宏大的"前熛阙而后应门""闶阆阆其寥廓兮，似紫宫之峥嵘"③的甘泉宫的北阙。《三辅黄图》卷五引《云阳宫记》说甘泉宫形势："宫东北有石门山，冈峦纠纷，干霄秀出，有石岩容数百人，上起甘泉观。"④而"阙，观也"⑤，石门即石阙。石阙，《史记》卷一一七《司马相如列传》载《上林赋》及《汉书》卷八七上《扬雄传上》载《甘泉赋》作"石关"⑥。《汉鼓吹铙歌十八曲·上之回》："上之回，所中益。夏将至，行将北。以承甘泉宫，寒暑德。游石关，望诸国，月氏臣，匈奴服。令从百官疾驱驰，千秋万岁乐无极。"⑦也称"甘泉宫"近旁的这处特殊地形构成"石关"。

经"石关"可以北行。又司马相如《上林赋》有"道尽涂殚，回车而还。招摇乎襄羊，降集乎北纮，率乎直指，闇乎反乡，蹷石关，历封峦"文句。下文又说道："过鳷，望露寒。"裴骃《集解》引《汉书音义》："皆甘泉宫左右观名也。"⑧《汉书》卷八七上《扬雄传上》："甘泉本因秦离宫，既奢泰，而武帝复增通天、高光、迎风。宫外近则洪涯、旁皇、储胥、弩阹，远则石关、封峦、枝鹊、露寒、棠梨、师得，游观屈奇瑰玮。"⑨扬雄《甘泉赋》也有语意相近的内容："于是事毕功弘，回车而归，度三峦兮偈棠梨"⑩"天阃决兮地垠开"⑪。

石门，以其天然神造之雄峻地势，被看作"天阃"之"决"、"地垠"之

① 〔清〕许鸣盘：《方舆考证》卷三七《邠州·三水县·山川》，清代济宁潘氏华鉴阁本。

② 《汉书》卷八七上《扬雄传上》，中华书局，1962年，第3525—3526页。

③ 〔汉〕扬雄：《甘泉赋》，见《汉书》卷八七上《扬雄传上》，中华书局，1962年，第3528页。"闶阆阆"，形容门阙之高伟。《文选》卷七《甘泉赋》李善注："闶，高也。《说文》曰：阆阆，高大之貌也。"（〔梁〕萧统编：《文选》，中华书局，1977年，第113页）

④ 何清谷校注：《三辅黄图校注》，三秦出版社，1995年，第318页。

⑤ 《太平御览》卷一七九引崔豹《古今注》曰："阙，观也。于前所以标表宫门也。其上可居，登之可远观。"（《太平御览》，中华书局，1985年，第871页）

⑥ 《史记》，中华书局，1959年，第3037页；《汉书》，中华书局，1962年，第3525页。

⑦ 《宋书》，中华书局，1974年，第640页。

⑧ 《史记》卷一一七《司马相如列传》，中华书局，1959年，第3037页。《汉书》卷五七上《司马相如传上》颜师古注："张揖曰：'此四观武帝建元中作，在云阳甘泉宫外。'"（《汉书》，中华书局，1962年，第2567页）

⑨ 《汉书》，中华书局，1962年，第3534页。

⑩ 《文选》卷七《甘泉赋》李善注："三峦，即封峦观也。"（〔梁〕萧统编：《文选》，中华书局，1977年，第115页）

⑪ 《汉书》卷八七上《扬雄传上》颜师古注："三峦即封峦，观名也。棠梨，宫名。"（《汉书》，中华书局，1962年，第3533页）

"开"，既被作为甘泉宫的北阙，又被作为秦直道最南端的雄关。经石门北上，可以行直道而"疾驱驰"，"率乎直指"，通于北边。

《史记》卷六《秦始皇本纪》说到秦始皇时代的宫廷建设规划："先作前殿阿房，……周驰为阁道，自殿下直抵南山。表南山之巅以为阙。"①"南山之巅"被认定为南"阙"。这一城市规划理念在汉代得以继承。典型的例证是《汉书》卷九九上《王莽传上》："（元始四年）其秋，（王）莽以皇后有子孙瑞，通子午道。子午道由杜陵直绝南山，径汉中。"颜师古注引张晏曰："时年十四，始有妇人之道也。子，水；午，火也。水以天一为牡，火以地二为牝，故火为水妃，今通子午以协之。"颜师古说："子，北方也。午，南方也。言通南北道相当，故谓之'子午'耳。今京城直南山有谷通梁、汉道者，名'子午谷'。又宜州西界，庆州东界，有山名'子午岭'，计南北直相当。此则北山者是'子'，南山者是'午'，共为'子午道'。"②颜师古将"子午岭"和"子午道"并说，又将直道所循子午岭和子午道所循子午谷"计南北直相当"者联系在一起的说法，即所谓"此则北山者是'子'，南山者是'午'，共为'子午道'"。确实，秦直道循子午岭北行，而"直"正是"子午"的快读合音，由杜陵南行直通梁、汉的子午道也有类似的情形。宋人宋敏求《长安志》卷一一《县一·万年》写道："福水，即交水也。《水经注》曰：'上承樊川、御宿诸水，出县南山石壁谷（今案：亦作石鳖谷，今称石砭峪），南三十里与直谷（今案：今子午谷）水合，亦曰子午谷水。'"③又《长安志》卷一二《县二·长安》："豹林谷（今案：今称抱龙峪）水。出南山，北流三里，有竹谷水自南来会，又北流二里，有子午谷水自东来会（今案：'自东来会'疑当作'自西来会'）。自此以下，亦谓之子午谷水。"④"直谷"应当也是"子午谷"的快读合音。⑤另外，特别值得我们注意的还有，汉魏子午道秦岭南段又曾经沿池河南下汉江川道。"池"或为"直"之音转。也就是说，很可能子午道循行的河道，曾经被称作"直河"。⑥《水经注·沔水》即称"直水"，相近又有"直

① 《史记》，中华书局，1959年，第256页。
② 《汉书》，中华书局，1962年，第4076页。
③ 〔宋〕宋敏求：《长安志》，辛德勇、郎洁点校，三秦出版社，2013年，第365页。今本《水经注》无此文。《太平寰宇记》文与此同，而不云出《水经注》。
④ 〔宋〕宋敏求：《长安志》，辛德勇、郎洁点校，三秦出版社，2013年，第388页。
⑤ 《咸宁县志》卷一《南山诸谷图》中，"石鳖峪"旁侧标注"竹"，"竹谷"音近"直谷"，由此可以推想"竹谷"或许也应从音读的线索考虑与"子午谷"的关系。
⑥ 王子今：《秦直道的历史文化观照》，《人文杂志》2005年第5期。

谷""直城"。①

这样，"表南山之巅以为阙"者，与秦直道的石门，亦可以看作甘泉宫"北山"之"阙"者，形成了南北对应的关系。

班固在《西都赋》中评述长安"睎秦领，睋北阜"②的胜状，也指出一南一北两座山岭，成为长安立体景观的重要构成要素。

六、西汉长安都城建设立体化的历史文化条件

不仅"表南山之巅以为阙"体现出秦汉都城规划的继承关系，《史记·高祖本纪》也指出了汉长安城建设与秦都咸阳的关系以及汉人"象秦"的思路。《史记》卷八《高祖本纪》记载萧何营造未央宫，"立东阙、北阙"。张守节《正义》："《括地志》云：'未央宫在雍州长安县西北十里长安故城中。'颜师古云：'未央殿虽南向，而当上书奏事谒见之徒皆诣北阙，公车司马亦在北焉。是则以北阙为正门，而又有东门、东阙，至于西南两面，无门阙矣。萧何初立未央宫，以厌胜之术理宜然乎？'按：北阙为正者，盖象秦作前殿，渡渭水属之咸阳，以象天极阁道绝汉抵营室。"③《史记》卷六《秦始皇本纪》记载，秦始皇大治宫室，曾"为复道，自阿房渡渭，属之咸阳"，又"令咸阳之旁二百里内，宫观二百七十复道、甬道相连"。④西汉长安复道等立体交通形式的建设，应当也继承了秦代的设计思想和营造技术。要透彻地理解并完整地说明西汉长安都城建设的立体化倾向，有必要了解秦都城规划理念对西汉的影响。

西汉长安都城建设立体化表现之突出迹象，即对高度的追求，无疑应以建筑技术条件为保障。然而这种追求的意识背景，尤其是我们应当注意的。

这种建设理念首先的出发点，或是"重威"。《史记》卷八《高祖本纪》，萧

---

① 《水经注·沔水》："汉水又东合直水，水北出子午谷岩岭下，……又东南历直谷，径直城西。""汉水又东合旬水，水北出旬山，东南流径平阳戍下，与直水枝分东注。"（〔北魏〕郦道元撰，陈桥驿校证：《水经注校证》，中华书局，2007年，第649—650页）严耕望《唐代交通图考》卷一七《子午谷道》引《一统志》《兴安府》卷《山川目》云："直水在石泉县东，接汉阴县界，一名迟河，……《县志》，池河在县东五十里，……亦名迟河。……以直迟声相近而讹也。"严耕望写道："检《水道提纲》一三、《一统志》及今世地图，池水即古直水。"（严耕望：《唐代交通图考》，"中央研究院"历史语言研究所，1985年，第672—673页）

② 〔梁〕萧统编：《文选》卷一，中华书局，1977年，第23页。

③ 《史记》，中华书局，1959年，第385页。

④ 《史记》，中华书局，1959年，第256页。

何言："夫天子以四海为家，非壮丽无以重威。"①《汉书》卷一下《高帝纪下》的记载是："夫天子以四海为家，非令壮丽亡以重威。"②后代学者有对这种"壮丽"之于"重威"的作用的分析③，或言"壮丽"可以"示尊"④"表德"⑤，其实与"重威"亦多关联。

另一重要动机是"通天"。云阳"通天台"的命名，可以直接体现这一理念。"通天台即黄帝以来祭天圜丘之处"之说值得重视。《春秋繁露·阳尊阴卑》："人主近天之所近，远天之所远，大天之所大，小天之所小。"⑥与天意相通，对于当时的执政者是重要的。

另一相关的意识基点是"求仙"。《史记》卷一二《孝武本纪》："……又作柏梁、铜柱、承露仙人掌之属矣。"裴骃《集解》："苏林曰'仙人以手掌擎盘承甘露也。'"司马贞《索隐》："《三辅故事》云：……建章宫承露盘高三十丈，大七围，以铜为之，上有仙人掌承露，和玉屑饮之。故《张衡赋》曰：'立修茎之仙掌，承云表之清露'是也。"⑦《三国志》卷二一《魏书·王粲传》："昔汉武信求神仙之道，谓当得云表之露以餐玉屑，故立仙掌以承高露。"⑧

用以"厌胜"，也是营造超高建筑的目的之一。柏梁台灾后，"越俗有火灾，复起屋必以大，用胜服之"的说法为汉武帝信从。所谓"大"，往往亦体现为

---

① 《史记》，中华书局，1959年，第385页。

② 《汉书》，中华书局，1962年，第64页。《太平御览》卷一七三引《汉书》作"非壮非丽无以威四夷"。（《太平御览》，中华书局，1985年，第844页）

③ 宋代学者邵博《邵氏闻见后录》卷二五记录了他考察秦及汉唐宫殿遗存的感受："予昔游长安，遇晁以道赴守成州，同至唐大明宫，登含元殿故基。盖龙首山之东麓，高于平地四十余尺。南向五门，中曰丹凤门，正面南山，气势若相高下，遗址屹然可辨。……明日，追随以道至咸阳，至汉未央、建章宫故基，计其繁伙宏廓，过大明甚。其兼制夷夏，'非壮丽无以重威'，可信也。又明日至秦阿房宫一殿基，东西五百步，南北五十丈，所谓'上可坐万人，下可建五丈旗，周驰为阁道，直抵南山，表山之巅为阙'者，视未央、建章又不足道。"（〔宋〕邵博：《邵氏闻见后录》，中华书局，1983年，第202页）这里即说到由"高"体现的"宏廓""气势"对于"重威"的意义。

④ 宋石介《南京夫子庙上梁文》："制度不恢廓，宫室不壮丽，无以示圣人之尊，天明不昭，众庶何所仰也？"〔《徂徕石先生全集》卷二〇《启表移注文》，清康熙五十六年（1717）刻本〕

⑤ 王先谦《日本源流考》〔清光绪二十八年（1902）刻本〕卷四"圣武天皇"条言："（圣武天皇神龟元年冬十月）太政官奏：'……京师帝王所居，万国所朝，自非壮丽，何以表德？'"这一认识应当来自中国。

⑥ 〔清〕苏舆：《春秋繁露义证》，钟哲点校，中华书局，1992年，第328页。

⑦ 《史记》，中华书局，1959年，第459页。

⑧ 《三国志》，中华书局，1959年，第611页。

"高"。元人舒頔《绩溪县上梁文（辛亥八月十日庚寅）》："完矣美矣，非壮丽无以敌山川之胜。"①这应是另一形式的"厌胜"思路。

都市建设的立体化的实现，因追求高度而实现。这种意识也许还有我们尚未可全面理解的深层含义。汉镜铭文"登高明望四海"，体现"高"或"高明"与"四海""天下"的关系，显然也是值得我们重视的。

原载《长安大学学报》（社会科学版）2015年第4期

（王子今，中国人民大学一级教授，西北大学、中央民族大学特聘教授）

---

① 《贞素斋集》卷三，文渊阁《四库全书》本。

西汉长安城空间生成机制研究

肖爱玲

一、引子

列斐伏尔的城市空间社会学理论将城市空间过程与社会过程结合起来，启发城市研究深入城市空间变化背后的权力的作用和制度的力量，提出城市研究的中心问题是解释人造的空间组织是如何反应、表达、协调或影响资本主义生产方式所包含的矛盾的，为理解和分析城市社会变迁的现实提供了独特的理论视角。空间社会学认为对城市空间的认识有两种途径：一种是从权力运作理解城市空间，是自上而下理解社会的方法；另一种是从日常生活理解城市空间，是自下而上的认知方法，即通过研究既定空间如何以及根据何种策略被生产出来的，研究使用空间的人们可能会反对空间的实质形式和目标。

在中国古代城市研究领域对城市空间演变进行系统研究的成果并不多见，最为直接的研究成果有李久昌的《国家、空间与社会——古代洛阳都城空间演变研究》[1]、鲁西奇的《空间与权力：中国古代城市形态与空间结构的政治文化内涵》[2]以及我本人的博士论文《西汉城市地理研究》[3]。李久昌从"国家–空间–社会"的视角探索中国最早的几代都城为什么选址于"河洛之间"，通过都城内政治中枢建构的理念、都城社会系统控制、都城经济生活的管理以及都城空间形成、演变的规律等要素，探讨古都洛阳空间演化的内在机制。本人的学位论文以实证性历史研究为理论基础，在系统梳理西汉时期全国县级及其以上城市的空间发展过程的基础上，以自上而下的视角，结合具体的历史事件，揭示西汉中央与地方的权力关系下城市体系演化的特征。鲁先生则以城市、城墙以及区分内外的功能，探索中国古代城市

---

[1] 李久昌：《国家、空间与社会——古代洛阳都城空间演变研究》，三秦出版社，2007年。

[2] 鲁西奇：《空间与权力：中国古代城市形态与空间结构的政治文化内涵》，《江汉论坛》2009年第4期。

[3] 肖爱玲：《西汉城市地理研究》，博士学位论文，陕西师范大学，2006年。本文2012年8月以《西汉城市体系的空间演化》为名由商务印书馆正式出版。

形态和空间结构中的政治文化内涵。相对而言，就理论层面的运用上，这些研究成果都还处于尝试性的探索阶段，还很有继续研究的必要。

中国古代都城是中华民族文化的缩影，不同时代的都城代表了那个时代文明的最高成就，是中国历史文化传统基因的载体。古都空间包括基于自然的实体空间和基于人文的社会、文化和精神空间。因此都城范围并不唯一确定，即非一圈城墙就可限定的，其与周边地区的空间界线是相对的，需要根据研究内容确定都城研究边界。近年来我个人致力于汉唐长安城的研究，相对于隋唐长安城的研究而言，西汉长安城内的空间布局更不清晰，其研究范围也更加不能够局限于现在依然留有遗迹的城墙范围内。

二、都城的空间位置选择：长安与洛阳之间，长安与咸阳、丰镐

都城建设之前首先面临的是都城选址问题，汉五年（前202）高祖刘邦彻底打败项羽的时候，汉王朝首先要解决的就是都城选址的问题。由于高祖和他的大部分追随者来自山东地区，这部分人即李开元氏所谓的军功受益阶层[①]的核心都想定都于洛阳，以便于衣锦还乡。但是这个时候西汉王朝则面临重重危险，国内局势不稳（异姓诸侯、手握重兵的将领威胁新王朝安全），外部又有匈奴的虎视眈眈（匈奴已经把秦始皇获取的土地都收回去了），这个时候的都城就需要设在地形险要、退守自如的区域。最终，娄敬、张良的建议对西汉都城选址起到了关键性的作用，高祖决定即刻起驾关中[②]，大概又经过多次商议和调查，于当年闰九月决定在秦离宫兴乐宫旧址上营建新的朝宫。

史书对娄敬、张良论述长安与洛阳之间优劣对比大书特书，表面上看是汉与周之间德行的比较，实质上则是洛阳与长安（咸阳）区域形势的比较。因为，周之德行的源地，也就是周礼和周文化的形成与发展的核心地区，即关中的丰镐和岐雍之间，而且根深蒂固，这一点从周原周文化考古发掘内容、价值等级及成果数量上即可得到证明。所以德行的比较是托词，当另有起因，刘邦不愿意都于秦二世而亡的故都或许是原因之一。

西汉王朝的都城最终选择了关中之地，还有一个原因就是汉王在关中有很好的

---

① 李开元：《汉帝国的建立与刘邦集团——军功受益阶层研究》，生活·读书·新知三联书店，2000年，第59页。

② 《史记》卷八《高祖本纪第八》："高祖是日驾，入都关中。"（《史记》，中华书局，1982年，第281页）《汉书》卷一下《高帝纪下》："是日，车驾西都长安。"（《汉书》，中华书局，1962年，第58页）

群众基础，深得秦民的信赖。汉元年（前206）十月，沛公经过武关进入关中，在轵道旁接受了秦王子婴的投降，封秦重宝财物府库、尽收秦丞相府图籍文书，离开舒适的寝宫扎营于霸上等待项羽，呈现了其厚重君子的一面。与此同时，刘邦还与关中父老约法三章，并派人到县、乡、邑将规约宣告于民；拒绝了关中父老乡亲们送来的牛、羊、酒食，并最终获得了当地百姓的支持，以至于唯恐沛公不为秦王，这又暗示了其爱民如子、奉公守法的潜质。然而面对项羽的背信弃约，他只好带领他的部队从艰险的子午道翻山越岭到南郑做了汉王，这反映了其面对强势的无奈和隐忍。且从其率军烧绝栈道到暗度陈仓不过一个月的时间（汉元年四月至五月），而至当年八月平定了关中的三秦，当与之不无关系。三个月之后（汉二年十一月）将临时都城定在了秦栎阳旧都。又三个月后（汉二年二月），废除了秦的社稷，建立了汉家社稷（遗址为汉长安城南郊礼制建筑遗址中的西组建筑遗址中的一处）。于当年六月，立刘盈为太子，令太子居栎阳监国。与此同时，完善了秦的祭天系统，立黑帝祠（名曰北畤），令祠官祭祀天地、四方、上帝、山川等等，积极为前线的战斗建立了稳定的后方。以上种种似乎都在证明高祖刘邦有定都于关中之地的打算，然而事实并非如此，或者至少在决定修治长乐宫之前，其内心默念的都城始终都是洛阳，因而才有了《史记》"高祖欲长都雒阳"[1]的记载。

刘邦对洛阳的眷顾还表现在其迁都之后，其在世期间曾多次、长时间地居住于洛阳的实际。汉五年（前202）九月，高祖至洛阳。六年（前201）十二月，上还至洛阳。七年（前200）夏四月，帝行如洛阳。八年（前199）春三月，行如洛阳。八年秋九月，行自洛阳至。九年（前198）十二月，上行如洛阳。九年二月，行自洛阳至。十一年（前196）春正月，上还洛阳。十一年夏四月，行自洛阳至。这7次往复洛阳，其中后面的6次似乎是从长安去，然后从洛阳回，如此，三次分别在洛阳常驻了6个月、2个月、3个月之久，而汉五年九月的那次则是在当年五月刚刚从洛阳起驾至长安之后，随后再次返回了洛阳。由此可证明洛阳在刘邦心中地位的重要性。

长安与洛阳的对比是大区域间区位优势的比较，而在长安与咸阳、丰镐之间则由小区域之间空间发展态势来决定。西周文王、武王从岐山之阳迁于沣水两岸和秦国自陇西一路向东迁徙（秦九都八迁）的目的是一致的，始皇帝三十五年（前212），以秦都咸阳人口繁多、旧有的宫廷狭小以及丰镐之间帝王之都为由，在渭南上林苑中营建朝宫。这个理由似有些牵强，因为早在此之前，秦在渭南就建有宫

---

① 《史记》卷八《高祖本纪第八》，中华书局，1982年，第281页。

庙①、台阁，并有复道、甬道、横桥②与渭北的咸阳宫相连接，所以有学者认为秦都有"法天象地"的规划思想。周、秦政治中心东移的趋向非常显著，这也与其战斗对象均分布于函谷关以东有直接关系。

此外，从汉五年五月决定西都关中，到当年的后九月最终决定修治长乐宫一事的经过来看，应该是经过认真考察和调研的。从汉元年萧何收取秦丞相府图集文书、统一三秦、太子刘盈留守栎阳，尤其是萧何持续不断供应前线粮草等情况来看，其对关中地形地貌、山川塬池隰及周秦历史文化等非常了解，加之又目睹了项羽屠咸阳之举，可以说选择渭河南岸的长乐宫作为新都的第一大工程就是在继承秦都发展趋向的基础上，延续秦政治、文化的导向，这应当属于"汉承秦制"的一项重要内容。项羽的一把火烧掉了渭北咸阳宫及仿六国宫室群，渭南的阿房宫等其余宫室亦难于幸免，因此汉二年只好把临时都城选在了秦献公二年（前383）所建的栎阳城，汉五年正式选都之时就不得不做长远打算了。

由上述历史事实可知，西汉初年的定都过程呈现出洛阳与长安之间，丰镐、咸阳与长安之间的空间属性的差异，是秦汉之际社会文化的真实反映。定都长安既有固守的因素，同样蕴含东出进取的政治态势。

三、西汉长安城市空间演变过程复原

都城是帝国权力中心的所在地。帝国政治权力秩序将随着社会、政治、经济、文化以及军事斗争形势的变化不断进行调整与重组，表现在都城空间构成要素上则是新的城市空间秩序的建立与重构。因此，都城的空间过程就是其社会、政治、经济、文化不同发展阶段的直观表达。通过梳理史实，西汉长安城的空间演变过程主要表现有如下特征。

（一）长安城礼制空间之营建

西汉在建造长乐宫之前，已经陆续完成和在建的都城要素有如下几个方面。

（1）汉社稷建设。高祖二年（前205）二月，令民除秦社稷，立汉社稷，以此证明汉王得到了秦的土地和人口。然此时仅有官社，并未立官稷。至平帝元始五年（5）夏，安汉公王莽才奏立"官稷"，"以夏禹配食官社，后稷配食官稷。稷种谷

---

① 指秦昭王的兴乐宫，秦始皇二十六年（前221）的渭南诸宫、章台、上林，二十七年的渭南信宫（后为秦始皇极庙）。

② 《三辅旧事》云："秦于渭南有兴乐宫，渭北有咸阳宫，秦昭王欲通二宫之间，造横桥三百八十步。"（〔清〕张澍辑：《三辅旧事》，陈晓捷注，三秦出版社，2006年，第8页）

树。徐州牧岁贡五色土各一斗"①。

（2）取代了秦代祭天的权力，并有所扩展。史载："帝王之事莫大乎承天之序，承天之序莫重于郊祀，故圣王尽心极虑以建其制。"②汉二年六月，高祖刘邦立北畤（图1），祀黑帝，又令祠官祀天地、四方、上帝、山川，以时祠之。由于当时社会仍然处于动乱之中，天子不亲自奉祀。

都城郊祀天地空间、仪礼之变化始自汉文帝。至文帝十四年（前166）下诏增加了郊祭的祭品③；并于当年夏四月，到雍郊见五畤，这也是西汉帝王第一次祭祀五畤；同年，文帝又在渭河北岸建渭阳五帝庙④。第二年夏四月，文帝亲拜霸渭之会，以郊见渭阳五帝。其后文帝又立五帝坛。⑤后元元年之后，渭阳、长门两处五帝庙也仅由祠官管理和按时祭拜，文帝不再亲自祭祀。景帝在位时仅有一次郊五畤的记载，即景中六年（前144）冬十月。

武帝好鬼神之祀，对郊祀天地更是乐此不疲。自元光二年（前133）冬十月，上初至雍，祠五畤。以后经常是三岁一郊。不仅如此，还接受方士建议，令太祝立泰一祠于长安东南郊（位于隋唐长安城居德坊东南隅，唐时基址仍较高），三一、黄帝祠于泰一坛旁。⑥元鼎四年（前113）十一月于河东汾阴脽上设立后土祠、元鼎五年（前112）十一月于甘泉设泰畤之后，确定了郊祀之礼，祠太一于甘泉，就乾位也；祭后土于汾阴，泽中方丘也。

成帝建始元年（前32），徙甘泉泰畤、河东后土于长安南北郊；永始元年（前16）三月，又恢复了甘泉、河东之祠；绥和二年（前7），又于长安南、北郊祭祀天地；而哀帝建平三年（前4）又恢复了在甘泉、汾阴祭祀天地；平帝元始五年，又于长安南、北郊祭祀天地。三十余年间，天地之祠先后五次迁徙。⑦

---

① 《汉书》卷二五下《郊祀志》，中华书局，1962年，第1269页。
② 《汉书》卷二五下《郊祀志》，中华书局，1962年，第1253—1254页。
③ 《汉书》卷二五上《郊祀志》："有司增雍五畤路车各一乘，驾被具；西畤、畦畤寓车各一乘，寓马四匹，驾被具。"（《汉书》，中华书局，1962年，第1212页）
④ 《汉书》卷二五上《郊祀志》"渭阳五帝庙"："同宇，帝一殿，面五门，各如其帝色。祠所用及仪亦如雍五畤。"（《汉书》，中华书局，1962年，第1213页）"五帝庙临渭，其北穿蒲池沟水"。汉文帝"渭阳五帝庙"于景帝时被改建为阳陵陵庙。（焦南峰：《宗庙道、游道、衣冠道——西汉帝陵陵道路再探》，《文物》2010年第1期）
⑤ 《汉书》卷二五上《郊祀志》：文帝十五年"文帝出长门，若见五人于道北，遂因其直立五帝坛，祠以五牢"。（《汉书》，中华书局，1962年，第1214页）
⑥ 《史记》卷一二《孝武本纪》，中华书局，1982年，第456页。
⑦ 《汉书》卷二五下《郊祀志》，中华书局，1962年，第1266页。

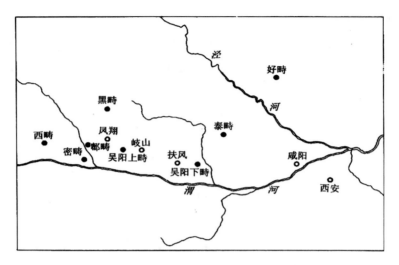

图 1　秦汉时期关中诸畤分布示意图

（出自姜波：《汉唐都城礼制建筑研究》图 2，文物出版社，2003 年）

王莽居摄元年（6）正月"祀上帝于南郊"[①]。这一现象表明郊祀天地之地逐渐由神隩之区的雍地、甘泉向都城近郊迁移的趋势，人力不再完全受制于天神地祇而能有所改变，是人们对自然认识能力提高的体现。自后，郊祭天地于都城南北郊成为定制。

在迁徙郊祀地点的同时，汉平帝元始五年还将原来位于雍地的其他诸神祠分类迁至汉长安城及城内未位（未位指西南偏南，未是地支之一）。"分群神以类相从为五部，兆天地之别神：中央帝黄灵后土畤及日庙、北辰、北斗、填星、中宿中宫于长安城之未地兆；东方帝太昊青灵勾芒畤及雷公、风伯庙、岁星、东宿东宫于东郊兆；南方炎帝赤灵祝融畤及荧惑星、南宿南宫于南郊兆；西方帝少皞白灵蓐收畤及太白星、西宿西宫于西郊兆；北方帝颛顼黑灵玄冥畤及月庙、雨师庙、辰星、北宿北宫于北郊兆。"[②]

郊祀天地和诸神祠由都城远郊到近郊的空间位置转移以及西汉宗庙由都城内迁至帝陵附近的位置变化，表明了汉代政治、社会和文化思想领域的巨大变化，导致这一空间变化的原因则更为复杂。（图2）

---

① 《汉书》卷九九上《王莽传》："居摄元年正月，莽祀上帝于南郊，迎春于东郊，行大射礼于明堂，养三老五更，成礼而去。"（《汉书》，中华书局，1962年，第4082页）

② 《汉书》卷二五下《郊祀志》，中华书局，1962年，第1268页。

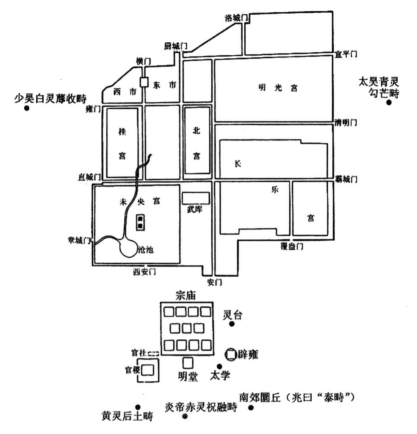

图2　西汉晚期长安城礼制建筑分布示意图

(出自姜波：《汉唐都城礼制建筑研究》，文物出版社，2003年，图3)

（二）长安城重要空间之筑造

1.宫城

汉长乐宫自汉五年后九月修建至七年十月之前完成，之前一些学者根据《史记》《汉书》的记载对长乐宫建成时间多有争议，但均忽视了一个问题，就是叔孙通演练朝仪的时间在汉七年十月，大朝之上让这位农民皇帝发出了"吾乃今日知为皇帝之贵也"的感慨！汉七年十月大朝之后，刘邦带兵赴太原与匈奴交战，城内开始了未央宫的建造，到二月刘邦回来的时候，就看到了富丽堂皇的未央宫，已经建成部分有东阙、北阙、前殿、武库、太仓。他在宫室"非壮丽无以重威，且无令后世有以加也"的理念下欣然把都城搬到长安城。汉未央宫建成于八年年底，于九年冬十月举办了大朝会。考证过程另附文。

当然宫城建筑主体完成之后，并不代表所有的建筑工程就彻底结束了，正如现代城市建设一样，都处在一个不断完善的过程中。大朝会之后的未央宫建设并未停止，但文献亦未记载汉文帝末年之前的宫城建设，不过文帝时未央宫已有前殿、曲台、渐台、宣室、温室、承明，之后增筑高门、武台、麒麟、凤凰、白虎、玉堂、金华等殿。[1]武帝元鼎二年（前115）春建柏梁台[2]、铜柱、承露仙人掌[3]。哀帝时又有了与皇后所居椒房殿相当的椒风殿[4]。

长安城内其他宫殿，如高祖时修筑了北宫[5]，至武帝时重修。北宫有神仙宫、寿宫[6]、太子宫等，各宫均有紫房复道相连。桂宫、明光宫为武帝造，城西建章宫建于汉武帝太初元年（前104），甘泉宫与秦林光宫、甘泉宫有直接关系，于武帝元鼎五年（前112）十一月在甘泉设泰畤之后更为兴盛，成为西汉中期祭天、冬至、朝诸侯、宴外宾、郡国上计等一些国家重大节庆、礼仪、事务的活动中心，是重要历史事件的发生地，成为仅次于长乐、未央的第三大宫殿[7]，是汉武帝的城外布政之宫。

长安城诸宫城之间均有复道相连，一日之内难以遍游，而此与秦始皇时咸阳之旁二百里内宫观二百七十，复道、甬道相连的局面还是难以比较的。汉长城内最早

---

① 《汉书》卷七五《睢两夏侯京翼李传·翼奉传》，中华书局，1962年，第3175页。

② 《汉书》卷六《武帝纪第六》，中华书局，1962年，第182页。

③ 《史记》卷一二《孝武本纪》司马贞《索隐》引《三辅故事》曰："建章宫承露盘高三十丈，大七围，以铜为之。上有仙人掌承露，和玉屑饮之。"（《史记》，中华书局，1982年，第459页）

④ 《汉书》卷九三《佞幸传第·董贤》："召贤女弟以为昭仪，位次皇后，更名其舍为椒风，以配椒房云。"（《汉书》，中华书局，1962年，第3733页）

⑤ 《三辅黄图》"北宫"："周回十里。高帝时制度草创，孝武增修之，中有前殿，广五十步，珠帘玉户如桂宫。"（何清谷：《三辅黄图校释》，中华书局，2005年，第136页）

⑥ 《汉书》卷二五上《郊祀志》云："又置寿宫北宫，张羽旗、设共具以礼神君。"臣瓒注："寿宫。奉神之宫也。"（《汉书》，中华书局，1962年，第1220页）

⑦ 《三辅黄图》载："汉未央、长乐、甘泉宫，四面皆有公车。建章、甘泉，各有卫尉，故亦皆设公车司马之官。"（陈直校证：《三辅黄图校证》，陕西人民出版社，1980年，第50页）

的复道是由惠帝修筑的，复道在武库之南，能俯瞰高庙、高寝。①

2. 宗庙、陵庙、帝陵

在中国古代，宗庙不仅是举行祖先祭祀的场所，而且是王朝世袭统治的象征。由于国家宗庙与郊祀、社稷一样，在国家祀典中占有重要地位，宗庙的设置受到国家的统治思想、政治与经济等现实因素的制约与影响。《礼记·曲礼》载："君子将营宫室，宗庙为先，厩库次之，居室为后。"《墨子·明鬼》云："昔者虞夏商周三代之圣王，其始建国营都，必择国之正坛，治以为宗庙。"从目前掌握的文献来看，高祖之庙（简称高庙）即宗庙。汉初为笼络功臣之心，高祖八年（前199）始论功定封，与143位诸侯就有封爵之誓、丹书白马之盟，作十八侯之位次。高后二年（前186年）又诏丞相陈平"尽差列侯之功，录弟下竟，臧诸宗庙，副在有司"②。《汉书》卷三《高后纪第三》则明言把这份评定列侯功臣位次的报告"臧于高庙"，说明汉初不仅有宗庙，而且是存放重要文件的地方。由此至汉宣帝时才有机会"开庙臧，览旧籍"③，到民间寻访高祖功臣之后绍封诸侯，以继绝世。

高祖之庙不仅见于高祖去世之后，其在世时亦有使用。《汉书》卷二二《礼乐志第二》载："高祖时，叔孙通因秦乐制宗庙乐。大祝迎神于庙门，奏《嘉至》，犹古降神之乐也。皇帝入庙门，奏《永至》，以为行步之节，犹古《采荠》《肆夏》也。乾豆上，奏《登歌》，独上歌，不以管弦乱人声，欲在位者遍闻之，犹古《清庙》之歌也。《登歌》再终，下奏《休成》之乐，美神明既飨也。皇帝就酒东厢，坐定，奏《永安》之乐，美礼已成也。又有《房中祠乐》，高祖唐山夫人所作也。"高祖时宗庙不仅已经建成，而且投入使用。高庙与其他帝王之庙的舞蹈之名也有所区别，上述资料亦载"高庙奏《武德》《文始》《五行》之舞；孝文庙奏《昭德》《文始》《四时》《五行》之舞；孝武庙奏《盛德》《文始》《四时》

---

① 《史记》卷九九《刘敬叔孙通列传·叔孙通》："孝惠帝为东朝长乐宫，及间往，数跸烦人，乃作复道，方筑武库南。叔孙生奏事，因请间曰：'陛下何自筑复道高寝，衣冠月出游高庙？高庙，汉太祖，柰何令后世子孙乘宗庙道上行哉？'《集解》韦昭曰：'阁道也。'如淳曰：'作复道，方始筑武库南。'《集解》应劭曰：'月出高帝衣冠，备法驾，名曰游衣冠。'如淳曰：'三辅黄图高寝在高庙西，高祖衣冠藏在高寝。'月出游于高庙，其道值所作复道下，故言乘宗庙道上行。"（《史记》，中华书局，1982年，第2725—2726页）《汉书》卷四三《郦陆朱刘叔孙传·叔孙通》："惠帝为东朝长乐宫，及间往，数跸烦民，作复道，方筑武库南，通奏事，因请间，曰：'陛下何自筑复道高帝寝，衣冠月出游高庙？子孙奈何乘宗庙道上行哉！'"（《汉书》，中华书局，1962年，第2130页）两处记载相同。

② 《汉书》卷一六《高惠高后文功臣表》，中华书局，1962年，第527页。

③ 《汉书》卷一六《高惠高后文功臣表》，中华书局，1962年，第528页。

《五行》之舞"。

高祖庙是汉代最为重要的宗庙，庙宇规模大，设施齐全。由上段引文可知有高庙门、东厢以及供乐人演奏、歌舞的庭院。《西汉会要》卷一二《宗庙》引《汉旧仪》云："高祖（庙）盖地六顷三十亩四步，祠内立九旗，堂下撞千石钟十枚，声闻百里。"高庙中又有龟室，是帝王发兵行将判断吉凶的地方。西汉长安城内出土有"高庙万世"瓦，当为高庙之物。正因为高庙兼有宗庙性质，西汉一切重要事情都要在高庙中举行。从文帝始，皇帝即位首先拜谒高庙，皇帝的加冠礼在高庙举行[1]；册封诸侯王，必于祖庙之中颁布册命[2]；皇帝改名字也得"奉太牢告祠高庙"[3]；死后亦得以祭祀于高庙[4]；王莽时以汉高庙为文祖庙；王莽篡位登基也是诈以高庙中的金匮图册（内容是"高帝承天命，以国传新皇帝"）；新皇帝王莽登基，还是要到高庙中承受天命的[5]。

王莽地皇元年（20）闰七月，因梦见长乐宫内的五个铜人站起来了，很不高兴，又觉得汉高庙总显神灵，于是"遣虎贲武士入高庙，拔剑四面提击，斧坏户牖，桃汤赭鞭鞭洒屋壁，令轻车校尉居其中，又令中军北垒居高寝"[6]。所以，东汉光武帝到长安城后，看到宗庙、宫阙已变成了废墟，就把都城设在了洛阳；取十庙合于高庙，作十二室；太常卿一人，别治长安，主知高庙事；除东汉设太常卿管理长安高庙事务之外，还设有高庙令管理宗庙。[7]而西汉时管理高庙事物的职官有高庙仆射[8]、高庙寝郎[9]等。

西汉长安城内所建宗庙还有汉高祖十年（前197）八月在长乐宫北、香室街南所建的太上皇庙，惠帝庙在安门内。自文帝以后，西汉皇帝不再在长安城附近筑庙，均于陵旁立庙。王莽新朝始建国五年（13）二月，又为文母皇太后（元帝皇后）立

---

① 《汉书》卷七《昭帝纪》，中华书局，1962年，第217页。
② 《汉书》卷六《武帝纪》武帝元狩六年夏四月乙巳："庙立皇子闳为齐王、旦为燕王，胥为广陵王。"（《汉书》，中华书局，1962年，第179页）
③ 《汉书》卷一二《平帝纪》，中华书局，1962年，第352页。
④ 《汉书》卷四《文帝纪第四》文帝后元七年夏崩于未央宫，遗诏曰："朕获保宗庙，以眇眇之身托于天下君王之上，二十有余年矣。……今乃幸以天年得复供养于高庙，朕之不明与嘉之，其奚哀念之有！"（《汉书》，中华书局，1962年，第132页）
⑤ 《汉书》卷九九中《王莽传第六十九中》，中华书局，1962年，第4108、4113页。
⑥ 《汉书》卷九九下《王莽传》，中华书局，1962年，第4169页。
⑦ 《后汉书》志第二五《百官志》："高庙令一人，六百石。本注曰：守庙，掌案行扫除。"（《后汉书》，中华书局，1965年，第3573页）
⑧ 《汉书》卷九九上《王莽传上》，中华书局，1962年，第4095页。
⑨ 《汉书》卷六六《车千秋传》，中华书局，1962年，第2883页。

庙于长安。

然西汉帝陵陵旁立庙的制度则始于惠帝时。惠帝因为东宫朝见太后干扰百姓生活，修复道（亦称阁道）连接两宫之间，此复道恰在高庙道上，既然不能拆除复道，只好又为高祖设原庙。而自文帝始皇帝生前就为自己建庙，但文帝霸陵的陵庙并非其生前所建的"顾成庙"，而是景帝元年（前156）建立的。[①]由此亦可知，陵庙是从宗庙发展而来的。《汉书·韦贤传》："京师自高祖下至宣帝，与太上皇、悼皇考各自据陵旁立庙。"陵庙和宗庙一样，周围营筑墙垣，所以陵庙又称"庙园"。庙园四面辟门，称司马门，门外或有双阙。因"月祭于庙"及其他祭祀活动，一年之中于陵庙祭祀二十五祠次。

古代宗庙制度多采用天子七庙、诸侯五庙、大夫三庙之制，西汉高后禁令议论宗庙制度，形成了今宗庙异处、昭穆不序的混乱现象。至元帝时才下诏讨论此事，出现了七庙与五庙的不同意见。西汉元成之际对宗庙祭祀摇摆不定的主要原因在于这一时期对古代庙制的不同理解，更重要的是不论是帝王的五庙之制还是七庙之制均与当时的政治有所关联，至于到王莽新朝建立之后所采用的九庙之制也与此一脉相承，最终改变了秦汉以来宗庙分地而立的形式，而与周天子庙制有一定的连续性，这是一个复杂的问题。

西汉自高祖刘邦称帝至王莽篡汉前，共有十一位皇帝。这十一位帝王的陵墓均位于汉长城附近，其中高祖长陵、惠帝安陵、景帝阳陵、武帝茂陵、昭帝平陵、元帝渭陵、成帝延陵、哀帝义陵和平帝康陵九座墓坐落在渭河北岸的咸阳原上，文帝霸陵和宣帝杜陵则分别分布在长安城东南的白鹿原与少陵原（杜东原）上。而渭北陵区的选址以理而论应该在建造长乐宫之时，这也是承袭帝王在世时为自己建造陵墓的秦旧制而来的。（图3）

秦汉帝王一般在即皇帝位的第二年就开始为自己建造陵墓，同时迁徙人口，设置陵邑。元帝以前，每起一陵，就要在陵侧置县，役使县民供奉园陵，叫作"陵县"，亦称"陵邑"。西汉一代共有九个陵邑：高帝长陵邑、惠帝安陵邑、文帝灞陵邑、景帝阳陵邑、（文帝母）薄太后南陵邑、武帝茂陵邑、（昭帝母）赵婕好云陵邑、昭帝平陵邑、宣帝杜陵邑；两个准陵邑，分别是高帝为其父太上皇陵所置万年县和宣帝为其父史皇孙陵所置之奉明县。西汉帝陵陵邑的设置主要作用体现在：一为奉山陵，二为强干弱枝加强中央集权。

---

① 中国社会科学院考古研究所：《汉杜陵陵园遗址》，科学出版社，1993年，第106页。

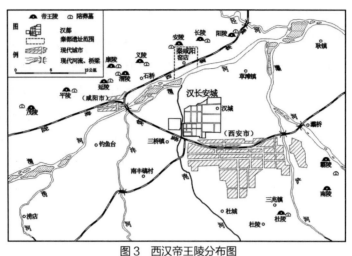

图3　西汉帝王陵分布图

（出自何清谷：《三辅黄图校释》，中华书局，2006年，第444页。孙建国制作）

3. 武库、太仓及丞相府等建置

武库系丞相萧何营建，为当时全国的武器制造和贮藏中心，是汉代中央政府的武器库，毁于西汉末年的战火。西汉洛阳城内亦有武库。[①]长安城武库的始建年代应与上文梳理的未央宫始建年代相同，即汉高祖七年十月[②]，至二月建成。高祖七年（前200）在长乐宫修筑完成之后紧接着就把武库与未央宫一起建造起来了，这不能不说明武库的重要，如此重要的中央官署建在未央宫中也未尝不可。加之，武库之地是无丘陇之处，未央宫以秦章台为基础规划建设之宫城，而将这一平坦之地纳入宫中应当是较为妥当之规划。再者，《资治通鉴》引《元和郡县志》认为未央宫与长乐宫之间仅有一里的距离，此文献尽管稍晚，但也不能轻易否定其正确性。但就目前考古勘探资料来看，长乐宫西墙与未央宫东墙相距950米，合汉代二里有余，很显然与文献记载不符。而且考古发掘证明武库是东西长710、南北宽322米的长方形大型院落，古人还不至于把如此一处大型建筑物视为无物，如此将武库包裹在未央

---

① 《汉书》卷四〇《张陈王周传》，中华书局，1982年，第2059页。

② "丞相酂侯臣何，昧死再拜，言皇帝陛下：'陛下从天下义兵，诛亡道秦，西都关中，以根本制枝叶，天下幸甚。京师，诸夏之父母也，要令四方诸侯，知有所法。今咸阳遭项氏残灭之后，堂殿泯毁，栎阳、兴乐承秦故，虽靡蔽一时之制，非法度之宫也。臣不胜大愿，昧死请陛下，诏有司度长安地，作天子之宫曰未央，为汉家建万世无穷之业。臣何昧死再拜以闻。'制曰：'可。'尚书令下御史将作，按地图以诏书从事，丞相裁处其宜，太卜卜筮并吉。七年，初作宫长安，因龙首山以抗前殿……其二月，上自平城至，见长安宫室壮丽……。"转引自辛德勇：《薛季宣〈未央宫记〉与汉长安城未央宫》，见［日］妹尾达彦编：《都市与环境的历史学》（第4集），株式会社理想社，2009年，第299—300页。

宫内是完全有可能的。

不仅高庙、武库在未央宫内，丞相府、御史府亦在未央宫内。刘敦桢《大壮室笔记·两汉官署》认为："两汉官寺之在长安者，往往杂处宫中，尚书、少府、卫尉及光禄黄门无论矣，御史佐丞相总领天下，其府亦在宫内。"①

4.郡国邸的建造

根据西汉律令，西汉时诸侯国在京师起邸，作为朝觐的住宿之地。西汉200年间同时共存诸侯国变化并不大，根据笔者统计，从西汉初年（汉高祖去世时的前195年）的10个诸侯国，到西汉末年（汉成帝去世时的公元前7年）的19个诸侯国，期间诸侯国数量最多的时候在西汉景帝中六年（前144）梁孝王死后梁一分为五之后，诸侯国总数达到25个。假如每个诸侯国均在国都建有国邸，西汉长安城内前后应该有20个左右的国邸，如见于文献记载的有代王邸、齐王邸、昌邑邸、定陶邸、楚王邸等。汉文帝在正式登基之前就住在代邸②；惠帝时，齐王刘肥为保全性命献城阳郡给鲁元公主，并尊其为王太后，吕后高兴之后才到齐王邸置酒言欢，放齐王归国③；做了27天皇帝的昌邑王被废后即暂居于昌邑邸④；哀帝未继承帝位之前表示愿意留在郡国邸，并朝夕奉问成帝之起居；哀帝祖母傅太后在入居北宫之前亦住在定陶邸之内⑤；平帝元始五年，以楚王邸为安汉公（王莽的爵位）第，大缮治，通周卫⑥。

汉长安城内不仅有诸侯国邸，还有郡邸。西汉时期实行郡国并行制度，诸侯王不仅有定期朝觐天子和参加大朝会的规定，而且有很多事情往返于京师与封国之间，故而在京城内保留国邸，如同现代意义上的驻京办事处。同样，与诸侯国并行的汉郡每年是需要向国家汇报本郡当年户口、钱粮、税收、狱讼、治安等情况的"上计"制度，郡邸也就是郡守和上计使到京师时的住宿之处。汉文帝时，听说河东太守季布很有才能，将季布召至京师在河东邸住了一个月，后因他人告他，只得

① 刘敦桢：《刘敦桢文集》，中国建筑工业出版社，1982年，第139页。
② 《汉书》卷四《文帝纪第四》，中华书局，1962年，第108页。
③ 《史记》卷九《吕太后本纪第九》引《正义》曰："汉法，诸侯各起邸第于京师。"（《史记》，中华书局，1982年，第398—399页）
④ 《汉书》卷六八《霍光金日磾传·霍光》，中华书局，1962年，第2946页。
⑤ 《汉书》卷八一《匡张孔马传·孔光》，中华书局，1962年，第3356页。
⑥ 《汉书》卷九九上《王莽传》，中华书局，1962年，第4075页。

返回河东郡。[①]因此，如果说每个郡在国都长安均建有郡邸的话，其数量还是非常庞大的。（表1）

表1 西汉郡国数量变化表

时间	诸侯国都	汉郡治城	合计
前202年	7	21	28
前195年	10	15	25
前180年	14	15	29
前164年	17	23	40
前153年	19	44	62
前144年	25	43	67
前87年	19	87	106
前74年	17	87	104
前49年	16	88	104
前7年	19	84	103

注：

1.资料源自肖爱玲：《西汉城市体系的空间演化》，商务印书馆，2012年，第45页。

2.此表为统计郡国数量，而非郡国治所城市，内容稍有调整。原表中考虑了景帝时分置的左右内史、武帝时所置三辅，均同治长安城中，故郡国数量与郡国治所城市稍多。

与上述郡国邸不同的是，都城所在的京畿之地：内史、左右内史、三辅均治于长安城内。汉初京畿官称内史，景帝二年分置左、右内史，与主爵中尉（景帝中六年改为都尉）合称三辅。汉武帝太初元年更名主爵都尉为右扶风（属官有掌畜令丞，又右都水、铁官、厩、雍厨四长丞），右内史为京兆尹[②]（属官有长安市、厨两令丞，又都水、铁官两长丞），左内史为左冯翊（属官有廪牺令丞尉，又左都水、铁官、云垒、长安四市四长丞），三辅治所皆在长安城中。三辅管理区域的划分为：渭城以西为右扶风，长安以东为京兆尹，长陵以北属左冯翊。[③]三辅是西汉治理京畿地区的三个职官的合称，亦指其辖区。三辅管理职权与汉太守同[④]，但是往往是

---

① 汉宣帝继位之前即住在尚冠里，《汉书》卷八《宣帝纪第八》："遣宗正德至曾孙尚冠里舍。"（《汉书》，中华书局，1962年，第238页）

② 自汉代把首都所在的郡级长官称为尹，后世因之，一直沿用到明、清的顺天府，民国初年的京兆尹。参见谭其骧：《汉书·地理志校释》，见《中国古代地理名著选读》（第1辑），科学出版社，1959年。

③ 《太平御览》卷一六四引《三辅黄图》。何清谷先生认为此条文似引自北宋流传的另一版本的《三辅黄图》，比今本《三辅黄图》清晰。

④ 张宗祥按胡广《汉官解诂》云："三辅典境理人，与守职同，而俱在长安城中。"

郡国太守政绩显著者才能调任三辅之职（或考之治剧），借此才能得以升为御史大夫，乃至丞相等。如宣帝时，韩延寿因为将东郡治理得有声有色，进京为左冯翊；赵广汉以广汉太守升为京兆尹；张敞曾担任山阳太守、胶东相，后迁升为京兆尹，有政绩无威仪，任京兆尹多年；翁归从东海郡太守升为右扶风；等等。这种例子不胜枚举。

京兆尹，在城南尚冠里。①冯翊，在城内太上皇庙西南②，太上皇庙在香室街南③，即清明门内大街南。扶风，在夕阴街北。关于夕阴街的位置有几种不同的认识。鉴于《长安志》卷五《宫室三》载："夕阴街在右扶风南，尚冠街在夕阴街之后。"本文赞同刘庆柱先生的观点，即"尚冠街应系进入未央宫的东西向街道，夕阴街为尚冠街之南的东西向街道"，京兆尹与右扶风相距较近。

未央宫东部官署分布大致为：武库所在位置即秦樗里子墓所在地，武库南东西向街为衣冠道街，其南为高庙、高寝，高庙南东西向街道为尚冠后街，街南为尚冠里，丞相府、中尉府（后京兆府）在尚冠里；其南为尚冠街，是未央宫东阙门对应的街道；街南为主爵都尉府（后右扶风府）所在地，其南为夕阴街。

5.市场、手工业

长安城内市场的设置早于长乐宫的建成时间④，应与长乐宫的建造同时进行。惠帝六年（前189）又设西市。⑤一些文献记载长安有九市，如《三辅黄图》引《庙记》云："长安市有九，各方二百六十步。六市在道西，三市在道东。凡四里为一市，致九州之人在突门。夹横桥大道，市楼皆重屋。"⑥《西都赋》载："九市开场，货别隧分。"《西京赋》："尔乃廓开九市，通闤带阓。旗亭五重，俯察百隧。"三者记载市场数量一致，但到底是哪九个市则众说纷纭，莫衷一是。

长安城内除了上述有名的市场之外，还有一些黑市，如汉武帝天汉中（前

---

① 《汉书》卷八《宣帝纪》载："宗正德至曾孙尚冠里舍，洗沐，赐御府衣。"（《汉书》，中华书局，1962年，第238页。）

② 《史记》卷一一〇《袁盎晁错列传第四十一》载："内史府居太上庙壖中，门东出，不便，错乃穿两门南出，凿庙壖垣。"（《史记》，中华书局，1982年，第2746页）

③ 《长安志》卷五《宫室三》引《三辅黄图》曰："太上皇庙在长安城中香室街酒池之北。"

④ 《史记》卷二二《汉兴以来将相名臣年表第十》记载高祖六年（前201）在长安城设立"大市"，而长乐宫建成于七年。（《史记》，中华书局，1982年，第1120页）

⑤ 《汉书》卷二《惠帝纪》，中华书局，1962年，第91页。

⑥ 何清谷：《三辅黄图校释》，中华书局，2005年，第93页。

100—前97）北军垒垣内有贾区"以求贾利，私买卖以与士市"①。长安东市中设有占卜的专业市场，如司马季主曾卜于长安东市，其中设有卜肆。②

20世纪80年代后期，在汉长安城遗址西北部发现了文献所载的"东市"和"西市"遗址。二市四周夯筑"市墙"，市内各有东西、南北向道路2条，四条路相交成"井"字形，贯通全市。西市范围之内及其附近有大量的陶窑分布。西市之内已发掘的21座陶窑专门用来烧造裸体陶俑，与景帝阳陵陪葬坑出土的陶俑完全相同，当为少府所属东园匠的官营窑址。西市西侧的6座陶窑分布散乱，烧造砖瓦和日用器皿，也有陶俑，或为民营性质的陶窑。③此外，还发现了2处冶铸遗址，一处出土了大量的铸范，另一处发现了烘烤叠铸范的窑址、冶铸炼炉及废料堆积坑。④东市主要从事商业活动，而西市很可能主要为手工业作区。⑤

城西北角的六村堡、相家巷一带，发现烧造陶俑和铸铁的作坊遗址；未央宫北的石渠阁遗址，城东阁新村附近的离宫遗址，城西建章宫范围内的好汉庙、窝头寨，城东南的老君殿、枣园村，昆明池南沧浪河畔的西赵村，城东清明门外等处，都发现有汉代的铸钱作坊遗址；直城门附近则出土有制造兵器的陶范；在城西南角墙外约300米处还出土了铜锭10块。它们与长安宫室建造、货币铸造紧密相关。

6.太学、明堂、辟雍

社会稳定、百姓安居乐业，文化则兴盛。武帝建元五年（前136）置《五经》博士；元光元年（前134）五月，诏贤良，董仲舒、公孙弘等被征召；元朔五年（前124）夏六月，为博士置弟子员，扩大学者群，于长安设立太学。"置明师，以养天下之士"⑥。然此时太学规模较小，只有几个五经博士和50个博士弟子员。昭帝时增加到100余人，宣帝时增加到200人，成帝时期，大学得到大规模发展，最后扩充至3000人，元始四年（4）王莽时扩建了太学校舍。

---

① 《汉书》卷六七《杨胡朱梅云传·胡建》，中华书局，1962年，第2910页。
② 《史记》卷一二七《日者列传》载中大夫宋忠和博士贾谊在休假期间"同舆而之市，游于卜肆中"，因为刚刚下过雨，行人相对稀少，很容易看到卜者"司马季主间坐，弟子三四人侍，方辩天地之道，日月之运，阴阳吉凶之本"。（《史记》，中华书局，1982年，第3215—3216页）
③ 中国社会科学院考古研究所汉城考古队：《汉长安城窑址发掘报告》，《考古学报》1994年第1期；《汉长安城23—27号窑址发掘简报》，《考古》1994年第11期。
④ 中国社会科学院考古研究所汉城考古队：《1992年汉长安城冶铸遗址发掘简报》，《考古》1995年第9期。
⑤ 李毓芳：《汉长安城的手工业遗址》，《文博》1996年第4期。
⑥ 《汉书》卷五六《董仲舒传》，中华书局，1962年，第2512页。

汉武帝即位伊始就"议古立明堂城南"，后因窦太后的阻拦使之"诸所兴为皆废"。武帝于元封二年（前109）在泰山脚下修建了奉高明堂。至平帝元始四年，安汉公（王莽）奏立明堂、辟雍[1]，并于五年正月"袷祭明堂，诸侯王二十八人，列侯百二十人，宗室子九百余人，征助祭"。所以，西汉末年明堂、辟雍同时在南郊建成。

7.上林苑、漕渠与渭北灌区

秦上林苑在渭河以南[2]，高祖于汉二年十一月开放秦苑圃园池，让百姓得以耕种。汉武帝建元三年（前138）收为宫苑，亦名上林苑，进行大规模扩建。扩建后的宫苑，规模宏伟，宫室众多。上林苑东南至宜春、鼎湖（均为宫名，在今蓝田县焦岱镇）、昆吾（今蓝田县东北），南至御宿（今长安南）及至终南山，西南至长杨、五柞（今周至东南），向北跨过渭河，西绕黄山宫（今兴平马嵬镇北），濒渭水向东，北至池阳。[3]元狩三年（前120），汉武帝为训练水军，在上林苑内开凿了昆明池。武帝元鼎二年（前115），以水衡都尉掌上林苑，置令、丞、左右尉。宣帝神爵三年（前61）十二月，凤皇集上林，乃作凤凰殿。[4]（图4）

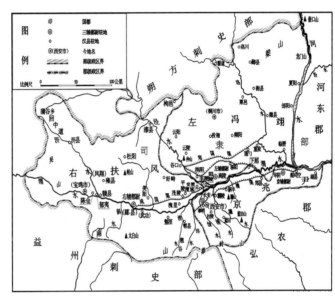

图4 三辅形势图

（出自何清谷：《三辅黄图校释》，中华书局，2006年，第444页。孙建国制作）

武帝元光六年（前129）春，在大农令郑当时的建议下，沿渭水南岸兴修了

---

① 《汉书》卷九九上《王莽传上》亦载："是岁，莽奏起明堂、辟雍、灵台，为学者筑舍万区，作市、常满仓，制度甚盛。"（《汉书》，中华书局，1962年，第4069页）
② 《史记》卷六《秦始皇本纪》载：秦始皇二十六年，"诸庙及章台、上林皆在渭南"。（《史记》，中华书局，1982年，第239页）
③ 《汉书》卷六五《东方朔传》，中华书局，1962年，第2867页。
④ 《汉书》卷二五下《郊祀志》，中华书局，1962年，第1252页。

一条由都城长安直通黄河的人工运河；元鼎六年（前111），在左内史儿宽的倡议下，穿凿六辅渠"以益溉郑国傍高卬之田"[①]；太始二年（前95）接受赵中大夫白公的建议，"引泾水，首起谷口，尾入栎阳，注渭中，袤二百里，溉田四千五百余顷"[②]。

（三）长安城墙的修建

汉代长安城纯系创筑，是在高祖去世后才由惠帝刘盈完成的。《汉书·惠帝纪》：惠帝元年（前194）春正月，城长安；三年（前192）春，发长安六百里内男女十四万六千人筑长安城，三十日乃罢；三年（前192）六月，发诸侯王、列侯徒隶二万人筑长安城；五年（前190）春正月，复发长安六百里内男女十四万五千人筑长安城，三十日罢；五年九月，长安城成。

长安城成的时间，《史记·吕太后本纪》及《汉书·地理志》均作六年，而《汉书·惠帝纪》《汉书·五行志》为五年。其实相差并不很多，谓城成于五年者，系成于五年九月，即五年之岁尾；而谓城成于六年者，系成于六年十月，即六年之岁首；且据汉制，每年岁首诸侯们要来京师朝贺，借此庆祝郭城竣工，从这一点上来说，史官将城成时间记于岁首亦无不可。

《史记·吕太后本纪》司马贞《索隐》引《汉官阙疏》云："四年，筑东面；五年筑北面。"《汉书·惠帝纪》郑氏注："三年，城一面，故速罢。"上述记载显示，长安城之兴筑顺序，系先西北方，次西南方，次南面，次东面，最后为北面，即由西北方开始，寻南行左转方向，依次兴筑，最后完成。

四、西汉都城空间生成机制简析

经上文梳理，西汉长安空间演化体现在如下几个方面：

（1）都城空间位置的转移。

（2）高祖时期建成的长乐宫、未央宫及其他宫城的出现。

（3）都城城墙从无到有的改变。

（4）宗庙空间从城内向陵旁的转移、陵邑制度的兴废及宗庙制度的讨论。

（5）西汉祭祀天地的礼仪空间发生了从雍城向甘泉宫、汾阴向长安城南北郊空间转移及其反复。

（6）西汉末年南郊礼制建筑的修筑等。

---

① 《汉书》卷二九《沟洫志》，中华书局，1962年，第1685页。
② 《汉书》卷二九《沟洫志》，中华书局，1962年，第1685页。

经过200余年的建设，都城特色文化区逐渐形成：城内有宫殿区、官署区、郡国邸、甲第、普通民众区与工商业区；郊外则南郊为礼制与休闲文化区，北郊为帝陵文化区、祭祀文化区和农业灌区，东郊为市民墓葬区。

都城空间演化的上述特征说明：

（1）汉高祖时期奠定了大都城空间的基本形态。

（2）汉惠帝时期受都城周边地形和社会环境影响，为了安全的需要奠定了都城实体的空间边界，但是城墙的实际作用值得思考。

（3）武帝时期冲破了汉惠帝城墙的束缚，向城郊不断扩展，形成了强盛王朝之都的宏大气魄。

（4）元成帝时期文化繁荣与都城空间形态变化密切相关。

（5）哀平之际今古文经学影响下的都城空间形态。

受秦汉时期社会、政治、文化的影响，西汉长安城空间演化的一个根本性原因就是西汉朝廷的稳固和秩序化，在这一前提下都城空间显示出：

（1）对秦代都城空间规制的继承和创新。

（2）对传统文化的新阐释：今古文经学的阐释——庙制、明堂形制的讨论。

（3）法天、五行思想。

（4）因地制宜思想。

（5）儒法结合的实用主义思想。

西汉长安城的空间演化过程直观地体现了西汉社会思想意识的发展变化以及社会阶层的流动（主要表现在西汉中期、后期礼制建筑的空间变化上），都城空间理性模式逐渐形成，"匠人营国"的制度渐趋完备，成为后代都城制度追求的典范。

中国古代都城空间具有突出的文化象征意义，空间形式和内容的改变是社会、政治、文化意识等变化的直观表达。本文通过梳理西汉都城空间的演化，探究导致空间演化的原因以及空间变化之后的空间形态，揭示都城社会演变特征，最终目的是要构建城市空间与社会控制管理之间的动态模型。所以，本文的研究还处在起始阶段，是一种尝试性的工作。

原载《中国古都研究》（第32辑），陕西师范大学出版总社，2017年。收入本书时有修改

（肖爱玲，陕西师范大学西北历史环境与经济社会发展研究院教授）

隋唐长安城六爻地形及其对城市建设的影响

李令福

唐代李吉甫《元和郡县图志》记载："隋开皇三年（583），自长安故城迁都龙首川，即今都城是也。初，隋氏营都，宇文恺以朱雀街南北有六条高坡，为乾卦之象，故以九二置宫殿以当帝王之居，九三立百司以应君子之数，九五贵位，不欲常人居之，故置玄都观及兴善寺以镇之。"①这里完整地提出了隋代初建大兴城时利用六爻地形的观点，即将横贯城间的六道黄土梁附会成乾卦之象，并按卦辞含义来规划城市建置。那么，我们会问：李吉甫的认识是否代表了唐人的普遍观点？隋初建大兴城时是否可能真有这种规划？所谓六爻的六道高坡具体走向如何？它们又是怎样影响隋唐都城的城市建设的？本文将主要利用古代文献资料和现代测绘地图，在前人研究的基础上，对上述问题提出自己的基本观点。不当之处，敬请指教。

一、隋唐都城建设极有可能利用了六爻地形

除李吉甫的《元和郡县图志》以外，许多文献记载了相似的内容，而且唐代还有实践上的具体事例留存至今，说明了唐人普遍具有这种观念，即认为都城长安的城市建设利用了当地独特的六爻地形，是隋初伟大的建筑师宇文恺开创的。

唐人编的《唐实录》就有这种记载，不过没有完整地保存下来，而是在宋人的书籍中被引用多次。宋代学者宋敏求编著的《长安志》就引用了《唐实录》，其记作："次南永乐坊……司徒中书令晋国公裴度宅。《唐实录》曰：（裴）度自兴元请朝觐，宰相李逢吉之徒百计壅沮。有张权舆者，既为喉犬，尤出死力，乃上疏云：度名应图谶，宅据冈原，不召而来，其旨可见。盖常有人与度作谶词云：非衣小儿坦其腹，天上有口被驱逐。言度曾征讨淮西，平吴元济也。又帝城东西横亘六岗，符易象乾卦之数。度永乐里第偶当第五岗，故权舆以为词，意欲贼之，然

---

① 〔唐〕李吉甫：《元和郡县图志》卷一《关内道·京兆府》，中华书局，1983年，第1—2页。

竟不能动摇。"①

宋代学者程大昌《雍录》也引用过《唐实录》，只是文字与《长安志》的引用略有不同，但内容基本相同："《唐实录》曰：帝城东西横亘六冈，符易象乾卦六爻。（裴）度之永乐里第偶当第五冈，又会度在兴元自请入觐，李逢吉之党有张权舆者，出死力上疏排之，云：度名应图谶，宅据乾冈，不召而来，其旨可见。"②

唐时永乐坊位于大家意识中的九五高冈之上，裴度占居其地，后来从兴元任上来到京城，政敌就利用人们的六爻观念来陷害他，告他图谋不轨，有篡权之心。这个事件在多个文献中都被使用，只是版本不太一样。《新唐书》的说法是："宝历二年（826），（裴）度请入朝，逢吉党大惧，权舆作伪谣云：'非衣小儿坦其腹，天上有口被驱逐。'以度平元济也。都城东西冈六，民间以为乾数，而度第平（永）乐里，直第五冈。权舆乃言：'度名应图谶，第据冈原，不召而来，其意可见。'欲以倾度。天子独能明其诬，诏复使辅政。"③《旧唐书》记载："宝历元年（825）十一月，（裴）度疏请入觐京师。明年正月，度至，帝礼遇隆厚，数日，宣制复知政事。而逢吉党有左拾遗张权舆者，尤出死力。度自兴元请入朝也，权舆上疏曰：度名应图谶，宅据冈原，不召自来，其心可见。先是奸党忌度，作谣辞云：非衣小儿坦其腹，天上有口被驱逐。'天口'言度尝平吴元济也。又帝城东西，横亘六岗，合易象乾卦之数。度平（永）乐里第，偶当第五岗，故权舆取为语辞。昭愍虽少年，深明其诬谤，奖度之意不衰，奸邪无能措言。"④

《册府元龟》也有此事的完整记述："敬宗宝历二年二月，以山南西道节度使裴度为司空门下侍郎平章事。初，李逢吉在相位，不直，中外人情咸思度入相。帝亦微闻其事，每有中官出使至兴元，必传秘旨，且有征还之约。及献疏请觐，逢吉之徒皆不自安，百计壅沮。拾遗张权舆者，既为所嗾，尤出死力，乃上疏云：度名应图识，宅据冈原，不召而来，其旨可见。盖尝有人与伪作识词云：非衣小儿坦其腹，天上有口被驱逐。言度曾征讨淮西平吴元济也。又帝城东西横亘六冈，符易象乾坤之数。度永乐里第偶当第五冈，故权舆得以为词。"⑤

① 〔宋〕宋敏求：《长安志》卷七《唐京城一》，影印文渊阁《四库全书》本，台湾商务印书馆，第126页。

② 〔宋〕程大昌：《雍录》卷三《龙首原六坡》，黄永年点校，中华书局，2002年，第55页。

③ 《新唐书》卷一七三《裴度传》，中华书局，1975年，第5216页。

④ 《旧唐书》卷一七〇《裴度传》，中华书局，1975年，第4427—4428页。

⑤ 《册府元龟》卷一四九《帝王部·辨谤》，中华书局，2002年，第1804页。又，《册府元龟》卷四八二《台省部·朋附害贤谄佞贪黩朋附》也有几乎相同的文字。

《唐会要》虽然是宋代学者王溥所编，但他主要还是利用唐代的实录资料，在谈到玄都观时也表达了与李吉甫一样的观点，也可看作是唐人的认识："元都观，本名通达观。……初，宇文恺置都，以朱雀门街南北尽郭有六条高坡，象乾卦。故于九二置宫阙，以当帝之居；九三立百司，以应君子之数；九五贵位，不欲常人居之，故置元都观、兴善寺以镇之。"元都观即指玄都观，避宋始祖赵玄朗讳改，宋人著作多如此。

上述《新唐书》所谓："都城东西冈六，民间以为乾数。"好像这种观点仅是民间的认识，实际上从上述众多文献的记述来看，学者们也是赞同这种说法的，还有文人创作有《京城六岗铭》，似乎是专门描写长安城六爻的，可惜至今仍没有找到原文。《旧唐书》载："（王）凝，字致平，少孤……尝著《京城六岗铭》，为文士所称。"[1]司空图所撰《故宣州观察使检校礼部王公行状》也说王凝："其为文根六经，必先劝试。著《都邑六冈铭》，益振时誉。"[2]所说铭文题目虽有差异，但应该是指同一篇文章。

从上述确切的资料可以证明，在唐代，无论是民间还是学术界，确实有一种观念，即认为他们居住的城市长安城在规划建设上利用了六爻的地形，并把这种观念应用到自己的社会现实之中。

这里还有一个问题，就是唐人认为这种思想开始于隋代宇文恺初建大兴城时。这种认识能否成立？也是应该考察的问题。从现有的资料来看，是否宇文恺发明尚没有找到直接的证据。但是，从一些间接史料来分析，隋代初建大兴城时极有可能利用了六爻地形进行规划布局。

隋文帝建隋之初依然沿用北周的旧都，即西汉长安城，但这座城市历时久远，残破不堪，生活垃圾的污染使其地下水出现碱卤现象，根本无法饮用。更加上汉城局蹙于龙首原与渭水河道之间，相对狭小又无法扩展，且容易遭受洪水的侵袭。隋文帝即位后，觉得旧都既狭小，又破败，而且不够安全，遂决心放弃旧京城，另建一个规模宏大的新京城。据说隋文帝杨坚称帝不久曾做一个梦，梦见洪水淹没了长安城，后人解释这个梦预示着隋朝为李渊所灭。渊，大水也。李渊正是唐朝开国之君。这当然是迷信附和之说，实际上也许是原先的京城距离渭水较近，隋文帝担心水患的心理反映。

当然，隋帝另建新都最大的原因是其立志恢宏，欲体现重新走向统一的隋王朝的强大与创新。开皇二年（582），隋文帝亲自部署勘察了西安附近的地形大势，并

① 《旧唐书》卷一六五《王正雅传附族孙凝传》，中华书局，1975年，第4299页。

② 《全唐文》卷八一〇《司空图》，上海古籍出版社，1990年，第3778页。

从风水角度"谋筮从龟，瞻星揆日"，即占卜筮测，法天象地。经过一番精心选择后，其认为"龙首山川原秀丽，卉物滋阜，卜食相土，宜建都邑。定鼎之基永固，无穷之业在斯"①，确定在汉长安城东南的龙首原上建设新的都城。

龙首山又称龙首原，是指从南山北麓伸向渭河的诸高冈梁原的统称。汉辛氏《三秦记》曰："龙首山长六十里，头入渭水，尾达樊川。头高二十丈，尾渐小，高五六丈，土赤不毛。昔有黑龙从山出，饮渭水，其行道因成土山。"在西安小平原，龙首原在风水地理上占据优越地位，传说是古代黑龙留下的痕迹，是真龙天子的"定鼎之基"，汉长安城即在龙首原北侧原畔，隋文帝选龙首原作新都居址也是理所当然。

隋文帝与宇文恺比较相信周易之说，不仅在新都选址上从风水上下了一番功夫，而且在都城的具体布设上也煞费苦心。据《长安志》记载："皇城之东尽东郭，东西三坊；皇城之西尽西郭，东西三坊。南北皆一十三坊，象一年有闰。每坊皆开四门，有十字街四出趣门。皇城之南，东西四坊以象四时；南北九坊取则周礼王城九逵之制。隋三礼图见有其像，每坊但开东西二门，中有横街而已，盖以在宫城直南，不欲开北街，泄气以冲城阙。"②南北安排十三排坊，象一年有十二个月，再加上闰月；皇城南东西岸排四坊，象一年有春夏秋冬四季；皇城以南南北安排九坊，效法周礼王城九逵之制；皇城以南各坊不开南北门，害怕泄掉了皇家的王气。

为了厌胜，他们不惜大动土木，凿曲江池，建芙蓉园，连一个名字都不放过。大兴城东南角正处于黄土台原向梁洼相间地貌过渡地带，地形复杂，不少地方达到450米以上，为全城地势最高处，而且高地之间往往有凹陷和低洼地带，如曲江池凹陷、新开门洼地、北池头洼地就镶嵌在冈原之中。规划大兴城时，宇文恺在城市东南角的问题上颇费苦心。据《雍录》所载："隋营京城，宇文恺以其地在京城东南隅，地高不便，故阙此地不为居人坊巷，而凿之为池，以厌胜之。"把曲江挖成深池，并隔于城外，圈占成皇家禁苑，作为帝王的游乐之地。他认为这样就能改变新都的风水，永保隋朝的王者之气不受威胁。开皇三年（583），隋文帝正式迁入新都。他对曲江园林美景非常满意，却对曲江这个名称中的"曲"字感到厌恶，觉得不吉利，于是命令高颎为这个皇家园林更换新名，这才有皇家禁苑芙蓉园的诞生。据《隋唐嘉话》载："京城南隅芙蓉园者，本名曲江园，隋文帝以曲名不正，诏改之。"《雍录》则引唐人文集曰："园本古曲江，（隋）文帝恶其名曲，改名芙

① 《隋书》卷一《高祖纪上》，中华书局，1973年，第17页。
② 〔宋〕宋敏求：《长安志》卷七《唐皇城》，影印文渊阁《四库全书》本，台湾商务印书馆，第122页。

蓉，为其水盛而芙蓉富也。"①

当然，最让我们相信隋初建大兴城时即有六爻观念的还是客观存在的事实，无论是皇帝居住的大兴宫、政府办公的皇城，还是道家寺院玄都观、佛家寺院大兴善寺，这些大型建筑的位置都与六爻思想要求的布设完全相符：宫城占据九二高地，以当帝王之居；九三地方建设皇城，以应君子之数；九五之贵位置用玄都观及兴善寺以镇之。这些建筑均初建于隋朝，唐时沿用，没有改变其位置与范围，只把大兴宫的名字改为了太极宫。这个事实是比较明确的，在后文中还要有详细的论述。

二、六爻的卦象及在都城内的具体走向

六爻是中国传统学问易经的一个重要组成部分，《汉书》叙说了易经这门学问的早期渊源及其组成："易曰：'宓戏氏仰观象于天，俯观法于地，观鸟兽之文，与地之宜，近取诸身，远取诸物，于是始作八卦，以通神明之德，以类万物之情。'至于殷周之际，纣在上位，逆天暴物，文王以诸侯顺命而行道，天人之占可得而效，于是重易六爻，作上下篇。孔氏为之彖、象、系辞、文言、序卦之属十篇。故曰易道深矣，人更三圣，世历三古。及秦燔书，而易为筮卜之事，传者不绝。"②这说明此学产生经过了三个圣人的创造，宓戏氏作八卦，周文王制六爻，孔子为其做各种文字说明。

爻是中国古代表示卦象的一种抽象元素，用一条横线表示，"—"连续的为阳爻，"– –"中间断开的叫阴爻。阴阳爻相互配合，组成各种卦象，一般由六个爻组成。比如乾卦就是六个阳爻组成，象征着天；坤卦就是六爻皆阴，象征着地。图1就是明代著作《三才图会》所描绘的《乾坤之策图》，清楚地表示了乾与坤两卦的卦象。

六爻的位置各有称呼，相对应的天、地、人三才与刚、柔、仁、义、阳、阴六德，也均有定说，这就叫作"六爻定位"。《古今注》卷七说得明白："卦有六爻，初、二、三、四、五、上也。卦有六德，刚、柔、仁、义、阳、阴也。自下而上，以之相配。则初爻刚、二爻柔、三爻仁、四爻义、五爻阳、六爻阴也。只以乾一卦推之，便尽此理。"明代著作《三才图会》绘有《六爻定位图》（图2），我们可以看得更加真切。

①〔宋〕程大昌：《雍录》卷六《唐曲江》，黄永年点校，中华书局，2002年，第132页。
②《汉书》卷三〇《艺文志第十》，中华书局，1962年，第1704页。

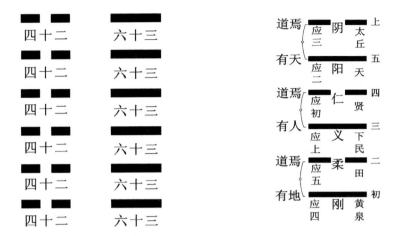

图 1　《三才图会》的《乾坤之策图》① 　　　图 2　《三才图会》的《六爻定位图》

六爻有初、二、三、四、五、上之称，这只是统称，对于每个爻的称呼还有规定："二用无爻位，周流行六虚。"朱熹的解释如下："二用者，用九、用六，九、六亦坎、离也。六虚者，即乾坤之初、二、三、四、五、上六爻位也。言二用虽无爻位，而常周流乎乾、坤六爻之间，犹人之精气上下周流乎一身而无定所也。"②即是《易经》所谓"以阳爻为九"。如此一来，乾卦六爻的具体称呼可在定位名称的基础上用"九"表示，一般从下向上称作初九、九二、九三、九四、九五、上九。

乾卦的六爻皆阳，隋大兴城建立在龙首原上，这里正有原隰相间的地貌特点。于是宇文恺就在地面上找出了六条高冈，以其附会成乾卦六爻之像。那么，我们就会问那六条高冈的具体走向如何呢？前辈学者从宋代开始就有人解答了这个问题，而且答案也逐步深入细致起来。

宋代学者程大昌《雍录》最早研究了六爻的具体走向，他专设有《龙首原六坡》进行文字探讨，而且画出了《隋唐都城龙首山分六坡图》，指明了六爻的概略走向。《雍录》卷三《龙首原六坡》曰："元都观在朱雀街西之第一街，而街之自北向南之第五坊。宇文恺之营隋都也，曰朱雀街南北尽郭有六条高坡，象乾卦六爻。故于九二置宫殿，以当帝王之居九三立百司，以应君子之数；九五贵位，不欲常人居之，故置元都观及兴善寺以镇其地。刘禹锡赋看花诗即此也。裴度宅在朱雀街东第二街，自北而南则为第四坊，名永乐坊。略与元都观东西相对，而其第基之比观基，盖退北两坊，不正相当也……盖权舆之谓'宅据乾冈'，即龙首第五坡之余势也。然而度之所居，张说在其西，尤与元都观相近，而张嘉正之第正在坊北，

　　① 〔明〕王圻等：《三才图会·文史一卷》，上海古籍出版社，1988年，第2045、2049页。
　　② 《朱子语类》卷一二五《老氏》。

何独指度以为据占乾冈也,小人挟私欺君皆如此类。"

程大昌《雍录》所绘的《隋唐都城龙首山分六坡图》(图3),主要展现上述《龙首原六坡》的内容。我觉得有以下几点贡献:一是标明了六坡的南北顺序,以及与六坡相对应的六爻名称;二是在地图上标明了据有九二高坡的太极宫,九五高坡上的玄都观与永乐坊裴度宅;三是较为准确地认识到这六条高坡的地理基础,从地图题目《隋唐都城龙首山分六坡图》就可看出来其观点,即他认为东西横亘南北并列的六条高坡是龙首原的分支。在其专论龙首原的文字中明确表示:"若夫此山方发樊川而未及折东也,其北行之势,垂坡东下,以为平原,是为龙首原也。原有六坡,隐起平地。隋文帝包据六坡,以为都城,名曰大兴,以其正殿亦名大兴。大兴殿所据,即其东垂之坡自北而南第二坡也。"①后来明人注其《龙首原六坡》也说:"此六冈从龙首山分陇而下,东西相带,朱雀街自北而南,为街所隔,故山冈骈为十二也。"算是理解了程大昌的意思。《雍录》不仅第一次绘出了六爻的地图,而且有较为深入的研究内容,可以说在此问题上达到了传统时代最高的水平。

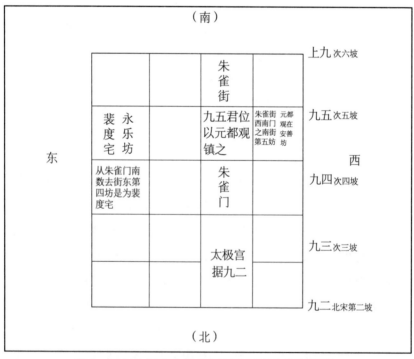

图3 程大昌《雍录》的《隋唐都城龙首山分六坡图》

---

① 〔宋〕程大昌:《雍录》卷一《龙首山龙首原》,黄永年点校,中华书局,2002年,第21页。

不过，程大昌图也有不足之处，比如没有标出据有九三高坡的皇城，没有标出占据九五高地的兴善寺。就其研究颇为深入的六条高坡而言，在城内的具体走向也没有一点表示。

现代地理学引入中国以后，各地测绘出比较详细的地形图，这为进一步研究六爻走向奠定了基础。现代历史地理学者马正林教授依据大比例尺地形图中的地形等高线，对六爻的具体走向进行了详细研究，其绘制的《唐长安六坡地形示意图》（图4）更加深入细致，已经在城内具体位置标明了六爻的走向。①

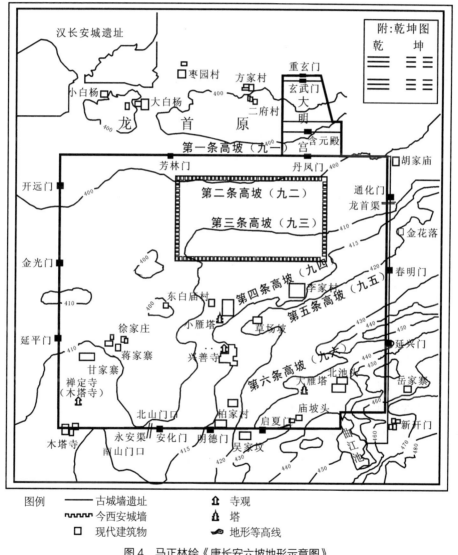

图4 马正林绘《唐长安六坡地形示意图》

① 马正林：《唐长安城总体布局的地理特征》，见《正林行集》，光明日报出版社，2005年，第138—146页。

马正林除了在地图上标示出六爻的走向以外，还有文字上的具体说明："位于长安城内的六条高坡，今天依然清晰可辨。第一条高坡大致从今西安城西北的红庙坡向东去，沿龙首原的南麓穿过自强东路以北的二马路；第二条高坡即今西安城的北墙一线，大致沿400米等高线作东西走向；第三条高坡即今西安城内的东西大街一线，恰好与410米等高线相吻合；第四条高坡大致就是从小雁塔折向东北去的高地；第五条高坡就是今兴善寺公园与草场坡一线作西南东北走向的高地；第六条高坡就是从大雁塔折向东北去的高地，乐游原和铁炉庙以北的高地都属于它的范围。第六条高坡是六坡地形中地势最高的一坡，像乐游原及其以东的高地均达到450米的高程。"马先生还具体考证了长安城内的宫殿、政府机关、重要寺观和达官贵人的住宅，认为它们"大都分布在宇文恺所安排的六条高坡上，与一般居民区形成了鲜明的对照。这种利用高地布设重要建筑物的特点，既可以表现宏伟壮观，又能增大城市的立体空间"。

马正林的研究成果特别深入，因而影响很大。北京大学于希贤教授2002年出版的专著《中国传统地理学》在研究"周易思想与城市布局"的时候，仍然使用的是马正林的观点与地图。[1]日本研究唐长安城成就最高的学者妹尾达彦教授在2001年出版有专著《长安の都市计划》，其中的《易と风水》图（图5），特别说明是依据马正林的成果改绘而成的。[2]在这幅图中，妹尾先生特别用粗线画出了六爻的具体走向，在前人地图的基础上有了一定的创新。

前辈学者在用地形等高线来研究六爻地形方面取得了巨大成果，这是值得充分肯定的，与此同时，应该看到还有一些可以补充或者修正的地方。因为隋唐长安城所在的地形虽然整体上来说是东南高西北低，但要具体到龙首原中部的原隰相间地方，每一个高冈与洼地的区别只有不到10米的高程，要用间差较大高程的等高线地形图来精确区别是不可能的。而马正林用的等高线间差主要是10米，只有一条415米等高线的线间差是5米。我在实地考察长安城地形的时候，发现著名的乐游原高地与大兴善寺高地是连接着的，中间一脉相承的是陕西省委大院及其家属区内的高地。所以，仅用大间度的地形等高线的地图来判断六爻的方法是有缺陷的。从他们用此法得出的地图就可以看出来，北面的三条高坡基本是东西走向的，而南边的三条高坡则过于向东北方向倾斜，到后来，第六条高坡的东部都斜到第五条高坡上去了。

———————————

① 于希贤：《中国传统地理学》，云南教育出版社，2002年，第210—211页。

② ［日］妹尾达彦：《长安的都市计划》，讲谈社，2001年，第150—151页。

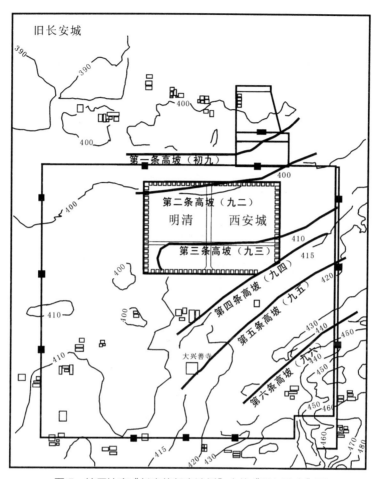

图5　妹尾达彦《长安的都市计划》中的《易と风水》图

　　我总觉得像这样南面三个高坡如此倾斜，不太符合乾卦六爻之象。乐游原与兴善寺高地连接，应该属于九五高地。假如是这样的话，九五高地基本是东西走向，才与六爻地形相符合。产生这样的疑问后，我很想有一天能把整个西安市详细的原隰相间的地形给勘查出来，彻底解决这个问题。很偶然的一天，我在《西安市城市地质图集》中有了重大发现①，地质测绘工作者早已详细测量过西安市的微地貌，编绘出表示相对详细的梁洼相间地貌的地图，而且还标示出各个梁与洼的名字。《西安地区环境地质图集》也有几乎相同的地图，而且给予了文字说明："黄土梁洼，分布范围北起马旗寨南至等驾坡，西至西安市区中心，东至浐河西侧。标高409—468米。由北东东向长条状的梁岗和洼地相间组成。"②这正是我想要的资料，于是

---

　　① 陕西省地质矿产局：《西安市城市地质图集》，西安地图出版社，1989年，第24—25页。
　　② 陕西省地质矿产厅、陕西省计划委员会：《西安地区环境地质图集》，西安地图出版社，1999年，第4页。

我利用这些新资料重新绘制了六爻地形图（图6），我觉得这幅图对隋唐都城六爻的具体走向给出了最准确的答案。

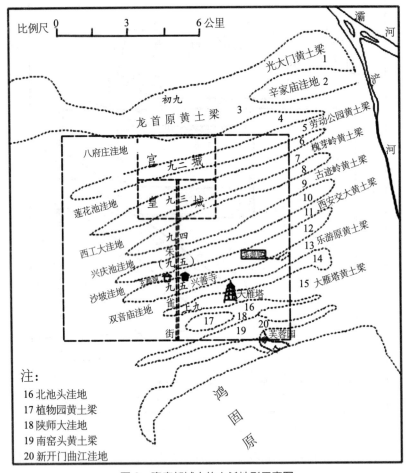

图6　隋唐都城中的六爻地形示意图

　　我编绘的新图主要是依据现代地理学者经过测量而编绘的地图资料，其冈梁与洼地皆有具体的范围、走向与名称。与前贤的研究成果相比，我个人觉得还是有所发明的。

　　第一，明确了兴善寺所在的高地是与其东面的乐游原连接在一起的，现代学者称之为乐游原黄土梁，应该属于乾卦六爻地形中的九五高地。而前人一般把乐游原看作第六条高坡。

　　第二，每个黄土梁皆由现代人给予命名，于是隋唐都城的六爻地形也就都有了各自的名称。虽然是现代的，但确实是很具体的。初九高地是龙首原黄土梁，九二高地是劳动公园黄土梁，九三高地是槐芽岭黄土梁，九四高地是古迹岭黄土梁，上九高地是大雁塔黄土梁。只有九五高地比较特殊，我认为是由西安交大黄土梁和乐游原黄土梁两个组成的。

第三，由于各个黄土梁和洼地都是经过测量编绘而成图的，故其基本走向与范围都在图上有明确的表示，可以说是大致能够定位和定量的。这有两个好处，一是可以使六爻的横冈与真实的地形更准确地对应起来。乾卦六爻是六条平行的阳爻直线，经过隋唐都城中轴线的六条黄土梁①，受骊山与秦岭差异凸起这一地质大环境的影响，有点向东北方向倾斜，但角度不大，基本可以看作是东西横亘的。这样的走向更容易使人相信乾卦六爻地形的联想，达到历史的真实。前人所绘的六爻地形，其中南侧的三个高冈向东北倾斜的角度太过明显，不仅有违地理特征的实际，而且降低了乾卦六爻的附会效应，容易让人怀疑。二是六爻高地大致范围及界限的确定，对于深入研究隋唐都城的城市规划、各种建置的布局设计及其历史变迁原因等有十分重要的意义。

当然，本文仍然存在着还要继续探讨的问题，比如我把西安交大黄土梁与乐游原黄土梁合在一起看作九五高地，虽有一定的理由，但我自己并不感到特别充足。现在的理由如下，裴度居住的永乐坊大概在今天陕西省体育场对面的草场坡一带，位于现代所谓的西安交大黄土梁范围之中，唐时永乐坊既然属于九五高地，如此则西安交大黄土梁也应该来属。其南侧的乐游原黄土梁上分布有大兴善寺与玄都观，当然是属于九五高地的。这样九五高地就由两个相邻的黄土梁共同构成。为什么九五高地有两个黄土梁呢？这是与历史文献不相符合的，我觉得这与历史时期的地形变化有关。隋唐时代，在兴善寺与玄都观的北面，乐游原黄土梁与西安交大黄土梁并无明显的洼地，可以看作是连在一起的。到了后来，为了排泄东南方向汇聚而来的雨水，在此开凿了一条泄洪沟，而且随着时代的发展越来越深，到后来形成了较为宽大的洼地，从而将这个黄土梁一分为二。

三、六爻地形对隋唐都城建设的影响

宇文恺把《周易》的乾卦卦象与理论运用到都城的设计之中，从新建都城所在的梁洼相间天然地形中找出了六条东西向横亘的黄土梁，以象征乾卦的六爻，并按照乾卦理论来布置各类重要的建筑，比如宫殿、皇城与重要寺观。这就给现实地形赋予一种人文的精神，达到天人合一的境界，实现了都城布局既理想化又具神秘感的效果，影响巨大。

---

① 实际上有七个黄土梁，但我认为西安交大与乐游原两个黄土梁，在六爻的九五高地中算作一个。都城以南还有一些黄土梁或者黄土原，位于城市中轴的延长线上，但一般不纳入乾卦六爻的讨论范围。

从北向南第一道高地叫初九，为龙首原黄土梁，是广义龙首原向西延伸的正脉，后来也称作龙首原。这里地势相对较高，汉代时未央宫前殿就建立在原上。隋代遵循《周易正义》的原义，没有在原上建立重要宫室，因为其卷一曰："上九：潜龙勿用。"当然，如此地方还是要特别重视的，于是就专设皇家禁苑，把整个狭义的龙首原连同其北部到达渭河的广大地方都圈占进来，成为皇家的后花园。而大兴城的北城郭线就从初九高地的南缘通过。

第二道高地即九二，为劳动公园黄土梁。因为《周易》乾卦卦辞说"九二"是"见龙在田，利见大人"，象征着"真龙"出现在地上。因此，就要在"九二"高地上布设宫殿，"以当帝王之居"。这就是太极宫城的设置。太极宫城东西长四里，南北二里有余。由于九二高地偏于宫城的南部，所以其正殿太极殿就布设在正中偏南处。

第三道高坡即九三，为槐芽岭黄土梁。在宫城之南，被认为是"君子终日乾乾，夕惕若厉"[1]的地方，把政府机关安排在这里，自然可显示文武百官效忠皇帝、努力工作的情况。因此，集中了行政办公机构的皇城就布置在紧靠宫城的南侧。宫城、皇城占据有利地形，又与市坊隔离，除考虑防御安全外，也有便于工作的意义在内。文献所谓"自两汉以后至于晋、齐、梁、陈，并有人家在宫阙之间。隋文帝以为不便于事，于是皇城之内惟列府寺，不使杂居，公私有辨，风俗整齐，实隋文之新意也"[2]，就是说的这种创新。

根据《周易》的理论，九五高地是"飞龙在天"的地方，位置特别尊贵，一般人居住不得。因此，宇文恺有意把玄都观和大兴善寺安排在九五高地上，作为供奉神圣的场所。大兴善寺现仍然存在于西安雁塔区小寨西北角，正位于朱雀大街东侧，隋时范围很大，占据靖善坊一坊之地。隋代大兴善寺地位很高，从其名称"以其本封名焉"，即以隋文帝初封的"大兴公"来命名，还有位居九五之地、范围广大这些来看，就可一清二楚。[3]其西侧朱雀路对面应该是同占一坊之地的玄都观所在。

九五高地的东部，南有乐游原，北有胭脂翡翠坡，是隋唐长安城中的著名之区。乐游原海拔450米，是城内地势最高的原头，登上原顶可以俯瞰全城风光，"京城之内，俯视指掌"。宇文恺在原南侧建立灵感寺，用于追祭修城时搬迁坟墓主人们的幽灵，这就是后来唐代著名的青龙寺。而其对原面基本不作处置，空下来供给京城市民登高游乐之用。胭脂翡翠坡在今西安交通大学校园范围，是隋唐长安城歌

① 《周易正义》卷一，《十三经注疏》本，中华书局，1980年，第1页。
② 〔清〕徐松：《唐两京城坊考》卷一《西京·皇城》，中华书局，1985年，第10页。
③ 〔清〕徐松：《唐两京城坊考》卷二《西京·外郭城》，中华书局，1985年，第38页。

妓的集中居地之一。

上九是大雁塔黄土梁，隋代也设寺观于高冈，唐初发展成著名的大慈恩寺，今存大雁塔即唐时的建筑。

除了皇宫、政府机关、重要寺观占据大兴城内的高地之外，达官贵人也竭力向地势爽垲的冈阜发展。唐朝天宝年间，将作大臣康晉就在新昌坊营建私第，"晉自辨图阜，以其地当出宰相。每命相，晉必引颈望之。宅卒为僧孺所得"①。这种利用高地布设重要建筑物的特点，既可表现建筑的宏伟壮观，又增加了城市的立体空间。如果把隋大兴城内的建筑物绘制成立体透视图，则高低错落的建筑艺术特色十分明显，那就是宫殿最高，政府机关次之，寺观和要人住宅又次之，最下层是一般居民的住宅。不难看出，整个大兴城的建设立体空间感强烈，层次分明，实在是一幅壮丽的不朽画卷。本来高低不平的地形对都市建设来讲并不有利，但经宇文恺如此设计以后，反而为大兴城增添了不少光辉。

在中国古代，"天尊地卑，乾坤定矣"②，是说天地造化万物，而上天为尊，至高无上；乾卦六爻全为阳爻，象征着崇高的天；乾卦六爻还可以看作飞黄腾达、变化万千的龙，"乾卦六爻，皆取象于龙，故象传言时乘六龙以御天"③。上天、飞龙、纯阳三者集于乾卦一身，可见其尊贵。能够在都城的建设中，从梁洼相间的天然地形中找出六条东西向横亘的黄土梁，以象征乾卦的六爻，并按卦辞含义来规划城市建置，绝对会在人们的心理上烙下一种震撼、庄严、美好的感觉。宇文恺把《周易》的乾卦卦象与理论运用到都城的设计之中，不仅合理利用了地形，在营造城市景观上达到视觉上的错落有致，而且可以给城市建置赋予一种文化内涵，实现心理上的天人合一。

到了唐代，人们还是特别相信都城的六爻规划，同时发展和突破了六爻的理论：兴建大明宫于初九高地的龙首原上，创建兴庆宫与夹城复道，将唐长安城的重心转移到东部，使广义的龙首原成为长安城的龙脉。

唐高宗李治开始，兴建大明宫于初九之地，改变了原来的"潜龙勿用"。《元和郡县图志》记载："东内大明宫……初，高宗命司农少卿梁孝仁制造。此宫北据高原，南望爽垲，每天晴日朗，南望终南山如指掌，京城坊市街陌俯视如在槛内，

---

① 〔宋〕宋敏求：《长安志》卷八《唐京城二》，影印文渊阁《四库全书》本，台湾商务印书馆，第134页。又见徐松：《唐两京城坊考》卷三《西京·外郭城》。

② 《朱子语类》卷七四《易十》。

③ 《大清高宗皇帝实录》卷四八四。

盖其高爽也。"①《长安志》也说："此宫北据高原，南望爽垲，每天晴日朗，南望终南山如指掌，京城坊市街，可俯而窥也。"②

唐长安城平面上的中轴线是朱雀大街，而后来起实际作用的南北轴线应该是大明宫含元殿—大雁塔以至南山一线，正位于广义龙首原的龙脊之上。含元殿在狭义的龙首原上，其南对慈恩寺大雁塔，基本上以今西安市雁塔路为轴线，而再向南正对海拔1688米的南五台主峰。

以朱雀大街为界，唐代长安城的东半部更加繁荣，著名考古学家王仲殊先生有一篇论文就直接命名为《试论唐长安城与日本平城京及平安京何故皆以东半城为更繁荣》③，这说明了此一中轴线是真正起作用的。唐首都长安城的政治中心在北部的三宫之间，经济中心在中部东市与西市周边，文化中心在南部曲江风景区，基本可以连成一南北轴线，是唐都长安的真正龙脉即城市主轴线。

为了方便皇帝由皇宫来曲江芙蓉园，唐代还专门沿东城墙修建了夹城。夹城又称复道，是君主专用通道。《长安志》记载："夹城，玄宗以隆庆坊为兴庆宫，附外郭为复道，自大明宫潜通此宫及曲江芙蓉园。又十宅皇子，令中官押之，于夹城起居。"④大明宫在长安城外东北角，十王宅在长安城内东北角，兴庆宫东墙靠长安城东墙，芙蓉园在长安城东南角，所以这条夹城北起大明宫，南至芙蓉园，中间经过十王宅（取京城内东北隅一坊之地，建为大宅以居之，号十王宅）、兴庆宫与乐游园，其长度比长安城东墙还长。其南头新建了门阙，名新开门。现曲江村东北仍有村叫新开门，似当唐新开门位置。

隋唐时代在建设都城的过程中，利用《周易》的六爻理论，因地制宜地设计大兴城与长安城，使整个城市布局规整庄严，美观大方，确实应该引起我们的重视，尤其是现在的西安正处于一个城区拓展的关键时期。

原载《陕西师范大学学报》（哲学社会科学版）2010年第4期

（李令福，陕西师范大学西北历史环境与经济社会发展研究院教授）

---

① 〔唐〕李吉甫：《元和郡县图志》卷一《关内道·京兆府》，中华书局，1983年，第2页。

② 〔宋〕宋敏求：《长安志》卷六《宫室四·唐》，影印文渊阁《四库全书》本，台湾商务印书馆，第116页。

③ 王仲殊：《试论唐长安城与日本平城京及平安京何故皆以东半城为更繁荣》，《考古》2002年第11期。

④ 〔元〕李好文：《长安志图》卷上《城市制度》，影印文渊阁《四库全书》本，台湾商务印书馆，第477页。

实都策略、人口增长与政治中心东移

——唐显庆至开元年间长安、洛阳政治地位变迁的量化分析

闵祥鹏

在集权体制下，历代统治中心既是政治、经济的核心区，也是人口聚集区。人口膨胀往往导致京畿周边人均耕地面积减少、粮食供需失衡，物资供给不足与生存环境不佳势必影响政治中心及国家政权的稳定，政府亦多通过建立陪都（或迁都）、增加漕运等方式应对。在历代建都之初，机构简易、吏员精干，皇族、宫人、杂役相对较少，供给压力不大。因此择都时，政治、军事、地形地貌等因素往往更为重要。但政权稳定后，出于中央集权的政治统治及征发赋役等经济需要，多在政治中心推行实都策略，导致各色人等集聚京师，开支与日俱增，供需矛盾逐步凸显，所以中央集权的政治体制及其主导下的实都策略是都城兴衰的关键，持续的人口膨胀也是京畿物资供需紧张的根源。唐代是我国政治中心变迁的重要历史时期。唐代以前，长安与洛阳是择都的首选；唐代以后，中国政治中心逐渐东移。作为宏观变迁的序幕与微观视域的转折点，唐前期长安与洛阳政治地位变化的原因具有重要研究价值①，亦可为研究中国古代政治中心东移的大趋势提供重要参考。

唐初建都长安，显庆二年（657）后高宗开始营建东都洛阳，武后亦在洛阳建都，唐代的政治中心转向洛阳。开元后期随着漕运的增加，玄宗返回长安，不再东巡，长安再次成为国家的主要政治中心。唐前期的这一变化最初出现在显庆元年（656），高宗在洛阳修建乾元殿为其东巡洛阳做准备。《唐会要》载："显庆元年，勑司农少卿田仁汪，因旧殿余址，修乾元殿，高一百二十尺，东西三百四十五

---

① 陈寅恪：《隋唐制度渊源略论稿》，中华书局，1963年；全汉昇：《唐宋帝国与运河》，商务印书馆，1944年；韩国磐：《隋唐五代史纲》，人民出版社，1977年；岑仲勉：《隋唐史》，中华书局，1982年；郭绍林：《唐高宗武则天长驻洛阳原因辨析》，《史学月刊》1985年第3期；牛致功：《武则天与洛阳》，《人文杂志》1986年第2期；吴涛：《盛唐时期的东都洛阳》，《郑州大学学报》1992年第6期；石云涛：《唐前期关中灾荒、漕运与高宗玄宗东幸》，见《魏晋南北朝隋唐史资料》（第13辑），武汉大学出版社，1994年；勾利军：《唐代长安、洛阳作为都城和陪都的气候原因》，《史学月刊》2002年第2期。

尺，南北一百七十六尺。"①《旧唐书·高宗纪》载："（显庆二年）春正月庚寅，幸洛阳。"②高宗首次幸洛阳，二月抵达，并于六月五日敕："洛阳州及河南、洛阳二县官，同京官，以段宝元为长史。其年十二月十三日敕：宜改洛阳州官为东都，州县官员阶品并准雍州。"③高宗《建东都诏》亦云："宜改洛阳宫为东都。"由此确立了东都洛阳的政治地位。之后，又命韦弘机主持整修洛阳的宫室、廨署，开始置中央职官。文明元年（684），临朝称制的武则天又将东都（洛阳）更名"神都"；载初元年（689），武则天改唐为周，以神都洛阳为首都。洛阳逐渐成为高宗中期至玄宗初期的又一政治中心。高宗显庆二年后，27年间七幸洛阳，时间累计达11年；武则天将洛阳作为武周政权的都城，在其执政的21年里，除晚年回长安两年外，其余时间均在洛阳度过；④玄宗前期也曾5次临幸洛阳。

开元年间，裴耀卿整顿漕运，关东地区物资得以顺利运至京师，长安的物资以及仓廪充裕，极大地缓解了人口增长与粮食短缺之间的矛盾。开元二十四年（736）后，"关中蓄积羡溢，车驾不复幸东都矣"⑤。长安又一次成为唐帝国的主要政治中心。这一时期严禁京畿民众外迁的政策也逐渐松动。

长安、洛阳政治地位变迁的主要原因，自宋代司马光始，至近代陈寅恪、岑仲勉、全汉升、韩国磐、牛致功、吴涛等先生皆有讨论，也产生多种观点：一是武后惧怕长安萧、王厉鬼为祟⑥，二是关中经济供给不足，三是迁都洛阳便于皇室纵乐，四是武后迁都洛阳为消弭关陇氏族政治影响，五是为了加强周边的军事行动，近年来又有灾荒、气候等其他认识。以上各位先生均从史料出发，持之有据，甚至部分

---

① 〔宋〕王溥：《唐会要》卷三〇《洛阳宫》，中华书局，1955年，第552页。
② 《旧唐书》卷四《高宗纪》，中华书局，1975年，第76页。
③ 〔宋〕王溥：《唐会要》卷六八《河南尹》，中华书局，1955年，第1189页。
④ 全汉升：《唐宋帝国与运河》，商务印书馆，1944年，第20—22页。
⑤ 《资治通鉴》卷二一四"开元二十四年"条，中华书局，1957年，第6830页。
⑥ 永徽六年（655）十月京师曾经历了废立皇后引起的宫廷变局，有学者认为这是武则天东巡洛阳的重要因素。司马光《资治通鉴》卷二〇〇"永徽六年十一月"条云：武则天杀王皇后、萧淑妃后，"数见王、萧为祟，被发沥血如死时状。后徙居蓬莱宫，复见之，故多在洛阳，终身不归长安"。《旧唐书》亦载："后则天频见王、萧二庶人披发沥血，如死时状。武后恶之，祷以巫祝，又移居蓬莱宫，复见，故多在东都。"王皇后与萧淑妃确实是在永徽六年十月被杀，但与显庆元年东巡并未有太多关联。《资治通鉴》与《旧唐书》皆言武后是先徙居蓬莱宫，再移居洛阳。而据《旧唐书》卷四《高宗本纪》云：唐高宗于龙朔二年四月"造蓬莱宫，徙居之"。《新唐书》卷四一《地理志》载："高宗以风痹，厌西内湫湿，龙朔三年始大兴葺，曰蓬莱宫。"两唐书记载时间虽有出入，但蓬莱宫于龙朔年间（661—663）始大兴葺，因此即便是武后因王、萧二人之事而久居洛阳，那也是龙朔以后的事情，而不应成为显庆二年初次东巡的原因。

史料引述相同，但所论证观点却分歧颇大。究其原因有两点：一是忽视了都城选址所涉及的各因素，其重要性是随客观环境的变化而改变的。初期可能政治、军事等主导，而中期受人口增长影响更为重视都城的经济供给，毕竟物资供给是择都的基本前提。二是持经济供给不足观点的陈、全、韩等先生，囿于史料局限，未对高宗、则天朝时京畿物资供给数额进行量化分析，且未对经济供给不足的根源进行深入探讨，致使岑仲勉等先生认为此类问题可通过移民、精简机构或收购关中余粮等缓解（开元二十四年后即是通过此类方式解决的），大可不必东巡洛阳。[①]实际上，永徽显庆之际的实都政策限制京畿百姓移民他处，致使京畿人口已达当时供给的最高额度，人众地狭使得长安周边农户仅能维持温饱，政府根本无法持续大量的收购余粮（高宗及玄宗前期），疏通漕运又屡遭失败。所以，显庆至开元间长安、洛阳政治地位的彼此消长，政治、军事、交通原因不乏其中，但绝非主因，京畿地区人口增长与粮食供给之间的矛盾是其关键，而这一矛盾源于集权体制下的实都策略。本文在此用具体的量化数据分析高宗初期京畿地区的人口规模、农户个体应灾程度与余粮数额、租税与漕运所能供给京师的最高户口值等，探讨政治中心的变迁。

一、永徽六年京畿人口规模

出于稳定中央集权的政治统治及征发赋役等经济需要，唐前期在政治中心长安有意识地聚集大量人口。陆贽曾言："王畿者，四方之本也；京邑者，王畿之本也。其势当京邑如身，王畿如臂，而四方如指，此天子大权也。是以前世转天下租税，徙郡县豪桀，以实京师。太宗列置府兵八百所，而关中五百，举天下不敌关中，则居重驭轻之意也。"[②]这是沿袭了汉代以来的实都政策[③]，以期在政治中心区聚集官吏士卒各类人等，"居重驭轻"，确立京畿的核心地区，形成对地方的压倒性优势。

同时，唐朝政府又明确规定京畿民众不得迁往外地，《唐六典》载："畿内诸州不得乐住畿外，京兆、河南府不得住余州。其京城县不得住余县，有军府州不得

---

① 岑仲勉先生不赞同陈、全两位的观点，认为可用下列办法解决关中供给不足的问题：（一）关内的庸调课原征绢布者改征粟米，河南、北粟运不便者改征绢布，这样，既省运输之费，又增京师之储，开元二十五年曾试行；（二）驾幸沿途扰民，不如移民，贞观初频年霜旱，伤关内户口并就关外，永淳元年令关内诸府兵分于邓、绥等州就谷，有成例可循；（三）收购附近余粮；（四）兴修农田水利，增田增产。参见岑仲勉：《隋唐史》，中华书局，1982年，第149页。

② 《新唐书》卷一五七《陆贽传》，中华书局，1975年，第4913页。

③ 冻国栋：《中国人口史·隋唐五代时期》，复旦大学出版社，2002年，第300页。

住无军府州。"①贞观元年（627）唐朝政府曾有移民宽乡之议，但陕州刺史崔善为上表反对："畿内之地，是谓户殷。丁壮之人，悉入军府。若听移转，便出关外。此则虚近实远，非经通之义。"②其事遂止。这更限制了政治中心的人口迁移与扩散，致使人口持续增加。同时耕地面积及粮食产量难以同步提高的情况下，一旦遭遇水旱灾害，必然带来粮食供给的短缺。因此唐前期长安与洛阳间政治地位的转换中，长安区域人口持续增长应视为最初的原动力。

但在长安、洛阳政治地位变化的高宗、则天朝，长安、洛阳的户籍数字却于史无载。唐前期各地具体户籍资料主要有两《唐书》记载的贞观十三年（639）户口数、《元和郡县图志》记载的开元中期户口数、《通典·州郡门》记载的开元二十九年（或天宝元年）户籍数、两《唐书》记载的天宝中期户口数。因此缺乏高宗初期京兆府、关内道的著籍户数，这是论证高宗、则天朝长安人口增长的一大难题。

但翻阅《通典》《旧唐书》《唐会要》《资治通鉴》等，均载有永徽三年（652）全国户数。据《通典》载："永徽三年，户部尚书高履行奏：'去年进户一十五万。'高宗以天下进户既多，谓无忌曰：'比来国家无事，户口稍多，三二十年，足堪殷实。'因问隋有几户，今有几户。履行奏：'隋大业中户八百七十万，今户三百八十万。'永徽去大业末三十六年。"③由此可知，高宗朝人口处于增长的趋势中，而且永徽三年全国人口户数为380万④（按贞观户与开元户的中间值每户五口计，约1900万口）。再按《旧唐书·地理志》载贞观十三年全国人口总数为3041871户（12351681口），可得出当时的年人口增长率为33.68%。⑤

贞观十三年与永徽三年仅相差13年，永徽三年至永徽六年（时间为高宗显庆

---

① 《唐六典》卷三《尚书户部》，中华书局，1992年，第74页。

② 《旧唐书》卷一九一《崔善为传》，中华书局，1975年，第5089页。

③ 〔唐〕杜佑：《通典》卷七《食货七》，中华书局，1988年，第148页。

④ 《通典》《旧唐书》《唐会要》《资治通鉴》等均有记载，但略有不同。《通典》卷七《食货七》"历代户口盛衰"条记载永徽三年380万户，《旧唐书》卷四《高宗纪》记载永徽三年380万，《资治通鉴》卷一九九"永徽三年"条记载380万户，《唐会要》记载永徽三年385万户。其中《通典》《旧唐书》《资治通鉴》均记载为380万户，《唐会要》为385万户。因此以永徽三年380万户为准。

⑤ 以永徽三年全国人口数与贞观十三年户口数为标准推算人口增长率，贞观十三年与永徽三年相差只有13年，而与永徽六年仅相差16年，期间政治稳定、人口增长相对平稳。《元和郡县图志》、两《唐书》及《通典》虽然记载京兆府与关内道户籍，但其与贞观十三年户籍相距时间较远，且具体年份学界争议较多，因此不合适作为推算的依据。当然利用永徽三年全国户口数推算的人口增长率为全国人口增长率，京畿地区比其他地区的人口增长率应更高，因无法具体衡量标准，故采用平均人口增长率。计算公式为：贞观人口数（1+X）³=永徽三年人口数，X为年均增长率。

东巡前）也不过3年，期间是唐代经济政治最为平稳的时期，尤其是关中地区无太大波动。加之唐律规定京畿地区人口不得迁移，因此永徽年间京兆府与关内道户数是增加的，按此增长率推算其永徽六年的户口较为可行。贞观十三年关内道人口为398066户，1744628口，按年人口增长率33.68%，可计算永徽六年关内道人口约为592816户，2964084口。京兆府永徽六年人口数约313740户，1568700口。[①]（具体参见表1）

表1　京兆府永徽时期户数与其他时期户数对比表

时期	（隋）大业	《旧唐书》贞观	永徽	《元和志》开元	《通典》天宝初	《旧唐书》天宝中期
关内道	约904502户 4673019口[②]	398066户 1744628口	约592816户 2964084口	710352户	765235户	812460户
京兆府	308499户[③] 约1593829口	207650户 923320口	约313740户 1568700口	362909户	334670户 920031口[④]	362921户 1967100口
占比		52.16%	52.92%	51.09%	43.73%	44.67%

说明：关于京兆府人口数，两《唐书》记载略有差异，在此按《旧唐书·地理志》为准。《旧唐书·地理志》记载唐京兆府基本沿袭"隋京兆郡，领大兴、长安、新丰、渭南、郑、华阴、蓝田、鄠、盩厔、始平、武功、上宜、醴泉、泾阳、云阳、三原、宜君、同官、华原、富平、万年、高陵二十二县"。贞观五年（631），复以华州之渭南来属。贞观八年（634），废上宜入岐州之岐阳县。管辖范围只是略有调整。因此隋唐时期的人口可作比较。

此次估算的数字应低于实际数字。首先京兆府及周边地区是唐朝的政治经济中心，人口不得随意迁移，因此其人口增长率应高于其他地区，而估算人口增长率却只按全国平均值计。其次，《唐会要》记载的永徽三年全国户口为385万户，而在估算中则采用了《通典》《旧唐书》等记载的低值380万户，所以推算出的关内道、京兆府永徽六年的在籍户口数应比实际户口数低。

---

① 关内道每户平均口数贞观十三年为4.38，神龙元年为6.03，天宝年间为5.56。此处仅按唐代每户五口的均数计算。参见冻国栋：《中国人口史·隋唐五代时期》，复旦大学出版社，2002年，第372页。

② 冻国栋：《中国人口史隋唐五代时期》，复旦大学出版社，2002年，第194页。

③ 《隋书·地理志》记载全国人口为"户八百九十万七千五百四十六，口四千六百一十万九千九百五十六"。户口比为1∶5.1664。照此推算京兆府人数为1593829口。

④ 《通典》所载京兆长安的口数存疑，唐代一般的户口比为1∶5左右，而《通典》所载的户口比仅为1∶2.749，这一户口比太低，甚至低于其周边同州的户口比1∶6.583，岐州的户口比1∶4.83，邠州的户口比1∶5.382。

但这一保守的户数，却已超过隋朝大业年间京兆府的户数。《隋书·地理志》记载大业年间京兆府户数达到308499户，而永徽六年的户数为313740户。另外，对比《元和郡县图志》所记载的开元中期京兆府户籍362909户，《通典·州郡门》记载的开元二十九年（或天宝元年）334670户，以及《旧唐书》记载的天宝中期362921户，可见永徽六年京兆府户数虽未达到天宝年间的最高值36万户，却已相当接近当时的人口饱和值。这一点从另外两个方面也可窥知：一是虽然永徽年间长安户籍增长率为全国平均年人口增长率33.68%，但这一数值远远高于开元、天宝时长安的人口增长率（据《元和郡县图志》记载，京师开元362909户，《旧唐书》天宝为362921户，可见几十年间京师人口再未增长）。二是高宗、则天朝以后，京师长安的人口增长反而远远低于关内道人口增长，甚至低于国家总体的人口增长。关内道户口开元、天宝时期增长了约10万户，而京兆府人口则基本停滞，它占关内道户口的比重也从贞观年间的52.16%、永徽时期的52.92%，下降到44.67%（参见表1）。由此足以证明高宗、则天朝以后，京师长安人口已接近饱和。

再以隋代京兆郡为例，当其人口规模增至30万户前后[①]，人口与粮食供给之间的矛盾已经开始显现。开皇十二年（592），"时天下户口岁增，京辅及三河，地少而人众，衣食不给。议者咸欲徙就宽乡。其年冬，帝命诸州考使议之。又令尚书以其事策问四方贡士，竟无长算。帝乃发使四出，均天下之田。其狭乡，每丁才至二十亩，老小又少焉"[②]。隋朝人口密集地区主要是京辅与三河，"其狭乡，每丁才至二十亩，老小又少焉"[③]。可见，隋朝京辅地区人口达到30万户时，每丁耕地才20亩。再遇到水旱，就已难以供给。开皇十四年（594），"八月辛未，关中大旱，人饥。上率户口就食于洛阳"[④]，"关中户口就食洛阳者，道路相属"[⑤]。开皇十二年距永徽六年仅有63年，农耕技术并未出现较大变革，因此两者情况具有一定可比性。大业以后，隋炀帝也开始营建东都洛阳与开掘运河，这也是出于缓解京师长安的人口压力与物资供给需求之举，而这些举措恰恰和高宗迁都洛阳、玄宗整顿漕运的方式相同。

当高宗初期的户数超过隋大业年间时，亦出现了"地少而人众，衣食不给"的情况。即便亩产未因水旱减产，也存在"虽获登秋之积，犹亏荐岁之资"[⑥]的记载，

① 按《隋书》卷二四《食货志》记载炀帝即位，"是时户口益多"，冻国栋先生认为隋高祖末年全国人口达870万。

② 《隋书》卷二四《食货志》，中华书局，1973年，第682页。

③ 《隋书》卷二四《食货志》，中华书局，1973年，第682页。

④ 《隋书》卷二《高祖纪》，中华书局，1973年，第39页。

⑤ 《隋书》卷二《高祖纪》，中华书局，1973年，第54页。

⑥ 〔宋〕宋敏求编：《唐大诏令集》，商务印书馆，1959年，第450页。

甚至粮食短缺引发饥荒。显庆以后京畿饥荒屡现，皇帝数次被迫东巡洛阳。咸亨二年（671），"驾幸东都，留太子于京师监国。时属大旱，关中饥乏"①。仪凤三年（678）十月，饥荒导致高宗"来年正月幸东都"②。永淳元年（682），"上以关中饥馑，米斗三百，将幸东都；……时出幸仓猝，扈从之士有饿死于中道者"③。高宗以后，京畿地区饥荒依然屡次出现。中宗景龙三年（709），关中饥荒，米价达到了一斗百钱。而转运山东、江、淮谷物输往京师的牛都死亡十之八九，费用太高。因此大臣们大多恳请中宗前往东都，中宗无奈称自己是逐粮天子。④玄宗亦多次"数幸东都，以就贮积，为国大计"⑤。开元二十一年（733），玄宗幸东都，原因也是"霖雨害稼，京城谷贵"⑥。京畿地区的多次灾荒反映了人口与区域环境承载力之间的矛盾。

显庆至开元间京畿地区人口增多导致户均耕地减少的情况，也可从授田不足的史料中得以印证。《代皇太子请家令寺地给贫人表》中提及："天皇两仪合德，百姓为心，发仓廪以赈贫民……但关辅之地，萌庶孔殷，丁壮受田，罕能充足，所以水旱之岁，家室未丰。正末端本，思有裨助，臣家令寺有地九百余顷，特请回授关中贫下等色。"⑦文中提到的"天皇"，即指高宗李治。⑧"关辅之地，萌庶孔殷，丁壮受田，罕能充足。"⑨"萌庶孔殷"意指百姓众多，而丁男受田却少有额满，表明这一时期人口增多导致的授田不足。另据敦煌所出《文明判集残卷》（P.3813）："奉判：雍州申称地狭，少地者三万三千户，全无地者五千五百人。每经申请，无地可给，即欲迁就宽乡，百姓情又不愿。其人并是白丁、卫士，身役不轻，若为分给，使得安稳？……雍州申称地狭，百姓口分不充，请上之理虽勤，抚下之方未足。但陆海殷盛，是号皇居；长安厥田，旧称负郭。至如白丁卫士，咸曰王臣，无地少田，并皆申请。州宜量其贫富，均彼有无。给须就彼宽乡，居宅宜安

① 《旧唐书》卷八六《孝敬皇帝弘传》，中华书局，1975年，第2829页。
② 〔宋〕宋敏求编：《唐大诏令集》，商务印书馆，1959年，第450页。
③ 《资治通鉴》卷二〇三"永淳元年四月"条，中华书局，1957年，第6407页。
④ 《资治通鉴》卷二〇九"中宗景龙三年"条，中华书局，1957年，第6639页。
⑤ 《旧唐书》卷九八《裴耀卿传》，中华书局，1975年，第3081页。
⑥ 《旧唐书》卷九八《裴耀卿传》，中华书局，1975年，第3080页。
⑦ 〔唐〕崔融：《代皇太子请家令寺地给贫人表》，见《全唐文》卷二一八，中华书局，1983年，第2202页。
⑧ 显庆末年，李治患病，目不能视，无法秉政，武后逐渐掌握朝政，李治在武后的建议下使用天皇称号，与天后武氏并称"二圣"。
⑨ 〔唐〕崔融：《代皇太子请家令寺地给贫人表》，见《全唐文》卷二一八，中华书局，1983年，第2202页。

旧业。即欲迁其户口，弃彼桑榆，方恐楚奏未穷，越吟思切。"①这则材料池田温先生将其定在7世纪中期②，也就是高宗、则天时期。《文明判集残卷》中关于雍州地狭的情况③，也是该时期京畿周边地区人多地少的体现。所以说，高宗、则天时期，京畿地区受田不足的现象已较为普遍。

再分析这组户口数字中的另一问题，贞观十三年（639）至永徽六年（655）间，京师长安的户籍增长率远高于该地区其他时期的人口增长率。高宗则天朝以后，京师长安的人口增长率已经低于关内道人口增长率，甚至低于国家总体的人口增长率。这说明京畿地区虽然人口饱和，但关内道其他地区仍有增长空间。（图1）

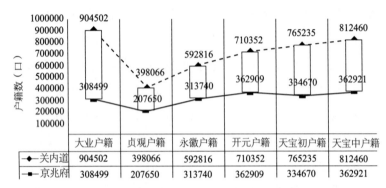

图1 大业至天宝关内道、京兆府户口变化曲线

---

① 唐耕耦、陆宏基编：《敦煌社会经济文献真迹释录》（第2辑），全国图书馆文献缩微复制中心，1990年，第601页。

② 日本学者池田温《敦煌本判集三种》指出，日本古籍《令集解》卷一三"赋役令孝子顺孙"条根据《古记》所引《判集》，文与此卷第87—100行相同。《古记》系日本《大宝令》之注释书，完成于太平十年（738）前后。因知此卷所载《判集》早在公元8世纪上半叶即已远传日本，由此可证其为初唐之作无疑。《中国古代籍帐研究》一书将其定名为《唐（七世纪后半？）判集》。冻国栋亦同意此说。刘俊文认定永徽四年为上限，开元元年为下限。按雍州开元元年改为京兆府，该条史料应为开元之前。齐陈骏亦认为成书于"永徽二年之后，武后永昌元年之前，即公元651—689年之间，也即高宗和武后前期"。参见刘俊文：《敦煌吐鲁番唐代法制文书考释》，中华书局，1989年；齐陈骏：《读伯3813号〈唐判集〉札记》，《敦煌学辑刊》1996年第1期。

③ 池田温认为这里所讨论的案件绝对不是现实的，而是融合了虚构因素，基本上应将其视为当代通念的创作结晶，认定它是原原本本的史实则是不允许的。卢向前、金圣翰、杨际平等学者皆认为所谓的"三万三千户，五千五百人"，应是虚拟之数。但当时白丁、卫士无地、少地者甚众的情况，应无疑问。随着时间的推移，这种缺田的矛盾日趋严重，也反映了当时人多地少的趋势。参见［日］池田温：《敦煌本判集三种》，见《末松保和博士古稀纪念古代东亚史论集》，1978年，第448页；卢向前：《唐代西州均田制的普遍意义》，见《文史》（第44辑），中华书局，1998年，第123页；金圣翰：《唐代均田制下宽乡的给田基准额》，《中国史研究》2003年第4期；杨际平：《北朝隋唐"均田制"新探》，岳麓书社，2003年，第282页。

开元天宝间京畿地区人口增长基本停滞，但关内道的人口依然有提高。因此，永徽六年以后京兆府地区的人口增多所带来的人均土地减少，主要是指京兆府，并非整个关内道。因此这一矛盾仅限于京兆府及其周边地区。整个唐代前期，京兆府人口基本占关内道人口总数的一半以上（加上非著籍户人口更多），比如贞观十三年户籍为207650户，为关内道户数的52.16%，《元和郡县图志》记载开元年间，其户口略有下降，仍然占51.09%，据此分析京兆府在永徽显庆年间的户数也应是关内道户数的50%以上。而前文推算的京兆府与关内道户数比为52%左右，与此可相互印证。另从人口密度上亦可佐证，直至开元天宝年间，除同州外，京兆府周边的邠州、同州都达不到京兆府人口密度的一半。因此永徽年间的关内道户口数并未达到大业五年（609）的峰值，关中地区的地少人众主要是指京兆地区，而周边地区仍有人口增长的空间。开元二十九年（741）三月，玄宗所颁敕文说："京畿地狭，民户殷繁，计丁给田，尚犹不足。兼充百官苗子，固难周济。"[1]这里同样指向的是京畿地区。（表2）

表2　唐京兆府及周边地区人口密度表[2]

项目 地区	面积 （km²）	《通典》载天宝户口			两唐书所载天宝户口		
		户数	口数	密度 （人/km²）	户数	口数	密度 （人/km²）
京兆 （雍州）	23967	334670	920031	38.39	362921	1967100 （1960188）	82.06
同州 （冯翊）	8093	58561	385560	47.64	60928	408750	50.51
岐州 （扶风）	8670	57072	275670	31.76	58486	380463	43.88
邠州 （新平）	4317	22576	121506	28.14	22977	135250 （125250）	31.33
华州	2921	12740	208300	71.31	33187	213613 （223623）	73.13

---

① 〔宋〕王溥：《唐会要》卷九二《内外官职田》，中华书局，1955年，第1670页。

② 京兆、同州、岐州、邠州、华州等政区面积按谭其骧先生《中国历史地图集·隋唐五代十国时期》"京畿关内道"部分测量。《中国历史地图集·隋唐五代十国时期》的京畿关内道政区以开元二十九年为准，因此京畿等地区的人口数字则选定为《通典》天宝户与《旧唐书》天宝户。《通典》一般被认为是天宝元年户籍，而两《唐书》的户籍亦有开元二十八年、天宝元年、天宝十一年等说法，开元至天宝年间，这些地区的区划均未有太大调整，因此特将《通典》《旧唐书》《新唐书》三组数据录入，其中《新唐书》与《旧唐书》基本相似，不同的人口数应为传抄错误，因此仅标注参考，计算人口密度时主要以《旧唐书》人口数字为准。

二、京畿地区灾损与余粮

京畿地区人口增多随之带来户均耕种面积减少。户均土地减少后，是否能满足农户的口粮供给或是否仍有应对水旱饥荒的粮食储备？显庆至开元间，京畿长安地区的农户耕种面积，史书亦无记载。当前学者虽多有讨论，但唐代有宽乡、狭乡之分，农户有丁口多寡之别，因此观点并不一致。所以，在此讨论农户口粮供应与应灾口粮问题时，不必妄加猜测，可据唐令中的授田规定与灾损的比例评估农户家庭供给情况。

唐前期按律令规定农户授口分田为80亩，但京师长安为狭乡，应为宽乡田亩的一半，即40亩。[①]宁可先生也认为"50亩地为狭乡授田足额的数字，也应是宽乡授田普遍可行的数字"。因此，这里按照狭乡标准40亩计算，亩产1.5石左右[②]，总产粟为60石。全文以一丁三中一小的五口农户为例，按照《新唐书·食货志》的说法，"少壮相均，人食米二升"，再据《唐六典》卷六《尚书刑部都官郎中》载："四岁已上为'小'，十一已上为'中'，二十已上为'丁'……其粮：丁口日给二升，中口一升五合，小口六合。"[③]可见唐代的人均丁口每天食米二升，中口每天一升五合，中小、老小、小口每天六合，按照"每米六升折粟一斗"[④]，折算成粟丁男3.33升，中口2.5升，小口1升。此外，从《吐鲁番出土文书》中也可看到唐代一天粮食消费量为丁男粟3升3合3勺，丁妻粟2升5合，中小、老小粟1升5合，小男粟1

① 按照《天圣令·田令》记："丁男给永业田二十亩，口分田八十亩。……诸给田，宽乡并依前条，若狭乡新授者，减宽乡口分之半。"因此，另据《唐律疏议》卷一三《户婚》：户内永业田，每亩课植桑五十根以上，榆、枣各十根以上。因此唐代按照律令而言主要种植粮食的耕地为40亩。李锦绣先生也谈到永徽时，经常的课税只有租、调、地税三种，亦可见永徽时庸仍然不是百姓普遍交纳的课税之物，只可能是一部分课户交纳的课税之物，而且不稳定。庸作为役的替代物，仍具有不固定性。参见李锦绣：《唐代财政史稿》，北京大学出版社，1995年，第421页。

② 关于唐代亩产量的讨论，蒙文通、朱伯康、张泽咸、胡戟、余也非、李伯重、韩铁铮、吴慧、曹贯一、杨际平等多位学者进行过研究。学者对于唐亩为大亩、小亩以及其与当前市斤重量的折算等问题展开过深入讨论，多数学者认为应在1—2石之间。本文研究不涉及与现代市斤的折算问题，因此按照多数学者的结论——唐代亩产1—2石的中间值1.5石计算。参见吴慧：《中国历代粮食亩产研究》，农业出版社，1985年，第152页；曹贯一：《中国农业经济史》，中国社会科学出版社，1989年，第496页；杨际平：《唐代尺步、亩制、亩产小议》，《中国社会经济史研究》1996年第2期；宁可：《中国经济发展史》，中国经济出版社，1999年，第721页。

③ 《唐六典》卷三《尚书刑部》，中华书局，1992年，第193—194页。

④ 〔唐〕陆贽：《请减京东水运收脚价于缘边州镇储蓄军粮事宜状》，见《陆宣公全集》，世界书店，1936年，第116页。

升。[1]唐代的家庭规模在4到6口之间[2]，这里以一家父母妻子加户主5口算，一丁男每年12.1545石（因需与万人以上的人口数计算，以后皆保留小数后四位），丁妻及父母三人为27.375石，小男3.65石，一家温饱每年需43.1795石。另每丁需交纳租、义仓2.8石。唐前期赋税为租庸调制，根据规定："每丁岁入租粟二石。调则随乡土所产，绫绢絁各二丈，布加五分之一。输绫绢絁者，兼调绵三两；输布者，麻三斤。凡丁，岁役二旬。若不役，则收其庸，每日三尺。有事而加役者，旬有五日免其调，三旬则租调俱免。"[3]租税为2石，庸调不计入。另外唐代还有义仓，亩纳2升，40亩为0.8石。[4]

40亩总产量为60石，减去全家口粮43.1795石，再去掉正租与义仓2.8石，农户每年余粮为14.0205石，这里不包括来年种植需要的种子以及其他开销（如户税以及附加税）。按余粮14.0205石以及每年的口粮43.1795石计算，储备三年即可达到一年的口粮，这完全符合古代"三年耕而余一年之粮"[5]储量备荒的标准模式，《新唐书·食货志》也是专门记载："余三年之储以备水旱凶灾。"似乎贞观末年总体而言，京师地区的农户还具有一定的承灾能力。

（一）灾损程度

上述是未计入水旱灾荒、杂税以及农户日常开销[6]等的理想模式，如果粮食减

① 唐长孺：《吐鲁番出土文书》（第6册），文物出版社，1985年，第18—32页。
② 冻国栋：《中国人口史·隋唐五代时期》，复旦大学出版社，2002年，第372页。
③ 《旧唐书》卷四八《食货志上》，中华书局，1975年，第2088—2089页。
④ 唐太宗贞观二年（628）规定王公以下人户的所有垦田皆须交纳义仓，"亩税二升，粟、麦、粳、稻，随土地所宜"。庸一般不会影响农户的农业生产，也不会影响粮食的产量。且计算田亩时，未将永业田计算在内，所以就不再计算庸调。
⑤ "三年耕必有一年之食"，是古代储量备荒中重要的量化标准，它指耕种三年，可储备一年的粮食。这一观念在先秦时期就已经形成，《礼记·王制》："三年耕，必有一年之食。"而这些观念也逐渐成为历代防灾的重要准则。汉代贾谊《新书·忧民》："王者之法民，三年耕而余一年之食。九年耕而余三年之食。三十岁而民有十年之蓄。故禹水八年、汤旱七年甚也，野无青草而民无饥色、道无乞人。"《淮南子·主术圳》："夫天地之大，计三年耕而余一年之食，率九年而有三年之畜，十八年而有六年之积，二十七年而有九年之储，虽涝旱灾害之殃民，莫困穷流亡也。"《汉书·食货志》："民三耕则余一年之畜，衣食足而知荣辱。"《后汉书·杨震传》："臣闻，古者三年耕必有一年之储。"隋代长孙平议立社仓也是以此为据："古者三年耕而余一年之积，九年作而有三年之储。虽水旱为灾，而民无菜色。"
⑥ 关于唐代农户的杂税以及日常开销等，学者亦有相关论述，但多为推论且因标准不一，结论各异。加之，杂税等在唐前期并不高，而自给自足的小农经济日常开销也较为有限。因此此处不再单独计算。

产，就并不乐观。下面仍以一丁三中一小的五口之家耕种40亩为标准，探讨灾损对农户粮食供给的影响。

前文已经计算过一丁三中一小的五口之家的口粮及赋税总额为45.9795石，因此如果减产两成即12石，农户只剩余粮2石，已迫近农户的温饱线。由于其中未计杂税与农户日常开销等，所以减产两成已足够引发饥荒并影响农户来年耕种。农户减产三成时，当年的产量已经是负值（-3.9795石），需要用自己的储粮弥补租税（参见表3）。而所谓的减产三成，即亩产量是1.05石，这个亩产量却是唐代关中部分地区亩产的相对正常值。

表3　五口之家灾损程度与余粮对应情况表

灾损（石/亩）	项目（石）				
	粮食产量	口粮	正租	义仓	余粮
正常（1.5）	60	43.1795	2	0.8	14.0205
两成（1.2）	48	43.1795	2	0.8	2.0205
三成（1.05）	42	43.1795	2	0.8	-3.9795
四成（0.9）	36	43.1795			-7.1795
六成（0.6）	24	43.1795			-19.1795

项目说明：灾害损失的额度十成按照每亩1.5石计算（以灾损两成亩产量为例：1.5石×0.8=1.2石），以此类推。口粮按照一丁三中一小的五口之家标准，即前文的43.1795石。粮食产量为亩数40亩乘以灾损的亩产量。租税按照唐朝政府规定每户纳2石，义仓每亩纳2升。唐朝前期，调一般与农户永业田结合，因此不计算在内。太宗与高宗时期庸对农户的粮食产量影响不大，因此也不计算。

但唐政府规定只有灾损超过十分之四时，才能得到部分减免。《唐六典》卷三《尚书户部》记载，武德七年（624）规定灾后减免税赋条件为："凡水、旱、虫、霜为灾害，则有分数：十分损四已上，免租；损六已上，免租、调；损七已上，课、役俱免。若桑、麻损尽者，各免调。若已役、已输者，听免其来年。"[①]按这一规定，普通农户受灾减产四成后虽然免租，仍需承担调、课、役等。而实际上五口之家减产四成，减去租税仍缺7.1795石差额（约五口之家两月口粮）。因此，唐朝政府的灾损减免政策并不能有效降低农户的受灾损失。

（二）维持温饱的最低亩数

以上计算按照贞观中期狭乡正常的授田数量，但实际上到了唐中期，狭乡的户

---

① 《唐六典》卷三《尚书户部》，中华书局，1992年，第77页。

均耕地面积更少①，甚至有学者认为唐代为限田。因此，京畿周边地区更难达到40亩的标准，按《册府元龟》卷四二《仁慈》：贞观十八年二月"（太宗）幸壶口村落福侧，问其受田丁三十亩，遂夜分而寝，忧其不给。诏雍州录尤少田者，给复，移之宽乡"②。可见，当时京畿周边地区的每户丁30亩。员半千的《陈情表》曾言："臣家赀不满千钱，有田三十亩，粟五十石。"③员半千生于武德四年（621），从《陈情表》"无瓜葛之亲，立身三十有余"的记载，可知其上书陈情时为三十多岁，恰恰是永徽年间。且他居住的晋州，与京师类似，属于狭乡，丁30亩，粟50石，亩产量为1.67石。因此，下面继续按一丁三中一小的五口之家耕种40亩以下进行探讨，分析土地减少至多少亩时，农户会处于饥荒状态。

首先确定一丁三中一小的五口之家一年口粮不变，即43.1795石，租税不变，为2石。其次需要计算亩产量的变化。一般而言，在家庭规模稳定的情况下，普通农户耕作面积与亩产量成反比，即耕作面积减少，精耕细作的程度往往加强，亩产量会提高；而耕作面积增大，家庭规模有限，亩产量则会降低。以40亩1.5石和30亩1.67石为标准，计算获得亩数递减情况下亩产增长率为1.06%。④在此基础上，探讨五口之家维持基本生存所需的最低耕地面积。

通过相应的计算（参见表4），可知随着亩数、亩产量的变化，地税、粮食总量、余粮均发生相应变化。五口之家在耕种土地低于27亩时，粮食的总产量就只能满足口粮与交纳赋税。当耕种面积减少至26亩时，余粮为负值，即粮食总量无法供给口粮和交纳赋税。由于这里也未考虑种子、日常开销等其他支出情况，因此五口之家耕种26亩土地的时候，即使不遭遇水旱灾害，丰年状况下也是要面临饥荒的风险的。需要强调的是，此时的亩产量已达1.7386石，接近唐代亩产量2石的高值。再从员半千自身的遭遇，即"臣贫穷孤露，家资不满千钱；乳杖藜糗，朝夕才充一饭"的经济情况看，30亩的耕种面积在永徽年间也是处于温饱线的。

---

① 金圣翰曾据池田温《中国古代籍帐研究·录文》与《吐鲁番出土文书》比较了宽乡的敦煌与狭乡的吐鲁番授田情况。作为宽乡的敦煌，57户中每丁授田有32户在20至40亩之间。狭乡的吐鲁番，21户中十户10亩以下，八户为10—20亩，三户20—30亩之间。参见金圣翰：《唐代均田制下宽乡的给田基准额》，《中国史研究》2003年第4期。

② 《册府元龟》卷四二《帝王部·仁慈》，凤凰出版社，2006年，第454页。

③ 《新唐书》卷一一二《员半千传》，中华书局，1975年，第4161页。

④ 40亩的亩产量按通常的1.5石计算，30亩的产量则按员半千自称的耕种面积与粮食总产量（30亩产量为50石）作为计算标准，即亩产为1.67石，通过计算获得亩数递减情况下亩产增长率为1.06%，即$1.5(1+X)^n = 50/30$。

表4　耕种土地减少额度与余粮对应表

亩数（亩）	粮食总量（石）	亩产量（石）	口粮（石）	正租（石）	地税（石）	余粮（石）
40	60	1.5	43.1795	2	0.8	14.0205
30	50	1.67	43.1795	2	0.6	4.2205
29	48.8418	1.6842	43.1795	2	0.58	3.0823
28	47.6651	1.7023	43.1795	2	0.56	1.9256
27	46.45	1.7204	43.1795	2	0.54	0.7305
26	45.2038	1.7386	43.1795	2	0.52	-0.4957

项目说明：亩数按1亩逐渐递减。口粮按照一丁三中一小的五口之家标准，即前文的43.1795石。正租按照唐朝政府规定的每丁纳2石。地税按唐政府规定的每亩2升，并随着亩数的变化相应减少。亩产量的运算以40亩（总量60石）和员半千耕种30亩（亩产50石）为基数，公式为：亩产量=1.5（1+1.06%）^{n}，n为自40亩以后减少的亩数。这一公式符合亩数增加亩产量减少，亩数减少亩产量增加的总趋势。粮食总量为亩数乘以亩产量。所有项目按照粟计算，无须进行粟米折算。地税曾在永徽二年有所改变，按《通典》载高宗永徽二年九月，颁新《格》："义仓据地取税，实是劳烦，宜令率户出粟，上上户五石，余各有差。"但实施时间较短，因此此处仍按亩纳2升计算。

由上可知，土地充裕时（40亩），减产三成（1石左右）是京畿地区五口之家农户灾荒的触发点。户均耕作面积减少至27亩时，京畿地区的农户丰年也仅仅处于温饱线。总体而言，永徽六年以后，京畿地区户均土地面积减少，农户个体抵御灾害的能力已普遍较低。

再审视这一时期相关史料，亦多次论述京畿地区农户承灾能力低下的情况，崔融《代皇太子请家令寺地给贫人表》："顷以咸城近县，鄠市傍州，颇积风霜，或侵苗稼。天皇两仪合德，百姓为心，发仓廪以赈贫人，……但关辅之地，萌庶孔殷，丁壮受田，罕能充足，所以水旱之岁，家室未丰。"[①]光宅元年（684），高宗重回长安，陈子昂上书曰："盛陈东都形胜，可以安置山陵，关中旱俭，灵驾西行不便。……顷遭荒谨，人被荐饥。"[②]通过以上的量化分析，再回顾岑仲勉先生反驳陈寅恪先生所提出在关中收集余粮以供给京师的假设，无疑是不能成立的。因为高宗时期，京畿地区农户耕地即便满额（40亩），也并无太多余粮。农户耕地面积减少后，丰年尚且不足，提供余粮更不可行。京兆府占关内道人口的一半，因此即便关内道可提供部分余粮，也相当有限。

---

① 〔唐〕崔融：《代皇太子请家令寺地给贫人表》，见《全唐文》卷二一八，中华书局，1983年，第2202页。

② 《旧唐书》卷一九〇《陈子昂传》，中华书局，1975年，第5018—5019页。

三、关内粮食供给的最高口数

高宗、则天朝，关中地区余粮供给有限，前文已经做过分析。那么其所出正租与外来粮食是否能满足京师人口的需求？在关中地区的粮食供需问题研究中，多数学者采用关中地区的粮食总数减去耗粮数量的计算方式。[①]但耗粮总数因涉及长安的官吏、宫人、皇族、士卒、僧尼、外国使节及客商等流动人员[②]，甚至军用马匹的用粮数等，以上数字史书多无记载，按此计算的总耗粮数亦难以把握。其实对于关中粮食供需问题可简化思路。由于关中农户的粮食产量及余粮问题前文第二部分已做讨论，当前只需探讨京畿非农户的粮食供给即可。京畿非农户主要包括两大部分，一是有政府供给的官吏、宫人、皇族、士卒等，二是非政府供给的商人、手工业者及其他流动人口。其中京官、诸司及皇室等供给不足尤其能够影响政治决策。

首先探讨唐前期最高的粮食转运量能否供给最低的政府人员需求。如果最高粮量都无法达到京官、诸司及皇室的最低需求，则表明此时供需矛盾非常紧张。京官、诸司及皇帝的膳食等支出主要来自转运入京的粟米[③]，这些粟米并不会供应商人、手工业者及流动人口，永徽之前的转运粮食数量为10万至20万石。

那么再讨论京官、诸司及皇室等消耗。唐初期京官人数较少，贞观元年（627），太宗"大省内官，凡文武定员，六百四十有三而已"[④]。高宗初期京官人数不详，但《旧唐书·刘祥道传》载："（显庆二年）今内外文武官一品以下，九品已上，一万三千四百六十五员"[⑤]。该数字可与《通典》记载的内外官数字比照：

① 王朝中：《唐朝漕粮定量分析——兼论粮食问题同唐中央政权盛衰的关系》，《中国史研究》1988年第3期；余蔚：《浅谈唐中叶关中地区粮食供需状况》，《中国农史》1999年第1期。

② 薛平拴：《陕西历史人口地理》，人民出版社，2001年，第118页；王社教：《论唐都长安的人口数量》，见史念海主编：《汉唐长安与关中平原》（《中国历史地理论丛》1999年增刊），陕西师范大学出版社，1999年。

③ 《通典·食货典》记载："其度支岁计，粟则二千五百余万石（三百万折充绢布，添人两京库。三百万回充米豆，供尚食及诸司官厨等料，并入京仓。四百万江淮回造米转入京，充官禄及诸司粮料。五百万留当州官禄及递粮。一千万诸道节度军粮及贮备当州仓）。"转运至京的粮食一般"供尚食及诸司官厨等料"和"充官禄及诸司粮料"。当然这是盛唐时期，初唐按李锦绣先生研究："唐初转运入京之粮每年不过一二十万石，此粮既要用以充京官禄，又要供京师百官及皇帝帝室厨廪。"（李锦绣：《唐代财政史稿》，北京大学出版社，1995年，第843页）

④ 〔唐〕杜佑：《通典》卷一九《职官一》，中华书局，1988年，第471页。

⑤ 《旧唐书》卷八一《刘祥道传》，中华书局，1975年，第2751页。

内外文武官员凡18805员，其中内官2620员，外官16185员。^①按此内外官比例，显庆二年的内外官既然是13465员，那么内官九品以上人数可推算为1876人，比贞观年间增加3倍。再按《通典》记载："凡京文武官每岁给禄，总一十五万一千五百三十三石二斗。"^②那么显庆二年1876人的京官禄米将达108502.4石，对比贞观、永徽之际转运粮食总数10万至20万石，官员禄米无疑已占据绝大部分。这里还未将诸色胥史、官奴婢、宫人、皇帝膳食等计算在内。即便按最高运额20万石计算，在减去京官禄米108502.4石后，也只能维持12603人的供应（按每人米"日给两升"的标准）。但唐初，仅诸司吏员、宫人就达万人。贞观年间李百药上书："大安宫及掖庭内，无用宫人，动则数万，衣食之费，固自倍多。"^③根据《唐六典》统计，诸司吏员41717人，京官随从22215人（记载为玄宗时），按照品官与流外官的比例计算，高宗时期亦不下万人。另外高宗初年，致仕官员与员外官开始获得相关待遇。永徽元年（650）八月高宗诏："文武五品以上解官充侍者，宜准致仕，例每给半禄，并赐缣帛。"^④永徽六年，"员外官复有同正员者，其加同正员者，唯不给职田耳，其禄俸赐予正官同。单言员外者，则俸禄减正官之半"^⑤。这些都势必带来政府开支的增加，所以无须再具体估算其他由政府供给的官奴婢、皇族、匠人、乐户等口数，即可清楚表明每年20万石外粮已无法满足显庆年间的政府开支。

其次，再通过另外一种方法分析高宗初年京师的粮食供给问题，就是显庆年间政府控制的关中粮食总量能否供给京畿非农人口数（即妹尾达彦所说的军人、宗教人士、宗室宫人等及未在籍数）。由于非政府供给的商人、手工业者及其他流动人口根本无法把握，所以亦不采用其他学者先考证吏、农、工、商的各自口数，再估算其耗粮总数的方法。前文已对高宗、则天时期京畿余粮不足的问题进行过探讨。所以这里只需计算京师每年可支配的粮食总额除以个体年耗粮量，即可知其最高供给人数。再将该数字与学界讨论的长安最低非农户口数比较，如其所能供应的最高人口数连长安非农人口最低值都达不到，那么就说明关中粮食供给存在问题。

在此先对其中的数值进行解释，京师每年可支配的粮食总额由关内道正租总额与外来漕运的粮食总额相加。由于主要考察关中地区的粮食是否能供应京师，因此租额并非全国租税，而是仅指关内道及其关中的正租。如果整个关内道都无法供给

① 〔唐〕杜佑：《通典》卷四〇《职官二十二》，中华书局，1988年，第1106页。
② 〔唐〕杜佑：《通典》卷三五《职官十七》，中华书局，1988年，第962页。
③ 〔宋〕王溥：《唐会要》卷三《出宫人》，中华书局，1955年，第36页。
④ 《册府元龟》卷五〇五《邦计部·俸禄》，凤凰出版社，2006年，第5748页。
⑤ 〔唐〕杜佑：《通典》卷一九《职官一》，中华书局，1988年，第472页。

京畿非著籍户，那么关中地区自然也无法供给。正租是京畿地区最大的粮食来源，因为义仓等高宗初期未遭挪用，商人贩运的粮食政府也无法控制。国家其他赋税或者货币收入虽也可收购置换为粮食[①]，但前提是关中有余粮，然而显庆元年京畿诸州农户连半年的储粮都没有，更无余粮可言，这一点后文有具体论述。

漕运数额国内外学者研究颇多[②]，由于多为推论，加之此处只涉及高宗以后外来粮食额度，因此只依史书记载为准。《旧唐书·裴耀卿传》："往者贞观、永徽之际，禄禀数少，每年转运不过一二十万石，所用便足，以此车驾久得安居。"[③]故可知永徽年间、贞观永徽为10万至20万石之间。开元二十一年以后裴耀卿主持漕运，增至3年700万石，但"及耀卿罢相，北运颇艰，米岁至京师才百万石"[④]。韦坚于天宝初年主持漕运，"是岁，漕山东粟四百万石"[⑤]。因此贞观十三年漕运额取中间值15万石，永徽六年取最高值20万石，开元年间取100万石（《元和郡县图志》所载开元户籍应在开元二十年之前，因此按普通年份的运米量100万石），《通典》户籍的记载年份恰好为开元二十九年或者天宝元年，因此按400万石。

官吏、宫人、士卒、使臣、商人、手工业者及其他流动人口中大多为成年人，因此口粮按照《新唐书·食货志》"少壮相均，人食米二升"计算，可知永徽六年关内道正租与外粮所能供给的人数为124971口（关内道）。如果以关中为计算范围[⑥]，关中地区的正租与外粮可供给人数为119182口。结合学界对唐代长安城市人口

---

① 此处未将和籴等措施计算在内，主要考虑政府控制的粮食总额能供给的最高户口数。丰年和籴不会影响供给，而如果灾年和余农户自己都难以温饱（按前文估算），和籴也很难购买到粮食，即使实现也是强行摊派，这类和籴主要是在唐朝中后期。

② ［日］外山军治：《唐代の漕運》，《史林》22-2，1937年；［日］伊藤安展：《唐代の漕運額》，《史淵》（49），1951年；［日］築山治三郎：《唐代的漕運與和糴》，《京都產業大學論集》，1975年；［日］清木場東：《唐代の東南漕運路》，《產業經濟研究》，1988年；王朝中：《唐朝漕粮定量分析》，《中国史研究》1988年第3期；王朝中：《唐代安史乱后漕粮年运量骤降原因初探》，《中国社会经济史研究》1984年第3期；［日］清木場東：《唐開元·天宝中の転運米額》，见《產業經濟研究》，1987年；［日］園田雪繪：《关于唐后期漕运的研究——刘晏改革以后》，《海南史学》，2000年。

③ 《旧唐书》卷九八《裴耀卿传》，中华书局，1975年，第3081页。

④ 《新唐书》卷五三《食货志》，中华书局，1975年，第1367页。

⑤ 《新唐书》卷五三《食货志》，中华书局，1975年，第1367页。

⑥ 薛平拴先生曾统计贞观十三年关中地区人口为328218户，以此为据推算永徽六年为557631户，正租与外粮总额为1448595石，按户年耗43.1795石粟，那么可供给33548户、167741口。参见薛平拴：《隋唐五代时期关中地区人口的兴衰演变》，见《唐史论丛》（第18辑），陕西师范大学出版总社，2014年。

的数字进行比较①,其中非著籍户最高值为佐藤武敏的60万口,最低值为平冈武夫的20万口(开元、天宝年间)②,再按表1的相关数据推算永徽年间为145931口,但永徽六年关内道正租与外地运粮所能供应的最高人口值为124971口,这充分说明此时粮食供给非常紧张。但随着开元以后漕运量增加,关内道与外粮可供给的口数逐渐提高——开元中期254010口、天宝元年459951口、天宝中期596474口。其中最高的供应人数恰恰与佐藤武敏等估算的最高值60万口相同,这也从侧面表明该计算方式对唐中期总体趋势的判断较为准确。(表5)

表5　关内道正租与外粮所能供给的最高户口数①

来源项目	《旧唐书》贞观十三年户籍	永徽六年户籍	《元和志》开元户籍	《通典》天宝初户籍	《旧唐书》天宝中期户籍
户数(户)	398066	592816	710352	765235	812460
租税总额(石)	796132	1185632	1420704	1590470	3249840②
外运粮食(石) 粮食总量(石)	米150000(粟250000) 1046132	米200000(粟333333) 1518965	米1000000(粟1666667) 3087371	4000000 5590470	4000000 7249840
供给口数(口)	86069	124971	254010	459951	596474

说明:

1.表中项目均以户数为准计算。租额为唐令中规定的课丁2石。因未有课丁记载,按每户1

① 关于唐长安人口数字,学界有不同讨论,日本学者外山军治曾首次论证长安城市达到100万人口,之后平冈武夫、日野开三郎、佐藤武敏等延续其观点,我国学者武伯纶、张永禄、宁欣、冻国栋等都赞同长安人口达100万。严耕望认为长安城市人口在170万至180万之间,郑显文则估计是50万至60万,龚胜生认为是80万。日本学者妹尾达彦始持100万的观点,之后进行修正认为其人口应在70万;冻国栋认为加上流动人口,盛唐长安的人口应达百万。由于战乱等因素,长安人口应存在一定的变化。参见严耕望:《唐代长安人数量估测》,见《第二届唐代文化研讨会论文集》,学生书局,1995年;郑显文:《唐代长安城人口百万说质疑》,《人文杂志》1991年第2期;宁欣:《唐代长安流动人口中的举选人群体》,《中国经济史研究》1998年第1期;[日]妹尾达彦:《唐都长安城的人口数与城内人口分布》,李全福译,见《中国古都研究》(第12辑),山西人民出版社,1998年。

② 日本学者妹尾达彦曾将长安户口研究者的统计按国都在籍数、簿籍数(军人、宗教人士、宗室宫人等)及未在籍数三类进行统计。由于国都在籍数多有授田不计入供给范围,因此主要考察长安簿籍数(军人、宗教人士、宗室宫人等)及未在籍户口数。其中长安簿籍数及未在籍户口数最低值可视为非农人口数。众多学者研究中的最低值为郑显文与龚胜生的15万,但郑、龚两位的估算存在两大问题:一是均于史无据、数字来源不明,二是未将大量流动人口或宫人数估算在内。其中郑显文仅提到皇族、宦官、宫女、禁军、国子生、各国使者、商人等,有10万至15万人。龚胜生则认为长安城的未编户人口也是笔糊涂账,一般估计在10万至20万口之间,兹不包括宫人以15万口计。结论均过于简单,且未做具体考证,所以暂不采用。参见郑显文:《唐代长安城人口百万说质疑》,《人文杂志》1991年第2期;龚胜生:《唐长安城薪炭供销的初步研究》,《中国历史地理论丛》1991年第3辑。

丁计算。①漕运额度按《旧唐书》等记载。粮食总量为漕运数量与租税总额相加，漕运转运自江南多为米，需要折算成粟进行推算。天宝年间的400万石史书记载为粟，因此不做折算。口粮按照《新唐书·食货志》的记载："少壮相均，人食米二升。"粟米折算比为"每米六升折粟一斗"。公式：供给口数=（租税总额+外运粮食）/人均口粮。

2.开元二十五年（737）二月，"江淮等苦变造之劳，河路增转运之弊。自今以后关内诸州庸调并宜折时价支粟取米送至京"。按照"麻一斤=绵一两=粟一斗=布五尺=绢四尺"②的公式，可知庸调折粟每丁为2石。总计关内道纳粟1624920石，与原有租1624920石相加，总额为3249840石。

从史料中亦可发现，在显庆元年东巡洛阳前，长安已面临严重的粮食短缺，并连续出现两次饥荒。《旧唐书·高宗纪》载，永徽六年八月，"先是大雨，道路不通，京师米价暴贵"③。粮道阻塞是导致米价暴涨的原因，说明此时长安的粮食已主要依赖外地供给。为应对此次粮价暴涨，唐政府于"八月二十九日京东西二市置常平仓"④。此次霖雨从八月开始，至八月二十九日唐政府就被迫于"京师东西二市置常平仓"，"出仓粟粜之"⑤，打击粮价暴涨，可见长安百姓的日常粮储连一个月都无法支撑。永徽六年的大雨还导致京畿地区粮食歉收，引起显庆元年正月至三月间京畿饥荒，高宗为此"令宗正卿陇西郡王博文、刑部尚书长孙祥、大理卿段宝玄

① 杜佑《通典》卷七《食货典·盛衰户口·丁中》曰："天宝元年，管户总八百九十一万四千七百九，应不课户三百五十六万五千五百一，应课户五百三十四万九千二百八十。管口总五千二百九十一万九千三百九，不课口四千四百七十万九百八十八，课口八百二十万八千三百二十一。"户丁比例为1.08：1。据冻国栋先生对唐贞观至高宗末西州人口结构抽样统计，78户人口中有丁男80人，其中男丁未必是见输白丁，但大部分应是课丁。另据阿斯塔纳103号墓所出《唐贞观十八年（644）西州高昌县武城等乡户口账》合当乡新旧1200口，其中不课男口和不输课丁杂任、卫士等共344人，占总数的28.6%；见输白丁287人，占24%。武后以后，该比例逐渐下降。因此参考以上，将户数与课丁比例定为1：1。参见冻国栋：《中国人口史·隋唐五代时期》，复旦大学出版社，2002年，第413页。

② 李锦绣：《唐代财政史稿》，北京大学出版社，1995年，第435页。

③ 《旧唐书》卷四《高宗纪上》，中华书局，1975年，第74页。

④ 宋王应麟《玉海》卷一八四引《会要》"永徽六年八月二十九日（乙酉）京东西二市置常平仓"，另据《四库全书》收入《唐会要》中亦为"（永徽）六年八月二十九日京东西二市置常平仓"。今上海古籍出版社点校本以光绪甲申（1884）江苏书局本为底本，中华书局本以商务印书馆原版重印，商务印书馆原版则是1936年据武英殿聚珍版排版，因此均脱"八月二十九日"。另外今本《唐会要》卷八八《义仓及常平仓》中的各条史料均标明日期，唯独永徽六年条未载日期，亦可为脱漏之佐证。参见〔宋〕王应麟：《玉海》卷一八四，康熙二十六年李振裕补刊本，第13页；〔宋〕王溥：《唐会要》卷八八，《四库全书》影印版，上海书店等；〔宋〕王溥：《唐会要》，光绪甲申江苏书局本，第13页；〔宋〕王溥：《唐会要》，商务印书馆，1935年，第1612页；〔宋〕王溥：《唐会要》，上海古籍出版社，2006年，第1912页。

⑤ 《旧唐书》卷四《高宗纪上》，中华书局，1975年，第74页。

于畿内诸州巡抚百姓，给贷乏绝"[1]。又下《减膳诏》与《放宫人诏》，"以近畿诸州百姓少食，特为减膳"[2]。这与前文讨论的长安周边农户承灾力下降可互证，自八月至正月仅有五个月时间，京畿周边农户的储量即已耗尽，说明此时京畿诸州农户的粮食储备根本无法达到"三年耕而余一年之粮"的理想状态，因此长安周边怎会有余粮。再按《唐会要》记载："显庆元年，敕司农少卿田仁汪，因旧殿余址，修乾元殿，高一百二十尺，东西三百四十五尺，南北一百七十六尺。"[3]这是为高宗的东巡洛阳做准备。所以永徽元年的粮价暴涨、显庆元年饥荒，以及营建洛阳彼此之间有着一定的相关性，这也是政治中心东移的最早前兆，但这一背景却被部分学者忽视。

四、余论

显庆至开元年间长安、洛阳地位的变化，政治、军事，乃至统治者个人好恶等原因皆为学者所提及，且都于史有据。若论主导因素，还应是陈寅恪先生论及的经济供给不足，但经济供给不足亦只是表象，究其根源则是中央集权政治体系下人口的过度集中。

唐代推行关中本位政策，"将全国重心置之在西北一隅"[4]，关中及其周边地区成为统治中心。唐代亦沿袭汉代以来的实都策略，不仅在统治中心聚集官吏士卒各类人等，并以法令的形式规定京畿民众不得迁往外地，致使"咸京天府，地狭人繁，百役所归，五方胥萃"[5]。至高宗永徽显庆之际人口剧增，户数已超隋代鼎盛时期，也接近唐代长安人口的峰值。

随着高宗时期京畿人口增多，户均耕地面积逐渐减少，致使农户抵御灾害的能力普遍下降。唐代土地充裕时（40亩），减产三成（亩产1石左右）是京畿地区五口之家农户灾荒的触发点。正常年份，30亩仅能维持温饱，"朝夕才充一饭"。当耕作面积减至26亩（亩产增至1.7386石）时，粮食总产量已无法满足五口之家每年的口粮，即使是无水旱之忧的丰年也必遭饥荒。永徽六年，京畿诸州农户因霖雨害稼，五月内即耗尽自己的储粮，饱受饥荒之苦，这表明此时京畿农户已无法达到"三年耕而余一年粮"的备荒模式。可见农户不仅缺乏应对水旱饥荒的余粮，甚至连口粮

---

① 《册府元龟》卷一六一《帝王部·命使》，凤凰出版社，2006年，第1797页。
② 《册府元龟》卷一四四《帝王部·弭灾》，凤凰出版社，2006年，第1613页。
③ 〔宋〕王溥：《唐会要》卷三〇《洛阳宫》，中华书局，1955年，第552页。
④ 陈寅恪：《唐代政治史述论稿》，上海古籍出版社，1986年，第133页。
⑤ 〔宋〕宋敏求：《唐大诏令集》卷七九，商务印书馆，1959年，第450页。

都不足。岑仲勉先生曾提出的收关中余粮以供京师的假想也就不能实现。

本地余粮有限，所以京畿粮食供给多依赖外地转运。全汉升先生曾谈及："唐代国都所在的关中，一方面因为人口的增加，他方面因为土地生产力的减耗，其出产不足以满足当地的需要，故每年须从江淮输入大量的物资——尤其是米来接济。"①但高宗、则天时期，转运数量非常有限。永徽年间仅为10万至20万石，根本无法应付政府开支、官吏薪俸、士卒给养的增加。显庆元年以后，政府也曾尝试疏通漕运、增加运量，"苑西监褚朗议凿三门山为梁，可通陆运。乃发卒六千凿之，功不成。其后，将作大匠杨务廉又凿为栈，以轫漕舟。轫夫系二鈲于胸，而绳多绝，挽夫辄坠死，则以逃亡报，因系其父母妻子，人以为苦"②。可见，显庆之初也曾考虑增加运量，但两次尝试均告失败。

在关中余粮不足、京畿非农人口激增、外粮无显著增加的背景下，再遇水旱灾害，京畿粮食供给更为严峻。因此，利用京畿灾荒及气候因素，分析此次政治中心的变迁也是部分学者的思路。③但长安、洛阳纬度相差不大，气候相似，水旱灾害多有重合。比如永徽六年长安水灾发生时，洛阳亦遭水患，《旧唐书·高宗纪》记（永徽六年）九月，"洛州大水，毁天津桥"④。洛阳降雨与长安相当，且水患更甚，但高宗依然选择巡幸洛阳，显庆年间也成为洛阳政治命运的转折点。再比较永淳元年长安、洛阳的水灾，其中洛阳自六月十二日至二十三日连日大雨，"洛水大涨，漂损河南立德弘敬、洛阳景行等坊二百余家，坏天津桥及中桥，断人行累日。西京（长安）平地水深四尺已上，麦一束止得一二升，米一斗二百二十文，布一端止得一百文。国中大饥，蒲、同等州没徙家口并逐粮，饥馁相仍，加以疾疫，自陕至洛，死者不可胜数。西京米斗三百已下"⑤。相比而言，同遭水患，长安粮食更为匮乏。洛阳虽遭水灾，物资储备却相对充裕。另外，洛阳水患的多发期是从它成为东都且人口膨胀以后，而唐中期随着洛阳政治地位与人口下降，其水旱灾害记录亦骤减。从高宗显庆二年营建东都洛阳开始，至玄宗天宝十四年（755）的98年间，洛阳共出现37次灾害记录。此时，洛阳著籍人口也从127440户增加至天宝194746户（1183092口）。再看武德元年至显庆二年的39年间只有6条灾害记录，天宝十五年

① 全汉升：《唐宋帝国与漕运》，商务印书馆，1944年，第20页。
② 《新唐书》卷五三《食货志三》，中华书局，1975年，第1365页。
③ 石云涛：《唐前期关中灾荒、漕运与高宗玄宗东幸》，见《魏晋南北朝隋唐史资料》（第13辑），武汉大学出版社，1994年；勾利军：《唐代长安、洛阳作为都城和陪都的气候原因》，《史学月刊》2002年第2期。
④ 《旧唐书》卷四《高宗纪上》，中华书局，1975年，第74页。
⑤ 《旧唐书》卷三七《五行志》，中华书局，1975年，第1353页。

至天祐四年（907）的152年间仅有16条灾害记录。①统计标准可能存在差异，但这种阶段性却非常明显。②所以，洛阳的水患记录是与洛阳的政治地位及人口保持同步的，而非单纯气候因素。总之，灾荒与气候仅是重要的表征，却非此次都城变迁的根源与关键。

显庆至开元间长安、洛阳间政治地位转换的主要问题仍是人口聚集带来的物资供需失衡。许多学者在反驳陈、全、韩先生观点时，认为经济供给不足可通过收关中余粮、增加转运量、移民等加以解决，大可不必东迁洛阳，但实际上这些方法受当时社会形势的局限无法实施。长安此时人口已接近历史高值，地众人狭余粮有限，实都政策限制京畿百姓移民他处，疏通漕运又屡遭失败。在设立常平仓、改变税制等作用不甚明显下，高宗与武后选择供给更为有利的洛阳作为东都，既是当政者无奈的应时之举，也是综合考虑的应对之策。此次都城的变迁固然夹杂了政治、军事、经济等诸多因素，但人口增多引发的物资匮乏是最基本因素。

毕竟，粮食供给是维持政治、军事运转的生活保障，也是京师民众生存、政权稳定的基本前提。唐长安在显庆以后面临的人口增长与粮食供需失衡，亦是历代王朝政权稳定后急需面对的共同难题。宋神宗元丰元年（1078），时"国家太平日久，生齿增息，京师至三百万家"③。此时侯叔献认为："京师帝居，天下辐凑。人物之富，兵甲之饶，不知几百里数。夫以数百万之众而仰给于东南千里之外，此未为策之得也。"④这是对京师开封人口增加、过度依赖东南补给的忧虑。同样明代孝宗弘治时，"国家定都于北又及百年，比来都下生齿日繁，物货益满，坊市人迹，殆无所容"⑤。清代虽通过严禁流民占籍京师、督促致仕官员及胥吏回籍等方式控制京师人口规模，但"国初定鼎中原，居重驭轻，故圈近京五百之地，重逃旗出外之禁，以固根本而滋生聚"。为了依靠八旗拱卫京师，清朝立法严禁八旗官员兵丁京外居住，致使"自乾隆中叶，已有人满之患"，"所圈近京五百里之旗地，大半

① 闵祥鹏：《中国灾害通史·隋唐五代卷》，郑州大学出版社，2008年，第190—221页。

② 勾利军先生统计洛阳水患为57次，武德元年至显庆二年39年间只有5条记录，宗显庆二年至玄宗天宝十四年98年间共36次，从天宝十五年至天祐四年（907）152年间仅有16条记录。参见勾利军：《唐代长安、洛阳作为都城和陪都的气候原因》，《史学月刊》2002年第2期。

③ 〔宋〕刘攽：《开封府南司判官题名记》，见《彭城集》，商务印书馆，1937年，第435页。

④ 〔清〕徐松：《宋会要辑稿》第124册《食货七之一九》，中华书局，1957年，第4915页上。

⑤ 〔明〕吴宽：《匏翁家藏集》卷四五《太子少保左都御史闵公七十寿诗序》，上海涵芬楼藏明正德刊本，第6册。

尽典于民，聚数百万不士、不农、不工、不商、不兵、不民之人于京师，而莫为之所，虽竭海内之正供，不足以赡"[①]。此处所言的清代"居重驭轻"之策与唐代陆贽提出的"居重驭轻"可谓一脉相承，目的都是维护古代中央集权体制，最终也都导致京师人口的过度膨胀与物资供应的匮乏。

另外从历代都城的人口规模来看，汉代长安"户八万八百，口二十四万六千二百"[②]。当前学界对其估算的最高值亦不过40万至50万口，而唐长安城市人口学界估算的最低值就达50万口；但学界估算的最高值100万口，也是古代关中所能负荷的最高城市人口数。唐代以后，随着国家人口总量的增长以及都城承载政治、军事功能的增加，都城的人口规模已攀升至百万口以上，比如宋代开封与临安人口分别高达150万与120万，元代人口达105万人[③]，明代永乐迁都以后北京人口保守估计亦在120万以上，清代中期北京城市人口也是达到122万至138万[④]。可见，百万人口以上的城市规模是唐代以后都城发展的趋势，但百万人口却是古代关中地区所能负荷的极限。所以，仅从古代人口增长的总体趋势以及都城负荷的最大人口规模而言，中国政治中心东移的大趋势也是在所难免的。在政治中心东移以后，无论是开封、大都、临安，还是以后的南京、北京，虽然期间也曾面临人口增多与物资供给失衡的问题，却再未采用迁都的方式应对。一是开封、南京、北京等均背靠河南、山东、河北或江南等主要经济区，不再像唐代仅依赖关中局促之地。京师与主要经济区之间亦无像关中一样的山河之阻，陆运与漕运皆相对便利。二是唐代以后中央集权的政治体制更加完善，政治中心作为国之根本，象征意义巨大，而迁都涉及因素也更为复杂。除非有战乱与朝代更迭，一旦定都就较少迁移，更多采取制度性措施分散人口。因此，唐前期的这次政治中心变迁也成为历史上少有的特例，但其反映的人口膨胀与物资供需不足的问题，却是历代政府都要面对的共同难题。历代采取的各种制度性措施只能暂时缓解，却无法根本破解这一问题，毕竟人口分流涉及京师士卒、官吏、皇族、宫人、杂役等各类人的利益，而这些人群都是维护古代中央集权体制的基本力量。

所以，京畿粮食供给等基本生存压力源自人口的过度膨胀，而人口增多深受实都政策影响，实都则是古代中央集权的产物。京畿地区的人口优势可确保其在兵源

① 〔清〕魏源：《魏源全集》（第13册），岳麓书社，2011年，第405页。

② 《汉书》卷二八《地理志》，中华书局，1962年，第1543页。

③ 吴松弟：《中国人口史·辽宋金元时期》，复旦大学出版社，2000年，第574、583、588页。

④ 曹树基：《中国人口史·明时期》，复旦大学出版社，2000年，第287页；曹树基：《中国人口史·清时期》，复旦大学出版社，2001年，第331页。

征调、赋税征收、政治治理等方面的有利地位，实现中央对地方的绝对控制，也为统治中心的政治、经济核心地位提供人力保证。但自唐宋至元明清，这一策略也使各朝面临京畿人口膨胀、物资供给匮乏的窘境，并日益依赖漕运供给，运河与东南漕路更成为掌控国家经济的命脉。因此，所谓"王畿者，四方之本也；京邑者，王畿之本也""举天下不敌关中""居重驭轻"等[①]，这些统治策略不仅是古代中央集权体制的必然要求，也是政治中心发展中的双刃剑。美国学者郝若贝（Robert M. Hartwell）曾言："中央政权的定都和迁移，能造成该区域的盛与衰。"[②]进一步而言，集权政治体制下的实都政策是造成统治中心人口膨胀，并引发物资供需紧张的根源，也是历代都城盛衰的重要因素。

原载《社会科学》2016年第7期

（闵祥鹏，河南大学历史文化学院教授）

---

① 《新唐书》卷一五七《陆贽传》，中华书局，1975年，第4913页。

② Robert M. Hartwell, "Demographic, and Social Transformations of China, 75-1550", *Hournal of AsiaticStudies*, Vol. 42, No. 2, 1982, p. 411.

古代国家都城祭祀体系与空间模式

——以唐长安为例

黄佛君　　段汉明　　张常桦

"国家大事，在祀与戎"①，部落祭祀时代所孕育的国家祭祀，经过部落联盟与城邦国家阶段的巩固，秦的兼收并蓄，汉承秦制"罢黜百家，独尊儒术"，正式确立了国家祭祀在都城的地位。到唐代时，国家祭祀进一步完善和规制化，成为城市祭祀发展的顶点，这一阶段佛教、道教等制度性宗教也完成了自身的城市化过程，唐都长安成为国家祭祀体系最全和最完善的地域空间，也是佛教和道教传播的中心，还是探讨城市精神文化空间的交汇点。

一、问题的提出

古代传统宗教主要有儒、释、道。儒教是以礼为内核，以祭祀为载体的一种发生于城市地域范围内的国家宗教，信仰的对象是以昊天上帝为最高神的天神、地祇和人鬼，遵循皇权至上、礼不下庶人的传统，信仰的群体是以皇帝为首的各级官员，也就是城市中士这一阶层，皇帝、祭祀、儒三位一体（图1），共同建构了古代的儒教。儒教是中国制度性宗教与分散性宗教的统一体，是一种典型的城市宗教。由祭祀等级所决定的都城祭祀体系的完备性，通过阐释古代都城的祭祀体系与空间结构，有助于理解礼制的来源和古代城市精神文化空间，也有助于建构古代城市精神文化的行为模式。因此，本文以唐长安城为例，在分析国家祭祀群体的基础上，探讨了都城祭祀的体系、祭祀的地域时空结构、祭祀的制度机制，为揭示和认知古代都城和城市精神文化空间提出新的途径。

---

① 《春秋左传·成公十三年》。

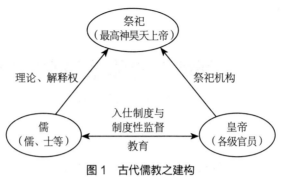

图 1　古代儒教之建构

二、唐代国家祭祀的群体

国家祭祀是以国家或政府的名义，由皇帝或政府官员主持的仪式化的公共祭拜活动。中国传统社会的国家祭祀行为由来已久，其行为主体可以是君主、中央政府官员，也可以是地方政府官员。[①]古代国家祭祀是国王的专擅，由城邦之国到天下之国，祭祀成为皇家最为重要的礼仪；皇帝因天佑成为天子，祭天也就成为皇帝的专属。因此，古代的皇帝是国家祭祀的最高主祭，各级地区的最高行政官员是各自属地内的主祭。

从城市阶层角度看，《春秋·谷梁传·成公》云："古者立国家，百官具，农工皆有职以上事。古者有四民：有士民、有商民、有农民、有工民。"《管子·匡君小匡第二十》云："士农工商四民者，国之石民也。"《唐六典》卷三《尚书户部》指出："辨天下之四人，使各专其业：凡习学文武者为士，肆力耕桑者为农，功作贸易者为工，屠沽兴贩者为商。"[②]四民阶层的划分自先秦延续到唐代未有根本性的改变[③]，因此，唐代国家祭祀的主体由秦汉以来的君主-贵族向君主-士人阶层移动（表1），而科举制使得士族的中央化、城市化[④]成为一种趋势，地方领袖的世家大族也出现向城市迁徙的趋势。

---

① 李媛：《明代国家祭祀体系研究》，博士学位论文，东北师范大学，2009年，第16页。

② 《唐六典》卷三《尚书户部》，中华书局，1992年，第74页。

③ 陈艳玲：《唐代城市居民的宗教生活：以佛教为中心》，博士学位论文，华东师范大学，2008年，第74—75页。

④ 韩昇：《南北朝隋唐士族向城市的迁徙与社会变迁》，《历史研究》2003年第4期。

表1　唐宋社会阶层的变动①

时期	君主	贵族	人民
中世 （贵族政治时代）	贵族政治机制的一环或贵族阶级的共有物	由地方有名望的家族长期自然相继，产生世家。名族占据优越的政治地位。政治属全体贵族专有	在贵族眼中视若奴隶，是贵族团体的佃农
近世 （君主独裁政治）	不再是贵族团体的共有物，直接面对臣民，再不是臣民全体的代表，本身成为权力的代表	贵族失势没落	和君主直接面对，财产私有权的意义更加明确

　　从以官僚士大夫为主体的士人社会向以普通居民为主体的市民社会过渡，是唐宋城市社会最重要的变化②，这深刻影响到国家祭祀群体的规模。唐长安城是士人阶层最集中的地域空间，祭祀群体的数量是相当可观的。③

三、唐代国家祭祀的等级

　　在商周时期，君王祭祀就已形成天神、地祇和人鬼三大系统。《周礼·春官》记载，周代最高神职"大宗伯"就"掌建邦之天神、人鬼、地示之礼"。后来三大神祇系统逐步转化为国家吉礼中的大祀、中祀、小祀三大等级，并载入国家祀典，不入祀典的，被称为"淫祀"。《史记·礼书》也说："上事天，下事地，尊先祖而隆君师，是礼之三本也。"到唐代时，国家祭祀的等级进一步规制和完善，从《永徽令》到《开元礼》《贞观礼》，形成了完善的国家祭祀等级系统（表2）。

　　从表2可以看出，唐代大祀以天和皇帝的祖先为核心，中祀以社稷和历代皇帝祖先为主体，小祀以地方神为主体，形成了完善的天—人—地祭祀等级系统，祭祀等级的主体变化很小，这主要是由儒家传统倡导的天人理论或天人感应论的体系所决定的。即使是从宋的天谴论到清代国家祭祀的固化，这一理论思想和体系未有质的改变，成为中国城市宗教延续的核心。

---

① 资料来源于罗祎楠《模式及其变迁——史学史视野中的唐宋变革问题》（《中国文化研究》2003年第2期），有改动。

② 宁欣：《从士人社会到市民社会——以都城社会的考察为中心》，《文史哲》2009年第6期。

③ 《全唐文》卷二三九武三思《贺老人星见表》曰："臣守节等文武官九品以上四千八百四十一人上言：'臣闻惟德动天，必有非常之应。'"

表2 唐代国家祭祀等级

朝代	大祝	中祝	小祝	出处	来源
唐永徽	天地、宗庙、神州等	社稷、日月、星辰、岳镇、海渎、帝社等	司中、司命、风师、雨师、诸星、山林、川泽之属	《唐律疏议》卷九	《唐律疏议》，刘俊文点校，中华书局，1983年，第187—189页
唐开元	昊天上帝、五方上帝、皇地祇、神州、宗庙	日、月、星辰、社稷、先代帝王、岳、镇、海、渎、帝社（先农）、先蚕、孔宣父、齐太公、诸太子庙	司中、司命、风师、雨师、灵星、山林、川泽、五龙祝	《大唐开元礼》卷一，序例上（732年编纂）	《大唐开元礼》，民族出版社，2000年，第5页
唐贞观	昊天上帝、五方上帝、九宫贵神、皇地祇、神州、太清宫、宗庙	日、月、社稷、帝社（先农）、先代帝王、岳、镇、海、渎、先蚕、文宣父（孔宣父）、武成王（齐太公）、诸太子庙、风师、雨师	司中、司命、司民、司禄、灵星、众星、山林、川泽、五龙祝	《大唐郊祀录》卷一，凡例上（793年编纂）	《大唐开元礼》附《大唐郊祀录》，民族出版社，2000年，第5页

四、唐代国家祭祀体系

国家祭祀分为大、中（次）、小祀之等级，首见于《周礼·春官·肆师》，其云："立大祀，用玉帛牲栓。立次祀，用牲币。立小祀，用牲。"唐代的国家祭祀体系形成了以都城为核心（表3），以都城—州—县为等级的行政性城市祭祀体系，都城长安有最完善的内外祭祀对象和祭祀空间体系。

表3 唐代都城祭祀体系①

祭祀地域	祭祀方位	祭祀对象	祭祀形式	祭祀日时	祭祀等级
都城	圜丘	昊天上帝	祀圜丘	冬至	大
			祈穀圜丘	正月上辛	
			雩祀圜丘	孟夏	
			告圜丘	皇帝巡狩时	
			告昊天上帝	皇帝封禅时	

---

① 根据《大唐开元礼》卷一序例上（732年编纂）和《大唐郊祀录》卷一凡例上（793年编纂）综合整理。祭祀类型还有中祀时享太子庙，释奠齐太公等；小祀有荐献新于太庙、季夏禜祭中雷于太庙，孟冬祭司寒；时旱祈于太庙、太社，时旱祈岳镇海渎、久雨禜国门。另外，官员个人祭祀包括三品以上时享、祫享、禘享其庙，四品五品时享其庙，六品以下时祠，王公以下拜扫等。

祭祀地域	祭祀方位		祭祀对象	祭祀形式	祭祀日时	祭祀等级
都城	明堂		昊天上帝	大享明堂	秋季	大
	东郊		青帝灵威仰	祀青帝	立春	
			日	朝日	春分	中
			九宫贵神	祀九宫贵神	春秋二孟月	大
			神农	享先农 耕籍	孟春吉亥	中
	南郊		赤帝赤熛怒	祀赤帝	立夏	大
			黄帝含枢纽	祀黄帝	季夏土王日	
			百神	腊百神	腊日	
	西郊		白帝白招拒	祀白帝	立秋	大
			月	夕月	秋分	中
	北郊		黑帝叶光纪	祀黑帝	立冬	大
			神州地祇	祭神州	孟冬	
			皇地祇	祭方丘	夏至	
	国城	东北	风师	祀风师	立春后丑日	小
		西南	雨师 雷神	祀雨师 雷神	立夏后申日	
		东南	灵星	祀灵星	立秋后辰日	
		西北	司中司命人司禄	祀司中司命司人司禄	立冬亥日	
	国城右之太社		土地神	祭太社	仲春仲秋上戊	中
				告太社	皇帝巡狩时	
	国之四方		大山大川	祭五岳四镇	每年五郊迎气日	
			大江大河	祭四海四渎	每年五郊迎气日	
	太清宫		玄元天王大帝	荐献大圣祖高上大道金阙	岁四时孟月及腊五	大
	国城左之太庙		皇族祖先	时享太庙	（岁五享）四孟月及腊	
				祫享太庙	三年一次的孟冬	
				禘享太庙	五年一次的孟夏	
				告太庙	皇帝巡狩时	
	兴庆宫		五龙	五龙坛	仲春	小
	五陵		高祖、太宗、高宗、中宗、誉宗	拜五陵	四月	中
	禁范		蚕神	先蚕 亲桑	季春吉已	
	太学		孔宣父	皇帝、皇太子视学	不定期	
				皇太子释奠	春秋二分之月	
				国子释奠	春秋二分之月	
州、县	室内		先代帝王	享先代帝王	依都城祭祀限定	中
	州、县社稷坛		社稷	祭社稷	仲春仲秋上戊	小
	州、县城		农神、风雨神、门神等	祈社稷、祈诸神、禁城门	依据气候而定	
	孔宣父庙		孔宣父	州、县释奠、学生束脩	春秋二分之月	

从表3可以看出，都城外祭以天主宰的日月星辰、风雨雷电为主体，祭祀等级以大、中祀为主；内祭以左祖右社为主体，祭祀等级为祖大社中，祖先的祭祀时日有年五享、三年、五年、不定期巡狩时，而社稷以春秋两季为主。外祭以昊天上帝为核心的五帝坛等为大祀，内部以太庙为大祀；外部以日、月等为中祀，内部以社稷、先代皇帝、太学等为中祀；外部以风雨之师等为小祀，内部以官员个人之庙等为小祀。对于州、县来说，其祭祀以中、小祀为主，中祀以先代帝王为主，小祀则祭社、稷、先圣，释奠于先师为主。因此，内外部大、中、小祀俱全，这是都城祭祀的特点之一，大祀、中祀集中于都城，州县以小祀为主，构成了唐代国家祭祀的地域等级体系。

从祭祀时间可以看出，都城以一年四季的转换为循环周期，正月有十二祭，祀昊天上帝于圜丘，青帝于东郊，风师于郭城东北，荐献于太清宫，享太庙，祀九宫贵神于东郊；二月十祭，释奠文宣王、武成王，祀社稷，朝日于东郊，祭五龙、马祖，享文敬太子、惠昭太子庙等；四月十祭，祀赤帝于南郊，雨师于国城西南，荐献于太清宫，享太庙，雩祀昊天上帝于圜丘。另外，五月和六月是四祭，七月和八月是八祭，九月是二祭，十月是十祭，十一月是六祭。[①]州县祭祀的时间主要依据国家和地域气候而定，具有不确定性，而且祭祀的层次低。因此，唐长安的祭祀充盈都城的地域时空，形成了完善的都城祭祀体系，州县祭祀本质上成为都城祭祀体系的延伸，形成了以都城为中心的神域等级城市祭祀体系。

五、唐长安国家祭祀的空间模式

国家祭祀以都城的建立为标志。唐代国家祭祀表现在长安城规划与建设阶段，都遵循了儒教的天之理论。首先，利用皇城墙这一围合的空间对地进行分割，形成了天圆地方之地的中心，并建设了皇城，在皇城里建设了"法天敬祖"的"左祖右社"祭祀场所。其次，通过郭城墙的建设，进行天与地的分割。在南郊明德门外设立祭祀天之最高神——昊天上帝的天坛，天坛与左祖右社通过城市中轴线，形成了天地的连接，也成为都城祭祀的骨架，而地之上与天之下的天之子——皇帝，成为天人合一的载体与表征。作为天道的运行，紫微星就是北极紫微大帝，位居天的中央，协助玉皇大帝执掌天经、日月星辰及四时节气等自然现象，皇城中的皇帝则掌管人间天道的运行，这就需要在廓城的东郊设立青帝、日、雨师等的祭坛，南郊设立黄帝、赤帝、百神、雩为主的祭坛，西郊设立白帝、月、雨师等的祭坛，北郊设立黑帝、神州、方丘和司中司命司人司禄为主的祭坛。如此祭祀群体占据了东南西

---

① 雷闻：《郊庙之外：隋唐国家祭祀与宗教》，生活·读书·新知三联书店，2009年，第7—8页。

北的外部空间，通过四方的祭祀、一年四季的轮回和风调雨顺，人间天道得以运行。另外，根据形势的需要在长安城皇城对面设立了武成王庙、孔庙，后来又设立了太清宫、五龙坛、三皇五帝庙及先庙等祭祀场所。

宗庙与家庙均是祭祖的场所，宗庙和家庙制度历朝历代均有规定。由于国都长安是皇族及高品官员集中之地，故也是官私庙堂集中之地。在长安城内部，除了皇城设立的太庙、中宗庙和文献皇后庙外，还形成了皇家的享庙和官员的私庙。唐代皇家享庙以皇帝、皇后、太子、公主四类皇家人群为主体。家庙则规定三品以上时享、祫享、禘享其庙，四品五品时享其庙，六品以下时祠，王公以下拜扫。从现有史籍中可以统计出的百官私庙有52所。①城市其他阶层设庙属违法，显然家庙的设立存在着等级制并严格限制在城市的士这一阶层。从空间上看，宗庙中较为重要的享庙如赠皇帝庙、皇后庙、公主庙均分布于街东，太子庙多立于街西，且多居于街西南较为闲僻之地，家庙主要分布在皇城以南的里坊中，享庙和家庙都存在着住庙分离的现象。这客观上有利于皇帝监督违礼的情况，也有利于监督官员的精神生活。

六、唐代国家祭祀与儒释道

诚如古代儒教的祭祀体系，正因为皇帝和官员在国家祭祀属于主祭，而儒教理论的发展和解释权归于儒，这种虚位现象，才形成了城市儒教信仰中其他制度性宗教的内在需求。唐长安的开放性和包容性，佛教、道教受到皇室和上层士大夫的大力支持，形成了儒释道在长安繁荣的局面。佛教的寺庙、道教的道观布满了城市的角落，其他外来宗教也得以繁荣成长。从现有史籍中可以统计出，佛寺、道观大约有160所（其中佛寺110余所，道观40余所）②，而皇城和宫城中的佛教内道场有14所之多③，道教内道场10处④，佛教、道教与儒教昊天上帝、左祖右社的祭祀并行不悖，但就是佛道的信仰，也存在皇家寺庙、官家寺庙和私人寺庙三类，本质上是将佛道纳入礼的范畴，也就是置于儒教之下。

---

① 张萍：《唐长安官、私庙制及庙堂的地理分布》，《中国历史地理论丛》2001年第4辑。
② 张萍：《唐长安官、私庙制及庙堂的地理分布》，《中国历史地理论丛》2001年第4辑。
③ 孙昌武：《唐长安佛寺考》，见荣新江主编：《唐研究》（第2卷），北京大学出版社，1996年，第1—51页。
④ 王永平：《道教与唐代社会》，首都师范大学出版社，2002年，第160—165页。

七、国家祭祀制度机制

（一）完备的礼制

唐代建立了一套完善的礼仪制度：一是大规模修订礼制。太宗、高宗和玄宗时期分别形成了《贞观礼》《显庆礼》《开元礼》，至此，唐礼的基本格局已定。[①] 二是推行行政法典制度。这集中体现在唐玄宗撰的《大唐六典》，唐玄宗亲定编写纲目，以理、教、礼、政、刑、事六条唐代诸司及各级官佐为纲目，拟定了唐朝中央、地方各级官府的组织规模、官员编制（定员与品级）及其职权范围，国家祭祀之礼进一步制度化和行政化；推行以礼入法和以法入礼，从高祖、太宗到高宗，颁布了武德、贞观、永徽三部法典，最终使礼成为唐律的灵魂，唐律成为礼的法律内核[②]，这在《唐律疏议》中都有体现。因此，国家祭祀从内容、组织、法律方面都有完善的制度规范。

（二）完美的礼制城市营造

隋大兴城即唐长安城由外郭城、宫城和皇城三部分组成，城池在规划过程中包揽天时、地利与人和的思想观念，以《周礼·考工记》的营建模式为基础，结合"天人合一""法天象地""阴阳五行""周易·风水""宇宙中心论"等传统哲学思维，丰富和完善了城市的礼制营造。在城市具体营造上以天圆地方为基础，在城市方位选择上继承东汉以后都城以南向为尊，这是推崇皇权的礼制。把皇帝祭天之礼作为每年举行的重大典礼，规定在国都南郊举行[③]，适应于这一礼制，把皇城和宫城沿同一轴线顺序放在整个都城的北部中央，并以承天门、朱雀门和明德门为主要节点，形成了贯穿整个城市的宏大中轴线，这成为城市形象的主体和空间秩序的来源。[④]再者，中轴线上的外郭城中唯一有五个门道的明德门，中间城门的开启专用于皇帝祭祀，与城墙形成了围合、封闭的空间，使得城市有了"天圆地方"的空间意向。古代城墙可能就是起源于宗教礼仪。[⑤]在帝制时代的政治意象中，城墙更主要

---

① 任爽：《唐代礼制研究》，北京师范大学出版社，2000年，第154页。
② 刘俊文：《唐律与礼的关系试析》，《北京大学学报》（哲社版）1983年第5期。
③ 杨宽：《中国古代都城制度史研究》，上海古籍出版社，1993年，第169—206页。
④ 陈静：《中西方古代城市极域空间研究》，硕士学位论文，郑州大学，2005年，第4—13页。
⑤ 段渝：《巴蜀古代城市的起源、结构和网络体系》，《历史研究》1993年第1期。

的乃是国家、官府威权的象征，是一种权力符号。①城墙与城门制度，客观上服务于城市外部天的循环与运转。内城设立了社稷与宗庙祭祀，皇城对面的外廓城设立了武成王庙、孔庙等的祭祀。至此，国家都城内部祭祀更加规制化，而内祭则以围合的内郭城、皇城、宫城为标志，象征天地的意志。

（三）完善的科举制度

从西周开始，"学在官府"的教育制度，以礼为核心的教育内容，遵从"礼不下庶人"的教育思想，使得儒教的教育内容仅限于士（各级官员和教育者）阶层。从古代的禅让制、夏商宗法制（世卿制）、军功制、客卿养士制、上书拜官制、乡里选举制，发展到秦汉以德取人的察举制，再到魏晋以门第取人的九品中正制、隋唐的科举制，包含儒教理论和内容的礼是国家文化教育的主流，也是官吏选举与考核的重要内容。儒垄断着儒教的教育权与解释权，儒积极入世的价值观，根本的途径是入仕，作为儒教主祭的皇帝（天子）则通过"学而优则仕"的入仕制度，也即"圣人序爵禄以自明"②，将虚位的儒纳入儒教体制后，服务于国家祭祀理论，与此同时，家庙制度和住、庙分离，客观上皇帝将士这一阶层的精神生活也纳入了儒教体制。

八、讨论

（1）古代城市信仰能否成立问题。儒教是否为一种城市宗教的争论，关键在于儒教的信仰对象、群体、制度、组织以及儒教文本（理论）是否具备。祭祀是以礼为内核的儒教的载体，即敬天法祖，祭祀的群体是以皇帝为首的各级官员，而"礼不下庶人"的传统，决定了祭祀的群体居于县及县级以上城市这一特定的地域空间。秦汉以来形成了以都城为最高等级的城市祭祀体系，也形成了国家祭祀的礼典与法典，祭祀组织内化为国家的祭祀管理机构。由于皇帝与儒在儒教信仰中的虚位性，即使他们自身有宗庙和家庙祭祀，也还是形成了他们信仰其他制度宗教的内在需求，其证据是皇城和宫城形成了众多永久性和临时性的佛教、道教等制度宗教的内道场。因此，限于城市的皇帝和各级官员是祭祀的主体，祭祀的对象也专属于城市，古代城市"天人合一"的营造，造就了儒教是属于城市中的阶层精神信仰的范畴。显然，儒教具有特定的祭祀对象、祭祀群体、完善的理论和内化为国家机构的

---

① 鲁西奇、马剑：《空间与权力：中国古代城市形态与空间结构的政治文化内涵》，《江汉论坛》2009年第4期。

② 〔汉〕董仲舒：《春秋繁露》卷六《立元神第十九》。

组织，这一立论是成立的。

（2）祭祀群体的互动关系问题。儒入仕的传统，通过科举被纳入了皇帝管理的各级机构，而皇家和官员家庙的设立有制度规定，但家庙祭祀缺乏律法监督，庙与居住分离容易判识是否违礼，而其违礼的最终判罚归属于皇帝，显然儒在纳入国家机构的同时，无论从行政还是精神生活上，都受到皇帝的监督。因此，由儒推动和发展的礼，既服务于礼，又受到皇帝的监督，这也就是说，皇帝只是最高主祭，而不具有祭祀的解释权威，这就是客观上纳儒入礼的原因，其后果是古代的儒具有双重身份和双重人格，也使得城市具有双重性格，城市既是一个神圣的空间，也是统治的中心。

（3）都城城市精神空间模式问题。脱胎于城市国家时代的祭祀，祭祀对象经秦对战国的兼收并蓄，国家层面形成了完善的天地人祭祀体系，服务于天下之国，而祭祀的地域空间则以都城为核心，以昊天上帝为最高神，四季轮回，周而复始，架构了中国特有的古代都城上层的精神和城市信仰空间结构，围合的空间成为外祭的天地循环的体现，内部以皇城为中心，形成了祖先-社稷的祭祀空间，而从外廓城、皇城、宫城、里坊直到庭院，多重围合，客观上形成了天地意志的多重循环，也造就了都城特有的精神空间模式。

原载《人文地理》2012年第1期

（黄佛君，新疆师范大学地理科学与旅游学院副教授；段汉明，西北大学城市与环境学院教授；张常桦，中国电建集团北京勘测设计研究院有限公司高级工程师）

空间布局、形制与结构特征

从王国到帝国都城"宫庙"空间变化研究

刘庆柱

我国有着"百万年的人类史、一万年的文化史、五千多年的文明史",而在五千多年文明史发展中包括前王国时代(《史记·五帝本纪》所记载的"五帝时代")与王国时代、帝国时代。本文从王国时代与帝国时代都城考古发现,就其"宫庙"(宫殿与宗庙,下同)空间位置变化,通过考古学研究国家最高统治者及统治集团在国家政治中不同时期的不同组成特色与其社会形态变化,探讨其历史原因。

所谓从考古学研究这一问题,就是随着近现代考古学的发展,考古学研究"历史信度"的增强、"历史内涵"的丰富,选择具有"国家政治"的物化载体——都城作为研究对象,"透物见人",揭示王国与帝国之形而上的政治不同,从而折射出其更有说服力与科学性的社会形态变化解读。

一、都城及其宫殿之于国家的重要性

早期国家(文明)的都城有多种称谓,如"城市""城""都""都邑""邑""国"等。

考古学家柴尔德(V.G.Chide)将人类社会从史前旧石器时代进入新石器时代称为"农业革命",而将从新石器时代进入文明时代(国家时代)称为"城市革命"。[①]就此逻辑而言,文明时代的物化载体标识是城市。

张光直指出:"在人类社会史的研究上,城市的初现是当作一项重要的里程碑来看待的。"[②]

从以上所引文献来看,西方考古学、历史学、人类学等学术界所谓的"城市",实际上就是国家都城,也有城邦国家之说。中国是世界上有着最为丰富、系统历史文献的国家。在中国古代历史文献中,"城市"一词出现较晚,一般认为在东

---

① [英]柴尔德:《远古文化史》,周进楷译,群联出版社,1954年。
② 张光直:《关于中国初期"城市"这个概念》,《文物》1985年第2期。

周（更为具体地说是在战国时代），也有说在西周时期。不过这些"城市"与"都城"概念不同，中国古代历史文献中的都城有"都""邑""国""城"等称谓。

《左传·庄公二十八年》云："凡邑有宗庙先君之主曰都，无曰邑。邑曰筑，都曰城。"这里明确指出都城的称谓为"都""城"，又界定了"都"与"邑"的不同。

关于"邑"与"都"，古代文献记载的说法也并不一致。如《史记·五帝本纪》记载，舜"一年而所居成聚，二年成邑，三年成都"。这里显然"邑"与"都"不同。前引《左传·庄公二十八年》记载，有"宗庙先君之主"的"邑"称"都"。而"邑"应该是没有"宗庙先君之主"的。当然先秦文献之中也有"夏邑""商邑""大邑""大邑商"等称谓，这里的"邑"与"都"意义相同，而其"邑"应该有宗庙。《尚书·召诰》记载："周公朝至于洛，则达观于新邑营。"[1]此"邑"亦应为"都"。

"都"也称"国"或"中国"。1963年，陕西宝鸡出土的西周何尊铭文"宅兹中（或国）"，说明三千年前古人已称"都城"为"国"。《周礼·考工记·营国》记载"国中九经九纬"。《诗经·大雅·民劳》载："惠此中国，以绥四方。"毛传："中国，京师也；四方，诸夏也。"又《吕氏春秋·审分览·知度篇》记载："古之王者择天下之中而立国，择国之中而立宫，择宫之中而立庙。"

关于都城之于国家的重要性，顾炎武认为："卜都定鼎，计及万世。"[2]王国维指出："都邑者，政治与文化之标征。"[3]

都城一般是国家的政治统治中心、军事指挥中心、经济管理中心、文化礼仪活动中心，"四个中心"核心体现的是国家在政治、军事、经济、意识形态方面的管理职能，因此可以说中国古代都城最突出、最集中的是其政治上管理国家的功能。从考古学研究的对象而言，确认都城之中集中体现"四个中心"的管理职能平台物化载体至关重要。都城的不同历史时期，其内涵及外化表现形式也不一样，但就古代历史长时段而言，都城的核心机构平台主要应该是宫殿与宗庙建筑，不过在王国时代和帝国时代，宫殿与宗庙在都城之中的地位与作用却大不相同。

宫殿是统治者在都城行使对国家管理权力的政治平台，是地缘政治的体现，是都城的核心建筑。杨鸿勋认为："宫殿建筑是王（皇）权的象征。不论对哪个国

① 李民、王健：《尚书译注·召诰》，上海古籍出版社，2000年，第285页。
② 〔清〕顾炎武：《历代宅京记》，中华书局，1984年。
③ 王国维：《殷周制度论》，见《观堂集林》（第2册），中华书局，1959年，第451页。

家来说，宫殿都是一种特殊的建筑。……在中国，它集中体现了古代宗法观念、礼制秩序及文化传统的大成，没有任何一种建筑可以比它更能说明当时社会的主导思想、历史和传统。……因而宫殿建筑是最能反映当时社会本质的建筑。通过对宫殿建筑历史的了解，可以生动地了解古代社会的主导思想意识和形态的发展。"①

远古时代"宫"是房屋的通称，房屋即"室"。《说文》载："室，实也。"故《尔雅》称："宫谓之室，室谓之宫。"因此古人认为"宫室一也"②。随着社会历史的发展，社会人群开始分化，人们活动的历史载体之———建筑物也出现了等级。先秦时代，统治者的专用建筑物"宫""宫室"之名已出现。如西周青铜器有"京宫""康宫"铭文。③又如《礼记·曲礼下》载："君子将营宫室，宗庙为先，厩库为次，居室为后。"

古代宫室中的宽大之"室"亦称"堂"或"大堂"，《苍颉篇》又称"大堂"为"殿"，"商周以前，其名不载"④。秦汉以来，宫殿之名成为统治者的"常号"⑤，一般人的建筑物不能使用这个名称。"宫室"的含义，这时也成了宫城与宫殿的复合词，《风俗通义》所载"宫其外，室其内"就是这个意思。

宫殿一般是代表王权、皇权的统治者的专属建筑物，但一些反映神权的礼仪、祭祀或宗教性建筑也有以"宫"或"殿"命名的，如古代宗教寺院房顶使用黄色琉璃瓦，这些应该是使用者为了抬高其身价，向王室、皇室靠拢，或得到皇室批准才能使用这类建筑材料。其实早在先秦时代的西周青铜器铭文上多有此类例证，如周成王庙、周康王庙又称"成宫"（舀壶铭）、"康宫"（扬簋铭）。秦汉时代，虽然"宫"名之使用已十分严格，但"宫"与"庙"通用者仍不鲜见。如秦始皇在渭南修建的"信宫"又名"极庙"，汉景帝"德阳庙"、汉武帝"龙渊庙"又分别称"德阳宫""龙渊宫"等。汉代宫与庙虽通称，但庙在其主人生前应称为宫，去世后才可谓庙。⑥这点对我们认识先秦时代宫与庙之名相通的具体文化内涵是颇有意义的。汉代以降，不少宗教性主体建筑亦名"宫"或"殿"。如文献记载，北魏

① 杨鸿勋：《宫殿考古学通论》，紫禁城出版社，2001年，第3页。
② 〔汉〕应劭撰，吴树平校释：《风俗通义校释》，天津人民出版社，1980年，第396页。
③ 罗振玉编：《三代吉金文存》卷六，中华书局，1983年，第56、57页。
④ 〔唐〕徐坚等：《初学记》，中华书局，1962年，第570页。
⑤ 〔汉〕应劭撰，吴树平校释：《风俗通义校释》，天津人民出版社，1980年，第396页。
⑥ 《汉书·元后传》载，王莽"改太后为新室文母，绝之于汉，不令得体元帝。坠坏孝元庙。更为文母太后起庙，独置孝元庙故殿以为文母纂食堂，既成，名曰长寿宫。以太后在，故未谓之庙"。

永宁寺内浮图北边的主体建筑称"佛殿"，又如唐代、元代道教建筑有称"老君殿""三清殿""太清宫""太微宫""紫极宫"及"重阳宫"者。根据上述情况，本文所论及的中国古代宫殿遗址应属于王权、皇权政治中枢活动的宫室建筑遗址。

宫殿也是历史发展的产物。早在史前时代，在一些重要的聚落遗址中就发现了"大房子"遗迹，如甘肃秦安大地湾聚落遗址发现的"大房子"F901，位于聚落南北中轴线上，坐北朝南，占地面积420平方米，室内面积126平方米。主室平面为长方形，前墙辟门3座，如后世"三阶"，东西并列，正门居中。主室正门有外凸"门斗"，门前附属建筑为"轩"。东墙、西墙各辟一侧门。主室东西各一侧室，当为后世的"旁""夹"。北部为后室，南部为附属建筑。发掘者认为F901"已不是一般部落的公共建筑，而应是举行大型祭祀、议事活动的大会堂"[①]。F901的"前堂后室"，左右置"旁""夹"，堂设"三阶"，门前临"轩"等建筑遗存，很可能是中国古代宫殿最早的雏形，甚至"夏后氏世室"就是由此发展而来的。[②]

人类社会形态从野蛮跨入文明、从史前进入国家，随着早期国家的发展，宫殿作为国家活动平台的载体，影响越来越大。在先秦历史文献中出现了"宫"即"庙"、"庙"亦"宫"，如《不寿鼎》有"隹九月初吉戊辰王才大宫"。《左传·昭公十八年》载："使子宽、子上巡群屏摄，至于大宫。"杜预《春秋左传注》释："大宫，郑祖庙。"这种"宫"与"庙"称谓的通用，可能反映了当时二者地位的相近。尽管随着历史的发展，宗庙与宫殿的功能、地位发生了重大变化，但是把"庙"称为"宫"的情况，仍然存在着。西汉时代的汉景帝陵庙称"德阳庙"，亦称"德阳宫"。《汉书·景帝纪》卷五载：景帝中元"四年春三月，起德阳宫"。臣瓒注："是景帝庙也。帝自作之，讳不言庙，故言宫。"王先谦引沈钦韩曰："谓庙为宫，此古义也。《春秋经传》《毛诗》皆然。以周有文、武世室，鲁有鲁公、武公世室。故《尔雅》又云：'宫谓之室，皆谓庙也。'"但是，在汉代把"庙"称为"宫"是可以的，将"宫"称为"庙"则是很少见的。

目前考古学基本认定并取得共识的都城之中的宫殿遗址，应该以夏代二里头宫城遗址中（西部）考古发现的第一号建筑基址最为完整、重要。[③]第一号建筑遗址为平面近方形院落，边长90—107米，面积9585平方米。主体殿堂基址位于院落北部中

---

① 甘肃省文物考古研究所编著：《秦安大地湾：新石器时代遗址发掘报告》，文物出版社，2006年。

② 杨鸿勋：《宫殿考古学通论》，紫禁城出版社，2001年，第20—22页。

③ 杜金鹏：《偃师二里头遗址4号古代基址研究》，《文物》2005年第6期。

央，东西面阔36米、南北进深25米，面积900平方米。院落南部中央置门，门址东西并列3个门道。

偃师商城宫城西部的宫殿院落，有南北排列的二号、三号、七号宫殿，它们是目前我们所知道的最早的由多座宫殿组成、每座宫殿建筑功能不同的"前朝后寝"宫殿建筑群。而偃师二里头遗址中的"前朝后寝"宫殿建筑布局应是在同一座建筑中实现的。在宫殿建筑中，由同一宫殿的"前堂后室"结构，发展为多座宫殿形成一组"前朝后寝"宫殿建筑群，这应是早期国家都城之中宫殿建筑布局形制的重要发展与时代特点。①

随着历史的发展、国家权力的加强，反映政治活动平台的宫殿规模也在扩大，已发现的安阳殷墟洹北商城面积约4平方公里，这是目前所知规模最大的商代都城。已发掘的安阳殷墟洹北商城的第一号宫殿遗址，是目前已知商代规模最大的一座宫殿。宫殿庭院东西173米、南北85—91.5米，面积1.6万平方米。殿堂基址南北14.4米、东西90米。②

20世纪30年代考古发掘的殷墟宫殿区建筑群遗址，当时发掘者认为自北向南分为甲、乙、丙三区，三区建筑群性质分别为宫殿、宗庙、社稷类遗址，其范围约35万平方米。③目前随着20世纪50年代以后殷墟遗址考古发掘工作的开展，新的学术认识已经有了巨大变化，但是限于殷墟田野考古正在进行中，涉及殷墟宫殿、宗庙类建筑遗址的研究成果还有待考古发掘、研究工作的深入。

20世纪80年代前期，在秦雍城遗址考古钻探发现的马家庄第三号建筑群遗址，南北长326.5米，南端东西宽59.5—86米，面积21849平方米，位于都城中心部位，由南向北包括五进庭院。庭院东西置两厢，庭院中部置殿堂。发掘者认为这是东周时期的秦国都城"宫寝、朝廷之所在"④。

战国时代各诸侯国都城之中开展的宫殿遗址考古工作总体完整性、系统性均存在不同程度的缺失。秦汉及其后帝国时代的都城宫殿考古工作不少，如汉唐两京的宫殿考古等，它们对于深入了解、认识中国古代宫殿建筑，均有重要的科学意义。

---

① 刘庆柱、李毓芳：《中国古代都城建筑的思想理念探索》，见西安市文物保护考古所：《西安市文物考古研究——西安市文物保护考古所成立十周年纪念》，陕西人民出版社，2004年。

② 中国社会科学院考古研究所安阳工作队：《河南安阳市洹北商城宫殿区1号基址发掘简报》，《考古》2003年第5期。

③ 石璋如：《小屯·殷墟建筑遗存》，"中央研究院"历史语言研究所，1959年。

④ 陕西省雍城考古队：《秦都雍城勘查试掘简报》，《考古与文物》1985年第2期；韩伟：《秦公朝寝钻探图考释》，《考古与文物》1985年第2期。

二、关于古代都城宗庙建筑遗址的考古学研究

祭祀性建筑遗址在世界许多地方的史前时期已经存在，这些遗址的祭祀对象不尽相同，有自然神、图腾，也有祭祀者的祖先。在中国的史前时代已考古发现与祖先崇拜有关的遗存，因为它们大多发现于墓地，多与祭祀逝者有关。这可能反映了中华文明对祖先祭祀超过了对自然神和图腾祭祀的重视程度。历史文献记载，王国时代都城宫室建设"宗庙为先"，这说明了当时人们对于宗庙的重视情况。在东西方古代文化中，尤其在祭祀活动方面，中国古代突出祖先崇拜、宗庙祭祀，西方古代重视神庙祭祀，这是东西古代文化的重要区别之一。

宗庙有着比宫殿更为悠久的历史。在文明形成、国家出现之前，宗庙已在前国家形态中发挥着作用，而且随着文明化进程的推进，"家天下"到来，宗庙的作用越来越突出。

文明形成、国家出现，都城宫殿与宗庙同为王国时代中国古代国家二元政治的物化载体。根据考古发现与研究，学术界一般认为属于都城宗庙建筑遗址的有二里头遗址第二号建筑遗址，偃师商城宫城的第四、五号建筑基址，周原遗址的云塘和齐镇建筑基址，雍城马家庄第一号建筑基址，汉长安城南郊礼制建筑遗址，南宋临安太庙遗址等。当然，见于古代文献记载的都城宗庙数量就很多了。

二里头遗址第二号建筑遗址为一平面长方形院落，东西57.5—58米、南北72.8米，周置廊庑，南庑中间辟门，南门置东西二塾，中为门道。主体建筑殿堂居北，殿堂与南门之间为庭院。殿堂基址东西32米、南北12米，庭院东西45米、南北59.5米。[①]

偃师商城宫城第四号建筑遗址范围东西51米、南北32米，周置廊庑，大门辟于南庑，西庑辟侧门。殿堂居北，坐北朝南。殿堂基址东西36.5米、南北11.8米，南部置四阶。殿堂与大门之间为庭院，庭院东西16.3米、南北12.2米。第五号建筑基址形制与第四号建筑基址基本相同，殿堂基址在院落北部，东西54米、南北14.6米。殿堂以南为庭院，周置廊庑，南廊中央辟门，其规模要比第四号建筑基址大得多。[②]

陕西周原扶风云塘发掘的西周建筑群遗址，由3座建筑组成，其平面分布为"品"字形，外围筑墙垣。围墙南部中间置门塾。在云塘建筑遗址以东52.4米的齐镇

---

① 中国社会科学院考古研究所：《偃师二里头：1959—1978年考古发掘报告》，中国大百科全书出版社，1999年。

② 杜金鹏、王学荣：《偃师商城近年考古工作要鉴——纪念偃师商城发现20周年》，见《偃师商城遗址研究》，科学出版社，2004年，第7页。

发现另一组建筑，主体建筑F4东西长23.8米、南北宽18.8米，平面为"凹"字形，南部凹进，其前部亦置"U"字形卵石路，南北长11.5米。门塾F9东西长13.6米、南北宽6.2米。F4东南部为F7，南北长20米、东西宽11.5米。F4西南部还应有一建筑。推测这组建筑群周围亦围筑墙垣。上述两组建筑可能为西周的宗庙建筑遗址。①

凤翔秦雍城马家庄一号建筑遗址（宗庙）东西90米、南北84米，面积7500多平方米。建筑群坐北朝南，周施围墙，南墙辟门，主体建筑居于北部中央。南部为庭院，其中发现祭祀坑181座，庭院东西对称分布附属建筑。②

从先秦王国时代进入秦汉王朝帝国时代，王国政治与帝国政治的最大不同点是从血缘政治与地缘政治的二元政治变为地缘政治为主、血缘政治为辅的一元政治时代。其在都城建筑中的突出表现是宗庙地位的下降，这主要体现在宫庙建筑形制的进一步改变及其在都城之中的分布位置变化。从建筑形制来看，宗庙已与一般礼制建筑形制（包括明堂或辟雍、灵台、社稷等）基本相同或相近。宫庙分布位置发生了重大变化，《史记·秦始皇本纪》记载的秦咸阳城中的秦王室、皇室之"诸庙及章台、上林皆在渭南"。据《史记》卷七一《樗里子甘茂列传》记载："樗里子卒，葬于渭南章台之东。曰：'后百岁，是当有天子之宫夹我墓。'樗里子疾室在于昭王庙西渭南阴乡樗里，故俗谓之樗里子。至汉兴，长乐宫在其东，未央宫在其西，武库正值其墓。"汉代都城武库建于樗里子墓之上，西汉武库遗址已经发掘③，武库位于未央宫与长乐宫之间，樗里子墓应在其附近。按照古代埋葬习俗，樗里子墓一般在其住地附近，也就是说阴乡樗里就在汉代都城长安城武库附近，秦昭王庙应在其东邻，可见王室的墓葬已经安排在秦咸阳城之外的"渭南"之地了。

秦始皇建立了大一统的多民族统一国家，经过对"大一统帝国"的治理，在秦始皇晚期就考虑并安排于"渭南"的西周都城丰镐故地附近新建秦王朝都城，以"前殿阿房"为都城大朝正殿基点，但是这是秦始皇与秦朝未竟之"伟业"。西汉建都关中，"汉承秦制"，于秦始皇末年"前殿阿房"之旁，营建了汉长安城。西汉初年，汉高祖的高庙和汉惠帝庙分别位于都城之内、宫城（未央宫）之外东南

---

① 周原考古队：《陕西扶风县云塘、齐镇西周建筑遗址1999—2000年度发掘简报》，《考古》2002年第9期。

② 陕西省雍城考古队：《凤翔马家庄一号建筑群遗址发掘简报》，《文物》1985年第2期。

③ 中国社会科学院考古研究所汉城工作队：《汉长安城武库遗址发掘的初步收获》，《考古》1978年第4期。

部①，惠帝之后的皇帝庙均建于都城之外，都城宗庙等礼制建筑多分布在汉长安城南郊②。大朝正殿——前殿成为都城、宫城之中的唯一至尊建筑，宗庙位置的这种变化，是统一的中央集权帝国之下的地缘政治加强、血缘政治削弱在都城布局形制上的重要反映，是政治上帝国对王国的胜利。

从秦汉帝国开启的大朝正殿在都城之宫城居中位置，而宗庙不但被移出宫城，还要被置于都城之外的"矫枉过正"的做法，恰好是秦汉帝国初期，防止王国时代的血缘政治"复辟"的反映。中国古代历史从王国走向帝国的时候，在王国政治中发挥重要作用的血缘政治，被帝国时代的地缘政治排挤，从二者的"平起平坐"到"主次分明"，从宫庙并列于宫城或宫殿区的中心地区，到宫殿（大朝正殿）位于宫城中心位置，而宗庙被安置于宫城、都城之外。

汉长安城南郊礼制建筑群遗址中的宗庙建筑遗址，是目前考古发现最为全面、系统的中国古代宗庙建筑群遗址，包括12座宗庙建筑遗址，每座自成一个平面方形的院落，其中11座宗庙建筑院落围筑在一个边长1400米的方形大院落之中，每座院落边长270—280米。院落中央为主体建筑——庙堂基址，其平面为方形，边长55米，院落四角各有一曲尺形建筑遗址。院落四面中央各辟一门。大院落南部中间有一平面方形院落，边长274米，院落中央为主体庙堂建筑遗址，平面方形，边长100米。③

从上述已经考古发掘的都城宗庙建筑遗址可以看出，夏商时代的都城宗庙建筑与宫殿建筑的平面形制基本相同，均为长方形。偃师商城宫城的第二、三、七号与第四、五号建筑基址，近年有的学者研究认为前组属于朝寝宫殿建筑遗址，后组为宗庙建筑遗址，它们的殿堂建筑基址平面均为长方形。西周时代的周原遗址的云塘建筑群遗址，其单体建筑基址平面近方形，与之对应的宫殿建筑基址的情况目前还不清楚；春秋时期的雍城马家庄第一号与第三号建筑遗址，分别为宗庙与宫殿建筑遗址，前者殿堂单体建筑基址平面近方形，后者殿堂建筑基址平面为长方形。已考古发掘多座的汉长安城宫殿建筑遗址与南郊礼制建筑的宗庙遗址，二者殿堂建筑基址平面不同，前者一般为长方形，后者为方形。西汉时代以后的都城宗庙建筑遗址的考古工作进行得很少，根据历史文献记载，其平面大多为长方形，如东晋建康的

---

① "高庙在长安故城安门里大道东。"参见刘庆柱辑注：《关中记辑注》，三秦出版社，2006年，第97页。

② 中国科学院考古研究所汉城发掘队：《汉长安城南郊礼制建筑遗址发掘简报》，《考古》1960年第7期。

③ 中国社会科学院考古研究所：《西汉礼制建筑遗址》，文物出版社，2003年。

太庙、唐长安城的太庙等。^①都城宗庙殿堂平面由长方形发展为方形，又由方形变回长方形，后者反映了宗庙（包括寺院、道观建筑）的宫殿化（趋时性表现）。第一个时期，即夏商时代，都城宗庙与宫殿殿堂平面均作为长方形时，这是早期王国时代地缘政治与血缘政治的"宫庙并列"的社会形态的特点。第二个时期，即西周时代晚期至秦汉时代，都城宗庙殿堂平面由长方形变为近方形或方形，宫殿殿堂平面仍为长方形，宫殿与宗庙殿堂平面形制的变化，反映了二者所代表的地缘政治与血缘政治力量的消长。在这一时期的后段，从战国时代晚期至秦王朝初期，都城的宫城之中"宫庙并列"已成为历史。

三、关于古代都城宫庙布局形制与地缘政治、血缘政治关系的探讨

秦汉时代以后，魏明帝在洛阳城铜驼街附近建太庙，西晋和北魏洛阳城、十六国后赵石虎邺城、东魏与北齐邺城的宗庙也均在都城之内、宫城之外。特别需要提出的是，北魏洛阳城的宗庙位于都城和内城（或皇城）之中、宫城之外，这一宗庙布局制度对以后历代影响深远。宗庙在都城的位置，在六朝故都有所不同，它们分布在都城南郊，似乎受到汉长安城南郊礼制建筑的影响。

秦汉至明清王朝的帝国时代，地缘政治在其统治中越来越重要，都城的大朝正殿独处宫城的居中、居前、居高位置与地位^②，成为宫城与都城中轴线的基点，这充分体现出统一的中央集权封建帝国的皇权至上、皇帝至上的社会形态。但是封建社会最高统治者还是以血缘政治为据继承、维系其在国家的最高统治者的地位传承的，这就需要由宗庙来体现血缘政治功能，作为同一王朝的皇帝必须一代一代地传承。因此，帝国时代还需要在都城之中保留宗庙，完成其王朝最高统治者（皇帝）确立其在国家地位的政治合法性。然而，尽管如此，宗庙在帝国时代还是从先秦时代都城的宫城或中心建筑区移至宫城之外，置于皇城之中。这显然是以宗庙为象征的血缘政治走向衰弱、新的帝国时代社会形态发展壮大的反映。

四、都城宫殿、宗庙分布与都城轴线变化研究

古代都城轴线是中国古代都城的重要特点。表面上看古代都城轴线是建筑规划

---

① 傅熹年主编：《中国古代建筑史》（第2卷），中国建筑工业出版社，2001年，第406页。

② 刘庆柱、李毓芳：《中国古代都城建筑的思想理念探索》，见西安市文物保护考古所：《西安市文物考古研究——西安市文物保护考古所成立十周年纪念》，陕西人民出版社，2004年。

与艺术问题，实质上是国家政治理念在都城规划实施上的反映。

以往关于中国古代都城轴线的研究，一是统称"中轴线"，二是都城中轴线似乎与古代都城同时出现。其实并非如此。目前考古发现的山西襄汾陶寺城址、陕西石峁城址、河南登封王城岗城址、河南新密新砦城址等，很难看出其城址的轴线规划理念，更谈不到中轴线。偃师二里头遗址的夏代都城之宫城遗址中的第二号建筑遗址（宗庙遗址）与第一号建筑遗址（宫殿遗址）并列分布于宫城之内东西。第一号建筑遗址（宫殿遗址）与其院落南门及宫城南门（七号遗址）南北相对。第二号建筑遗址（宗庙遗址）与其院落南门相对，在宫城南城墙上还未发现与之相对的南门。不过从宫城整体布局来看，南宫墙东部有可能还有一座南门（宫门）。如果这一推测不误的话，二里头宫城之内应该有两条东西并列的南北向轴线，它们分布为宫城之内西部的宫殿之南北向轴线与宫城之内东部的宗庙之南北向轴线。二者成为宫城之中东西并列南北向轴线，即本文所说的宫城"双轴线"。类似情况在偃师商城的晚期宫城中也存在，偃师商城在其宫城之中东西并列宗庙与宫殿两组建筑群，其中东部为宗庙建筑遗址，西部为南北分布的宫殿建筑群。

秦咸阳城是战国时代中期秦国修建的都城，一直到秦始皇灭六国，建立秦帝国，仍以秦国古都咸阳为都城，它属于从王国时代到帝国时代的过渡型都城。从目前秦咸阳城遗址考古发现与历史文献记载来看，战国时代与秦始皇统一六国之后的秦国王宗庙不在秦咸阳城中，而是安排在秦国故都雍城与秦咸阳城渭河之南的秦上林苑地区。至于秦咸阳城中的宫殿建筑遗址基本清楚，但是"大朝正殿"遗址有待进一步开展考古工作究明。

司马迁《史记·秦始皇本纪》记载：秦始皇三十五年"乃营作朝宫渭南上林苑中"，从"朝宫"（"前殿阿房"）"直抵南山，表南山之巅以为阙"。再由"前殿阿房"向北至咸阳构成南向北贯通的秦帝国都城之南北向中轴线，此后一直延续至明清北京城。秦始皇规划的新都城中轴线，应该是秦始皇为其新建都城所规划的中国古代历史上第一条都城南北中轴线，而宗庙不再与大朝正殿并列，而被"打入另册"①。

汉长安城是帝国时代第一个修建的都城，从汉高祖修建皇宫——未央宫伊始，

---

① 《史记·秦始皇本纪》记载，秦始皇三十五年"始皇以为咸阳人多，先王之宫廷小，吾闻周文王都丰，武王都镐，丰镐之间，帝王之都也，乃营作朝宫渭南上林苑中。先作前殿阿房，东西五百步，南北五十丈，上可以坐万人，下可以建五丈旗。周驰为阁道，自殿下直抵南山。表南山之巅以为阙。为复道，自阿房渡渭，属之咸阳，以象天极阁道绝汉抵营室也。阿房宫未成；成，欲更择令名名之"。

大朝正殿——前殿的居中理念就确定了，也就是说未央宫的"双轴线"已不可能存在。虽然皇宫——未央宫的中轴线理念已经出现并实施，但是作为整个都城的中轴线规划理念那时还没有全面形成。都城中轴线形成的早期阶段，中轴线并不具有科学的、严格的建筑规划意义上的"居中"与"左右对称"内涵，但是随着古代都城的发展，都城中轴线越来越接近居中。东汉洛阳城前期是大朝正殿与南宫的南宫门、外郭城南城门——平城门形成南北向的都城中轴线，东汉洛阳城晚期是北宫之中的大朝正殿与北宫的南门、外郭城南城门形成南北向的都城中轴线；魏晋洛阳城和北魏洛阳城的都城中轴线就比西汉长安与东汉洛阳的都城中轴线更为接近居中位置。古代都城中轴线真正实现居中，应该是唐长安城与北宋东京城（开封城），此后一直延续至明清北京城。

古代都城"双轴线"折射了王国时代地缘政治与血缘政治的二元政治格局，古代都城从"双轴线"发展为"中轴线"是地缘政治强化与血缘政治弱化的表现。帝国时代宫城中央的大朝正殿为都城基点，由此基点产生了宫城与都城中轴线。大朝正殿的基点是都城的核心，其处于帝国都城的居中、居前位置与居高地势。

从上述宫殿与宗庙在都城之中的空间位置变化，与王国时代及帝国时代国家社会形态的变化关系，说明不同社会形态与其国家管理人员的组成密切相关。"酋邦社会"管理者可能属于血缘政治，"王国时代社会"管理者应该是血缘政治为主、地缘政治为辅，"帝国时代社会"管理者则是地缘政治为主、血缘政治为辅。

原载《中国文化》2022年秋季号

（刘庆柱，中国社会科学院学部委员，郑州大学历史学院院长、教授）

中国古代"聚合型"都城的演变与退隐

王鲁民

一、"聚合型"都城及其根由

西汉，在长安城附近，结合帝王陵墓，营造了一系列陵邑，这些陵邑，近的距长安不过10公里，远的也在30公里以内，它们与长安共同构成了经济、军事上相互支撑的聚落系统，维护着京畿地区的安全。

如果把这种具有某种内在联系的近距离安排的多个城邑视为协同达成特定目标的统一单位的话，似乎可以把长安与陵邑的组合命之为"聚合型都城"。从历史上看，这种都城是在特定条件下对"大邑"（庞大都邑）追求的结果。

先秦，基于当时带有全民皆兵意味的民军制度，为了应对外部军事挑战，需要在城邑中集聚更多人口，用以加强城防能力。当国土初辟，各种条件不足以支持在都邑中安排大量非农人口时，统治者就在城中尽可能安排农户来增加人口，以形成"大邑"。由于农户一定要依靠一定量的农田维持生计，所以城内农户越多，所需要的与城市日常维持相关的农田就越多，进而远离城市的农田就越多。距城过远的田亩不仅难以为城中农户所用，且在其上耕作的农户也难以在指定时间内撤回城中，成为防守力量。所以，在城中安排农户的数量受到附城田亩数量的限制。也就是说，以农户填充的单一城邑的人口规模终究有限。当单一城邑的规模不能满足统治者的期望时，制作一个以上的具有一定附城田亩的城邑，共同形成一个具有较强防守能力的京畿地区就是一项符合制作"大邑"本意的延伸性选择。[①]

进入阶级社会以来，人们就面临着越来越严酷的战争威胁，提升防御能力是一项不断增长的要求，从相关的历史状态看，在特定条件下提升聚落的防御能力，已经暗含着"聚合型聚落"的必要。

[①] 王鲁民：《"大邑"的营造——先秦、秦及西汉都城规模与组织初论》，《城市规划学刊》2015年第1期。

二、朝歌与大殷墟

从已有的考古发掘看，商代中期以前的方国都城规模都远远小于殷人的首都。焦作府城村商代方国城址面积约为8公顷，垣曲商代方国城址面积约13.3公顷，湖北黄陂盘龙城商代方国城址面积为7公顷，这三个城邑的平均面积为9.43公顷①。而考古确定为殷人首都的偃师商城面积约为200公顷，郑州商城面积约300公顷②，安阳洹北商城面积则约为470公顷③，三者的平均面积约323.33公顷，后者是前者的34.28倍。这种城址规模的差异，既显示了宗主国和方国之间的重大的军事经济能力差异，也表明了当时的主从次序相对稳定。

情况到了商代晚期发生了变化，在关中地区崛起的周人丰京和镐京遗址面积分别达到6平方公里以上和4平方公里以上，两者面积合计大于10平方公里，虽然目前尚未探得城址，但就遗址而言，郑州商城遗址总面积为25平方公里④，参考相关发掘报告，安阳殷墟总体遗址规模也当在50平方公里以内，仅是丰镐遗址面积的2.5倍和5倍。但结合相关文献，认为商朝末期，殷人一支独大的状况已经开始受到挑战似无问题。

也正是在商朝末年的帝乙、帝辛时期，在甲骨文中出现了"大邑商"的称谓⑤。乙、辛为商代最后两个帝王，周人的丰京、镐京正是在此时段兴起的。周人都城规模的扩张和"大邑商"称谓同时出现，暗示殷人应对外部挑战的策略库中，包含着扩大都城规模一项。

商代末年，殷人的首都确实进行了扩张。《史记·殷本纪》正义引《竹书纪年》说："纣时稍大其邑，南距朝歌，北距邯郸及沙丘，皆为离宫别馆。"⑥《帝王世纪》也指朝歌属于京畿一部，并且早已用于天子驻扎："帝乙复济河北，徙朝歌，其子纣仍都焉。"⑦上引《竹书纪年》中所说的"邑"当然应被理解为王畿地区。可简单地扩大王畿的范围，在应对外部挑战上能有什么意义？其实，上述文献不仅说了其时殷人进行了王畿的扩大，更指出了其进行了包括朝歌在内的"离宫别馆"的建设。正是这被后世人解读为享乐工具的"离宫别馆"，在应对外部军事挑

---

① 许宏：《先秦城市考古学研究》，北京燕山出版社，2000年，第65—67页。

② 许宏：《先秦城市考古学研究》，北京燕山出版社，2000年，第55—70页。

③ 曲英杰：《史记都城考》，商务印书馆，2007年，第64页。

④ 许宏：《先秦城市考古学研究》，北京燕山出版社，2000年，第56页。

⑤ 曲英杰：《史记都城考》，商务印书馆，2007年，第71页；韦心滢：《殷墟卜辞中的"商"与"大邑商"》，《殷都学刊》2009年第1期。

⑥ 《史记·周本纪》，中华书局，1959年，第106页。

⑦ 《帝王世纪·世本·逸周书·古本竹书纪年》，齐鲁书社，2010年，第33页。

战上具有重大的意义。

位于今安阳西北的殷墟一带为晚商的都城所在，这一带龙山文化时期已经有人入驻。商代中期，殷人统治集团的入驻更是促成了这一地区的人口增长。当时所营造的洹北商城规模宏大，格局严整，虽因变故，城垣未能完工，但主要宫殿已经建成，形成了一定时期殷人的祭祀与行政中心。此后，殷人曾迁居于耿[①]，但在盘庚时政权核心又迁回这一带驻扎。应该是旧宫凋敝，难以即应时需，故在洹北商城之西南形成新的建设区——殷墟。考古发掘表明，这一区域中，新的宫殿区未用城垣环绕，由于此前之商人都城均设城墙系统，可以认为这些宫殿应不能视为当时人认可的都城核心元素的全部。参照偃师商城把宗庙置于中心而在其西南安排从属空间的做法，新的宫殿区位于西南而洹北商城位于东北的方位关系，表明了洹北商城中央出土的一号宫殿基址当为宗庙。[②]结合在洹北商城和殷墟已经发掘到的建筑基址的形态，参考裴安平和杨鸿勋[③]的研究，这一宫殿区应为与洹北商城相关的带有离宫性质的设置，虽然在当时，殷墟可以是此地区的最活跃部分，可按规制，它与洹北商城应共为一体，并最终以洹北商城为归依。综上，在盘庚迁殷之后，在今安阳市之西北部形成了概念上包括洹北商城和传统的殷墟的包含多种要素的庞大都城中心区，这个中心区设施完善，足以应付统治者的诸多要求。

由此，人们不禁要问，在应对外部军事挑战时，殷人为什么不采用在既有中心区上增殖的办法，而是通过在周边地区添加离宫别馆的办法来提升防守能力？

如果把洹北商城和传统的殷墟视为一个建设连续体，并称之为"大殷墟"的话，从考古发掘的情况看，到了晚商，在大殷墟所涵盖的约30平方公里的范围里，就有50余个聚落[④]，密度远高出其他地区。按照《史记》的逻辑，这些居民点当然是大殷墟的有机组成部分。从考古资料看，无论是殷墟壕沟以内还是洹北商城之中，都不曾被普通民址充满。这些聚落人口不都入城居住，是为了让居民更接近农田，方便耕种。参照后世为增强城防而设定都邑周边一定范围内田亩上的农户为都邑人口的必然组成，其在战争时应撤回城中参加防御的做法[⑤]，可以设想，这些居民点中的合格的居民在发生战事之时，应该在指定的时间内聚集于洹北商城以及殷墟宫殿

---

① 曲英杰：《史记都城考》，商务印书馆，2007年，第62页。

② 杜金鹏：《洹北商城一号宫殿基址初步研究》，《文物》2004年第5期。

③ 杨鸿勋：《宫殿考古通论》，紫禁城出版社，2009年，第63页；裴安平：《中国史前聚落群聚形态研究》，中华书局，2014年，第404页。

④ 裴安平：《中国史前聚落群聚形态研究》，中华书局，2014年，第392页。

⑤ 王鲁民：《"大邑"的营造——先秦、秦及西汉都城规模与组织初论》，《城市规划学刊》2015年第1期。

区内和左近，参加防御活动。由于指定时间必然是有限的，所以，在战时真正地为中心区防卫提供军力的聚落所涉及的范围也是有限的。由于晚商相应范围内的人口已经饱和，所涉及的农田难以承担大幅度地增加人口的压力，在其紧邻地区增加人口又无大用，因而，都邑防御能力的增强已经不能通过大殷墟及其紧邻地区的人口增加来达成。

于是，离开大殷墟的一定距离里，另设居民集中区，与既有主导居民区相互依托，形成更大的防御区域是必须的。

在笔者看来，这就是商朝末期实际发生的情况。针对当时这一地区的具体情况，大邑制作的重点，是在更大的范围内建设离宫别馆，促成人口在多个指定地点的集中，形成多个军事据点相互支撑的京畿地区才是关键。

从防御的角度，普通离宫别馆的单独军事能力也有限，关键是要形成具有区域平衡能力的军事据点。朝歌就是这样的据点。朝歌不仅拥有一系列高规格的建筑[1]，甚至在很多人眼里，它就是当时的都城。[2]

朝歌应该不是都城[3]，但它也不是一般的离宫别馆。刘起钎说："甲骨文中没有'殷'字，显见商人不曾自称'殷'。"[4]郭沫若认为"殷"是周初铜器上才出现的对商人的称呼。[5]"殷"的含义为"中""正""盛""大"。"按礼书记载，四方诸侯合集京师朝见天子，叫作'殷见'或'殷同'"[6]。把安阳西北部的建设区域称作"殷"，显示出在相当长的时间里，人们视这一空间为商都的核心，重大的祭祀、礼仪活动理应在此进行。以此为背景考虑作为外部要点的朝歌功能承担，颇疑"朝歌"为"朝格"之讹，"朝"为早晨，"格"为"至""来"。若如是，"朝歌"就是每天早上天子要到的地方，也就是说，对于殷墟，它是一定时期的日常理政之所。这种功能设置，当然可以促成一些人将朝歌理解为晚商都城。而笔者关切的是，朝歌的设置是特定条件下应对大邑需求的手段，是商人都城核心部分的特殊溢出单位。

大殷墟和朝歌是"大邑商"的两个核心部分。距离拉开的双核心安排，使得更多的农户在必要时可以较快地集聚于特定的空间要点，形成防守力量，通过各个空

---

① 曲英杰：《史记都城考》，商务印书馆，2007年，第73—74页。

② 《汉书·地理志》言：河内郡属县"朝歌，纣所都"。（《汉书》，中华书局，1960年，第1554页）

③ 杨宽：《中国古代都城制度史研究》，上海古籍出版社，1993年，第33页。

④ 刘起钎：《古史续辨》，中国社会科学出版社，1991年，第461页。

⑤ 郭沫若：《奴隶制时代》，中国人民大学出版社，2005年，第14页。

⑥ 杨宽：《西周史》，上海人民出版社，1999年，第32页。

间要点之间的协作，来保证"大邑商"的安全。

如前所述，安阳殷墟实际上就是由诸多聚落构成的系统，也就是说，它本来就是一个"聚合型"都城。从中国早期聚落变迁的情况看，许多早期的中心聚落都是由多个聚落聚集而成的，它们作为一个共同体，承担着地域性组织和防御任务①。而商代末年的营造，使得殷人的都城成为集多个以都城主导设施为中心的邑落聚合体而成的新型结构，它所覆盖的范围更大，涉及的人口更多，较之其前的中心聚落，它是新型的大邑。

周朝以后，人们大约设定都邑周边农户撤至城中的可接受时间为一天，其对应的距离当在50周里以内。②1周里大约为353米，从现有的地名看，朝歌故地在今鹤壁新区或淇县老城③，其离开大殷墟之距离远远大于100周里。这种情况表明，在朝歌与大殷墟之间还有其他的次级军事据点存在，并且当时人们对点与点间的军事协同要求的水平也不高。

三、"春出冬入"与"双邑型"都城

《汉书·食货志》说："春令民毕出在野，冬则毕入于邑。其《诗》曰：'四之日举趾，同我妇子，馌彼南亩，田畯至喜。'又曰：'十月蟋蟀，入我床下，嗟我妇子，聿为改岁，入此室处。'"这段文字显示，为了确保城防，统治者要尽可能在城中安排农户，随着农户的增加，一部分农户的农田就会离城过远，很难实行早出晚归的劳作方式。为了让更多的农户在都邑集聚，且满足平衡防御和耕作两方面的要求，在古代一定时期，采取过让居邑农户开春即出邑住在田头，冬天才得返回的做法。④《汉书》所引《诗》句来自《豳风·七月》，传统的说法以为《诗经·豳风·七月》写成于周公时期。⑤这样，在灭商以前，周人就实行了让农户春"毕出"于野而冬"毕入"于邑的城邑生活组织方式。

这种新的都邑生活制度，使得周人的都邑景观与殷人有极大不同。原来在一定范

---

① 裴安平：《中国史前聚落群聚形态研究》，中华书局，2014年，第144页。

② 王鲁民：《"大邑"的营造——先秦、秦及西汉都城规模与组织初论》，《城市规划学刊》2015年第1期。

③ 今鹤壁新区淇水岸边有鹿台遗址，与《大清一统志·河南卫辉府》"朝歌故城在淇县东北"的说法相符。

④ 王鲁民：《"大邑"的营造——先秦、秦及西汉都城规模与组织初论》，《城市规划学刊》2015年第1期。

⑤ 《诗序》云："《七月》陈王业也。周公遭变故，陈后稷先公风化之所由，致王业之艰难也。"《陈疏》："此周公遭管蔡之变而作。"（黄焯伯：《诗经蠡诂》，中华书局，2012年，第203页）

围内城圈内外受耕地条件影响而分散分布的邑落，现在被强制地纳入城中，不仅使这些邑落的相对独立性大打折扣，还促成它们转为城市道路围合切割的街坊。

"春出冬入"的都邑居民生活组织方式较之前殷人在都邑主导建设区附近密集安排村寨的做法好处是明显的。首先，非耕作期农户住在城内，使得都邑在一年里快有一半的时间都处在随时可以应战的状态；其次，城邑农户在田间居住的时段气温较高，不需建造特别坚固的建筑，所居住的为类似于后世窝棚的"庐"①，这样，战时农户退守城中后，在都邑周边相当范围内不留可为敌人利用的坚固的人工设施；最后，农户正宅位于城中，且一年有一半时间住在城中，在情感上有利于他们对于城邑的认同。

虽然有具体的做法差异，但用农户来提升城邑防卫能力却是一样的，当在采取"春出冬入"的做法时，附城田亩所支持的农户数量仍然满足不了统治者对都邑规模的期望时，采用殷人实行过的办法，另辟新的带有足够田亩的都邑，形成新的军事支撑点，就是适当的选择。

周文王伐崇侯虎胜利后，在沣水西侧营造了丰京。经过一段时期的经营，丰京不仅有了一系列重要建设，并且通过增殖和迁入，在这一地区集聚了众多的人口。②但武王接替文王即位后，并没有简单地继续扩充丰京，而是在沣水东岸另辟镐京，同时，丰京不改，继续为全国之政治文化中心。

丰京继续作为政治文化中心，表明了镐京并不全然独立，既然并不独立，可它们为何不在空间上接续发展？朱熹《诗集传》引张载曰："周家自后稷居邰，公刘居豳，大王邑岐，而文王则迁于丰，至武王又居于镐。当是时，民之归者日众。其地有不能容，不得不迁也。"③从丰镐二京之地貌状态看，所谓"地有不能容"应不是指在丰京周边无法进行农田的扩张来养活人众，也不是指丰京城圈无法扩张以安排更多居民入住。常规上，新的居住空间的实现，单从设施利用的经济性和都邑的中心性制作的要求看，在原来已成且要持续使用的丰京基础上实施扩建最为合适，不需要辟地另起一集中建设地段。所以这里的"其地有不能容"应指丰京所配置的田亩量已过大，使得离丰京最远之耕地上的居邑农户已经不可能在战争爆发时于指定的时间内撤回城中。正是在这样的框架条件下，有了武王的镐京的大规模建设。通过另设都邑，形成新的城邑所可能覆盖的耕地，达到大幅度增加京畿地区的人口

---

① 王鲁民：《"大邑"的营造——先秦、秦及西汉都城规模与组织初论》，《城市规划学刊》2015年第1期。

② 黄淬伯：《诗经覈诂》，中华书局，2012年，第374、413页。

③ 朱熹：《诗集传》，凤凰出版社，2007年，第220—221页。

数量，形成坚强的防御目的。

丰镐之间的军事协同，得到了更仔细的考虑。《史记·周本纪》裴骃《集解》31徐广曰："镐在上林昆明北，有镐池，去丰二十五里。"①晋时1里约为432米，晋25里相当于周30里②。周代30里为"一舍"，"一舍"即当时军队常规的一日行程。也就是说，这种距离安排使可能处在丰镐之间的敌军与丰镐之距离都处在半日的军队行程之内，有利于丰镐之军对之实行夹击。同时，沣河的存在，使在此区间的敌军无论攻击对象为何，都不得不背水为阵。从形式上看，沣水形成了丰镐之间的空间界限，但从军事上看，沣水却造就了丰镐之间的敌军不可容留的空间。30里地夹一河的安排，使丰镐两京成为一个军事上连续的实体。

由丰镐两京构成的"双邑型"都城是又一种"聚合型"都城，是较殷人在安阳的实践更加精审的东西。可形式上，丰镐两京之间毕竟隔着沣河，且各有自己的名称，很容易使人将之理解为两个相对独立的部分，这就很难造成金字塔式的空间层级秩序感受，这种空间形态，当与日渐增长的天子独尊概念的表达的需求并不对应。

四、"大邑成周"的形态与意义

周人克商后，就打算在洛水一带"定天保，依天室"③，修造都邑以"居九鼎"④。这种盘算，从一开始就要求新的都邑有更具说服力的形式特征，以打造政权的正当性和天子独尊的概念。武王死后，周公秉承武王之遗志，在河洛地区修造了大邑成周。⑤《逸周书·作雒解》说："（周公）及将致政，乃作大邑成周于土中，城方千七百二十丈，郭方七百里。"据各家考证，此句的后半段当为"城方千六百二十丈，郭方七十里。"以一里180丈计，其城方正好为九里。如此，大邑成周应是一个城池尺寸采用了极阳之数，城郭相套，强调城池中心性的设计格局。单一城郭的设置，形成了神圣之域主导的金字塔式的空间格局，从而与《作雒》及《尚书·洛诰》《尚书·召诰》⑥等表达的强烈的中心性显示需求呼应，有利于天子独尊的概念形成。按照吕思勉、杨宽等人的考证，《逸周书·作雒解》当是西周文

① 《史记·周本纪》，中华书局，1959年，第118页。
② 李渶：《官尺·营造尺·乡尺——古代营造实践中用尺制度再探》，《建筑师》2014年第5期。
③ 《史记·周本纪》，中华书局，1959年，第129页。
④ 《史记·周本纪》，中华书局，1959年，第133页。
⑤ 杨宽：《西周史》，上海人民出版社，1999年，第168页。
⑥ 〔清〕孙星衍：《尚书今古文注疏》，中华书局，2004年，第390—422页。

献①。这样，人们在今洛阳瀍水以西的涧水东侧发现的城垣约略为方九里的先秦遗址，应为"大邑成周"②。

成周虽称"大邑"，但其当时的主要功能是安置"九鼎"③，政权的日常运作并不在此，因而其人口集聚的压力有限。④从《逸周书》的说法看，当时并没有在其附近设置与其互成犄角之势的军事协同城邑。

从东汉开始，就有人认为西周之雒邑是由成周和王城两个部分构成的，一为王城，一为殷遗民迁入的成周。⑤考古发掘表明，在瀍水以东的汉魏洛阳城下，确实发现了西周城垣遗迹。⑥这种情况似乎支持了雒邑两城之说。在这种说法中，西面为王城，东面为成周，在洛阳东郊发现有二十几座殷遗民墓，当然也成为相应的考古证据。⑦

《洛诰》记叙雒邑的选址时说："予惟乙卯，朝至于洛师。我卜河朔黎水，我乃卜涧水东，瀍水西，惟洛食，我又卜瀍水东，亦惟洛食。伻来以图及献卜。"可见，当时进行了多方比较，只有靠近洛水的地方为吉，适合都城建设。这样的话，由于汉魏洛阳城下的西周城址范围远离洛水，所以其不能为此次选址的都城之一部分。⑧此外，从诸多西周叙述看，成周应该是周天子驻跸之所，许多重要的祭祀活动也在此地进行。⑨这种情况似与《汉书》所谓成周为安置殷遗民之地的说法不能协调，试想，周王朝怎么可能把与国体、国家安危相关的祭祀场所和天子驻地安置在一个十分有可能存在异心的环境之中？所以考古发掘表明现存瀍水以东之城必定不是成周。

其实在都城附近，集中安置殷遗民也不见得安全，可是为什么要在安置九鼎的神圣场所附近安排一个容纳殷遗民的城邑呢？细察《汉书·地理志》的"周公迁

① 杨宽：《论〈逸周书〉》，见《西周史》，上海人民出版社，1999年，第857页。

② 曲英杰：《史记都城考》，商务印书馆，2007年，第101—102页。

③ 《汉书·地理志》，中华书局，1962年，第1555页。

④ 王鲁民：《"大邑"的营造——先秦、秦及西汉都城规模与组织初论》，《城市规划学刊》2015年第1期。

⑤ 《汉书·地理志》，中华书局，1962年，第1555页。

⑥ 中国社会科学院考古研究所洛阳汉魏城队：《汉魏洛阳故城城垣试掘》，《考古学报》1998年第3期。

⑦ ［美］许倬云：《西周史》，生活·读书·新知三联书店，2001年，第126页。

⑧ 《洛诰》："予惟乙卯，朝至于洛师，我卜河朔黎水，我乃卜涧水东、瀍水西，惟洛食；我又卜瀍水东，亦惟洛食。"（［清］孙星衍：《尚书今古文注疏》，中华书局，2004年，第403页）

⑨ ［美］许倬云：《西周史》，生活·读书·新知三联书店，2001年，第127、294页。

殷民，是为成周"之句，似乎也可以解释为"周公为了建造成周，在此安排了殷民"。这种解释初看并不特别顺当，却有着文献方面的明确支持。《尚书·召诰》说到洛邑之营造："越三日戊申，太保朝至于洛，卜宅。厥既得卜，则经营。越三日庚戌，太保乃以庶殷攻位于洛汭。""庶"是众多的意思，"攻"为兴造的意思。①可见，雒邑的营造动用了大量殷遗民。为了大规模工程的顺利进行，因而调集已经驯服了的"庶殷"于此，并设置用以管控的城邑是完全可以设想的。

从空间格局看，由异质性人口构成的服务于雒邑建造的城池应该不能成为作为礼仪中心的雒邑的必然组成。已知汉魏洛阳城址与西周王城之间的距离在40周里以上，按照雒邑的中心性强调和郭方70里的说法，雒邑的城与郭当取同一几何中心，因而城垣和郭墙之间的距离应为30周里左右，也就是说，在汉魏洛阳城下发现西周城址当在雒邑之大郭以外，虽然十分靠近大郭，但其在空间上决不与雒邑同属一体系。汉魏洛阳基址上的周城只能是"大邑成周"的低级附庸。

合理的解释是，当时人们将位于河洛之地的新邑称作"成周"，其核心称作"王城"。这种情况，反而使位于瀍水以东的附属有机会称作"洛阳"，以至于其成就了一场两千年的文笔官司（图1）。

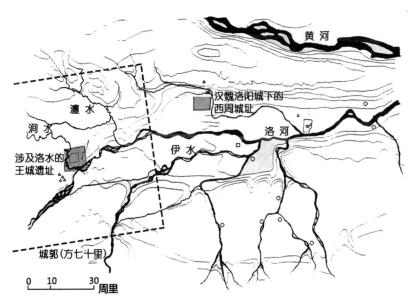

图1　雒邑及周边形势

（笔者绘制。参考［德］阿尔弗雷德·申茨：《幻方——中国古代的城市》，中国建筑工业出版社，2009年，第73页；梁云：《战国时代的东西差别——考古学的视野》，文物出版社，2008年，第148—149页）

---

① 〔清〕孙星衍：《尚书今古文注疏》，中华书局，2004年，第392页。

综上所述，成周号称"大邑"，但因为特定的条件，并未采用"双邑型"的格局。这一方面暗示出丰镐那样的"双邑型"都城是防御要求压迫的成果；另一方面则表明，当时人们明确地知道，单一极点的金字塔型空间秩序与统治者所要求的权威塑造更为契合。

五、秦咸阳："聚合型"都城的新尝试

《史记·秦本纪》说："孝公十二年作为咸阳，筑冀阙，秦徙都之。"[①]按照考古发掘，许多人认定秦孝公所营冀阙在窑店镇东北牛羊村一带。[②]这个部分的规模十分有限，与此前秦人经营的雍城、栎阳城等差距太大，这种状态，与秦人这一时期对外扩张取得进展而需要更大的威势表达并不匹配。其实，这一时期，在此地经营的秦人都城不仅是筑有冀阙的咸阳部分，从古人把宗庙作为都城的核心性定义元素看[③]，在渭水南岸与这一部分遥相呼应的宗庙、章台一区，应是这个秦人都城的更重要的内容。《史记·秦始皇本纪》载："诸庙及章台，上林皆在渭南。"[④]对此，似乎可理解为迁都咸阳后逝世之秦王之宗庙都放在渭水南岸，且与章台宫等相连成为一特别区域。章台在今袁家堡以南，与咸阳宫大致南北相值，中间有一条渭河，两者距离大致为30周里，这就基本上形成了与西周丰镐两京相同的空间结构。但要注意，秦人这个都城并不是丰镐两京那样的双中心格局，章台宗庙一区是都城的中心。

在这里，特别值得提出的是阿房宫的前身——阿城的设置。《三辅黄图》称："阿房宫，亦曰阿城，惠文王造，宫未成而亡，始皇广其宫。"[⑤]遗址情况表明，阿房宫在章台宗庙区西南距其约27周里。惠文王为秦孝公的继位者，他为什么早早地就在远离当时主要宫殿所在建造阿城呢？在笔者看来，正是阿城的建设，使得秦人都城的渭南部分在结构上和殷墟、洹北商城的结构相类，正是这种结构，明确地显示出章台宗庙区的主导性。[⑥]在此架构下，渭北的冀阙部分和阿城都成了这一主导元素的翼辅元素，这样的安排，使秦都的整体空间建构摆脱了双心并置的格局，形成了一个以宗庙区为中心的新式"聚合型"都城。阿城与章台之间距不足30周里，似乎是对其间缺乏大的河流的一种补偿（图2）。

---

① 《史记·秦本纪》，中华书局，1959年，第203页。
② 杨鸿勋：《宫殿考古论》，紫禁城出版社，2001年，第151页。
③ 《左传·庄二十八年》："凡邑有宗庙先君之主曰都，无曰邑。"
④ 《史记·秦始皇本纪》，中华书局，1959年，第239页。
⑤ 何清谷：《三辅黄图校释》，中华书局，2005年，第49页。
⑥ 王鲁民：《秦制初探——以秦人都城营造为基础》，《城市规划》2014年第12期。

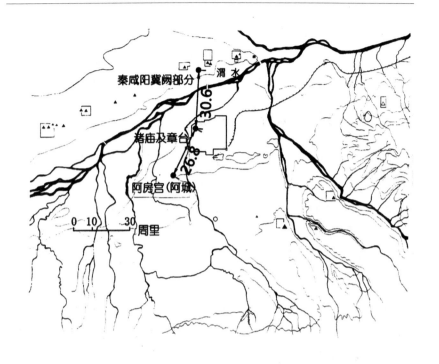

图 2 冀阙、诸庙与阿城关系图

（笔者绘制。参考［德］阿尔常雷德·申茨：《幻方——中国古代的城市》，中国建筑工业出版社，2009年，第146页；曲英杰：《史记都城考》，商务印书馆，2007年，第139页）

应该是因为渭北地区后依高冈，前有渭河，易于防守，因而从军事的角度看其有着自然的优先性，于是，也许这个新式的"聚合型"都城最初的建造首先集中在渭北，然后才及渭南，阿城在很长一段时间里只是一个概念性的存在。

秦始皇当政后，在章台一带修建信宫，后又将信宫改为自己身后祭祀专用的极庙，"信宫"意为中央宫殿，"极庙"则是占据核心的宗庙。[1]秦始皇的这一行动应是对秦惠王时就确立了的新式"聚合型"都城格局的有力确认。

中心性的确立需要系统的空间举措，在改信宫为极庙后，秦始皇即在极庙西南的阿城的基础上大修阿房宫，在空间架构上确认极庙的居中地位。

秦始皇在有着长时间建设积累的秦都进行中心单极化的确认其实很难一蹴而就，其设渭水为天汉的象天[2]做法在某种程度上强调了渭南、渭北的相对独立性，且阿房宫又极一时之壮丽，凡此，都使得极庙的中心性的表达受到很大干扰，最终，咸阳并未能形成一个形态秩序严整的单极架构。[3]

---

① 王鲁民：《秦制初探——以秦人都城营造为基础》，《城市规划》2014年第12期。

② 《史记·秦始皇本纪》，中华书局，1959年，第241页。

③ 王鲁民：《秦制初探——以秦人都城营造为基础》，《城市规划》2014年第12期。

在汉代的中央集权进一步成长的政治背景下，秦咸阳那种秩序杂错的都城形态当然不能满足要求。从实际建设成果看，西汉长安不仅大刀阔斧地把京畿地区的人口集聚提高到一个新的水平，并结合实际的耕地与城邑人口的配合要求，制作出以长安为中心、多个陵邑环绕的一中心多卫星的新式"聚合型"都城。

六、陵邑的设置与"聚合型"都城

陵邑之设，始于秦始皇。《史记·秦始皇本纪》载，始皇十六年（前231）为"侍奉陵园"而"置丽邑"。始皇三十五年（前212），"徙三万家丽邑"[①]。骊邑距咸阳较远，与咸阳的军事协同能力有限，但毕竟有一定的协助作用。汉代不仅承继了秦代设置陵邑的做法，并且进一步发挥：一方面，将陵邑作为以强干弱枝为目的的迁入各地豪强的政策的落实空间；另一方面，将陵邑环绕长安城布置，与长安城一道形成了共同对外的军事实体。

西汉先后共设有七个陵邑：高祖长陵邑、惠帝安陵邑、文帝霸陵邑、景帝阳陵邑、武帝茂陵邑、昭帝平陵邑、宣帝杜陵邑。从空间组织上看，这些陵邑可以分成三个组团，即以长陵邑为中心包括安陵邑、阳陵邑的长安北组团，以茂陵邑为主包括平陵邑的长安西组团，以及霸陵邑与杜陵邑结合而成的长安东南组团。北组团的重心长陵邑与长安的距离约30里；茂陵组团中心位置距长安城直线距离约73里；霸陵组团中心距长安的直线距离约60里。注意到长陵邑与长安城之间距又是30里，并且渭河大致处在两个城邑的中间位置，这再次表明，30里夹一条河，在当时是实现城邑之间密切军事协同的特殊空间模式。茂陵组团和霸陵组团与长安的距离都控制在当时的两日常规行军的路程以内，与中央组团互为犄角，形成了军事协同度颇高的一心两翼的区域空间控制体系，大大地扩大了京畿地区中心防守实体的覆盖范围（图3）。

长陵邑等与长安城隔河相望，似仍带双极对峙的痕迹，但这时不仅外围有茂陵邑组团与霸陵邑的策应，主要的礼制建筑都围绕长安或在长安城中安排，并且还出现了将长安称为"斗城"的做法。在古代传说中，"斗"为"帝车"[②]。这些，均显示出将长安城视为地域的唯一中心的意图。

---

① 《史记·秦始皇本纪》，中华书局，1959年，第256页。
② 《史记·天官书》，中华书局，1959年，第1291页。

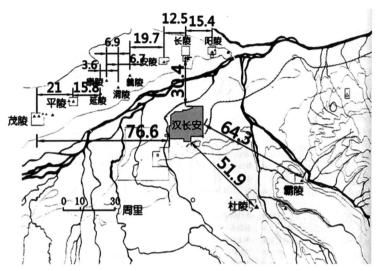

图 3 长安与诸陵邑的距离

[笔者绘制。参考 [德] 阿尔弗雷德·申茨：《幻方——中国古代的城市》，中国建筑工业出版社，2009年，第146页；刘叙杰主编：《中国古代建筑史》（第1卷），中国建筑工业出版社，1984年，第439页]

据《通考》卷一二四引《汉旧仪》，安陵、霸陵、阳陵诸邑居家各万户；平陵、杜陵两邑居家在3万户以上。《汉书·地理志》载汉末时长陵邑50057户，人179469口；茂陵邑61081户，人277177口。这些陵邑的规模不见得是预先安排所致，但最大的居民点规模在6万户左右，与战国时认定的方百里之邑的常规极限规模相近，中等规模的陵邑在3万户左右，也可以视为与方70里土地极值条件下的民户容纳可能对应。[①]这些，似乎表明了某种管控在起作用。另外，除了长陵以外，人口在3万户以上的陵邑与长安城的距离都在60周里左右或以上。这种距离当然有助于在相应的陵邑里容纳适当的农户，也显示出用较大的因而也是有较强防御能力的独立邑落为单位来增加京畿地区人口总量的意图。[②]

长陵邑户均人口仅为3.585人，比较当时开辟成熟的农耕郡县户均人口4口以上甚至高达6人的情况[③]，这个数字特别引人关注。其实，更值得关注的应该是长安人口的情况，按照《汉书·地理志》记载，统计时长安有户80800，而人口仅有246200，户均仅为3.047人，较长陵邑更少！

对这样的情况的合理解释应是，在长安城中存在着大量少于3人的家户。这种家

---

① 王鲁民：《“大邑”的营造——先秦、秦及西汉都城规模与组织初论》，《城市规划学刊》2015年第1期。

② 王鲁民：《“大邑”的营造——先秦、秦及西汉都城规模与组织初论》，《城市规划学刊》2015年第1期。

③ 《汉书·地理志》，中华书局，1962年，第1543—1639页。

户的户主当为已经能承担国家的赋税徭役、身强力壮但未必娶妻或生子的男丁。这样的家户既可以用较少的附城田亩养活，其人口中可以用作兵卒的比例又较高，还可以用较少的田亩支持较多的有效兵源。在当时人口繁衍的条件下，这种家户的大量存在并不符合一般的人口衍生常态，因而从逻辑和操作层面看，长安城内户均3人左右的状况只能是人为操作的成果。可以设想，当时长安在其他地区征发适龄男子入城居住，参与耕作，并允许其娶妻生子，当这种口户的家庭成员增加到一定数量或户主年龄增大到一定水平时，其所耕田亩换由新人来耕种。从笔者的角度看，这种做法的存在，正是在城邑尽可能多地纳入农户以增加防守能力的做法在新条件下的自然延伸。正是这样的少口户的存在大大降低了西汉长安户均人口。当然，这种方法的实行范围恐怕也只能在京畿中心区。长陵邑的户均人口不到3.6人，正表明了其地位重要，城内也安排相当数量的一两口户。茂陵邑不处在京畿核心区域，这种口户应该较少甚至没有，其户均人口大体与一般郡县的情况相似，为4.538人。

长安当时有人口24.62万，诸陵邑总户数约为23万，取长陵邑和茂陵邑均值每户4.1人，计得陵邑总共容纳的人口为94.3万人。也就是说，不算宫廷及常备军的人口，当时长安地区的总人口已在120万人左右。由于各陵邑与长安城之间距都小于100里，特别是长陵组团距长安更近，再加上京畿地区池渠丰富，地形多变，其能够提供的适宜耕种的田亩也就有限，应该很难满足以120万人为背景的，并且含有大量特殊口户的农户满负荷耕作的要求，这种人多地少的局面，一方面会促成农田的精耕细作，另一方面，也会促成工商业发展。

七、"聚合型"都城的退隐及其影响

封建帝王的穷奢极欲、中央集权大帝国的官僚队伍扩容和工商业的发展都会导致京畿地区的非农业人口增长，增加长安地区的供应压力。为了满足京畿地区逐渐增多的非农人口的生活需求，向京师输入粮食是一项十分重要的工作。从《汉书·河渠书》载大司农郑当时的言论和秦咸阳地区人口聚集的情况看，在秦代，已经利用漕运①向京畿输送粮食。不过直到汉初，漕运的开发还相当有限。②《史记》的叙述表明，汉武帝时，漕运及京畿地区对外通道的建设问题被提到了一个很高的

---

① 所谓"漕运"，本指地方为支持中央政权的存在通过水道向其输运粮食的活动。《史记·河渠书》："是时郑当时为大农，言曰：'异时关东漕粟从渭中上，……'"（《史记》，中华书局，1959年，第1409页）

②《史记·平准书》："孝惠、高后时，为天下初定，……漕转山东粟，以给中都官，岁不过数十万石。"（《史记》，中华书局，1959年，第1418页）

地位。通过多年努力，西汉一朝不仅提升了由关东向京师输送粮食的能力，并且通过提升京畿附近地区的耕地开发水平，基本解决了当时京师地区人口聚集所带来的供应问题。[1]

周边地区对京师的供应能力的提升，反过来促进城市工商业的发展和非农人口的增长，使得城市人口的总量与城居农户口数的关系相对疏离；与此同时，经过春秋战国的演进，西汉武帝以后，常备军逐渐成为国家应付战争的主导力量。[2]城防的坚固与否，与城市中居民数量的关系也逐渐疏离，当然也就与城市中农户的数量关系疏离。多种力量的共同作用，使得长期存在的依靠农户增强城防的做法渐成不必。相应地，春天城邑中农户毕出，在田间地头驻守至秋冬之交的做法也就逐渐地退出历史舞台。当然，与此相关的"聚合型"都城也渐渐隐入历史。

商代末期新型"聚合型"都城的出现和至西汉的"聚合型"都城，是在都城对外交通能力有限、京畿周边土地开发水平较低、特定的兵制和总体经济支撑水平不高等条件下谋求强势都城的产物。汉武帝以后总体情况的转变，使得这种都城的失势势在必然。文献记载，西汉陵邑之设终于长安对外交通系统相对完善之后数十年的元帝之世。[3]在某种意义上，这可以视为依靠农户来支撑大邑做法的结束和"聚合型"都城退出历史舞台的起点。

从中国城市建设史的总体情况看，在特定条件下制造大邑的具体实践，导致了一定时期的不同形态"聚合型"都城的营造，形成了中国城建史上一段特殊的插曲。由于大邑的制作是在当时条件下要经过特别的努力才能形成的，所以对它的追求自然会给相应的社会留下较深的印迹。后世，制造大邑以宣示天子地位之崇隆，似乎通过文献的教导、政治的沿袭、文化的熏陶成为中国传统都城建设的内在要求。同时，政教合一的集权政体和官本位的文化，促成包括人口在内的各种资源在京都超常的聚集。西汉以后，凡是有一段升平年景的朝代，如东汉、隋、唐、北宋，其都城无不以其庞大的人口规模闻名于世。为了向更多的非农人口提供生活必需，在当时的条件下，更积极地利用河道、开发漕运应是这些都城建设必须要认真对待的功课。

中国传统的都城，经济增殖能力往往有限，单从经济的角度看，大规模地开发

---

① 《史记·河渠书》，中华书局，1962年，第1409—1411页。另《汉书·文帝纪》提及当时"关中有无聊之民"就表明了当时漕运提供的物资，已不仅仅可以满足"中都官"的需求。（《汉书》，中华书局，1962年，第292页）

② 雷海宗：《中国文化与中国的兵》，商务印书馆，2014年，第30页。

③ 《汉书·元帝纪》，中华书局，1962年，第292页。

漕运以供应规模巨大的都城，是当时的政治体制所导致的一种相当奢侈的耗费。但正是这种耗费使得在都城大规模地聚集人口本身和因此而形成的设施就有条件在相当长的时间里扮演将中国这一庞大空间整合为一体的关键性角色。在笔者看来，正是对大邑的要求引发了包括南北大运河在内的漕运系统和以京畿为中心的强大的对外交通设施系统的建造，而漕运系统及相应的对外交通设施不仅在物理上把中国的版图绑在一起，更十分有效地促进了各地间的经济和文化的交流与融合。也就是说，对大邑的追求及其不同时期造成的不同形态的建设与文化成果，在中国的大一统的国家空间最终形成上起着不容忽视的作用。

原载《城市规划学刊》2015年第4期

（王鲁民，深圳大学建筑与城市规划学院教授）

宫殿主导还是宗庙主导

——三代、秦、汉都城庙、宫布局研究

王鲁民

一、宗庙主导是先秦都城格局的要点

"匠人营国，方九里，旁三门，国中九经九纬，经涂九轨，左祖右社，面朝后市。"这是《周礼·考工记》所述的"营国制度"。所谓"国"就是"都城"。这段文字是以王宫为基点对都城主要元素布局的描述，牵涉到了中国古代都城中一系列最重要的元素："祖"，宗庙；"社"，社坛；"朝"，宫殿中用于朝会之所；"市"，市场；"经"，南北向道路；"纬"，东西向道路。都城中这些元素究竟是怎样布置的呢？《考工记》注"王宫当中经之涂也"一句，是解释这个问题的关键。"中经"是"九经"中间那一条，这条路正对王宫，表明了王宫处在南北中轴之上。据此，人们可以画出一个正方的城圈，其中央为天子的宫廷，在宫廷前"中经"的两侧，东边安排宗庙，西边安排社坛（图1）。虽然已有很多学者指出在现知先秦都城遗址中并没有发现与此相同的格局，可长久以来，一些重要的研究者还是基本上认为《考工记》所述的营国制度为先秦确实实行过的"周制"。[①]

《逸周书·作雒解》记叙了西周都城成周（洛邑）的营造。《逸周书汇校集注》卷五在述及成周规模时云，"乃作大邑成周于土中，立城方千六百二十丈"。周代以180丈为一里，1620丈恰为九里，正与《考工记》所云"方九里"相合。成周似乎就是《考工记》营国制度确实实行过的重要证据。

不过，城市营造的重要内容之一是社会权力秩序和文化价值体系的空间呈现。如何展现社会主导权力的架构对于任何文化的传统社会的城市营造都是不可忽视的问题，尤其是作为国家政治文化中心的都城。看一下《考工记》营国制度所提示的都城图样，就会发现这是一个以当世君主使用的宫殿为主导，而将祭祀活动的宗庙和社坛作为配饰的空间系统。可仔细体会一下《作雒》的叙述，人们会发现一个完

---

① 贺业钜：《考工记营国制度研究》，中国建筑工业出版社，1985年；曲英杰：《史记都城考》，商务印书馆，2007年。

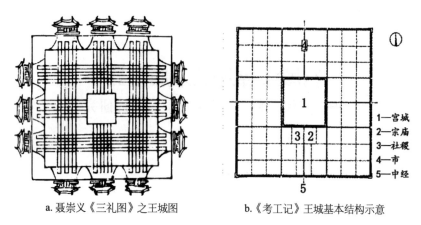

a. 聂崇义《三礼图》之王城图 b.《考工记》王城基本结构示意

1—宫城
2—宗庙
3—社稷
4—市
5—中经

图1　《周礼·考工记》之王城图

全不同的东西。

《作雒》在述及成周建造时说："乃设邱兆于南郊，以祀上帝，配以后稷、日、月、星辰。先王皆与食。封人社壝。诸侯受命于周，乃建大社于国中。其壝，东青土，南赤土，西白土，北骊土，中央疊以黄土。将建诸侯，凿取其方一面之土，煮以黄土，苴以白茅，以为土封，故曰受列土于周室。乃位五宫，大庙、宗宫、考宫、路寝、明堂。咸有四阿，反坫，重亢，重郎，常累，复格，藻棁，设移，旅楹，春常，画旅，内阶，玄阶，堤唐，山廇。"这里要特别注意，这段文字叙述的顺序：首先说邱兆，邱兆是用于祭祀上天的场所；其次说大社，大社是祭祀土地的地方；再次才说用于人类的宫殿。在先秦社会，这样一个顺序，表达的正是由政权正当性的获得到天下秩序的设定的过程。祭天是天子的特权，祭天是表明其权力正当性的最具标志性的活动。而大社的使用则十分明确地通过演示人间权力的分派，达到了建构社会秩序的目的。这一先一后顺序，逻辑严密地确认了周天子的天下共主的地位，这个顺序实在是错乱不得的。它不仅是一个叙述顺序，并且必然是都城营造的实际顺序。注意到这个顺序所体现的内在逻辑，人们就会意识到，《作雒》对成周宫殿建设顺序记述也不会是随意的。它应该遵循着在天子权威确认上，重要的东西在前，次要的东西在后，这样一个顺序。那么成周的宫殿安排遵循一个什么样的顺序呢？《作雒》说是"大庙、宗宫、考宫、路寝、明堂"。按照后人的研究，这里的大庙，即用于祭祀周人始祖后稷之庙，宗宫、考宫则分别是祭祀周文王和周武王的建筑①。而路寝则是君王处理日常事务的场所。从先秦建筑使用的

① 孔晁注："五宫，宫府寺也。大庙，后稷庙二宫，祖考庙、考庙也。"孔晁似将五宫释为大庙、宗宫等以外的宫府寺，如是则不当。因为其他宫府寺的地位远低于宗庙、路寝，故不应在叙述时置于大庙等之前。所谓五宫，应即指大庙、宗宫、考宫、路寝、明堂等五项。

情况看，当时的路寝，正是后世通常所说的宫廷或王宫。用于祭祀的宗庙，排在用于天子处理日常政务的王宫之前，所以，在《作雒》的作者那里，王宫的地位低于宗庙，则应是不争的事实。

从传统的营造法则看，一般说先行建造者就是较为重要的东西。在空间安排上，先造者往往处在关键位置，它的位置确定了，其他东西的位置就可按照相关规则和相对关系顺序地确定。也就是说，在《作雒》那里，王宫（路寝）是要根据宗庙的位置来确定自己的位置的。因而宗庙不可能反过来作为王宫的配饰。

《礼祀·曲礼下》中"君子将营宫室，宗庙为先，厩库为次，居室为后"是有根据的说法，它除了和《作雒》呈现之先建祭祀场所、后建居寝空间的聚落营造顺序呼应，也与叙述古公亶父营造周人岐都的文字所呈现的营造顺序一致。

《诗经·緜》是一篇叙述亶父迁岐的史诗，该诗前七节叙说了拟迁、寻址、卜谋、划界、作庙、筑城、立门、建冢等建设的环节[①]。把这些环节的排布与营造常规及《曲礼》所述的营造顺序比对，可以认为这些环节的排序反映的正是当时聚落营造的通常次序，具体到建筑的营造，《緜》所呈现的先建祭祀建筑的做法正是《曲礼》所主张的东西。

事实上，在先秦的很长时间里，宗庙是决定聚落规格的关键元素。《左传·庄二八年》说："凡邑有宗庙先君之主曰都，无曰邑。"宗庙如此重要，因而在聚落营造时，在时序上将它安排在前，在空间上安放在核心地位当是十分自然的。

西周及其以前聚落营造宗庙在空间上处于核心地位一事，《墨子·明鬼篇》有明确的表述："昔者虞夏商周，三代之圣王，其始建国营都，曰必择国之正坛，置以为宗庙。"《吕氏春秋·慎势》对聚落营造宗庙为主的要求的表达则更为明快："古之王者，择天下之中而立国，择国之中而立宫，择宫之中而立庙。"

在中国古人那里，占据中心不仅是对周边环境实行控制的手段，还是彰显自身权威的手段，是表明其重要性的关键举措。故此，早在商代就出现了"中商"一词。"所谓'中商'，就是指位于中央的大邑商"。把"中"冠在"商"前，强调了"商"的重要性乃至神圣性。《周书·召诰》云："王来绍上帝，自服于土中。"《作雒》说："作大邑成周于土中。""土中"即天下之中央。《管子》云："天子中而处"。《荀子》则说："王者必居天下之中，礼也。"这些都表明占据中心是确认权威的手段之一。注意，这里的"居""处"，不应做狭义的理解，不应把其对应的建筑手段想成用于寝居的宫殿的营造。对于统治者来说，安排

---

① 高亨注：《诗经今注》，上海古籍出版社，1980年，第376—380页。

好能够确证其正当性的设施，才是实现"居""处"的关键性动作。正如前文所述，对于天子、王者来说，"居""处"首先意味着的是坛庙的安排。

《墨子》《礼记》为春秋战国时之文献，而《吕氏春秋》甚至晚到秦朝，这些文献不约而同的叙说，表明迟至秦代宗庙应为都城中最重要的建设元素，其应该占据聚落的中心或正坛这一点，还是社会的基本共识。

按照《吕氏春秋》，宗庙既然处在聚落的主位，那么当世王者的宫殿自然只能居于从属地位。在先秦都城遗址的中部，一般都有大型建筑基址集中区，虽然在通常情况下，人们很难区别出何为宗庙，何为朝寝，可也确有一些例外。在岐山周城的"正坛"部分，人们发掘到著名的西周凤雏宗庙遗址。在秦雍城的中部也出土了秦人宗庙遗址。这些宗庙遗址的出土，似乎十分明确地说明《墨子》和《吕氏春秋》在宗庙布置上的说法的可靠性。①

据研究，在殷商统治者那里，祖先崇拜在所有的祭祀中占据主导地位。因而，宗庙成为聚落建构的关键，这是大家都认可的。可是具体到周代，由于《考工记》的存在，人们往往另有看法。其实，"周因于殷礼"，祖宗崇拜仍居礼仪系统的核心位置②。同时，从现实的政治操作需求看，在周人那里，宗庙的地位也尤其重要。首先，周人采取分封建土的制度。《荀子·儒效》记周公语云："兼制天下，立七十一国，姬姓独居五十三人。"可以想见，西周多数诸侯的权利和地位在很大程度上取决于其与天子血缘关系的亲疏。其次，按照周礼，宗庙的个数和供奉的对象是"都"之控制者的地位乃至统治正当性的关键证据。因而周人把宗庙作为聚落的中心，视其为秩序建构的关键则事属当然。

在传统社会，不同等级的人需要不同的政治文化资源支撑。身份地位的变化当然会给用于身份地位证明的营造带来新的内容，在古公亶父时，周人还是一个边地诸侯，其都邑组成元素首先关切的是宗庙。到了营造成周的时候，周的统治者已经是天下的共主，祭祀天地是天子的特权，因而用于祭祀天地的场所也就成了首先要安排的设施。

从文献上看，可以说支持三代、西周甚至更晚的都城以宗庙为中心的记叙形成了一个多层位的、相互支持的序列。相比之下，真正能够支持《考工记》王宫中心

---

① 《陕西岐山凤雏村西周建筑基址发掘简报》，《文物》1979年第10期；《扶风召陈西周建筑群基址发掘简报》，《文物》1981年第3期；《秦都雍城考古发掘研究综述》，《考古文物》1988年第5、6期合刊；许宏：《先秦城市考古学研究》，北京燕山出版社，2000年，第90页；曲英杰：《史记都城考》，商务印书馆，2007年，第83、121页。

② 杨志刚：《中国礼仪制度研究》，华东师范大学出版社，2001年，第65—75页。

之说的仅有与《考工记》同时在西汉出现的《周礼》。《周礼·小宗伯》云："小宗伯之职，掌建国之神位，右社稷，左宗庙。"除此之外再无明确的直接支持都城中君王朝寝居中的说法。注意到《周礼》及《考工记》的可靠性一直受到质疑，因而人们更愿意采信《逸周书》《诗经》《礼记》及《墨子》等文献的说法，认定宗庙居中是相应时代都城布置的重要特点。

二、宫庙分离的意义与形式

所谓"择国之中而立宫，择宫之中而立庙"的"中"，从考古发掘的情况看，并不能理解为具有精确的几何学意义的东西。也许《墨子》所说的"正坛"一词是更为贴切的表达。所谓正坛，可以理解为综合考虑了地形、城郭形态、路径等因素后聚落内最为关键的地方。这个正坛，在考古发掘上，应该就是那些人们在先秦城址中常可以看到的，大致位于城市中央地带的大型建筑基址集中区。过去人们都将这一部分称作"宫殿区"，可是如果这个部分的核心是为宗庙，那么将这个部分称"庙堂区"似乎更加贴切合理。

《考工记》所述把当世君主宫殿设置于都城内最重要位置的做法，虽然先秦并没有实行过，但它也不是毫无社会支持的空穴来风。从中国社会发展看，它是一个具有深远历史背景支持的考虑。

中国进入奴隶制社会以后，战争频仍，杀戮规模不断扩大。在激烈的资源和空间争夺中，人类特别是当世君王的主观能动性、智慧和谋略在国家政治生活当中所扮演的角色越来越重要，对国家的兴亡影响更大更直接。随着对当世君主的能力关切与价值认同程度的提升，聚落中对于当世统治者的空间显示就成了一个摆在很多人面前的问题。简单地凸显宗庙，并不能让人们心安理得。从逻辑上看，提高宫殿的景观地位是社会发展和都城环境建构发展的要求。

在先秦相当长的时间里，宗庙不只是进行祭祀祖先活动的场所，国家的许多最主要的典仪以及重大的朝会活动，也要在宗庙里或宗庙前举行。在某种意义上看，当时的宗庙在许多时候的作用就相当于后世所谓的大朝。如果注意到当时人们把君王处理日常政务的宫殿称作"路寝"，而古人久有"前朝后寝"的说法，人们似乎可以推测在通常情况下，早期的宫庙大多会处在一区，并且采取前庙后宫的格局。

在宗庙成为聚落的中心之初，与宗庙处在一区的路寝或者只是宗庙的简单的从属者，不过，可能很快这种情况就发生了改变。前引《作雒》的文字显示，西周初年成周路寝的规格已与宗庙一样，特别是其"咸有……重郎"的表达，更是说明宗庙与路寝各自成区。"郎"，廊也"①。无论"重郎"一词怎样解释，参照已知的商周时高等级的建筑遗址所呈现的群体组织方式，都可以认为，无论是大庙还是路寝，在当时都已是由完整的回廊所围起的相对独立的区域。

从现知情况看，似乎这种宗庙与路寝比邻而建但各自成院，相对独立的做法，并不能满足君主们对于宫殿建筑的要求。在都城之内或者左近建设离宫，应该是满足君主们对宫廷建筑要求的办法之一。

安阳北郊发现的洹北商城西南的小屯宫殿建筑遗存，应为洹北商城的近城离宫（图2）。而在陕西凤雏宗庙遗址以东的召陈宫殿遗址和秦雍城正坛马家庄一号宫殿以西500米处的三号宫殿遗址则可视为城内离宫。这些离宫的建设，当然可以有各种原因和理由，在这些理由中，在一定程度上摆脱宗庙设施的遮蔽，使得当世君主取得更加明确的相对独立的视觉地位，应该是原因之一。特别是那些建在都城之中的离宫，具有这种可能性的机会要更多一些。

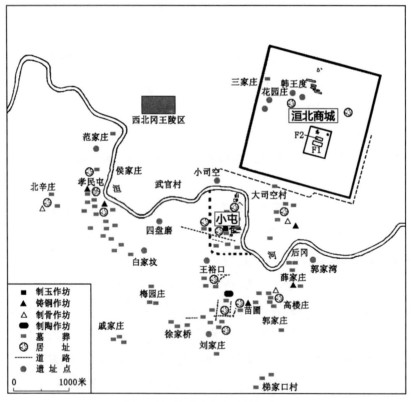

图2　安阳洹北商城与殷墟位置图

（据《先秦城邑考古》附图改绘）

---

① 《正韵》言"郎"与"廊"通。《汉书·东方朔传》："今陛下累郎台，恐其不高也。"师古曰："郎，堂下周屋。"

春秋战国，中国经历了一个战乱频仍、礼崩乐坏的乱世。统治者对异己力量的防范戒备心越来越强，简单地在庙堂区以外建设一区宫殿，很难满足保安的要求，于是在那些面临较多挑战的诸侯国的都城中出现了另立宫城的做法，即在另设的宫殿区外加建城墙系统。最典型的例子就是齐临淄、赵邯郸以及郑韩故城。

临淄故城是西周至战国时期的齐国都城遗址，由大小两城构成，大城建造年代略早。大城中部和东北部有较丰厚的文化堆积，曲英杰推测大城中部为西周之庙堂区。其使用年代由西周延续至春秋战国。小城位于大城西南角，是战国时的宫殿区，内有大片夯土建筑基址及铸钱作坊遗址。铸钱作坊遗址的存在，表明直属中央官府的手工业或亦圈在小城之内。邯郸故城为战国中晚期赵国都城遗址，亦由大小城组成。据曲英杰考证，在大城中部应有庙堂区，较早的王宫也在左近，这一地区被使用至汉魏时期。其建造年代应较小城早。小城位于大城之西南，由三座城池组成，许宏将其定为宫城。郑韩故城是东周时郑国和韩国的都城遗址，由东城和西城两个部分构成。东城中部和西北部都有大型夯土台基群，近年在东城中部和西南部发现春秋时期的青铜礼乐器坑19座，殉马坑80座左右，出土青铜礼乐器300余件。西城中部和北部分布有密集的夯土建筑墓址，并发现有夯土墓址间相互叠压的层位关系，表明这里应是宫殿所在（图3）[①]。

通过比照或可以看出，这几个都城不是大城（或东城）建造在先，就是大城（或东城）中部的庙堂区建造在先，且庙堂区的使用年份延续至小城使用以后甚至更长；小城（或西城）建造较晚，小城（或西城）内的建筑遗址可以明确为宫殿。可见，正是这些情况十分明晰地显示出这些城市中曾经出现过宫庙分离，另设宫城的空间制造过程。

在相对固定的位置，安排有相对独立的防御系统的宫城，不仅提高了当世君王的环境展示水平，并且暗示着这一空间的独立性和正规性。独立的宫城不仅不再是简单的宗庙区的从属物，也不再是非正规的离宫。在某种程度上，它是在礼仪重要性上可以和既存庙堂区分庭抗礼的空间单元。

这里需要补充一句的是，赵国邯郸始建于战国中期，整个城市使用时间有限，但其仍先有大城后建小城。这种情况似乎表明，时至战国中期，对于许多都城来说，建造庙堂区居中的单一城圈的做法仍是基本的东西，只是大城建成后发现这种格局不能满足实际功能和防卫的要求，人们才又另建小城。

《尚书·洛诰》述及洛邑成周的遗址时云："我乃卜涧水东，瀍水西，惟

① 曲英杰：《史记都城考》，商务印书馆，2007年；许宏：《先秦城市考古学研究》，北京燕山出版社，2000年。

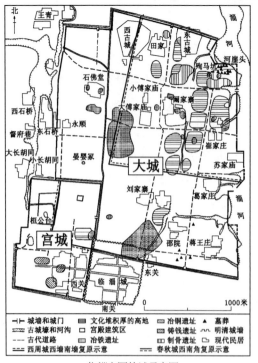

a. 临淄齐国故城示意图

（据《先秦城邑考古》附图改绘）

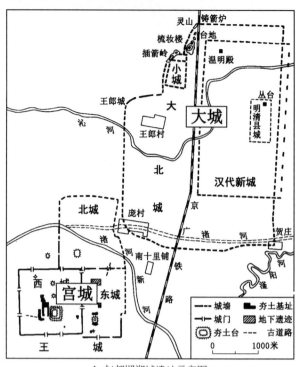

b. 赵都邯郸城遗址示意图

（据《先秦城邑考古》附图改绘）

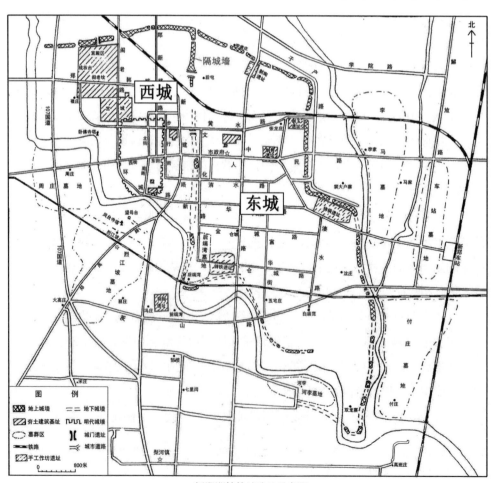

c. 新郑郑韩故城遗址示意图

（据《郑韩故城近年来重要的考古发现与研究》附图改绘）

图3　采用独立宫城的都城

洛食。"据此，《作雒》所记之成周的位置，当在涧水以东，瀍水以西，洛水以北。今在此一区域发现先秦城址。城墙规模大致与《作雒》所记相应，当为西周洛邑。《后汉书·郡国志一》说："河南，周公时所城雒邑也。"《地理志》曰："河南河南县，十年定鼎，为王之东都，谓之新邑，是为王城。"可见当时人认为汉河南县一区为西周洛邑主体。考古资料表明，汉河南县址大致居于成周城中部，也就是说成周的宗庙、路寝本也在城之中部。因此，曲英杰的《周代洛邑推测示意图》是十分合理的。西周洛邑城为东周沿用。对现有城市遗址，有一点应该特别注意，即洛邑"位于涧水以西的西墙南段向外凸出，在结构上似另成一范围，发掘者判断其为战国时期所筑"。从地势上看，与这一区紧邻的瞿家屯一带地势较高，并在此钻探发现两组较大的夯土建筑遗址①。《国语·周语》记载，东周时"榖、洛斗，将毁王宫"。榖水即涧水。"榖、洛斗"是说大水时两水相激状。也就是说，东周王宫在涧水与洛水交汇处，即位于成周城之西南与战国时所筑城墙比邻的地区。由此，东周都城当也经历了一个宫殿外迁，另成中心的过程（图4）。东周之王宫在西周庙堂区之西南，在城市格局上与齐临淄等同构。

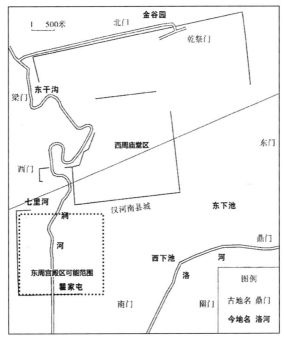

图4　周代洛邑推测示意图

（以曲英杰《史记都城考》图为底图改绘）

从中古以前的文献看，随着时间的推移，在宗庙举行重大仪式的机会逐渐减

----

① 许宏：《先秦城市考古学研究》，北京燕山出版社，2000年。

少。这种情况的出现，当然首先与社会文化的转型有关，但也不能排除新的城市格局的影响。宫庙分离，特别是相对独立的宫城建设，使宫与庙在空间上相对疏离，人们难以像以前那样方便地利用宗庙，这就会促成人们把更多的礼仪活动安排到宫或宫城之内，促成原本主要用于日常事务和寝居的宫殿空间做相应分化，使原本与仪式起居相关的部分进一步独立且复杂化，以能和更大规模的、更为复杂的仪式活动相适应，并使这些活动最终固定在宫殿区。王宫在使用上的变化，当然会弱化宗庙的仪式价值，同时使宗庙逐渐变为一个相对单纯的祭祀场所。这也为它最终退出正坛位置制造了前提。

三、秦汉都城对宗庙居中、王宫在西做法的延续

由齐临淄等都城遗址可见，后出现的宫城往往都是放在大城的西面或西南。把宫城放在城市一隅或在城外另设城址的情况，置于春秋战国时统治者和被统治者之间及统治集团内部矛盾激化的背景下观察，可以认为宫城单独设置且避开城市中心，意在减少宫殿区和普通居民区之间相互干扰的机会，摆脱一旦发生叛乱就有可能四面受敌的困境。而选择西南方位安排用于帝王宫殿，最早的实例或可追溯至安阳小屯。之所以这样做，当和中国古人对空间领域的分派和认识有关。按照文献，中国古人将建筑室内的西南部分名之为"奥"，而"奥"原来是专意用于寝处之所[1]。将用于常朝和寝居的宫殿部分放在大城的西或西南，正是将传统的室内空间使用方式扩大到聚落的结果。

宗庙居中而宫殿位于宗庙西南的做法，因为有着一定的实用基础和文化习俗支撑，在长期的沿用后，似乎成了都城布局的某种定则，最终影响到秦咸阳和汉长安的空间建构。

《秦本记》载，秦孝公十二年"作为咸阳，筑冀阙，秦徒都之"。由是开始了咸阳作为秦国都城的历程。从相关文献看，秦咸阳在开始时，采用了与齐临淄、赵邯郸大致相同的格局。建有大小两城，且小城在大城西面。[2]秦统一六国后，秦始皇对咸阳进行了大规模的扩建，"徒天下豪富于咸阳十二万户，诸庙及章台，上林皆在渭南，秦每破诸侯，写放其宫室作之咸阳北阪上，南临渭，自雍门东至泾、渭，

---

① 王鲁民：《影壁的发明与中国传统建筑轴线特征》，《建筑学报》2011年第1期。

② 董说《七国考·卷十四》："杨雄云：'秦使张仪作小咸阳于蜀。'按《郡国志》：秦惠（文）王二十七年使张仪筑城以象咸阳。"按照左思《蜀都赋》，这个"小咸阳"的城市格局为"金城石郭，兼匝中区，……亚以少城，接乎其西。"少城，即小城。"金城石郭，兼匝中区"，说明大城中央有重要的东西存在，因而不可将大城理解为郭；城和郭相套，城大略在郭当中。

殿屋复道周阁相属，所得诸侯美人钟鼓以充入之"①。长期的建设形成了沿渭河两岸
错杂分布宫殿、庙堂和苑囿的局面。从《三辅黄图》大谈其象天设都的作为看，似
乎在大规模的扩张后，咸阳在形态上与齐临淄及赵邯郸拉开了距离。②可是到了秦始
皇二十七年（前220），情况发生了变化。这一年，"始皇巡陇西，北地，出鸡头
山，过回中。焉作信宫渭南，已更命信宫为极庙，象天极"。古人称土星为信星，
土居中，所以信宫即为居中之宫。而极庙，相关的注释云："为宫庙象天极，故曰
极庙；《天官书》曰：中宫曰天极，是也。"也就是说，这一宫殿的前后两个名字
都表明它所处的位置是在既有空间框架的中心。按照王学理解释，信宫建成后"成
了皇帝举行庆典，朝会群臣的大朝之处"③。故此，从其空间定位和具体使用两个方
面看，信宫不是通常所谓的离宫，而是咸阳新的中心。这个新中心的建设，显示了
秦始皇重新建构咸阳空间秩序的努力。信宫的营造事实上建立了以当世帝王宫殿为
中心的聚落格局。虽然现在不知信宫的确切位置，但结合咸阳的建设情况，设想其
在秦孝公所建咸阳宫之南北轴上，距离诸庙及章台不远应该是合适的（图5）。

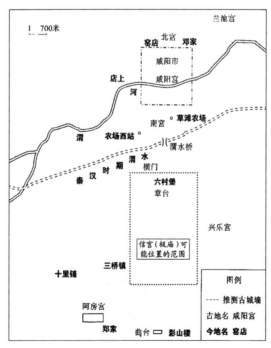

图5 秦都咸阳推测示意图

（据曲英杰《史记都城考》附图改绘）

---

① 《史记·秦始皇本纪》，中华书局，1982年，第239页。

② 《三辅黄图》云："始皇兼天下，都咸阳，因北陵营殿，端门四达，以则紫宫，象帝
居，渭水贯都以象天汉，横桥南渡似法牵牛。"

③ 王学理：《秦都咸阳》，陕西人民出版社，1985年。

这一当世帝王占据中心的聚落格局存在的时间并不长久。对于十分强势的始皇帝来说，仅仅活着的时候占据中央是不够的，为了死后仍然能够持续地占据中央，很快，秦始皇将信宫改为用于身后祭祀自己的极庙[①]，这一改动使得秦咸阳事实上又转而成为宗庙居中的传统样式。这还不算完，似乎是作为确认这一格局重大步骤，秦始皇在极庙的西南建设规模宏大的阿房宫。阿房宫的建设使得秦咸阳的主导结构再一次与齐临淄相类似，成了宗庙居中、宫殿西南做法的另一个实例。

汉长安是延续宗庙居中做法的又一个实例。在萧何那里，长安只是一个复杂的宫殿区，并没有城圈建设。汉高祖死后，汉惠帝安排的高祖庙和城圈明确地使城市与齐临淄和秦咸阳大致同构。高祖庙大致正对南墙正门（安门），处在正坛之位，而未央宫位于高祖庙之西和整个城市的西南角。从相关文献看，虽然高祖庙处在正坛，但其建设规模却难和未央宫相比。为了提升高祖庙的景观地位，汉长安的设计者们不仅把汉长安城南门外的辟雍和位于渭水以北的高祖陵寝与高祖庙对应，共同构成了一个和祭祀相关的中央轴带，并且在惠帝死后，将祭祀他的宗庙放在高祖庙之后以加强宗庙区的分量。总的来看，早期的西汉长安，仍然是宗庙居中。由高祖庙、惠帝庙、辟雍和高祖陵共同构成的祭祀轴线并不严整，但因其方向肯定而绵长，从而能在某种程度上居于主导（图6）。

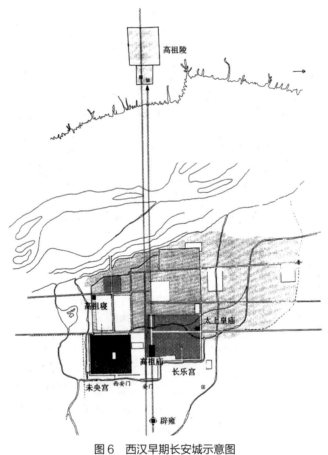

图6　西汉早期长安城示意图

（据阿尔弗莱德·辽兹《幻方——中国古代的城市》附图改绘）

---

① 杨宽：《中国古代陵寝制度史研究》，上海古籍出版社，1985年。

在这里，回顾一下人们对"都"的理解的变化也许是有益的。前文提及较早的文献显示当时人们认为聚落有了宗庙才能叫作"都"，但是在《史记》甚至比《史记》早的文献中都可以看到，秦咸阳城在最初没有宗庙的情况下也被称为"都"。汉长安开始建造时也没有宗庙，但还是被称为"都"。古人对于"都城"认知的转变，在事实上表明了中国古代都城由三代至秦汉经历了一个由祭祀元素主导向行政元素主导转变的过程。汉长安，就是这一阶段转变的成果之一。

在秦咸阳和汉长安的空间构筑上，人们都可以看到宗庙和宫殿的争拗和具体建构在观念上的游移。秦始皇自认千古一帝，活着的时候要占据中心，但考虑到身后，最终尴尬地改信宫为极庙。汉惠帝虽然建造了一个高庙主导的格局，但当其为方便自己而在未央宫与长乐宫之间建造复道，以至于要高祖之祭祀活动——"衣冠出游"的队伍要穿行其下，于礼不符。面对臣子的质疑，他不是撤除复道，而是在刘邦墓前另修新的高庙——原庙，用改变"衣冠出游"活动线路的办法来解决问题①。汉惠帝的行为不仅显示了随着祭祀活动在国家政治中的地位下降，死的魂灵不得不避让活着的皇帝的现实，并且当时就使城中之高庙在某种程度上空洞化。可见，秦咸阳信宫的建设和汉长安另一个高祖庙的设立，一正一反，从不同的方向表明了，宗庙主导的都城格局在新的文化、政治架构下的不合时宜。社会在长时间的文化和政治积累后，随时准备接受当世君王绝对主导的都城格局。问题只是人们是否能够提供一个完美的设计。

从整体上看，三代、秦、汉的政治、文化变迁呈现出理性地位日渐提升，对人的主观能动性的认同水平日渐提升的趋向。诸子百家的出现，正是这一趋向的表现之一：在某种意义上，都城的权力架构空间表达所经历的当世君主们所用宫殿日渐独立、在社会政治及文化上的地位日渐主导和在都城中的视觉地位日渐上升的格局，正是这种理性化趋向在城市建设上的反映。基于这种理解认为，如果把《考工记》所述营国制度视为西周礼制，坚持其至少在某个范围内确实实行过，那十分明晰的秦汉都城所采用的宗庙居中的城市格局，就应该可以被视为对上述历史发展趋向的一种反拨。从现在的研究看，无论是社会文化变迁的大格局，还是秦皇汉帝的个人行事作风，都不支持这种反拨的出现。所以，由社会文化及政治变迁大格局着眼，很难认可《考工记》所述营国制度为周礼的观点。

---

① 杨宽：《中国古代陵寝制度史研究》，上海古籍出版社，1985年。

四、《考工记》营国制度的命运

可以认为，自夏商到西汉这个漫长的时段里，宫殿和宗庙在某种层面上的矛盾是一个一直存在的问题。但是因为祖制难改，宗庙事实上长期占据着城市的中心。改变不仅需要社会观念的支持，并且需要一定的历史机缘。

战国以后，"国之大事，唯祀与戎"的观念进一步淡化。正是在这种背景下，《考工记》出现了。《考工记》的作者据传是周初"制礼作乐"的周公旦，不过，此前并不见著录。西汉河间献王刘德得到此书，并将之作为先秦古籍献给朝廷，当作亦为其所献之《周礼》所缺失之"冬官"的替代。最初，《周礼》与《考工记》并未得到重视，反而颇受当时学者批判，直到王莽篡汉。为树立正统形象，王莽自比周公。正是在这当口，刘歆在皇家书库发现了《周礼》，加以整理后献给王莽。虽然不必同意《考工记》是刘歆编造的伪书的说法①，但刘歆的整理应该是战国后期乃至汉代的东西混入《周礼》及《考工记》的一个机会。王莽因政治原因曾设专职研究、宣扬《周礼》。王莽败亡后，《周礼》不复立于学官，可是，儒生们仍在私下传授。东汉时，经学大师郑玄为之作注，大大提高了该书的地位，使之成为"三礼"之一②。从此《周礼》以儒家基本经典身份立足于社会，从而使其能在其后的岁月里得以深刻地影响到中国文化的建构。

人们知道，《考工记》所述的营国制度在中国城市建设史上发挥了重要作用、影响深刻。之所以如此，除了其符合了当时政治文化的要求外，特别重要的还有其所提供的都城格局在象征上的完善和形式上的潜力。

与《考工记》营国制度所提供的都城具有十分严整的平面不同，宫庙分离造成的齐临淄、赵邯郸、秦咸阳等城市的形态随意，主导元素之间缺乏相应的轴线对位关系。即使是华丽雄伟的西汉长安，不仅未央宫和中央宫祭祀带之间缺乏轴线关联和体量呼应，就连未央宫自身轴线与体量的设置似乎也有某种随意性。据记载，未央宫在东面和北面设置主要宫门，因而设有东阙、北阙，高大的阙体，很自然地把人们的注意力引向宫殿的东面和北面。但其最主要的宫殿——前殿却明确为南北轴线安排。前殿一区和城市的南偏门（西安门）对应，形成一条与祭祀轴带平行自说自话的轴线，错杂的安排，使得整个城市空间组织显得不够严整、单纯。这种情况当然使许多对形式敏锐者难以满足，特别是在《考工记》出现以后，有了这个相

---

① 《辞海》提到《周礼》一书"古文经学家认为周公所作，今文经学家认为出于战国，也有人指出为西汉末年刘歆伪造"。

② 周长山：《汉代城市研究》，人民出版社，2001年。

对齐整的参照物，人们就更难满足都城现状。改变空间组织错杂的长安格局，应该是政治效益十分明显的文化举措。王莽篡权后，对长安格局进行了调整。从图形上看，"王莽九庙"安放在安门和西安门之间，巨大的九庙与原有的辟雍连为一个建筑群组，共同成为未央宫和高祖庙南北轴线的延续，将原本分离的未央宫轴线和高祖庙轴线归为同一个轴带的不同构成，从而在一定程度上使得汉长安的朝向进一步明晰，城市结构也趋向单纯。如果把西安门外的九庙、社稷与西安门内的未央宫视为一个整体，人们还可以看到，这一局部的格局大致就是《考工记》所说的"左祖右社"的架势（图7）。如果不特别讲究，或者可以认为这是《考工记》营国制度所主张的以王宫为主的空间架构的最早实例。

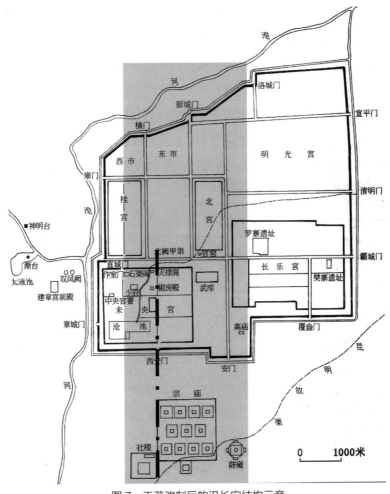

图 7　王莽改制后的汉长安结构示意
（以徐龙国《秦汉城邑考古学研究》附图为底图绘制）

面对王莽所造就的这个"左祖右社"的局部，可以认为，在《考工记》营国制度的设计者脑海里，其所提供的都城格局并不如后世人们想象得那么严整单纯。原因是先秦乃至西汉宗庙采用的是别殿制或独宫制。在别殿制或独宫制的条件下，宗庙中合乎标准的祭祀对象都有一幢房子甚至一组建筑作为祠庙。[①]按照"天子七庙"之说，如果将七个宗庙放在一起，那将与"王莽九庙"一样是一个十分庞大的建筑群。与通常的社仅为坛墙和少数附属建筑构成的情况相比，其规模要大出许多，因而将这两者相对地放在宫殿前方的中轴两侧。由于视觉上并不平衡，不仅难达到有效地烘托、陪衬中央宫殿的目的，并且还有喧宾夺主之虞。

人们所认为的《考工记》所呈现的严整的空间逻辑和单纯均衡的空间格局要到东汉以后才能真正达成，东汉末确立了帝王宗庙所谓的"同堂异室"制度。"同堂异室"，就是在一个大屋顶下供奉本应该单独设庙的所有祖先，也就是说，每个祖先不再单独享用一组建筑，而是仅仅占用一间房子。"同堂异室"的做法使得高等级的宗庙建筑群的规模大大压缩，即使是贵为天子，也只需要一个供拜祭用的大殿。这时，天子的宗庙才有可能成为宫殿前面和社稷坛在体量格局上没有太大差异的配饰元素。

宗庙制度的改变，最终使《考工记》所提供的都城图形成为一个形式上十分严整的图案，从而大大地增加了它的说服力，使得它成为东汉以后的都城设计者回避不了的设计资源，甚至在许多时候成为设计思考的出发点。

（王鲁民，深圳大学建筑与城市规划学院教授）

---

① 杨宽：《中国古代陵寝制度史研究》，上海古籍出版社，1985年；王柏中：《汉代庙制问题探讨》，《史学月刊》2003年第6期。

"秦制"初探

——以秦人都城营造为基础

王鲁民

一、"制"与"法"

东汉张衡《西京赋》说汉长安是"览秦制，跨周法"[1]。可见当时人认为周、秦在都城营造上都有相对稳定且有一定区别的规则。

由于以承继周代礼仪文化为标榜的儒家最终成了中国传统文化的主流，从而与都城建构相关的周法得到更多的关注，使人们对之有着相对肯定的轮廓性认识。相比较而言，人们对秦制的了解则含糊得多。

传统的"法""制"多是长期历史积淀的产物，秦制应该也不例外。也就是说，虽然我们未必能看到秦制的相关规条，但仍然可以通过对秦人在历史上的相关作为的梳理，去触探秦制。

当代，人们偏向于把聚落建构理解为通过营造形成自己认同的物质环境的过程。可在古人那里，对自己认同的物质环境的建构，不局限于物质性行为，那是一个可以包括宇宙秩序认定、可操控空间确认以及具体场所制作等涉及多个层面的工作。对于一个国家的都城，这尤其明显。因而这里对于秦制的探究，就不局限于常规的建设活动。

二、祭祀主导的聚落

秦人本是颛顼的后代。在舜之时，辅佐帝舜"调驯鸟兽"，"舜赐姓嬴氏"[2]。在西周的多数时间里，秦人游牧于现在的陕西甘肃交界一带，与中原文化相对疏离，这使得秦人在聚落营造上有着区别于山东诸国的传统。

秦襄公（前778—前766年在位）时，"周避犬戎难，东徙雒邑，襄公以兵送周平王。平王封襄公为诸侯，赐之岐以西之地。曰：戎无道，侵夺我岐、丰之地，秦

---

[1] 〔梁〕萧统编：《文选》，中华书局，1977年，第38页。
[2] 《史记·秦本纪》，中华书局，1982年，第173页。

能攻逐戎，即有其地。'与誓，封爵之。襄公于是始国，与诸侯通使聘享之礼，乃用骝驹、黄牛、羝羊各三，祠上帝西畤。"①"国"，即都邑。也就是说，在中原诸国看来，直到襄公时，秦人才正式定居下来，在西地建造符合一定文化标准的都邑。"国"的建设，是秦人实行文化更张的标志性事件。

《史记》的记述，特别提到"祠上帝西畤"，可见这一活动的重要。《汉书·郊祀志》云："秦襄公攻戎救周，列为诸侯，而居西，以为主少昊之神，作西畤，祠白帝"②。可见，秦人的首领正是通过"西畤"的建立和相应祭祀宣示自己为白帝的世间代理，主张了对"岐以西"空间的专有。

秦襄公"始国"之地称作"西"。《汉书》在述及秦人祠庙建设时说："西亦有数十祠"③。由于秦人"始国"后不久即迁都他地，似可认为这"数十祠"并非都是襄公始国以后所建。从文献所述秦人颇重祠庙的情况看，应该在未营造符合某种标准的都邑之前，西地早就是秦人祭祀设施相对集中的空间，甚至，既有的祠庙，正是襄公选择建国于此的条件之一。从后来秦文公由西地出发东征仅以"兵七百人"④看，当时西地人口规模乃至建设量都十分有限，在这不多的建设里，就有祠庙数十，可见对于秦人的都邑，祭祀建筑是特别突出的景观元素。而这些祭祀建筑中，"西畤"这一具有空间权力显示意味的设施无疑是最为重要者。

《秦纪》详细地列出历代秦公的葬地，当是秦人关注祖宗祭祀的表达。可《秦纪》并无特别提及早期秦人宗庙的营造与祭祀。这种情况提示秦人的宗庙建设方式与周礼所指示的专为祖宗祭祀而造就的设置不同。曲英杰先生认为，在秦雍城发掘到的一号、二号及四号建筑遗址原为德公等生前所用之宫殿，在德公等死后再改建为宗庙。⑤这一判断，似可作为早期文献对秦人宗庙记录阙如的解释。从雍城遗址的情况看，秦人的宫殿选址虽有一定规划，但这些建筑之间却在形式上缺少严格的对位、轴线和邻接方式的控制，宫殿乃至宗庙这样的主导建筑关系的松散，当然会使整个聚落形态缺乏几何严整性。相应地，其使用过程，也就没有严格的几何性行为组织秩序。

为了确切地拥有周平王赐予的岐以西之土地，在襄公获封诸侯的14年后［文公三年（前763）］，"文公以兵七百人东猎。（文公）四年，至汧渭之会。曰：'昔

① 《史记·秦本纪》，中华书局，1982年，第179页。
② 《汉书·郊祀志》，中华书局，1962年，第1194页。
③ 《汉书·郊祀志》，中华书局，1962年，第1207页。
④ 《史记·秦本纪》，中华书局，1982年，第179页。
⑤ 曲英杰：《史记都城考》，商务印书馆，2007年，第121页。

周邑我先秦嬴于此，后卒获为诸侯。'乃卜居之，占曰吉，即营邑之。"①长距离的迁都似乎引起了某种不安定。为了安抚众心，"文公梦黄蛇自天下属地，其口止于鄜衍。文公问史敦，敦曰：'此上帝之征，君其祠之。'于是作鄜畤，用三牲郊祭白帝焉"②。鄜畤的建设再次确认了秦公"主少昊之神"的地位，也再次向人们表明，祭祀和祭祀空间的建设，是秦人众心安定和凝聚的关键性因素。作为新的都邑，仅仅有鄜畤还不够，人们需要更多的神力来保证居地的可靠，《正义》引《括地志》云："宝鸡（神）［祠］，在岐州陈仓县东二十里故陈仓城中。《晋太康地志》云：'秦文公时，陈仓人猎得兽，若彘，不知名，牵以献之。逢二童子，童子曰：'此名为媦，常在地中，食死人脑。'即欲杀之，拍捶其首。媦亦语曰：'二童子名陈宝，得雄者王，得雌者霸。'陈仓人乃逐二童子，化为雉，雌上陈仓北阪，为石，秦祠之'。"③陈宝祠作为鄜畤的补充，为秦人空间扩张提供了进一步的支持。

秦人的东征脚步并没有止于汧渭之会。经过在平阳的短暂停留④，"德公元年（前677），（德公）初居雍城大郑宫。以牲三百牢祠鄜畤。卜居雍"⑤。选择雍地设置首都，应该与这里空间特异，且拥有诸多的祠庙有关⑥。秦人立国于此后，不仅引入了新的祠庙系统，且使既有祠庙得以兴盛⑦。经过持续的建设，秦人在这里形成了包括用于祭祀"日、月、参、辰、南北斗、荧惑、岁星、填星、辰星、二十八宿、风伯、雨师、四海、九臣、十四臣、诸布、诸严、诸逑之属"的庞大的祭祀建筑系统。这样的祭祀建筑系统，使得雍城长久地在秦人的历史上扮演重要角色。在德公居雍期间，秦人的东扩取得了重大进展，使得其子孙有机会"饮马于河"⑧。正是这样，其后任者宣公有条件在雍地"作密畤于渭南，祭青帝"⑨。"青"象征着东方，依照前引《汉书·郊祀志》说法的逻辑，"密畤"的建设应是秦公兼为白、青二帝代理人的表达。雍地在岐山以西，还属于周平王赐予襄公的"岐以西之地"，对应的还是白帝管控的空间。所以，"密畤"的建立，表明的是秦人对于岐以东空

---

① 《史记·秦本纪》，中华书局，1982年，第179页。
② 《汉书·郊祀志》，中华书局，1962年，第1194页。
③ 《史记·秦本纪》，中华书局，1982年，第180页。
④ 《史记·秦本纪》，中华书局，1982年，第181页。
⑤ 《史记·秦本纪》，中华书局，1982年，第184页。
⑥ 《汉书·郊祀志》："自未作鄜畤也，而雍旁故有吴阳武畤，雍东有好畤，皆废无祠。或曰，自古以雍州积高，神明之隩，故立畤郊上帝，诸神祠皆聚云。"（《汉书》，中华书局，1962年，第1195页）
⑦ 《汉书·郊祀志》，中华书局，1962年，第1196页。
⑧ 《汉书·郊祀志》，中华书局，1962年，第1196页。
⑨ 《汉书·郊祀志》，中华书局，1962年，第1196页。

间的主张。对于秦人而言，祭祀场所的建设，不仅是已据空间确认的方法，并且还是所欲空间确认的手段。

三、传统的沿袭与文化的融合

《史记》直到叙至秦悼公（前490—前477年在位）事迹时，才说"城雍"[1]，即在雍地建造了城墙。也就是说，从德公居雍到悼公的180多年里，雍地并无城墙建设。一代雄主秦缪公时，戎使由余至秦打探，文献只是说秦缪公"示以宫室、积聚"[2]而不提城池。考古发掘所见的雍城城墙走向大幅度偏离正方向，残留的西墙和南墙交角不成直角。这种情况很可能是受既有建设的影响所致。如此，城墙当后于聚落一般地段的建造。有人以文献载德公二年（前676）"初作伏，祠社，磔狗邑四门"为据，认为德公时已有城墙建设。[3]邑有四门当然说明其有系统的外部界线，可这界线未必就是夯筑而成厚度足够的墙体。如果进一步注意到雍城城墙厚度仅为4.3—15米，远弱于齐临淄城墙厚度的20—33米、鲁曲阜的30—40米和赵邯郸的城墙厚20—50米。[4]种种迹象都似乎表明，当时秦人对于城墙建设热情有限。秦人获封诸侯后长期在人口稀疏且无强大对手的地域活动，创造都邑后又迁徙频繁，因而对城墙建设缺乏热情也属自然。

《秦纪》显示，德公迁雍以前各代秦君都单立宫殿居住。迁雍后，这种情况有了改变，《史记》记载，德公居雍大郑宫，宣公居阳宫，成公居雍之宫，康公居雍高寝，共公居雍高寝，桓公居雍大寝，景公居雍高寝。可见，随着时间的推移，秦公的居处逐渐固定下来。[5]雍地考古已发掘到多个宫殿遗址，其中一号遗址位于城内中部偏南，二号遗址在其东15米，三号遗址位于一号遗址西500米，四号遗址位于一号遗址东500米。曲英杰先生认为，三号遗址是康公以后诸公的居处。一、二、四号建筑遗址则实为宫殿后改宗庙。同为宗庙，可考古发掘表明，一号遗址上有更多的祭祀痕迹。[6]这应该表明随着秦公居处的固定，对祖宗的祭祀也倾向于在固定的地方实行。从逻辑上看，传统做法的中断，有利于宗庙和宫殿系统的简化且使各个祭祀程序都与特定空间对应，这就有条件让人更多地关注宗庙和宫殿之间空间形式上的关系，造成对都城环境整体形式感的更多追求。此外，注意到三号遗址位于一、

---

① 《史记·秦始皇本纪》，中华书局，1982年，第287页。
② 《史记·秦本纪》，中华书局，1982年，第192页。
③ 曲英杰：《史记都城考》，商务印书馆，2007年，第120页。
④ 曲英杰：《史记都城考》，商务印书馆，2007年，第119、184、214页。
⑤ 《史记·秦始皇本纪》，中华书局，1982年，第285、286页。
⑥ 曲英杰：《史记都城考》，商务印书馆，2007年，第121页。

二、四宫殿遗址之西，与东方诸国宗庙居中而将宫殿置于宗庙以西的做法相应①，也就是说，秦人居雍相当长时间以后，其都城才和东方诸国的都城在格局的大框架上基本合流，在概念上有了更多的文化一致性。

虽然不断地吸收中原文化，但秦人本身的传统仍然坚强。我们知道，廊院是在等级上高于墙院的做法②，从考古资料看，夏、商及周人高级宫殿往往引用大规模廊子围合主体建筑，而雍城之秦人宫殿仅采用厚重围墙围括主体建筑，但这并不意味着秦人拘于建筑等级制设的限制。因为，按照周礼，"天子外屏，诸侯内屏"③，而前述雍地发掘到的三号建筑遗址使用了外屏。秦人宫殿不用回廊④，更多地源自秦人持有的自身传统。

从整体上看，秦人居雍时其版图和野心又获得了一定的扩张。秦灵公（前424—前415年在位）时，秦人又在吴阳建立上畤，以祭祀帝，作下畤，祭祀炎帝⑤。炎帝主南方火，黄帝主中央土，上、下畤的建设与密畤的建设相似，显示出秦人进一步空间扩张的欲望。

秦灵公居泾阳，秦献公（前384—前362年在位）迁栎阳，都是空间东扩的要求使然。栎阳虽有较雍更为方正的城墙系统，但其墙厚仅为6—16米⑥，且"平地起夯，不挖基槽，版筑也较疏松"⑦，显示其对城墙的态度与雍城的一脉相承。

四、新的尝试

秦孝公（前361—前338年在位）任用商鞅变法，变法十年（前350），迁都咸阳。⑧迁都，当然与脱离旧有人脉以图政治更新有关，同时是在新的条件下，宣示新的权力目标的机会。

---

① 王鲁民：《影壁的发明与中国传统建筑轴线特征》，《建筑学报》2011年第S1期；王鲁民：《宫殿主导还是宗庙主导——三代、秦、汉都城庙宫布局研究》，《城市规划学刊》2012年第6期。

② 王鲁民：《影壁的发明与中国传统建筑轴线特征》，《建筑学报》2011年第S1期；王鲁民：《宫殿主导还是宗庙主导——三代、秦、汉都城庙、宫布局研究》，《城市规划学刊》2012年第6期。

③ 朱彬：《礼记训纂》卷一一《郊特牲》，鼎文书局，1996年，第7页。

④ 王鲁民、乔迅翔：《明代官宅形制的选择与合院式住宅的流布》，见《中国建筑史论汇刊》（第5辑），中国建筑工业出版社，2012年，第491页。

⑤ 《汉书·郊祀志》，中华书局，1962年，第1199页。

⑥ 曲英杰：《史记都城考》，商务印书馆，2007年，第127页。

⑦ 王学理：《秦都咸阳》，陕西人民出版社，1985年，第15页。

⑧ 《史记·秦本纪》，中华书局，1982年，第203页。

居中是中国传统的权力表达的关键性空间方式。虽然离栎阳和泾阳距离有限，可"咸阳濒临渭水，是南北两岸东西并行的大道交叉处"，又"恰在泾、渭交会以西的大三角地带，这里有着大片的良田沃土，早为人们所开发利用，是个农产丰富的'奥区'"。①较之栎阳和泾阳，咸阳是这一地区更具中心意象的地段。从1973年发现的咸阳城墙及宫殿遗址看，遗址中心区恰在汉长安中轴与西墙的延长线之间，而汉长安的中轴和西墙又分别与位于其北坡上的汉高祖长陵和汉惠帝安陵相值。长陵和安陵应选址于地势高亢之处。两相结合可以看出，秦孝公所营咸阳宫殿区占据的正是特定地区的"正坛"②。在某种程度上，迁都咸阳，是在秦灵公作上、下畤时已经表达了的占据中心欲求在空间上的落实。

建构威权的需求不仅要诉诸都城位置的选择，而且要求在具体建设上强化宫殿的主导性。秦咸阳"大筑冀阙，营如鲁卫"③正是这种表达的具体表现。"大筑冀阙"就是用大体量的高耸物显示出宫殿的强势，而"营如鲁卫"则是使用更为方正的都城轮廓和相对严格的对位方法进行聚落摆布。

孝公建造咸阳，并未迁动雍地的宗庙，这在某种程度上是其采用以宫殿占据地域正坛，并用门阙制造极性的做法的前提。中国传统建筑关注空间分区和纵深的布局，最主要的殿屋常人往往难以正面接触，在这种条件下，呈现空间占据感的重任就落到了门阙建筑身上，文献中"大筑冀阙"的"大"字，十分有力地凸显了特定的布局选择所造成的阙以相对独立姿态，显示特定空间占据的必然性。从单个建筑群体组织来说，过于高大的门阙并不见得合适，但从整个聚落景观的建构来说，特立独峙的门阙却强力地造成了统治者权威的呈现，是秦人的一个创新。

与雍城的城廓形式不同，咸阳城是一个十分规则的矩形。已发现的咸阳故城西墙长576米，北墙和南墙分别长843米和902米。不大的城圈内有8处大型宫殿遗址，几乎充满了这一城圈，虽然如此，却不能将其定义为"宫城"。④《史记·滑稽列传》："二世立，又欲漆其城。优旃曰：'善。主上虽无言，臣固将请之。漆城虽于百姓愁费，然佳哉！漆城荡荡，寇来不能上。即欲就之，易为漆耳，顾难为荫室。'于是二世笑之，以其故止。"⑤可以为证。孝公所筑之咸阳城，当有类于《越绝书》中所谓的"小城"。《越绝书》卷二载："吴小城，周二十里……东宫，周

①　王学理：《秦都咸阳》，陕西人民出版社，1985年，第16页。
②　方勇：《墨子》，中华书局，2011年，第260页。
③　《史记·商君列传》，中华书局，1982年，第2234页。
④　梁云：《战国时代的东西差别》，文物出版社，2008年，第206页。
⑤　《史记·滑稽列传》，中华书局，1982年，第3203页。

一里二百七十步。路西宫，在长秋，周一里二十六步。"①这些记述，显示出小城内有多处相对独立的宫殿，但远未完全充满小城，这里还有安置普通居民的机会。正是普通居民的介入，使得小城从本质上区别于宫城。

但小城毕竟主要安排宫殿，由于城墙厚仅为5.5—7.6米，其高度也就有限②，于是充满城圈的做法使宫殿逼近城墙，并有机会超出城墙对大区域进行展示。实现宫殿部分对区域景观的影响，从而与高大城墙将建筑景观封闭于城内，城墙作为区域景观特异元素的局面不同。这既是"大筑冀阙"从一开始就有所要求的，也是秦人城墙营造热情不高，因而城墙权力显示价值有限的结果。

狭小的城圈规模，当然容不下文献记载的诸多城市设施，因而城墙以外就有相当量的城市内容相对自由地蔓延是可以想象的。

《括地志》引《三辅旧事》云"秦于渭南有兴乐宫，渭北有咸阳宫，秦昭王欲通两宫之间，造横桥"③这种说法显示，在上述咸阳城建设之时，在渭南已有对应的宫殿建设。孝公死后，按照东方诸国传统，用于祭祀他的宗庙应该占据地域之正坛，可在渭水以北，已经形成了气势张扬而有某种排他性的宫殿区，其继位者结合整个地域空间控制要求，在渭水以南与兴乐宫结合安排宗庙，使其与咸阳宫互成犄角，形成双心对峙的都城格局是一项正当的选择。

这种宫殿区与宗庙区的两极分立，虽然形成了对相应空间的某种控制，但与以塑造帝王独尊的需求并不完全相同，这也应该是惠文王（前337—前311年在位）时在渭南宗庙之西南建设"阿城"的缘由。《三辅黄图》称："阿房宫，亦曰'阿城'。惠文王造，宫未成而亡。始皇广其宫"④。"阿城"建设，一方面使得秦咸阳之布局与齐临淄、赵邯郸将小城（宫殿区）放在宗庙西南的做法建立了联系，另一方面则起着将咸阳城市之重心移至渭南，提示宗庙为中心的作用。

在秦始皇统一六合之前，咸阳一直进行着持续的建设，所谓"每破诸侯，写放其宫室，作之咸阳北阪上，南临渭，自雍门以东至泾、渭，殿屋复道，周阁相属，所得诸侯美人钟鼓，以充入之"⑤。将曾经在六国都城中占有关键位置的各国宫殿，安置在已经开始边缘化的旧咸阳城北面，有助于消解其神圣感，制造六国元素为辅，秦国宫殿主导的意态。而持续的建设不仅扩大着咸阳的范围，而且逐渐将渭水

---

① 〔汉〕袁康、吴康辑录，俞纪东译注：《越绝书全译》，贵州人民出版社，1996年，第29页。

② 曲英杰：《史记都城考》，商务印书馆，2007年，第132页。

③ 〔唐〕李泰等著，贺次君辑校：《括地志辑校》，中华书局，1980年，第22页。

④ 何清谷校注：《三辅黄图校注》，三秦出版社，2006年，第57页。

⑤ 《史记·秦始皇本纪》，中华书局，1982年，第239页。

两岸的宫殿融为一区，形成蔓延发展的格局。

五、新格局下的中心建构

从秦襄公始国开始，秦人在都城建设上不断在一定的文化坚持基础上汲取中原制度，并形成了某些特点。这些特点的主要部分或者可以归纳为：以祭祀设施为主导的空间制作；对城墙建设的相对放松；中心确定的蔓延式的空间发展方式；强调门阙主导的宫殿展示策略；等等。这些在秦朝建立后，与中央集权的统一大帝国所面对的新的空间背景和新的空间塑造需求结合，会为秦制增添更多新的内容。始皇二十六年（前221），秦一统天下，巨大的胜利使得既有的山河秩序的认定和相关的建设难以满足统治集团自身价值确认的需求。大规模地进行空间更张和穷奢极欲的制作，是显示其无以复加的崇隆地位的必要手段。

除改年始、更尚色、一度量以外[①]，秦始皇还在山河秩序的认定上大动干戈。《汉书·郊祀志》云："昔三代之居皆在河洛之间，故嵩高为中岳，而四岳各如其方，四渎咸在山东，至秦称帝，都咸阳，则五岳、四渎皆并在东方。"这种状况，当然使接受了"天子必居土中"概念的秦始皇感到不满，为了使得自己安居，秦始皇"令祠官所常奉天地名山大川鬼神可得而序也。于是自崤以东，名山五，大川祠二。曰太室。太室，嵩高也。恒山，泰山，会稽，湘山。水曰泲，曰淮。……自华以西，名山七，名川四。曰华山，薄山。薄山者，襄山也。岳山，岐山，吴山，鸿冢，渎山。渎山，蜀之岷山也。水曰河，祠临晋；沔，祠汉中；湫渊，祠朝那；江水，祠蜀。……霸、产、丰、涝、泾、渭、长水，皆不在大山川数，以近咸阳，尽得比山川祠，而无诸加"。[②]经过此番梳理，秦人在概念上造成了名山大川环卫咸阳、始皇帝居于大地中央的天下格局。

山河秩序的概念性梳理，对于咸阳的中心性建构虽不可或缺，但并不充分，秦始皇还"分天下以为三十六郡"[③]以拱卫咸阳。与此配合，结合祭祀和行政的要求，秦始皇又"徙天下豪富于咸阳十二万户"[④]，"徙三万家丽邑，五万家云阳"[⑤]，加强关中地区的人口集聚水平，提升京畿地区的主导性，形成一支独大的超级中心区。

---

① 《汉书·郊祀志》，中华书局，1962年，第1200页；《史记·秦始皇本纪》，中华书局，1982年，第237—239页。
② 《汉书·郊祀志》，中华书局，1962年，第1205—1207页。
③ 《史记·秦始皇本纪》，中华书局，1982年，第239页。
④ 《史记·秦始皇本纪》，中华书局，1982年，第239页。
⑤ 《史记·秦始皇本纪》，中华书局，1982年，第256页。

巡狩过程中对山川的祭祀以及在相应地点刻石纪功，则是上述中心建构和对大规模地扩张了的版图确认的另一层面的操作。秦始皇二十六年以后，嬴政就不断出巡，到处刻石纪功，通过不间断的行为，反复地打磨超级中心的中心性。

大规模的山河重整，当然需要超常的空间手段。秦始皇统一六合后，随即往山东遍祀诸山，并"立石东海上朐界中，以为秦东门"①。这种做法，把横跨整个版图的东西轴线和在咸阳地区因宫殿而成的南北向轴线相结合，形成了与早期建筑组合在院落东南或东面设置入口做法的对应②，成为把传统的建筑组群布置方式放诸天下，天子以天下为家而将咸阳视为天下之奥区的表达。

秦人迁都咸阳后，雍地一直是其祭祀礼仪中心，秦始皇的冠礼是在雍地举行③，大规模祭天也要在雍地实施④。不过，祠庙向来是秦人都城的基础性设置，其亦当是咸阳建设的重要内容。据《汉书·郊祀志》，汉成帝时长安附近有祠庙"六百八十三所"⑤。从汉初几位皇帝都"重祠而敬祭"并沿用秦人祠庙的情况看⑥，这683所祠庙中应有相当的部分是秦人的营造。大量的国家性祭祀设施的存在，使得咸阳成为特别的祭祀中心。

秦始皇一统天下后的第二年就开始了当时咸阳最重要之宫殿信宫的建设。信宫就是"中央之宫"⑦，其位置当在渭水以南，并处在由冀阙标出的渭北宫殿区南北轴线的延长线上。信宫的建设事实上改变了惠文王所设立的渭南一区的宗庙主导的概念。以当世君主的殿堂占据整个空间系统的中心，充分展示了秦始皇的不可一世。可是，随着求仙活动的失利，信宫旋即被改为极庙⑧，成为秦始皇百年之后供奉始皇帝的庙堂⑨，以满足其千秋万代占据中心的企望。秦始皇在其有生之年持续地使用信宫为朝会之所，坚持本人对于中心的占据⑩。信宫的建设使咸阳的中心最终转移到

① 《史记·秦始皇本纪》，中华书局，1982年，第256页。

② 王鲁民：《影壁的发明与中国传统建筑轴线特征》，《建筑学报》2011年第S1期。

③ 《史记·秦始皇本纪》："四月，上宿雍。己酉，王冠，带剑。"（《史记·秦始皇本纪》，中华书局，1982年，第227页）

④ 《史记·秦本纪》："（昭襄王）五十四年，王郊见上帝于雍。"（《史记·秦本纪》，中华书局，1982年，第218页）

⑤ 《汉书·郊祀志》，中华书局，1962年，第257页。

⑥ 《汉书·郊祀志》，中华书局，1962年，第210页。

⑦ 王鲁民：《宫殿主导还是宗庙主导——三代、秦、汉都城庙、宫布局研究》，《城市规划学刊》2012年第6期。

⑧ 《史记·秦始皇本纪》，中华书局，1982年，第241页。

⑨ 《史记·秦始皇本纪》，中华书局，1982年，第266页。

⑩ 《史记·秦始皇本纪》，中华书局，1982年，第254页。

渭南，所以《三辅黄图》说"信宫，亦曰咸阳宫"①是有其道理的。秦始皇三十四年（前213），秦始皇置酒于此，"博士七十人前为寿"②，并最终引发了"焚书坑儒"事件。

焚书坑儒以后，秦始皇开始了对咸阳格局的另一次调整，"三十五年……始皇以为咸阳人多，先王之宫廷小。吾闻：周文王都丰，武王都镐，丰、镐之间，帝王之都也。乃营作朝宫渭南上林苑中。先作前殿阿房，东西五百步，南北五十丈，上可以坐万人，下可以建五丈旗。周驰为阁道，自殿下直抵南山。表南山之巅以为阙。为复道，自阿房渡渭，属之咸阳，以象天极阁道绝汉抵营室也"③。阿房宫的建造，从大的格局上恢复惠文王所设定的宗庙主导，当世君主居其西南的咸阳格局，略有不同的是，这时以阿房为中心形成了由南山起跨越渭河的巨大轴线④。这一轴线，在概念上和实体上都与已有极庙及其与咸阳老城所成之轴线对峙，两条平行的轴线显示出气焰万丈的始皇面对生隆与死荣时的两难。

六、系统性的方法延伸

最为今人津津乐道的咸阳营造的创举，当然是其"象天设都"的做法。事实上，传统强调帝都设于大地中央的做法，本身就是拟则紫宫的实践，秦始皇的不同，在于其通过将渭水比拟于天河，然后"横桥南渡，以法牵牛"⑤，将在渭水两岸蔓延分布的宫殿区纳入一个概念体系，从而实施了将地面营造与天象同构的新的"象天设都"的做法。

为了实现对天下的充分占据，满足其穷奢极欲的需求，秦始皇到处修造离宫别殿，这在某种程度上，可以理解成空间蔓延的特定表现。《史记·秦始皇本纪》载："关中计宫三百，关外四百余"。在这些宫殿之间，秦始皇有区别地设置甬道、阁道、驰道，将各个宫殿联络为一个整体，所谓"咸阳之旁二百里内，宫观二百七十，复道、甬道相连"⑥。宫殿本是普通人的禁地，而复道、甬道和驰道也是常人不能使用甚至是不得靠近之物。这样，秦始皇所设之宫殿体系建设实际上形成了一个有层次地盘踞在大地上的禁地系统。宫殿实施着对关键地点的占据，而复道、甬道和驰道实施着对大地的分割和空间的区别，以最终构成强硬的面对整个天

---

① 何清谷校注：《三辅黄图校注》，三秦出版社，2006年，第51页。
② 《史记·秦始皇本纪》，中华书局，1982年，第254页。
③ 《史记·秦始皇本纪》，中华书局，1982年，第256页。
④ 《史记·秦始皇本纪》，中华书局，1982年，第256页。
⑤ 何清谷校注：《三辅黄图校注》，三秦出版社，2006年，第27页。
⑥ 《史记·秦始皇本纪》，中华书局，1982年，第257页。

下的大规模的空间宰制网络。

蔓延型都城和网罗天下的以宫殿为节点，以通道为连接的禁地系统的建设，在实际上要求更大范围的围护设施的建设，这对于在城郭建设上热情不高的秦人来说似乎是一个特别的问题。也许是得力于秦始皇的万丈气焰，也许是对局域城郭建设缺失的补偿。"秦统一中国后，对建于七国诸侯间旧有长城，一律予以平毁。但对北境边城，则视其需要分别进行整修、联接与扩建"①，形成了一个版图性的围护。长城当然有其军事功能，但也不能忽视，它在空间上为秦始皇的超级制作创造出了一个实体性的框架。

《秦纪》说："献公立七年，初行为市。"②考古资料似乎表明，在咸阳之前的秦人都城中，官府专设之市都位于城圈之内，并且可能只有一所。③这种做法在城市规模与交易量均有限时应无问题，可秦咸阳最终形成了宫室和里闾交错，大范围蔓延的局面，单一的市场当然不敷使用。据目前掌握的资料，秦咸阳官府专设的市肆除了常规的咸阳市、直市、平市外，还有专用奴隶买卖的奴市和出售军需用品的军市。④多个官府专设的市场的安排，既是聚落实际运行的需要，也为汉长安多个市场的设置提供了示范。

秦人历来关注埋葬。秦始皇的不同之处是将自己的陵墓作为城邑空间构成的重要组成，并开创了陵邑之设："作丽山。……因徙三万家丽邑"⑤。骊山陵除了规模宏大、制度奢华外，秦始皇还建造了骊山陵与极庙之间的专属通道⑥，使得山陵与城市中心元素直面相对，形成秦始皇本人永久控制都城空间的特殊轴线，作为整个地区空间组织主导元素的帝陵与咸阳的各种建设一道，共同构成地域的建构特征。

七、初步结论

秦人都城的建构历史，是在文化转型、政治变革、实力增长、营造能力提升和版图扩张的复杂过程中实现的，是不断吸收中原文化影响但又继承自身传统的结果。许多看似特异的做法，都源自其深远的传统。从聚落营造方式和其与汉长安的关系着眼，可以认为秦人在都城设置上的特殊做法（也许就是所谓的秦制）应该主

---

① 刘叙杰主编：《中国古代建筑史》（第1卷），中国建筑工业出版社，2003年，第360页。
② 《史记·秦始皇本纪》，中华书局，1982年，第289页。
③ 曲英杰：《史记都城考》，商务印书馆，2007年。
④ 王学理：《秦都咸阳》，陕西人民出版社，1985年，第95、96页。
⑤ 《史记·秦始皇本纪》，中华书局，1982年，第256页。
⑥ 《史记·秦始皇本纪》载"自极庙道通郦山"（《史记·秦始皇本纪》，中华书局，1982年，第241页）。

要包括以下内容：

（1）祭祀空间主导与以从集型祭祀空间为支持的都城营造；

（2）政治性空间型祭祀设施主导的祭祀设施系统；

（3）蔓延型的空间宰制系统；

（4）陵邑的设置与陵墓作为都城构成的重要元素；

（5）门阙主导的宫殿呈现方式；

（6）实体型象天设都手法的运用；

（7）以天下秩序梳理和综合性手段为基础的中心性建构；

（8）超级轴线的使用；

（9）天下为家的版图空间制作与囊括天下的空间设施制作；

（10）宫殿主导的区域景观展现。

西汉鉴于秦代二世而亡的教训，在自身欲求的环境建造上有所收敛，可从相关记载看，汉长安的制作显然在以上诸方面都有所表现，张衡说长安的建设参照并利用了秦人的某些做法，应该不是空穴来风。

原载《城市规划》2014年第12期

（王鲁民，深圳大学建筑与城市规划学院教授）

未央宫四殿考

陈苏镇

《史记·高祖本纪》："萧丞相营作未央宫，立东阙、北阙、前殿、武库、太仓。高祖还，见宫阙壮甚，怒，谓萧何曰：'天下匈匈，苦战数岁，成败未可知，是何治宫室过度也？'萧何曰：'天下方未定，故可因遂就宫室。且夫天子以四海为家，非壮丽无以重威，且无令后世有以加也。'高祖乃悦。"①《汉书·高帝纪下》系此事于七年（前200）二月。②文中提到的武库、太仓不在未央宫中，东阙、北阙在宫门之外，宫中建筑只有前殿。这当然是约略言之。既曰"营作未央宫"，又曰"无令后世有以加"，宫中必定具备了可供皇帝生活和办公的主要设施。《史记·高祖本纪》载："未央宫成。高祖大朝诸侯群臣，置酒未央前殿。"③《汉书·高帝纪下》系此事于九年（前198）十月。④此时，萧何主持的未央宫工程当已全部完成。自惠帝以后，未央宫便成为西汉皇帝居住和办公的主要场所。

最初的未央宫除前殿外还有哪些建筑？《汉书·惠帝纪》：四年（前191）"秋七月乙亥，未央宫凌室灾；丙子，织室灾"⑤。惠帝时已有凌室、织室。《史记·吕太后本纪》：四年（前184），吕后恐少帝为乱，"乃幽之永巷中"⑥。吕后时已有永巷。《汉书·翼奉传》载奉上疏元帝曰："孝文皇帝躬行节俭，外省徭役。其时未有甘泉、建章及上林中诸离宫馆也。未央宫又无高门、武台、麒麟、凤皇、白虎、玉堂、金华之殿，独有前殿、曲台、渐台、宣室、温室、承明耳。孝文欲作一台，度用百金，重民之财，废而不为，其积土基，至今犹存。"⑦翼奉所举"又无"诸殿中，只有凤皇殿在后宫，其余应都在皇帝生活和办公区。由此可知，文帝时未

① 《史记》卷八《高祖本纪》，中华书局，1959年，第385—386页。
② 《汉书》卷一《高帝纪下》，中华书局，1962年，第64页。
③ 《史记》卷八《高祖本纪》，中华书局，1959年，第386页。
④ 《汉书》卷一《高帝纪下》，中华书局，1962年，第66页。
⑤ 《汉书》卷二《惠帝纪》，中华书局，1962年，第90页。
⑥ 《史记》卷九《吕太后本纪》，中华书局，1959年，第403页。
⑦ 《汉书》卷七五《翼奉传》，中华书局，1962年，第3175页。

央宫中供皇帝生活和办公用的建筑，只有曲、渐两台和前殿、宣室、温室、承明四殿。文帝欲作一台，中途而废，可见这些建筑都是文帝之前就有的。惠帝、吕后时，除修筑长安城外，不见大规模兴建宫殿的记载。故两台四殿应当都是萧何"营作未央宫"的产物。

渐台位于未央宫西南部的沧池一带，其事甚明。曲台，《汉书》数见，宋程大昌推测曰："其地必当行路冲要，不在宫中深邃之地矣。"①其说可参。两台多用于宴飨之类，不是重要设施，本文不论。前殿、宣室、温室、承明四殿则是未央宫中的核心建筑。它们最早落成，必然承担着最基本的功能。史籍记载显示，西汉中、后期，四殿仍是皇帝日常生活起居、办公议政和举行重大礼仪活动的场所。这意味着文帝之后未央宫中虽陆续增修了许多建筑，但四殿功能依旧，基本格局并未发生大的变化。笔者基于这一事实，搜集相关史籍中零散的记载，结合经学文献和考古材料，在前人研究基础上，对四殿的位置和用途做了进一步考证和分析，并形成一些新的认识。现详述于下，供大家参考，也请方家指教。

一、"前殿""宣室"考

前殿是未央宫的标志性建筑，相传建于龙首山上。《水经注》："高祖在关东，令萧何成未央宫。何斩龙首山而营之。"②《西京杂记》："萧相国营未央宫，因龙首山制前殿。"③这一说法已被考古勘探证实。今西安市西北郊未央宫遗址中有一座宽大的高台建筑基址，前殿遗址就在其上。《汉长安城未央宫——1980—1989年考古发掘报告》（以下简称《报告》）将这座高台基址定名为"未央宫第1号遗址"。台基"平面呈长方形，南北长400米，东西宽200米"，其上有三座大型宫殿建筑基址。就面积而言，中部基址最大，南部基址较小，北部基址最小。《报告》结语称："前殿之上有南北排列的三大殿……中间的宫殿建筑很可能是文献记载的'宣室'或'宣室殿'，宣室（或宣室殿）是未央宫前殿的'正室'，亦谓'正处'，即未央宫的正殿。"④这里意指前殿不是一座建筑，而是由三座建筑组成的，其中宣室殿是主体建筑。刘庆柱、李毓芳在《汉长安城》一书中更明确地指出："未央宫前殿应包括南、中、北三座宫殿"，南部宫殿"当为举行大朝、婚丧、即

① 〔宋〕程大昌：《雍录》卷二《曲台》，黄永年点校，中华书局，2002年，第32页。
② 〔北魏〕郦道元注，杨守敬、熊会贞疏：《水经注疏》卷一九《渭水下》，江苏古籍出版社，1989年，第1595页。
③ 〔晋〕葛洪：《西京杂记》，周天游校注，三秦出版社，2006年，第1页。
④ 中国社会科学院考古研究所编著：《汉长安城未央宫——1980—1989年考古发掘报告》，中国大百科全书出版社，1996年，第15、266页。

位等大典之用，或为'外朝'之地"，中部宫殿推测"为'宣室'之故址"，北部宫殿"可能为皇帝之'后寝'"。①杨鸿勋则认为，南部宫殿是"前殿"，中部宫殿是"宣室殿（路寝）"，北部宫殿是"后殿"。②

笔者认为，勘探数据只能证明第1号遗址上有三座大型建筑，不能证明前殿包括三大殿。前引《汉书·翼奉传》称未央宫有"前殿、曲台、渐台、宣室、温室、承明"，其中前殿和宣室明明是分开的。如果前殿包括了宣室，翼奉不应如此表述。同书《王莽传下》载：叛军"烧作室门……火及掖庭承明……莽避火宣室前殿，火辄随之"。③文中"宣室"二字出现在前殿之前，也很难解释为前殿包括宣室。《史记索隐》引《三辅故事》云："宣室在未央殿北。"④此"未央殿"无疑指未央前殿。根据上引《王莽传》之文，大火从未央宫北部向南蔓延，经掖庭、承明、宣室而至前殿，证明宣室殿确实位于前殿北。

汉人视前殿为"路寝"。《汉书·五行志下之上》载：有男子王褒"上前殿，入非常室中，解帷组结佩之"，下文称其"径上前殿路寝，入室取组而佩之"。⑤《礼记·玉藻》："朝服以日视朝于内朝……退适路寝听政。"郑玄注："此内朝，路寝门外之正朝也。"⑥按礼学家的说法，路寝是人君听政之所，路寝门外的正朝是群臣理事之处。未央前殿既称路寝，理应承担同样功能。但实际上前殿主要用于皇帝即位、立皇后、朝贺、大丧、拜大臣等重大礼仪活动。如刘邦"大朝诸侯群臣，置酒未央前殿"；文帝即位，"坐前殿"，下诏"赦天下，赐民爵"；武帝崩，"入殡于未央宫前殿"；朱博拜丞相，赵玄拜御史大夫，"并拜于前殿，延登受策"；王莽女立为平帝皇后，"入未央宫前殿，群臣就位行礼"。⑦有时皇帝也会在前殿与大臣议事。如成帝建始三年（前30）秋，"京师民无故相惊，言大水至，百姓奔走相蹂躏，老弱号呼，长安中大乱"，成帝乃"亲御前殿，召公卿议"。⑧这是一次严重的突发事件，成帝异常重视，故亲至前殿，召公卿大臣商议。"亲御"二字凸显了成帝的重视程度，也透露出成帝不常御前殿。据史实判断，未央前殿并

① 刘庆柱、李毓芳：《汉长安城》，文物出版社，2003年，第66页。

② 杨鸿勋：《建筑考古学论文集》，清华大学出版社，2008年，第240、241页。

③ 《汉书》卷九九《王莽传下》，中华书局，1962年，第4190页。

④ 《史记》卷八四《贾生列传》，中华书局，1959年，第2503页。

⑤ 《汉书》卷二七《五行志下之上》，中华书局，1962年，第1475页。

⑥ 《礼记注疏》，《十三经注疏》（第5册），艺文印书馆，2001年，第545页下栏。

⑦ 《史记》卷八《高祖本纪》，中华书局，1959年，第386页；《汉书》卷四《文帝纪》、卷六《武帝纪》、卷八三《朱博传》、卷九七《外戚传下》，中华书局，1962年，第108、212、3409、4010页。

⑧ 《汉书》卷八二《王商传》，中华书局，1962年，第3370页。

非西汉皇帝日常听政之处。

《周礼·天官·宫人》"王之六寝"句郑玄注："六寝者，路寝一，小寝五……路寝以治事，小寝以时燕息焉。"[1]小寝即寝殿，位于路寝之后。根据这一观念，宣室殿在前殿后，应是皇帝寝殿，但史籍记载中也未见西汉皇帝居于宣室殿的证据。《史记·贾生列传》："贾生征见。孝文帝方受釐，坐宣室。上因感鬼神事，而问鬼神之本。贾生因具道所以然之状。至夜半，文帝前席。"[2]细味此文语气，文帝在宣室殿召见贾谊并谈话至夜半，不是因为文帝住在宣室殿，而是因为他"方受釐"，刚好在宣室殿。《汉书·贾谊传》亦载此事，师古注引应劭曰："釐，祭余肉也。《汉仪注》：祭天地五畤，皇帝不自行，祠还至福。"[3]则文帝当日"坐宣室"，是因参加祭祀活动。《汉书·刑法志》载：宣帝重刑狱，"于是选于定国为廷尉，求明察宽恕黄霸等以为廷平，季秋后请谳。时上常幸宣室，斋居而决事，刑狱号为平矣"[4]。宣帝"常幸宣室"，是为了"斋居而决事"，且限于"季秋后请谳"时。此外，西汉皇帝也于宣室殿召见士伍及察举之士。《汉书·陈汤传》：汤因罪"夺爵为士伍"，后西域都护为乌孙兵所困，群臣"议数日不决"，成帝乃"召汤见宣室"。[5]同书《何武传》："益州刺史王襄使辩士王褒颂汉德，作《中和》《乐职》《宣布》诗三篇，武年十四五，与成都杨覆众等共习歌之。是时，宣帝循武帝故事，求通达茂异士，召见武等于宣室。"[6]同书《王嘉传》："察廉为长陵尉。鸿嘉中，举敦朴能直言，召见宣室，对政事得失，超迁太中大夫。"[7]由上述史实可见，宣室殿不是皇帝寝殿，也不是皇帝日常听政之处，因而未见附近有照料皇帝生活或协助皇帝处理政务的机构和人员。从功能上看，它只是前殿的附属建筑，主要用于皇帝亲自处理较重大的事务和规模较小的召见，也具有一定礼仪和象征意义。因此，宣室殿被时人视作"正处"或"正室"。《汉书·东方朔传》：武帝欲为其姑馆陶公主"置酒宣室"，并引纳公主所幸董偃参加。东方朔曰："不可。夫宣室者，先帝之正处也，非法度之政不得入焉。"武帝乃"更置酒北宫"。[8]东方朔所谓"正处"应理解为正式庄重的场所，后世史家所谓"宣室，布

① 《周礼注疏》，《十三经注疏》（第3册），艺文印书馆，2001年，第91页下栏。
② 《史记》卷八四《贾生列传》，中华书局，1959年，第2502—2503页。
③ 《汉书》卷四八《贾谊传》，中华书局，1962年，第2230页。
④ 《汉书》卷二三《刑法志》，中华书局，1962年，第1102页。
⑤ 《汉书》卷七〇《陈汤传》，中华书局，1962年，第3022页。
⑥ 《汉书》卷八六《何武传》，中华书局，1962年，第3481页。
⑦ 《汉书》卷八六《王嘉传》，中华书局，1962年，第3488页。
⑧ 《汉书》卷六五《东方朔传》，中华书局，1962年，第2855、2856页。

政教之室也"①"宣室，未央前正室也"②"宣室殿，未央前殿正室也"③等说法，当皆由此而来。

至于前殿在第1号遗址上的具体位置，笔者以为从三座夯土基址的面积和形状看，中部基址显然是主体建筑，应是前殿故址。理由很简单，秦汉所谓前殿都是宫中最宽大、最壮丽的建筑。《史记·秦始皇本纪》："始皇以为咸阳人多，先王之宫廷小……乃营作朝宫渭南上林苑中。先作前殿阿房，东西五百步，南北五十丈，上可以坐万人，下可以建五丈旗。"④司马迁特意标明该殿的尺寸，意在强调这是阿房宫中最大的建筑。同书《封禅书》：武帝"作建章宫，度为千门万户，前殿度高未央"⑤。所谓"前殿度高未央"，是要求建章宫前殿的高度不亚于未央宫前殿。言下之意，二者都是各自宫中的标志性建筑。《汉书·扬雄传》载雄《甘泉赋》有"前殿崔巍"之辞，师古注曰"崔巍，高貌"⑥。可见甘泉宫的前殿也很高大。今本《三辅黄图》载有未央宫前殿的尺寸："东西五十丈，深十五丈，高三十五丈。"⑦高度似嫌夸张，宽度和深度大致合理。以今尺折算⑧，前殿东西宽115.5米，南北深34.65米。而1号遗址上的北部基址东西宽118米，南北深47米，宽度略大于前殿，但其南侧边沿凹凸不平，南北最窄处仅20余米，容不下前殿。中部基址东西121米，南北72米。其西边以西有约20米空间，虽无夯土，但为生土，仍可作建筑基址。⑨加上这一数字，该基址东西宽便有141米。南部基址南北深44米，东西宽79米。其西北部连接一东西向刀把形夯土基址，东西长56米，南北宽15米。若其南侧也是生土，可作建筑基址，则南部基址东西宽便有135米。中部和南部基址都可容下前殿，但中部基址更为宽大，应是前殿遗址。

中部基址若是前殿遗址，北部基址就应是宣室殿遗址了。那么南部基址是何建筑？笔者认为很可能是一座门。根据《报告》的描述，该基址北部"辟有一门，门道向北有一条南北向路土，宽约6米"，而且位于中轴线上，"约处于前殿台基东

① 《汉书》卷二三《刑法志》，中华书局，1962年，第1102页。
② 《汉书》卷四八《贾谊传》，中华书局，1962年，第2230页。
③ 何清谷：《三辅黄图校释》，中华书局，2005年，第153页。
④ 《史记》卷六《秦始皇本纪》，中华书局，1959年，第256页。
⑤ 《史记》卷二八《封禅书》，中华书局，1959年，第1402页。
⑥ 《汉书》卷八七《扬雄传》，中华书局，1962年，第3528、3529页。
⑦ 何清谷：《三辅黄图校释》，中华书局，2005年，第114页。
⑧ 西汉1尺合今23.1厘米。参见孙机：《汉代物质文化资料图说》，上海古籍出版社，2008年，第35页。
⑨ 此事承中国社会科学院考古研究所研究员徐龙国告知，特此致谢。

西居中位置"。①这条门道应是穿过南部建筑通向前殿的主要道路。这座门，除宽阔的门道外，应当还有塾。汉代宫殿、官府及闾里之门通常都有"塾"，即门道两侧的堂。《尔雅》："门侧之堂谓之塾。"郭璞注："夹门堂也。"②《后汉书·齐武王縯传》：刘伯升起兵后，王莽"大震惧……使长安中官署及天下乡亭皆画伯升像于塾，且起射之"。注引《字林》："塾，门侧堂也。"③堂是敞开式建筑，故可将伯升像画于塾中，从塾外射之。东汉卫宏所撰《汉旧仪》曰："丞相门无塾。"又曰："御史大夫寺……门无塾。"④特别说明"门无塾"，正因为一般官府之门是有塾的。《续汉书·礼仪志中》载冬至之礼曰："太史令与八能之士即坐于端门左塾。"⑤宫中之门也有塾。

今西安西郊新莽所建明堂遗址，提供了塾的实例。据唐金裕撰《西安西郊汉代建筑遗址发掘报告》，该遗址四周有一米厚的围墙，每面有一门，门洞宽4.5米。门洞两侧的围墙内外各有一残高22厘米的夯土台，形成四个空间，每个空间的另外三边都有墙。最外侧的"两边是夯土墙，宽0.9米。余两边为土坯墙，宽0.2米。土坯与土台之间有一道小槽，宽8厘米，内有木灰，为原有木板设置"⑥。杨鸿勋认为，门洞两边的建筑是"左、右塾"，塾内有墙分隔，又形成"内、外塾"。⑦其说是。但唐金裕和杨鸿勋都认为这四个空间是四面有墙的，杨鸿勋所绘复原图还为每个空间画了门窗，似不妥。笔者以为，这四个空间除了中间宽1米的围墙外，只有两边宽0.9米的夯土墙是墙，其余两边宽0.2米的土坯墙和8厘米厚的木板应是轩栏一类设施，因而是敞开式建筑。这正符合"塾，门侧堂也"的定义。该门遗址将门道、塾、墙、轩栏和四周的散水加在一起，宽27.76米，深15.71米。未央宫1号遗址南部基址的宽度和深度比明堂门大得多。但未央前殿之门地位特殊，门道比明堂门宽，两侧的塾肯定也比明堂门大，可能还有其他房间供管理、守卫前殿的机构、人员办公和值

① 中国社会科学院考古研究所编著：《汉长安城未央宫——1980—1989年考古发掘报告》，中国大百科全书出版社，1996年，第16页。

② 《尔雅注疏》，《十三经注疏》（第8册），艺文印书馆，2001年，第74页上栏。

③ 《后汉书》卷一四《齐武王縯传》，中华书局，1965年，第550、551页。

④〔清〕孙星衍等辑：《汉官六种》，周天游校注，中华书局，1990年，第36、41页。

⑤ 《后汉书》志第五《礼仪中》，中华书局，1965年，第3125页。

⑥ 唐金裕：《西安西郊汉代建筑遗址发掘报告》，《考古学报》1959年第2期。

⑦ 杨鸿勋：《建筑考古学论文集》，清华大学出版社，2008年，第273页。

宿①，故其面积较大也是合乎情理的。据《汉书·王莽传下》载：王莽改"前殿曰王路堂"，又"令王路设进善之旌，非谤之木，敢谏之鼓，谏大夫四人常坐王路门受言事者"。②王路门就是前殿大门。谏大夫四人所坐之处当是大门两侧的办公场所。

《报告》称："南部与中部宫殿遗址之间有一东西向夯土基址遗迹，其距南部和中部宫殿遗址分别为33米与47米。此夯土基址东西长134米，南北宽12—15米，似为廊之类建筑夯土基址。"③笔者以为，该建筑可能是廊道也可能是阁道，但中央一定有门，起墙垣的作用，将南部和中部遗址之间的空间分成内外两个庭院。宋李如圭《仪礼释宫》曰："宫必南向，庙在寝东，寝庙皆有堂有门，其外有大门。"④《春秋公羊传》宣公六年（前603）春：晋灵公遣勇士刺杀赵盾，而赵盾府中无人守卫，"勇士入其大门则无人门焉者，入其闺则无人闺焉者，上其堂则无人焉"⑤。文中的"闺"显然是堂前之门，在"大门"之内。当时贵族官员府第，堂前通常有两道门。⑥未央前殿亦如此，南部基址为大门，该遗址则为堂前之门。

《报告》又称："在前殿台基遗址南边，基本东西居中位置有一门址，东西宽46米，现存南北进深约26米，其北距南部宫殿建筑遗址50米，门址东西两边各有一南北向夯土墙，其长16—26米，宽3—4米。东西夯土墙北端分别与前殿南墙东段和西段夯土墙相连。"⑦刘庆柱、李毓芳推测："此门或即文献记载之端门。"⑧如前述，端门两侧是有塾的。《后汉书·何进传》载袁绍诛灭宦官事曰："绍因进兵排宫，或上端门屋。"⑨其上还有屋。但从《报告》的描述看，上述"门址"仅东西两侧有南北向夯土墙，因未进行全面发掘，两墙之间是否有门、塾、屋等建筑遗迹不得而知。故此处尚不能断定是门址，也有可能是一处宽阔的踏道或慢道。《汉书·王莽传下》载："群臣扶掖莽，自前殿南下椒除，西出白虎门。"从前殿

---

① 《汉书》卷二七《五行志下之上》："（男子王褒）上前殿……召前殿署长业等曰：'天帝令我居此。'业等收缚考问。"可证有前殿署负责管理前殿事务。参见《汉书》，中华书局，1962年，第1475页。

② 《汉书》卷九九《王莽传下》，中华书局，1962年，第4103、4104页。

③ 中国社会科学院考古研究所编著：《汉长安城未央宫——1980—1989年考古发掘报告》，中国大百科全书出版社，1996年，第17页。

④ 王云五主编：《丛书集成初编》（第1499册），商务印书馆，1935年，第1页。

⑤ 《春秋公羊传注疏》，《十三经注疏》（第7册），艺文印书馆，2001年，第192页下栏。

⑥ 陈苏镇：《秦汉殿式建筑的布局》，《中国史研究》2016年第3期。

⑦ 中国社会科学院考古研究所编著：《汉长安城未央宫——1980—1989年考古发掘报告》，中国大百科全书出版社，1996年，第17页。

⑧ 刘庆柱、李毓芳：《汉长安城》，文物出版社，2003年，第60页。

⑨ 《后汉书》卷六九《何进传》，中华书局，1965年，第2252页。

南下，必经此处。若此处为端门，白虎门就在端门之外了，这绝不可能。至于"椒除"，师古注曰"除，殿陛之道也。椒，取芬香之名也"①。班固《西都赋》描述前殿陛阶，有"左墄右平，重轩三阶"之辞，张衡《西京赋》则有"三阶重轩，镂槛文㮰，右平左墄"之辞②，都未提到"椒除"。故"椒除"可能不是前殿之阶，而是前殿大门之外的这处踏道或慢道。

二、"温室"考

西汉皇帝在未央宫中居于何处，史无明文。就现有材料看，"温室"应是皇帝的寝殿。《汉书·霍光传》载：昌邑王刘贺即帝位后，"引内昌邑从官驺宰官奴二百余人，常与居禁闼内敖戏……独夜设九宾温室，延见姊夫昌邑关内侯"。又载霍光废刘贺之事："皇太后乃车驾幸未央承明殿，诏诸禁门毋内昌邑群臣。王入朝太后还，乘辇欲归温室，中黄门宦者各持门扇，王入，门闭，昌邑群臣不得入……光使尽驱出昌邑群臣，置金马门外。车骑将军安世将羽林骑收缚二百余人，皆送廷尉诏狱。令故昭帝侍中中臣侍守王。"③根据这些记载，刘贺做皇帝期间居于温室殿，其位置在中黄门宦者守卫的"禁门"之内。刘贺在温室殿的生活起居，原由"昌邑从官驺宰官奴二百余人"照料。霍光将他们"驱出"后，令"故昭帝侍中、中臣侍守王"。霍光如此安排，当是由于昭帝原来也居于温室殿，其侍中、中臣有侍奉皇帝的经验，也熟悉温室殿的环境和设施。

《汉书·孔光传》："或问光：'温室省中树皆何木也？'光嘿不应。"由此可知，温室殿所在的院落称"省"。同书《王莽传下》：卫将军王涉、大司马董忠、国师刘歆等欲发动政变，劫持王莽。王莽得知后，"遣使者分召忠等"，三人"会省户下"，王莽派人"责问，皆服"，于是"中黄门皆拔刃将忠等送庐"。④王莽称帝后应居温室殿，在"省户"内，故董忠等奉召见王莽，在"省户"下会合，既而被守卫省户的"中黄门"逮捕羁押。这个"省户"就是上文提到的"禁门"，其内是"省中"或"禁中"。⑤同书《王莽传上》载：王莽居摄践阼后，礼遇比照皇帝，"庐为摄省，府为摄殿，第为摄宫"⑥。这条材料透露出，西汉皇宫中

---

① 《汉书》卷九九《王莽传下》，中华书局，1962年，第4191页。
② 〔梁〕萧统编：《文选》卷一，中华书局，1977年，第25页上栏、38页下栏。
③ 《汉书》卷六八《霍光传》，中华书局，1962年，第2940—2944、2938—2939页。
④ 《汉书》卷八一《孔光传》、卷九九《王莽传下》，中华书局，1962年，第3354、4185页。
⑤ 陈苏镇：《汉未央宫"殿中"考》，《文史》2016年第2辑。
⑥ 《汉书》卷九九《王莽传上》，中华书局，1962年，第4086页。

除了"宫"和"殿"之外，还有称作"省"的区域。西汉官员在殿中的值宿之所称"庐"。《汉书·金日磾传》："日磾小疾卧庐。"师古曰："殿中所止曰庐。"[①]同书《鲍宣传》"苍头庐儿"句注引孟康曰："诸给殿中者所居为庐。"[②]同书《严助传》"承明之庐"句注引张晏曰："直宿所止曰庐。"[③]王莽的"庐"是他作为辅政大臣在殿中的居止之所。所谓"庐为摄省"，就是将王莽所居之"庐"改称为"摄省"。而这一举动的制度背景是：皇帝居住的区域称为"省"。温室殿是寝殿，在"省中"，故又可称"温室省"。

《三辅黄图》："宣室、温室、清凉，皆在未央宫殿北。"[④]文中的"殿"显然指前殿。未央宫第1号遗址北330米处，还有一座汉代宫殿遗址，编号为"未央宫第2号建筑遗址"。《报告》说"从目前勘探了解的情况来看，该遗址与前殿遗址之间，没有大于前者的建筑遗址"；进而推测说"椒房殿是皇后的宫殿，为后宫之首殿，应距前殿最近，规模最大。此建筑遗址从地望、规模等方面来看，应系椒房遗址"。[⑤]文中"前殿遗址"指"第1号建筑遗址"。此说的前提是皇帝居于第1号遗址上的"北部宫殿"，即《报告》所谓"后寝"。但如前所述，"北部宫殿"应是宣室殿，而西汉皇帝居于温室殿。由此推测，温室殿才应是距第1号遗址最近、规模最大的建筑。因此，第2号建筑遗址应是温室殿，椒房殿和掖庭尚在其后。

据《报告》描述，该遗址包括正殿、配殿和附属房屋三个部分。正殿夯土台基"平面呈长方形，东西54.7米，南北29—32米"，北部有一庭院。台基"东西各有一条登殿踏道"，"东踏道东西长10.5米，南北宽4米"，"西踏道东西长9.8米，南北宽7.1—8.3米"。台基南边还有两个东西并列的"夯土台址"，"大小、形制相同，平面呈长方形，南北长5米，东西宽3.6米"，"其北距正殿南壁1.4米"。《报告》认为"正殿南边的二台址应为古代建筑中的'阙'址"。[⑥]杨鸿勋则认为，它们不是"阙"，而是"登台木构飞陛的支座"。[⑦]杨说近是。笔者认为，这两座夯土台址和台基东西两侧的"踏道"都是登殿的"阶"。李如圭《仪礼释宫》曰："升堂

① 《汉书》卷六八《金日磾传》，中华书局，1962年，第2961页。
② 《汉书》卷七二《鲍宣传》，中华书局，1962年，第3090页。
③ 《汉书》卷六四《严助传》，中华书局，1962年，第2790页。
④ 何清谷：《三辅黄图校释》，中华书局，2005年，第152页。
⑤ 中国社会科学院考古研究所编著：《汉长安城未央宫——1980—1989年考古发掘报告》，中国大百科全书出版社，1996年，第219页。
⑥ 中国社会科学院考古研究所编著：《汉长安城未央宫——1980—1989年考古发掘报告》，中国大百科全书出版社，1996年，第186、192页。
⑦ 杨鸿勋：《建筑考古学论文集》，清华大学出版社，2008年，第244页。

两阶，其东阶曰阼阶。"又曰："堂之东西墙谓之序，序之外为夹室，夹室之前曰厢，亦曰东堂西堂……此东西堂，堂各有阶。"[①]"厢"即箱，古通用。东、西箱或东、西堂是面向东、西的敞厅，堂前的阶又称"东面阶""西面阶"。《礼记·奔丧》："妇人奔丧，升自东阶。"郑玄注："东阶，东面阶也。"[②]《仪礼·燕礼》贾公彦疏："东面阶、西面阶，妇人之阶，非男子之所升。"[③]以此为背景，上述两座夯土台址应为殿前的阶，两条"踏道"则是东、西箱的阶。

"阶"有踏道、慢道之分。宋李诫《营造法式》卷一五《踏道》："每阶基高一尺，底长二尺五寸。"踏道长高比为2.5：1。同书《慢道》："厅堂等慢道，每阶基高一尺，拽脚斜长四尺。"梁思成释曰："斜角的最长边（弦）就是拽角斜长。"[④]阶高1尺，斜边长4尺，底边长便约为3.87尺。则慢道长高比约为3.87：1。《礼记·礼器》曰："有以高为贵者，天子之堂九尺，诸侯七尺，大夫五尺，士三尺。"[⑤]《文选·西京赋》薛综注亦曰："天子殿高九尺。"[⑥]汉九尺约合今2.079米。《报告》称：西踏道基址长9.8米，"西端的斜坡道尚存，有两排铺地砖，由东向西坡13度"[⑦]。用三角形公式计算，台基的高度应为2.26米，排除可能的误差，其设计高度应为"九尺"。殿前两阶的夯土台址长5米，北边与正殿南壁的距离1.4米。其南边包砖，残高0.5米，则阶的南边还应向南延伸。以延伸1.4米计，则总长为7.8米。若殿高2.079米，长高比约为3.7：1，坡度大于慢道，若中间有过渡平台，则坡度更陡，应为踏道。《报告》所谓"西踏道"和"东踏道"以殿高2.079米计，长高比分别约为4.7：1和5：1，显然是慢道。这些数据表明，此殿符合"高九尺"之说，应是"天子殿"。

前引《周礼》郑玄注说，王有"小寝五"。未央宫中的皇帝寝殿当也不止一处。班固《西都赋》描写前殿附近的"离宫别寝"，首列"清凉、宣、温"。李善注引《三辅黄图》曰："未央宫有清凉殿、宣室殿、中温室殿。"[⑧]前引今本《三辅黄图》说三殿都在前殿北，又说"温室殿……冬处之温暖也"，"清凉殿，夏居之则清凉也"[⑨]。清凉殿很可能是温室殿附近的皇帝别寝。又《汉书·外戚传下》载：

---

① 王云五主编：《丛书集成初编》（第1499册），商务印书馆，1935年，第8、9、10页。
② 《礼记注疏》，《十三经注疏》（第5册），艺文印书馆，2001年，第942页上栏。
③ 《仪礼注疏》，《十三经注疏》（第4册），艺文印书馆，2001年，第161页上栏。
④ 梁思成：《〈营造法式〉注释》，生活·读书·新知三联书店，2013年，第317、318页。
⑤ 《礼记注疏》，《十三经注疏》（第5册），艺文印书馆，2001年，第455页上栏。
⑥ 〔梁〕萧统编：《文选》卷二，中华书局，1977年，第38页下栏、39页上栏。
⑦ 中国社会科学院考古研究所编著：《汉长安城未央宫——1980—1989年考古发掘报告》，中国大百科全书出版社，1996年，第193页。
⑧ 〔梁〕萧统编：《文选》卷一，中华书局，1977年，第25页下栏。
⑨ 何清谷：《三辅黄图校释》，中华书局，2005年，第154、156页。

"许美人前在上林涿沐馆，数召入饰室中若舍，一岁再三召，留数月或半岁御幸。元延二年怀子，其十一月乳。"①《资治通鉴》亦载此事，胡三省注曰："饰室，室之以金玉为饰者，昭阳舍是也。"②昭阳舍乃赵昭仪所居，成帝不可能在赵昭仪的住处御幸许美人，胡说误。"饰室"应该也是皇帝别寝。西汉皇帝有时在中宫、掖庭过夜，但多数情况下是召后妃诸姬至寝殿留宿。《汉旧仪》曰："皇后五日一上食，食赐上左右酒肉，留宿，明日平旦归中宫。"又曰："掖庭令昼漏未尽八刻，庐监以茵次上婕好以下至后庭，访白录所录。所推当御见，刻尽，去簪珥，蒙被入禁中。"③制度如此。实例则有《史记·五宗世家》："景帝召程姬，程姬有所辟，不愿进，而饰侍者唐儿使夜进。上醉不知，以为程姬而幸之，遂有身。"④成帝许美人则是从上林涿沐馆奉召至饰室，相距较远，往返不便，故有时留居数月至半年。

三、"承明"考

如前述，前殿、宣室殿、温室殿自南向北排列。王莽时"火及掖庭、承明……莽避火宣室、前殿，火辄随之"一事证明，承明殿位于掖庭和宣室殿之间。这段记载没提到温室殿，但温室殿也在掖庭和宣室殿之间，距承明殿不远，王莽"避火宣室"则说明其所居之温室殿也被大火烧及。因此，当时的情形应是：大火由掖庭向南蔓延，先烧了温室殿和承明殿，又烧了宣室殿和前殿。据此推测，承明殿应位于宣室殿以北、温室殿附近，在温室殿以南的可能性较大。据《报告》，未央宫第2号建筑遗址南距第1号建筑遗址330米⑤，有容纳承明殿的空间。但二者之间未发现大型建筑遗址，故承明殿也许不在温室殿正南。⑥

《史记·李斯列传》：赵高"说二世曰：'……陛下富于春秋，未必尽通诸事，今坐朝廷，谴举有不当者，则见短于大臣，非所以示神明于天下也。且陛下深拱禁中，与臣及侍中习法者待事，事来有以揆之。如此则大臣不敢奏疑事，天下称圣主矣。'二世用其计，乃不坐朝廷见大臣，居禁中。赵高常侍中用事，事皆决于赵高"⑦。这条材料表明，秦朝皇帝居于"禁中"，和大臣们一起处理政务则在"朝

① 《汉书》卷九七《外戚传下》，中华书局，1962年，第3993页。
② 《资治通鉴》卷三三，中华书局，1956年，第1073页。
③ 〔清〕孙星衍等辑：《汉官六种》，周天游校注，中华书局，1990年，第45页。
④ 《史记》卷五九《五宗世家》，中华书局，1959年，第2100页。
⑤ 中国社会科学院考古研究所编著：《汉长安城未央宫——1980—1989年考古发掘报告》，中国大百科全书出版社，1996年，第48页。
⑥ 此信息亦承徐龙国提示，特此致谢。
⑦ 《史记》卷八七《李斯列传》，中华书局，1959年，第2558页。

廷"。汉承秦制，大致也是如此。《汉书·申屠嘉传》：嘉为丞相，"上朝"，文帝宠臣邓通"居上旁，有怠慢之礼，嘉奏事毕，因言曰：'陛下幸爱群臣则富贵之，至于朝廷之礼，不可以不肃！'"罢朝后又召邓通至丞相府，责曰："夫朝廷者，高皇帝之朝廷也，通小臣，戏殿上，大不敬，当斩。"①申屠嘉所谓"朝廷"亦指皇帝"见大臣"之处，而惠帝以下西汉皇帝的日常办公和议政之处很可能是承明殿。

前引《汉书·霍光传》说，霍光率群臣奏请皇太后废刘贺，"皇太后乃车驾幸未央承明殿"，主持了废旧帝立新帝的仪式。此事表明，承明殿是一处重要政治设施，是处理政治事务的重要场所。《汉书·成帝纪》：鸿嘉二年（前19）三月，"博士行饮酒礼，有雉蜚集于庭，历阶升堂而雊，后集诸府，又集承明殿"②。同书《五行志中之下》亦载此事，而后半段更详："雉又集太常、宗正、丞相、御史大夫、大司马车骑将军之府，又集未央宫承明殿屋上。"大司马车骑将军王音等人上言，认为这是上天对成帝的"谴告"。其中写道：

> 今雉以博士行礼之日大众聚会，飞集于庭，历阶登堂，万众睢睢，惊怪连日。径历三公之府，太常宗正典宗庙骨肉之官，然后入宫。其宿留告晓人，具备深切……公卿以下，保位自守，莫有正言。如令陛下觉寤，惧大祸且至身，深责臣下，绳以圣法……今即位十五年，继嗣不立，日日驾车而出，泆行流闻，海内传之，甚于京师。③

在王音等人看来，上天让这群雉先后出现于上述场所，是有特定原因的。首先集于博士行礼之处，是要制造轰动效应，引起普遍重视。然后集于"太常、宗正典宗庙骨肉之官"，是因为成帝"即位十五年，继嗣不立"。集于"丞相、御史大夫、大司马车骑将军之府"，是因为成帝不能"深责臣下，绳以圣法"，致使"公卿以下，保位自守，莫肯正言"。最后集于承明殿，则是因为成帝"日日驾车而出"，不留心政事。此事涉及的宫中建筑是承明殿，而不是其他建筑，当是由于该殿乃皇帝日常办公场所。④

《汉书·严助传》说，严助曾为中大夫，与吾丘寿王等"并在左右"，后经主动要求，出为会稽太守。其间，武帝赐严助书，有"君厌承明之庐，劳侍从之事"一句。注引张晏曰："承明庐在石渠阁外。"⑤后人由此产生一种误解，谓承明殿又称承明庐，位于石渠阁附近。如前述，官员在殿中的值宿之所称"庐"。所谓"承明之庐"应指严

① 《汉书》卷四二《申屠嘉传》，中华书局，1962年，第2101页。
② 《汉书》卷一〇《成帝纪》，中华书局，1962年，第316页。
③ 《汉书》卷二七《五行志中之下》，中华书局，1962年，第1417、1418页。
④ 前引《汉书·王莽传下》"火及掖庭、承明"下有"黄皇室主所居也"一句，意指王莽之女、原平帝皇后当时住在承明殿中。这可能是叛军攻破长安城时王莽所做的临时安排。
⑤ 《汉书》卷六四《严助传》，中华书局，1962年，第2775、2789、2790页。

助任中大夫时的值宿之所。这意味着武帝通常在承明殿处理政务，严助等左右近臣也在承明殿侍从，其夜间住宿之处则称"承明庐"。同书《东方朔传》：武帝妹隆虑公主之子"醉杀主簿"，廷尉论其死罪并"上请"。武帝与侍臣议，"左右人人为言"，主张免其死罪。武帝最终批准了死刑，但"哀不能自止，左右尽悲"。唯东方朔"前上寿"，盛赞武帝大义灭亲。武帝不快，"乃起，入省中，夕时召让朔"。①武帝"入省中"，应是返回寝殿，而其与左右议事之处很可能是承明殿。因为东方朔当时"待诏宦者署"，而"待诏宦者署"又可称"待诏承明之庭"。《史记·滑稽列传》褚先生曰："金马门者，宦者署门也。"②故"待诏宦者署"与"待诏金马门"实为一事。《汉书·苏武传》：宣帝时，"武待诏宦者署，数进见"。师古注曰："以其署亲近，故令于此待诏也。"③宦者署与承明殿相距不远，确可谓"亲近"。最晚自元帝以后，金马门内又有了玉堂殿。《汉书·五行志中之下》载元帝时童谣曰："井水溢，灭灶烟，灌玉堂，流金门。"④待诏金马门或宦者署的人员皆在该殿听候召见。故哀帝时李寻自称"随众贤待诏，食太官，衣御府，久污玉堂之署"。成帝时扬雄自称"与群贤同行，历金门、上玉堂"，显然也曾待诏宦者署，而《汉书》本传称其"待诏承明之庭"。⑤这又透露出，在宦者署待诏的主要任务，是备皇帝在承明殿议事时随时召见。

《汉书·霍光传》载：霍光废黜刘贺后，"坐庭中，会丞相以下议定所立"。群臣推举武帝曾孙病已，"皇太后诏曰：可"。⑥"庭中"即"廷中"，常见诸史传。如《汉书·王商传》："单于来朝，引见白虎殿。丞相商坐未央廷中，单于前，拜谒商。"同书《夏侯胜传》：宣帝令群臣议武帝庙乐，"于是群臣大议廷中"。同书《萧望之传》载丞相司直弹劾御史大夫萧望之曰："故事，丞相病，明日御史大夫辄问病；朝奏事，会庭中，差居丞相后，丞相谢，大夫少进，揖。今丞相数病，望之不问病；会庭中，与丞相均礼。"⑦《霍光传》和《夏侯胜传》的例子表明，"庭中"或"廷中"是大臣议政之处。霍光废刘贺时，太后、群臣皆在承明殿，光与群臣"议定所立"之"庭中"应亦在承明殿。

《史记·叔孙通列传》："汉七年，长乐宫成，诸侯群臣皆朝十月。仪：先平

---

① 《汉书》卷六五《东方朔传》，中华书局，1962年，第2851、2852页。
② 《史记》卷一二六《滑稽列传》，中华书局，1959年，第3205页。
③ 《汉书》卷五四《苏武传》，中华书局，1962年，第2468页。
④ 《汉书》卷二七《五行志中之下》，中华书局，1962年，第1395页。
⑤ 《汉书》卷七五《李寻传》、卷八七《扬雄传》，中华书局，1962年，第3183、3566、3522页。
⑥ 《汉书》卷六八《霍光传》，中华书局，1962年，第2947页。
⑦ 《汉书》卷八二《王商传》、卷七五《夏侯胜传》、卷七八《萧望之传》，中华书局，1962年，第3370、3156、3280、3281页。

明，谒者治礼，引以次入殿门，廷中陈车骑步卒卫宫，设兵张旗志。传言'趋'，殿下郎中夹陛，陛数百人。功臣列侯诸将军军吏以次陈西方，东乡；文官丞相以下陈东方，西乡。"①这次朝会是在长乐宫前殿举行的。文中提到的"殿门"是前殿外院之门，门内便是"廷中"。文中未出现内院之门，但从"传言趋"这一情节可推知该门的存在。"趋"即快走。《礼记·曲礼上》："帷薄之外不趋，堂上不趋。"郑玄注："堂下则趋。"陆德明《释文》："薄……帘也。"②《仪礼·觐礼》贾公彦疏引《礼纬》云："天子外屏，诸侯内屏，大夫以帘，士以帷。"③屏、帷、帘是设于堂前门内用于遮挡视线的设施。其外和堂上都"不趋"，只有其内之"堂下"当趋。汉代制度则规定群臣入朝当"趋"，只有个别德高望重的老臣经皇帝特许方可"入朝不趋"。如《史记·萧相国世家》："赐带剑履上殿，入朝不趋。"④所谓"入朝不趋"，《汉书·王莽传上》作"入殿不趋"⑤，《后汉书·祭尊传》作"入门不趋"，《儒林包咸传》作"入屏不趋"⑥，《史记·蒯成列传》作"入殿门不趋"⑦，皆指殿前内院之门而言。群臣进入此门，走出屏、帷、帘的遮挡之外，便须"趋"以示敬，而入朝前他们要在此门之外的"廷中"集中等候。明乎此，对上引朝会仪便可这样解读：天亮前，谒者先"治礼"，引群臣入前殿外院之门至"廷中"列队等候，并在"廷中"陈列车骑步卒及兵器旗帜；朝会开始时，谒者传言"趋"，群臣依次快步进入内院，郎中数百人"夹陛"而立，文武百官则分立"殿下"东西两侧。参考汉画像石"谒见图"⑧，郎中应持戟列队分立于东阶之东和西阶之西，文武群臣则分立于郎中之后，皆面向中央。刘邦居长乐宫，故"廷中"在长乐前殿外院。惠帝以后诸帝居未央宫，且于承明殿办公，则"廷中"当在承明殿外院。《史记·张释之列传》："王生者，善为黄老言，处士也。尝召，居廷中，三公九卿尽会立，王生老人，曰：'吾袜解。'顾谓张廷尉：'为我结袜！'释之跪而结之。"⑨这个王生廷辱张释之的故事，应是发生在群臣于承明殿"廷中"等候入朝的场合。前引《汉书·萧望之传》所云"朝奏事，会庭中"，御

① 《史记》卷九九《叔孙通列传》，中华书局，1959年，第2723页。
② 《礼记注疏》，《十三经注疏》（第5册），艺文印书馆，2001年，第33页下栏。
③ 《仪礼注疏》，《十三经注疏》（第4册），艺文印书馆，2001年，第326页下栏。
④ 《史记》卷五三《萧相国世家》，中华书局，1959年，第2016页。
⑤ 《汉书》卷九九《王莽传上》，中华书局，1962年，第4061页。
⑥ 《后汉书》卷二〇《祭尊传》、卷七九《儒林包咸传》，中华书局，1965年，第741、2570页。
⑦ 《史记》卷九八《蒯成列传》，中华书局，1959年，第2712页。
⑧ 任日新：《山东诸城汉墓画像石》，《文物》1981年第10期。
⑨ 《史记》卷一〇二《张释之列传》，中华书局，1959年，第2756页。

史大夫萧望之不肯礼让丞相，应当也发生在这一场合。

班固《西都赋》描述未央宫，有"左右廷中，朝堂百僚之位，萧曹魏邴，谋谟乎其上"①之文。是"廷中"有"朝堂"。群臣"议廷中"，应是坐在"朝堂"中议事。《汉书·成帝纪》：建始元年（前32）六月"有青蝇无万数，集未央宫殿中朝者坐"。注引服虔曰："公卿以下朝会坐也。"又引晋灼曰："内朝臣之朝坐也。"师古曰："朝臣坐之在宫殿中者也。"②笔者认为，此"朝者坐"应是承明殿廷中朝堂内群臣的座位。"廷中"分左右，是较大的院落，除朝堂外，应当还有许多房舍。《汉书·王莽传上》："征天下通一艺教授十一人以上，及有《逸礼》、《古书》、《毛诗》、《周官》、《尔雅》、天文、图谶、钟律、月令、兵法、《史篇》文字，通知其意者，皆诣公车。……至者前后千数，皆令记说廷中。"这是汉代历史上规模最大的一次学术会议。同书《平帝纪》元始五年（5）载此事，称"至者数千人"。这么多人不大可能同时"记说廷中"。同书《律历志》："元始中王莽秉政，欲耀名誉，征天下通知钟律者百余人。"同书《艺文志》："元始中，征天下通小学者以百数，各令记字于庭中。"③《后汉书·光武帝纪上》所言"初，王莽征天下能为兵法者六十三家数百人"④，当亦元始年间事。看来这次会议是按不同专业分别举行的。从《王莽传》所言"前后千数"一句看，各分会又可能是先后举行的。即使如此，"百余人"或"数百人"临时集中于"廷中"，也需要不少房舍才能满足需要。

综上所述，前殿、宣室、承明、温室四殿自南向北依次排列，坐落于未央宫中心位置。其中，前殿和宣室殿矗立于高大台基之上，地位最为显赫，但主要承担礼仪功能。隐身其后的温室殿和承明殿，才是皇帝日常生活起居和办公议政的场所。尤其是具体位置尚不明确的承明殿，乃"朝廷"所在，是西汉国家机器的中枢。

原载《历史研究》2016年第5期

（陈苏镇，北京大学历史学系教授）

---

① 〔梁〕萧统编：《文选》卷一，中华书局，1977年，第26页上栏。

② 《汉书》卷一〇《成帝纪》，中华书局，1962年，第304页。

③ 《汉书》卷九九《王莽传上》、卷一二《平帝纪》、卷二一《律历志上》、卷三〇《艺文志》，中华书局，1962年，第4069、359、955、1721页。

④ 《后汉书》卷一《光武帝纪上》，中华书局，1965年，第5页。

西汉长安的丞相府

宋 杰

西汉丞相是百官之长，其职位和影响相当重要，因此长期以来受到学者们的关注，研究成果可谓汗牛充栋，涉及这一官职的名称、渊源、职权、僚属、发展过程与变化原因、三公之间的关系等许多方面[①]，但是对丞相起居治事的相府却少有探讨。20世纪前期，古建筑学家刘敦桢曾在《大壮室笔记·两汉官署》中略述西汉相府的概况[②]，后来则未见有相关的专门论著。笔者拟就这一机构在长安城中的方位、建筑形制与布局以及源流演变等问题进行寻究，希望能够得到方家的指正。

一、相府在长安城中的方位

西汉时期，"长安有九府：丞相府，御史大夫府，鸿胪府，少府，司隶府，中尉府，京兆府，左冯翊府，右扶风府"[③]。在上述京师官署当中，关于相府的位置没有明确的文献记载。由于当代考古学的迅速发展，对西汉长安城遗址的发掘获得了重要成就，能够基本勾画出这所城市的建筑布局，它的城墙周长约25700米，城内面积约36平方公里，其中宫殿建筑群较多，现已发现的未央宫、长乐宫、桂宫、北宫、明光宫以及武库等旧址占据了大部分面积。[④]由于皇帝居住的未央宫是"正宫"，它的位置对城市规划建设即其他宫室与官署、第宅、市场闾里的选址会起到支配作用，所以笔者准备以它为坐标，来确定丞相府在长安城中的大致方位。

---

① 对于西汉丞相制度研究的代表性论著有安作璋、熊铁基：《秦汉的丞相制度》，《山东师范大学学报》1982年第5期；安作璋、熊铁基：《秦汉官制史稿》，齐鲁书社，1984年；祝总斌：《西汉宰相制度变化的原因》，《历史研究》1986年第2期；祝总斌：《两汉魏晋南北朝宰相制度研究》，中国社会科学出版社，1990年；卜宪群：《秦汉官僚制度研究》，社会科学文献出版社，2000年；李玉福：《秦汉制度史论》，山东大学出版社，2003年；李俊：《中国宰相制度》，台湾商务印书馆，1989年。

② 刘敦桢：《大壮室笔记·两汉官署》，《中国营造学社汇刊》1932年第3卷第3期。

③ 〔元〕骆天骧：《类编长安志》卷八引《图经》，三秦出版社，2006年，第255页。

④ 刘庆柱：《汉长安城布局结构辨析》，《考古》1987年第10期。

根据汉长安城遗址发掘的平面简图①来看，未央宫偏居在城内西南一隅，天子和百官吏民出入宫殿主要是通过东、北两面的门阙，其宫城西、南两面的城墙紧靠长安城的西、南城墙，间隔只有十几米到五十米；②如此狭窄的空间之内不可能安置丞相府那样的大型建筑，因此它的选址只能从未央宫的北、东两边来考虑。考古发掘表明，未央宫北阙之外，在桂宫和北宫旧址之间未发现宫殿群的建筑遗存，根据文献记载，这一地段应是皇帝赐给功臣贵族的第宅区域，例如汉高祖、哀帝的宠臣夏侯婴、董贤的宅第就在那里。③北阙以外又有西域、匈奴等藩国使臣、侍子居住在藁街的"蛮夷邸"，附近可能还有众多"郡邸"和诸侯"国邸"，以及掌管有关事务的大鸿胪之"鸿胪府（寺）"，④但是未见有其他公卿官署设置在该地的记载。

未央宫之东，在武库和长乐宫旧址之南，也分布着未发现宫殿或其他皇室建筑群遗存的广袤区域。据史籍记载，那里修建过权臣霍光的宅第（位于尚冠里），以及属于九卿的官署"中尉府"，它后来被改做京兆尹的"京兆府"。⑤如前所述，未央宫经常通行使用的是东、北两门，过去按照颜师古的解释，北门是皇宫的正门。"未央殿虽南向，而上书奏事谒见之徒皆诣北阙，公车司马亦在北焉。是则以北阙为正门，而又有东门、东阙。至于西南两面，无门阙矣。"⑥近年来学术界基本否定了上述观点，认为东门才是未央宫的正门。如杨宽举《汉书·五行志上》语："文帝七年六月癸酉，未央宫东阙罘思灾。刘向以为东阙所以朝诸侯之门也，罘思在其外，诸侯之象也。"据此认为："其实东门比北门更重要，东门是接受诸侯朝见的

----

① 刘庆柱：《汉长安城的考古发现及相关问题研究》图1《汉长安城遗址平面示意图》，《考古》1996年第10期。

② 刘庆柱《汉长安城的宫城和市里布局形制述论》："（未央）宫城南墙和西墙分别与长安城南墙和西墙相邻，其间相距一般约为50米。宫城北墙西端，与长安城西墙东折之城墙南北间距仅13米。"参见刘庆柱：《古代都城与帝陵考古学研究》，科学出版社，2000年，第162页。

③ 《汉书》卷四一《夏侯婴传》，中华书局，1975年，第2079页；《汉书》卷八六《王嘉传》，中华书局，1975年，第3496页。

④ 刘庆柱《汉长安城的宫城和市里布局形制述论》："西汉中期开始，官邸统由大鸿胪所辖，为了便于管理，属于官邸的'国邸'和'蛮夷邸'相距不会太远。考虑到这些官邸主人的政治地位，其邸第当近皇宫。'蛮夷邸'在藁街，藁街在未央宫北，大概即横门大街，故'国邸'亦应在藁街附近的未央宫东北一带。"参见刘庆柱：《古代都城与帝陵考古学研究》，科学出版社，2000年，第171页。另参见王静：《汉代蛮夷邸论考》，《史学月刊》2000年第3期。

⑤ 《汉书》卷一九上《百官公卿表上》颜师古注引《三辅黄图》云："京兆在尚冠前街东入，故中尉府。"（汉书，中华书局，1962年，第737页）参见王社教：《汉长安城八街九陌》，《文博》1999年第1期。

⑥ 《汉书》卷一下《高帝纪下》，中华书局，1975年，第64页。

正门。"①他又引证张衡《西京赋》"朝堂承东，温调延北"之句，指出未央宫朝堂用以接待东来朝见的诸侯，温调殿则用以接待北来谒见的臣民，后者即"上书奏事谒见之徒"。刘庆柱也反对颜氏的看法，论证道："未央宫作为使用的正门应为东宫门，皇帝出入于此门，东宫门外有专供天子使用的驰道。诸侯王朝见天子也要进东宫门，因而东宫门之外设置了象征诸侯王朝见天子的'罘思'。"他还指出："未央宫以东宫门作为正门使用，可能受到了'秦制'影响。在秦的王室、皇室重要建筑中，多以东门为正门，如凤翔秦公诸陵陵园、秦东陵陵园和秦始皇陵园，其正门均为东门。"②黄展岳亦认为："长乐、未央二宫东西并列，地位相当……未央宫之东宫门和长乐宫之西宫门，分列轴线两侧，为二宫之正门。"③以上诸说受到普遍赞同。日本学者五井直弘曾据此推测西汉"中央的各官署在东阙附近"④，但是并未进行具体论证，而有些史料则反映出当时丞相府设置在这一地带的种种迹象。

按照西汉朝廷的有关制度，皇帝在丞相患病时前往探视，车驾须从相府西门进入。如《汉书》卷八四《翟方进传》载其担任丞相期间受到皇帝谴责而自杀，"天子亲临吊者数至，礼赐异于它相故事"。颜师古注曰："《汉旧仪》云丞相有病，皇帝法驾亲至问疾，从西门入。"因为天子通常出入未央宫东门，由此看来，丞相府的位置有可能是在未央宫之东，与其东阙相对，这样皇帝出宫沿驰道而行，正好进入相府的西门。上述《汉旧仪》等记载并非孤证，还有其他史料可以为其提供支持。首先，是东汉前期司徒府设置地点的情况。司徒府的前身即丞相府，它的许多制度保留了西京旧典，例如其方位的选择。司徒府的正门是西门，面对当时皇帝居住的南宫东门之苍龙阙。《续汉书·百官志一》"司徒"条注引蔡质《汉仪》："司徒府与苍龙阙对，厌于尊者，不敢号府。"⑤《汉官典职仪式选用》亦曰："司徒本丞相官，哀帝改为大司徒，主司徒众，驯五品。府与苍龙阙对，厌于尊者，不敢称府也。"⑥

阙是标识宫门的建筑，依照方位而涂画有不同的动物。《古今注》卷上《都邑第二》"阙"条曰："其上皆丹垩，其下皆画云气仙灵奇禽怪兽，以昭示四方焉。

---

① 杨宽：《中国古代都城制度史研究》，上海古籍出版社，1993年，第111页。

② 刘庆柱：《汉长安城未央宫布局形制初论》，《考古》1995年第12期。

③ 黄展岳：《读〈汉长安城未央宫〉》，《考古》1997年第8期。

④ 〔日〕五井直弘：《中国古代史论稿》，姜镇庆、李德龙译，北京大学出版社，2001年，第154页。

⑤ 《后汉书》，中华书局，1982年，第3560页。

⑥ 〔清〕孙星衍等辑：《汉官六种》，周天游校注，中华书局，1990年，第201—202页。

苍龙阙画苍龙，白虎阙画白虎，玄武阙画玄武，朱雀阙上有朱雀二枚。"①《三辅黄图》亦曰："苍龙、白虎、朱雀、玄武，天之四灵，以正四方，王者制宫阙殿阁取法焉。"②西汉未央宫东门之阙即名为苍龙阙，因为苍龙是东方七宿的总称。③东汉洛阳的南宫亦然，《续汉书·百官志二》载卫尉属下有"苍龙司马，主东门"，刘昭注曰"案《雒阳宫门名》为苍龙阙门。《汉官》曰：员吏六人，卫士四十人"④。另可参照《元河南志》的《后汉京城图》。⑤上述史料反映出西汉丞相府应与东汉司徒府的建筑方位相同，都是处于皇帝正宫的东面，其西门与宫城的东阙，即苍龙阙相对。宋儒陈绎即强调了两汉公府设置的这一沿革，"西汉去治世未远，开丞相府四出门，无阑，不设铃，不惊鼓，深大宏远，无有限节。郡国守长吏得以岁上计事，国有大议，车驾亦亲幸而临听焉，然其议不过军功武爵期会督责之故。至于东汉，仍建公府苍龙阙东偏，其制度虽存，而称号不复于当时"⑥。杨宽亦赞同《汉仪》的记载，即东汉三公的官府"靠近南宫的东门。司徒府和南宫的东阙相对"⑦。

另外，应劭《汉官仪》曰："明帝以为司马（应为'司徒'——笔者）、司空府已荣，欲更治太尉府。时公赵憙也。西曹掾安众郑均，素好名节，以为朝廷新造北宫，整饬官寺，旱魃为虐，民不堪命，曾无殷汤六事周宣云汉之辞。今府本馆陶公主第舍，员职既少，自足相受。憙表陈之，即见听许。其冬，帝临辟雍，历二府，光观壮丽，而太尉府独卑陋云。显宗东顾叹息曰：'椎牛纵酒，勿令乞儿为宰。'"⑧按照文献记载，汉明帝驾临辟雍共有两次，分别在永平二年（59）和永平八年（65）。前引《汉官仪》提到"朝廷新造北宫"，其事应在永平八年。⑨这段记载反映了以下几个问题：

① 〔晋〕崔豹等：《古今注·中华古今注·苏氏演义》，商务印书馆，1956年，第10页。
② 何清谷：《三辅黄图校释》卷三《未央宫》，中华书局，2005年，第160页。
③ 《艺文类聚》卷六二《居处部二·阙》引《三辅旧事》曰："未央宫东有苍龙阙。北有玄武阙。"（《艺文类聚》，上海古籍出版社，1982年，第1116页）《水经注》卷一九《渭水》："（未央宫）北有玄武阙，即北阙也。东有苍龙阙，阙内有闾阖、止车诸门。"（《水经注》，浙江古籍出版社，2001年，第298页）
④ 《后汉书》，中华书局，1982年，第3580页。
⑤ 考古研究所洛阳发掘队：《洛阳涧滨东周城址发掘报告》，《考古学报》1959年第2期。
⑥ 〔宋〕陈绎：《新修东府记》，见《宋文鉴》卷八一，《四库全书》（第1350册），上海古籍出版社，1997年，第842页。
⑦ 杨宽：《中国古代都城制度史研究》，上海古籍出版社，1993年，第138页。
⑧ 《后汉书》志二四《百官一》，中华书局，1982年，第3558页。
⑨ 《后汉书》卷二《明帝纪》永平八年（65），"冬十月，北宫成。丙子，临辟雍"。（《后汉书》，中华书局，1982年，第111页）

其一，东汉洛阳三公的官署相邻，为南北依次排列。因此明帝南赴辟雍时接连看到了路旁诸公府的改建情况。又《续汉书·百官志一》"司徒"条注引应劭曰："丞相旧位在长安时，府有四出门，随时听事，明帝本欲依之，迫于太尉、司空，但为东西门耳。"①是说东汉司徒府南北两侧受相邻的太尉、司空府挤迫，无法像西汉丞相府那样四面开门，只得设置了东西两座大门。以往《元河南志》的《后汉京城图》与王仲殊所绘的《东汉雒阳城平面示意图》②均认为三公官署是东西并列，张鸣华在《东汉的南宫》一文中对此进行了纠正。③

其二，东汉司徒府在不同时期的地址有所改变。张鸣华根据前引《汉官仪》的叙述，认为东汉明帝时司徒府位于洛阳南宫的正南方向，"三公府应该是在南宫门到平城门大道的东侧，所以显宗东顾叹息"④。这一观点是合理有据的。但是他进而批评《元河南志》的《后汉京城图》和蔡质《汉仪》关于"司徒府对苍龙阙"的记载并不准确，则有值得商榷之处。因为上述史料有可能讲的是司徒府在东汉不同时期的设置地点，所以未必与应劭所言对立。如前引《汉官仪》中郑均语："今府本馆陶公主第舍，员职既少，自足相受。"光武帝第三女名为刘红夫，"（建武）十五年封馆陶公主，适驸马都尉韩光"⑤。至明帝时，由于韩光参与淮阳王延谋反案被杀，公主失势。⑥可见东汉建国之初皇宫以南地段原为贵族第宅区域，三公的官署尚未设置在那里。据史籍所言，光武帝中兴后废除新莽弊政，努力恢复汉朝典章，所谓："奄有天下，不失旧物，而建封略，一遵前制。"⑦此时的洛阳北宫破败荒废，皇帝居于南宫，故笔者判断，司徒府应是仿照西汉制度，设于皇宫东门之外，如蔡质《汉仪》等所载，面对南宫的苍龙阙。而明帝继位之后大兴土木，"起北宫及诸官府"⑧，即《汉官仪》中郑均所言"朝廷新造北宫，整饬官寺，旱魃为虐，民不堪命"。其总体工程自永平三年（60）延续到永平八年才结束⑨，三公诸府很有可能是在此期间迁徙到皇宫南面的。公府由东向南转移的原因也可以理解，那就是三公作为国家秩位最高的臣僚，其官署应该设在皇宫的正门之外；而两汉京师的宫

① 《后汉书》志二四《百官一》，中华书局，1982年，第3560页。

② 王仲殊：《汉代考古学概说》，中华书局，1984年，第18页。

③ 张鸣华：《东汉的南宫》，《中国史研究》2004年第2期。

④ 张鸣华：《东汉的南宫》，《中国史研究》2004年第2期。

⑤ 《后汉书》卷一〇下《皇后纪》，中华书局，1982年，第458页。

⑥ 《后汉书》卷四二《光武十王传》，中华书局，1982年，第1444页。

⑦ 〔晋〕袁宏：《后汉纪》卷七《光武帝建武十五年》，见《两汉纪》（下册），中华书局，2005年，第124页。

⑧ 《后汉书》卷二《明帝纪》，中华书局，1982年，第107页。

⑨ 《后汉书》卷二《明帝纪》，中华书局，1982年，第107、111页。

城布局设置发生了很大变化，西汉未央、长乐二宫是东西相峙，故未央以东门为正门；而东汉明帝修建北宫投入使用之后，洛阳两宫成为南北排列，皇帝居住的皇宫之正门即变为南门——朱雀门。这样一来，三公官府面对南宫东门的传统格局就与现行宫室制度发生冲突，故被朝廷下令向南搬迁，以靠近皇宫的正门。由此看来，东汉初年国家草创，司徒府的选址虽仿效西京旧制，但未能考虑京城规划建设的远景。全国政局稳定后，朝廷重新安排洛阳的城市建筑布局，又根据形势变化对其位置进行了调整。①

再者，汉代帝陵的陪葬制度也可以作为相府位于未央宫东边的旁证。皇室权贵的墓葬往往是他们生前住所的缩影，所谓"事死如事生，事亡如事存，孝之至也"②。西汉皇帝陵园的形制建筑也因此而呈现出某些规律，刘庆柱、李毓芳在《关于西汉帝陵形制诸问题探讨》中的论述甚为详细，总的来说是帝陵陵园模仿未央宫城所筑，亦以东门为正门，陵墓封土似皇帝的正殿，其四周的墙垣犹如皇宫的宫墙，帝陵与皇后陵东西对置，象征着未央宫和长乐宫。西汉诸陵多有皇亲国戚、达官显贵陪葬，这些陪葬墓一般分布在陵区东部和北部，此类现象亦为社会现实情景的写照。"至于分布在陵北的陪葬墓或陵邑，这还因汉代视未央宫北阙附近为'甲第'，不少权贵，如霍光、夏侯婴、董贤等均被赐宅地于此……死后在陵北或陵东安葬，这是他们京城生活的反映。"③值得注意的是，西汉开国皇帝刘邦陵园的陪葬墓群中，在汉初担任过丞相职务的萧何、曹参之坟墓均被安置在长陵东门之外。如汉和帝祠高帝陵庙诏书曰："高祖功臣，萧、曹为首，有传世不绝之义。曹相国后容城侯无嗣。朕望长陵东门，见二臣之冢，循其远节，每有感焉！"李贤注引《东观汉记》曰："萧何墓在长陵东司马门道北百步。"又引《庙记》云："曹参冢在长陵旁道北，近萧何冢。"④萧、曹二墓相邻，都被安排在长陵之东，这也应该是西汉丞相府曾经设置于未央宫东的一种变相反映，能够从侧面给本文的观点提供某些证据。

---

① 汉明帝后来可能又将三公府向东迁移，《续汉书·百官志一》"太尉"条注引《古今注》曰："永平十五年，更作太尉、司徒、司空府开阳城门内。"（《后汉书》，中华书局，1982年，第3558页）其位置参见王仲殊《汉代考古学概说》图18《东汉雒阳城平面示意图》。

② 《十三经注疏·礼记正义》，中华书局，1980年，第1629页。

③ 刘庆柱、李毓芳：《关于西汉帝陵形制诸问题探讨》，《考古与文物》1985年第5期。

④ 《后汉书》卷四《和帝纪》，中华书局，1982年，第172页。

二、"百官朝会殿"的功用及渊源

（一）相府有"殿"

秦汉宫室中的高大堂屋往往称"殿"，通常为帝王所专用，但是西汉长安的丞相府内亦设有殿。如宣帝时黄霸拜相，曾在接受上计时对郡国官吏宣布："有耕者让畔，男女异路，道不拾遗，及举孝子贞妇者为一辈，先上殿，举而不知其人数者次之，不为条教者在后叩头谢。"①颜师古对此"殿"解释道："丞相所坐屋也。古者屋之高严，通呼为殿，不必宫中也。"据文献记载，汉初的萧何、曹参、韩信府内亦设有殿。如《汉宫阁名》曰："萧何、曹参、韩信并有殿。"②《初学记》卷二四亦言西汉长安有"萧何、曹参、韩信诸殿"③。按汉初萧何任丞相，汉王二年（前205）八月，又"以（韩）信为左丞相，击魏"④。而韩信在破魏灭赵之后拜为相国，随同他作战的副将曹参则升任右丞相。⑤是时汉有韩、萧、曹三人并为相国、丞相，看来他们在长安的府内均设有殿；斯人虽没，殿名犹存。清儒沈自南认为古时之"殿"原指较大的"堂"，后来才为皇帝所专用。"《苍颉篇》：殿，大堂也。虞挚云其制有经，左城右平。平，以文砖相亚次；城者为阶级。是殿与堂同，但有大小耳，即今所谓三墁者是也……汉黄霸令计吏条对，有举孝子先上殿。宫殿又通上下言之，秦以后始为至尊之称。"⑥西汉权贵第宅中高堂亦有称"殿"者，如霍光死后，"第中鼠暴多，与人相触，以尾画地。鸮数鸣殿前树上"⑦。司隶校尉解光劾奏王根奢华逾制，"大治室第，第中起土山，立两市，殿上赤墀，户青琐"⑧。哀帝宠幸董贤，"诏将作大匠为贤起大第北阙下，重殿洞门，木土之功穷极技巧，柱槛衣以绨锦"⑨。颜师古注："重殿谓有前后殿，洞门谓门门相当也。皆僭天子之制度。"但是东汉以后除了帝王之宫有殿，官宦豪贵府中不再使用此种名称。

① 《汉书》卷八九《循吏传·黄霸》，上海古籍出版社，1982年，第3632页。

② 《艺文类聚》卷六二《居处部二·殿》，上海古籍出版社，1982年，第1121页。

③ 〔唐〕徐坚等：《初学记》卷二四《殿第四》，中华书局，1980年，第571页。

④ 《史记》卷九二《淮阴侯列传》，中华书局，1959年，第2613页。

⑤ 《史记》卷五四《曹相国世家》："韩信已破赵，为相国，东击齐。（曹）参以右丞相属韩信。"（《史记》，中华书局，1975年，第2027页）

⑥ 〔清〕沈自南：《艺林汇考·栋宇篇》卷一《宫殿类》，《四库全书》（第859册），上海古籍出版社，1997年，第11页。

⑦ 《汉书》卷六八《霍光传》，中华书局，1975年，第2956页。

⑧ 《汉书》卷九八《元后传》，中华书局，1975年，第4028页。

⑨ 《汉书》卷九三《佞幸传·董贤》，中华书局，1975年，第3733—3734页。

前述西汉权贵第中之殿或属于逾制而建，而相府之殿却与此不同，它具有某些特殊的政治功用，这可以从其专门的名称反映出来。据干宝注《周礼》所言，东汉司徒府内有"百官朝会殿"①，是继承西汉旧制而来。郑玄注《周礼·槁人》时亦曰"今司徒府中有百官朝会之殿"②，他在注《周礼·朝士》又说"今司徒府有天子以下大会殿"③，则是此殿的别称。

（二）百官朝会殿的功用

西汉相府与东汉司徒府中的百官朝会殿，在当时的国家政治领域发挥着何种作用？据有关史料记载，大致有以下几项。

1.朝议

这是它的主要功用。汉代国家如果遇到重要事务或疑难问题，需要征求大臣们的意见，往往通过召开朝会即所谓"朝议""廷议"来进行讨论，为皇帝决策提供建议和参考方案。这种会议通常在宫内进行④，但有时也在丞相府或司徒府的殿中举办，如王应麟所言"时有大政，政有大疑，必集群臣议之，咨一相决之。乃于司徒府建朝会之殿，以绎师言，审国是，焕乎一代闳规也"⑤。根据讨论的各种事项，参会的官员和机构亦有不同，可分为下述几类：

（1）公卿百官议。这是大规模的朝会，皇帝或亲临相府，在此殿上与公卿讨论议决。如前引郑玄注《周礼·槁人》曰："今司徒府中有百官朝会之殿，云天子与丞相旧决大事焉。"应劭《汉官仪》亦云："丞相旧位在长安时，府有四出门，随时听事……国每有大议，天子车驾亲幸其殿。殿西王侯以下更衣并存。"⑥刘敦桢评论相府百官朝会殿曰："应劭谓为外朝之存者，其说甚当。盖西汉初营长安，萧何

---

① 《后汉书》志二四《百官一》，中华书局，1982年，第3560页。
② 《十三经注疏·周礼注疏》，中华书局，1980年，第750页。
③ 《十三经注疏·周礼注疏》，中华书局，1980年，第877页。
④ 《史记》卷一一二《平津侯主父列传》："每朝会议，开陈其端，令人主自择，不肯面折庭争。"（《史记》，中华书局，1975年，第2950页）《汉书》卷七九《冯奉世传》："永光二年秋，陇西羌乡姐旁种反，诏召丞相韦玄成、御史大夫郑弘、大司马车骑将军王接、左将军许嘉、右将军奉世入议。"（《汉书》，中华书局，1975年，第3296页）《后汉书》卷一九《耿秉传》："每公卿会议，常引秉上殿，访以边事，多简帝心。"（《后汉书》，中华书局，1982年，第716页）
⑤ 〔宋〕王应麟：《汉百官朝会殿记》，见《玉海》卷二〇四《辞学指南》，《四库全书》（第948册），上海古籍出版社，1997年，第366页。
⑥ 《后汉书》志二四《百官一》，中华书局，1982年，第3560页。

袭秦制，仅置前殿，供元会大朝昏丧之用，而庶政委诸丞相，国有大政，天子就府决之，观殿西有王侯以下更衣所，足为会朝议政之证。"①

有时皇帝也会下诏让丞相领衔召开此种会议，将讨论意见上报天子裁决。如武帝元狩元年（前122）淮南王刘安谋反事发："衡山王赐，淮南王弟也，当坐收，有司请逮捕衡山王。天子曰：'诸侯各以其国为本，不当相坐。与诸侯王列侯会肄丞相诸侯议。'"②这里所说的"有司"是指负责司法审判事务的廷尉，他向朝廷请求逮捕相关人犯，武帝则让他和诸侯王列侯与丞相会同商议。《史记集解》引徐广注此句曰"诣都座就丞相共议也"，即命令廷尉和在京王侯到丞相所在的"都座"去举行会议。"都座（坐）"是东汉后期至南北朝尚书台八座长官（令、仆射、诸曹）集议政务之处③，西汉尚未见其名称④。当时丞相总揽政务，如刘颂所言："秦汉已来，九列执事，丞相都总。"⑤而尚书官职卑小，并无议政之权。孙逢吉说秦朝"天下之事皆决丞相府。置尚书于禁中，有令丞，掌通章奏而已。汉初因之，武宣之后，稍以委任"。尚书台权力的膨胀是从东汉开始，"及光武亲揽吏职，天下事皆上尚书，与人主参决，乃下三府，尚书令为端揆之官"⑥。至西晋时，尚书台长官基本上相当于汉代三公，即国家宰相，其官署亦正式成为公卿集议的场所。而在西汉时期，起着"都座"作用的地点则是相府的百官朝会殿。如祝总斌所言："随着尚书台发展成宰相机构，百官商议也从旧百官朝会殿（汉代原在司徒府）移至尚书都坐或朝堂进行，因地在尚书省，估计习惯仍由尚书令或仆射居首座主持。"⑦所以

① 刘敦桢：《大壮室笔记·两汉官署》，见《刘敦桢文集》（1），中国建筑工业出版社，1981年，第136页。

② 《史记》卷一一八《淮南衡山列传》，中华书局，1959年，第3093—3094页。

③ 任广《书叙指南》卷一七《揆策谋度》："都堂聚议曰都坐议政。"〔《四库全书》（第920册），上海古籍出版社，1997年，第569页〕《资治通鉴》卷一二八《宋纪十》孝武帝大明二年："宗爱方用事，威振四海。尝召百官于都坐，王公已下皆趋庭望拜。"胡三省注："魏有都坐大官。魏之都坐，犹唐之朝堂也。或曰都坐尚书。都坐即唐之政事堂。"（《资治通鉴》，中华书局，1976年，第4035页）

④ 尚书台"都座（坐）"之名，初见于东汉后期的文献记载，如应劭《汉官仪》卷上："汉制：八座丞郎初拜，并集都座交礼，迁又解交。"（〔清〕孙星衍等辑：《汉官六种》，周天游校注，中华书局，1990年，第143页）《蔡中郎集》卷二《答诏问灾异八事》载其光和元年七月十日诣都座。〔《四库全书》（第1063册），上海古籍出版社，1997年，第161页〕

⑤ 《晋书》卷四六《刘颂传》，中华书局，1974年，第1303页。

⑥ 〔宋〕孙逢吉：《职官分纪》卷八《尚书令》，《四库全书》（第923册），上海古籍出版社，1997年，第197页。

⑦ 祝总斌：《两汉魏晋南北朝宰相制度研究》，中国社会科学出版社，1990年，第216页。

在审判淮南王安谋反一案时，武帝让在京诸侯王与列侯、廷尉都到丞相府去讨论，即徐广所言"就丞相共议也"。经过商讨，"赵王彭祖、列侯臣让等四十三人议，皆曰：'淮南王安甚大逆无道，谋反明白，当伏诛'"。胶西王刘端还建议处罚淮南国秩二百石以上的官员及相关的宗室近幸臣。最后则是以丞相为首、廷尉为副汇总讨论意见上奏，由皇帝斟酌决定。"丞相弘、廷尉汤等以闻，天子使宗正以符节治王。未至，淮南王安自刭杀。"①

又如元狩六年（前117）大司马霍去病请求汉武帝决定诸皇子的王位，武帝让丞相庄青翟、御史大夫张汤等组织百官会议研究。《史记》卷六〇《三王世家》："四月戊寅，奏未央宫。丞相臣青翟、御史大夫臣汤昧死言：臣青翟等与列侯、吏二千石、谏大夫、博士臣庆等议……臣请立臣闳、臣旦、臣胥为诸侯王。"但武帝对讨论结果不满意，"四月癸未，奏未央宫，留中不下"。随后丞相等人揣摩上意，又"窃与列侯臣寿成等二十七人议"，再次奏报武帝，才获得批准。

前引《史记·淮南衡山列传》所载"会肄丞相诸侯议"，《史记索隐》注曰："肄，习也，音异。"是说"肄"有演习的含义。汉代国家对各种朝议有规定的典制仪式。"肄丞相诸侯议"是按照既定的丞相诸侯朝议制度演习执行的意思。王应麟曾举《续汉书·律历志中》记载为例，考证公卿百官在相府殿上举行朝会的仪式。熹平四年（175）五官郎中冯光、沛相上计掾陈晃奏言当时的历法不准确，灵帝下诏，"与儒林明道者详议，务得道真。以群臣会司徒府议"。刘昭注引《蔡邕集》记载了这次朝会的座次和议程。"三月九日，百官会府公殿下，东面，校尉南面，侍中、郎将、大夫、千石、六百石重行北面，议郎、博士西面。户曹令史当坐中而读诏书，公议。蔡邕前坐侍中西北，近公卿，与（冯）光、（陈）晃相难问是非焉。"②王氏据此判断两汉实行过在丞相（司徒）府百官朝会殿议政的制度，"国有大议，车驾亲幸其殿，则应劭之书可证。百官会府公殿下，则蔡邕之言可稽"③。

（2）丞相府议或"两府"议。皇帝将有关议题交给丞相，让他和府中掾吏集议，再上报意见。如《史记》卷六《秦始皇本纪》载咸阳宫酒会时，博士淳于越建议朝廷仿效周代制度分封宗室子弟，"始皇下其议"。丞相李斯斥责诸生"不师今而学古，以非当世，惑乱黔首"，并奏请执行焚书令，得到皇帝的批准。如果只看这段记载，可能会认为李斯的这番言语是在那次酒会上当场提出的，但是他的发

---

① 《史记》卷一一八《淮南衡山列传》，中华书局，1959年，第3094页。

② 《后汉书》志二《律历中》，中华书局，1982年，第3037页。

③ 〔宋〕王应麟：《汉百官朝会殿记》，见《玉海》卷二〇四《辞学指南》，《四库全书》（第948册），上海古籍出版社，1997年，第367页。

言事关政治文化领域的国家大计，又包含着对"藏书""偶语诗书"等各种犯罪行为分别处罚的具体方案，其内容庞杂繁复，很难相信是李斯临场发挥的即席演说，应该是经过仔细推敲和充分准备之后才上奏的。另外，皇帝也不大可能因为淳于越的临时提议而立即停止宴饮，将正在进行的酒会活动更改为争辩讨论。结合其他史料来看，《史记》所说的"始皇下其议"其实是下诏命令丞相府在宴会以后集议，再由李斯汇报讨论意见，供皇帝裁决。《论衡》卷二八《正说》：

> 秦始皇三十四年，置酒咸阳宫，博士七十人前为寿。仆射周青臣进颂秦始皇。齐人淳于越进谏，以为始皇不封子弟，卒有田常、六卿之难，无以救也，讥青臣之颂，谓之为谀。秦始皇下其议丞相府，丞相斯以为越言不可用，因此谓诸生之言惑乱黔首，乃令史官尽烧五经，有敢藏诗书百家语者刑，唯博士官乃得有之。五经皆燔，非独诗家之书也。①

由主管部门长官与僚属共同商讨来决定对重要问题的处理意见，西汉称为"有司议"。而相府总揽全国政务，属吏人数繁多，其中长史、诸曹掾等秩位较高，须经考选才能充任②，故皆学识出众。如薛宣谓朱云："在田野亡事，且留我东阁，可以观四方奇士。"③丞相与相府诸吏之间既是上下级，又是主人、宗师和宾客、门生的关系。"掾史见礼如师弟子，白录不拜朝，示不臣也。"④说明其地位很受尊重。他们往往精通公务，熟悉典章律令，能够在商议时为丞相出谋划策，以求获得允当的处理方案。

西汉由相府官员集议的例证，还可参见《史记》卷五七《绛侯周勃世家》载窦太后使景帝封王信为侯一事。"景帝曰：'请得与丞相议之。'丞相议之，亚夫曰：'高皇帝约：非刘氏不得王，非有功不得侯。不如约，天下共击之！今信虽皇后兄，无功，侯之，非约也。'景帝默然而止。"这里所说"与丞相议之"的"与"，应是"给予""交付"的意思，并非皇帝和丞相一起商议；因为下文明显说的是丞相在组织议论之后，才向景帝进行汇报的。又如《史记》卷一〇《孝文本

---

① 〔汉〕王充：《论衡》，上海人民出版社，1974年，第426页。

② 《汉旧仪》卷上："官事至重，古法虽圣犹试，故令丞相设四科之辟，以博选异德名士，称才量能，不宜者还故官。第一科曰德行高妙，志节清白。二科曰学通行修，经中博士。三科曰明晓法令，足以决疑，能案章覆问，文中御史。四科曰刚毅多略，遭事不惑，明足以照奸，勇足以决断，才任三辅剧令。皆试以能，信然后官之。第一科补西曹南阁祭酒，二科补议曹，三科补四辞八奏，四科补贼决。"参见〔清〕孙星衍等辑：《汉官六种》，周天游校注，中华书局，1990年，第69页。

③ 《汉书》卷六七《朱云传》，中华书局，1975年，第2916页。

④ 《汉旧仪》卷上，见〔清〕孙星衍等辑：《汉官六种》，周天游校注，中华书局，1990年，第67页。

纪》曰："是时北平侯张苍为丞相，方明律历。鲁人公孙臣上书陈终始传五德事，言方今土德时，土德应黄龙见，当改正朔服色制度。天子下其事与丞相议。丞相推以为今水德，始明正十月上黑事，以为其言非是，请罢之。"《汉书》卷九〇《酷吏传》载田延年贪污牛车之费，"凡六千万，盗取其半。焦、贾两家告其事，下丞相府。丞相议奏延年'主守盗三千万，不道'"，都是在说同样的情况。相府集议的人数多少尚无明确记载，但从廷尉府内集议有廷尉、正、监、廷尉史等三十人参加的情况来看①，相府奉诏集议的规模显然会更大一些，其地点亦应在专用于群臣议政的百官朝会殿。刘敦桢指出，西汉相府"升殿脱履，与宫殿同制"②。其典出自《汉旧仪》卷上："掾有事当见者，主簿至曹请，不传召，掾见脱履，公立席后答拜。"③即掾史上殿谒见丞相之礼。

此外，更为重要的问题则由三公之间商议。如《汉书》卷二三《刑法志》载："孝文二年，又诏丞相、太尉、御史：'法者，治之正，所以禁暴而卫善人也。今犯法者已论，而使无罪之父母妻子同产坐之及收，朕甚弗取。其议。'"但是这几位大臣协商后均不愿改变旧法，便回绝了文帝的建议。"左右丞相周勃、陈平奏言：'父母妻子同产相坐及收，所以累其心，使重犯法也。收之之道，所由来久矣。臣之愚计，以为如其故便。'"文帝在回复时坚持自己的主张，才迫使他们同意废除收孥相坐法。但西汉太尉不常设，较多的是由"两府"④即丞相府与御史大夫府的官员们举行集议。如宣帝时西羌叛乱，京兆尹张敞上书言："愿令诸有罪、非盗受财杀人及犯法不得赦者，皆得以差入谷此八郡赎罪。"此项条奏遭到左冯翊萧望之与少府李强的反对，"于是天子复下其议两府，丞相、御史以难问张敞"⑤。又成帝时梁王刘立荒淫无道，"鸿嘉中，太傅辅奏：'立一日至十一犯法，臣下愁苦，莫敢亲近，不可谏止。愿令王，非耕、祠，法驾毋得出宫，尽出马置外苑，收兵杖藏私府，毋得以金钱财物假赐人。'事下丞相、御史，请许。奏可"⑥。亦是此类例证。丞相贵为百官之长，由他领衔议事，恐怕不会屈尊低就、亲率僚属到御史

---

① 高恒：《秦汉简牍中法制文书辑考》，社会科学文献出版社，2008年，第396—400页。

② 刘敦桢：《大壮室笔记·两汉官署》，见《刘敦桢文集》（1），中国建筑工业出版社，1981年，第136页。

③ 〔清〕孙星衍等辑：《汉官六种》，周天游校注，中华书局，1990年，第67页。

④ 《汉书》卷八三《薛宣传》："宣考绩功课，简在两府……"颜师古注："两府，丞相、御史府也。"参见《汉书》，中华书局，1975年，第3391—3392页。

⑤ 《汉书》卷七八《萧望之传》，中华书局，1975年，第3277页。

⑥ 《汉书》卷四七《文三王传》，中华书局，1975年，第2215页。

府去，朝议地点也应是在相府的百官朝会殿。

为了防止朝议进行时背离仪典程序，以及出现违法或不当的言行，朝廷通常要指派专人监督。或是由皇帝特派的使者充任，如宣帝甘露元年（前53）召五经名儒与太子太傅等人大议殿中。"《公羊》家多不见从，愿请内侍郎许广，使者亦并内《谷梁》家中郎王亥，各五人。"①颜师古注曰："使者，谓当时诏遣监议者也。"或是派遣宦官，如灵帝熹平元年为决定窦太后葬仪，"诏公卿大会朝堂，令中常侍赵忠监议"②。西汉丞相由于经常主持集议，故府中设有议曹，选任干吏充任，专门负责有关事务。③相府高级掾吏亦有监督朝会之职责，如果朝议过程中发生问题而未能当场纠正，则要其追究责任。如黄霸"守丞相长史，坐公卿大议廷中，知长信少府夏侯胜非议诏书大不敬，（黄）霸阿从不举劾，皆下廷尉，系狱当死"④。

相府或"两府"集议的具体经过，史书缺乏记载。因为这种议政形式普遍存在于汉代中央和地方郡国的官署之内，故可以参考张家山汉简《奏谳书》案例二一《廷尉署集议事例》的有关情况。在讨论当中，下级并不唯长官之命是从，也可以据理反驳力争，促使其改变最初的意见。⑤如班固所言："若夫丞相、御史两府之士，不能正议以辅宰相，成同类，长同行，阿意苟合，以说其上，'斗筲之徒，何足选也！'"⑥

（3）丞相与有司议。汉代文献中所见的"有司议"，是由中央各主管机构举办的讨论各自专管事务的会议。⑦如兴修水利的会议在司空府进行，或由府中掾吏主持⑧；有关刑狱问题则归廷尉府负责集议。而丞相总揽政务，统领诸卿，因此有时也参加较为重要的"有司议"。如汉景帝元年（前156）秋七月诏曰："吏受所监临，以饮食免，重；受财物，贱买贵卖，论轻。廷尉与丞相更议着令。"⑨再如汉武帝元朔五年（前124）下诏："今礼坏乐崩，朕甚闵焉。故详延天下方闻之士，咸荐诸

① 《汉书》卷八八《儒林传》，中华书局，1975年，第3618页。

② 《后汉书》卷五六《陈球传》，中华书局，1982年，第1832页。

③ 《汉旧仪》载丞相四科选士，"第一科补西曹南阁祭酒，二科补议曹"。参见〔清〕孙星衍等辑：《汉官六种》，周天游校注，中华书局，1990年，第69页。

④ 《汉书》卷八九《循吏传·黄霸》，中华书局，1975年，第3629页。

⑤ 高恒：《秦汉简牍中法制文书辑考》，社会科学文献出版社，2008年，第396—400页。

⑥ 《汉书》卷六六《公孙刘田王杨蔡陈郑传》，中华书局，1975年，第2904页。

⑦ 荣远大：《汉晋集议制度初探》，《四川师范学院学报》1989年第1期。

⑧ 《汉书》卷二九《沟洫志》载王莽时议治黄河，"沛郡桓谭为司空掾，典其议"。参见《汉书》，中华书局，1975年，第1697页。

⑨ 《汉书》卷五《景帝纪》，中华书局，1975年，第140页。

朝。其令礼官劝学，讲议洽闻，举遗兴礼，以为天下先。太常其议予博士弟子，崇乡党之化，以厉贤材焉。"①这是命令主管部门"太常议"，但是丞相公孙弘也参加了大会，事后他向朝廷汇报，"谨与太常（孔）臧、博士平等议曰：闻三代之道，乡里有教，夏曰校，殷曰序，周曰庠。其劝善也，显之朝廷；其惩恶也，加之刑罚。故教化之行也，建首善自京师始，由内及外"②，并"请为博士置弟子员"③，获得武帝批准。九卿秩位明显低于三公，丞相亦不应到其府内参议，当如讨论淮南王刘安谋反案件那样，"有司"长官掾属等"就丞相议"。

2.上计、举谣言

王应麟《汉百官朝会殿记》所言："受计则计吏数百人拜于庭中，举谣言则掾属令史会于殿上，崇辅弼以尊国体，意深远哉！"④汉代郡国每年岁末进行统计，随后派遣官吏进京，把包括户口、公私垦田、钱谷收支、社会治安状况等数据的计簿上报呈献给朝廷，称作"上计"。皇帝受计于宫中或陵庙，及临幸所在之行宫。⑤按照秦朝及西汉制度，各地上缴的有关文书最终汇集到丞相府。刘邦入咸阳后，"乃封秦重宝财物府库，还军霸上。萧何尽收秦丞相府图籍文书"⑥。陈埴对此评论道："沛公之入关也，诸将争走金帛财物之府库。萧何独先入收丞相府图籍藏之，以故沛公得知天下阨塞户口多少强弱之处。世常以刀笔吏少何，此特书生之论耳。"⑦上计的事务亦由相府总管，如张苍"自秦时为柱下史，明习天下图书计籍。苍又善用算律历，故令苍以列侯居相府，领主郡国上计者"⑧。又匡衡封邑在临淮郡，"至建始元年，郡乃定国界，上计簿，更定图，言丞相府"⑨。《汉仪注》则曰："天下计书先上太史公，副上丞相。"⑩是说郡国每岁所上图籍有正副两本，分别上缴史官和

① 《汉书》卷六《武帝纪》，中华书局，1975年，第171—172页。

② 《史记》卷一二一《儒林列传》，中华书局，1959年，第3119页。

③ 《汉书》卷六《武帝纪》，中华书局，1975年，第172页。

④ 〔宋〕王应麟：《汉百官朝会殿记》，见《玉海》卷二〇四《辞学指南》，《四库全书》（第948册），上海古籍出版社，1997年，第367页。

⑤ 韩连琪：《汉代的户籍与上计制度》，《文史哲》1978年第3期；高敏：《秦汉上计制度述略》，见《秦汉史探讨》，中州古籍出版社，1998年，第174—195页。

⑥ 《汉书》卷一上《高帝纪上》，中华书局，1975年，第23页。

⑦ 〔宋〕陈埴：《木钟集》卷一一《萧何》，《四库全书》（第703册），上海古籍出版社，1997年，第750页。

⑧ 《史记》卷九六《张丞相列传》，中华书局，1959年，第2676页。

⑨ 《汉书》卷八一《匡衡传》，中华书局，1975年，第3346页。

⑩ 《汉书》卷六二《司马迁传》，中华书局，1975年，第2709页。

丞相府那里保存。各地上计官吏亦到相府觐见，并汇报有关情况，有时朝廷还让诸卿与博士参加，其地点也在百官朝会殿。《汉书》卷八九《循吏传》：

> （京兆尹张）敞奏霸曰："窃见丞相请与中二千石博士杂问郡国上计长吏守丞，为民兴利除害成大化条其对，有耕者让畔，男女异路，道不拾遗，及举孝子贞妇者为一辈，先上殿，举而不知其人数者次之，不为条教者在后叩头谢。丞相虽口不言，而心欲其为之也。长吏守丞对时，臣敞舍有鹖雀飞止丞相府屋上，丞相以下见者数百人……"①

接受计簿的仪式结束后，由丞相出面代表皇帝向殿下的郡国计吏宣告诏敕。《汉官旧仪》卷上："郡国守丞长史上计事竟，遣君侯出坐庭上，亲问百姓所疾苦。计室掾吏一人大音者读敕毕，遣敕曰：'诏书数下，禁吏无苛暴，丞长史归告二千石，凡民所疾苦，急去残贼，审择良吏，无任苛刻。治狱决讼，务得其中。明诏忧百姓困于衣食，二千石帅劝农桑，思称厚恩，有以赈赡之，无烦扰夺民时。公卿以下，务饬俭恪。今俗奢侈过制度，日以益甚，二千石务以身帅有以化之。民冗食者谨以法，养视疾病，致医药务活之。诏书无饰厨传增养食，至今未变，或更尤过度，甚不称。归告二千石，务省约如法。且案不改者，长吏以闻。守寺乡亭漏败，垣墙陁坏所治，无办护者，不称任，先自劾不应法。归告二千石勿听。'"②此段文字，《续古文苑》卷五题为《元寿二年丞相遣郡国计吏敕》。西汉末年至东汉，丞相虽改称司徒，但是接受郡国上计的制度却延续下来。例如，"光和元年，举郡上计到京师。是时司徒袁逢受计，计吏数百人皆拜伏庭中，莫敢仰视，壹独长揖而已"③。

在百官朝会殿上进行的另一项活动是"举谣言"。两汉考课郡国长吏约有三种途径，皆与丞相或司徒有关。一是通过岁末的上计，由三公进行赏罚。二是各州刺史监察检举，再由三公派遣僚属复核后处理，"旧制，州牧奏二千石长吏不任位者，事皆先下三公，三公遣掾史案验，然后黜退"④。三是朝廷派出使者访察各地风俗，收集民间舆论上奏，或称"举谣言"，以此作为考察吏治的依据。⑤此项措施沿

①《汉书》卷八九《循吏传》，中华书局，1975年，第3632页。
②〔清〕孙星衍等辑：《汉官六种》，周天游校注，中华书局，1990年，第38—39页。
③《后汉书》卷八〇下《文苑传·赵壹》，中华书局，1982年，第2632页。
④《后汉书》卷三三《朱浮传》，中华书局，1982年，第1143页。
⑤ 仝晰纲：《汉代的乡里风谣与举谣言》，《人文杂志》1999年第4期；马新：《时政谣谚与两汉民众参与意识》，《齐鲁学刊》2001年第6期；胡守为：《举谣言与东汉吏治》，《中山大学学报》2004年第6期；吕宗力：《略论民间歌谣在汉代的政治作用及相关迷思》，《社会科学战线》2008年第9期。

袭了古代施政者采撷诗歌谣谚以匡正过失的制度。西周时，"孟春之月，群居者将散，行人振木铎徇于路，以采诗，献之大师，比其音律，以闻于天子"①。颜师古注："采诗，采取怨刺之诗也。"班固又曰："诵其言谓之诗，咏其声谓之歌。故古有采诗之官，王者所以观风俗，知得失，自考正也。"②据应劭追述，西汉时访举风谣的工作结束后在相府百官朝会殿上汇报。"丞相旧位在长安时，府有四出门，随时听事……国每有大议，天子车驾亲幸其殿。殿西王侯以下更衣并存。每岁州郡听采长吏臧否，民所疾苦，还条奏之，是为之举谣言者也。"并说这种制度保留到东汉，仍在司徒府的百官朝会殿上举行，先宣布对各地长吏政绩的调查，再由座上的府中掾吏集体评议。不过此项举措已经流于形式，提到褒美之言则众人随声附和，遇有贬词非议却多钳口无语。"顷者举谣言者，掾属令史都会殿上，主者大言某州郡行状云何，善者同声称之，不善者各尔衔枚。"观风使者往往汇报一些无关痛痒的信息，或凭个人感情而有所扬抑，故被应劭批评为："大较皆取无名势，其中或有爱憎微裁黜陟之暗昧也。若乃中山祝恬，践周、召之列，当轴处中，忘謇谔之节，惮首尾之讥，县囊捉撮，无能清澄，其与申屠须责邓通，王嘉封还诏书，邈矣乎！"③

3.肄习礼仪

《周礼·小宗伯》曰："凡王之会同军旅甸役之祷祠，肄仪为位。国有祸灾，则亦如之。"郑玄注："肄，习也。故书肄为肆，仪为义。杜子春读肆为肄，义为仪。若今时肄司徒府也。"贾公彦疏云："言王有会同军旅甸役之事，皆有祷祠之法。云肄仪为位者数者祷祠皆须豫习威仪乃为之，故云肄仪也。"④汉代宫廷举行各种典礼仪式必须事先演练，以达到熟习之目的。如《汉书》卷六六《杨敞附子恽传》曰："（戴）长乐者，宣帝在民间时与相知，及即位，拔擢亲近。长乐尝使行事肄宗庙，还，谓掾史曰：'我亲面见受诏，副帝肄，秺侯御。'"服虔注："兼行天子事，先肄习威仪也。"这种活动又称为"习肄礼仪"⑤，而宫廷典礼场面宏伟，人数众多，排练时需要较大的场地。如叔孙通为汉高祖定朝仪，征集鲁地儒生

---

① 《汉书》卷二四上《食货志上》，中华书局，1975年，第1123页。

② 《汉书》卷三〇《艺文志》，中华书局，1975年，第1708页。

③ 《后汉书》志二四《百官一》，中华书局，1982年，第3560页。

④ 《十三经注疏·周礼注疏》，中华书局，1980年，第768页。

⑤ 《通典》卷五三《礼十三》注引晋虞挚《决疑》云："汉初置博士而无弟子。后置弟子五十人，与博士俱共习肄礼仪。又增满五百人，汉末至数千人。"参见〔唐〕杜佑：《通典》，中华书局，1984年，第302页。

三十人，"及上左右为学者，与其弟子百余人为绵蕞野外。习之月余，通曰：'上可试观。'上使行礼，曰：'吾能为此。'乃令群臣习肄，会十月"①。文中的"绵蕞"，即演习礼仪所用的竹竿、绳索等站位标志。应劭注："立竹及茅索营之，习礼仪其中也。"如淳注："谓以茅翦树地，为篡位尊卑之次也。《春秋传》曰'置茅蕝'。"值得注意的是，此次典礼在刘邦即皇帝位之后不久，长安的许多宫室（如未央宫）和官署建筑尚未竣工，看来叔孙通当时在城内还找不到合适的场所，才被迫带领学者和弟子们到野外去演习。据前引郑玄所言，东汉朝廷的"肄仪"活动被安排在司徒府，这也可能是沿袭西汉的旧制。由于皇家大型仪典的排练不便在宫禁之内举行，丞相府的百官朝会殿和殿前庭院就规模、形制而言与朝廷近似，应该说是理想的演礼场地。

（三）百官朝会殿的由来与相府方位之再证

综上所述，百官朝会殿的主要功用是举办各种朝议。由于皇帝不常至，该殿主要是作为公卿大臣（包括掾属）进行议政的场所，故又名为"天子以下大会殿"，兼有上计、举谣言和肄习礼仪等国家级的大型活动。从中国古代政治制度的发展演变过程来看，西汉丞相在府内设殿、主持百官朝议的现象是前所罕见的；而东汉以降宰相制度又发生变化，由独相制改为群相制，大臣议政的场所移至宫中尚书台的"都坐"，所以百官朝会殿的设置属于秦汉社会特有的现象。作为历时数百年的一项重要制度，它有哪些历史渊源？为什么会得到实行？这些问题值得史家关注。前述郑玄、干宝等人对百官朝会殿的记述，都提到它是周代外朝的遗存。"朝"（chao）有两义：一为动词，即朝会、朝见，通常是指臣民在宫内进见国君，汇报、建议或商讨国事。二为名词，专指狭义的"朝廷"，即帝王宫中或贵族官僚府宅之内的庭院及殿堂。周代国君、卿大夫皆有内外朝，如公父文伯之母所称："天子及诸侯合民事于外朝，合神事于内朝；自卿以下，合官职于外朝，合家事于内朝；寝门之内，妇人治其业焉。"②而杜佑说周代天子诸侯与臣下议事有四朝，各在其宫室的不同位置，由内及外分别为燕朝、治朝、外朝、询朝。因为询朝在"询国危""询国迁""询立君"等特殊场合才设③，所以典籍多未列入。"但言三朝

---

① 《汉书》卷四三《叔孙通传》，中华书局，1975年，第2127页。
② 《国语》卷五《鲁语下》，上海古籍出版社，1978年，第204页。
③ 《周礼·秋官司寇》："小司寇之职，掌外朝之政，以致万民而询焉。一曰询国危，二曰询国迁，三曰询立君。其位，王南乡，三公及州长百姓北面，群臣西面，群吏东面。小司寇摈以叙进而问焉，以众辅志而弊谋。"参见《十三经注疏·周礼注疏》，中华书局，1980年，第873页。

者，以询事之朝非常朝，故不言之。"①杨伯峻曾对此做一概述，甚为精当，现征引如下：

> （周代）天子诸侯皆有三朝，曰外朝，曰治朝，曰燕朝。诸侯之官门有三重，曰库门，即外门；曰雉门，即中门；曰路门，即寝门。外朝在库门之内，断狱决讼及询非常之处，君不常视；治朝在雉门之内，或谓之正朝，君臣日见之朝。古者视朝之仪，臣先君入，君出路门立于宁，遍揖群臣，则朝礼毕，于是退释路寝听政，诸臣至官府治事处治文书。王朝有九室，诸侯之朝左右亦当有室。燕朝一曰内朝，如议论政事，君有命，臣有进言皆于内朝。②

那么，周代外朝有哪些活动与百官朝会殿的功能有渊源关系呢？首先，西周春秋时期天子诸侯的重要、疑难事务往往需要"谋及卿士"，即与首席执政官及从政诸卿（高级军政大臣们）共同商议来决定，时间为每日早朝或临时召集的特别朝会上，均在宫内举行。③西周金文中屡见之"卿事（士）寮"，学术界通常认为是王室执政大臣即诸卿的联席会议，这一机构集议事、决策、布令、施政诸权于一体。④日常政务可以由首席执政大臣或诸卿集体处理，重大事务则由周王亲自决断。诸卿议事施政的场所有两说，或曰在"治朝"，如郑玄注《周礼·天官大宰》曰"治朝"是"群臣治事之朝"⑤。又《周礼·考工记》曰："匠人营国……外有九室，九卿朝焉。九分其国，以为九分，九卿治之。"郑玄注："外，路门之表也。九室，如今朝堂诸曹治事处。"⑥杨伯峻则认为治朝是周代天子诸侯各部门处理日常公务的地方，而外朝是诸卿即执政大臣们早朝之后商讨国事、颁布政令的场所。《左传》闵公二年载鲁公子成季"其名曰友，在公之右；间于两社，为公室辅"。杨氏注曰：

> 雉门之外右有周社，左有亳社。间于两社，外朝正当其地，其实亦

① 〔唐〕杜佑：《通典》卷七五《礼三十五·天子朝位》，中华书局，1984年，第407页。
② 杨伯峻编著：《春秋左传注》，中华书局，1981年，第263页。
③ 徐鸿修：《周代贵族专制政体中的原始民主遗存》，《中国社会科学》1981年第2期。
④ 徐鸿修：《周代贵族专制政体中的原始民主遗存》，《中国社会科学》1981年第2期；杨宽：《西周中央机构剖析》，《历史研究》1984年第1期；李西兴：《卿事（士）考——兼论西周政体的演变》，《人文杂志》1987年第3期；李学勤：《论卿事寮、太史寮》，《松辽学刊》1989年第3期；郝铁川：《西周春秋的内朝与外朝》，《史林》1991年第2期。
⑤ 《十三经注疏·周礼注疏》，中华书局，1980年，第650页。
⑥ 《十三经注疏·周礼注疏》，中华书局，1980年，第928页。

总治朝内朝言之。治朝不但有君臣日见之朝，诸臣治官书亦在焉。《说苑·至公篇》云：季孙行父之戒其子也，日"吾欲室之侠（夹）于两社之间也，使吾后世有不能事上者，使其替之益速"。则间于两社者，不仅朝廷之所在，亦执政大臣治事之所在也。间于两社谓为鲁之大臣。①

需要强调的是，周代内外朝又有广义、狭义的不同概念。如徐鸿修据郑玄对《周礼》"阍人""朝士""司士""大仆"等注指出，"'治朝'对库门外的外朝而言为'内朝'，对燕朝而言，又可称为外朝"②。因此，在暂时难以确认上述两说孰是孰非的情况下，笼统地讲周代诸卿议事施政的场所是在广义的"外朝"，即包括"治朝"和雉门之外狭义的"外朝"，应该是没有疑义的。

其次，外朝还是负责刑罚的"司寇"或"士"断狱之地，可参见《周礼·秋官司寇》中"乡士""遂士""县士""方士"诸条。如果有重案、疑案，国君还要会同公卿亲临外朝会审。杜佑亦云周代"外朝之法，朝有疑狱，王集而听之，故《礼》云王会三公会其朝者，诸侯未去，亦于此也"③。而每年政府关于户口、刑狱等文书亦由司寇属官负责统计，岁终时上缴朝廷，周王与公卿大臣们都要参加这一仪式④，由此可见它是秦汉政府"上计"活动的渊源。

周秦之际的宫中外朝建置发生了很大变化，首先是君主取消了"日朝"的制度，不再每天清晨接见臣下。如范雎为秦相，欲推荐蔡泽为官，必须等到秦王上朝之日。⑤汉武帝即位后喜好游猎，甚至一去数天。"时夜出夕还，后赍五日粮，

---

① 杨伯峻编著：《春秋左传注》，中华书局，1981年，第263—264页。

② 徐鸿修：《周代贵族专制政体中的原始民主遗存》，《中国社会科学》1981年第2期。

③〔唐〕杜佑：《通典》卷七五《礼三十五·天子朝位》，中华书局，1984年，第407页。

④《周礼·秋官司寇》："小司寇之职，掌外朝之政，以致万民而询焉……及大比，登民数，自生齿以上，登于天府，内史司会冢宰贰之，以制国用……孟冬祀司民，献民数于王，王拜受之，以图国用而进退。岁终，则令群士计狱弊讼，登中于天府。"又，"司民掌登万民之数，自生齿以上，皆书于版，辨其国中，与其都鄙，及其郊野，异其男女，岁登下其死生。及三年大比，以万民之数诏司寇。司寇及孟冬祀司民之日，献其数于王。王拜受之，登于天府。内史司会冢宰贰之，以赞王治"。参见《十三经注疏·周礼注疏》，中华书局，1980年，第873—874、878页。

⑤《史记》卷七九《范雎蔡泽列传》"后数日，入朝，言于秦昭王"云云。参见《史记》，中华书局，1959年，第2424页。

会朝长信宫。"①自宣帝时才规定有固定的上朝时间，称为"朝日"，五日一朝②，但后来又往往得不到遵循。③其次是执政公卿会议的权力日益衰弱，而首席政务官"相""相国""丞相"却逐渐总揽政务，如楚之春申君，秦之魏冉、范雎、吕不韦，等等。像秦始皇那样勤于政务且独断专行，"躬操文墨，昼断狱，夜理书"④，"丞相诸大臣皆受成事，倚办于上"，则是因为他"贪于权势"⑤，属于此阶段之特例。对于战国以来丞相职权加强的演变趋势，汉晋以来多有论述者。⑥这一趋势的显著表现，就是西汉前期丞相之权力甚重，能够直接任用、撤销乃至处死朝廷官员，封驳诏书，等等，对此前人多有论证。⑦春秋后期至汉初政治领域的上述变化可以概括为：君主渐不亲政，外朝的权力和影响日益增强。这一变化表现在地域方面，则是部分施政机构和议政场地由宫内外移。例如某些权臣为了自己方便，不再每日到宫中上朝，而在自己的宅内设置朝廷，让卿大夫每日来家中朝会议政并处理公务，即变家朝为公朝。如《左传》襄公二十八年载齐之庆封为相，"好田而嗜酒，与庆舍政，则以其内实迁于卢蒲嫳氏，易内而饮酒。数日，国迁朝焉"。杨伯峻注："（庆）舍，庆封子，庆封当国，不自为政，以付舍。""杜注：内实，宝物妻妾

① 《汉书》卷六五《东方朔传》，中华书局，1975年，第2847—2848页。

② 《汉书》卷七一《于定国传》："上于是数以朝日引见丞相、御史，入受诏，条责以职事"。颜师古注："五日一听朝，故云朝日也。"（《汉书》，中华书局，1975年，第3043—3044页）《汉书》卷八九《循吏传》序："及至孝宣，繇仄陋而登至尊，兴于闾阎，知民事之艰难，自霍光薨后始躬万机，历精为治，五日一听事，自丞相已下各奉职而进。"（《汉书》，中华书局，1975年，第3624页）

③ 《后汉书》卷六六《陈蕃传》："陛下深宜割塞近习豫政之源，引纳尚书朝省之事，公卿大官，五日壹朝，简练清高，斥黜佞邪。"（《后汉书》，中华书局，1982年，第2165页）《三国志》卷一三《魏书·王肃传》："宣帝使公卿五日一朝，成帝始置尚书五人。自是陵迟，朝礼遂阙。可复五日视朝之仪，使公卿、尚书各以事进。"（《三国志》，中华书局，1959年，第415页）

④ 《汉书》卷二三《刑法志》，中华书局，1975年，第1096页。

⑤ 《史记》卷六《秦始皇本纪》，中华书局，1959年，第258页。

⑥ 《汉书》卷八三《朱博传》载何武言："古者民朴事约，国之辅佐必得贤圣，然犹则天三光，备三公官，各有分职。今末俗之弊，政事烦多，宰相之材不能及古，而丞相独兼三公之事，所以久废而不治也。"（《汉书》，中华书局，1962年，第3404页）《后汉书》卷四六《陈忠传》："故三公称曰冢宰，王者待以殊敬，在舆为下，御坐为起，入则参对而议政事，出则监察而董是非。汉典旧事，丞相所请，靡有不听。"（《后汉书》，中华书局，1982年，第1565页）《晋书》卷四六《刘颂传》："古者六卿分职，冢宰为师。秦汉已来，九列执事，丞相都总。"（《晋书》，中华书局，1974年，第1303页）《唐六典》卷一《三师三公尚书都省》："秦变周法，天下之事皆决丞相府"。（《唐六典》，中华书局，2005年，第6页）

⑦ 安作璋、熊铁基：《秦汉官制史稿》，齐鲁书社，1984年，第29—34页；李玉福：《秦汉制度史论》，山东大学出版社，2003年，第114—138页。

也，移而居娄家。"①是说庆封当国后因喜好田猎而把执政之事交给其子庆舍，自己则带领财宝妻妾移到其属大夫卢蒲嫳家居住，而齐国群臣原来每日到庆封家朝会，现在则随之转移到卢蒲嫳家。"庆封虽以政付子舍，但己仍任当国之名，诸大夫仍往就卢蒲嫳之家而朝。"②齐国朝会大臣的工作餐因此也在卢蒲嫳家供应，并受到侍者的盘剥。《左传》襄公二十八年："公膳日双鸡，饔人窃更之以鹜。御者知之，则去其肉，而以其洎馈。子雅、子尾怒，庆封告卢蒲嫳。"杨伯峻注："公膳为一词，即在公朝办事用餐，由朝廷供给伙食。六朝谓之客食，唐谓之堂餐。每日双鸡，盖大夫之膳食。"③郑国执政大臣伯有亦在家内设朝，会见国中群臣。《左传》襄公三十年："郑伯有者酒，为窟室，而夜饮酒，击钟焉，朝至，未已。朝者曰：'公焉在？'其人曰：'吾公在壑谷。'皆自朝布路而罢。既而朝，则又将使子晳如楚，归而饮酒。"杨伯峻注："群卿大夫先朝伯有，犹齐之大夫朝庆封。朝者已至，伯有饮尚未止。"④这些现象都可以视为百官朝会殿出现的萌芽和前奏。从秦朝及汉初的官职设置情况来看，宫内留下的少府、太仆、卫尉、郎中令等，多是和皇帝私人生活联系密切的机构。九卿的许多部门则被移至宫外，如宗正、太常、典客、廷尉、中尉、大司农、将作等。另外，原来设在外朝的朝会议政及典礼活动也有一部分转移到宫外举办；如前所述，秦及西汉由丞相主持的各种朝议还有"上计"等活动往往是在相府施行，天子甚至有时会屈尊俯就。政治领域中"朝会"制度的变化也表现在秦及汉初的宫室建筑布局上，据考古发掘和文献记载，周代宫室的建筑平面多为纵长的长方形，采取前朝后寝或前堂后室多进式院落的基本格局⑤，以外朝、中朝、内朝三个区域彼此衔接。而两汉长乐宫、未央宫及东汉洛阳的南宫与北宫，各自的平面皆为正方形或近似方形，明显地压缩了外朝的面积，摆脱了周代宫室的传统影响。如刘敦桢所言，秦及西汉的宫室建筑形制与周代不同：

① 杨伯峻编著：《春秋左传注》襄公二十八年，中华书局，1981年，第1145页。
② 杨伯峻编著：《春秋左传注》襄公二十八年，中华书局，1981年，第1145页。
③ 杨伯峻编著：《春秋左传注》襄公二十八年，中华书局，1981年，第1146页。
④ 杨伯峻编著：《春秋左传注》襄公三十年，中华书局，1981年，第1175页。
⑤ "南北长、东西窄的长方形平面的宫城，商代曾有发现，东周时期已较多出现，汉代以后流行，并成为宫城平面的主要形式。出现这种情况的原因有二：其一，这时期的宫城一般为坐北朝南的南北方向；其二，宫城除主体宫殿外，作为宫城轴线上的主要宫殿建筑群中宫殿建筑数量增加，使宫城轴线南北方向延长，从而将宫城平面南北加长。""进入周代，由两座宫殿遗址组成的'前朝后寝'或'前堂后室'之宫殿布局形制已相当普遍。如陕西长安的西周镐京遗址中的四、五号建筑，周原凤雏甲组宫殿遗址，凤翔马家庄三号宫殿遗址，河北赵邯郸王城宫殿遗址等，它们均由前后排列的朝堂与寝室两部分组成。"参见刘庆柱：《古代都城与帝陵考古学研究》，科学出版社，2000年，第41、51页。

汉诸宫皆有前殿，一如《史记》载秦阿房前殿之例，独无《礼记》外朝、治朝、燕朝之法，其事尤为怪异。愚尝考未央前殿仅供元会大朝及婚、丧、即位诸大典之用，其庶政委诸丞相，故以丞相府为外朝，大司马、左右前后将军、侍中、常侍、散骑诸吏为内朝，亦曰中朝。盖文帝时未央仅有前殿、曲台、渐台、宣室、温室、承明数者。而曲台者后苍说礼之处，渐台在苍池中，王莽死于是。宣室、温室属内庭，独承明为便殿，即上官太后废昌邑王处，在金马门内，然非属未央前殿之后，如古制三朝之衔接相承也。[①]

此说至为精辟，而相府设置百官朝会殿可以看作是这种演变趋势的反映之一。从某种意义上说，百官朝会殿是原来周代宫内"外朝"的分离和向外延伸，因此该殿所在的丞相府设置于皇宫的正门（未央宫东门）之外、面对苍龙阙也就顺理成章了。关于这个问题，几位古代先贤已有认识和论述，例如宋儒程大昌对百官朝会殿评论道："且其得名为殿者，以尝受朝备临幸，则他公府不皆有，而朝会临幸亦止在司徒府耶？按《汉宫典仪》：司徒府与苍龙阙对。则亦不在禁中，诸家谓古外朝在路门之外，其地亦与古应也。"[②]清儒惠士奇亦强调西汉相府的设置方位有《周礼》外朝制度的渊源，"槀人职内外朝。康成谓外朝，断狱弊讼之朝。今司徒府中有百官朝会之殿，云天子与丞相旧决大事焉，是外朝之存者欤……然则东汉三公府皆对苍龙阙也。周之外朝左右皆棘而中槐，则槐当在阙下。左九卿之庐，右诸侯之舍，中三公之朝，面三槐，对两观，与汉丞相殿对苍龙阙者正同，则外朝在雉门外矣。旧说在库门外，非也"[③]。百官朝会殿是从周代的外朝设施发展与转移而来，这一情况可以说明西汉丞相府设置于皇宫东门即正门之外的历史渊源。

三、"四出门"的建筑布局

应劭《汉官仪》曰："丞相旧位在长安时，府有四出门，随时听事，明帝本欲依之，迫于太尉、司空，但为东西门耳。"[④]是说西汉长安的相府采取了"四出门"的形制，到东汉被取消。何为"四出门"？据考古发掘和文献记载，它是汉代宫室

① 刘敦桢：《大壮室笔记·汉长安城及未央宫》，见《刘敦桢文集》（1），中国建筑工业出版社，1981年，第146—147页。
② 〔宋〕程大昌：《演繁露》卷一五《殿》，《四库全书》（第852册），上海古籍出版社，1997年，第197—198页。
③ 〔清〕惠士奇：《礼说》卷五《地官三》，《四库全书》（第101册），上海古籍出版社，1997年，第495页。
④ 《后汉书》志二四《百官一》，中华书局，1982年，第3560页。

宗庙和陵寝建设的流行格局。如两汉帝陵陵园的建筑形制大致相同，其垣墙的平面结构基本为方形，每面的中间开门，四条门道汇集到陵内的中心建筑。《皇览》曰："汉家之葬，方中百步，已穿筑为方城。其中开四门，四通，足放六马，然后错浑杂物，扞漆缯绮金宝米谷，及埋车马虎豹禽兽。"[1]《古今注》记述了东汉历代帝陵的情况，光武原陵为"垣四出司马门。寝殿、钟虡皆在周垣内"[2]。杨宽解释为："陵园四周设有方形的'周垣'，每边正中设门。"[3]明帝显节陵、章帝敬陵、和帝慎陵、殇帝康陵、安帝恭陵、顺帝宪陵、质帝静陵为"无周垣，为行马，四出司马门"。这是撤除了陵园周围的外墙，用"行马（木制的警戒阻拦设施）"来代替。冲帝怀陵则更为简化，仅"为寝殿行马，四出门"[4]，并没有设置"司马门"。何谓"司马门"？根据史籍所载，它在汉代通常指天子和诸侯王的宫门[5]，包括两重含义：其一是有兵卒守卫，将官为司马；其二是指宫城的外门，即表示里边还有一重围墙和宫门。如《史记集解》曰："凡言司马门者，宫垣之内，兵卫所在，四面皆有司马，主武事。总言之，外门为司马门也。"[6]又《三辅黄图》卷二《汉宫》"司马门"条与之略同。也就是说，帝陵有无司马门表示陵园是否具备两重围墙（或以"行马"代替外墙）。

西汉的帝陵建筑形制亦然。如高帝"长陵城周七里百八十步，因为殿垣，门四出，及便殿掖庭诸官寺，皆在中"[7]。后来的帝陵沿袭其制，据刘庆柱总结："自阳陵开始，帝陵陵园周长1600米左右，后陵陵园周长1100—1400米左右（孝昭上官皇后陵例外）。筑以夯墙，每面垣墙中间各辟一门，宽15米左右，一般东、北门略宽于西、南门。门立双阙，阙基一般长35米，宽10米左右，陵墓置于陵园中央。这种制度，终西汉一代。"[8]汉代帝陵这种格局的渊源可以追溯到秦代，如《骊山记》曰："始皇陵内城周五里，旧有门四。外城周十二里，其址俱存，自南登之，二邱

① 《后汉书》志六《礼仪下》，中华书局，1982年，第3144页。
② 《后汉书》志六《礼仪下》，中华书局，1982年，第3149页。
③ 杨宽：《中国古代陵寝制度史》，上海人民出版社，2008年，第43页。
④ 《后汉书》志六《礼仪下》，中华书局，1982年，第3149页。
⑤ 《新书校注》卷一《等齐篇》："天子宫门曰司马，阑入者为城旦；诸侯宫门曰司马，阑入者为城旦。"参见〔汉〕贾谊撰，阎振益、钟夏校注：《新书校注》，中华书局，2000年，第47页。
⑥ 《史记》卷七《项羽本纪》，中华书局，1959年，第309页。
⑦ 何清谷：《三辅黄图校释》卷六《陵墓》，中华书局，2005年，第362页。
⑧ 刘庆柱：《西汉诸陵调查与研究》，见《古代都城与帝陵考古学研究》，科学出版社，2000年，第223页。

并峙，人曰此南门也。"①考古发掘表明，秦始皇陵园有内外套合的三城，"陵园三城，计有10门。重城的四面各自有门，其中东、西、南三面的六门是内外相对而直指陵冢"②。考古学界认为西汉帝陵陵园实际上是模仿未央宫城所筑，"所不同的是规模上'园陵小于朝廷'"③。刘庆柱、李毓芳指出："帝陵陵墓封土，似皇帝的'正殿'，即所谓'象生制度为殿屋'。帝陵玄宫'设四通羡门'，我们对汉太上皇陵和汉宣帝杜陵的钻探中，发现了其陵墓各有四条墓道，每条墓道正居每面中央。帝陵陵墓四条墓道，犹如帝王为'开四聪，延直言之路，下不讳之诏，立敢谏之旗'而开辟的'四门'。""帝陵封土四周的墙垣，犹如皇宫'宫墙'。陵园墙垣四周中央各辟一门，此犹皇宫四门。"④明堂、社稷、宗庙等各种礼制建筑也是如此。例如长安城南郊的西汉官社、官稷遗址，"其形制为两重垣，四出门的'回'字形。外墙每面长600米，内墙每面长273米，各墙中央均辟一门……官社、官稷采用的是西汉礼制建筑的统一形制"⑤。另外，"位于汉长安城南郊的明堂与宗庙遗址，各自周围筑墙，其平面均呈方形，边长分别为235米与260—280米，四面正中各辟一门，中心建筑居遗址中央。东汉雒阳的明堂、辟雍和灵台建筑遗址，其形制也是周围筑墙，平面呈方形，每面一门，中心建筑居中，不过其规模大小不同而已……"⑥

从上述文献及考古资料可以看出"四出门"布局的基本特点：（1）多数整体建筑的平面呈方形，这是汉代皇宫、帝陵及宗庙等礼制建筑的共同特征，而秦始皇陵园平面则为长方形；都是每面各开一座大门，宫室或有掖门。四座大门的门道向内延伸，在封土、庙堂等中心建筑相交。（2）中心建筑物之外大多采用双重垣墙，呈"回"字形；秦始皇陵园则有三重套合的垣墙。由此看来，应劭《汉官仪》所说西汉丞相"府有四出门"，是具备了很高的级别与规格，和当时的宫室、陵寝、宗庙、社稷等皇家建筑的形制相仿，且与通常外墙只是开前后二门的普通官廷府寺不同。刘敦桢先生曾指出，"汉制以丞相佐理万机，无所不统，天子不亲政，则专决

① 〔清〕毕沅：《关中胜迹图志》卷八《古迹》引《骊山记》，《四库全书》（第588册），上海古籍出版社，1997年，第603页。
② 王学理：《秦始皇陵研究》，上海人民出版社，1994年，第54页。
③ 刘庆柱、李毓芳：《关于西汉帝陵形制诸问题探讨》，《考古与文物》1985年第5期。
④ 刘庆柱、李毓芳：《关于西汉帝陵形制诸问题探讨》，《考古与文物》1985年第5期。
⑤ 刘叙杰主编：《中国古代建筑史》（第1卷），中国建筑工业出版社，2003年，第428页。
⑥ 刘庆柱：《汉宣帝杜陵陵寝建筑制度研究》，见《古代都城与帝陵考古学研究》，科学出版社，2000年，第237页。

政务，故其位最尊，体制最隆……其府辟四门，颇类宫阙，非官寺常制也"[1]，并强调汉代皇室各种大型建筑和相府均实行"四出门"的形制，是非常特殊的历史现象。"岂两汉宫阙寝庙下逮丞相府咸四向辟门，明中亦有四门之设，殊为莫解。"[2]

下面探讨西汉相府建筑布局的两个问题。首先是它有几重墙垣。前述的汉代帝陵陵园与各种礼制建筑大多采用双重围墙，即"四出司马门"的形制；少数则没有外围垣墙，秦始皇陵园则为内外三重墙垣套合。这里需要强调的是，帝陵陵园布局是对皇帝宫室的模仿，但并非完全照搬，只是一种简化的仿效。因为秦汉的皇宫警备森严，设有多道门禁，不止两重或三重垣墙。如薛宣所言："汉兴以来，深考古义，惟万变之备，于是制宫室出入之仪，正轻重之冠。故司马殿省门阈至五六重，周卫击刁斗。"[3]而据文献记载，西汉相府的墙垣应为内外三重。《汉书》卷九三《佞幸传》载哀帝让宠臣董贤去拜访丞相孔光，"光雅恭谨，知上欲尊宠贤，及闻贤当来也，光警戒衣冠出门待，望见贤车乃却入。贤至中门，光入阁，既下车，乃出拜谒，送迎甚谨，不敢以宾客均敌之礼"。文中所说的相府院落明显是三进式的，孔光"警戒衣冠出门待"，这是在大门之外守候，看到董贤的车队则退入"中门"，即在二门等待；车队到"中门"时，孔光又退入"阁"内，待客人入中门下车后再出阁相迎。按照史籍所载，两汉郡县官署中有围墙将其分为两部分，墙上开门，称为"阁"，或"闺阁""闼"。阁内为单独的院落，即长吏与妻子仆人起居之舍。[4]如刘敦桢云："县寺之听事则曰廷……见宾客及掾吏治理事之所也。听事之后有垣，其门曰阁。阁内为舍，若第宅之后堂，凡京兆府、郡府、县寺、传舍，皆如是。故太守县令有过，每闭阁自省，亦有借此激发下僚者。"[5]西汉相府之"阁（阁）"见《汉旧仪》卷上："（丞相）听事阁曰黄阁，无钟铃。"[6]《宋书·百官志上》亦言西汉"丞相府每有所关白，到阁辄传呼'宜禄'，以此为常"[7]。阁内是丞相平时办公和休息的地方。

① 刘敦桢：《大壮室笔记·两汉官署》，见《刘敦桢文集》（1），中国建筑工业出版社，1981年，第135—136页。

② 刘敦桢：《大壮室笔记·西汉陵寝》，见《刘敦桢文集》（1），中国建筑工业出版社，1981年，第160页。

③ 《太平御览》卷三五四《兵部八十五·钩镶》引《汉名臣奏》，中华书局，1963年，第1629页。

④ 邹水杰：《汉代县衙署建筑格局初探》，《南都学坛》2004年第2期。

⑤ 刘敦桢：《大壮室笔记·两汉官署》，见《刘敦桢文集》（1），中国建筑工业出版社，1981年，第138页。

⑥ 〔清〕孙星衍等辑：《汉官六种》，周天游校注，中华书局，1990年，第67页。

⑦ 《宋书》卷三九《百官志上》，中华书局，1974年，第1220页。

据战国后期至汉初成书的《墨子》中《备城门》以下诸篇，为了防御作战的需要，当时的兵家曾经提倡设置三道墙垣的官府建筑形制。如《墨子·号令篇》曰："葆宫之墙必三重，墙之垣，守者皆累瓦釜墙上。门有吏，主者门里，筦闭，必须太守之节。"①此类设施和太守居住的官署"守宫"相同，"守宫三难，外环隔为之楼，内环为楼，楼入葆宫丈五尺为复道"。孙诒让注："'难'，当为'杂'。《杂守篇》云'堑再杂'，此三杂，犹言三匝也。上亦云'葆宫之墙必三重'。杂，训匝，详《经上》篇。"②岑仲勉注："守宫，太守之居。三杂，三匝也，与59之'三重'同解。"③不过《墨子》所言可能只是某种设想或为战时的特殊情况。从文献与考古资料看，汉代郡县的官署多为有两道垣墙的二进式院落，前堂后寝，成"日"字形，如和林格尔汉墓壁画"宁城图"上所绘护乌桓校尉幕府的建筑形制④，和当时普通贵族豪富的宅院相似，而与相府采用三道围墙的格局有明显差别。限于史料匮乏，西汉相府建筑布局详情已经很难了解，秦始皇陵园三重垣墙套合形制可以略备参考。

其次是相府的平面形状。如前所述，西汉各种"四出门"式建筑形制的平面多为较规整的方形（如皇宫、陵园、宗庙社稷等），刘庆柱认为这是由于模仿皇帝君主的正宫即未央宫的缘故⑤；秦始皇陵园的建筑平面则为长方形。西汉相府属于哪一种？在缺乏直接记载证明的情况下，笔者推测如下：西汉相府的建筑格局与其他官署有区别，如"开四门"；但亦有某些共同之处，例如都是在前堂后寝的官舍后面设有"后园"，供府内官员休憩游赏，可参见《史记》卷五四《曹相国世家》，此种建筑设置也和高官贵戚私宅的布局相似。从汉代官僚贵族府寺第宅后园的有关记

---

① 〔清〕孙诒让：《墨子间诂》，中华书局，1986年，第560页。
② 〔清〕孙诒让：《墨子间诂》，中华书局，1986年，第563页。
③ 岑仲勉：《墨子城守各篇简注》，中华书局，2005年，第129页。
④ "正对着宁城南门的幕府大门'幕府南门'，是一座三间单檐的大门，门的正中一间看去是洞开着的，门东直书'幕府南门'四字……进了幕府南门，由东、北、西三面房屋围成一个庭院，东北角有一门（笔者注：此即'阁'）。按照汉代官署制度，门内有庭，过庭才是主要的建筑'堂'或称'听事'（亦称厅事），为其治事之所。"参见罗哲文：《和林格尔汉墓壁画中所见的一些古建筑》，《文物》1974年第1期。
⑤ "未央宫平面呈方形，这是作为皇宫不同于汉长安城其他诸宫的特点之一……未央宫的方形平面形制，对西汉时代都城长安附近的皇室园陵、宗庙和明堂辟雍等都有着直接影响，其主体建筑和整体建筑平面（指其城垣或围墙平面）均为方形。"参见刘庆柱：《汉长安城的宫城和市里布局形制述论》，见《古代都城与帝陵考古学研究》，科学出版社，2000年，第179页。

载来看，园中或有树林、池塘、土山、楼阁和供下人居住的房屋①，故其面积有相当规模，后园和相舍的庭堂寝室前后配置，因此其建筑平面为长方形的可能性或许会更大一些。东汉至南北朝，三公公府俱开黄阁（阁）。梁朝王莹"既为公，须开黄阁。宅前促，欲买南邻朱侃半宅。侃惧见侵，货得钱百万，莹乃回阁向东。时人为之语曰：'欲向南，钱可贪；遂向东，为黄铜'"②。可见南朝官员升任宰相后其公府的建筑面积需要向前延长，说明它的平面形状应是长方形，这一制度是否有可能由汉代相府、司徒府的建筑形制沿袭而来呢？

四、相府内外建筑与相关制度

如前所述，相府之门前后有三重，即前引《汉书·佞幸传》所言孔光出候之府门、中门与阁（阁），可以根据这些门户与所属各道垣墙将相府的平面结构分为内外三个区域，再对其中建筑物和相关的起居、管理制度进行考释。

（一）府门近旁设施与吏卒

相府门前有阙。前文已述，阙是官室门外的两座建筑，又称作"观"。《古今注》曰："阙，观也。古每门树两观于其前，所以标表宫门也。其上可居，登之则可远观，故为之观。人臣将朝至此，则思其所阙多少，故谓之阙。"③《续汉书·百官志一》"太尉"条注引《汉仪》曰："府开阙，王莽初起大司马，后篡盗神器，故遂贬去其阙。"④刘敦桢云："按《汉书·百官公卿表》，太尉秦官，武帝时改

① 《后汉书》卷六《尹昆传》："汝南尹昆为汝阴功曹。令新到官，问曰：'园中有桑，以饭蚕何如？'昆曰：'非初政所务。'令嘉其言。"（周天游辑注：《八家后汉书辑注》，上海古籍出版社，1986年，第223页）《汉书》卷九八《元后传》："（成帝）后微行出，过曲阳侯第，又见园中土山渐台似类白虎殿。于是上怒，以让车骑将军音。"《汉书》卷六三《武五子传·广陵王胥》："胥宫园中枣树生十余茎，茎正赤，叶白如素。池水变赤，鱼死。"《汉书》卷六四上《朱买臣传》："入吴界，见其故妻、妻夫治道。买臣驻车，呼令后车载其夫妻，到太守舍，置园中，给食之。"（《汉书》，中华书局，1962年，第4025、2762、2793页）《三国志》卷三五《蜀书·诸葛亮传》："（刘）琦每欲与亮谋自安之术，亮辄拒塞，未与处画。琦乃将亮游观后园，共上高楼，饮宴之间，令人去梯……"（《三国志》，中华书局，1982年，第914页）

② 《南史》卷二三《王诞附莹传》，中华书局，1975年，第622页。

③ 〔晋〕崔豹等：《古今注·中华古今注·苏氏演义》卷上《都邑第二》，商务印书馆，1956年，第9页。

④ 《后汉书》志二四《百官一》，中华书局，1982年，第3558页。

大司马，金印紫绶，置官属，禄比丞相，故知丞相府亦有阙也。"①又《汉旧仪》卷上言相府"门署用梗板，方圆三尺，不垩色，不郭邑，署曰丞相府"②。"署"即表明官衙名称的木牌，是官员秩位的标志。"署，位之表也。"③相府大门之"署"与两汉官寺门上的"扁题"（牌匾）有别，它近似方形，"方圆三尺"，不涂颜色，不镶外郭，仅题"丞相府"三字。同属三公的御史大夫府门之"署"也是如此，"御史大夫寺在司马门内，门无扁题。署用梓板，不起郭邑，题曰'御史大夫寺'"④。

《汉旧仪》卷上曰："丞相门无塾。""塾"是汉代府寺门内两旁的门房。罗哲文考证和林格尔汉墓壁画《宁城图》护乌桓校尉幕府时说："门东直书'幕府南门'四字，门两旁有室，也称作庑，可以作为留居一般宾客的地方。"⑤相府之门另一特点是不设门阑和钟铃、建鼓。荀绰《晋百官表注》："汉丞相府门无兰〔阑〕，不设铃，不警鼓。"⑥"兰"即"阑"，为栅栏、栏杆⑦。宫室、官署门前往往设有此物，用以阻隔行人。《说文解字·门部》："阑，门遮也。"故又称"门阑"。如张仪谓楚王曰："虽仪之所甚愿为门阑之厮者亦无先大王。"⑧擅自出入宫室、关塞的罪名因而被称作"阑出""阑入"。前引荀绰书说相府不设门阑的原因是"言其深大阔远，无节限也"。由于西汉相府有向朝廷举荐天下贤才的职责，去掉门阑以表示不阻碍士人之晋升，是一种象征性的姿态。汉朝宫室与官署通常设有钟铃和鼓，按时击奏以提醒官员吏卒起居休息，开闭大门。蔡质《汉官典职仪式选用》曰："凡中宫漏夜尽，鼓鸣则起，钟鸣则息。"⑨府寺门前之鼓又称"建鼓"。如王林卿"令骑奴还至寺门，拔刀剥其建鼓"⑩。颜师古注："诸官曹之所通呼为寺。建鼓，一名植鼓。建，立也。谓植木而旁悬鼓焉。县有此鼓者，所以召

---

① 刘敦桢：《大壮室笔记·两汉官署》，见《刘敦桢文集》（1），中国建筑工业出版社，1981年，第136页注文。
② 〔清〕孙星衍等辑：《汉官六种》，周天游校注，中华书局，1990年，第67页。
③ 《国语》卷四《鲁语上》，上海古籍出版社，1978年，第171页。
④ 〔唐〕徐坚等：《初学记》卷一二《职官部下·御史大夫第六》引《汉旧仪》，中华书局，1980年，第289页。
⑤ 罗哲文：《和林格尔汉墓壁画中所见的一些古建筑》，《文物》1974年第1期。
⑥ 《后汉书》志二四《百官一》，中华书局，1982年，第3561页。
⑦ 参见《汉书》卷九九中《王莽传中》："又置奴婢之市，与牛马同兰。"又颜师古注《汉书》卷五七上《司马相如传》"天子校猎"句曰："校猎者，以木相贯穿，总为阑校，遮止禽兽而猎取之。"（《汉书》中华书局，1962年，第4110、2563页）
⑧ 《史记》卷四〇《楚世家》，中华书局，1959年，第1723页。
⑨ 〔清〕孙星衍等辑：《汉官六种》，周天游校注，中华书局，1990年，第205页。
⑩ 《汉书》卷七七《何并传》，中华书局，1975年，第3266页。

集号令，为开闭之时。"遇到紧急或重要情况亦击鼓报讯。《汉书》卷九〇《酷吏传》载："使者召（田）延年诣廷尉。闻鼓声，自刎死。"注引晋灼曰："使者至司农，司农发诏书，故鸣鼓也。"又桓帝延熹八年，"是时连月火灾，诸宫寺或一日再三发。又夜有讹言，击鼓相惊"[①]。相府外门不设钟铃、警鼓，有专人待漏报时。《汉旧仪》卷上："丞相府官奴婢传漏以起居，不击鼓。"[②]出土西汉相府漏壶铭文为"二十一斤十二两，六年三月己亥，年［卒］史神工谭正丞相府"[③]。西汉宫内某些官署也不设鼓，如"御史、卫尉寺在宫中，亦不鼓"[④]。

汉代官署皆有守门士卒，按照官秩高下规定人数。[⑤]因为立于阑旁，故称作"门阑卒""门阑走卒"。汉明帝永平五年十月诏："其复元氏县田租、更赋六岁，劳赐县掾史及门阑走卒。"[⑥]"刘平为全椒（令）［长］，掾吏五日一朝，罢门阑卒署，各遣就农。"[⑦]西汉相府门无阑，守卒称"门卒"。如《汉书》卷七六《赵广汉传》曰："广汉使所亲信长安人为丞相府门卒，令微司丞相门内不法事。"门卒的来源是在当地郡县征发的"更卒"，即每月轮换服役的编户民。按照当时的制度，百姓亲身服役为"践更"，若出钱雇佣旁人代役，则称为"取代"。门卒亦有相代者，如韩延寿为东郡太守，"归舍，召见门卒。卒本诸生，闻延寿贤，无因自达，故代卒，延寿遂待用之"[⑧]。颜师古注："代人为卒也。"地方官吏拥有安排民众更换服役的权力，如郭解嘱托县吏关照某人，"每至践更，数过，吏弗求"[⑨]。相府门卒平常是由京师地区服劳役的民众充任，故京兆尹有权派遣亲信之人相代，借以监视丞相。

相府门内附近还应设有官员办公居住的"吏舍"。《汉旧仪》卷上曰："（丞相府）东门、西门长史物故，廷尉正、监守。"是说驻守相府东西门的两位长史若

---

① 《后汉书》卷七《桓帝纪》延熹八年十一月注引《袁山松书》，中华书局，1982年，第316页。

② 〔清〕孙星衍等辑：《汉官六种》，周天游校注，中华书局，1990年，第71页。

③ 〔清〕倪涛：《六艺之一录》卷一五《金石款识十五·丞相府漏壶》，《四库全书》（第830册），上海古籍出版社，1997年，第262页。

④ 〔清〕孙星衍等辑：《汉官六种》，周天游校注，中华书局，1990年，第71页。

⑤ 《续汉书·舆服志上》："公卿以下至县三百石长导从……铃下、侍阁、门兰（阑）、部署、街里走卒，皆有程品，多少随所典领。"参见《后汉书》，中华书局，1982年，第3651页。

⑥ 《后汉书》卷二《明帝纪》，中华书局，1982年，第108页。

⑦ 〔晋〕华峤：《汉后书》卷二，见周天游辑注：《八家后汉书辑注》，上海古籍出版社，1986年，第551页。

⑧ 《汉书》卷七六《韩延寿传》，中华书局，1975年，第3212页。

⑨ 《史记》卷一二四《游侠列传》，中华书局，1959年，第3186页。

去世，暂由廷尉佐官正、监代理。据《汉书》卷一九上《百官公卿表上》所言：
"文帝二年，复置一丞相，有两长史，秩千石。"①其秩位甚重，杜佑称"盖众史之
长也，职无不监"②。相府日常事务悉由长史办理，如申屠嘉谓袁盎："使君所言公
事，之曹与长史掾议，吾且奏之。"③看来这二位长史分别驻于东门、西门。相府虽
有四门，但东西二门经常使用。刘敦桢曰："门之分位，疑在百官朝会殿左右，非
若后世东西辕门位于官寺之前。盖汉制天子祀宗庙，入自北门，入丞相府自西门，
东行折北升殿必北面，殊无解于帝皇南向之尊也。"④由于这两座府门地位重要，故
分遣长史驻于门内附近办公，以便对其实施监控。又《风俗通义·怪神》曰："太
尉梁国桥玄公祖为司徒长史，五月末所，于中门外卧，夜半后，见东壁正白，如开
门明……还床，复见之，心大悸动。"⑤司徒长史在西汉即为丞相长史，亦可见其起
居之处在中门以外，大门以内。长史之下，又有丞相少史。⑥上官桀、上官安父子图
谋政变时，"丞相征事任宫手捕斩桀，丞相少史王寿诱将安入府门，皆已伏诛，吏
民得以安"⑦。丞相少史办公住宿的吏舍可能也在大门附近，贵宾莅临时负有迎送的
职责，因此才承担了诱骗朝内政敌入府的重任，而不致引起对方的怀疑。

朝廷征召来京的贤士能吏，往往先到相府居住，等待安排职务。《汉书》卷一
下《高帝纪下》十一年二月诏："御史中执法下郡守，其有意称明德者，必身劝，
为之驾，遣诣相国府，署行、义、年。有而弗言，觉，免。"他们或称"丞相征
事"⑧，或称"待诏"。如《汉书》卷三六《楚元王传》曰："辟强子德待诏丞相

① 又《汉书》卷五九《张汤传》载武帝时庄青翟为丞相，府有三长史。颜师古注认为
其中一人是临时代理者，正职仍是二人。"《百官表》丞相有两长史，今此云三者，盖以守
者，非正员也。"参见《汉书》，中华书局，1975年，第2644页。

② 〔唐〕杜佑：《通典》卷二一《职官三》，中华书局，1984年，第121页。

③ 《史记》卷一○一《袁盎晁错列传》，中华书局，1959年，第2741页。

④ 刘敦桢：《大壮室笔记·两汉官署》，见《刘敦桢文集》（1），中国建筑工业出版
社，1981年，第137页。

⑤ 〔汉〕应劭撰，吴树平校注：《风俗通义校注》，天津人民出版社，1980年，第362—
363页。

⑥ 《汉书》卷七《昭帝纪》注引如淳曰《汉仪注》："丞相、太尉、大将军史秩四百
石。武帝又置丞相少史，秩四百石。"（《汉书》，中华书局，1962年，第227页）《汉旧
仪》卷上曰："丞相司直、谏大夫秩六百石；丞相少史秩四百石，次三百石、百石。"参见〔清〕
孙星衍等辑：《汉官六种》，周天游校注，中华书局，1990年，第68页。

⑦ 《汉书》卷七《昭帝纪》元凤元年十月诏，中华书局，1975年，第227页。

⑧ 《汉书》卷七《昭帝纪》元凤元年十月诏注引文颖曰："征事，丞相官属，位差尊，
掾属也。"如淳曰："时宫以时事召，待诏丞相府，故曰丞相征事。"张晏曰："《汉仪
注》征事比六百石。皆故吏二千石不以赃罪免者为征事，绛衣奉朝贺正月。"师古曰："张
说是也。"参见《汉书》，中华书局，1975年，第227页。

府，年三十余，欲用之。"颜师古注："于丞相府听诏命也。"西汉"待诏"人员可领取一定俸禄，多数是在皇宫的内外宫门旁候命。如东方朔，"上伟之，令待诏公车，奉禄薄，未得省见"[1]。宣帝时，"益召高材刘向、张子侨、华龙、柳褒等待诏金马门"[2]。《汉书》卷七五《李寻传》曰："哀帝初即位，召寻待诏黄门。"上述宫门近旁必有专设屋舍以安顿这些"待诏"者，使其避免露宿风雨。由此看来，"待诏丞相府"者或许也会在府门附近有居舍歇息。由于史料缺乏，相府门内设置吏舍的详情暂时无法了解，可以参考秦始皇陵"园寺吏舍"设于西门之内北侧的发掘情况。[3]

（二）相舍之外区

进入相府大门后继续前行，则遇到"中门"即第二道门及所属垣墙，其内为"相舍"，是府内丞相办公居住区域的统称。《史记》卷七九《范雎列传》记载了秦国相府的有关情况，与汉朝制度相类，可供参考。其文字如下：

> 范雎归取大车驷马，为须贾御之，入秦相府。府中望见，有识者皆避匿，须贾怪之。至相舍门，谓须贾曰："待我，我为君先入通于相君。"
> 须贾待门下，持车良久。问门下曰："范叔不出，何也？"门下曰："无范叔。"须贾曰："乡者与我载而入者。"门下曰："乃吾相张君也。"
> 须贾大惊，自知见卖，乃肉袒膝行，因门下人谢罪。

由此可见，相府中门曰"相舍门"，有守门者曰"门下"，宾客车马可以进入相府大门，但须等待"门下"通报丞相，得到允许后方可驶入相舍。"相舍"或称"府舍"[4]，又曰"丞相舍"。《汉书》卷四九《爰盎传》："乃之丞相舍上谒，求见丞相。丞相良久乃见。"颜师古注："上谒，若今通名也。"亦是入府后在相舍门前投递名刺，请求召见。刘敦桢对此曾有概述："至两汉官寺皆有官舍寝堂，以处眷属。其在丞相府者，简称府舍，又曰相舍。其舍至广，有阎，有庭，有堂，其后有吏舍以居掾属。又有客馆、马厩、车库、奴婢室等，以东阎推之，似在府之东部，然不能定也。"[5]相舍之中，又可以用"阁（阎）"即第三道门及所属垣墙划分

---

① 《汉书》卷六五《东方朔传》，中华书局，1975年，第2842页。

② 《汉书》卷六四下《王褒传》，中华书局，1975年，第2821页。

③ 王学理：《秦始皇陵研究》，上海人民出版社，1994年，第94—96页。

④ 《汉书》卷七六《赵广汉传》："丞相傅婢有过，自绞死。广汉闻之，疑丞相夫人妒杀之府舍。"参见《汉书》，中华书局，1975年，第3205页。

⑤ 刘敦桢：《大壮室笔记·两汉官署》，见《刘敦桢文集》（1），中国建筑工业出版社，1981年，第137页。

为内外两区，此处先对相舍外区之建筑设施及相关制度进行考释。

1.相舍门与"门下"

须贾所至"相舍门"，即前述《汉书·佞幸传》董贤所入相府之"中门"，为三进式院落的第二道门。《周礼·天官冢宰》曰："阍人掌守王宫之中门之禁。"郑玄注："中门于外内为中。"①周代贵族之宅多以大门、中门、寝门划分区域，若天子诸侯之"三朝"。如公父文伯之母所言："自卿以下，阍官职于外朝，阍家事于内朝；寝门之内，妇人治其业焉。"②汉代高官贵戚之府第亦然，中门之内、寝门之外有前堂，是主人日常工作、待客之区域，众人不得擅入。如梁商，"每租奉到及两宫赏赐，便置中门外，未尝入藏，悉分与昆弟中外"③。郑宝率数百人往见刘晔，"晔令家僮将其众坐中门外，为设酒饭；与宝于内宴饮"④。

相舍门前有"门下"负责迎接来宾，其他官署、第宅亦有此类守门者。如郑庄为太史，"诫门下：'客至，无贵贱无留门者'"⑤。窦婴请田蚡赴宴，"夜洒扫，早帐具至旦。平明，令门下候伺。至日中，丞相不来"⑥。此类"门下"是门吏的泛称，他们可以入内通禀长官，宾客或须向其行贿方能进见。如司马相如为使者过蜀，"蜀人以为宠。于是卓王孙、临邛诸公皆因门下献牛酒以交欢"⑦。门下之吏随身携带兵器，"公卿以下至县三百石长导从，置门下五吏、贼曹、督盗贼功曹，皆带剑"⑧。他们有权对来宾进行检查，如隽不疑求见暴胜之，"盛服至门上谒，门下欲使解剑"，遭到拒绝后，"吏白胜之，胜之开阁延请"⑨。相舍门吏的具体职称未见明确记载，按西汉大将军有"门下史"⑩，又曰"门下吏"⑪，郡县则有"门下掾"⑫，或与相舍之"门下"相类。京兆尹及各郡有"门下督"⑬，则为武职，恐非是。

---

① 《十三经注疏·周礼注疏》，中华书局，1980年，第686页。
② 《国语》卷五《鲁语下》，上海古籍出版社，1978年，第204页。
③ 〔汉〕刘珍等编：《东观汉记校注》卷一五，吴树平校注，中华书局，1959年，第598—599页。
④ 《三国志》卷一四《魏书·刘晔传》，中华书局，1959年，第443页。
⑤ 《史记》卷一二〇《汲郑列传》，中华书局，1959年，第3112页。
⑥ 《史记》卷一〇七《魏其武安侯列传》，中华书局，1959年，第2848页。
⑦ 《史记》卷一一七《司马相如列传》，中华书局，1959年，第3047页。
⑧ 《后汉书》志二九《舆服上》，中华书局，1982年，第3651页。
⑨ 《汉书》卷七一《隽不疑传》，中华书局，1975年，第3035页。
⑩ 《汉书》卷八七下《扬雄传》，中华书局，1975年，第3583页。
⑪ 《后汉书》卷一九《耿弇传》："光武留署门下吏。"时刘秀任更始大司马。
⑫ 《汉书》卷八三《薛宣传》，中华书局，1975年，第3397页。
⑬ 《汉书》卷九二《游侠传·萬章》，中华书局，1975年，第3705页。

2.相舍之庭、堂

《汉书》载赵广汉"遂自将吏卒入丞相府，召其夫人跪庭下受辞，收奴婢十余人去，责以杀婢事"①。《史记》卷九六《张丞相列传》则曰："发吏卒至丞相舍，捕奴婢笞击问之。"是赵广汉率众进入相舍后，将丞相夫人与奴婢从阁内召出，令其跪于堂前之庭下接受审讯。按汉代贵族高官之宅第、府寺中常设有前后二堂，前堂在中门之内、寝门之外，后堂则在寝门之内。如田蚡为丞相，"前堂罗钟鼓，立曲旃"②；丞相张禹，"身居大第，后堂理丝竹管弦"③。前后堂又分别称为"正堂"和"北堂"。④相府之正堂即百官朝会殿，如前所述，此殿主要为天子临幸及丞相主持百官与掾属会议、接受上计和举谣言等大型活动而设，其规模宏伟，乘舆可从相府东西两门驶至殿前，而相舍内区之阁（阊）门狭矮不容车乘（详见后说），故该殿似应设在阁外的相舍外区。相府之后堂建在阁内，规模较小，是丞相燕居听事和会晤宾客之地。如曹参担任齐国丞相，聘请名士盖公入相府，"参于是避正堂，舍盖公焉"⑤，就是让出前堂留宿盖公，自己在阁内的后堂起居并处理公务。

3.后园与吏舍、诸曹

相舍外区有花园和吏舍，《史记》卷五四《曹相国世家》记载："相舍后园近吏舍，吏舍日饮歌呼。从吏恶之，无如之何，乃请参游园中，闻吏醉歌呼，从吏幸相国召按之。乃反取酒张坐饮，亦歌呼与相应和。"这段史料反映出相舍后院即北部有花园可供游赏，附近还有属吏居舍。因为吏舍设在阁外，丞相平时听不到饮酒喧闹之声。可与参照的是吴祐任胶东侯相，"时济北戴宏父为县丞，宏年十六，从在丞舍。祐每行园，常闻讽诵之音，奇而厚之"⑥。戴宏父为县丞，在佐吏中秩位较高，单独居住在"丞舍"，亦在官署的后园附近。按两汉制度，宫室府寺与第宅多有后园，园中设屋舍可供来宾或下人居住。如梁孝王进京请罪，"使乘布车，从两

---

① 《汉书》卷七六《赵广汉传》，中华书局，1975年，第3205页。
② 《史记》卷一〇七《魏其武安侯列传》，中华书局，1959年，第2844页。
③ 《汉书》卷八一《张禹传》，中华书局，1975年，第3349页。
④ 《新序今注今译·杂事第一》："史鳅死，（卫）灵公往吊，见丧在北堂，问其故？"随后从其遗愿，进蘧伯玉而退弥子瑕。"徙丧正堂，成礼而后返。"（卢元骏注译：《新序今注今译》，天津古籍出版社，1987年，第10页）《后汉书》卷八〇下《文苑传·赵壹》："文籍虽满腹，不如一囊钱。伊优北堂上，抗脏倚门边。"（《后汉书》，中华书局，1982年，第2631页）
⑤ 《史记》卷五四《曹相国世家》，中华书局，1959年，第2029页。
⑥ 《后汉书》卷六四《吴祐传》，中华书局，1982年，第2101页。

骑入，匿于长公主园"①。朱买臣任会稽太守，"见其故妻、妻夫治道。买臣驻车，呼令后车载其夫妻，到太守舍，置园中，给食之"②。后园有门称"园门"，即郡县官寺二进式院落的后门。如邓训任张掖太守、护羌校尉，羌人来攻月氏胡，"遂令开城及所居园门，悉驱群胡妻子内之，严兵守卫"③。胡三省注《资治通鉴》卷四七此事"园门"词曰："护羌校尉所居寺舍后园之门也。"④由此看来，相舍之北门应为"园门"，其附近筑有吏舍，这种布局形制参见于汉代其他重要建筑。如东汉明帝显节陵、章帝敬陵、和帝慎陵、殇帝康陵、安帝恭陵、质帝静陵，"园寺吏舍在殿北"，与《史记·曹相国世家》所言相府吏舍的情况相符。而顺帝宪陵、冲帝怀陵，"园寺吏舍在殿东"。⑤汉武帝时公孙弘举贤良，"数年至宰相封侯，于是起客馆，开东阁以延贤人，与参谋议"⑥。颜师古注："阁者，小门也，东向开之，避当庭门而引宾客，以别于掾史官属也。"前引刘敦桢之语，即认为客馆是在相舍东部修筑。公孙弘"年八十，终丞相位。其后李蔡、严青翟、赵周、石庆、公孙贺、刘屈氂继踵为丞相。自蔡至庆，丞相府客馆丘虚而已，至贺、屈氂时坏以为马厩车库奴婢室矣"⑦。但在成帝时似又恢复，故薛宣谓朱云："在田野亡事，且留我东阁，可以观四方奇士。"⑧郡县吏舍亦有靠南修筑者⑨，看来并无统一规定。

汉代官府中的"吏舍"可分为两类，秩俸较高之掾吏有专门办公的房屋，或称为"曹"，官吏上班称"坐曹"。如薛宣任左冯翊，"及日至休吏，贼曹掾张扶独不肯休，坐曹治事"⑩。或称"寺舍"，如西汉陈遵被大司徒马宫辟为掾史，"曹事数废。西曹以故事适之，侍曹辄诣寺舍白遵曰：'陈卿今日以某事适'"⑪。官吏下班休息，在署内别有居住的宿舍，如前述戴宏在父亲上班离开后于丞舍讽诵经书；

---

①　《史记》卷五八《梁孝王世家》，中华书局，1959年，第2085页。
②　《汉书》卷六四上《朱买臣传》，中华书局，1975年，第2793页。
③　《后汉书》卷一六《邓训传》，中华书局，1982年，第609页。
④　《资治通鉴》卷四七《汉纪三十九》"章帝章和二年"条，1976年，第1517页。
⑤　《后汉书》志六《礼仪下》，中华书局，1982年，第3149页。
⑥　《汉书》卷五八《公孙弘传》，中华书局，1975年，第2621页。
⑦　《汉书》卷五八《公孙弘传》，中华书局，1975年，第2623页。
⑧　《汉书》卷六七《朱云传》，中华书局，1975年，第2916页。
⑨　张继海："上文提到的马王堆汉墓帛书《小城图》则显示，城内靠南墙为诸吏舍，有'口侍舍''丞侍舍''口史侍舍''佐史侍舍'等，均注明营盖，即为草屋顶。吏舍占了城内的很大面积。靠北城有'马丞［侍舍］'，则可能是建马厩之所。"参见张继海：《汉代城市社会》，社会科学文献出版社，2006年，第123页。
⑩　《汉书》卷八三《薛宣传》，中华书局，1975年，第3390页。
⑪　《汉书》卷九二《游侠传·陈遵》，中华书局，1975年，第3709页。

张汤"其父为长安丞，出，汤为儿守舍。还而鼠盗肉，其父怒，笞汤"①。可见其舍只是饮食起居之处。小吏不能携带家眷入署，办公住宿是否同在一室则不清楚。从文献和考古发现的情况来看，吏舍往往是集中修建的一组建筑，如秦始皇陵园西北部的园寺吏舍遗址。②另外据考古发现，"东汉时河南县的衙署应在县城西南部。在这里发现了一段夯土墙，墙的南北两侧各有10个开间，开间长宽各约3.5米。算起来这里有20个房间，每个房间各约12平方米，可能正是县中小吏们办公的地方，即吏舍。目前发现的可能只是吏舍的一部分"③。汉代公府吏员甚多，吏舍相当密集。《汉书》卷八三《朱博传》曰"是时御史府吏舍百余区井水皆竭"，而"丞相典天下诛讨赐夺，吏劳职烦，故吏众"④。如"武帝元狩六年，丞相吏员三百八十二人"⑤。《汉书》卷八四《翟方进传》亦载其为丞相，"阖府三百余人"，其吏舍的数量亦应更多。西汉相府诸曹即各办公部门亦在相舍之中。据安作璋、熊铁基先生考证，《汉书》所载有"东曹、西曹（见《丙吉传》），奏曹、集曹（见《匡衡传》），议曹（见《翟方进传》），侍曹（见《陈遵传》）"；至东汉丞相转为司徒后，"其属官大都划归太尉府"⑥。按《续汉书·百官志一》载太尉府内共设十三曹，"西曹主府史署用，东曹主二千石长吏迁除及军吏，户曹主民户、祠祀、农桑，奏曹主奏议事，辞曹主辞讼事，法曹主邮驿科程事，尉曹主卒徒转运事，贼曹主盗贼事，决曹主罪法事，兵曹主兵事，金曹主货币、盐、铁事，仓曹主仓谷事，黄阁主簿录省众事"⑦。《汉旧仪》卷上记述与之有相应者，如丞相设四科之辟以选士录用，"第一科补西曹南阁祭酒，二科补议曹，三科补四辞八奏，四科补贼决"⑧。祝总斌认为，"第四科所补'贼、决'，指贼曹、决曹"⑨。笔者再做补充，其"三科补四辞八奏"，应是前引《续汉书·百官志一》所说的辞曹和奏曹，"四辞八奏"可能是指这两曹分管的四类、八类事务。诸曹办公的"吏舍"位置亦有不同，例如西曹、东曹可能是在相舍阁外庭院的东西两侧，而其他诸曹吏舍应如前引《史记·曹相国世家》所言，是在相舍后园附近，相当于郡守官寺设于廷北之

① 《史记》卷一二二《酷吏列传》，中华书局，1959年，第3137页。
② 王学理：《秦始皇陵研究》，上海人民出版社，1994年，第94—96页。
③ 张继海：《汉代城市社会》，社会科学文献出版社，2006年，第123页。
④ 〔清〕孙星衍等辑：《汉官六种》，周天游校注，中华书局，1990年，第69页。
⑤ 〔清〕孙星衍等辑：《汉官六种》，周天游校注，中华书局，1990年，第68页。
⑥ 安作璋、熊铁基：《秦汉的丞相制度》，《山东师范大学学报》1982年第5期。
⑦ 《后汉书》志二四《百官一》，中华书局，1982年，第3559页。
⑧ 〔清〕孙星衍等辑：《汉官六种》，周天游校注，中华书局，1990年，第69页。
⑨ 祝总斌：《两汉魏晋南北朝宰相制度研究》，中国社会科学出版社，1990年，第49页。

"后曹"①。如萧育为茂陵令，被太守传召"诣后曹，当以职事对"②。如淳注曰："贼曹、决曹皆后曹。"九卿府中的后曹亦称"北曹"，如《东观汉记》言张禹，"为廷尉府北曹吏，断狱处事执平，为京师所称"③。又谢承《后汉书》亦言其"给廷尉为北曹史，每断法决处事执平，为京师所称"④。可见张禹为决曹史，其曹在廷尉府之北部，即为后曹。参照上述情况，相府贼曹、决曹或亦设在相舍北门之内后园附近。诸曹在府中的位置不同，应与各自职能的影响差异有关。西曹、东曹管理的事务最为重要，前者负责相府掾吏的录用，后者主二千石长吏迁除及军吏，因此受到重视，距离阁前较近且奏事为便。秦汉以居西而东向为尊，故西曹地位又略高。如汉末毛玠任丞相府东曹掾，"请谒不行，时人惮之，咸欲省东曹。乃共白曰：'旧西曹为上，东曹为次，宜省东曹'"⑤。

（三）相舍内区

此区即为"阁（閤）"内。前文已述，相舍可分为内外两区，内区之门曰"合（閤）"，閤内即丞相燕居之处。谢肇淛曰："阁与閤，世人多混用之。阁，夹室也，以板为之，亦楼观之通名也……此楼阁之阁也。閤者，门旁小户也。汉公孙弘开东閤以延贤人，盖避当门而东向开一小门，引宾客以别于官属，即今官署脚门，旁有延宾馆是也。"又曰："然则夹室谓之阁，旁门谓之閤，义自昭然。"⑥而"閤"还有另义，即内宅的小门，其侧并无大门，非门旁之"閤"，或称作"中合"。《后汉书》卷七五《吕布传》："（董）卓又使布守中閤，而私与傅婢情通，益不自安。"此"中閤"之内即为后宅，吕布守閤有出入之便，故得以私通董卓婢妾。又汉桓帝欲纳梁商之女，遣吴姁、单超等赴其第内后宅观视。"商女女莹从中閤细步到寝。姁与超如诏书周视动止，俱合法相。超留外舍，姁以诏书如莹燕处，屏斥接侍，闭中閤。"⑦亦可见"中閤"即后寝之院门。此"閤"又称为"闺"，连称"闺閤"。如司马迁受腐刑后任中书令，"身直为闺閤之臣"⑧，即表

---

① 《续汉书·百官志五》注引胡广《汉官解诂》载岁末县吏诣郡上计，"负多尤为殿者，于后曹别责，以纠怠慢也"。参见《后汉书》，中华书局，1982年，第3623页。
② 《汉书》卷七八《萧望之附子育传》，中华书局，1975年，第3289页。
③ 〔汉〕刘珍等编：《东观汉记校注》，吴树平校注，中华书局，1959年，第685页。
④ 周天游辑注：《八家后汉书辑注》，上海古籍出版社，1986年，第280页。
⑤ 《三国志》卷一二《魏书·毛玠传》，中华书局，1959年，第375页。
⑥ 〔明〕谢肇淛：《五杂俎》卷三《地部一》，中央书店总店，1935年，第123页。
⑦ 《汉杂事秘辛》，见〔明〕陶宗仪等编：《说郛三种》卷一一○，上海古籍出版社，1988年，第5066页。
⑧ 《汉书》卷六二《司马迁传》，中华书局，1975年，第2736页。

示他活动于宫禁之内。文翁为蜀郡太守，"每出行县，益从学官诸生明经饬行者与俱，使传教令，出入闺阁"①。颜师古注："闺阁，内中小门也。"相舍闺阁以内是丞相与家人生活的区域。王商任丞相五年，"闺门内乱，父子相讦"②，因此被皇帝罢免。相府的外门和中门都可以出入车马，而"阁"为小门，不容乘舆，故前引《汉书·佞幸传》载董贤乘车入相府中门而下，孔光自阁内出迎见礼。"闺阁"的形制，据《说文解字·门部》曰："闺，特立之户。上圜下方，有似圭。"其高度仅容成人平身而过。如《淮南子》卷一三《氾论训》曰："食充虚，衣御寒，则足以养七尺之形矣。"随后又言："夫醉者俯入城门，以为七尺之闺也。"③"闺阁"之门虽小，亦分为左右。《墨子·备城门》："为闺门两扇，令各可以自闭。"④

1. "黄阁"及阁下传唤制度

西汉相府之"阁（阁）"与其他官署"闺阁"的区别主要有二。《汉官旧仪》与《汉旧仪》卷上："（丞相）听事阁曰黄阁（阁），无钟铃。"⑤分述如下：其一，相府之"阁"为黄色，故称"黄阁"，阁门与皇宫禁省的门阁颜色相同。《续汉书·百官志三》："黄门令一人，六百石。"刘昭注引董巴曰："禁门曰黄闼，以中人主之，故号曰黄门令。"⑥按汉武帝太初元年五月，"以正月为岁首。色上黄，数用五"⑦。朝廷以黄色为尊，故后宫之禁门为黄闼。而相府之闺阁竟与禁闼同色，亦可反映丞相地位之隆重。东汉废丞相，立三公，太尉、司徒、司空皆为宰相，其阁（阁）均涂黄色，此项制度沿袭到南北朝。如刘宋王莹，"既为公，须开黄阁"⑧。北魏王琼，"尝诣尚书令李崇，骑马至其黄阁"⑨。《陈书》卷三一《萧摩诃传》曰："旧制三公黄阁听事置鸱尾。后主特赐摩诃开黄阁，门施行马，听事寝堂并置鸱尾。"⑩宰相卸任后闺门即不能用黄色，如刘劭弑君篡位，任命何尚之为司空；后刘劭兵败被杀，"尚之父子共洗黄阁"⑪，以至受到张畅的讥讽。前引

---

① 《汉书》卷八九《循吏传》，中华书局，1975年，第3626页。
② 《汉书》卷八二《王商传》，中华书局，1975年，第3373页。
③ 〔汉〕高诱注：《淮南子》，上海书店，1992年，第231页。
④ 〔清〕孙诒让：《墨子间诂》，中华书局，1986年，第480页。
⑤ 〔清〕孙星衍等辑：《汉官六种》，周天游校注，中华书局，1990年，第36、67页。
⑥ 《后汉书》志二六《百官三》，中华书局，1982年，第3594页。
⑦ 《汉书》卷六《武帝纪》，中华书局，1975年，第199页。
⑧ 《南史》卷二三《王诞附莹传》，中华书局，1975年，第622页。
⑨ 《魏书》卷三八《王慧龙附琼传》，中华书局，1974年，第878页。
⑩ 《陈书》卷三一《萧摩诃传》，中华书局，1974年，第411页。
⑪ 《宋书》卷四六《张劭附兄子畅传》，中华书局，1974年，第1399页。

《汉旧仪》卷上曰："掾见脱履，公立席后答拜。"亦是入阁谒见丞相之礼。东汉以三公为宰相后，外人入阁脱履的制度延续到后代。例如南朝台官"诣三公，必衣袷。至黄阁，下履，过阁还，着履"①。丞相有属吏曰主簿②，亦称"黄阁主簿"③，严耕望言其为阁下群吏之长，职最亲近。考证曰："韦昭《辩释名》：'主簿，主诸簿书，簿并关诸事。'是也。曹公卞夫人《与杨太尉夫人书》：'主簿，股肱近臣。'（《古文苑》一〇）《汉书·严延年传》，为河南太守，'所欲诛杀，奏成于手，主簿亲近吏，不得闻知'。则公府郡府之主簿皆为属吏中之最亲近者。"④汉成帝召王嘉诣廷尉诏狱，主簿出面代表掾吏劝丞相服毒自杀以免受辱，"将相不对理陈冤，相踵以为故事，君侯宜引决"，并举鸩逼迫，"主簿复前进药，嘉引药杯以击地"⑤，由此可见其身份职位之特殊。因相府阁门南向，祝总斌认为"黄阁主簿"即《汉旧仪》所言之"南阁祭酒"⑥，其说从略。

其二，相府阁内无钟铃。汉代九卿及郡县长吏在阁内设有铃铎，以供传唤属下。"事大而急者用钟鼓，小而缓者用铃籨，彰事告急，助口气也。"⑦阁门附近安排有铃下、侍阁等属吏，听候招呼，传达指令。胡三省注《资治通鉴》卷七九曰："铃下者，有使令则掣铃以呼之，因以为名。"⑧长吏外出时铃下亦随驾服侍。如《汉官仪》卷上载太常、卫尉等官员出行，"驾四马，主簿前车八乘，有铃下、侍阁、辟车、骑吏、五百等员"⑨。官员、宾客谒见，亦由铃下接待并入阁禀报。如吴范见孙权求情，"乃髡头自缚诣门下，使铃下以闻。铃下不敢，曰：'必死，不敢白'"。后勉强应允，"乃排阁入。言未卒，权大怒，欲便投以戟。逡巡走出，范因突入，叩头流血，言与涕并。良久，权意释"⑩。西汉相府阁内不设钟铃，亦无铃下之吏，担任传呼工作的有两种人。一是主簿。如前引《汉旧仪》卷上所言，丞相

① 《隋书》卷一一《礼仪志》，中华书局，1982年，第236页。
② 《汉书》卷八一《匡衡传》："主簿陆赐故居奏曹，习事晓知国界。"参见《汉书》，中华书局，1975年，第3346页。
③ 《续汉书·百官志一》"太尉"条言诸曹之后，"黄阁主簿录省众事"。当是继承西汉相府主簿职称。参见《后汉书》志二四《百官一》，中华书局，1982年，第3559页。
④ 严耕望：《中国地方行政制度史·甲部》，"中央研究院"历史语言研究所，1997年，第124—125页。
⑤ 《汉书》卷八六《王嘉传》，中华书局，1975年，第3501—3502页。
⑥ 祝总斌：《两汉魏晋南北朝宰相制度研究》，中国社会科学出版社，1990年，第47—49页。
⑦ 〔汉〕王充：《论衡》卷一五《顺鼓篇》，上海人民出版社，1974年，第242页。
⑧ 《资治通鉴》卷七九《晋纪一》武帝泰始五年，中华书局，1976年，第2509页。
⑨ 〔清〕孙星衍等辑：《汉官六种》，周天游校注，中华书局，1990年，第185页。
⑩ 《三国志》卷六三《吴书·吴范传》，中华书局，1959年，第1423页。

召见属吏，通常命主簿传唤。"掾有事当见者，主簿至曹请，不传召。"①二是守阁奴婢。府中吏员欲求见丞相，须叩阁呼名请其通报。"诸吏初除谒视事，问君侯应阁奴名，白事以方尺板叩阁，大呼奴名。"②《宋书》卷三九《百官志上》亦曰："有苍头字宜禄。至汉，丞相府每有所关白，到阁辄传呼'宜禄'，以此为常。"③东汉不置丞相，以三公并列，仪制相仿，其阁内皆设铃以呼人，有铃下以供驱使。如《续汉书·舆服志上》载公卿以下至县三百石长，"铃下、侍阁、门兰、部署、街里走卒，皆有程品，多少随所典领"④。太尉和司徒府内都有铃下掾吏⑤，表明合内不设钟铃与铃下吏是西汉相府特有的制度。

2. "阁"与"听（厅）事"

前引《汉旧仪》卷上曰："丞相听事阁曰黄阁"，按"听事"一词有两义。第一种含义为动词，或曰"视事"，即上朝处理公务，听取下属汇报。如汉宣帝，"五日一听事，自丞相以下各奉职奏事，以傅奏其言，考试功能"⑥。盖长公主诬告胡建，"大将军霍光寝其奏。后光病，上官氏代听事，下吏捕建，建自杀"⑦。官员如停止办公视事则关闭阁（阁）门，拒见群吏。如韩延寿任左冯翊，外出行县，"是日移病不听事，因入卧传舍，闭阁思过"⑧。汉朝制度规定，官员处置公事、听取属吏报告有固定的时间，每日共早晚两次，在"旦"时和"餔"时，亦称"朝餔

① 〔清〕孙星衍等辑：《汉官六种·汉旧仪》，周天游校注，中华书局，1990年，第67页。
② 〔清〕孙星衍等辑：《汉官六种·汉旧仪》，周天游校注，中华书局，1990年，第71页。
③ 《宋书》卷三九《百官志上》，中华书局，1974年，第1220页。
④ 《后汉书》志二九《舆服上》，中华书局，1982年，第3651页。
⑤ 《续汉书·五行志五》注引《风俗通》曰太尉邓盛，"遣令史谢，申以铃下规应掾自行之，还具条奏"。（《后汉书》志一七《五行五》，中华书局，1982年，第3343页）《三国志》卷一三《魏书·钟繇传》注引《先贤行状》载东汉钟皓为司徒掾，"公出，道路泥泞……还府向阁，铃下不扶"。（《三国志》，中华书局，1959年，第392页）又《太平御览》卷三三八《兵部六十九》引《魏志》曰："盖公府阁有绳铃以传呼，铃下有吏者也。"（《太平御览》，中华书局，1976年，第1552页）
⑥ 《汉书》卷八《宣帝纪》，中华书局，1975年，第247页。
⑦ 《汉书》卷六七《胡建传》，中华书局，1975年，第2912页。
⑧ 《汉书》卷七六《韩延寿传》，中华书局，1975年，第3213页。

（晡）"①；官员在此之外的时段可以不处理公务。如费祎为尚书令，"常以朝晡听事，其间接纳宾客，饮食嬉戏，加之博弈，每尽人之欢，事亦不废。董允代祎为尚书令，欲斆祎之所行，旬日之中，事多愆滞"②。阁门平时关闭，但在"朝晡"听事之前是必须打开的。例如彭宠与妻子在阁内遭到暗杀，"明旦，阁门不开"，准备奏事的官属觉得反常，才胆敢"逾墙而入，见宠尸"③。此项制度究其渊源，是从周代天子诸侯的"日朝"演变而来的。西周春秋时期，臣下每日早晚朝见国君。丁山先生据《左传》的有关记载考证，认为《诗经·小雅·雨无正》中"三事大夫，莫肯夙夜；邦君诸侯，莫肯朝夕"之"朝"为"早上朝会议政"，而"夕"则为傍晚修改政令。"一早一晚，总该有若干重要的官吏帮助封建主处理国事。"④其说可信。除了大臣参加早晚朝会，有时他国贵宾也要出席。如鲁昭公出亡在齐，"齐侯请飨之。子家子曰：'朝夕立于其朝，又何飨焉'其饮酒也'"⑤。秦代以来，天子渐不亲政，改为数日一朝；而百官却仍要"朝晡"处理公务。据《汉旧仪》卷上所载，西汉丞相的"听事"程序比较简单，并非像其他长吏那样要举行正规的早晚朝见仪式，只是让下属在清晨入阁分别口头汇报。"官属吏不朝，且白录而已。"⑥

"听事"的第二种含义为名词，即官员办公所坐之堂。罗哲文先生曾说："按照汉代官署制度，门内有庭，过庭才是主要的建筑'堂'或称'听事'（亦称厅事），为其治事之所。"⑦郡县官寺多为两进式院落，其"中门"即"阁（阁）"，堂下庭院因在中门之内，又称"中庭"，以此与阁外的前庭相区别。"听事"一词有时包括堂和中庭，胡三省注《资治通鉴》卷八九："中庭曰听事，言受事察讼于是。汉、魏皆作'听事'，六朝以来，乃始加厂作厅"。故"听事"亦作"厅事"，"听事阁"又称"厅事阁"。如建安元年（196）六月，"（吕）布将河内郝

① 《潜夫论笺》卷一四《爱日篇》："百姓废农桑而趋府庭者，非朝晡不得通，非意气不得见。"笺曰："'晡'旧作'餔'。按《说文》云：'餔，且也。餔，日加申时食也。'又申字下云：'吏以餔时听事，申旦政也。'高诱《淮南子叙》云：'除东郡濮阳令，以朝餔事毕之间，乃深思先师之训，参以经传道家之言，比方其事，为之注解。'《后汉书·赵熹传》云：'朝晡入临。'晡、餔古通用。"参见〔清〕汪继培笺：《潜夫论笺》，中华书局，1979年，第214—215页。

② 《三国志》卷四四《蜀书·费祎传》注引《祎别传》，中华书局，1959年，第1061页。

③ 《后汉书》卷一二《彭宠传》，中华书局，1982年，第505页。

④ 丁山：《甲骨文所见氏族及其制度》，科学出版社，1956年，第8页。

⑤ 杨伯峻编著：《春秋左传注》昭公二十七年，中华书局，1981年，第1489页。

⑥ 〔清〕孙星衍等辑：《汉官六种》，周天游校注，中华书局，1990年，第71页。

⑦ 罗哲文：《和林格尔汉墓壁画中所见的一些古建筑》，《文物》1974年第1期。

萌反，将兵入布所治下邳府，诣厅事阁外，同声大呼攻阁，阁坚不得入"①。汉朝官署听事即堂上有室可以居住。如苏不韦（违）父为李暠所害，"（李暠）迁司农，不违穿府北垣，径上厅事，斫暠卧具，暠一宿数迁"②。又王朗与许靖书曰："是时侍宿武皇帝于江陵刘景升听事之上，共道足下于通夜。"③按周秦两汉通制，堂与寝室同处一台之上，屋顶共享，前后仅有一墙之隔。如刘敦桢所言："然汉官寺自九卿郡守，迄于县治邮亭传舍，外为听事，内置官舍，一如古前堂后寝之状。"④如前所述，西汉相府正堂即百官朝会殿，似设于阁外，阁内视事起居另有后堂。故曹参聘请盖公入齐国相府，虽然让他住在正堂，而自己的日常生活和处置公务并不受到影响。

3.东、西箱（厢）与"更衣"

相府之堂有东箱、西箱。如霍光欲废昌邑王刘贺，派司农田延年赴相府与丞相杨敞商议。"敞惊惧，不知所言，汗出洽背，徒唯唯而已。延年起至更衣，敞夫人遽从东箱谓敞曰：'此国大事，今大将军议已定，使九卿来报君侯。君侯不疾应，与大将军同心，犹与无决，先事诛矣。'"⑤东、西箱（厢）即堂后寝舍左右的夹室，《汉书》卷四二《周昌传》述刘邦于殿上与群臣议废太子事，"吕后侧耳于东箱听"。颜师古注："正寝之东西室皆曰箱，言似箱箧之形。"⑥而田延年下堂所赴之"更衣"即厕所，如王充所言："且凡人所恶，莫有腐臭。腐臭之气，败伤人心，故鼻闻臭，口食腐，心损口恶，霍乱呕吐。夫更衣之室，可谓臭矣；鲍鱼之肉，可谓腐矣。然而有甘之更衣之室，不以为忌；肴食腐鱼之肉，不以为讳。"⑦清儒黄生考证说："盖贵者入厕，出必更衣，如王敦在石崇家入厕之事可证。当时即谓入厕曰更衣，此是文言，《汉书》中说此者非一，如《窦婴传》坐乃起更衣，稍稍引去。又《通鉴》隋文帝所宠陈夫人且出更衣，为太子所逼。又宋人《海陵三仙传》独处一室，卧起方丈间，食酒肉如平时，而无更衣之处。皆用《汉书》之意

① 《三国志》卷七《魏书·吕布传》注引《英雄记》，中华书局，1959年，第224页。

② 《太平御览》卷七〇八《服用部十·卧具》引《风俗通义》，中华书局，1976年，第3156页。

③ 《三国志》卷三八《蜀书·许靖传》注引《魏略》，中华书局，1959年，第968页。

④ 刘敦桢：《大壮室笔记·两汉官署》，见《刘敦桢文集》（1），中国建筑工业出版社，1981年，第137页。

⑤ 《汉书》卷六六《杨敞传》，中华书局，1975年，第2889页。

⑥ 《汉书》卷四二《周昌传》，中华书局，1975年，第2095页。

⑦ 〔汉〕王充：《论衡》卷二三《四讳篇》，上海人民出版社，1974年，第358页。

也。"①相府前后堂皆有"更衣"，前引应劭《汉官仪》言百官朝会殿曰："国每有大议，天子车驾亲幸其殿。殿西王侯以下更衣并存。"黄生释曰："朝会之地，贵者必各置更衣，避私亵也。"②更衣之室置于殿堂西侧，于古礼相合。按周代典制，诸侯大臣之堂有东西两阶以供上下，贵宾从西阶，主人从东阶。如信陵君窃符救赵，"赵王扫除自迎，执主人之礼，引公子就西阶。公子侧行辞让，从东阶上"③。西汉亦然，王侯公卿至相府为贵宾，依礼当沿西阶升降，故其更衣设在堂下西侧，显然是为了方便往返。前引《汉书·杨敞传》载"延年起至更衣，敞夫人遽从东箱谓敞曰"云云，看来亦与此制相符。田延年代表霍光来相府谋划政变，需要回避众人，自应是在阁中的后堂会晤密谈，客人内急则下西阶而赴堂侧更衣之室。杨敞夫人为主妇，上下堂当由东阶，故匿于后舍之东箱窃听，位置在主人身后，与宾客座位相错。其礼仪即如李尤《堂铭》所言："延宾西阶，主近东厢。宴乐嘉客，吹笙鼓簧。"④

五、结语

综上所言，西汉长安丞相府的建筑布局及设施在许多方面不同于其他官署，而与皇家宫室宗庙陵寝制度相似。如丞相所坐正堂称殿，可供天子临幸、百官朝会；府为四出门，建有黄阁；等等。以上特点反映了春秋战国以来政治领域发生的变革，在这一社会转型过程当中，君主渐不亲政，外朝势力益盛而丞相大权专揽。古代已有多位先贤注意到周秦之际官僚制度的这些变化。如何武言："古者民朴事约，国之辅佐必得贤圣，然犹则天三光，备三公官，各有分职。今末俗之弊，政事烦多，宰相之材不能及古，而丞相独兼三公之事。"⑤刘颂曰："古者六卿分职，冢宰为师。秦汉已来，九列执事，丞相都总。"⑥《唐六典》则称："秦变周法，天下之事皆决丞相府，置尚书于禁中，有令、丞，掌通章奏而已。汉初因之。"⑦由于丞相执掌了过去天子处置政务的许多权力，以至被黄宗羲称为"是官者，分身之君

---

① 〔清〕黄生：《义府》卷下《澡轩》，《四库全书》（第858册），上海古籍出版社，1997年，第328页。

② 〔清〕黄生：《义府》卷下《更衣》，《四库全书》（第858册），上海古籍出版社，1997年，第328页。

③ 《史记》卷七七《魏公子列传》，中华书局，1959年，第2382页。

④ 《艺文类聚》卷六三《居处部三·堂》，浙江古籍出版社，2001年，第1137页。

⑤ 《汉书》卷八三《朱博传》，中华书局，1975年，第3404页。

⑥ 《晋书》卷四六《刘颂传》，中华书局，1974年，第1303页。

⑦ 《唐六典》卷一《三师三公尚书都省》，中华书局，2005年，第6页。

也"①，因此与其他官员有别。从某种角度来看，相府建筑的上述特点可以看作是丞相职权膨胀的某种表现。西汉王朝建立巩固之后，君主专制集权制度逐步加强，至武帝时广设中朝官，又立大司马大将军以统之，以丞相为代表的外朝势力渐被削弱。西汉后期至东汉，这一趋势继续发展。朝廷罢丞相为司徒，以三公并立，又将司徒府的许多部门转移到太尉属下，司徒所辖员吏由300余人减至60余人②，"四出门"等皇室建筑形制也不再使用，只是将百官朝会殿与黄阁等旧制保留下来，成为上个时代丞相权力显赫的历史遗迹。

原载《中国史研究》2010年第3期

（宋杰，首都师范大学历史系教授）

---

① 〔清〕黄宗羲撰，李伟译注：《明夷待访录译注》，岳麓书社，2008年，第29页。

② 《续汉书·百官志一》载司徒属下有"长史一人，千石。掾属三十一人。令史及御属三十六人。"参见《后汉书》志二四《百官一》，中华书局，1982年，第3561页。

西汉长安的甲第

王培华　戴国庆

　　一百多年来，中国史研究中，服饰史、饮食史、水利史、交通史等等，都有成果，而住宅史研究，除了各地开发利用保留下来的明清民居为旅游资源，基本处于空白状态。就汉代住宅而言，近年有学者研究了河西屯戍吏卒的住所。[①]至于长安的甲第，即高级住宅情况，尚不清楚。20世纪90年代以来，仅有几种成果略有涉及：1996年史念海先生主编的《西安历史地图集》中有西汉长安城图（考古）、西汉长安城图（文献）和西汉未央宫图、西汉建章宫图，于后两图中标注出一些高官、显贵如夏侯婴、石奋、董贤、霍光、王商等列侯府第的位置[②]；刘庆柱、李毓芳先生指出了汉长安城里居的分布与形制、甲第的基本范围[③]；杨宽先生探讨西汉长安布局结构，涉及甲第的位置[④]；徐畅研究汉代"北阙"，兼及"北阙甲第"[⑤]；赵晓峰论及"甲第"形制，如第门等[⑥]；侯旭东研究了郡国邸[⑦]；王丽娜考证汉代京师邸[⑧]。这些都有较好的启示意义。本文则从历史、地理、文献和建筑等方面探讨西汉长安城的甲第，甲第居住者的身份，甲第的营造、扩建、转移、性质和作用等问题，希望学界重视住宅史的研究。

---

　　① 赵兰香、朱奎泽：《汉代河西屯戍吏卒衣食住行研究》（第3编），中国社会科学出版社，2016年。

　　② 史念海：《西安历史地图集》，西安地图出版社，1996年，第54—56页。

　　③ 刘庆柱、李毓芳：《汉长安城》，文物出版社，2003年，第165—167页。

　　④ 杨宽：《西汉长安城布局结构的探讨》，《文博》（创刊号）1984年3月1日；《西汉长安布局结构的再探讨》，《考古》1989年第2期。

　　⑤ 徐畅：《西汉长安城未央宫北阙的地理位置及政治功用》，《四川文物》2012年第4期。

　　⑥ 赵晓峰、刘佳、潘莹：《汉代画像砖石图样中显现的建筑文化特征探析》，《营造》2007年第4辑。

　　⑦ 侯旭东：《从朝宿之舍到商铺——汉代郡国邸与六朝邸店考》，《清华大学学报》（哲学社会科学版）2011年5期。

　　⑧ 王丽娜：《汉代邸舍制度研究》，硕士学位论文，东北师范大学，2014年。

一、甲第形制和分布区域概况

《释名》云："宅，择也，择吉处而营之。"土地和住宅是生产资料和生活资料。求田问舍，古已有之。秦商鞅变法，用田宅、爵位奖励耕战有功者。汉人有赐田宅、买田宅、广田宅、治田宅、利田宅、税民田宅、夺民田宅等事。宅，也称第，至后秦时（5世纪初）合称宅第。孟康曰："有甲乙次第，故曰第"。第，有甲乙之次第，甲第，即甲等门第，高级住宅。左思《蜀都赋》说成都"亦有甲第，当衢向术，坛宇显敞，高门纳驷，庭扣钟磬，堂抚琴瑟。"术，道也。当衢向术，即甲第面向交通大道，不在背街里巷。徐坚《初学记》引《魏王故事》云："出不由里门，面大道者，名曰第。……其舍在里中，皆不称第。"甲第的基本特征，当街辟门，面向大道，屋宇宽敞，门第高大，容车马通过。甲第，或称甲舍。甲第为高级住宅，有单独区域，不在闾里中。

西汉长安甲第的形制和分布区域，作者将专文探讨，这里略说。9世纪初，白居易在长安，写下《秦中吟》十首，其《伤宅》诗云："谁家起甲第，朱门大道边。丰屋中栉比，高墙外回环，累累六七堂，栋宇相连延。一堂费百万，郁郁起青烟。洞房温且清，寒暑不能干。高堂虚且迥，坐卧见南山。绕廊紫藤架，夹砌红药栏。攀枝摘樱桃，带花移牡丹。主人此中坐，十载为大官。厨有臭败肉，库有贯朽钱。谁能将我语，问尔骨肉间。岂无穷贱者，忍不救饥寒。如何奉一身，直欲保千年。不见马家宅，今作奉诚园。"①这是描述唐代长安甲第的状况。汉代甲第也大体差不多。初步研究，汉长安甲第主要分布在未央宫东阙、北阙，宣平贵里，长安城北五陵的陵邑，城东杜陵、霸陵的陵邑。

二、甲第居住者的身份

谁能居甲第？汉代，丞相、将军、列侯、公主等能居住甲第，各王国国王在长安有邸第。高祖十二年（前195）三月诏书说："王、列侯皆令自置吏，得赋敛，女子为公主、列侯者食邑，皆佩之印，赐大第室；吏二千石，徙之长安，受小第室。"②汉朝皇帝赐予王、列侯、公主食邑、大第室，二千石吏徙之长安，受小第

---

① 〔唐〕白居易：《白氏长庆集》卷二《秦中吟十首·伤宅》，四部丛刊景日本翻宋大字本，第5页。

② 〔清〕王先谦补注：《汉书补注》卷一《高祖下》，上海古籍出版社，2008年，第117页。

室。何为甲第？孟康说："有甲乙次第，故曰第也。"①汉代分封功臣为二等，"汉兴，序二等"，"汉封功臣，大者王，小者侯"。②因此，长安甲第分二等，即甲第、乙第，正符合汉初"大者王小者侯"这种分封制度。

（一）各国王，在长安有邸第

各国王平时居于封国国都的王宫内，朝请或国有大事，才来居长安邸第。赵王张敖平时居赵国王宫，被逮至长安，当居长安赵邸；被废为宣平侯，当居宣平侯第。齐王肥平时居齐国王宫，惠帝二年（前193）齐悼惠王来朝，吕后欲害之，悼惠王惧不得出城，齐内史出计，"至〔齐〕邸，上奏献〔城阳〕十城"③。"吕后大喜，置酒齐邸，乐饮，罢，归齐王。"④吕后七年（前181）春正月丁丑，召赵王友至长安，置邸不见，后幽闭而死。⑤赵王在长安，住赵邸。吕后时，燕王卢绾遗孺和子从匈奴降汉，舍燕邸，欲见吕后。⑥这说明长安有燕邸。吕后六年（前182），齐人田生入长安，居数月，盛帷帐共具，譬如列侯，请吕后所幸大谒者张子卿，曰："臣观诸侯王邸弟百余，皆高祖一切功臣。"⑦《汉书》作"臣观诸侯邸第百余，皆高帝一切功臣"⑧。"诸侯王及诸郡朝宿之馆，在京师者，谓之邸。"王、侯朝请时，郡国上计时，住长安朝宿之馆，谓之王邸或郡邸。长安邸第，规格高大，建制壮丽，田生以此劝张子卿讽大臣语太后立吕产为吕王。吕后元年（前187）初置鲁国，四月王张偃。鲁王张偃年少，不之国，居长安，长安当有鲁邸。后来，汉武帝时招申公，舍鲁邸。⑨吕后立太、武、朝为济川王、淮阳王、常山王，各王因年少未之国，居长安。当大臣诛诸吕后，滕公车载少帝，就舍少府。⑩当夜"有司分部诛济川、淮阳、常山王及少帝于邸"⑪。则三王在长安分别有济川邸、淮阳邸和常山

---

① 〔清〕王先谦补注：《汉书补注》卷一《高祖下》，上海古籍出版社，2008年，第118页。

② 《史记》卷一七《汉兴以来诸侯王年表序》，中华书局，2011年，第801页。

③ 〔汉〕刘向：《新序》卷一〇《善谋下第十》，中华书局，2009年，第1380页。

④ 《史记》卷九《吕后本纪》，中华书局，2011年，第398页。

⑤ 《汉书》卷三八《高五王传》，中华书局，2011年，第1989页。

⑥ 《汉书》卷三四《卢绾列传》，中华书局，2011年，第1893页。

⑦ 《史记》卷五一《荆燕世家》，中华书局，2011年，第2408页。

⑧ 《汉书》卷三五《燕王刘泽传》，中华书局，2011年，第1901页。

⑨ 《史记》卷一二一《儒林列传》，中华书局，2011年，第3122页。

⑩ 《汉书》卷四〇《周勃传》，中华书局，2011年，第2055页。

⑪ 《史记》卷九《吕后本纪》，中华书局，2011年，第412页。

邸。代王初到长安，入代邸，即位，即日夕入未央宫。①景帝中六年（前144）三月雨雪。四月梁孝王死。五月，城阳王、济阴王死。六月，成阳公主死。三个月间，汉景帝"四衣白，临邸第"②。梁孝王、城阳王、济阴王在各国都有王宫，在长安有邸，景帝到各王长安邸哀悼。第，为成阳公主第。汉末，傅太后及太子母丁姬居长安的定陶国邸。③田生说长安"诸侯、王邸第百余，皆高帝一切功臣"，包括列侯在京师之第，和各郡国在京师之邸。以上齐邸、赵邸、燕邸、济川邸、淮阳邸、常山邸、代邸、梁邸、城阳邸、济阴邸、定陶国邸、鲁邸等，都是诸王在京师之邸。"汉法，诸侯各起邸第于京师。"④各国王，平时居国都王宫，景帝子鲁恭王刘余好治宫室，坏孔子宅广宫室；江都易王非好治宫馆，胶西于王端曾封闭宫门，赵王彭祖不好治宫室。⑤武帝子昌邑王被废后，仍居昌邑故宫。⑥各王来朝及各郡国上计时居邸，平时只有少数人员值守，如《汉书·朱买臣传》载，朱买臣常从会稽守邸者，寄居饮食，故王国京师邸第，平时无人居住。元始二年（2）夏流民入长安，"民疾疫者，舍空邸第，为置医药"⑦。地皇四年（23），绿林军入长安，新莽诸将"拒击北阙下"，"会日暮，官府、邸第尽奔亡"⑧。此处"邸第"，为各国王在京师之邸、列侯公主之甲第。同时，在陵邑有丞相、御史、将军、列侯、公主、中二千石的第宅。《汉书·成帝纪》鸿嘉二年（前19）夏载，成帝"赐丞相、御史、将军、列侯、公主、中二千石冢地、第宅"，并于昌陵赐之。⑨

（二）丞相生活居住处所为甲第

相国或丞相办公官署，称相国府或丞相府；丞相及家人生活的宅第，称丞相舍或相舍。秦朝，丞相府是公署，丞相另有住宅。汉元年（前206）十月，"萧何尽收秦丞相府图籍文书"⑩。而秦丞相李斯"置酒于家，百官长皆前为寿，门廷车骑以千数"⑪，说明李斯宅第规模相当大，才能容纳数以千计的车骑。汉承秦制。"汉长安

---

① 《史记》卷一一《文帝纪》，中华书局，2011年，第417页。
② 《汉书》卷二六《天文志》，中华书局，2011年，第1305页。
③ 《汉书》卷九七下《外戚传下·元帝傅昭仪》，中华书局，2011年，第4000页。
④ 《史记》卷九《吕后本纪》，中华书局，2011年，第398页。
⑤ 《汉书》卷五三《景十三王传》，中华书局，2011年，第2413、2414、2418、2420页。
⑥ 《汉书》卷六三《武五子传》，中华书局，2011年，第2767页。
⑦ 《汉书》卷一二《平帝纪》，中华书局，2011年，第353页。
⑧ 《汉书》卷九九下《王莽传下》，中华书局，2011年，第4190页。
⑨《汉书》卷一〇《成帝纪》，中华书局，2011年，第317页。
⑩ 《汉书》卷一《高帝纪》，中华书局，2011年，第23页。
⑪ 《史记》卷八七《李斯列传》，中华书局，2011年，第2547页。

丞相府，位于未央宫东阙之外"。汉二年（前205）韩信、萧何、曹参并为相国、丞相，他们在长安的府内均有殿。殿，即大堂。①这说的是相国（丞相）府，即公署。至于住宅，司马迁说，萧何"置田宅必居穷僻处，为家不治垣屋"，指萧何早年住宅情况，其实萧何在长安有甲第。汉十一年（前196），汉高祖"令卒五百人一卫尉为相国卫"②，汉高祖疑忌萧何，才派士卒守卫萧相国住宅。如果是小门小户根本不需要500人守卫，萧何住宅必定是高门大屋。成帝永始元年（前16）封王莽为新都侯，后来朝廷几次诏令王莽就第，显示新都侯王莽长安有第，后来又诏令其就国，则侯国有宅第。平帝元始元年（1）又封王莽功如萧相国，号安汉公，朝廷"以故萧相国甲第，为安汉公第"③，这说明萧相国有甲第，200年后成为新都侯安汉公王莽的甲第；元始五年（5）朝廷加王莽九锡，"以楚王邸为安汉公第"④，长安的楚邸，成为王莽之第，规制当高于萧相国之甲第，为甲第之甲第。北平侯张苍"以列侯为主计四岁"，"以列侯居相府，领主郡国上计者"⑤。相府，当是丞相府官署，不是丞相宅第。丞相宅第又称相舍，曹参"相舍后园近吏舍"⑥，此处相舍，指曹参宅第。曹窋受惠帝之托，休沐日归劝父亲，当归曹参平阳侯第。吕须进谗言道"陈平为相，非治事，日饮醇酒，戏妇女，陈平闻，日益甚"⑦；"常燕居深念"；陆贾"往请，直入坐"⑧，退朝而处曰燕居。陆贾不等门人通报直接进入陈平住所，即指陈平府第。汉景帝时，丞相申屠嘉指斥邓通，"罢朝，坐府中，嘉为檄，召邓通诣丞相府"⑨。此丞相府，即丞相公署。申屠嘉对袁盎傲慢无礼，袁盎"乃之丞相舍，上谒求见丞相，丞相良久而见之"，说："使君所言公事，之曹与长史掾议，吾且奏之；即私邪，吾不受私语"⑩。曹，丞相府下属办事的官署，"丞相初置吏员十五人，皆六百石，分东西曹"⑪。丞相舍，指丞相住宅。通过袁盎一事，他进到申屠嘉丞相的住宅，但丞相要他到丞相官署去。可见丞相府与丞相舍是两处建筑，前者指官署，后者指生活居住处。汉宣帝时，京兆尹赵广汉为摆脱罪责，胁迫丞相魏相，

① 宋杰：《西汉长安的丞相府》，《中国史研究》2001年第4期。
② 《史记》卷五三《萧相国世家》，中华书局，2011年，第2017页。
③ 《汉书》卷九九上《王莽传上》，中华书局，2011年，第4047页。
④ 《汉书》卷九九上《王莽传上》，中华书局，2011年，第4075页。
⑤ 《汉书》卷四二《张苍传》，中华书局，2011年，第2094页。
⑥ 《史记》卷五四《曹相国世家》，中华书局，2011年，第2030页。
⑦ 《史记》卷五六《陈丞相世家》，中华书局，2011年，第2060页。
⑧ 《史记》卷九七《郦生陆贾列传》，中华书局，2011年，第2700页。
⑨ 《史记》卷九六《张丞相列传》，中华书局，2011年，第2683页。
⑩ 《史记》卷一〇一《袁盎列传》，中华书局，2011年，第2741页。
⑪ 〔汉〕卫宏：《汉官旧仪》卷上，清武英殿聚珍版丛书本。

"发吏卒至丞相舍，捕奴婢笞击问之"①。《汉书》作：赵广汉"自将吏卒，突入丞相府，召其夫人跪庭下受辞，收奴婢十余人去，责以杀婢事"②。班固把丞相舍（相舍）称为丞相府，造成混乱。赵广汉派人进入魏丞相的住宅，即丞相舍。又，丞相公孙弘封平津侯，文献不记其有甲第，他在丞相府大开东阁，营客馆——钦贤之馆、翘材之馆、接士之馆——招延天下士人。公孙弘"凡为丞相御史六岁，年八十终丞相位。其后李蔡、严青翟、赵周、石庆、公孙贺、刘屈氂继踵为丞相。自蔡至庆，丞相府客馆，丘虚而已。至贺、屈氂时，坏以为马厩、车库、奴婢室矣。唯庆以惇谨复终相位"③。丞相府是公署，不是住宅。丞相府客馆，乃丞相府招待所。公孙弘自奉简约，故人宾客仰衣食，俸禄以给之，家无余财，不会自建大第。公孙弘生病，武帝"赐告牛酒杂帛"④，无赐甲第的记录。万石君石奋家从长安戚里迁居茂陵陵里，家有诸子之舍，闾里有里门，内史石庆乘车归里不下车，万石君斥责；元狩元年（前122），牧丘侯石庆为丞相，碌碌无为，武帝斥其反室。可见万石君住宅位于茂陵的闾里中，不是甲第。石庆为相，无居甲第的记载。卫将军张安世参与制定朝廷大政，"每定大政已决，辄移病出。闻有诏令，乃惊，使吏之丞相府问焉。自朝廷大臣，莫知其与议也"⑤。显然丞相府是公署，不是宅第。其后，御史大夫建平侯杜延年、丞相扶阳侯丰贤、营平侯赵充国、西平侯于定国、乐陵侯史高、高乐侯史丹、安昌侯张禹等，都在年老体衰时，罢官归第或就第，丰贤还受"加赐第一区"，即丰贤在长安有两处府第。高阳侯薛宣一度罢官归第。阳安侯丁明、高武侯傅喜，皆罢官归第。说明这些以列侯任丞相者，在长安都有第。《汉官旧仪》云：丞相薨后，"移居第中，车驾往吊，赐棺、敛具、赠钱、葬地。葬日，公卿已下会葬焉"⑥。这当是朝廷赐丞相府第日常化后的丧制。

（三）将军，长安有甲第

绛侯周勃为太尉，为丞相，当有列侯甲第，文帝两次诏令其就国，子周胜之嗣侯，尚公主，坐杀人，国绝。一年，文帝择亚夫为侯，为太尉，为丞相，当继续居甲第。景帝时大将军窦婴居处有廊庑，廊庑为堂下四周的廊屋，厢耳、廊庑、院门、围墙等周绕联络而成一院，为大第室。汉武帝赐栾大四将军四印，赐列侯甲

① 《史记》卷九六《张丞相列传附魏相传》，中华书局，2011年，第2687页。
② 《汉书》卷七六《赵广汉传》，中华书局，2011年，第3205页。
③ 《汉书》卷五八《公孙弘传》，中华书局，2011年，第2623页。
④ 《汉书》卷五八《公孙弘传》，中华书局，2011年，第2622页。
⑤ 《史记》卷一〇三《万石君张叔列传》，中华书局，2011年，第2766页。
⑥ 《汉书》卷五九《张汤传附子安世传》，中华书局，2011年，第2649页。

第，汉武帝亲至其家，自窦长公主、大臣、将军、卿相以下，皆致酒其家。武安侯家，有方士出入。①汉武帝为冠军侯霍去病营造甲第。②卫将军家，一次出来见少府赵禹的舍人，就有百余人。③舍人，左右亲近之通称，后遂以为私属官号，说明卫青府第规模不小。昭帝元凤六年（前75），右将军光禄勋张安世受封富平侯，宣帝即位益封万六百户，其五代子孙嗣侯，考古发现张安世墓有"卫将长史"封泥。宣帝元康三年（前63）安世小子彭祖，以世父张贺于宣帝有旧恩，封为阳都侯。父子封侯，在位太盛，张安世推辞俸禄，朝廷诏令"都内别藏张氏无名钱以百万数"，资产巨万，能货殖，富于大将军霍光。张汤本居杜陵，其子张安世于武、昭、宣时辄随陵迁，凡三徙，复还杜陵。张安世封富平侯，长安富平侯府第很有名，曾孙张临尚敬武公主，张临子张放受成帝宠幸，汉成帝与张放微行，俱称富平侯家人，张放娶皇后弟平恩侯许嘉女，号称"天子取妇，皇后嫁女"，成帝"赐甲第，充以乘舆服饰，大官、私官并供其第，两宫使者冠盖不绝，赏赐以千万数"，即成帝另赐张放甲第。④宣帝地节二年（前68）大将军霍光薨，诏复其后世，畴其爵邑，功如萧相国⑤，则当如萧何一样有甲第。霍光"赏赐前后黄金七千斤，钱六千万，杂缯三万匹，奴婢百七十人，马二千匹，甲第一区"⑥，大概上官太后主事时，朝廷就赐霍丞相甲第。至地节二年霍光去世时，宣帝又有恩赐。

（四）列侯，不之国者，长安有甲第

高祖十二年诏表明，汉初列侯多赐大第。汉初侯国皆地处关东⑦，列侯当居各侯国，实际并不如此。"为吏及诏所止者"，即为公卿大夫，或以恩爱见留者⑧，都居长安甲第，如留侯张良、平阳侯曹参、辟阳侯审食其、绛侯周勃、曲逆侯陈平、曲周侯郦商、安国侯王陵、北平侯张苍、汝阴侯夏侯婴、鲁母侯刘疵、舞阳侯樊哙、信武侯靳歙、宣平侯张敖等，都在长安有甲第，如辟阳侯国近淄川⑨，而辟阳侯长期居长安。安国侯王陵惠帝六年（前189）为相，其后被吕后阳升太傅阴夺相权，杜门

① 〔汉〕荀悦：《西汉纪·汉纪》卷一三《孝武皇帝纪四》，张烈点校，中华书局，2002年，第226页。
② 《史记》卷一一一《卫将军骠骑列传》，中华书局，2011年，第2523页
③ 《史记》卷一〇四《田叔列传》，中华书局，2011年，第2781页。
④ 《汉书》卷五九《张汤传附孙延寿传》，中华书局，2011年，第2641页。
⑤ 《汉书》卷八《宣帝纪》，中华书局，2011年，第247页。
⑥ 《汉书》卷六八《霍光传》，中华书局，2011年，第2947—2948页。
⑦ 马孟龙：《西汉侯国地理》，上海古籍出版社，2013年，第132页。
⑧ 《汉书》卷四《文帝纪》，中华书局，2011年，第115页。
⑨ 《汉书》卷四〇《王陵传》，中华书局，2011年，第2047页。

竟不朝请十年而薨；列侯为诸侯王傅、相、中尉，长安仍有甲第。北平侯张苍"以列侯为主计四岁"，"以列侯居相府，领主郡国上计者"，为淮南王刘长相十四年，其父子孙都当居长安邸第；为御史大夫四年、为丞相十四年，病免家居后，都居长安。①平阳侯曹参为齐相九年，长安当有平阳侯府第。齐王肥来朝，"令：诸侯王朝，得从其国二千石。傅、相、中尉，皆国二千石，故尽从之"②。则齐王肥朝见高祖、吕后时，齐国随员都住齐邸内，如朱买臣住会稽郡邸一样，曹参则回其长安府第。第四代平阳侯曹时（《卫青传》又作曹寿）尚景帝女阳信长公主，阳信长公主又称平阳公主。建元三年（前138）汉武帝微行于长安周边，自称平阳侯；汉武帝于三月上巳临水被霸上，识卫子夫于平阳公主家，卫子夫自平阳公主家得幸天子。平阳侯曹时、阳信长公主，都各自有其府第。张家山汉简《二年律令·津关律》廿二："丞相上鲁御史书言，鲁侯居长安，请得买马关中。"整理者认为，鲁侯指鲁王张偃。③其实，当为鲁母侯刘疵购买马车，出入长安大第。④当高祖派信武侯靳歙击陈希、舞阳侯樊哙击燕王卢绾时，都从长安出发，说明长安有其府第。平诸吕中，留侯子张辟强、平阳侯曹窋、曲周侯郦商子郦寄等，都能出入宫中，陆贾到陈平府第，调停将相和，都说明，有些列侯长期居长安。汝阴侯夏侯婴之第，位置接近北阙，"惠帝及高后德婴脱孝惠、鲁元于下邑之间，乃赐婴北第第一"。颜师古说："北第者，近北阙之第，婴最第一也。"张衡《西京赋》"北阙甲第，当道直启"⑤。汉初列侯居长安，未就国。文帝诏令相国绛侯周勃带头就国，说明列侯多居长安府第。吴楚"七国兵起，时长安中，列侯、封君行从军旅，赍贷子钱"⑥。说明文景时，列侯封君国邑在关东，平时居长安。汉武帝建元元年，"令列侯就国"，"时诸外家为列侯，列侯多尚公主，皆不欲就国"。窦婴、田蚡"以侯家居"⑦长安。以上记载说明，汉初至汉武帝初，列侯多居长安甲第，而且列侯府第规模宏大，武安侯田蚡府第宾客方士出入，魏其侯窦婴失势门可罗雀。⑧那些失侯者多

① 《汉书》卷四二《张苍传》，中华书局，2011年，第2904页。

② 《汉书》卷一一《哀帝纪》，中华书局，2011年，第333页。

③ 张家山二四七号汉墓竹简整理小组编著：《张家山汉墓竹简（二四七号墓）》（释文修订版），文物出版社，2006年，第88页。

④ 王培华：《汉初奚涓鲁侯国与张偃鲁王国的变迁》，《烟台大学学报》（哲学社会科学版）2018年第4期。

⑤ 《汉书》卷四一《夏侯婴传》，中华书局，2011年，第2079页。

⑥ 《史记》卷一二九《货殖列传》，中华书局，2011年，第3280页。

⑦ 《史记》卷一〇七《魏其武安侯列传》，中华书局，2011年，第2843页

⑧ 《史记》卷一〇七《魏其武安侯列传》，中华书局，2011年，第2843页；〔汉〕荀悦：《两汉纪·汉纪》卷一一《孝武皇帝纪二》，张烈点校，中华书局，2002年，第181页。

居长安，李广曾与故颍阴侯灌婴之孙屏居蓝田南山中射猎。自宣帝始，新封列侯在长安有府第。宣帝本始元年（前73）春封赵充国等五人为列侯，丙吉和许广汉等八人为关内侯；地节三年（前67）夏四月封许广汉为平恩侯，新第落成；元康三年封张彭祖为阳都侯，丙吉、许延寿等六人为列侯。"封侯益土"，增加户邑①，"受官禄、田宅、财物，各以恩深浅报之"②。阳都侯张彭祖等列侯都当受甲第。河平二年（前27），汉成帝悉封诸舅为侯，王谭为平阿侯，王商成都侯，王立红阳侯，王根曲阳侯，王逢时高平侯。五人同日封，故世谓之五侯。五侯"大治第室，起土山、渐台、洞门、高廊、阁道，连属弥望。百姓歌之曰：'五侯初起，曲阳最怒。坏决高都，连竟外杜。土山、渐台、西白虎'"③。"成都、平阿侯家"，明言成都侯王根、平阿侯王谭府第。④汉成帝还曾临幸曲阳侯王根、成都侯王商府第。

（五）汉皇室公主在长安有甲第

长安公主府第甚多，平阳公主、馆陶公主、隆虑公主、阳阿公主等公主府第很有名。汉初，《二年律令》所载李公主、申徒公主、荣公主、傅公主等，当都在长安有府第。赵王张敖被废为宣平侯，可能居宣平侯府第，即宣平贵里，高祖和吕后长女鲁元公主为赵王张敖的王后，史称赵王敖后，回到长安后当居宣平侯府第。文帝前元三年（前177）文帝诏令列侯就国，以恩爱和为公卿者可居长安，绛侯周勃子周胜之嗣侯，当继承周勃在长安的甲第。周胜之尚文帝女昌平公主⑤，公主当有甲第⑥。汉武帝建元元年（前140），诏令列侯就国，诸外家为列侯，列侯多尚公主，皆不欲就国。⑦说明列侯、公主长安有甲第，而遥食其国租税。⑧文帝长女馆陶长公主，堂邑侯陈午尚之，非常富有，买珠人、宾客出入公主府。公主府中有主管财物的中府。文帝死后，邓通失势负债，公主不断赐邓通⑨；馆陶公主指示中府，允许董偃每日散发"金满百斤，钱满百万，帛满千匹"。汉武帝率将军、列侯等"临山林"，慰问窦太主，窦太主招待将军列侯从官饮食，并赐予金钱杂缯各有数。应劭

① 《汉书》卷六〇《杜周传附子延年传》，中华书局，2011年，第2665页。
② 《汉书》卷八《宣帝纪》，中华书局，2011年，第257页。
③ 《汉书》卷九八《元后传》，中华书局，2011年，第4024页。
④ 《汉书》卷九七下《外戚传下·孝成赵皇后传》，中华书局，2011年，第3994页。
⑤ 〔元〕马端临：《文献通考》卷二五八《帝系九》，中华书局，2011年，第6999页。
⑥ 《汉书》卷四〇《周勃传》，中华书局，2011年，第2056页。
⑦ 《史记》卷一〇七《魏其武安侯列传》，中华书局，2011年，第2843页
⑧ 《汉书》卷一一《哀帝纪》，中华书局，2011年，第336页。
⑨ 《史记》卷一二五《佞幸列传》，中华书局，2011年，第3193页。

注曰："公主园中有山，谦不敢称第，故托山林也。"① 则公主府称第。梁孝王来朝时，"从两骑入，匿于长公主园"②。这就是著名的长门园，后献给汉武帝，武帝改名长门宫。汉景帝阳信公主、南宫公主、隆虑公主都居长安，当有府第。平阳侯曹襄③尚阳信公主④，故阳信公主又称平阳公主，后来曹襄有恶疾就国，大将军长平侯卫青又尚公主，则平阳公主在长安有甲第。景帝五年夏六月，天子衣白临第，吊唁成阳公主。成阳公主，钱大昭以为是景帝女⑤，也可能为文帝女。汉景帝死后，武帝在长陵找到王太后在民间所生金王孙女，以副车载之回长乐宫，赐号修成君，赐奉钱千万、奴婢三百人、公田百顷、甲第等，又召平阳主、南宫主、林虑主三人俱来谒见修成君。⑥说明景帝三女都在长安，并且有甲第。赵王彭祖来"入朝，因帝姊平阳、隆虑公主，求复立丹为太子"⑦。平阳公主、隆虑公主，都有公主府第，当相距不远。隆虑公主相当富有，生前为子昭平君预赎死罪，预交金千金钱千万给北军。汉武帝有卫长公主（当利公主）、夷安公主、阳石公主、诸邑公主、鄂邑盖公主等。前四位公主，食邑都在东方齐国境内，但都居长安公主府第。卫长公主，平阳侯曹襄⑧、乐通侯栾大先后尚公主。汉武帝亲至五利将军栾大之府第，说明卫长公主另有府第。阳石、诸邑两公主和公孙敬声等都因巫蛊案下狱被杀，说明其在长安有第。昭帝时，鄂邑公主使人上书，告渭城令胡建使人射其"甲舍门"。师古曰："甲舍即甲第，公主之宅。"⑨宣帝有女阳邑公主、敬武公主、馆陶公主。五凤元年（前57）张建嗣博成侯，元帝建始四年（前29）"坐尚阳邑公主，与婢奸主旁，数醉骂主，免"⑩。似当在阳邑公主府第。富平侯张临、营平侯赵钦、高阳侯薛宣先后尚敬武公主，列侯都有府第，敬武公主当另有府第。敬武公主平帝元始年间被王莽毒死。汉元帝有平都公主、阳阿公主、颖邑公主。鸿嘉元年（前20）六月平都公主杀子，宗正刘庆忌贬官⑪，宗正官署在长安，则长安有阳阿公主府第。成帝与富平侯

① 《汉书》卷六五《东方朔传》，中华书局，2011年，第2853页。

② 《汉书》卷四七《文三王传》，中华书局，2011年，第2210页。

③ 又称曹寿。襄与寿古字形相似，而伪为寿。〔清〕钱大昭：《汉书辨疑》卷一八，铜熨斗斋丛书本。

④ 《汉书》卷五五《卫将军骠骑列传》，中华书局，2011年，第2490页。

⑤ 〔清〕钱大昭：《汉书辨疑》卷二一，清铜熨斗斋丛书本，第8页。

⑥ 《史记》卷四九《外戚世家》，中华书局，2011年，第2389页。

⑦ 《汉书》卷五三《景十三王传》，中华书局，2011年，第2421页。

⑧ 《史记》卷五四《曹相国世家》，中华书局，2011年，第2031页。

⑨ 《汉书》卷六七《胡建传》，中华书局，2011年，第2919页。

⑩ 《汉书》卷一七《景武昭宣功臣表》，中华书局，2011年，第424页。

⑪ 《汉书》卷一八下《百官公卿表》，中华书局，2011年，第527页。

张放微行，过平阳公主家，见平阳公主家宫人赵飞燕而悦之①。颖邑公主，杜业"成帝初尚帝姊，无子，薨，业家上书，求还京师，与公主合葬，不许"②。说明平阳公主、颖邑公主，长安都有甲第。

以上历述长安有丞相、将军、列侯、公主甲第。朝廷还赐外国归降者府第。元康四年（前62）车师王乌贵将诣阙，朝廷"赐第与其妻子居"③。

三、甲第的营造和赐予

甲第是国家资产，由国家营造，由皇帝赐予丞相、将军、列侯、公主等。当列侯失侯或嗣侯有罪时，国家收回甲第，另赐他人。皇帝赐予甲第，实际是国家分配给将相、列侯、公主的高级住宅。因此这种住宅，具有政治属性，不具备经济属性。这与《二年律令》一致。

（一）国家赐予

高祖十二年三月诏书说："王、列侯皆令自置吏，得赋敛，女子为公主、列侯者食邑，皆佩之印，赐大第室；吏二千石，徙之长安，受小第室。"④说明国家赐予公主、列侯大第室。汉六年（前200）高祖大封功臣，都赐予府第。惠帝、吕后赐夏侯婴北阙甲第。汉武帝赐予其同母姊修成君甲第。元鼎四年（前113）汉武帝以二千户封地士将军栾大为乐通侯，"赐列侯甲第，童千人，乘舆斥车马帷帐器物，以充其家"⑤。昭帝始元二年（前85）正月壬寅封霍光为博陆侯，"赐甲第一区"⑥。甲第一区，即高级住宅一所。宣帝元康四年，赐车师王第，与妻子居。⑦元帝赐孔霸第，成帝赐张放甲第。汉平帝时，皇太后赐王莽"故萧相国甲第、楚王邸为安汉公第"，当为甲第中的甲第。平帝末，博山侯孔光、安阳侯王舜、广阳侯甄丰等，皆授四辅之职，"畴其爵邑，各赐第一区"⑧。天凤四年（17）王莽封唐林、纪逡为建德侯、封德侯，并"赐弟一区"⑨。一区，一座府第，可能为甲第。

---

① 《汉书》卷九七下《外戚传下·孝成赵皇后传》，中华书局，2011年，第3998页。
② 《汉书》卷六〇《杜周传》，中华书局，2011年，第2683页。
③ 《汉书》卷九六下《西域传下·车师后国传》，中华书局，2011年，第3924页。
④ 〔清〕王先谦补注：《汉书补注》卷一《高祖下》，上海古籍出版社，2008年，第117页。
⑤ 《汉书》卷二五上《郊祀志上》，中华书局，2011年，第1224页。
⑥ 《汉书》卷六八《霍光传》，中华书局，2011年，第2933页。
⑦ 《汉书》卷九六下《西域传下》，中华书局，2011年，第3924页。
⑧ 《汉书》卷九九上《王莽传上》，中华书局，2011年，第4047页。
⑨ 《汉书》卷九九下《王莽传下》，中华书局，2011年，第4149页。

国家赐甲第，有四种情况：第一种，列侯无嗣，或改封后，或失侯后，朝廷收回甲第，另赐他人，重新分配。鲁侯奚涓死事，无后，其母刘疲代为鲁母侯。惠帝七年（前188），鲁母侯刘疲封地被改重平。高后元年四月（前187），吕后置外孙张偃为鲁王。鲁母侯甲第当被吕后赐予外孙鲁王张偃，初置鲁王国，即立鲁侯甲第，鲁王张偃年少不之国，居长安甲第。平帝时王太后以故萧相国甲第为安汉公第，王莽加九锡后，又以楚王邸为安汉公第。第二种，闲置不用的政府衙署，分配给公侯。王莽即位，封孺子婴为定安公，"改明光宫为定安馆，定安太后居之，以故大鸿胪府为定安公第"①。第三种，国家赐予现成的第室。汉元帝赐孔霸关内侯，食邑八百户，号褒成君，给事中，加赐黄金二百斤，第一区。②第四种，国家新建宅第。

（二）国家营造甲第

国家出资，为列侯建造甲第，当始于汉六年十二月分封后不久。汉不仅承秦制，而且承秦建筑。汉五年（前202）后九月开始修治秦朝兴乐宫，名之长乐宫，作为皇宫。汉六年十二月开始封功臣时，当征用秦官员旧宅第。大批功臣入关，旧宅第不够用，国家才大规模地营建宅第。这些宅第，是逐步修造完成的。从《高惠高后文功臣表》看，汉朝往往同时立多人为王为侯，如高祖汉六年（前201）正月丙午立楚元王交和荆王贾，正月壬子立代王喜和齐王肥，加上赵王张敖、燕王卢绾，长沙王吴芮等。而封侯，多在王国内，五年十二月甲申封十人为侯，六年正月丙午又封十一人为侯，三月庚子又封八人为侯，六月丁亥封三人为侯。这表明宅第、国土范围、印章绶带等都是逐步准备的。为什么要分批次地分封列侯？主要原因是，在高帝六年时，代、齐、赵、燕、楚、荆、长沙七大王国，占有广大国土，要从各王国划出支郡或县之民户和国土给予列侯，并非易事。当时军吏计功，天下国土和民户不足遍封。汉六年六月，"上已封大功臣二十余人，其余日夜争功不决，未得行封"。诸将往往坐沙中语，张良解释："陛下起布衣，以此属取天下。今陛下为天子，而所封皆萧曹故人所亲爱，而所诛者皆生平所仇怨。今军吏计功，以天下不足遍封，此属畏陛下不能尽封，恐又见疑平生过失，故即相聚谋反耳。"③"饮酒争功，醉或妄呼，拔剑击柱"④，在所难免。封侯要做很多物质准备，汉初公主、

---

① 《汉书》卷九九中《王莽传中》，中华书局，2011年，第4101页。
② 《汉书》卷八一《孔光传》，中华书局，2011年，第3353页。
③ 《史记》卷五五《留侯世家》，中华书局，2011年，第2043页。
④ 《史记》卷九九《叔孙通传》，中华书局，2011年，第2722页。

列侯食邑，很少在天子自领十五郡内①，而多在王国境内，从王国划出县邑和民户给予列侯，实非易事。到高祖十年（前197），齐、赵、楚等国内的侯国数量占到三四成②，说明列侯食邑多在东方各王国内。有些列侯受封后就国邑，有些列侯担任公卿大夫，不之国，居长安，长安住宅不够，要在长安逐步修造宅第。当国土（含土地）和民户、第宅都准备完备，才实行分封仪式。分封就是分赃，给予受封者土地、民户、住宅，奴婢，否则分封没有意义。一旦准备就绪，就分封一批功臣。高祖十二年诏书追述曰：公主、列侯皆赐大第室；吏二千石，徙之长安，受小第室。根据史念海先生《西汉长安城图》（考古、文献）③，可知，萧何规划、营造长安城时，当留出列侯、公主宅第用地，或建造宅第。诸侯王，掌治其国，有治国理民之责，但有些王年少，未之国，居长安。其住宅，就由大司农出资、少府负责施工，来建造。将作少府，掌治宫室。高后元年，吕后封外孙张偃为鲁王，又封济川王太、淮阳王武、常山王朝，"皆年少，未之国，居长安"④。《汉书·异姓诸侯王表》说高后元年初置鲁国，四月王张偃；则四月前后就当准备鲁王邸第，其他三王，也当由国家在长安修造邸第。

汉武帝时分封列侯，也是由国家出资建造住宅的。元狩二年（前121）七月景帝子胶东康王奇之子庆立为六安王；元鼎二年（前115）常山宪王舜之子商立为泗水王；元鼎三年常山宪王舜之子平立为真定王。⑤元狩六年（前117），大臣认为，"诸侯支子封至诸侯王，家皇子为列侯"，是尊卑失序，天下失望。⑥他们建议封武帝三子闳、旦、胥为王。封王可称国，封列侯可称家。⑦可见武帝三子分封为王前，都是列侯，长安都有侯家侯第；封王后，因年少，仍不之国，居长安之侯第，如武帝子燕王旦"壮大就国"⑧。在确定封王后，封王程序大致为，史官择吉日，具礼仪，御史奏舆地图，请所立国名。封侯当大致如此。王、列侯年少，不之国，或任公卿大夫，或以恩爱见留长安，都需要住宅，需要物质准备和时间准备。元朔六年（前123）霍去病击匈奴有功，封冠军侯。武帝为霍去病"治第，令视之"⑨。

---

① 王培华：《西汉初鲁元公主食邑于齐琅琊数县考》，《社会科学战线》2017年第10期。
② 马孟龙：《西汉侯国地理》，上海古籍出版社，2013年，第3—6、139页。
③ 史念海：《西安历史地图集》，西安地图出版社，1996年，第54—55页。
④ 《史记》卷九《吕后本纪》，中华书局，2011年，第407页。
⑤ 《汉书》卷一四《诸侯王表》，中华书局，2011年，第416—418页。
⑥ 《史记》卷六〇《三王世家》，中华书局，2011年，第2109页。
⑦ 《史记》卷六〇《三王世家》，中华书局，2011年，第2110页。
⑧ 《汉书》卷六三《武五子传》，中华书局，2011年，第2751页。
⑨ 《史记》卷一一一《卫将军骠骑列传》，中华书局，2011年，第2523页。

（三）甲第规格和规模

列侯甲第，根据应劭说法，"县官公作，当仰给司农"[1]，则国家出资修造宅第给列侯，确定无疑。技术设计等则由将作少府负责。《汉书·百官公卿表》云："将作少府，秦官，掌治宫室。有两丞，左右中候。景帝中六年，更名将作大匠，属官有石库、东园主章、左右前后中校七令丞。武帝太初元年更名东园主章为木工。"元朔三年（前126）、四年（前125）、五年（前124）的少府，分别为孟贲、产和赵禹。由少府、将作大匠负责、设计修造将军府第。汉哀帝宠幸董贤，"迁董贤父为少府，弟为执金吾，妻父为将作大匠，诏将作大匠为董贤起大第北阙下。"[2]执金吾，掌京师巡逻。朝廷为董贤起甲第，由少府、将作大匠负责设计施工，就是国家工程。王嘉说，元帝时都内钱四十万万，水衡钱二十五万万，少府钱十八万万，当时库存达八十三万万。哀帝为董贤"治大第，开门乡北阙，引王渠灌园池，使者护作，赏赐吏卒，甚于治宗庙"，董贤家有婚嫁，诸官并共，赐及苍头及奴婢人十万钱。[3]董贤起甲第，是由少府、水衡出资。孔光指斥董贤父子兄弟"多受赏赐，治第宅，远冢圹，放效无极，不异王制，费以万万计"[4]。这说明汉哀帝时国家出资为高安侯董贤营造府第。当然，哀帝为董贤造大第属特殊恩宠。但国家为列侯修造宅第，确定无疑。

贵族甲第，既然由国家营造，就当有其工程规格等。哀帝为董贤造甲第，可以看出列侯甲第有规格、有限度，董贤甲第，"重殿、洞门，木土之功穷极技巧，柱槛衣以绨锦。下至贤家僮仆，皆受上赐，及武库禁兵，上方珍宝，其选物上第，尽在董氏，而乘舆所服，乃其副也。及至东园秘器，珠襦玉柙，豫以赐贤，无不备具。又令将作为贤起冢茔义陵旁，内为便房，刚柏题凑，外为徼道，周垣数里，门阙罘罳甚盛"[5]。重殿，即前后殿。洞门，即门门相连。董贤宅第已经超越限度。汉哀帝先为董贤造大第，后来才封董贤为高安侯。

（四）陵县宅第，赐予丞相、将军、列侯、公主

汉朝不仅在长安城里大规模赐予列侯、将军等宅第，而且还在长安周边陵县

① 《汉书》卷八《宣帝纪》，中华书局，2011年，第242页。
② 《汉书》卷九三《佞幸传·董贤传》，中华书局，2011年，第3733页。
③ 《汉书》卷八六《王嘉传》，中华书局，2011年，第3494、3496页。
④ 《汉书》卷九三《佞幸传·董贤传》，中华书局，2011年，第3739页。
⑤ 《汉书》卷九三《佞幸传·董贤传》，中华书局，2011年，第3733—3734页。

兴造过程中，赐予丞相、将军、列侯、公主宅第。安丘侯张说庶子张叔，为御史大夫，家阳陵，其宅第，当为起阳陵时所赐。汉武帝时，富民资产百万以上者，徙茂陵。①富豪迁徙陵邑，需自造住宅，时人多不愿徙陵县，郭解就是如此。张汤本居杜陵，武、昭、宣世，其子张安世家辄随陵（茂陵、平陵、杜陵）凡三徙，复还杜陵。宣帝元康元年（前65）春，以杜东原上为初陵，更名杜县为杜陵。徙丞相、将军、列侯、吏二千石、资百万者杜陵。②按照惯例，丞相、列侯、将军等迁徙陵县，由国家赐予宅第。《高后惠文景武功臣表》中，功臣列侯第六、七代子孙，有居各陵县的③，说明或者祖先有居陵县，或者功臣后代失侯后自置宅于陵县。宣帝本始元年（前73）正月，"募郡国吏民资百万以上徙平陵"。富民资产百万徙陵县者，当为自置宅第。

汉宣帝为昭帝所起平陵，为自己所起杜陵，都显示陵墓和陵邑是国家工程，国家经费，而赐予丞相、将军、列侯的宅第，也是国家建筑。宣帝本始二年春"以水衡钱为平陵，徙民起第宅"。应劭曰："水衡与少府皆天子私藏耳。县官公作，当仰给司农，今出水衡钱，言宣帝即位为异政也。"④常例，起陵和陵邑是国家公共工程，由财政部门司农出资，汉宣帝以天子私藏为昭帝营造平陵，属特例。水衡和少府虽属天子私藏，但归根结底，也是国家资财。《晋书·索绻传》："汉天子即位一年而为陵，天下贡赋三分之，一供宗庙，一供宾客，一充山陵"，即一年贡赋三分之一作为修陵费用。这就揭示了水衡、少府财产的国有属性。修陵，当然包括陵邑中住宅的建造。

汉宣帝元康元年起杜陵⑤，"大司农中丞耿寿昌造杜陵，赐爵关内侯，将作大匠乘马延年以劳苦，秩中二千石"。主持修陵者都受到赏赐或升迁。⑥耿寿昌"以善为算，能商功利"⑦，后于宣帝五凤四年（前54）奏设常平仓⑧，"利百姓"⑨，河平四年（前25）将作大匠许商、谏大夫乘马延世以"明计算、能商功利"⑩，受命治河。他们都是能计算、测度工程，所以宣帝元康元年负责建造杜陵。元康元年（前65）

① 《汉书》卷九二《游侠列传郭解》，中华书局，2011年，第3704页。
② 《汉书》卷八《宣帝纪》，中华书局，2011年，第253页。
③ 《汉书》卷五九《张汤传附孙延寿传》，中华书局，2011年，第2657页。
④ 《汉书》卷八《宣帝纪》，中华书局，2011年，第242页。
⑤ 《汉书》卷八《宣帝纪》，中华书局，2011年，第253页。
⑥ 《汉书》卷七〇《陈汤传》，中华书局，2011年，第3024页。
⑦ 《汉书》卷二四上《食货志上》，中华书局，2011年，第1141页。
⑧ 《汉书》卷八《宣帝纪》，中华书局，2011年，第268页。
⑨ 《汉书》卷九〇《严延年传》，中华书局，2011年，第3670页。
⑩ 《汉书》卷二九《沟洫志》，中华书局，2011年，第1689页。

徙丞相、将军、列侯、吏二千石、资百万者杜陵。①按照鸿嘉元年陈汤和解万年的说法，这次迁徙，国家当赐予宅第。起帝陵，必造陵邑，必迁富民豪民，必赐丞相、将军、列侯、公主等宅第。汉武帝起茂陵和茂陵邑，宣帝起平陵和杜陵邑汉成帝起昌陵和昌陵邑，更是如此。汉武帝不仅赐予丞相将军等宅第，还赐予冢地。元狩五年（前118）三月丞相李蔡自杀，"李蔡以丞相坐诏赐冢地阳陵，当得二十亩，蔡盗取三顷，颇卖得四十余万"②，则赐丞相等冢地二十亩为常例。

朝廷在陵邑赐予将、相、公主、列侯宅第，也是常例。《汉书·成帝纪》载，鸿嘉元年二月壬午（前20年4月21日）"行幸初陵，赦作徒，以新丰戏乡为昌陵县，奉初陵，赐百户牛酒"。《汉书·陈汤传》载，陈汤，山阳瑕丘（今山东兖州新驿镇东顿村）人。鸿嘉初，陈汤与将作大匠解万年相谈："今作初陵，而营起邑居，成大功，万年亦当蒙重赏。子公妻家在长安，儿子生长长安，不乐东方，宜求徙，可得赐田宅。"陈汤"心利之，即上封事言：'初陵，京师之地，最为肥美，可立一县。天下民不徙诸陵三十余岁矣，关东富人益众，多规良田，役使贫民，可徙初陵，以强京师，衰弱诸侯，又使中家以下得均贫富。汤愿与妻子家属徙初陵，为天下先。'于是天子从其计，果起昌陵邑，后徙内郡国民"。可见，迁徙郡国豪杰到陵县，他们需要自作居室，而大臣徙居陵县，"可得赐田宅"。于是，鸿嘉二年"夏，徙郡国豪杰赀五百万以上五千户于昌陵。赐丞相、御史、将军、列侯、公主、中二千石冢地、第宅"，"并于昌陵赐之"。③永始元年（前16）秋七月，汉成帝诏书云："过听将作大匠万年言，昌陵三年可成，作治五年……终不可成"④，当时"卒徒功庸，日以万数，至难脂火夜作，取土东山，与粟同价。作治数年，天下遍被其劳，国家疲弊，府库空虚，下至众庶，嗷嗷苦之"⑤。可见施工人员也是国家指派。永始二年（前15）十二月诏令停止修昌陵，徙解万年于敦煌。陈汤与解万年同时徙敦煌。从昌陵修造可见，大司农中丞负责钱财，将作少府、将作大匠负责昌陵及其第宅建造，并以陵县第宅赐予丞相、将军、列侯和公主冢地、第宅。

陵邑宅第，是对长安城内宅第的补充。高祖长陵邑中的居民，主要是西汉初年从东方齐国和南方楚国故地迁来的贵族。惠帝安陵邑则有关东倡优乐人五千户。霸陵邑的情况有待进一步考古发掘。⑥阳陵邑，汉武帝元狩五年，有丞相李蔡宅第和冢

① 《汉书》卷八《宣帝纪》，中华书局，2011年，第253页。
② 《汉书》卷五四《李广传》，中华书局，2011年，第2449页。
③ 《汉书》卷一〇《成帝纪》，中华书局，2011年，第317、318页。
④ 《汉书》卷一〇《成帝纪》，中华书局，2011年，第188页。
⑤ 《汉书》卷七〇《陈汤传》，中华书局，2011年，第3014页。
⑥ 刘庆柱、李毓芳：《汉长安城》，文物出版社，2003年，第206—207页。

地，武帝时酷吏王温舒、续太史公书的冯商等都为阳陵人。茂陵邑，武帝时三次迁徙全国各地富豪、官吏和资产三百万以上的家族。司马迁、司马相如、郭解等都居茂陵。自武帝至哀、平时，有不少丞相、将军等居茂陵邑、平陵邑、杜陵邑。其中有些自先世迁于陵邑，有些则是当世所赐。主要原因是长安城中生存空间有限，陵邑住宅可给予补充。[①]《汉书·地理志》载长陵有户五万，茂陵六万，当有国家赐予丞相、将军、列侯、公主的住宅。班固《西都赋》云："南望杜、霸，北眺五陵，名都对郭，邑居相承，英俊之域，黻冕所兴，冠盖如云。"[②]"陵邑一般坐落在陵东或北部，这实际是把帝陵和陵邑组成的陵区视为都城，即如都邑。"[③]

（五）丞相、将军、列侯、公主可改建、扩建、修缮甲第

国家兴造甲第落成后，列侯才能搬进去，大臣们前往祝贺乔迁之喜。汉宣帝地节三年（前67）夏四月封岳父许广汉为平恩侯，新第落成，"平恩侯许伯入第，丞相、御史、将军、中二千石皆贺"。师古曰："入第者，治第新成，始入居之。"[④]平恩侯第，当为国家出资营造。

朝廷赐列侯府第后，列侯等会自行修葺、扩建。景帝后三年（前141）三月封田蚡为武安侯，"治宅甲诸第"[⑤]，甲于诸第，当比其他甲第还要好。朝廷赐霍光"第一区"，霍光遗孀显"广治第室"，霍禹、霍山"并缮治第宅"。外戚王氏五侯群弟，争为奢侈，"大治第室"[⑥]皆属此例。成帝时王氏五侯，都极尽扩大府第规制。

四、甲第的性质和作用

西汉长安的甲第是国家财产。大多数甲第由财政部门司农司出资，少数甲第由水衡和少府钱出资，但都由少府和将作大匠等负责设计、施工，并由皇帝赐予（实际就是分配），所以甲第的所有权属于国家，属国家财产。丞相、将军、列侯、公主们在长安和陵县的甲第都属国家财产，他们只有使用权，其嗣侯，可继续使用，当列侯或嗣侯无后、失侯、犯罪时，国家收回甲第，另赐他人。

汉高祖所封列侯有100多位，吕后时长安功臣列侯邸第百余所，赐列侯府第数量相当多。始封侯去世，代侯、嗣侯继承府第。《二年律令·置后律》："疾死置后

① 王子今：《西汉长安居民的生存空间》，《人文杂志》2007年第2期。
② 《后汉书》卷四○《班彪列传上》，中华书局，1965年，第1338页。
③ 刘庆柱、李毓芳：《汉长安城》，文物出版社，2003年，第208页。
④ 《汉书》卷七七《盖宽饶传》，中华书局，2011年，第3245页。
⑤ 《汉书》卷五二《田蚡传》，中华书局，2011年，第2380页。
⑥ 《汉书》卷九八《元后传》，中华书局，2011年，第4023页。

者，彻侯后子为彻侯……关内侯后子为关内侯"，"死事者，令子男袭其爵"。①鲁侯奚涓死事，无子，其母刘疵代侯。母侯刘疵后被改封重平侯，其甲第当被收回，作为鲁王张偃之府第。淮阴侯韩信在长安的甲第，有家臣、舍人、中庭，韩信被诛杀后，甲第自然被收回。萧何后代，分别在文帝、景帝和武帝时，三次因罪失侯，景帝、武帝、宣帝时，为报答大功臣萧相国之德，分别续封其孙、曾孙、玄孙。失侯，必然失去甲第。萧何甲第，何时被收归国有，尚不清楚，只知萧何甲第于平帝元始元年又被赐予王莽。汉初高祖所封功臣143人，韩信、彭越、英布等被诛灭，奚涓母刘疵等无后。武帝元鼎五年（前112）"列侯以百数，皆莫求从军（伐南粤），至饮酎，少府省金，而列侯坐酎金失侯者百余人"②，所剩无几。汉武帝后元元年（前88）列侯"靡有孑遗"。汉宣帝元康年间，"开庙臧，览旧籍，诏令有司求其子孙，咸出庸保之中，并受复除，或加以金帛，用章中兴之德"③。复功臣绛侯等百三十六人家子孙，令奉祭祀。④所谓复家，即蠲除赋税。其中居长安者40人，约40人迁居周边陵县，迁长陵者10人，阳陵者10人，茂陵者11人，霸陵者5人，他们身为庸保，其祖先甲第，早已被收归国有，另赐他人。汉宣帝前后封36人。地节四年（前66）夏举国大庆立皇太子，赐"列侯在国者八十七人黄金各二十斤"⑤。这87位"列侯在国者"，有前代所封列侯。说明自汉初至宣帝时，列侯有居长安者，也有居封国者；居长安者，有甲第；列侯失侯，并失长安甲第。宣帝时当朝新贵平恩侯许广汉新第落成，丞相、御史、将军、中二千石皆贺，许家设酒宴，庆贺新第。只有盖宽饶不去。许广汉请之，盖宽饶才姗姗来迟，视屋而叹美，称"富贵无常，忽则易人，比如传舍，所阅多矣。唯谨慎为得久，君侯可不戒哉！"⑥传舍易人，就是甲第收回又赐予他人。盖宽饶的话，揭示了甲第的国有性质。

《汉书》记载王侯、将相、公主家资时，只说户邑多少，钱财多少，不说府第多大。张汤死时"家产直不过五百金"，其子富平侯张安世"尊为公侯，食邑万户，然身衣弋绨，夫人自纺绩，家童七百人，皆有手技作事，内治产业，累积纤

①　彭浩、陈伟、［日］元藤工男主编：《二年律令与奏谳书——张家山二四七号汉墓出土法律文献释读》，上海古籍出版社，2007年，第235—236页。

②　《汉书》卷二四《食货志下》，中华书局，2011年，第1173页。

③　《汉书》卷一六《高惠高后文功臣表》，中华书局，2011年，第528页。

④　《汉书》卷八《宣帝纪》云"元康元年"，《汉书》卷一六《高惠高后文功臣表》云"元康四年"。

⑤　《汉书》卷八《宣帝纪》，中华书局，2011年，第249页。

⑥　《汉书》卷七七《盖宽饶传》，中华书局，2011年，第3245页。

微，是以能殖其货，富于大将军光"，"都内别藏张氏无名钱以百万数"。①杜周"为廷史，有一马，及久任事，列三公，而两子夹河为郡守，家资累巨万矣"，建平侯杜延年"赀数千万"。②武帝姑窦太主虽拥有府第及长门园，可主人翁董偃不能支配甲第和园林，只允许董偃每日散财、金满百斤、钱满百万、帛满千匹，以及奢侈享受，斗鸡走狗。景帝女隆虑公主临终，以金千斤、钱千万为子预赎死罪③，并不说其府第如何。窦太主两子在母死后，"兄弟争财"④，并不说其府第如何。张安世、杜延年、窦太主，都有甲第，但史家都不提其府第如何。司马迁记萧相国，于个人财产方面，只说萧何强行贱买民田宅、买田宅必居穷辟处，为家不治垣屋，不提萧相国甲第，因为甲第属国家财产，萧相国只有使用权。另外，在汉代物价中，有买卖田宅记录，没有买卖甲第记录。⑤因为甲第是国家给予丞相、将军、列侯、公主的待遇，不是私有财产。

汉人的社会地位，是由政治地位决定的。政治地位决定他们使用车马的规格、服饰的材料和颜色，以及室庐的规制和大小。汉初，天子不能具均驷，将相或乘牛车，商贾不得衣丝乘车。即使同一层级内部，车服室庐也有不同规定。《平准书》说：到汉武帝时，宗室诸侯公卿大夫在室庐车服上僭越等级，无限度，包括但不限于武安侯等修饰扩大甲第，在贵族等级内部，历次赏赐，都是依据政治等级不同而赏赐物品不同。皇帝之下，分为三个层级：第一层，诸侯王、丞相、将军、列侯、王太后、公主、王主、二千石吏；第二层，宗室、诸官吏千石以下至二百石，及宗室子有属籍者；第三层，吏民。⑥第一层中，王居各国王宫，长安有王国邸。王太后位次公主前，但王太后、王主、二千石，多数时间都不居长安。只有丞相、将军、列侯、公主居长安甲第。这与高帝汉十二年诏及成帝鸿嘉二年的赐第范围基本一致，亦与武帝赐栾大"列侯甲第"语相符。

西汉长安的甲第，不仅是高级住宅，而且是身份、地位的象征，与财富无关。只有丞相、将军、列侯、公主等上层才能居甲第。甲第是政治附属物，不具备商品性质，汉代文献中，没有甲第交易的记录，因为甲第不是依据财产而拥有，而是政权分配的物品，可以赐予，也可以收回。皇帝赐予甲第，笼络丞相、将军、列侯和公主。因此，赐予甲第，是汉代政治的重要内容，与赐予诸侯王国土和国邑一样重

① 《汉书》卷五九《张汤传附子安世传》，中华书局，2011年，第2652页。
② 《汉书》卷六〇《杜周传》，中华书局，2011年，第2661、2665页。
③ 《汉书》卷六五《东方朔传》，中华书局，2011年，第2853、2851页。
④ 《汉书》卷一六《高惠高后文功臣表》，中华书局，2011年，第527页。
⑤ 刘金华：《汉代物价考（二）》，《文博》2008年2期。
⑥ 《汉书》卷一〇《成帝纪》"建始二年二月赏赐"条，中华书局，2011年，第305页。

要。既然国家能够赐予丞相、将军、列侯甲第，国家就有权收回甲第。盛极而衰，物极必反。萧何甲第，200年后成为安汉公王莽宅第。功臣霍光，仅次于萧何，权极一时，辅佐武帝30多年，受遗诏辅佐昭帝10多年，擅废立之权，霍光夫人显派人毒杀许皇后。当其全盛时，霍光在未央宫东阙和城西都有甲第，朝廷前后赏赐黄金7000斤，钱6000万，马2000余匹。诸子大肆缮治第宅，霍光夫人显，大治第室，使侍婢用五采丝挽车，游戏甲第中。夫人显及诸女，昼夜出入长信宫。后来，朝廷免掉霍山、霍云宿卫，逐出未央宫，让他们就其府第。霍光夫人显，半夜惊梦，甲第中井水溢流，第门自坏。霍云尚冠里宅，门户自坏。他们谋划废天子，立霍禹为帝。显上书献出城西第，交马千匹入朝，以赎霍山之罪。法网恢恢，霍云、霍山自杀，霍禹和显被捕，霍禹腰斩，显及诸女皆弃市。一代功臣灰飞烟灭，其甲第，亦收回朝廷。

原载《北京师范大学学报》（社会科学版）2018年第5期
（王培华，北京师范大学历史学院教授；戴国庆，北京师范大学第二附属中学高级教师）

唐长安大明宫娱乐性建筑考述

杜文玉

关于唐长安大明宫的娱乐性建筑和机构的地理方位及职能，学术界极少有人进行过全面研究，本文试对其做一初步的探讨。有唐一代，在大明宫内经常举行各种宴乐活动，通常在诸殿廷、门楼、亭阁内举行，由于这些建筑物并非专门的娱乐场所，故本文不予涉及。本文考述的是设在大明宫内外的球场、斗鸡楼、跑马楼、内教坊以及梨园等娱乐性场所。

一、诸球场

球场，也称踘场、毬场。击踘，也称打球，是唐代风行于宫廷内外的一种体育活动。不仅宫中设置有球场，许多城市甚至军中都有设置。设在大明宫内及周围的球场有多处，其中在麟德殿附近的球场规模比较大，皇帝经常在这里举行打球活动。如长庆元年（821）正月辛卯，唐穆宗就曾"击踘于麟德殿"①。次年十一月，"上与内官击踘禁中，有内官欻然坠马，如物所击。上恐，罢踘升殿，遽足不能履地，风眩就床"②。这条记载没有说明皇帝在何处击踘，但由于穆宗时经常在麟德殿球场击球，故很可能仍是指麟德殿球场。此外，这里也是唐德宗击球的场所。史载，贞元元年（785）二月，"寒食节，上与诸将击踘于内殿"③。这里的"内殿"也是指麟德殿球场。

穆宗死后，其子敬宗即皇帝位，由于年幼无知，喜好打球、游猎，各地藩镇见皇帝喜好此类活动，争相进献打球军将。自敬宗以来，有关大明宫球场的记载便多了起来，虽然不敢肯定全为敬宗所建造，但其建造的一定不少。史载，"帝性好土木，自春至冬，兴作相继"④。仅据《新唐书》卷八《敬宗纪》，敬宗先后曾在中

---

① 《新唐书》，中华书局，1975年，第223页。
② 《旧唐书》，中华书局，1975年，第501页。
③ 《旧唐书》，中华书局，1975年，第348页。
④ 《旧唐书》，中华书局，1975年，第520页。

和殿、清思殿、飞龙院等处击鞠。《旧唐书》卷一七上《敬宗纪》亦载，长庆四年（824）二月"丁未，御中和殿击球，赐教坊乐官绫绢三千五百匹。戊申，击球于飞龙院"。说明这几处地方都置有球场，其中飞龙院球场设在大明宫玄武门与重玄门之间。《唐会要》卷八六《城郭》载："贞元八年，新作玄武门。"此条记载十分简略。《册府元龟》卷一四《帝王部·都邑二》载："（贞元）八年正月，新作玄武门及虎会、鞠场。"宋敏求《长安志》卷六"大明宫"条载："玄武门，德宗造门楼，外设两廊，持兵宿卫，谓之北衙。"另据《大典阁本图》，玄武门外有球场门。说明这一处球场是有门的，其周边一定呈封闭状态。清代学者徐松则认为："按玄武门外即禁苑，不得有门，疑误。"[①]其却不知玄武门外还有一座重玄门，重玄门之外才是禁苑。

东内苑有这一处球场，原属左龙武军所有，可能被敬宗收归宫中所有，故文宗即位之始，遂颁诏曰："东头御马坊、球场，宜却还左龙武军，其殿及亭子令所司折收，余舍并赐龙武军收管。"[②]另据徐松《唐两京城坊考》卷一"三苑"条载：东内苑有"看乐殿、小儿坊、内教坊、御马坊、球场、亭子殿"。上面所谓"东头御马坊""殿及亭子"即指此。正因为其原归左龙武军所有，所以上引史书中才用了"却还"二字。

此外，东内苑还建有其他球场。日本僧人圆仁记载说："案头何判官送到内护国天王寺安置，寺在左神策军球场北。寺与大内隔墙，即皇城内城东北隅也。"这里所谓的"皇城"，即指大明宫宫城，说明这一处球场位于大明宫墙外的东北角。[③]另据记载，文宗大和九年（835）秋七月，"填龙首池为鞠场"[④]。龙首池就在东内苑内。故宋人吕大防的《唐大明宫图》在延政门内、龙首池以南，标绘有1处鞠场。《长安志图》一书也沿袭了吕大防的这一画法。之所以仍然绘有龙首池，是因为一处球场面积有限，不可能将整个龙首池填实。这处球场距延政门不远，故龙首池南的这处球场应是东内苑中的另一处球场。这样东内苑中至少有3处球场，即左龙武军球场、左神策军球场与龙首池南球场。

西内苑内亦有数处球场，中宗景龙四年（710）正月乙丑，"宴吐蕃使于苑

---

① 〔清〕徐松：《唐两京城坊考》，中华书局，1985年，第25页。

② 《册府元龟》，中华书局，1960年，第1931页。

③ 参看［日］圆仁：《入唐求法巡礼行记》卷三，上海古籍出版社，1986年，第142页。圆仁当时要赴左神策军使衙投状，在其所撰这段文字前，提到其先入望仙门，再入玄化门，经过内舍使门、总监院门、使衙南门、左神策马步门，共六重门，才到达使衙案头判官处。说明球场与此寺相邻，亦在宫城外东北隅。

④ 《旧唐书》，中华书局，1975年，第559页。

内球场，命驸马都尉杨慎交与吐蕃使打球，帝率侍臣观之"①。另据《新唐书》卷二〇六《武三思传》载："是时，起球场苑中，诏文武三品分朋为都，帝与皇后临观。崇训与驸马都尉杨慎交注膏筑场，以利其泽，用功不訾，人苦之。"说明这处球场乃是唐中宗时兴建的。关于方位，史载，景龙四年二月庚戌，"令中书门下供奉官五品已上、文武三品已上并诸学士等，自芳林门入集于黎园球场，分朋拔河，帝与皇后、公主亲往观之"②。又据《唐语林》卷五载："中宗曾以清明日御梨园球场，命侍臣为拔河之戏。"黎园即梨园，说明这处球场建在梨园附近，因此只要说清楚梨园的位置，其球场方位也就清楚了。《长安志》卷六说："梨园在通化门外正北禁苑。"《类编长安志》卷四《园》谓："梨园，旧园在通化门外正北，禁苑之南。"《雍录》卷九《梨园》却载："梨园在光化门北。"通化门显然是光化门之误，因为通化门为长安城东面偏北之门，与开远门东、西相对。但是上引《旧唐书》卷七《中宗纪》却说"自芳林门入集于黎园球场"。这是因为唐中宗当时居住在太极宫中，出玄武门即可入西内苑，而百官入芳林门比较近便，如从光化门而出，则位置偏西，于大家均不方便。有人据此认为梨园应在今西安市西北大白杨村西。③若如此，则上引诸书全然记载错了，而应该记为梨园在芳林门之北。关于这一问题笔者已有论述，认为梨园应在今西安城北的小白杨村附近。④

西内苑右神策军驻地也建有球场，元和十五年（820）十二月，穆宗"幸右军击踘，遂畋于城西"⑤。此外，西内苑含光殿南亦有1处球场。⑥

综上所述，大明宫内共有4处球场，即麟德殿、中和殿、清思殿、飞龙院球场；东内苑有3处球场，即左神策军、右龙武军与龙首池南球场；大明宫以西的西内苑至少也有3处球场，一处在禁苑的梨园附近，另外两处均在西内苑之中，即右神策军球场与含光殿球场。总计共有10处球场。

所谓击踘就是通常所说的马球运动，自传入唐朝以来，风靡一时，皇帝中喜欢者大有人在，如太宗、玄宗、德宗、穆宗、敬宗、宣宗、僖宗、昭宗等无不喜爱此种运动。史载："敬宗善击球，于是陶元皓、靳遂良、赵士则、李公定、石定宽以球工得见便殿，内籍宣徽院或教坊，然皆出神策隶卒或里闾恶少年，帝与狎息殿中

---

① 《册府元龟》，中华书局，1960年，第308页。
② 《旧唐书》，中华书局，1975年，第149页。
③ 李尤白：《梨园考论》，《人文杂志》1982年第5期。
④ 杜文玉：《唐代宫廷史》，百花文艺出版社，2010年，第303页。
⑤ 〔宋〕王溥：《唐会要》，上海古籍出版社，2006年，第609页。
⑥ 杨鸿勋：《大明宫》，科学出版社，2013年，第25页。

为戏乐。四方闻之，争以趫勇进于帝。"①除了进献打球军将外，西川节度使还向敬宗进献过罨画打球衣500套②，以讨好皇帝。唐宣宗亦是打球高手，所谓"宣宗弧矢击鞠，皆尽其妙。所御马，衔勒之外，不加雕饰。而马尤矫健，每持鞠杖，乘势奔跃，运鞠于空中，连击至数百，而马驰不止，迅若流电。二军老手，咸服其能"③。唐昭宗被迫迁都洛阳时，还带有"打球供奉内园小儿共二百余人"④，洛阳宫内文思殿还置有球场⑤。可见，直至唐朝灭亡为止，这项运动仍然方兴未艾。

就连妇女也喜欢这一运动，由于马匹速度太快，于是便骑驴击球，谓之驴鞠。唐代男性也有喜欢驴鞠的，郓州就曾一次进献给敬宗4名骑驴打球人。但即使驴鞠仍有很大的危险，如敬宗宝历二年（826）六月，"上御三殿，观两军、教坊、内园分朋驴鞠、角抵。戏酣，有碎首折臂者，至一更二更方罢"⑥。总的来说，这项运动十分危险，有唐一代因此而死伤者，不计其数。大文豪韩愈就坚决反对此项运动，认为其"小者伤面目，大者残形躯"⑦。

二、斗鸡楼

在我国，斗鸡风气出现得很早。早在先秦时期就已比较风靡了，唐代这一风气更加兴盛，无论民间还是宫廷，均出现普遍的斗鸡风气。⑧杜淹的《咏寒食斗鸡应秦王教》⑨一诗，就描写了时为秦王的李世民在寒食节斗鸡的场面。此后的唐朝历代皇帝大都喜欢斗鸡活动，其中尤以唐玄宗为最。据《东城老父传》记载：

> 玄宗在藩邸时，乐民间清明节斗鸡戏。及即位，治鸡坊于两宫间。索长安雄鸡，金毫铁趾，高冠昂尾千数，养于鸡坊。选六军小儿五百人，使驯扰教饲。上之好之，民风尤甚，诸王世家，外戚家，贵主家，侯家，倾帑破产市鸡，以偿鸡直。……召入（贾昌）为鸡坊小儿，衣食右龙武军。……护鸡坊中谒者王承恩言于玄宗，召试殿庭，皆中玄宗意，即日为五百小儿长。

① 《新唐书》，中华书局，1975年，第5883页。
② 《册府元龟》，中华书局，1960年，第2034页。
③ 〔宋〕王谠：《唐语林》，上海古籍出版社，1978年，第240页。
④ 《旧唐书》，中华书局，1975年，第779页。
⑤ 《全唐诗》，中华书局，1960年，第5390页。
⑥ 《旧唐书》，中华书局，1975年，第520页。
⑦ 《全唐文》，上海古籍出版社，1990年，第2478页。
⑧ 高耀德：《斗鸡与中国文化》，中华书局，2005年，第55—107页。
⑨ 〔宋〕王谠：《唐语林》，上海古籍出版社，1978年，第435页。

文中说玄宗"治鸡坊于两宫间",是指大明宫与兴庆宫。苏颋的《敬和崔尚书大明朝堂雨后望终南山见示之作》诗曰:"东连归马地,南指斗鸡场。"[1]说明大明宫的确有斗鸡的场所。唐朝在宫中置有雕、鹘、鹰、鹞、狗五坊,以供皇帝狩猎之用。鸡坊以前未见设置,应始于玄宗时。从贾昌"衣食右龙武军"的记载看,说明其隶名于禁军,而右龙武军驻在九仙门外的西内苑中,据此推断,很可能鸡坊就设置在西内苑内的右龙武军驻地内。因为负责驯养斗鸡的鸡坊小儿均来自六军,故贾昌也只能隶名于禁军,从500人的规模看,唐朝宫廷中的鸡坊规模一定是很大的。

除了这些所谓鸡坊小儿外,贵族官僚子弟中擅长此道者,往往也能得到皇帝的宠爱,如京兆尹王𬭚之子卫尉少卿王准"亦斗鸡供奉"[2]。因为深得玄宗宠信,人畏其权势,不敢称其名,而呼为七郎。[3]李白诗云:"斗鸡事万乘。"[4]可见因擅长此技而供奉皇帝者人数不少。唐朝所置五坊,由宦官充任五坊使而掌之,鸡坊亦是如此,上引"护鸡坊中谒者王承恩",可证其是。只是此时尚未为鸡坊置使,但是最迟在唐宪宗时已经正式设置鸡坊使了,王文干就充任过此职,他也是一个宦官。[5]此外,宦官郭某在昭宗时也担任过宣徽鸡坊使。[6]可见直到唐末鸡坊一直长置不废。

由于唐代斗鸡之风长盛不衰,故斗鸡的价格十分昂贵,《酉阳杂俎》续集卷八《支动》记载了一件事:

> 威远军子将臧平者,好斗鸡。高于常鸡数寸,无敢敌者。威远监军与物十匹强买之,因寒食乃进。十宅诸王皆好斗鸡,此鸡凡敌十数,犹擅场怙气。穆宗大悦,因赐威远监军帛百匹。主鸡者想其距距,奏曰:"此鸡实有弟,长趾善鸣,前岁卖之河北军将,获钱二百万。"

文中所记的威远监军,也是一位宦官,因其掌握了威远军的兵权,所以才凭借其权威强买了小军官臧平的斗鸡以进献给皇帝。唐穆宗不惜花费百匹之帛获取一鸡,说明他也是一位斗鸡迷。

关于大明宫中的斗鸡楼的方位,《全唐词》收有林楚翘的《水古子》38首,其中写道:"移却御楼东畔屋,少阳宫里斗鸡场。"此处所说的少阳宫实指少阳院,在长安三大内中,只有大明宫内有少阳院。这就说明少阳院中是有斗鸡场的,但是皇帝斗鸡不可能总是到少阳院去,因此大明宫中应该还有斗鸡的场所。李白诗云:

---

① 《全唐诗》,中华书局,1960年,第813页。
② 《旧唐书》,中华书局,1975年,第3230页。
③ 〔唐〕郑处海:《明皇杂录》,上海古籍出版社,1985年,第21页。
④ 《全唐诗》,中华书局,1960年,第317页。
⑤ 周绍良、赵超主编:《唐代墓志汇编》,上海古籍出版社,1992年,第1237—1238页。
⑥ 周绍良、赵超主编:《唐代墓志汇编续集》,上海古籍出版社,2001年,第1167页。

"天马白银鞍，亲承明主欢。斗鸡金宫里，射雁碧云端。堂上罗中贵，歌钟清夜阑。"①显然描写的是宫廷中的生活情况，只是这里所谓"金宫"，不知具体指哪座殿阁。另据徐松记载："九仙门之外有斗鸡楼、走马楼。"原注曰："见《大典阁本图》，斗鸡楼在北，走马楼在南。"前面已经论到，贾昌就隶名于右龙武军，徐松说九仙门外驻扎有右三军，"门之北从东第一右羽林军，第二右龙武军，第三右神策军"②。斗鸡楼恰好也在九仙门北，据此判断其应设在右龙武军驻地内或者附近的地方。前面已经论到鸡坊就设在九仙门外右龙武军内，大概是为了就近举行斗鸡活动的便利，于是在这里兴建了斗鸡楼，以便皇帝观赏斗鸡比赛。

三、走马楼

走马楼在大明宫中的方位，前引徐松之书说九仙门外有走马楼、斗鸡楼，前者在南，后者在北。徐松的说法来自《阁本大明宫图》。宋人王应麟的《玉海》对此也有记载，其书云：

> 《西京记》：大福殿重楼连阁，绵亘西殿，有走马楼，南北长百余步，楼下即九仙门，西入苑。③

这里所说的《西京记》，即指韦述《两京新记》。关于这一段记载，在《两京新记辑校》一书中正好也存在，原文如下：

> 大福殿在三殿北，重楼连阁绵亘，西殿有走马楼，南北长百余步，楼下即九仙门，西入苑。④

这两段文字大同小异，大意是说大福殿为楼阁式建筑，有廊阁与西殿相连，殿旁有走马楼，其楼下即为九仙门。关于大福殿的方位，诸书记载大体一致，即在凌霄门内，九仙门以北，其西即大明宫西宫墙。《两京新记》的这一记载不甚明确，仅从上引文字来看，可以理解为走马楼位于大明宫西墙内，由于其南北长百余步，故其楼下即为九仙门；也可以理解为走马楼在大明宫西墙外，有廊阁越过宫墙与其相连，由于其位于斗鸡楼的南面，又南北长百余步，能够延伸到九仙门附近，故曰楼下有九仙门。

笔者认为后一种理解应该是正确的，一是《阁本大明宫图》将走马楼标绘在宫墙之外，二是其与斗鸡楼南北相邻。前面已经论到，斗鸡楼建在鸡坊附近，是为方

---

① 《全唐诗》，中华书局，1960年，第1796页。
② 〔清〕徐松：《唐两京城坊考》，中华书局，1985年，第19页。
③ 〔宋〕王应麟：《玉海》，江苏古籍出版社，1988年，第3023页。
④ 〔唐〕韦述撰，辛德勇辑校：《两京新记辑校》，三秦出版社，2006年，第7页。

便举行斗鸡活动而建的，而鸡坊就设在右龙武军驻地，右龙武军又驻在西内苑内，所以它只能建在宫墙之外。

说清楚了走马楼的方位，下面再谈谈其用途。类似大福殿与走马楼这样的建筑在唐代并不仅见于此。史载："（许）敬宗营第舍华侈，至造连楼，使诸妓走马其上，纵酒奏乐自娱。"[1]所谓"连楼"，就是将几座建筑物用廊阁连接起来。如果这一记载还有不明确的话，另据《独异志》载："唐许敬宗奢豪，尝造飞楼七十间，令妓女走马于其上，以为戏乐。"长达70间的飞楼与百余步走马楼相比，在建筑格局上完全相同，都是廊阁式的建筑，而且是为了追求娱乐而兴建的。无独有偶，宋人所撰的《南部新书·己》在记述唐华清宫时写道："骊山华清宫，毁废已久，今所存者，唯缭垣耳。……明皇吹笛楼、宫人走马楼，故基犹存。"将宫人与走马楼联系起来，可见此类建筑的确是供女性骑马之用的，很可能是一种女性在马上的表演活动。唐人温庭筠有一首《走马楼三更曲》的诗，其中有"马过平桥通画堂"[2]的诗句。说明所谓走马楼就是一种供骑马行走的廊桥式建筑，可以直通殿堂。

中国古代喜欢跨马狂奔、追求刺激者甚多，类似于今日之飙车，如唐僖宗"喜斗鹅走马"[3]；杨国忠与虢国夫人"挥鞭走马，以为谐谑"[4]；"（孟）昶好打球走马"[5]。大明宫的走马楼是否与这种活动有关，也未可知。但有一点可以肯定，即其是供女性骑马进行某种表演的场所。

四、内教坊

内教坊，宫廷乐舞机构。《旧唐书》卷四三《职官志二》载："内教坊。武德已来，置于禁中，以按习雅乐，以中官人充使。则天改为云韶府，神龙复为教坊。"这段记载没有说明武则天何时改其为云韶府。另据《唐会要》卷三四《杂录》载："如意元年五月二十八日，内教坊改为云韶府"。这一时期的内教坊无疑设置在太极宫内。那么，是何时在大明宫置内教坊的呢？这一点史书也有记载，所谓"开元二年，又置内教坊于蓬莱宫侧，有音声博士、第一曹博士、第二曹博士。京都置左右教坊，掌俳优杂技。自是不隶太常，以中官为教坊使"[6]。蓬莱宫就是大明宫，所谓蓬莱宫侧，就是置于东内苑内。陈寅恪先生指出："唐长安有二梨园，

---

① 《新唐书》，中华书局，1975年，第6338页。
② 《全唐诗》，中华书局，1960年，第6703页。
③ 《新唐书》，中华书局，1975年，第5884页。
④ 《旧唐书》，中华书局，1975年，第3245页。
⑤ 《新五代史》，中华书局，1974年，第803页。
⑥ 《新唐书》，中华书局，1974年，第1243页。

一在光化门北，一在蓬莱宫侧。其光化门北者，远在宫城以外。其蓬莱宫侧者，乃教坊之所在。"①陈先生所谓在蓬莱宫侧的一处梨园，即指东内苑，因为其书专门指出详见徐松《唐两京城坊考》。此书原文如下：东苑内有"看乐殿、小儿坊、内教坊、御马坊、球场、亭子殿"②。不过，陈先生认为此处内教坊就是梨园，并不妥切。梨园弟子置于开元二年（714）③，唯《近事会元》卷四《梨园弟子》记载为开元二十年（732），恐有误。虽然两者均置于开元二年，但并非同一机构。天宝十载（751），安禄山入京，玄宗为其兴建新第，其入住之日，玄宗"日遣诸杨与之选胜游宴，侑以梨园、教坊乐"。胡三省注曰："梨园，皇帝梨园弟子也。教坊，内教坊也。"④可见梨园与内教坊不是一回事，虽置有梨园弟子，但并不能取代内教坊。这个问题后面还要详述。

上述的左右教坊，"右教坊在光宅坊，左教坊在延政坊。右多善歌，左多任舞，盖相因成习"⑤。至于其设置的原因，史载："旧制，雅俗之乐，皆隶太常。上精晓音律，以太常礼乐之司，不应典倡优杂伎；乃更置左右教坊以教俗乐，命右骁卫将军范及为之使"⑥。这里所谓的"倡优杂伎"，实际上是指雅乐之外的燕乐，并非纯为散乐百戏。左右教坊虽然仍服务于宫廷，但由于其没有置在大明宫中，故不再详论。

这有一事需要说明，即唐宪宗元和十四年（819）又在延政坊置仗内教坊。那么，这个仗内教坊是从大明宫东内苑移去的，还是新置的呢？关于这个问题诸书记载颇为混乱，如《旧唐书》卷一五下《宪宗纪下》载："复置仗内教坊于延政里。"《唐会要》卷三四《杂录》载："诏徙仗内教坊于布政里。"《册府元龟》卷一四《帝王部·都邑二》载："徙置仗内教坊于延政里。"上引《唐会要》所说的"布政里"，显然是"延政里"之误，因为布政里在皇城之西，远离大明宫，不便于为宫廷生活服务，且与诸书记载相异。宋敏求的《长安志》记载更是自相矛盾，其书卷六说"元和十四年复置仗内教坊"，而卷八却又说："元和十四年，徙置仗内教坊于延政里"。光宅坊位于大明宫之南，正对着建福门；延政坊后改为长乐坊，位于东内苑之南，正对着延政门。它们均与大明宫隔着一条街道，往来十分方便。正因为如此，唐宪宗就没有必要再在延政坊设置一个仗

---

① 陈寅恪：《元白诗笺证稿》，上海古籍出版社，1982年，第170页。
② 〔清〕徐松：《唐两京城坊考》，中华书局，1985年，第29页。
③ 《资治通鉴》，中华书局，1956年，第6812页。
④ 《资治通鉴》，中华书局，1956年，第7022页。
⑤ 〔唐〕崔令钦：《教坊记》，中华书局，2012年，第11页。
⑥ 《资治通鉴》，中华书局，1956年，第6812页。

内教坊，因此将内教坊从东内苑移置于这里最有可能，这样既便于集中管理，又不会影响宫中的不时之需。

本来在唐朝无论是雅乐还是燕乐、散乐，均由太常寺管理。玄宗认为太常寺应该专门掌管国家礼乐之制，所以将燕乐与散乐从中分离出来，由教坊负责掌管，故唐初的内教坊亦归太常寺所掌管。宋人赵升评论说："自汉有胡乐琵琶、箜篌之后，中国杂用戎夷之声，六朝则又甚焉。唐时并属太常掌之，明皇遂别置为教坊，其女乐则为梨园弟子也。"①赵升在这里强调了教坊专管域外之声，其实这只是教坊的职能之一，并不能概括其全部，且他认为梨园弟子全为女性，也是不对的。但是这样整顿的结果，就使国家的乐制更加完善，更有条理化，同时有提高雅乐地位的意蕴在其中。

机构名称被定为教坊，显然是指教习之所，且不限于伎乐一端，后始专教伎乐，此制实起于隋代。②开元二十三年（735）敕曰："内教坊博士及弟子，须留长教者，听用资钱，陪其所留人数，本司量定申者为簿。音声内教坊博士及曹第一、第二博士房，悉免杂徭，本司不得驱使。又音声人得五品已上勋，依令应除簿者，非因征讨得勋，不在除簿之列。"③博士通常多作为教官名，这里又提到了其弟子，遂将教坊的教习性质表露无遗。唐太宗时规定，凡对死囚行刑之日，"内教坊及太常，并宜停教"④。我国古代执行死刑时，往往要停止举乐，因为教坊的这种性质，其教授学生时皆要奏乐歌舞，所以也要停止教学活动。

此外，从音声博士、第一曹博士、第二曹博士等官名看，其内部分工还是比较细密的。白居易《琵琶行》说："自言本是京城女，家在虾蟆陵下住。十三学得琵琶成，名属教坊第一部。"其《序》又曰："元和十年，予左迁九江郡司马。明年秋，送客湓浦口，闻舟中夜弹琵琶者。听其音，铮铮然有京都声。问其人，本长安倡女，尝学琵琶于穆、曹二善才，年长色衰，委身为商人妇。"据此可知此女乃京师内教坊学生出身，并曾在教坊内任职。内教坊及左右教坊所辖人数众多，于是规定"凡乐人及音声人应教习，皆著簿籍，核其名数，分番上下"⑤。此外，还要对他们进行考核，所谓"凡习乐，立师以教，而岁考其师之课业为三等，以上礼部"。其考核标准是："教长上弟子四考，难色二人、次难色二人业成者，进考，得难曲

① 〔宋〕赵升：《朝野类要》，中华书局，2007年，第30页。
② 〔唐〕崔令钦撰，任半塘笺订：《教坊记笺订》，中华书局，1964年，第16页。
③ 〔宋〕王溥：《唐会要》，上海古籍出版社，2006年，第734—735页。
④ 《新唐书》，中华书局，1975年，第2140页。
⑤ 《旧唐书》，中华书局，1975年，第1875页。

五十以上任供奉者为业成。习难色大部伎三年而成，次部二年而成，易色小部伎一年而成，皆入等第三为业成。业成行修谨者，为助教；博士缺，以次补之。"①从这一记载也可以看出，教坊不仅有博士，也有助教这样的教官。

其所管人数，史籍中也有记载，所谓"文武二舞郎一百四十人，散乐三百八十二人，仗内散乐一千人，音声人一万二十七人，有别教院。开成三年，改法曲所处院曰仙韶院"②。由于人数众多，所以又有别教院，至于仙韶院则是专门学习和表演法曲的。以上数据是整个唐朝乐工之数，"陈氏《乐书》曰：……唐全盛时，内外教坊近及二千员，梨园三百员，宜春、云韶诸院，及掖庭之伎，不关其数。太常乐工动万余户"③。那么何谓"音声人"？据《唐会要》卷三二《清乐》载："汉魏后皆以贱隶为之，惟雅乐尚选良家子。国家每岁，阅司农户容仪端正者，归之太乐，与前代乐户，总名音声人。历代滋多，至于万数。"这里所谓"司农户"，是指隶属于司农寺的官奴婢。

如此之多的人数，地位稍高者又可以免除杂徭，政府花这么大的气力，并不仅仅是为了培养艺术人才，其目的还是为朝廷及宫廷服务，所以唐朝命教坊进行乐舞表演的情况层出不穷。如开元十三年（725）二月，"上自选诸司长官有声望者大理卿源光裕、尚书左丞杨承令、兵部侍郎寇泚等十一人为刺史，命宰相、诸王及诸司长官、台郎、御史，饯于洛滨，供张甚盛。赐以御膳，太常具乐，内坊歌妓；上自书十韵诗赐之"。胡三省注云："内坊，内教坊也。"④时玄宗在东都。又载："初，上皇每酺宴，先设太常雅乐坐部、立部，继以鼓吹、胡乐、教坊、府县散乐、杂戏。"胡三省注："教坊者，内教坊及梨园法曲也。"⑤唐敬宗于长庆四年三月庚午，"赐内教坊钱一万贯，以备游幸"⑥。可见内教坊还承担着为宫廷生活服务之责，并不仅仅为教习之所。

除了内教坊外，宫中还有教习之所。史载："初，内文学馆隶中书省，以儒学者一人为学士，掌教宫人。武后如意元年，改曰习艺馆，又改曰万林内教坊，寻复旧。有内教博士十八人，经学五人，史、子集缀文三人，楷书二人，《庄》《老》、太一、篆书、律令、吟咏、飞白书、算、棋各一人。开元末，馆废，以内教博士以下隶内侍省，中官为之。"《旧唐书》卷四三《职官志二》记武则天时改

① 《新唐书》，中华书局，1975年，第1243页。
② 《新唐书》，中华书局，1975年，第1244页。
③ 〔元〕马端临：《文献通考》，中华书局，2011年，第4409页。
④ 《资治通鉴》，中华书局，1956年，第6882页。
⑤ 《资治通鉴》，中华书局，1956年，第7112页。
⑥ 《旧唐书》，中华书局，1975年，第509页。

为"翰林内教坊"，而不是"万林内教坊"。内教博士改隶内侍省后遂改称为宫教博士，"掌教习宫人书、算、众艺"①。这里所谓"众艺"，有学者认为应包括伎乐在内。②

不论是内教坊还是习艺馆，其长官与教官，多以士人充任，前述开元二年（714）设置内教坊于蓬莱宫侧时，就以右骁卫将军范及为使。可是到了唐后期均由宦官所充任，遂使内教坊使也成为内诸司使之一。③原由士人担任的习艺馆内教博士④，也为宦官充任的宫教博士所取代。

五、梨园

关于梨园的具体方位，已见前述。不过上面所述的梨园仅指西内苑中的梨园，其实唐代长安及其周围的梨园还很多，除此之外，还有蓬莱宫侧内教坊的梨园法部、东宫宜春北院的梨花园、长安太常寺西北的梨园别教院、华清宫瑶光楼南的梨园等。⑤

唐朝已有太常寺与内教坊之置，为什么还要再置梨园这样的乐舞机构呢？关于这一点史籍中有明确的记载，《旧唐书》卷二八《音乐志一》载：

> 玄宗又于听政之暇，教太常乐工子弟三百人为丝竹之戏，音响齐发，有一声误，玄宗必觉而正之，号为"皇帝弟子"，又云梨园弟子，以置院近于禁苑之梨园。太常又有别教院，教供奉新曲。太常每凌晨，鼓笛乱发于太乐别署。教院廪食常千人，宫中居宜春院。

《新唐书》卷二二《礼乐志十二》载：

> 玄宗既知音律，又酷爱法曲，选坐部伎子弟三百教于梨园，声有误者，帝必觉而正之，号"皇帝梨园弟子"。宫女数百，亦为梨园弟子，居宜春北院。梨园法部，更置小部音声三十余人。

《资治通鉴》卷二一一"开元二年正月"条载：

> 又选乐工数百人，自教法曲于梨园，谓之"皇帝梨园弟子"。又教宫中使习之。又选伎女，置宜春院，给赐其家。

---

① 《新唐书》，中华书局，1975年，第1222页。
② 〔唐〕崔令钦撰，任半塘笺订：《教坊记笺订》，中华书局，1964年，第16页。
③ 《册府元龟》，中华书局，1960年，第7956页。
④ 《旧唐书》卷一八七上《苏安恒传》记为集艺馆内教，而《新唐书》《资治通鉴》均记其为习艺馆内教，《旧唐书》有误。
⑤ 周伟洲：《汉唐气象——长安遗珍与汉唐文明》，中国社会科学出版社，2013年，第245页。

《唐会要》卷三四《论乐·杂录》载：

> 开元二年，上以天下无事，听政之暇，于梨园自教法曲，必尽其妙，谓之"皇帝梨园弟子"。

根据以上记载，可知唐玄宗是从太常坐部伎乐工的弟子中挑选了300人亲自调教的，由于置院于禁苑梨园，即光化门北之梨园，故号皇帝梨园弟子。至于其数百名女弟子（宫女），则居于宜春北院，"亦为梨园弟子"。胡三省说："宜春院当在西内宜春门内，近射殿。"①其实胡三省的说法并不十分准确。西内东宫有宜春宫，位于东宫中轴线上最北的大殿承恩殿之东，"前有宜春宫门"，即宜春宫的南面有宜春宫门。据上引《新唐书》的记载，这些女性梨园弟子住在宜春北院，这一点其他典籍也有记载。"宜春之北为北苑"，徐松认为"既曰北苑，当在宜春宫之北"②。所谓宜春北院，即这里所说的宜春北苑。这里位于东宫的最北部，出玄武门便可进入西内苑，与大明宫往来十分便捷。综上可知，所谓梨园弟子中的男性，即太常坐部伎中的乐工子弟，因为均为男性，于是遂居住于禁苑之梨园。之所以认定其为男性，是因为在他们中多有得官者，包括勋官和散官，这一点在史籍中有不少记载。皇帝的女性弟子则居住在宜春北院，紧邻大明宫处，因为已经将挑选出来的太常乐工子弟先称为梨园弟子，即使这些女性不住在梨园，索性也称为梨园弟子。其他诸处的情况也都是出自这一缘故。

至于华清宫的梨园弟子，又称小部音声人。那么何为小部呢？《明皇杂录》说："小部者，梨园法部所置，凡三十人，皆十五岁以下。"因为人数不多，故曰小部。那么何为法部呢？实际就是法曲部的简称。所谓法曲，《旧唐书》卷三〇《音乐志三》说："时太常旧相传有宫、商、角、徵、羽《燕乐》五调歌词各一卷，或云贞观中侍中杨仁恭妾赵方等所铨集，词多郑、卫，皆近代词人杂诗，至缘又令太乐令孙玄成更加整比为七卷。又自开元已来，歌者杂用胡夷里巷之曲，其孙玄成所集者，工人多不能通，相传谓为法曲。"文中所谓"缘"，指开元二十五年（737）时的太常卿韦缘。所谓"法曲"，实即唐代大曲之一部分，因其融合佛门、道门曲，用于宗教法会，所以称为法曲或法乐。演奏乐器有钹、磬、铙、钟、笛、羯鼓、拍板、觱篥、洞箫、琵琶等，其中含有外来音乐成分之西域各族音乐，传至中原后，与汉族的清商乐结合，其音乐特点接近于清乐系统。至隋代发展成为法曲，唐代发展到极盛。故《新唐书》卷二二《礼乐志十二》说："初，隋有法曲，其音清而近雅。"因为唐玄宗酷爱法曲，且又精通音律，遂于听政之暇，向梨园弟

---

① 《资治通鉴》，中华书局，1956年，第6812页。
② 〔清〕徐松：《唐两京城坊考》，中华书局，1985年，第8页。

子"自教法曲，必尽其妙"①。也就是说梨园弟子学习和练习的都是法曲。这些梨园弟子有一批当时最杰出的人才，如马仙期、李龟年、贺怀智、萧炼师、黄幡绰、谢阿蛮、张野狐、雷海清等，都在各自的领域有很高的造诣。

需要说明的是，法曲虽有外来音乐的成分，但在开元、天宝时期把胡乐与法曲还是区分得很清楚，绝不混为一谈。史载，玄宗每设宴，"先设太常雅乐坐部、立部，继以鼓吹、胡乐、教坊、府县散乐、杂戏"。胡三省注："胡乐者，龟兹、疏勒、高昌、天竺诸部乐也；教坊者，内教坊及梨园法曲也。"②可见梨园法曲与胡乐是分开的。崔令钦《教坊记》共罗列了46种唐代大曲，其中并非如后世之人所说的全为胡乐，任半塘先生已经对此进行了一一区分。③《唐会要》卷三三《诸乐》记载有梨园别教院所教法曲乐章，录之如下：

王昭君乐一章、思归乐一章、倾杯乐一章、破陈乐一章、圣明乐一章、五更转乐一章、玉树后庭花乐一章、泛龙舟乐一章、万岁长生乐一章、饮酒乐一章、斗百草乐一章、云韶乐一章，十二章。

此外，《霓裳羽衣》《荔枝香》《献仙音》《赤白桃李花》等乐，都属于法曲，其中前两种为玄宗时期新创作的，开天以后仍继有新作，如代宗时，"梨园供奉官刘日进制《宝应长宁乐》十八曲以献"④。唐后期法曲逐渐衰落。唐文宗开成三年（838），改法曲为仙韶曲，别教院遂改为仙韶院⑤，"别教院廪食尝千人"⑥。

自从唐玄宗亲自掌教梨园弟子以来，使得梨园弟子名声大噪，遂成为高水平艺术表演的代名词，这一点在唐诗有许多反映。如"霓裳禁曲无人解，暗问梨园弟子家"⑦；"乐府正声三百首，梨园新入教青娥"⑧；"旋翻新谱声初足，除却梨园未教人"⑨；"梨园弟子传法曲，张果先生进仙药"⑩。《广异记》记载了一则故事："唐天宝末，禄山作乱，潼关失守，京师之人于是鸟散。梨园弟子有笛师者，亦窜于终南山谷，中有兰若，因而寓居。"夜晚吹笛，引来虎王，因其声美妙，竟陶陶

---

① 〔宋〕王溥：《唐会要》，上海古籍出版社，2006年，第734页。

② 《资治通鉴》，中华书局，1956年，第7112页。

③ 〔唐〕崔令钦撰，任半塘笺订：《教坊记笺订》，中华书局，1964年，第153—166页。

④ 《新唐书》，中华书局，1975年，第477页。

⑤ 〔宋〕王溥：《唐会要》，上海古籍出版社，2006年，第737页。

⑥ 《册府元龟》，中华书局，1960年，第6844页。

⑦ 《全唐诗》，中华书局，1960年，第3505页。

⑧ 《全唐诗》，中华书局，1960年，第5371页。

⑨ 《全唐诗》，中华书局，1960年，第289页。

⑩ 《全唐诗》，中华书局，1960年，第2944页。

然睡去，笛师乘机逃逸，免于一死。这则故事主要表现了梨园弟子高超的技艺。可见早在唐代就已形成了这种看法，影响后世至为深远。

宋人记载说："唐梨园弟子，以置院近于禁院之梨园也。女妓入宜春院，谓之内人，亦曰前头人，谓在上前也。骨肉居教坊，谓之内人家。有请俸，其得幸者，谓之十家。故郑嵎《津阳门》诗云：'十家三国争光辉'是也。家虽多，亦以十家呼之。三国，谓秦、韩、虢国三夫人也。"①又曰：玄宗"选乐工数百人，自教法曲于梨园，谓之皇帝梨园弟子。至今谓优女为弟子，命伶魁为乐营将者，此其始也"②。后世将戏曲界称为梨园行，更多的是因梨园影响所致，并非因为唐梨园为表演戏剧的场所，有人专门对此进行论述，证明唐梨园与戏曲无关，实在是没有必要。

玄宗的宠妃杨玉环也时常到梨园来，或与其切磋技艺，或与之同乐。其实在天宝时期，不仅玄宗有弟子可教，杨贵妃亦有弟子。《明皇杂录》载："有中官白秀贞，自蜀使回，得琵琶以献。其槽以逻逤檀为之，温润如玉，光辉可鉴，有金缕红文蹙成双凤。贵妃每抱是琵琶奏于梨园，音韵凄清，飘出云外。而诸王贵主泊虢国以下，竞为贵妃琵琶弟子，每授曲毕，广有进献。"其实杨贵妃不仅善弹琵琶，也善吹奏笛子、击磬，胡旋舞与霓裳羽衣舞亦为一时之最。只是杨贵妃的弟子与众不同，均为亲王、公主、嫔妃及其他贵族妇女，包括杨氏姐妹在内。

自玄宗置梨园弟子以来，一直到唐末始终保留着。唐德宗在大历十四年（779）即位后，遂于当年五月，"停梨园使及伶官之冗食者三百人，留者皆隶太常"③。说明玄宗以来梨园作为乐舞机构不仅保留着，而且还置有梨园使之职，只是不知其始置于何时。除此之外，还有梨园判官之置，通常由宦官充任。④德宗之后不久，至迟在宪宗时又恢复了梨园。唐文宗也曾多次在梨园会昌殿或梨园亭子举行过宴乐活动，并奏新乐。另据记载，唐懿宗"咸通中，徘优恃恩，咸为都知。一日乐喧哗，上召都知止之，三十人并进。上曰：'止召都知，何为毕至？'梨园使奏曰：'三十人皆都知。'乃命李可及为都都知"⑤。可见梨园不仅依然保留，而且其乐工还得到皇帝的宠信，从而获得官职。唐末黄巢军队攻入长安，乐工流散，"钟悬之器，一无存者"。后来铸成编钟240口，"张浚求知声者处士萧承训、梨园乐工陈敬

① 〔宋〕赵令畤：《侯鲭录》，见《宋元笔记小说大观》，上海古籍出版社，2007年，第2032—2033页。
② 〔明〕陶宗仪等编：《说郛三种》，上海古籍出版社，1988年，第631页。
③ 《旧唐书》，中华书局，1975年，第320页。
④ 周绍良等编：《唐代墓志汇编》，上海古籍出版社，1992年，第1237—1238页。
⑤ 〔宋〕钱易：《南部新书》，中华书局，2002年，第34—35页。

言与太乐令李从周，令先校定石磬，合而击拊之，八音克谐，观者耸听"①。此事发生在唐昭宗时，距天宝时已经一百几十年时间了，故这位名叫陈敬言的梨园乐工应是昭宗时人，可见梨园作为宫廷音乐机构断续存在了近200年时间。

唐代梨园还是皇帝举行各种活动的场所。首先，在这里举行宴会，如中宗景龙三年（709）正月，"宴侍臣及近亲于梨园亭"②。沈佺期有《三月三日梨园亭侍宴诗》③。其他皇帝在这里举行宴会的记载也不绝于史籍。其次，这里还是举行拔河、击鞠的场所，崔湜有《幸梨园亭观打球应制》诗。这一点在前面已有论述，就不多说了。再次，梨园还设置有手工业作坊。上元三年（676）八月，因青州大风，齐淄等七州大水，于是唐高宗颁诏："停此中尚、梨园等作坊，减少府监杂匠，放还本邑，两京及九成宫土木工作亦罢之"④。可知梨园是设置有手工业作坊的。

原载《陕西师范大学学报》（哲学社会科学版）2014年第5期

（杜文玉，陕西师范大学历史文化学院教授）

---

① 《旧唐书》，中华书局，1975年，第1081—1082页。
② 《册府元龟》，中华书局，1960年，第1351页。
③ 〔唐〕徐坚等：《初学记》，中华书局，1962年，第72页。
④ 《册府元龟》，中华书局，1960年，第1749页。

唐长安大明宫建筑丛考

杜文玉

  长安城大明宫内建筑物的地理方位，多见于《长安志》《长安志图》《雍录》《类编长安志》《唐两京城坊考》等书的记载。然而以上诸书的记载仍有缺漏，即使已有的记载亦有不少的错误，而且对宫内建筑物的功能多未记述，因此有必要重新进行研究。本文主要针对御史北台、待制院、舍人院、京兆尹院、灵符应圣院以及左藏库、右藏库等机构的地理方位与职能，做初步的探讨，以就教于方家。

一、御史北台

  关于御史台在大明宫所设之机构，《长安志》《雍录》《类编长安志》等书皆无记载，宋元时期所绘的大明宫图也无一标绘。唯清人徐松的《唐两京城坊考》卷一《西京·大明宫》载："月华门外中书省，省南为御史台"。之所以出现这种情况，是因为大明宫中设御史台机构较晚，故诸书阙载。另据《玉海》卷一六一"唐朝堂"条载"舒元舆《御史台新造中书院记》：御史府故事，于中书之南，常有理所，太和四年于政事堂直舍之南选地以作之，号中书南院。院门北辟，向朝廷也，观者命为御史北台。"文中提到舒元舆所撰的《御史台新造中书院记》一文，现收于《文苑英华》卷八〇七，节录如下：

> 是以御史府故事，于中书之南，常有理所。先时惟中丞得专寓于南舍一院，若杂事与左右巡使，则寓于西省小胥之庑下。遇大朝会时，吾属皆来，则分憩于杂事、巡使之地。既寓于小胥，则我实客也。每亡事而去，则主人必坌而入，喧哗狼藉，其态万变，向之霜棱，尽为涕洟矣。岂吾君以天下纲纪属之于我意邪！上元二年，侍御史刘儒之作《直厅记》，初拜仪云：谢宰相讫，向南入直省院候端长。又《入中书仪》云：到直省院，入门揖端公讫，各就房。呜呼！以御史之贵重，而前时作者之记，恬然以直省院为记，君子未尝有非之者。……大和四年岁次庚戌八月十六日丁巳记。

据此来看，中书省之南原有御史中丞院，只是其余御史入宫则无栖息之处，于是只好在中书省（西省）的胥吏庑下权坐，又受到这些胥吏的蔑视。其实这些御史不仅在中书胥吏处权坐，有时也在门下省直院后檐下权坐，情况十分狼狈。

另据《唐会要》记载：

> 太和四年三月，御史台奏：三院御史尽入，到朝堂前无止泊处，请置祇候院屋。知杂御史元借门下直省屋后檐权坐，知巡御史元借御书直省屋后檐权坐。每日早入，至巳时方出，入前后并本所由。自门下直省院西、京兆尹院东，有官地，东西九十尺、南北六十尺。请准长庆元年八月（敕），于中书南给官地，度支给钱。[①]

可知这年三月，经御史台奏请，文宗同意在中书省南建造御史北台，于这年八月中旬建成，于是才有了时任侍御史的舒元舆的这篇文章。上引《唐会要》之文疑有脱漏，御史台的奏章中提到门下直省院西有空地，可是在奏章之末却又请求在中书省南给官地，其中必有缘故，只是这段文字没有说清楚而已。由于其建在中书省南，故称中书南院，实际并非中书省的机构，因此俗称"御史北台"。所谓"缙绅观者，命为御史北台"[②]。关于御史北台的建筑结构，舒元舆的这篇文章所记甚详，由于文字甚长，而徐松根据舒元舆所述总结得甚为简练，录之如下："于中书省南廊架南北为轩，由东入院，门首为中丞院，次西杂事院，又西左右巡使院。门皆北向，故曰御史北台，亦曰御史台中书南院。见舒元舆《记》。"[③]即在原中丞院之外，增建了杂事院与左右巡使院。

不过并不能就此认为御史台在大明宫中的机构始建于文宗太和四年（830），其中御史中丞院早已有之，此次新建的不过是杂事院和左右巡使院而已。

大明宫之所以设置有御史北台，是因为御史台的许多官员都需要到宫中处理各种政务，于是便需要一处办公理政的场所。这一场所就是前面所引舒元舆之文说的："是以御史府故事，于中书之南，常有理所"。只不过这里所谓的"理所"，是指御史中丞院，其他人员皆无专门的场所。舒元舆之文还说："上元二年，侍御史刘儒之作直厅记，初拜仪云：谢宰相讫，向南入直省院候端长。"说的是新任侍御史面见宰相后，再从中书省向南进入直省院拜会端长。这里所谓的"直省院"就是指御史台中书南院，也就是御史北台，只不过这里仅有中丞院而已。所谓"端

---

① 〔宋〕王溥：《唐会要》卷六二《杂录》，上海古籍出版社，2006年，第1282页。

② 《文苑英华》卷八〇七舒元舆《御史台新造中书院记》，中华书局，1966年，第4265—4266页。

③ 〔清〕徐松：《唐两京城坊考》卷一《西京·大明宫》，中华书局，1985年，第21页。

长"，是指掌管御史台日常事务的侍御史，称知公廨、知杂，亦曰台端、端公。舒元舆之文又曰："到直省院，入门，揖端公讫，各就房"，是说新任侍御史与端公见面后，各自回到自己的房间。说明在中丞院内亦给少数御史安排有房间，大概是此类房间甚少，不足以容纳全部御史，于是才有了太和四年的这次兴建行动。

御史中丞与侍御史在宫中有办公理政之处，与他们本身所具有的职能有直接关系。如武则天于垂拱二年（686）初置铜匦之时，就规定"理匦以御史中丞、侍御史一人充使"。开元时编撰《唐六典》，仍以御史中丞为理匦使。后来虽然一度也任命他官为理匦使，但御史中丞并没有因此被完全取代，如德宗"建中二年，以御史中丞为理匦使"①。直到唐后期，当时人仍然说"匦使常以御史中丞及侍御史为之，台中人吏强干，首列百司"②云云。

众所周知，唐后期御史大夫不常置，以御史中丞为御史台实际长官，所谓"缘大夫秩崇，官不常置，中丞为宪台之长"③。贞元二年（786）八月一日，"御史中丞窦参奏：准仪制令，泥雨合停朝参。伏以军国事殷，恐有废阙，请令每司长官一人入朝。有两员并副贰，亦许分日"④。既然要求诸司长官入朝，则必然给他们安排相应的办公场所，这种场所被称为直院。

唐朝审理大案，有所谓三司使，分为大小，大者指御史中丞、刑部侍郎和大理卿，小者指刑部员外郎、侍御史和大理寺官员。大历十四年（779）六月三日敕："御史中丞董晋、中书舍人薛蓄、给事中刘乃，宜充三司使。仍取右金吾厅一所充使院，并于西朝堂置幕屋，收词讼。"⑤实际情况是以上三种官员轮流在朝堂接受词讼，平时则在直院办公。需要说明的是在更多的时候，是由侍御史与上述两类官员在朝堂受状的。由于以上原因，遂使御史中丞不得不经常在大明宫内办公理政。因其地位尊贵，所以才为其专置一厅（院）。其实在皇城的御史台，原来是两位中丞共处一厅，开元二十一年（733）时，"二中丞遂各别厅"⑥。因此，在大明宫内为其专置一院亦不奇怪。

侍御史也经常在宫中办公理政，"其职有六：奏弹、三司、西推、东推、赃

① 《新唐书》卷四七《百官志二》，中华书局，1975年，第1207页。
② 以上未注出处者，均见《唐会要》卷五五《匦》，上海古籍出版社，2006年，第1124页。
③ 〔宋〕王溥：《唐会要》卷六〇《御史大夫》，上海古籍出版社，2006年，第1235页。
④ 〔宋〕王溥：《唐会要》卷二四《朔望朝参》，上海古籍出版社，2006年，第543页。
⑤ 〔宋〕王溥：《唐会要》卷七八《诸使杂录上》，上海古籍出版社，2006年，第1702—1703页。
⑥ 〔宋〕王溥：《唐会要》卷六〇《御史中丞》，上海古籍出版社，2006年，第1236页。

赎、理匦。"①这六种职能中，有两种职能与宫中有关，这就是三司与理匦。关于理匦的职能已见前述，下面就谈谈三司受事的职能。侍御史四人，以入台院先后排序，第一人为端公，第二人知弹奏，第三、四人知东西推。知东推的侍御史，兼理匦使；知西推者同时理赃赎、三司受事，号曰副端。因此，这两位侍御史很多时间内都是在大明宫中办公的。所谓三司受事，是指侍御史、中书舍人与给事中在朝堂接受讼状。除了上面所说的大小三司外，这三种官员组成的三司不仅接受讼状，亦可审案。《唐六典》卷九《中书省》在记述中书舍人的职能时写道："凡察天下冤滞，与给事中及御史三司鞫其事。"这是指来自这三部门的官员，亦指这三个部门，如《唐六典》卷一三《御史台》载："凡天下之人有称冤而无告者，与三司诘之。"原注云"三司：御史大夫、中书、门下。大事奏裁、小事专达。"此外，侍御史还有一种职能，即监事。所谓侍御史"除三司受事及推按外，每日，侍御史一人承制，诸奏事者并监而进退之。若所谕繁细，不宜奏陈，则随事奏而罢之"②。胡三省说"监奏御史，意即殿中侍御史也"③，明显有误。元和十五年（820），御史中丞崔直奏云"元和十二年，御史台奏请：知弹侍御史被弹，即请向下人承次监奏，或有不到，即殿中侍御史于侍御史下立，以备其阙"。因为知弹侍御史通常负责监奏，如果其被人弹奏，则以殿中侍御史补监奏之责，可见监奏乃是侍御史的专责。综上所述，可知侍御史也经常在宫中履行职能，故其在直院中有房亦在情理之中。

关于太和四年御史台要求在宫中增建院舍的原因，舒元舆说得十分清楚，也可以视为北台职能的一种反映，原文如下：

> 盖百司坐其署，但专局而已矣。入于朝与启事于丞相府，亦不出乎其位，是以朝罢，而各复其司，以无事于朝堂与中书也。若御史台每朝会，其长总领属官，谒于天子。道路谁何之声，达于禁扉。至含元殿西庑，使朱衣从官传呼，促百官就班。迟晓，文武臣僚列于两观之下，使监察御史二人，立于东西朝堂砖道以监之。鸡人报点，监者押百官由通干、观象入宣政门。及班于殿廷前，则左右巡使二人分押于钟鼓楼下。若两班就食于廊下，则又分殿中侍御史一人为之使以莅之。内谒者承旨唤仗入东西阁门，峨冠曳组者皆趋而进，分监察御史一人，立于紫宸屏下，以监其出入。炉烟起，天子负斧扆听政，自螭首龙墀南属于文武班，则侍御史一人，尽得

① 〔宋〕王溥：《唐会要》卷六〇《侍御史》，第1239页。
② 《唐六典》卷一三《御史台》，中华书局，1992年，第380页。
③ 《资治通鉴》卷二一一，中华书局，1956年，第6728页。

专弹，举不如法者。由是吾府之属，得入殿内。其职益繁，其风益峻。故大臣由公相而下，皆屏气窃息，注万目于吾曹。吾曹坐南台，则综核天下之法，立内朝则纠绳千官之失。百官有滞疑之事，皆就我而质。故乘舆所在，下马成府，厘朝廷之纲目，与坐台之判决者相半。①

引文中所谓"南台"，指设在皇城内的御史台本部。这段文字主要强调了御史台在宫中事务繁忙，与其他部门不同，认为御史台之务有一半体现在宫中，皇帝所在之处，御史台就应"下马成府"，即建立相应的机构。此次增建了两院，即左右巡使院与杂事院，就顺应了这种实际情况。

左右巡使院是专为左右巡使兴建的办公之处。唐制，以殿中侍御史二人分知左、右巡，称左右巡使。各察其负责区域内的不法之事，一般是左巡使知京城内，右巡使知京城外，一月调换一次。最初是以监察御史分知左右巡，其后才改为殿中侍御史知其事。左右巡使巡察的范围也包括宫廷在内，如"文宗时，宫中灾，左右巡使不到，皆被显责"②。上述舒元舆之文也提到百官班于殿廷前，"则左右巡使二人分押于钟鼓楼下"。上面所说的火灾，是指文宗太和二年（828）昭德寺发生的那次火灾，"公卿内臣集于日华门外，御史中丞温造不到，与两巡使崔蠡、姚合等。各罚一月俸"。③可见他们都是应该到场而未到场。至于杂事院则是在宫中办事的其他御史们（如监察御史等）的办公之处。

二、待制院

关于待制院在大明宫中的方位，宋敏求《长安志》卷六《大明宫》载："月华门西有中书省，省北曰殿中内省，西有命妇院，北有亲王待制院"；又曰："紫宸殿后有蓬莱殿，次东有含象殿，后有延英门，内有延英殿，……殿相对思政殿、待制院"。《雍录》卷八《待制次对》载："阁本图待制有院，在宣政殿之东，少阳院之西，盖仿汉世待诏立此官称也。武后名曌，故凡诏皆改为制，而待诏亦为待制也。"《六典大明宫图》《长安志图·唐大明宫图》《陕西通志》《唐两京城坊考》等图籍，多未有记载。《阁本大明宫图》标绘有待诏（制）院，未有亲王待制院；《关中胜迹图志》有亲王院，却未有待制院。《雍录》说待制院在宣政殿以东，是指大的方位，其依据来自《阁本大明宫图》，此图将其标绘在弘文馆以东。

① 《文苑英华》卷八〇七舒元舆《御史台新造中书院记》，中华书局，1966年，第4264—4265页。

② 《新唐书》卷二〇八《宦者传下》，中华书局，1975年，第5886页。

③ 〔宋〕王溥：《唐会要》卷四四《火》，上海古籍出版社，2006年，第922页。

徐松之书亦是如此，将待诏（制）院确定在弘文馆以东，但其书所附《西京大明宫图》却标绘在少阳院以西，在弘文馆以东标绘了史馆，正文与图并不一致，而且正文称待诏院，图上却标绘为待制院，尽管两者并无本质上的不同，但作为同一部书应该是统一的。书中仅绘了一处待制院，删去了《长安志》所记的亲王待制院。

徐松之书在待诏院下的注文说："盖此待制院候宣政殿引对者也。思政殿侧之待制院，候延英殿引对者也。待诏院在史馆西，据《大典》及《阁本大明宫图》订。"[1]在这一段文字中，待诏院与待制院同时出现，说明徐又承认大明宫有两个待制（诏）院，其中一个应为《长安志》所说的亲王待制院。从其文义看，他所说的宣政殿引对者的这处待制院，应该是他正文中所说的待诏院，延英殿引对者的这处应是待制院，也就是《长安志》所载的亲王待制院。不过徐松并没有使用亲王待制院这一名称，而是直接称待制院，又把另一处称待诏院，以便有所区别。徐松的这种做法是正确的，因为唐后期形成了延英召对的制度，宰相在延英殿面见皇帝退出后，皇帝还要召见待制官员，因此这些官员必须有一处等待召见的场所。而亲王不是待制官，是不参加此类召对活动的，故不能称亲王待制院。此外，唐朝皇帝在宣政殿举行完常朝朝会后，也会召见待制官员，详情后述，所以也必须有一处待制官等待召见的场所。因此大明宫内应有两处类似的场所，故《长安志》的记载绝不是空穴来风，只是不知何故将前者称为亲王待制院，其间肯定有讹误存在。

关于这两处待制院的方位，《长安志》说亲王待制院位于命妇院之北，而待制院位于思政殿以东。徐松将后者定在弘文馆以东，其依据是《阁本大明宫图》，应该是比较可靠的。如按《长安志》的记载，则其位于与延英殿相对的思政殿以东。这里所谓"相对"，是指东西相对，因为延英殿的东面为紫宸院，之西为含象殿，显然这里的"相对"，是指东西对称之意。如此思政殿肯定位于中轴线之东，其东为待制院。这才是宋敏求的本意。如果这样的话，待制院就距离宣政殿较远了，不如弘文馆以东距宣政殿近便，且如果其位于思政殿以东的话，则已处于内宫了，故应以弘文馆以东为准。

至于所谓亲王待制院，《长安志》说其位于命妇院以北，而集贤院也位于"命妇院北，本命妇院之地"[2]，说明其与集贤院靠得很近，史载：代宗永泰元年（765）三月，敕"尚书左仆射裴冕，右仆射郭英乂，太子少傅裴遵庆，太子少保兼御史大夫白志贞，太子詹事兼御史大夫臧希让，左散骑常侍杨瑾，检校刑部尚书

① 〔唐〕徐松：《唐两京城坊考》卷一《西京·大明宫》，中华书局，1985年，第20页。
② 〔宋〕王溥：《唐会要》卷六四《集贤院》，上海古籍出版社，2006年，第1320页。

王昂，检校刑部尚书崔涣，吏部侍郎李季卿、王延昌，礼部侍郎贾至、杞王傅吴令圭等，并集贤待制。"①故《文献通考》卷五四《职官考八》说："永泰时，勋臣罢节制，无职事，皆待制于集贤门，凡十三人，特给餐钱，以优其礼。"就是指上面这些人。该书还记载说："永泰元年，敕裴冕等并集贤待制，此始有待制之所，然则盖唐设官也。"意即集贤门是待制之所。此话也不算错，但马端临却没有细究唐朝的待制之所的变化。另据《旧唐书》卷一二《德宗纪上》载：大历十四年六月，"举先天故事，非供奉侍卫之官，自文武六品已上清望官，每日二人更直待制，以备顾问，仍以延英南药院故地为廨"。这才是专门为待制官设置的待制院。延英门南有殿中内省、命妇院、集贤院，这些机构的南面便是中书省。药院当位于殿中内省的地盘内，史馆也建在尚药局药院，时在开元二十五年（737），②此次又在药院故地建待制院，除了说明药院所占地盘甚大外，也说明待制院紧靠着史馆。至于待制院具体位于史馆的哪个方向，徐松之书说"待诏院在史馆西"。这句话肯定是有依据的，只是徐松把史馆的位置定在了弘文馆以东，于是便产生了混乱。实际上史馆应在中书省以北、延英殿南的药院故地上，这样我们便可以确定待制院的方位就在中书省以北、史馆以西的位置上。

需要说明的是，徐松之书的这段注文错讹颇多。其既然已将弘文馆以东的待制院作为宣政殿待制之处，又说思政殿以东的待制院是延英殿待制之处，可是思政殿位于大明宫中轴线以东，而延英殿却位于中轴线以西，两处相距甚远，如何等候召对？这就说明徐松把宋敏求《长安志》的内容理解错了。至于徐松所说的："待诏院在史馆西"，姑且不论史馆的正确方位应在中书省之北，即使如此，这种说法与其书所附的《西京大明宫图》也不相合，在此图上他将待诏院标绘在少阳院以西、门下省西北。徐书讹误之多，可见一斑。

综上所述，可知大明宫有两处待制院：一处在史馆以西，大历十四年设置，为延英殿待制之处；另一处在弘文馆以东，为宣政殿待制之处，虽不知置于何时，但肯定要早于前一处待制院。

关于待制院的用途，徐松曰："唐初，仿汉立待诏。后以武后讳，改诏为制。每御正衙日，令诸司长官二人奏本司事，谓之待制。贞元间，又令未为长官而预常参者亦每日引见，谓之巡对，亦谓之次对。"③只是徐松说得并不全面，所以有必要

---

① 〔宋〕王溥：《唐会要》卷二六《待制官》，上海古籍出版社，2006年，第591—592页。

② 《旧唐书》卷四三《职官志二》载：开元二十五年，"史官尹愔奏移史馆于中书省北，以旧尚药院充馆也"。参见《旧唐书》，中华书局，1975年，第1852页。

③ 〔清〕徐松：《唐两京城坊考》卷一《西京·大明宫》，中华书局，第1985年，第20页。

略加论述。

关于唐朝待制官的制度，据《新唐书》卷四七《百官志二》载：

> 初，太宗即位，命京官五品以上，更宿中书、门下两省，以备访问。永徽中，命弘文馆学士一人，日待制于武德殿西门。文明元年，诏京官五品以上清官，日一人待制于章善、明福门。先天末，又命朝集使六品以上二人，随仗待制。永泰时，勋臣罢节制，无职事，皆待制于集贤门，凡十三人。崔祐甫为相，建议文官一品以上更直待制。其后着令，正衙待制官日二人。

先天时的所谓"随仗待制"，就是指在宣政殿待制，因为在这时只有宣政殿举行的朝会才有仗。上面引文的最后一句是指德宗大历十四年六月的一道敕令，即"举先天故事，非供奉侍卫之官，自文武六品已上清望官，每日二人更直待制，以备顾问"[①]。所谓"正衙"，即指宣政殿。这种在宣政殿朝会后召见待制官的制度后来又有了变化，元和元年（806）三月，武元衡奏："'正衙待制官，本置此官以备问。比来正衙多不奏事。自今后请以尚书省六品以上职事官、东宫师傅宾詹、王傅等，每坐日令两人待，退朝，诏于延英候对。'从之。"[②]即皇帝在宣政殿退朝后，再在延英殿召见待制官员。

其实皇帝在延英殿召见待制官并不限于正衙朝会后，其在延英召对日，与宰相议政结束后，亦召见待制官。如唐德宗"贞元七年诏，每御延英，引见常参官二人，访以政道，谓之次对官，所以广视听也"[③]。之所以叫次对官，是因为其在召对宰相之后，故谓之次对官。次对官也叫巡对官。"（贞元）七年十月诏：'自今已后，每御延英殿，令诸司官长二人，奏本司事。'俄又令常参官每日二人引见，访以政事，谓之巡对。"[④]关于次对官也叫巡对官的史料很多，就不一一列举了。此外，唐朝还规定其他官员如有事需要上奏，可于前一日进状请对，然后再在延英殿外等待皇帝召见。当时面奏的必然是大事，非大事则不须面对，规定前一日进状请对，就是要在状上说明请对缘由，这样做就是为了避免大小事务都一窝蜂地去找皇帝。这一种制度当时被叫作延英转对。关于待制官的起源及演变情况，《唐会要》卷二六《待制官》有详细记载，可以参看，就不多说了。

---

① 《旧唐书》卷一二《德宗纪上》，中华书局，1975年，第321页。
② 《旧唐书》卷一五上《宪宗纪上》，中华书局，1975年，第417页。
③ 《册府元龟》卷一〇七《帝王部·朝会一》，中华书局，1960年，第1280页。
④ 〔宋〕王溥：《唐会要》卷二六《待制官》，上海古籍出版社，2006年，第593页。

三、舍人院

舍人院即中书舍人院的省称。唐朝在西内太极宫与东内大明宫中皆置有舍人院，其中大明宫中的舍人院方位，《长安志》《雍录》《类编长安志》以及《阁本大明宫图》皆无记载，只能从传统文献中寻找其相关情况了。

据《旧唐书》卷一一九《常衮传》载：

> 无几，杨绾卒，衮独当政。故事，每日出内厨食以赐宰相，馔可食十数人，衮特请罢之，迄今便为故事。又将故让堂厨，同列以为不可而止。议者以为厚禄重赐，所以优贤崇国政也，不能，当辞位，不宜辞禄食。政事堂有后门，盖宰相时到中书舍人院，咨访政事，以自广也，衮又塞绝其门，以示尊大，不相往来。

常衮任首相是在德宗建中年间，这一时期政事堂早已搬到了中书省内，而中书省位于月华门以西。这一段记载没有具体的时间，另据《唐会要》卷五三《杂录》载：

> （建中）四年，常衮为中书侍郎平章事。政事堂旧有后门，盖宰相过中书舍人院，咨访政事。衮欲自尊大，乃塞其门，以绝往来。

唐代的廨署之门通常都是南向，即以南面为正门，但是大明宫中的机构却不完全是这样，因此这里所谓政事堂后门，还是需要有明确的记载以证实之。另据《新唐书》卷一五〇《常衮传》载：

> 政事堂北门，异时宰相过舍人院咨逮政事，至衮乃塞之，以示尊大。

综上所述，可知舍人院设在中书省内，位于政事堂的北面。元和年间，白居易曾任中书舍人，写了《西省北院新作小亭》《种竹开窗》《东通骑省》《与李常侍隔窗小饮》等诗歌作品，记述了其在舍人院的生活情景。徐松曰："盖中书省中之舍人院东接右骑省直舍，南面有户，而北无之，乐天故于省北创亭以通骑省牖也。"[1] 徐松的这段话实际上抄自程大昌《雍录》卷八《唐两省》，由于徐松的话比程大昌的话更加明确，故引之。文中所谓"右骑省直舍"，是指右散骑常侍在中书省的办公之处，这就说明舍人院的东面为"骑省直舍"，即散骑常侍院。这样就使今人得以知悉唐中书省的内部结构情况，即政事堂北有舍人院与右散骑常侍院，其中舍人院在西，右散骑常侍院在东。

中书舍人与右散骑常侍均为中书省的重要职官，前者置6员，正五品上，后者置

---

① 〔清〕徐松：《唐两京城坊考》卷一《西京·大明宫》，中华书局，1985年，第21页。

2员，从三品。唐朝在门下省与中书省各置有散骑常侍2员，前者在官名前加"左"字，后者加"右"字，以相区别。就品阶而言，他们在本省是仅次于其长官的官员，职能是侍从皇帝，规谏讽喻，顾问应对。由于其品阶崇高，地位尊贵，故在各自的省内置有直院以为办公直宿之处。

其实中书省最重要的职官应是中书舍人。关于职能情况，史书记载较详，下面将《旧唐书》记载的其职能情况，录之如下：

> 舍人掌侍奉进奏，参议表章。凡诏旨敕制，及玺书册命。皆按典故起草进画；既下，则署而行之。其禁有四：一曰漏泄，二曰稽缓，三曰违失，四曰忘误；所以重王命也。制敕既行，有误则奏而正之。凡大朝会，诸方起居，则受其表状而奏之。国有大事，若大克捷及大祥瑞，百僚表贺，亦如之。凡册命大臣于朝，则使持节读册命之。凡将帅有功及有大宾客，皆使劳问之。凡察天下冤滞，与给事中及御史三司鞫其事。凡百司奏议，文武考课，皆预裁焉。[①]

可见中书舍人权任之重，在如此之多的职能中最重要的有两项，即起草诏敕与五花判事。正因为中书舍人具有五花判事的职能，为宰相们决策提供参考，所以宰相经常要到舍人院向其"咨访政事"。常衮杜塞政堂事北门的行为，不仅是其个人自大之故，实际上反映的是唐后期五花判事制度遭到破坏的事实。故唐穆宗在元和十五年（820）即位时云："中书舍人职事，准故事，合分押六司，以佐宰臣等判案。沿革日久，顿复稍难，宜渐令修举，有须慎重者，便令参议。知关机密者，即且依旧。"由于穆宗对此事的态度不甚坚决，故当时并没有很好地贯彻执行，于是在会昌四年（844），宰相李德裕又再次奏请"复中书舍人故事"，即恢复五花判事的制度。[②]估计在这种情况下，常衮所塞之政事堂北门应当重新打通了。

据宋人记载："唐制，节度使除仆射、尚书、侍郎，谓之纳节，皆不降麻，止舍人院出制。"[③]所谓"纳节"，即交出节钺；这里所谓"降麻"，特指使用白麻纸书写制书，不降麻即不用白麻纸书写制书。胡三省曰：

> 唐故事，中书用黄、白二麻为纶命轻重之辩。其后翰林学士专掌内命，中书用黄麻，其白皆在翰林院。……宋白曰：唐故事，白麻皆内庭代

---

① 《旧唐书》卷四三《职官志二》，中华书局，1975年，第1850页。
② 以上均见《唐会要》卷五五《中书舍人》，上海古籍出版社，2006年，第1111—1112页。
③ 〔宋〕江少虞：《宋朝事实类苑》卷二六《官职仪制·纳节不降麻》，上海古籍出版社，1981年，第329页。

言，命辅臣、除节将、恤灾患、讨不庭则用之；宰臣于正衙受付。若命相之书，则通事舍人承旨，皆宣赞讫，始下有司。翰林志：凡赦书、德音、立后、建储、行大诛讨、拜免三公、宰相，命将日，并使白麻纸，不使印。①

由于舍人院起草的制书均用黄麻纸，而白麻之制则由翰林学士院所掌，故"止舍人院出制"一句，言下之意就是以上这些官员的除授只能出自舍人院，即用黄麻纸书写制书了，可见在唐代白麻远比黄麻更为重要。既然如此，那么为什么"不使印"呢？这是因为皇帝的印玺掌握在门下省手中，舍人院起草的制书经门下省审议通过后，则加盖皇帝印玺，而学士院起草的白麻无须经门下省审议，所以"不使印"。由于重要的制书不盖印，类似于墨敕，有些不伦不类，于是在唐后期专门铸造了"书诏印"，由学士院掌之。

四、京兆尹院

京兆尹本为京师地区的行政长官，其府廨署在长安外郭城光德坊东南角，但是大明宫内亦有京兆尹院，为其在宫内的办公场所。关于京兆尹院在大明宫中的方位，诸书皆无记载，存留至今的几幅有关大明图的古图也无标绘，现能见到的唯有《唐会要》中的一条记载，原文如下："太和四年三月，御史台奏：……自门下直省院西，京兆尹院东，有官地，东西九十尺。南北六十尺。……"②门下省位于宣政殿东廊的日华门外，而其直院当在其省的西面。这条记载虽然没有清楚地说明京兆尹院的方位，但从其描述这块官地的方位看，官地在门下省直院以西，京兆尹院以东之间，则京兆尹院一定位于门下省直院的西面。门下省位于日华门外，即此门之东，京兆尹院不可能建在日华门内，据此可以断定，其一定在日华门外，在其东隔了这块官地便是门下省。换句话说，京兆尹院建在日华门与门下省之间的位置上。

京兆尹作为长安地区的最高行政长官，自然属于地方官员系列，但由于其毕竟是在京师地区任职，所以又具有朝官的性质，这种双重性质决定了京兆尹在宫中也有许多事务需要办理。首先，京兆尹与其他朝官一样也要参加朝会，和朝廷公卿一样可以讨论朝政。其次，京兆尹还承担了许多为宫廷生活服务的角色，如上巳、重阳、皇帝诞日等，大多由京兆府供食。宪宗元和九年（814）十一月诏曰："如闻比来京兆府每及腊日，府县捕养狐兔，以充进献，深乖道理，既违天性，又劳人力，

---

① 《资治通鉴》卷二三五，中华书局，1956年，第7567页。

② 〔宋〕王溥：《唐会要》卷六二《杂录》，上海古籍出版社，2006年，第1282页。

自今已后宜并停。"①此外，王府官、诸卫率行香，通常也由京兆府按廊下食例供食。公主出降、公卿谒陵、曲江赐宴等，京兆府或负责供给食料，或提供帷帐。除此之外，还有其他一些活动，京兆府往往也要参与其中，如"旧制，节度使受命，戎服诣兵部谒，后寖废，（郑）注请复之，而王璠、郭行余皆踊为常。是日，度支、京兆等供帐"②。太和二年，大明宫昭德寺发生火灾，"宰臣、两省、京兆尹、中尉、枢密，皆环立于日华门外，令神策兵士救之"③。说明京兆尹有很大一部分时间都在宫中，否则不可能及时出现在火灾现场。在京及宫中的其他部门也与京兆府有着千丝万缕的工作关系，遂使得京兆尹不得不花费很大的精力在宫中处理相关事务。

在唐代京兆尹往往兼任京师或宫中其他部门的职务，唐后期则更多地兼任一些使职，如孟皞在大历四年，以京兆尹兼勾当神策军粮木炭使；裴武于元和九年，以京兆尹兼充岐阳公主出降礼会使；乾宁二年（895），李知柔以京兆尹兼诸道盐铁转运随驾置顿使；天复三年（903），郑元规以京兆尹兼六军诸卫副使。所有这些事务都或多或少地与宫廷发生着关系，从而使京兆尹将很大一部分精力用在于这些方面。设在大明宫中的京兆尹院，便是京兆尹在宫中的办公机构。

五、灵符应圣院

在唐朝诸帝中，唐武宗是最尊崇道教的一位皇帝，他最早在大明宫中建造的道教建筑物就是灵符应圣院。史载："武宗会昌元年三月，敕造灵符应圣院于龙首池"。④关于灵符应圣院的具体方位，《长安志》卷六《禁苑·内苑》条载："灵符应圣院在龙首池东，会昌元年造"。关于龙首池的具体位置，史书中有明确记载，所谓"东苑中有龙首池，言其资龙首渠水以实池也"。⑤东内苑的龙首池岸边除了灵符应圣院外，还有龙首殿，太和九年（835）八月，文宗"幸左军龙首殿"⑥。之所以如此表述，是因为东内苑内驻有左神策军。因此灵符应圣院也在左军的防区范围之内。据载：唐僖宗崩于灵符殿。⑦徐松说："僖宗崩于灵符殿，疑即此院之

① 《册府元龟》卷一六〇《帝王部·革弊二》，中华书局，1960年，第1929—1930页。
② 《新唐书》卷一七九《郑注传》，中华书局，1975年，第5316页。
③ 《旧唐书》卷一六五《温造传》，中华书局，1975年，第4316页。
④ 《册府元龟》卷一四《帝王部·都邑二》，文渊阁《四库全书》本，上海古籍出版社，1987年。中华书局1960年影印明刻本，无"于龙首池"四字。《旧唐书》卷一八上《武宗纪》所载亦有此四字，说明四库本在此处要好于明刻本。
⑤ 〔宋〕程大昌：《雍录》卷六《唐都城导水》，黄永年点校，中华书局，2002年，第118页。
⑥ 〔宋〕王溥：《唐会要》卷二七《行幸》，上海古籍出版社，2006年，第610页。
⑦ 《资治通鉴》卷二五七，中华书局，1956年，第8376页。

殿"①。此说甚是。另据记载："武宗以刘玄静为崇玄馆学士，号广成先生，入居灵符殿，帝就传法箓。"②可见灵符应圣院确是一处道教建筑。宋敏求《长安志》卷六亦载："天宝中，明皇命周尹愔为崇玄馆学士。值禄山兵乱，馆宇浸废。至武宗特诏营创，置吏铸印，以刘元静为崇玄馆学士，号广成先生，入居灵符殿。"据此来看，武宗时期的崇玄馆就设在灵符应圣院内。

除了以上固定的道教内道场外，大明宫中还有不少临时性的道教道场，如长生殿内道场、三殿（即麟德殿）内道场、仪鸾殿内道场等。③这一切都充分地反映了李唐皇室尊崇道教的情况，道教已经深深地影响了有唐一代的宫廷生活，并与政治发生了密切的关系。

六、左藏库与右藏库

左藏库与右藏库为国家正库，所以并不全设在宫廷之中，在长安至少有5个库同时并存。据《唐六典》卷二〇《太府寺》载："太府寺管木契七十只：十只与左藏东库合，十只与左藏西库合，十只与右藏内库合，十只与右藏外库合，又十只与东都左藏库合，十只与东都右藏库合，各九雄、一雌。九雄，太府主簿掌；一雌，库官掌。又，五只与左藏朝堂库合，五只与东都左藏朝堂库合，各四雄、一雌。"可知在长安的左、右藏库为左藏东库、左藏西库、右藏内库、右藏外库、左藏朝堂库。这5个库的具体位置要全部考证清楚，由于史料缺乏之故，难度很大，只能尽力而为了。

左、右藏库在西内太极宫与东内大明宫中皆有设置，其中西内的方位有人考证，左藏库在东宫广运门内，右藏库在太极宫安仁门（即崇义门）内，并认为唐朝本无东、西二左藏库。④关于西内左、右藏二库的方位考证，笔者认为很有道理，但说唐本无东、西二左藏库则值得商榷。一是上引《唐六典》明确记载有东、西二左藏库，而且明确记载太府寺有木契70只，对应的府库也都十分清楚，恐怕不能轻易怀疑。二是唐人也有东库、西库这种说法，如元和时，李绛任户部侍郎、判本司事，"上问：'故事，户部侍郎皆进羡余，卿独无进，何也？'对曰：'守土之官，厚敛于人以市私恩，天下犹共非之；况户部所掌，皆陛下府库之物，给纳有

---

① 〔清〕徐松：《唐两京城坊考》卷一《西京·三苑》，中华书局，1985年，第29页。

② 〔元〕骆天骧：《类编长安志》卷三《馆》，中华书局，1990年，第95页。

③ 王永平：《论唐代道教内道场的设置》，《首都师范大学学报》（社会科学版）1999年第2期。

④ 辛德勇：《隋唐两京丛考》，三秦出版社，2006年，第116页。

籍，安得羡余！若自左藏输之内藏，以为进奉，是犹东库移之西库，臣不敢蹈此弊也。'"①又，《旧唐书》卷四四《职官志三》载："皇家左藏有东库、西库、朝堂库，又有东都库"。实际上建在西内的左藏库即为西库，建在东内大明宫的左藏库即为东库，至于朝堂库亦应在太极宫内。据《唐会要》卷七二《军杂录》载：贞元"四年三月，自武德东门筑垣，约左藏库之北，属于宫城东城垣"②。这里所谓的"武德东门"，即指太极宫武德殿院落之东门，在其门外筑了一道墙，经过左藏库的北面，直达宫城东城墙。据此而断，可知这座左藏库应位于这道墙的南面，其方位应在武德东门的东南方向。这座左藏库与位于东宫的左藏库显然不是同一座库，又在武德门外，距西内东朝堂不远，很可能就是所谓左藏朝堂库。

关于大明宫内左、右藏库的方位，诸书记载颇为混乱，宋敏求《长安志》卷六《大明宫》载："右银台门、内侍省、右藏库，次北翰林门，内翰林院、学士院。"胡三省说："余按《雍录》：太极宫中东左藏库，西左藏库；东库在恭礼门之东，西库在安仁门之西。大明宫中有左藏库，在麟德殿之左。又有右藏署令，掌邦国宝货杂物"③《阁本大明宫图》在右银台门内，内侍别省西北、麟德殿西南的方位上标绘有左藏库。徐松《唐两京城坊考》卷一《西京·大明宫》所载与《阁本大明宫图》略同，并认为"'左'，《长安志》作'右'，误"。综上所述，在右银台门内，内侍别省附近确有一座仓库，只是《长安志》记载为右藏库，其他诸书记为左藏库而已。另据《次柳氏旧闻》载："玄宗西幸，车驾自延英门出，杨国忠请由左藏库而去，上从之。望见十余人持火炬以俟，上驻跸曰：'何用此为？'国忠对曰：'请焚库积，无为盗守。'上敛容曰：'盗至，若不得此，当厚敛于民。不如与之，无重困吾赤子也。'命撤火炬而后行。"玄宗从延英门出，经左藏库而去，必出右银台门，然后出禁苑之延秋门，④奔上西行之路。据此可知徐松的说法是正确的，此处应为左藏库，即所谓左藏东库。

至于大明宫中的右藏库的方位，诸书皆无记载。考古工作者曾在大明宫西夹城内发现了一处建筑遗址，并认为应是学士院之遗址。⑤针对这一观点有人提出了不同

---

① 《资治通鉴》卷二三八，中华书局，1956年，第7682—7683页。

② 《册府元龟》卷一四《帝王部·都邑二》（中华书局，1960年，第159页）所载相同。

③ 《资治通鉴》卷二一六，中华书局，1956年，第6893页。

④ 《新唐书》卷二〇六《杨国忠传》载："帝出延秋门，群臣不知，犹上朝"。参见《新唐书》，中华书局，1957年，第5851页。

⑤ 马得志：《1959—1960年唐大明宫发掘简报》，见《唐大明宫遗址考古发现与研究》，文物出版社，2007年，第64页。此文原载《考古》1961年第7期。

意见，推测有三种可能，即内侍省或内侍别省、右藏库、掖庭宫。^①笔者认为其应是右藏库遗址之所在，理由如下：关于内侍省或内侍别省的方位，文献记载与《阁本大明宫图》均载其在右银台门内，而不在西夹城内，故可能性不大。至于掖庭宫，文献中从未记载大明宫还置有此宫，其宫人均居住在野狐落，故可能性也不大。唯一的可能性，则西夹城内应是右藏库之所在：一是这里曾出土过大量的封泥；二是这里封闭性甚佳，适合建库；三是此门门道较宽，且"在两道门槛的中部都凿有车轨的沟辙，宽度为1.35米，这与玄武门门槛的车轨宽度基本相同"。如是学士院或掖庭宫，则不会出土大量的封泥，也不需要如此之宽的门道。就其方位而言，也正好在左藏库之右。由于其没有建在大明宫内，故很可能是《唐六典》所谓的右藏外库，而太极宫安仁门内的应为右藏内库。

左藏库既为国家正库，故不可能仅区区数座库便能满足收贮国家财政之需。长安城内还置有一库，如《长安志》卷七载："安上门街，街东第一少府监，次东左藏外库院"。此库设在皇城之内。一般而言，左藏的库藏规模要大于右藏，故史书中有关左藏的兴建或修葺记载相对较多，如杨国忠在天宝中，"又贱贸天下义仓，易以布帛，于左藏库列造数百间屋，以示羡余"^②。"裴次元为太府卿，元和五年上言：'左藏库置修屋宇本钱二百万。'从之。"^③仅修屋本钱就达200万，可知其规模很大，故需要如此之多的经费支持。

左藏库与右藏库分别归左藏署与右藏署掌管，它们都隶属于太府寺，每个署置有令、丞为正副长官，下有府、史、监事、典事、掌固等官吏。其中左藏署"掌邦国库藏"，实即国库之所在；右藏署掌"国宝货，……凡四方所献金玉、珠贝、玩好之物，皆藏之"^④。左、右藏既然为国家库藏之所在，所以必须接受尚书省户部的政令指导。两者关系是：户部掌管国家财政的收支，左藏与右藏收贮之钱物的调出或调入，必须有户部的公文方可进行，否则不能擅动一分一毫；左、右藏的主要职责就是妥善保管好各自的库藏之物，防止丢失或损毁。按照唐制，左、右藏库物的出纳，除了必须有户部公文和太府寺的木契外，太府卿和殿中侍御史也要到场监察。负责监察此事的殿中侍御史称监左藏库使，责任十分重大。

此外，左、右藏每季还要上报库藏数字的变化情况，并接受尚书比部的审计，

---

① 辛德勇：《隋唐两京丛考》，三秦出版社，2006年，第138页。

② 《册府元龟》卷五一〇《邦计部·希旨》，中华书局，1960年，第6117页。

③ 《册府元龟》卷六二〇《卿监部·举职》，中华书局，1960年，第7460—7461页。原文在"太府卿"后有一"奏"字，为衍文，笔者已删之。

④ 《旧唐书》卷四四《职官志三》，中华书局，1975年，第1890页。

一旦有误，将会受严厉的惩处。因此，左、右藏虽有库设在宫内，但其性质仍然是国家库藏，与皇家内库不同，即使皇帝动用库物也要经过相关部门的同意。

唐代宗时第五琦任度支、盐铁使，掌管国家财政，"京师多豪将，求取无节，琦不能禁，乃悉以租赋进入大盈内库"。这样虽然杜绝了这些跋扈将帅的求索，但却使国家库藏落入皇帝之手，皇帝另外委派亲信宦官掌管其事，而负责国家财政的相关部门却不知库藏多少，无法调节国用，安排财政收支。而皇帝因为取用方便，也乐得如此。唐德宗即位后，任用杨炎为相，他决心改变这种状况，遂向德宗进言曰："夫财赋，邦国之大本，生人之喉命，天下理乱轻重皆由焉。是以前代历选重臣主之，犹惧不集，往往覆败，大计一失，则天下动摇。先朝权制，中人领其职，以五尺宦竖操邦之本，丰俭盈虚，虽大臣不得知，则无以计天下利害。臣愚待罪宰辅，陛下至德，惟人是恤，参校蠹弊，无斯之甚。请出之以归有司，度宫中经费一岁几何，量数奉入，不敢亏用。如此，然后可以议政。惟陛下察焉"。这一番话入情入理，同时保证了皇家的开支，从而获得了德宗的赞同。故旧史称赞说："炎以片言移人主意，议者以为难，中外称之。"①这样遂使唐朝的财政管理体制又回到了正常的轨道上。

七、结语

综上所述，可知大明宫中的御史台应称御史北台，包括御史中丞院、左右巡使院和杂事院，其中中丞院原已有之，后两院始建于太和四年。御史北台的方位在中书省南。

大明宫中有两处待制院：一处位于弘文馆以东，是皇帝在宣政殿坐朝时，待制官等待召见的场所；另一处位于史馆以西，大历十四年设置，为皇帝在延英殿时，待制官等待召见的场所。

舍人院为中书舍人院的省称，是中书舍人们的办公之处。其位于中书省内，具体方位在政事堂后门外，即位于政事堂的北面，舍人院之东与散骑常侍院相邻。

京兆尹院为京兆尹在大明宫内的办公理政之处，其方位在日华门以东，门下省之西。

灵符应圣院为大明宫的道教建筑之一，始建于会昌元年（841），武宗时期的崇玄馆就设在灵符应圣院内。其具体方位在东内苑的龙首池以东。

大明宫内的左藏库和右藏库，相对于太极宫内的左藏库和右藏内库而言，应称

---

① 以上见《旧唐书》卷一一八《杨炎传》，中华书局，1975年，第3420页。

左藏东库和右藏外库。其中左藏库的方位应在右银台门内，内侍别省以东；右藏库的方位应在大明宫西夹城内。

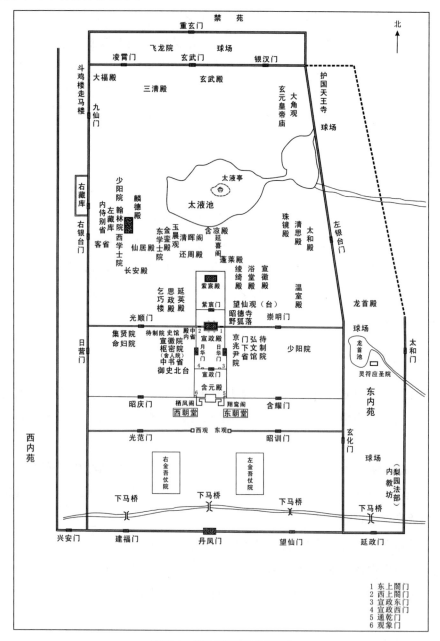

附图 1　唐大明宫平面示意图

原载《中国历史地理论丛》2014年第3辑

（杜文玉，陕西师范大学历史文化学院教授）

政治斗争与宫城布局

——唐长安城大明宫兴建原因新探

李 永

  大明宫是唐长安城"三大内"之一，是唐中后期王朝政治中心，其出现于京城东北角，对长安城空间布局以及唐王朝政治生活的重要影响，历来为史家所关注。目前学界对大明宫的研究重点集中在玄宗以及玄宗之后[①]，对大明宫"前半生"的关注较少[②]，尤其对大明宫兴建原因的探讨，学界更是少有人着墨。[③]笔者不揣浅陋，

---

  ① ［日］妹尾达彦：《唐长安城的官人居住地》，《东洋史研究》1996年第55卷第2号，第283—322页；［日］妹尾达彦：《大明宫的建筑形式与唐后期的长安》，《中国历史地理论丛》1997年第4辑，第97—108页；王静：《唐大明宫的构造形式与中央决策部门职能的变迁》，《文史》2002年第4辑，第101—109页；王静：《唐大明宫内侍省及内使诸司的位置与宦官专权》，《燕京学报》2004年新16期，第89—116页；中国社会科学院考古研究所、西安市大明宫遗址区改造保护领导小组编：《唐大明宫遗址考古发现与研究》，文物出版社，2007年；刘思怡、杨希义：《唐大明宫含元殿与外朝听政》，《陕西师范大学学报》（哲学社会科学版）2009年第1期，第42—46页；杜文玉：《唐长安大明宫、太极宫三清殿小考》，《唐都学刊》2012年第2期，第1—4，14页；杜文玉：《唐大明宫麟德殿功能初探》，《晋阳学刊》2012年第2期，第102—109页；杜文玉：《唐大明宫延英殿的功能与地位——以中枢决策及国家政治为中心》，《山西大学学报》（哲学社会科学版）2012年第3期，第196—205页；杜文玉：《唐大明宫金銮殿的功能及地位研究》，《陕西师范大学学报》2012年第3期，第76—82页；杜文玉：《唐大明宫含元殿与外朝朝会制度》，《唐史论丛》（第15辑），陕西师范大学出版社，2012年，第1—25页；陈扬：《唐太极宫与大明宫布局研究》，硕士学位论文，陕西师范大学，2010年；Saehyang P. Chung，"A Study of the Daming Palace：Documentary Sources and Recent Excavations"，*Artibus Asiae*，Vol.50，No.1/2（1990），pp.23-72；等等。

  ② 近年来已有学者开始开注大明宫前期史事的研究。参见高本宪：《唐朝大明宫初建史事考述》，《文博》2006年第6期，第56—58页；高本宪、高永丽：《唐太宗"大营北阙"考》，《文博》2007年第6期，第55—58页；高本宪：《唐高宗与大明宫》，《文博》2008年第5期，第52—56页；等等。

  ③ 笔者目前仅见赵喜惠、杨希义的《唐大明宫兴建原因初探》（《兰州学刊》2011年第5期，第213—215页）。该文与本文虽有相通之处，但论文观点、论文架构与论证思路皆有差异，故笔者仍坚持拙见，希冀能与两位学者讨论、对话、交流。

从唐初政治斗争与长安城宫城布局演变角度探寻大明宫兴建之因，希冀能对学界认识有所补充，不当之处，还望赐教。

一、传统解释及其存在的问题

现存史料中有关大明宫初建史实的记载主要有以下几处。

《唐会要》卷三〇载：

> 贞观八年十月，营永安宫，至九年正月，改名大明宫，以备太上皇清暑。公卿百僚，争以私财助役。①

《册府元龟》卷一四载：

> （贞观）八年十月，营永安宫，改名大明宫，以备太上皇清暑。公卿百僚，争以私财助役。②

《新唐书》卷三七载：

> 大明宫·在禁苑东南，西接宫城之东北隅，……本永安宫，贞观八年置，九年曰大明宫，以备太上皇清暑，百官献赀以助役。③

《长安志》卷六载：

> 东内大明宫，在禁苑之东南，南接京城之北面，西接宫城之东北隅，南北五里，东西三里。贞观八年，置为永安宫。明年，改曰大明宫，以备太上皇清暑，百官献赀财以助役。④

《资治通鉴》卷一九四载：

> （贞观八年）冬，十月，营大明宫，以为上皇清暑之所。⑤

《雍录》卷三载：

> 大明宫地本太极宫之后苑，东北面射殿也，地在龙首山上。太宗初于其地营永安宫，以备太上皇清暑。⑥

《类编长安志》卷二载：

> （东内大明宫）在禁苑之东，南接京城之北面，西接宫城之东北隅。贞

---

① 〔宋〕王溥：《唐会要》卷三〇《大明宫》，上海古籍出版社，2006年，第644页。
② 《册府元龟》卷一四《帝王部·都邑二》，中华书局，1960年，第154下页。
③ 《新唐书》卷三七《地理志一》，中华书局，1975年，第961页。
④ 〔宋〕宋敏求：《长安志》卷六《宫室四》，见《宋元方志丛刊》（1），中华书局，1990年，第104页下。
⑤ 《资治通鉴》卷一九四"贞观八年十月"条，古籍出版社，1956年，第6107页。
⑥ 〔宋〕程大昌：《雍录》卷三《唐东内大明宫》，黄永年点校，中华书局，2002年，第55页。

观八年，置永安宫。九年，曰大明宫，以备太上皇清暑，百官献赀以助役。①

《唐两京城坊考》卷一载：

> 大明宫……贞观八年置为永安宫，次年改大明宫，备太上皇清暑。②

上述史料对大明宫初建史实所记略同，总结而言有如下两点：第一，大明宫初建于唐太宗贞观八年（634），本名永安宫，九年（635）正月更名大明宫；第二，大明宫兴建动机在于为太上皇李渊提供清暑之所。上述两点内容，由于众书所言基本一致，自古以来怀疑讨论者较少，然结合其他史料考察，则发现上述两点虽不至有误，但其中皆有可供讨论的余地。

对第一点首先提出怀疑的是今人高本宪先生。唐李吉甫《元和郡县图志》"麟游县"曰："永安宫，在县西三十里，贞观八年置。"③高氏据此认为，贞观初期，国家初定，当不至于大兴土木，况且同时在两地营建同为永安宫之宫殿，不仅不符合制度，也未见他例。高氏认为两处记载有此冲突，当系《唐会要》在转抄《太宗实录》《高宗实录》等史料过程有所疏略而致。高氏进而解释永安宫与大明宫的关系为：太宗先于贞观八年决定在麟游县为太上皇兴建永安宫以备清暑，后因太上皇年老病重，转而于长安城东北隅择地另建大明宫。④但笔者细读《唐会要》之文，颇觉此处记载前后连贯，不若高氏所言有所疏略者，况且尚有多处记载皆与《唐会要》一致，恐不能轻易怀疑之。但若《唐会要》所记无误，《元和郡县图志》对永安宫地理位置的记载又该做何解释？《元和郡县图志》之外，还有《新唐书》《雍录》等书对麟游县永安宫有所记载⑤，高氏亦曾亲至麟游县西南上、下永安村处考察，"发现下永安村及附近分布着大量隋唐时代的建筑遗迹，当地村民也称此地即永安宫所在"⑥。可见麟游县确有永安宫存在。但麟游县永安宫是否即为太宗贞观八年所置之永安宫，恐有疑问，因为麟游县永安宫早在隋时即已存在。隋文帝仁寿二年（602），独孤皇后曾崩于此宫。⑦此时文帝正避暑于仁寿宫，独孤皇后当随行。著作郎王劭在独孤皇后崩后上言道："皇后迁化，不在仁寿、大兴宫者，盖避至

---

① 〔元〕骆天骧：《类编长安志》卷二《宫殿室庭》，中华书局，1990年，第63页。

② 〔清〕徐松：《唐两京城坊考》卷一《西京·大明宫》，中华书局，1985年，第18页。

③ 〔唐〕李吉甫：《元和郡县图志》卷二《关内道二》，中华书局，1983年，第42页。

④ 高本宪：《唐朝大明宫初建史事考述》，《文博》2006年第6期，第56—58页。

⑤ 《新唐书》卷三七《地理志一》："麟游……西三十里有永安宫，贞观八年置。"（《新唐书》，中华书局，1975年，第960页）《雍录》卷四《唐宫杂名》："永安宫，正观八年置，在麟游县西。"（〔宋〕程大昌：《雍录》，黄永年点校，中华书局，2002年，第88页）按：正即为贞，避宋仁宗赵祯讳。

⑥ 高本宪：《唐朝大明宫初建史事考述》，《文博》2006年第6期，第57页。

⑦ 《隋书》卷三六《文献独孤皇后传》，中华书局，1973年，第1109页。

尊常居正处也。在永安宫者，象京师之永安门，平生所出入也。"①可见，永安宫不在京师，亦不同于仁寿，当即独孤皇后随文帝避暑时所居之处。隋都大兴城的永安门位于承天门西，承天门内即大兴宫。由王劭的对比可知，永安宫当在仁寿宫之西。隋仁寿宫位于麟游县，永安宫当亦位于麟游县。两宫的东西位置与《元和郡县图志》中仁寿宫位于县西一里，永安宫位于县西三十里的记载亦相吻合。②上述高氏研究已经注意到麟游县隋时已有永安宫，并认为太宗为太上皇李渊所修的永安宫，即在隋旧宫基础上加以添建修缮而已。但上引各处史料不仅皆未提及隋时旧宫，而且皆言太宗"营"或"置"永安宫，当是营建或新置之意，绝非在隋宫旧基之上扩建修缮而已。故笔者认为将《唐会要》与《元和郡县图志》所言之两座永安宫混为一谈，尚有商榷余地。《元和郡县图志》所记的永安宫很有可能即为隋时永安宫，位于麟游县，书中所言宫殿兴置时间恐受《唐会要》等书影响而出现失误。③《唐会要》所记当为太宗新建的永安宫，位于长安城东北，后改称大明宫。总之，在缺乏确凿证据证明《唐会要》所述有误之前，笔者仍认为大明宫初名永安宫，初建于太宗贞观八年，贞观九年始改称大明宫。

对太宗营建大明宫的动机较早提出疑问者为元人刘友益。刘友益在其《资治通鉴纲目书法》中云：

> 大明宫何上皇清暑之地也，营经始之辞也。宫未及成，而上皇寝疾矣。《纲目》曷为书之识也？自六年如九成宫，马周有疏，至是二年，始为上皇清暑之计，而上皇竟不及居。太宗之慢，亦无以自赎矣。故书讥之。④

文中所谓"马周有疏"一节，指贞观六年（632）太宗幸九成宫〔隋仁寿宫，贞观五年（631）改名九成宫〕避暑，马周上疏谏曰："且车驾今行，本为避暑。然则太上皇尚留热所，而陛下自逐凉处，温清之道，臣窃未安。"⑤贞观六年已有马周之疏，两年之后，太宗始为太上皇筹划营建避暑宫殿一事，故刘氏批评太宗在尽孝养亲一

① 《隋书》卷六九《王劭传》，中华书局，1973年，第1608—1609页。

② 〔唐〕李吉甫：《元和郡县图志》卷二《关内道二》，中华书局，1983年，第42页。《新唐书》卷三七《地理志一》云仁寿宫位于县西五里，与《元和郡县图志》所记有差，未知孰是，但仍不影响两宫地理位置的东西对比。

③ 《郡斋读书志校证》卷一四《类书类》："《唐会要》一百卷……皇朝王溥撰。初，唐苏冕叙高祖至德宗九朝沿革损益之制。大中七年，诏崔铉等撰次德宗以来事，至宣宗大中七年，以续冕书。溥又采宣宗以后事，共成百卷。"（〔宋〕晁公武撰，孙猛校证：《郡斋读书志校证》，上海古籍出版社，1990年，第658页）苏冕之书早于《元和郡县图志》而成。

④ 《御批资治通鉴纲目》卷三九下，文渊阁《四库全书》本，第691册，第79页上。

⑤ 《旧唐书》卷七四《马周传》，中华书局，1975年，第2613页。

事上过于怠慢。宋人尹起莘亦曾以此为据批评太宗简于事亲："（太宗）欲幸九成宫避暑，而上皇留于暑中，见诸马周之疏，而亦不闻为之少柹其行。后虽欲营大明宫为上皇清暑之所，然亦不果居之。"①可见，古人多从孝养事亲等纲常伦理角度对太宗提出批评。刘友益则在此基础上更进一步，质疑太宗营建大明宫的动机，认为替上皇营建清暑之地只不过是太宗的借口托词而已。由其讨论可知，仅从为上皇提供清暑之所这一方面解释大明宫营建之举，恐难得太宗的真实动机。那么，太宗的真实动机为何，大明宫的营建与唐初长安城宫城布局演变间有何关系，唐初统治集团间的政治斗争与此又有何关联？

二、唐初政治斗争与大明宫的兴建

（一）唐初帝室成员关系与长安城宫城布局

现存有关唐初史料，因太宗亲见实录及许敬宗等人删削之故，对唐初帝室诸成员间关系的记载，多有隐晦曲笔。前辈学者以唐人温大雅的《大唐创业起居注》为主要依据，参以诸处史料记载的冲突矛盾处，已基本否定"太原起义太宗首谋"说以及"太子李建成庸劣"说，发掘并肯定了李渊、李建成、李元吉等人在大唐基业创建过程中的重要作用。②罗香林先生对此曾有精辟总结，认为李唐皇室打拼江山之始，李渊与李建成、李世民、李元吉三子实乃各司其职，各出其力，其中以长子建成与次子世民因领兵征战之故功劳最大。李渊对建成、世民本无偏袒之心，只是按照"立嫡以长"的传统规则以及建成的功绩，顺理成章地在建唐之初即立其为太子。③

建成、世民兄弟二人关系紧张已为治史者熟知，随着研究的深入拓展，李渊与

① 《御批资治通鉴纲目》卷三九下，文渊阁《四库全书》本，第691册，第78页上。
② 陈寅恪：《唐代政治史述论稿》，生活·读书·新知三联书店，2001年，第239—240页；罗香林：《大唐创业起居注考证》，见《唐代文化史研究》，商务印书馆，1946年，第15—46页；李树桐：《李唐太原起义考实》《论唐高祖之才略》《唐隐太子建成军功考》，见《唐史考辨》，台湾中华书局，1965年，第1—98、276—309页；汪篯：《唐太宗》，见《汪篯隋唐史论稿》，中国社会科学出版社，1981年，第70—117页；［英］崔瑞德主编：《剑桥中国隋唐史》，中国社会科学出版社，1990年，第153—154页；牛致功：《李渊建唐史略》，陕西人民出版社，1983年；贺润坤：《论李建成在建唐中的历史作用》，《陕西师大学报》（哲学社会科学版）1987年第1期，第109—112页；李英祥：《李建成在建唐中的作用》，《河北师范大学学报》（哲学社会科学版）1997年第3期，第99—103页；贺润坤：《李元吉其人》，《西北大学学报》（哲学社会科学版）1998年第4期，第114—115页。
③ 罗香林：《大唐创业起居注考证》，见《唐代文化史研究》，商务印书馆，1946年，第33—34页。

世民父子二人的矛盾斗争亦为学界揭示。①建成、世民兄弟之争为表，李渊、世民父子之争为里，两对矛盾互相纠缠，源头皆为李渊立建成为太子，本质则为权力利益的分配争夺。建成登储，"君之嗣适，不可以帅师"②，故多留居京师辅佐高祖理政，但此时唐统一工作尚未完成，带兵征伐之事自然落在世民身上，从而为世民立下不世之功创造了条件。高祖李渊为平衡兄弟二人关系，先后加世民官职至"太尉、尚书令、陕东道行台、雍州牧、左武侯大将军、使持节凉州总管、上柱国秦王"③，最后甚至"以自古旧官不称殊功，乃别表徽号，用旌勋德……加号天策上将、陕东道大行台，位在王公上"④。秦王之教与太子之令、齐王之教、高祖之诏敕并行，以致"有司莫知所从，惟据得之先后为定"。⑤李渊对世民种种宠异之举并非仅为旌赏之意，而是希望以无上荣誉换来他与建成间的各安其位，从而确保大唐皇权的平稳过渡。世民之功与高祖之宠使时为秦王的世民成为"潜在的储君"⑥。唐初帝室主要成员间的关系在长安城宫城布局上有着明显体现。

大唐宫城位于长安城北部正中，太极殿为宫城正殿，乃高祖朔望视朝之所。太极殿之西，为世民居住的承乾殿。太极殿之东为元吉居住的武德殿后院，再往东则

① 李树桐：《初唐帝室间相互关系的演变》，见《唐史考辨》，台湾中华书局，1965年，第118—152页；胡戟、胡乐：《试析玄武门事变的背景内幕》，见《唐史学会论文集》，陕西人民出版社，1986年，第97—125页；郑宝琦：《"玄武门之变"起因新探》，《文史哲》1988年第4期，第22—25页；黄永年：《论武德贞观时统治集团的内部矛盾和斗争》，见《唐史论丛》（第1辑），陕西人民出版社，1988年，第24—59页；程宗才：《"玄武门之变"新探》，《人文杂志》1991年第3期，第82—89页。

② 《十三经注疏·春秋左传正义》，中华书局，1980年，第1788页中。

③ 〔宋〕宋敏求编：《唐大诏令集》卷三五《秦王益州道行台制》，商务印书馆，1959年，第148页。

④ 《旧唐书》卷二《太宗纪上》，中华书局，1975年，第28页。

⑤ 《资治通鉴》卷一九〇"高祖武德五年十一月"条，古籍出版社，1956年，第5958页。

⑥ 孙英刚：《唐代前期宫廷革命研究》，见荣新江主编：《唐研究》（第7卷），北京大学出版社，2001年，第263—287页。

为太子建成居住的东宫。①西内为唐初政治中心，太极殿为西内正殿，高祖于此听政，象征其绝对权威。东宫为储君之所，建成自应居住于此。《雍录》言："唐东宫在太极宫中。"②据考古实测，太极宫与东宫东西总宽为1967.8米，合唐制四里一步，这与"宫城东西四里"的史料记载相吻合③，故"文献记载的宫城，是指太极宫与东宫，并不包括掖庭宫"④。因此东宫实为太极宫的有机组成部分。太子居住于此，不仅可以"保证太子能够以储君身份谙练治道，为准备日后皇权的顺利交接过渡历经磨炼"⑤，而且可以从空间意义上直观表明太子处于唐王朝的权力中心，是唐王朝最高权威的继承人。元吉居住的武德殿与世民居住的承乾殿，地理位置相对偏北，但两殿皆处太极宫中，表明他们仍处于唐王朝最高权力中心体系之内。武德殿在隋唐时期是一座颇具政治意味的著名建筑。当年李渊扶持代王杨侑称帝，杨侑以李渊"为丞相，进封唐王，位在王公上，以武德殿为丞相府"⑥。李渊称帝之前，一直居住于此。不过，元吉所居并非正殿，而是"武德殿后院"。相比之下，世民居住的承乾殿则显得默默无闻。若按常理推论，世民功高于元吉，理应居住于政治意义更为重要的武德殿，但实际情况正与此相反，这当是高祖苦心安排的结果。武德殿地位高于承乾殿，与东宫毗邻。世民功高，与建成的关系紧张，若兄弟二人居所

---

① 《旧唐书》卷六四《高祖二十二子传·隐太子建成》："自武德初，高祖令太宗居西宫之承乾殿，元吉居武德殿后院。"（《旧唐书》，中华书局，1975年，第2416页）。关于太宗居所为承乾殿抑或承庆殿，学界有所争论。《资治通鉴》卷一九〇云："世民居承乾殿。"胡三省注云："阁本《太极宫图》：月华门内有承庆殿，无承乾殿。"但未置可否。（《资治通鉴》，古籍出版社，1956年，第5958页）清人徐松《唐两京城坊考》卷一则径云："承庆殿，前有承庆门，即太宗所居，《旧书》作'承乾'者误。"（〔清〕徐松：《唐两京城坊考》，中华书局，1985年，第4页）但《唐会要》卷三〇云："初，秦王居宫中承乾殿。"（〔宋〕王溥：《唐会要》，上海古籍出版社，2006年，第639页）《旧唐书》亦云："恒山王承乾，太宗长子也，生于承乾殿，因以名焉。"（《旧唐书》，中华书局，1975年，第2648页）徐苹芳先生据此以为承乾殿之名不误，"因承乾殿与承庆殿在太极宫中的位置相合，疑承乾殿即承庆殿"（徐苹芳：《唐代两京的政治、经济和文化生活》，《考古》1982年第6期，第652页）。笔者同意徐先生的观点。又顾祖禹《读史方舆纪要》卷五三《陕西二》云："太极殿西曰承庆殿，又西有承乾殿。"（顾祖禹：《读史方舆纪要》，中华书局，2005年，第2530页）至于元吉所居之武德殿，据《唐六典》卷七《工部郎中员外郎》可知，该殿位于武德门内，武德门位于太极殿之东，武德殿则在太极殿之东。（《唐六典》，中华书局，1992年，第217页）

② 〔宋〕程大昌：《雍录》卷九《唐东宫》，黄永年点校，中华书局，2002年，第186页。

③ 〔宋〕宋敏求：《长安志》卷六《宫室四》，见《宋元方志丛刊》（1），中华书局影印本，1990年，第102页。

④ 马得志、杨鸿勋：《关于唐长安东宫范围问题的研讨》，《考古》1978年第1期，第64页。

⑤ 任士英：《长安宫城布局的变化与玄宗朝中枢政局——兼及"太子不居于东宫"问题》，见荣新江主编：《唐研究》（第9卷），北京大学出版社，2003年，第173页。

⑥ 〔唐〕温大雅：《大唐创业起居注》卷三，上海古籍出版社，1983年，第44页。

过近，只会加剧冲突摩擦，不利于宫廷局势的控制。元吉则在唐初政治斗争中倾向建成，两人于兄弟之外，亦为盟友。高祖对兄弟三人的关系不可能不了解，故安排元吉居于武德殿后院，而让世民居于承乾殿。这样既可以太极殿、两仪殿沿线建筑群作为缓冲地带，隔离矛盾冲突的双方，又可保证兄弟三人皆处于唐王朝最高权力中心，平衡彼此的政治势力。据史料记载，承乾殿、武德殿"与上台、东宫昼夜并通，更无限隔。皇太子及二王出入上台，皆乘马携弓刀杂用之物，相遇则如家人之礼"①。太极殿、承乾殿与武德殿和东宫构成三方政治势力在宫城空间布局上的绝佳投射（参见附图），三方既为家人，又为君臣，不仅反映出唐初帝室主要成员间的关系，而且如孙英刚先生语"生动地反映了当时的政治局面"②。

（二）高祖、太宗之争与长安城宫城布局的演变

唐初诸政治势力在长安城宫城中的空间布局反映着他们的均衡博弈，随着政治斗争局面的演变，宫城建筑布局也开始发生变化。高祖与太宗之争在唐初长安城宫城布局演变中起着重要的推动作用。

高祖李渊对世民功高震主之势一直怀有戒备之心，父子二人的矛盾斗争从武德二年（619）刘文静案起，即已显露端倪。当时高祖不顾世民的感情与功勋，杀了世民的亲信刘文静，黄永年先生认为此即李渊、李世民父子二人"矛盾的初步公开化"③。随着世民军功的日渐隆赫，父子二人的矛盾斗争日趋紧张，加之李渊在建成与世民兄弟二人之争中一直偏袒维护建成④，此对父子矛盾的公开化已是必然之势。唐初宫城布局也随着父子二人的矛盾斗争而演变。

高祖对世民的戒备，从其安排世民居于承乾殿似可看出眉目。承乾殿本身的建筑劣势反映出高祖与世民的关系从王朝建立伊始即已产生裂痕。承乾殿的建筑历史与建筑特色，现存史料皆语焉不详，但太宗即位后君臣间的一段对话却对此有所透露。《魏郑公谏录》卷四载：

> 太宗谓房玄龄等曰："朕所居殿，隋文帝造，已经四十余年，损坏

① 《旧唐书》卷六四《高祖二十二子传·隐太子建成》，中华书局，1975年，第2416页。
② 孙英刚：《隋唐长安的王府与王宅》，见荣新江主编：《唐研究》（第9卷），北京大学出版社，2003年，第188页。
③ 黄永年：《论武德贞观时统治集团的内部矛盾和斗争》，见《唐史论丛》（第1辑），陕西人民出版社，1988年，第25页。
④ 胡戟、胡乐：《试析玄武门事变的背景内幕》，见《唐史学会论文集》，陕西人民出版社，1986年，第97—125页；郑宝琦：《"玄武门之变"起因新探》，《文史哲》1988年第4期，第22—25页。

处少。惟承乾殿，是炀帝造，工多觅新奇，斗拱至小，年月虽近，破坏已

多。今为政更欲别作意见，亦恐似此屋耳。"[1]

可见承乾殿乃隋炀帝所建，虽然新奇有余，但品质欠佳，修建较晚却损坏较快。隋炀帝乃隋文帝次子，在隋朝统一过程中立下汗马功劳，与世民的情况极其相似，不安其分，阴谋夺嫡。李渊让世民居住于此，是否有希望他能以隋炀帝往事为鉴之意，尚不好妄加推断。但承乾殿建筑品质较次，又有炀帝所建的历史背景，世民居住此，心理上的抵触情绪恐怕难免。元吉与建成属于政治盟友，高祖却安排两人住所如此靠近，在世民看来恐怕亦为故意孤立排挤自己之举，父子间的摩擦冲突更加不可避免。

武德四年（621），世民平定东都，俘获王世充、窦建德之后，"山东悉平"[2]。李渊、李世民父子的矛盾冲突以东都之役为转折点，渐趋公开化。《旧唐书》卷六四《高祖二十二子传·隐太子建成》云：

初平洛阳，……淮安王神通有功，太宗乃给田数十顷。后婕妤张氏之父令婕妤私奏以乞其地，高祖手诏赐焉。神通以教给在前，遂不肯与。……高祖大怒，攘袂责太宗曰："我诏敕不行，尔之教命州县即受。"他日，高祖呼太宗小名谓裴寂等："此儿典兵既久，在外专制，为读书汉所教，非复我昔日子也。"[3]

天下大定之际，即为争权夺利之始。对外征伐渐趋结束，帝国内部矛盾的解决便提上日程。洛阳平定，世民军功达到顶峰，高祖对其戒备也日益加重，父子冲突渐趋公开化。高祖为限制世民权力威望继续膨胀，开始在各方面进行牵制。武德五年（622），高祖"诏太子建成将兵讨黑闼，其陕东道大行台及山东道行军元帅、河南·河北诸州并受建成处分"[4]，成为"李世民在外统兵大权中落的一个标志"[5]。黄永年先生也指出"武德后期李世民已当不成大战役的最高统帅，这个重要位置已逐渐被建成、元吉取代"[6]。李元吉则借北讨突厥之机，令秦府骁将秦叔宝、尉迟敬德、程知节、段志玄等同行，并将房玄龄、杜如晦逐出秦王府，以此削弱世民势

① 《魏郑公谏录》卷四《对所居殿隋文帝造》，丛书集成本，第899册，第37页。

② 《旧唐书》卷二《太宗纪上》，中华书局，1975年，第28页。

③ 《旧唐书》卷六四《高祖二十二子传·隐太子建成》，中华书局，1975年，第2415—2416页。

④ 《资治通鉴》卷一九〇"高祖武德五年十一月甲申"条，古籍出版社，1956年，第5960页。

⑤ 程宗才：《"玄武门之变"新探》，《人文杂志》1991年第3期。

⑥ 黄永年：《论武德贞观时统治集团的内部矛盾和斗争》，见《唐史论丛》（第1辑），陕西人民出版社，1988年，第44页。

力，高祖"知其谋而不制"①。与此同时，高祖开始在宫城居住布局上采取措施，从空间上将世民排挤于唐王朝最高权力中心之外。武德五年七月，高祖"为秦王世民营弘义宫，使居之"②。之后，世民搬离承乾殿，入居弘义宫，长安城宫城布局开始出现变化。

弘义宫，高祖为太上皇之后亦居于此，并将之改名大安宫。《长安志》云："此宫在城之西。"③《云麓漫钞》引吕大防《长安图》云：太极宫"宫城之西有大安宫"④。元人李好文则曰："唐大安宫，高祖所以处秦王也。《志》曰：在宫城之西，今乃在其西北，坏堞宛然，今人犹曰秦王府。图本所载是也。"⑤《长安志图》所绘《唐禁苑图（内苑附）》即将其标于西内苑之西、禁苑之内。⑥与《唐两京城坊考》将其定位于西内苑西云龙门外的记载相符。⑦贞观年间马周上疏曰："臣伏见大安宫在宫城之西，其墙宇宫阙之制，方之紫极，尚为卑小。臣伏以东宫皇太子之宅，犹处城中，大安乃至尊所居，更在城外。"⑧上引《资治通鉴》胡注亦云："在宫城外西偏。"由上述记载可知，弘义宫当毗邻西内苑之西门，在太极宫外（见附图）。前文已言，太极宫是唐初政治权力中心，高祖为平衡诸种政治势力，以兄弟三人皆处太极宫中，并采取将建成、元吉与世民分处太极殿两侧的策略，达到兄弟三人和平相处的目的。此时随着高祖与世民矛盾的渐趋紧张，高祖将世民移出太极宫外，但建成与元吉却仍留居太极宫内，显为打压限制世民之举。《长安志》所谓的"高祖以秦王有克定天下功，特降殊礼，别建此宫以居之，号弘义宫"⑨云云，实未得高祖修建弘义宫以居世民的真实动机。不过"克定天下功"的记载却明白透

---

① 《旧唐书》卷六四《高祖二十二子传·巢王元吉》，中华书局，1975年，第2422页。又参见黄永年：《论武德贞观时统治集团的内部矛盾和斗争》，见《唐史论丛》（第1辑），陕西人民出版社，1988年，第45页；雷艳红：《武德年间的唐突关系与玄武门之变的爆发》，《中国边疆史地研究》2004年第3期，第87页。

② 《资治通鉴》卷一九〇"高祖武德五年七月甲申"条，古籍出版社，1956年，第5952页。

③ 〔宋〕宋敏求：《长安志》卷六《宫室四》，见《宋元方志丛刊》（1），中华书局，1990年，第103页。

④ 〔宋〕赵彦卫：《云麓漫钞》卷八，中华书局，1996年，第141页。

⑤ 〔元〕李好文：《长安志图》卷中，见《宋元方志丛刊》（1），中华书局，1990年，第220页上。

⑥ 〔元〕李好文：《长安志图》卷上，见《宋元方志丛刊》（1），中华书局，1990年，第206页上。

⑦ 〔清〕徐松：《唐两京城坊考》卷一《西京·三苑》，中华书局，1985年，第28页。

⑧ 《旧唐书》卷七四《马周传》，中华书局，1975年，第2613页。

⑨ 〔宋〕宋敏求：《长安志》卷六《宫室四》，见《宋元方志丛刊》（1），中华书局，1990年，第103页。

露出高祖萌生修建弘义宫之意的时间确在世民平定洛阳之后，这正与上文分析的高祖、世民矛盾斗争的发展趋势吻合。因此，世民由承乾殿移居弘义宫，绝非居住空间的简单位移，实为高祖利用世民平定洛阳之机，以奖赏为借口而打击压制世民。武德九年（626），高祖又以建成、世民兄弟二人"同在京邑，必有忿竞"，决定让世民离开长安而居洛阳。建成、元吉"密令数人上封事曰：'秦王左右多是东人，闻往洛阳，非常欣跃，观其情状，自今一去，不作来意。'高祖于是遂停"①。高祖此举表面看是为了缓解世民与建成间的矛盾，但背后意图却是进一步排挤世民，使之远离京师，否则他不会在意识到移居洛阳对世民更加有利后，便改变初衷。

（三）高祖、太宗之争与大明宫的兴建

高祖与太宗之争使弘义宫的出现具有深刻的政治背景与政治意义。但以建筑空间为政治斗争的手段，绝非高祖一人专利。太宗通过政变上台之后，先即位于东宫显德殿，以高祖为太上皇。贞观三年（629）四月，太上皇"以弘义宫有山林胜地，乃徙居焉，改名大安宫"②，"太宗始于太极殿听政"③。太上皇李渊让出西内正殿，搬离太极宫，入住弘义宫，标志着唐王朝最高权力交接过程的结束。太宗由弘义宫移至东宫，进而入主太极殿，则标志着太宗政治主导与政治权威的塑造完成。现有史料几乎皆言太上皇徙居弘义宫乃主动之举，《唐会要》甚至记载李渊早在武

---

① 《旧唐书》卷六四《高祖二十二子传·隐太子建成》，中华书局，1975年，第2417—2418页。

② 《册府元龟》卷一〇《帝王部·继统二》，中华书局，1960年，第111页上。《旧唐书·高祖纪》载："武德九年八月癸亥，诏传位于皇太子。尊帝为太上皇，徙居弘义宫，改名大安宫。"将高祖移居弘义宫的时间记为武德九年，与《册府元龟》所记有异。《新唐书·高祖纪》曰："（武德九年八月）甲子，皇太子即皇帝位。贞观三年，太上皇徙居大安宫。"明确把皇太子即位与徙居大安宫两事分开，并将后者定位于贞观三年。《唐会要》载："武德五年七月五日营弘义宫……至贞观三年四月，乃徙居之，改为太安宫。"《资治通鉴》卷一九三也载："（贞观三年）夏，四月，乙亥，上皇徙居弘义宫，更名大安宫。"高祖《徙居大安宫诰》则有言："朕故仍居紫极……露往霜来，四载于兹矣。"从武德九年传位给太宗，至贞观三年，前后正为四年时间。所以，李渊徙居弘义宫的时间当为贞观三年。《旧唐书》的记载当是概述太宗即位后与高祖有关的史事，而非将高祖徙居弘义宫的时间记为武德九年。以上记载分见《旧唐书》卷一《高祖纪》，中华书局，1975年，第17页；《新唐书》卷一《高祖纪》，中华书局，1975年，第19页；〔宋〕王溥：《唐会要》卷三〇《弘义宫》，上海古籍出版社，2006年，第639页；《资治通鉴》卷一九三，古籍出版社，1956年，第6064页；《册府元龟》卷一〇《帝王部·继统二》，中华书局，1960年，第111页下；《全唐文》卷三，中华书局，1980年，第41页上。

③ 《旧唐书》卷二《太宗纪上》，中华书局，1975年，第36页。

德九年就已"雅好"弘义宫①,但他在《答太宗陈让表手诏》中有言:"吾今往西宫……汝何劳执抑,频此言请……彼宫此室,势何殊也?"②言语之间明显透露出无奈之情。清人赵翼指出,高祖传位太宗实属"迫于势之不得已"③。可以想见,高祖为太上皇之后并不愿让出这座象征唐王朝最高权威的太极殿,占据此殿是他向天下宣示其政治影响力依然有存的重要方式之一。他在《徙居大安宫诏》中有言:"朕愧受浸润,深念元功,乃敬授帝图,先天传政。惧其溢满骄上,未称三灵之心;纵欲肆情,不恤万方之重。朕故仍居紫极,处之肃成,察其复礼,观其齐政。"④高祖虽已让位太宗,但不甘就此退出权力舞台之情溢于言表。高祖缘何在此时做出让出太极殿,搬离太极宫之举?笔者认为当与贞观三年年初裴寂之死有关。裴寂是晋阳起兵的重要参与者和策划者,为唐王朝的开国功勋,尤为高祖亲信。前文所讲武德初年高祖不顾太宗之请,执意杀死刘文静之事,实为高祖与太宗矛盾斗争的初步反映。其时,裴寂作为高祖心腹,曾有言于高祖:"文静……性复粗险,忿不思难,丑言悖逆,其状已彰。当今天下未定,外有勍敌,今若赦之,必贻后患。"⑤力劝高祖杀死文静。黄永年先生认为"刘、裴之争,实际上反映了李世民和李渊之间的矛盾"⑥。太宗即位之后并未立即清算旧账,直至贞观三年正月,"沙门法雅坐妖言诛。司空裴寂尝闻其言,辛未,寂坐免官,遣还乡里……未几,又坐狂人信行言寂有天命,寂不以闻,当死;流静州……上思其佐命之功,徵入朝,会卒"。⑦太宗整肃裴寂的同时,为刘文静平反,"追复官爵,以子树义袭封鲁国公,许尚公主"⑧。一正一反之间表明太宗开始以翻旧案的方式向仍占据太极殿的太上皇施压。太上皇此时当亦明白,让出太极殿已是势之必然,故有"彼宫此室,势何殊也"如此无奈之语。极其巧合并极具讽刺意味的是,太上皇移居之处正为当年他出于排挤打压太宗目的而修建的弘义宫。高祖恐不会主动选此作为迁居之所,但太宗却极有可能模仿

---

① 〔宋〕王溥:《唐会要》卷三〇《弘义宫》,上海古籍出版社,2006年,第639页。

② 《册府元龟》卷一〇《帝王部·继统二》,中华书局,1960年,第112页下;《全唐文》卷三,中华书局,1980年,第41页下。

③ 〔清〕赵翼著,李树民校证:《廿二史劄记校证》卷一三,中华书局,1984年,第280页。

④ 《册府元龟》卷一〇《帝王部·继统二》,中华书局,1960年,第111页下;《全唐文》卷三,中华书局,1980年,第41页上。

⑤ 《旧唐书》卷五七《刘文静传》,中华书局,1975年,第2293—2294页。

⑥ 黄永年:《论武德贞观时统治集团的内部矛盾和斗争》,见《唐史论丛》(第1辑),陕西人民出版社,1988年,第27页。

⑦ 《资治通鉴》卷一九三"太宗贞观三年正月"条,古籍出版社,1956年,第6062页。

⑧ 《旧唐书》卷五七《刘文静传》,中华书局,1975年,第2294页。

其父，让太上皇入居于此。实际上，太宗在很多地方都模仿其父①，故太宗极有可能即弘义宫这一选择背后的真正主导者。

太上皇李渊移居弘义宫后，虽然脱离唐王朝最高权力中心，但并不意味着就此退出政治舞台。他的政治力量尚存，政治余威尚在。他本人也不甘寂寞，时有接见朝臣之举，这也导致太宗不得不对其有更进一步的排挤。李渊在前揭《徙居大安宫诰》中曾有言：

> 百辟卿士等，或晋阳从我，同披荆棘；或秦邸故吏，早预腹心。并以
> 德奉言扬，进忠显孝，保乂社稷，天平地成。惟当带砺山河，与国休戚，
> 可悉心辅弼，无党无偏，罔或窴哉，替尔丕绩，善事元首，称朕意焉。②

从诰中所言来看，太上皇是在劝诫文武百官效忠太宗，共保社稷平安。但他明显将满朝文武分为"晋阳从我，同披荆棘"者与"秦邸故吏，早预腹心"者两种势力，表面是在劝诫双方"不党不偏"，莫要搞团体党争，实际则在讽喻太宗，让其明白我虽然搬离太极宫，但不要忘记朝中仍有我的政治力量。与之相对，太宗对太上皇接见朝臣之举也非常敏感。《魏郑公谏录》载：

> 太上皇幸两仪殿，内外群臣奉见。太上皇还西宫，太宗从至大安宫。
> 还，顾谓长孙无忌等曰："今天下无事，侍太上皇与公等同宴，可谓至
> 乐。然朕若与公等忘政事，但欢宴，盖非常安之法。"公对曰："陛下
> 酣宴之后，犹不忘庶政，古者尧舜禹汤，所以太平，实用此道。"太宗因
> 曰："古之人君，处廊庙，居逸乐，臣下一事失所，便弃前功，解免黜
> 放，急处如此。"公对曰："人君发怒于一臣，将行刑罚，而能念其旧功
> 者，鲜矣！陛下今发德音，臣等幸甚。"③

两仪殿位于太极殿之后，是唐初帝王平日听政视事之所，太上皇幸临此殿，内外群臣毕见。太上皇此举恐不仅仅是为了与群臣同宴共乐，而是为了向太宗暗示其政治影响力仍在，否则地点当不至于选择在常日视朝的两仪殿。太上皇此举对太宗的心理刺激极为明显。太宗侍太上皇还大安宫后所说的话颇为暧昧，显有责备群臣与上皇过于亲近之意。太宗也曾屡以军功同太上皇相较，自夸于臣下。贞观四年（630）突厥颉利可汗被俘，献至京师，太宗顾谓侍臣曰：

---

① 李树桐：《唐太宗的模仿高祖及其对唐帝国的影响》，见《唐史新论》，台湾中华书局，1972年，第119—165页。

② 《册府元龟》卷一〇《帝王部·继统二》，中华书局，1960年，第112页上；《全唐文》卷三，中华书局，1980年，第41页。

③ 《魏郑公谏录》卷三《对无事与公等饮》，丛书集成本，第34—35页。

"朕闻主忧臣辱，主辱臣死。往者国家草创，突厥强梁，太上皇以百
姓之故，称臣于颉利，朕未尝不痛心疾首，志灭匈奴，坐不安席，食不甘
味。今者暂动偏师，无往不捷，单于稽颡，耻其雪乎？"群臣皆称万岁。①
高祖当年初入长安，受制于客观形势，曾"遣光禄卿宇文歆赍金帛以赂颉利"，而
且"每优容之，赐与不可胜计"。②此即太宗所谓"称臣于颉利"所本。太宗又以
"暂动偏师"为言，显有轻视突厥势力与贬低高祖武功的心态。③太上皇则抓住此机
会，于太极宫凌烟阁召集太宗与"贵臣十余人及诸王妃主"置酒庆祝，显示其并非
真心想"养性别宫"④，而是无时无刻不挂念家国大事。太上皇临幸太极宫接见群臣
之举，恐不是太宗想看到的。但在中国古代重视以孝治国的政治传统下，帝王侍奉
养亲之举已经脱离纯粹的人际伦理范畴，成为体现君主品质、巩固政权统治的重要
政治宣传手段。太上皇毕竟为太宗生身之父，如何在不违背伦理道德的前提下，进
一步把太上皇排挤出唐王朝的政治中心，是太宗必须解决的问题。

前文已揭出，大安宫位于太极宫外，但高祖曾在武德八年（625）有言："朕
以秦王有大功，故于宫中立第以异之。"⑤结合前文所言《长安志图》及《唐两京城
坊考》对大安宫的定位，可以看出大安宫与太极宫相距不至太远，且大安宫至太极
宫的交通亦非常通畅，这就为太上皇时常出现于太极宫创造了地理位置上的便利条
件。太上皇在政治舞台上依然活跃，迫使太宗不得不考虑将太上皇迁居至距离太极
宫更远的宫殿。

贞观六年，太宗首幸九成宫避暑，马周有疏进谏。⑥马周之谏有两层意思：第
一，太上皇所居的大安宫制度卑小，不足以向天下四夷展示大唐威严，希望太宗能
够修崇大安宫，并务从高显；第二，太宗幸九成宫避暑之举并未考虑太上皇仍处湿
热之所，有失温清之道。若修筑大安宫宫殿门楼，使之高显，则于太极宫附近，再
现一处可与之分庭抗礼、万方四夷皆仰观的大唐宫殿，太上皇的政治威信与影响力
必定因之增强。但此为太宗最不希望发生之事，故单就第一点而言，绝不可能唤起
太宗共鸣。马周之谏第二点是希望太宗考虑太上皇消暑之事。消暑之法有多种，但

---

① 〔唐〕吴兢：《贞观政要》卷二《任贤第三》，上海古籍出版社，1983年，第38页。
② 《旧唐书》卷一九四上《突厥传上》，中华书局，1975年，第5155页。
③ 陈寅恪先生已经揭示："唐太宗……能以屈辱残破之中国一举而覆灭突厥者，固由唐
室君臣之发奋自强，遂得臻此，实亦突厥本身之腐败及回纥之兴起二端有以致之也。"参见
陈寅恪：《唐代政治史述论稿》，生活·读书·新知三联书店，2001年，第323页。
④ 《册府元龟》卷一〇《帝王部·继统二》，中华书局，1960年，第112页上。
⑤ 《册府元龟》卷一〇九《帝王部·宴享一》，中华书局，1960年，第1301页上。
⑥ 《旧唐书》卷七四《马周传》，中华书局，1975年，第2613页。

在当时社会条件下，前往清凉之地或修建离宫别苑是最直接最有效的途径。第一点虽非太宗想见，但上述两点之结合，却为太宗提供了进一步排挤太上皇的绝佳途径：以消暑为辞，让太上皇搬离与太极宫邻近的大安宫，进而降低太上皇的政治活跃程度。太宗先是"屡请上皇避暑九成宫"，但"上皇以隋文帝终于彼，恶之"。①九成宫本隋仁寿宫，隋文帝于仁寿四年（604）崩于此宫②，时人皆以文帝为太子杨广所弑。太上皇以此为辞不往九成宫，实有以文帝往事为鉴，讽喻太宗之意。无法说服太上皇前往九成宫之后，太宗于贞观八年十月"营大明宫，以为上皇清暑之所"③，时距马周上疏已有两年时间。若细考时局则可发现，贞观八年前后实为太上皇极其活跃之时，太宗营建大明宫当是其对太上皇一系列排挤举动的延续。《旧唐书·高祖纪》载：

> 贞观八年三月甲戌，高祖宴西突厥使者于两仪殿，顾谓长孙无忌曰："当今蛮夷率服，古未曾有。"无忌上千万岁寿。高祖大悦，以酒赐太宗。太宗又奉觞上寿，流涕而言曰："百姓获安，四夷咸附，皆奉遵圣旨，岂臣之力！"于是太宗与文德皇后互进御膳，并上服御衣物，一同家人常礼。是岁，阅武于城西，高祖亲自临视，劳将士而还。置酒于未央宫，三品以上咸侍。高祖命突厥颉利可汗起舞，又遣南越酋长冯智戴咏诗，既而笑曰："胡、越一家，自古未之有也。"太宗奉觞上寿曰："臣早蒙慈训，教以文道，爰从义旗，平定京邑。重以薛举、武周、世充、建德，皆上禀睿算，幸而克定。三数年间，混一区宇。天慈崇宠，遂蒙重任。今上天垂祐，时和岁阜，披发左衽，并为臣妾。此岂臣智力，皆由上禀圣算。"高祖大悦，群臣皆呼万岁，极夜方罢。④

上引文中将"置酒未央宫"置于"阅武于城西"后，似乎两事前后相连，同时发生。据两《唐书·太宗纪》，"阅武于城西"发生于贞观八年十二月⑤，但两书皆未言"置酒未央宫"之事。《资治通鉴考异》引《太宗实录》曰："八年正月，颉利可汗死。"⑥因此"置酒未央宫"一事不可能发生于"阅武于城西"之后。《资治通鉴》从《唐历》记载，将"置酒未央宫"一事系于贞观七年（633）十二月戊午，

---

① 《资治通鉴》卷一九四"太宗贞观八年"条，古籍出版社，1956年，第6106页。
② 《隋书》卷二《高祖纪》，中华书局，1973年，第52页。
③ 《资治通鉴》卷一九四"太宗贞观八年十月"条，古籍出版社，1956年，第6107页。
④ 《旧唐书》卷一《高祖纪》，中华书局，1975年，第17—18页。
⑤ 《旧唐书》卷三《太宗纪下》，中华书局，1975年，第44页；《新唐书》卷二《太宗纪》，中华书局，1975年，第35页。
⑥ 《资治通鉴》卷一九四"太宗贞观七年十二月戊午"条，古籍出版社，1956年，第6103页。

当是。按此分析，太上皇先于贞观七年十二月，集太宗与三品以上置酒未央宫，后又于贞观八年三月临幸两仪殿，宴见西突厥使者，并有长孙无忌等朝臣陪同。未央宫设宴之时，太宗于满朝三品之前奉觞上寿，绝口不提高祖功绩，反倒细数己身军功，唯以"上禀睿算"为辞敷衍上皇，政治炫耀与心理博弈之意明显大过侍宴上寿之心。次年二月，太上皇再幸两仪殿，设宴招待西突厥使者，太宗、文德皇后、长孙无忌等朝臣皆预宴。太上皇在贞观八年前后连续宴见群臣，并再度临幸太极宫两仪殿，实为太宗即位以来太上皇最为活跃之时，这对太宗的政治威信明显形成挑战。在此背景下，太宗开始为太上皇修建大明宫，当是希望通过改变太上皇居住空间的途径降低其在政治舞台上的活跃程度。由此亦可明了为何在马周上疏两年之后，太宗方为太上皇修建避暑之所。清暑只是大明宫修建的托词，将太上皇迁至距离太极宫更远且交通更加不便的大明宫，从而减少其与朝臣接触机会，降低其政治活跃程度才是太宗的真实动机。据史料记载，大明宫"北据高原，南望爽垲，每天晴日朗，南望终南山如指掌……盖其高爽也"[①]，实为清暑佳地。大明宫地理环境上的优势，无疑便利了太宗以清暑尽孝为辞，行排挤上皇之实。

三、余论

城市建筑学理论认为，在城市建设过程中"政治是头等重要且具有决定性意义的要素"[②]。某一时代的政治背景与政治权力格局演进对城市建筑有着深刻影响。在政治色彩与政治象征意味浓厚的中国古代都城内部，政治斗争与城市形态、城市空间布局演变间的关系也是学界历来较为关注的研究课题。本文在前人研究基础上，将此视角置入对大明宫兴建原因的探讨，得出了与传统观点较为不同的认识。传统史料皆言大明宫兴建动机为太宗为太上皇修建避暑之所。但贞观六年已有马周之谏，缘何直至贞观八年十月，太宗方动工为太上皇修建清暑之所？宋元时人已从纲常伦理等角度批评太宗慢于事亲，并质疑大明宫的修建动机。如若考察唐初帝室成员间的政治斗争，即可发现，唐高祖在唐初特殊政治形势下，形成了利用建筑空间平衡政治势力、处理政治矛盾的习惯与传统。作为唐初长安宫城布局转变过程中的利益损失者，太宗继位之后，转而利用此传统与高祖进行政治博弈。大明宫即是太宗遵循这一传统方式，出于排挤打压太上皇的目的而修建的。唯有如此，方能较好

---

① 〔宋〕宋敏求：《长安志》卷六《宫室四》，见《宋元方志丛刊》（1），中华书局本，1990年，第104页下。

② 〔意〕阿尔多·罗西：《城市建筑学》，黄士钧译，中国建筑工业出版社，2006年，第162页。

地解释缘何太上皇寝疾之后，大明宫的修建计划即告中止，终贞观之世几不见有续修之举①，实因此时太宗的政治对手已不存在，大明宫即无修建的必要了。

大明宫初建动机虽非为太上皇修建避暑宫殿，但其修建过程按照离宫别馆的规格建制进行则是可以想见的。到龙朔年间（661—663），"高宗染风痹，以宫内淋湿，乃修旧大明宫，改名蓬莱宫"②。大明宫由此开始了从离宫别馆到王朝政治中心的角色转换，并进而对长安城的空间布局演变产生重要影响。既然有关大明宫兴建原因的历史记载多有可议之处，龙朔年间大明宫重修之因是否仅为"高宗染风痹"，恐亦有商榷余地。其时，武则天已经被立为后，并开始对高宗朝政产生重要影响。高宗与武则天在大明宫重建过程中各自扮演了何种角色，大明宫重建后，高、武二人对其采取了何种不同的经营控制措施，这些措施的效果如何？重建后的大明宫并没有将东宫作为附属建筑规划在内，使天子与储君的居所产生了空间上的分离。"新建宫殿不建东宫"这一传统为唐玄宗修建兴庆宫时延续，但作为补救措施，唐玄宗要求太子"不居于东宫，但居于乘舆所幸之别院"③。"太子不居于东宫"这一传统则为玄宗以后诸帝继承。由大明宫重建引发的这些问题与高、武时期以及之后唐王朝的政局演变关联甚大，拟留他文再论。

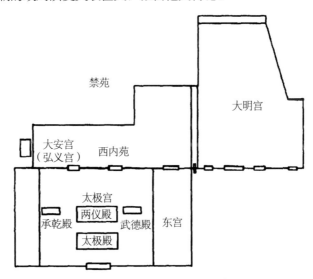

附图1　唐初长安城宫城布局形势简图

① 高本宪、高永丽认为现存史料中贞观二十年（646）十月之"大营北阙"，当是太宗在大明宫旧基之上对大明宫的再度修建。即便上述结论成立，也说明太宗在太上皇死后已不急于修建大明宫。参见高本宪、高永丽：《唐太宗"大营北阙"考》，《文博》2008年第5期。
② 〔宋〕王溥：《唐会要》卷三〇《大明宫》，上海古籍出版社，2006年，第644页。
③ 《旧唐书》卷一〇七《玄宗诸子传》，中华书局，1975年，第3272页。

附记：本文于2012年12月提交由中国社会科学院《历史研究》编辑部、上海师范大学人文学院、中国近代社会研究中心主办的"第六届历史学前沿论坛"讨论，与会学者特别是云南大学周琼教授的提出诸多修订意见，特致谢忱。

原载《中华文史论丛》2015年第2期

（李永，福建师范大学社会历史学院教授）

唐长安国子监与长安城

沈　旸

　　唐官学教育在类别上分属两级：一为中央直属馆监系统，二乃隶属于地方的府、州、县学。前者包括门下省所属弘文馆，东宫所属崇文馆，国子监统领的国子、太学、四门、律、书、算六学，玄宗天宝九年（750）又增置广文馆，统称为"国子七学"（又称"四馆三学"）①此为教育系统概念中的国子监。同时，国子监代表一个建筑群体空间，为施行国家高等教育和庙学行礼的物质场所，且贵为天下庙学之表率。古有"五学之制"，"中为天子之学，所谓太学是也。小学亦只在王宫之南，不惟天子视学行礼为便，而元子、庶子、与夫公卿大夫之适子，入学亦近而易习。东西南北，各设学以代四方之士……未必咸在天子之学，则亦随其方而处之意"。而唐之多学并立，"恐亦其遗意也"。②

　　隋、唐皆以长安为西京、洛阳为东都，称"两京"，两京皆置国子监。玄宗开元二十七年（739）"命尚书右丞相裴耀卿摄太尉，持节就国子庙册，册毕，所司奠祭亦如释奠之礼。又遣太子少保崔琳往东都就庙行册礼"③。这表明洛阳国子监内亦设有孔庙，且两监礼仪同制，其他信息不明；此外，长安太极宫城内尚有一处孔庙（图1），位在月华门西，东临皇帝日常听政之两仪殿，南临中书省④，此庙恐为宫

---

　　① 据资料记载，国子监国子学生300人（三品官以上子弟），太学生500人（五品官以上子弟），四门学生1300人（七品官以上子弟及平民子弟中之优秀者），律学生50人，书学生、算学生各30人（后三者为八品官以下及平民子弟中能胜任此职者），计2210人。太宗（627—649）时，曾增建长安国子监学舍1200间，生员再增360人，周边邻国，如高丽、百济、新罗、高昌、吐蕃等，均遣子弟请入大唐国学，最盛时国子监诸生达8000余人。参见《新唐书》卷四四《志第三四·选举志上》，中华书局，1975年，第1159—1160页；〔宋〕王谠撰，国勋初校证：《唐语林校证》卷五，中华书局，1987年，第459页；侯力：《唐代官学中的学规和学礼》，《益阳师专学报》1998年第2期。

　　② 《全元文》卷五八九熊禾《三山郡泮五贤祀记》，江苏古籍出版社，1998年，第582页。

　　③ 〔唐〕杜佑：《通典》卷五三《礼一三·孔子祠》，中华书局，1988年，第1482页。

　　④ 〔宋〕程大昌：《雍录》图7《阁本大明宫图》，黄永年点校，中华书局，2002年。

城内门下省弘文馆与东宫崇文馆两馆师生四时致祭而设[1]，规模及影响甚微。故，本文专论唐长安国子监与长安城。

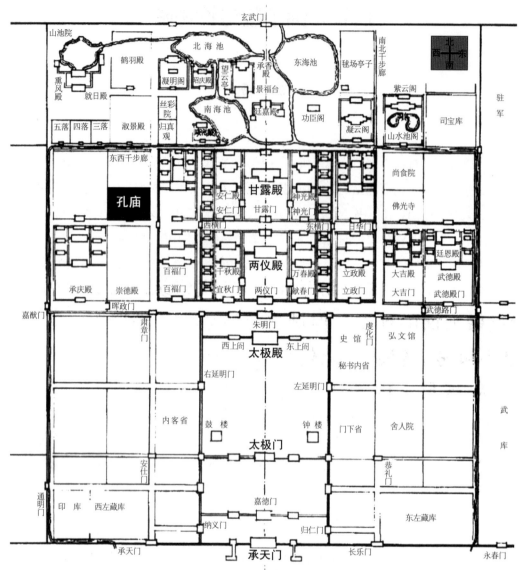

图 1　唐长安太极宫孔庙位置

［出自傅熹年主编：《中国古代建筑史》（第 2 卷），中国建筑工业出版社，2001 年，第 363 页《唐长安太极宫平面复原示意图》］

对论述结构需做事先说明：建筑营造，选址规划为先，且古代都城的官方建筑更给予礼制规矩的约束和定位，从都城国子监所在入手，即出于都城规划的全局之

---

① 据《孔庙史话》，门下省设弘文馆，学生30人，东营设崇文馆、学生20人，专收皇亲、宰相及一品功臣等子弟入学。参见曲英杰：《孔庙史话》，中国大百科全书出版社，1998年，第76页。

虑；再大而化小，视角由城市转至国子监庙学，因文献记载的建筑信息极为稀少，借由解读庙学行礼中的行进路线和空间使用，可钩稽些许对建筑本体和城市空间的认知，二者相辅相成，实不可分离；虽科举与国子监之间的最直接联系仅限于士子至孔庙谒先师，却引发笔者对参与科举者行止空间描摹的兴趣，并及于帝都功能空间的再思考。

一、两京的"文武"空间

唐时除建立了比较完善的文举与文庙系统之外，武举与武庙亦皆创置于是时。武庙即太公（武成王）庙，"为姜太公庙也"，玄宗开元十九年（731）令"两京诸州各置太公庙"，"祠武成王庙自此始"。[①]《立齐太公庙制》云："宜令两京及天下诸州各置太公尚父庙一所，以张良配享。春秋二时，取仲月上戊日祭。诸州宾贡武举人，准明经进士行乡饮酒礼，每出师命将，辞讫发日，便就庙引辞。仍简取自古为将功业显著康济生人者十人，准十哲例配享。"[②]知，武庙建置地点在两京及诸州，不达于县，普及程度不及孔庙，"祭典与文宣王比"[③]，有配享、从祀，亦施行释奠、乡饮酒等礼，祭祀时间（春秋仲月上戊日）则在祭孔（春秋仲月上丁日）翌日，虽与孔庙释奠同属官方祭典的"吉礼·中祀"范畴[④]，但明显位居其下。

有关武举、武庙建置及相关制度演变，陶希圣、高明士、黄进兴等先生已做入微之考察。[⑤]笔者关注的重点在于：文举与孔（文）庙结合，武举与武庙结合，且皆具庙祀系统，又均在玄宗开元至天宝初形成，官方设置的文、武系统在都城中（至于诸州之武庙实例，一时无考）的空间表述方式如何？对都城空间布局的影响又如何？……

---

① 〔宋〕孟元老撰，伊永文笺注：《东京梦华录笺注》引程穆衡《水浒传注略》，中华书局，2007年，第111页。据高明士《唐代的武举与武庙》，太宗贞观间（627—649）已为太公立庙，在磻溪（今陕西宝鸡东南），其入渭水，溪中有泉，曰兹泉，相传是太公垂钓处。中宗神龙二年（706）已在两京设置齐太公庙署，后废，原因不明。玄宗开元十八年（730）复置。可见，正式立庙之前已有诸多准备工作。参见高明士：《唐代的武举与武庙》，见《第一届国际唐代学术会议论文集》，台北唐代研究学者联谊会，1989年，第1047页。

② 《全唐文》卷二三《立齐太公庙制》，中华书局，1983年，第269页。

③ 《新唐书》卷一五《志第五·礼乐五》，中华书局，1975年，第377页。

④ 《大唐开元礼》卷一、卷五三、卷五五，民族出版社，2000年。

⑤ 详见陶希圣：《武庙之政治社会的演变》，《食货复刊》1972年第2卷第5期；高明士：《唐代的武举与武庙》，见《第一届国际唐代学术会议论文集》，台北唐代研究学者联谊会，1989年，第1017—1069页；黄进兴：《武庙的崛起与衰微（7—14世纪）——一个政治文化的考察》，见《圣贤与圣徒》，北京大学出版社，2005年，第205—236页。

西京长安：唐长安相循隋大兴，两朝国子监及孔庙自始即在务本坊。务本坊位皇城东南，为朱雀门大街（长安城南北向中轴线所在）东第二街北起第一坊，西北临近皇城安上门[①]。太公庙则在外郭城的太平坊。[②]"京都（长安）置太公庙于孔子庙之西"[③]，由皇城南望，正是"东文西武"的空间格局。

东都洛阳：隋以洛阳为东都（图2），规制相仿于长安城，宏伟壮丽。城址跨洛水南北两岸，水南大于水北，且东西延伸，南北有限。这些地形特征，使洛阳城市布局灵活而不对称。宫城中轴由隋炀帝指定[④]，往南延伸即主干大街，从端门至定鼎门（隋称建国门）"南北九里，四望成行，人由其下，中为御道，通泉流渠，映带其间"[⑤]。隋时"种植樱桃、石榴、榆、柳……今（唐）杂植槐、柳等树两行，……临大街并为重楼，饰以丹粉"。隋国子监即位于此大街北端东侧的修文坊，"隋立国子学于此，因曰修文"[⑥]。临近入宫必经之路的天津桥。唐初洛阳曾降为洛州，后又恢复都城地位，东都国子监设于高宗龙朔二年（662），位在正平坊[⑦]，监前立纪念尹知章碑[⑧]。太公庙则在外郭城的道德坊[⑨]，位在国子监所在正平坊的东北角。

长安以朱雀门大街、洛阳以定鼎门大街为城市主轴线，皆以城北宫城为空间递进的高潮，城市布局由此展开。不过，洛阳没有长安那种整齐、宽坦、对称的格局，而是比较顺任自然、灵活，不对称[⑩]，因此，除了宫城范围内各功能空间对皇权的拱卫与长安类似外，其他则更多地体现在意识形态的空间意向上，而不似长安在地理空间上的明确对置。长安的"文""武"空间在皇城南呈东西鼎立之势，并分别强调了皇城内"左祖右社"（长安"右社"为社、稷二坛并列，社东稷西，俱北向）礼仪制度在空间上的延续。（图3）

---

① 安上门为唐长安皇城南垣东门，后为明清西安城南门，在明清西安城南门外东侧。

② 〔清〕徐松：《唐两京城坊考》卷四《西京·太平坊》，中华书局，1985年，第96—97页。

③ 〔唐〕刘𫗱：《隋唐嘉话》（下），中华书局，1997年，第50页。

④ 郭湖生：《中华古都》，见《中国古代城市史论文集》，空间出版社，1997年，第51页。

⑤ 〔唐〕杜宝撰，辛德勇辑校：《大业杂记辑校》，三秦出版社，2006年，第3页。

⑥ 《河南志》卷一，见《宋元方志丛刊》（8），中华书局，1990年，第8340页。

⑦ 《河南志》卷一，见《宋元方志丛刊》（8），中华书局，1990年，第8340页。正平坊在今洛阳城南赵村一带，《大唐郊祀录》卷一〇曰"长乐坊"。

⑧ 〔清〕徐松：《唐两京城坊考》卷五《东京·外郭城》，中华书局，1985年，第149页。

⑨ 〔清〕徐松：《唐两京城坊考》卷五《东京·道德坊》，中华书局，1985年，第155页。

⑩ 郭湖生：《中华古都》，空间出版社，1997年，第49页。

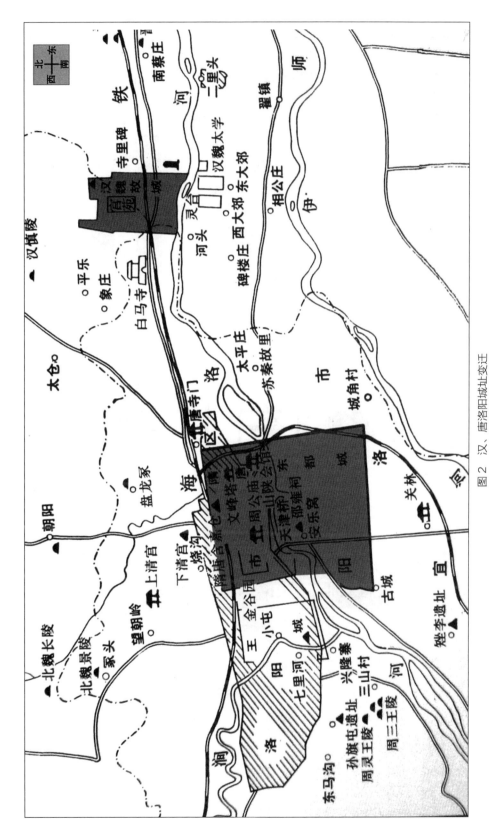

图 2　汉、唐洛阳城址变迁

（出自黎承贤、韩忠厚、[日]莱喜元主编：《洛阳》，中国建筑工业出版社，1990年，第 59 页《洛阳文物古迹分布图》）

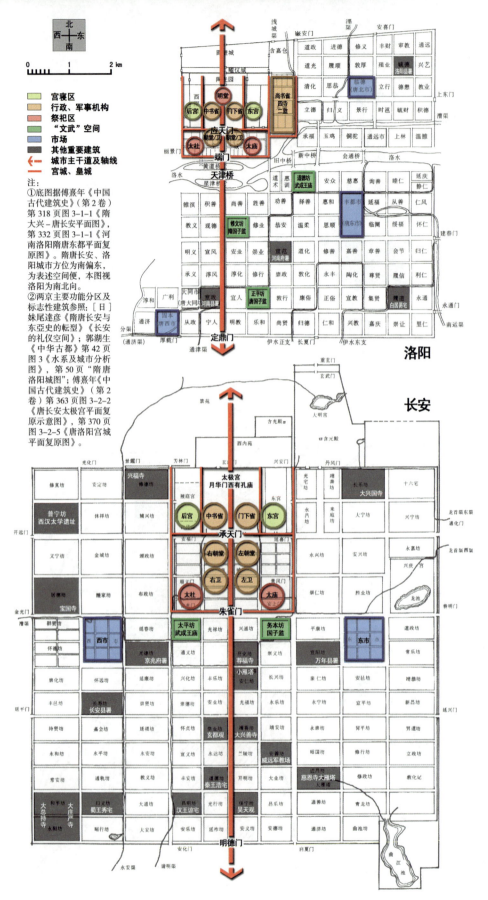

图 3　隋、唐两京的"文""武"空间与城市结构关系

据《礼记》及唐孔颖达疏：殷制"小学在公宫南之左，大学在郊"，周制"大学在国，小学在四郊"可知，学之设在东南或郊；倘若执意于古制"郊"的定义，殷制为"假令百里之国，国城居中，面有五十里，二十里置郊，郊外仍有三十里；七十里之国，国城居中，面有三十五里，九里置郊，郊外仍有二十六里五十里之国，国城居中，面有二十五里，三里置郊，郊外仍有二十二里"，周制则"近郊各半之"，"郊"与皇权中心的空间距离并不遥远。①由是观之，隋唐两京以国子监及孔庙为代表的"文"空间与以皇城、宫城为代表的皇权中心之间的空间关系和距离，仍符合传统礼制的诉求。再据《周易》："万物出乎震，震，东方也。齐乎巽，巽，东南也。齐也者，言万物之絜齐也。离也者，明也。万物皆相见，南方之卦也。圣人南面而听天下，向明而治，盖取诸此也。"②这也可视为国子监是祀先圣孔子的庙宇，空间定位在太庙之南、皇城外东南方的理论注脚。至隋唐时，国子监实已成为国家诸学之统领，并无古时大、小学在地理分布上的限离，与其陷入古制的窠臼，毋宁解释为"文"空间在新的历史时段及都城空间结构上的新发展。

其实早在南北朝时，关于武学设立就多有其议，且有立学施政之例。③南朝齐高帝即位之初，崔祖思启陈政事即议立武校，"宜大（太）庙之南，弘修文序；司农以北，广开武校"④。对本文而言，该文献的意义在于基于礼制和城市双方面的"文""武"布局的考虑，体现了不同功能空间的地位高低。"文"空间在皇城、太庙南，隋唐两京皆然，只是唐洛阳国子监孔庙相较隋时更偏离宫城和城市主轴线；"武"空间的位置则与崔氏说法相异，长安以朱雀门大街为界，文、武庙东西对峙于皇城之南，洛阳的武庙则在皇城外东南角，在地理上反较文庙距离皇城为近，"文""武"之间并无太多空间上的呼应。笔者推想：一来可佐证洛阳城市建设的灵活布局，二来毕竟武庙的出现并无太多旧制可循，且统治者重文抑武的现象时有发生，"武"始终无法与"文"等而视之，体现在城市空间上亦然。

二、庙学行礼的空间解读

《四库全书总目提要》赞《大唐开元礼》："讨论古今，斟酌损益，首末完备，粲然勒一代典制，诚考礼者之圭臬也。"唐以后历朝历代，虽有踵事盛增华之

---

① 《礼记正义》卷一二《王制第五》，《十三经注疏》本，中华书局，1980年。
② 《周易正义》卷九《说卦》，《十三经注疏》本，中华书局，1980年。
③ 〔宋〕王应麟：《玉海》卷一一二《庆历兴学》，广陵书社，2007年。
④ 《南齐书》卷二八《列传第九·崔祖思》，中华书局，1975年，第518页。

作①，但均承袭《大唐开元礼》而来，且规模难与之比肩。《大唐开元礼》远播东亚、东南亚，对整个汉文化圈的礼乐律令影响深远。诚如日本池田温先生所言："渤海、新罗、日本、高丽，均曾请求唐传写《开元礼》，日本礼乐更是全面借鉴唐礼。"②有鉴于此，对《大唐开元礼》之庙学诸礼仪（尤其释奠礼）的解读，不仅可以明了唐时庙学行礼的步骤及细节，而且可借助礼仪陈设、站位及进程等方面的研究，豁然于城市尺度下庙学的空间运作，并为后世诸朝庙学行礼的延传或变化提供最为基本的参照坐标。

唐五礼依次为吉、宾、嘉、军、凶，庙学礼仪分属吉礼、嘉礼两类（表1），独不见"乡射礼"之记载。③射礼体现的是"以射观德""立德正己"的观念，最初施行于射宫，即学校。汉代儒学复兴，尤其是东汉天子大射礼仪得以恢复和实行，成为中央官学学礼的重要组成部分，魏晋之后则逐渐转向军事礼仪④，至隋唐最终定格。《大唐开元礼》"皇帝射于射宫""皇帝观射于射宫"均属军礼之列，从中央官学学礼体系中脱离出去。后至宋，复于乡饮之后行乡射之礼，"亦古者习射于序之意也"⑤。此为后话。

---

① 如：中晚唐《开元后礼》《曲台新礼》，北宋《太常因革礼》《政和五礼新仪》，金《大金集礼》，清《清集礼》等。

② 引自《大唐开元礼》出版前言。

③ 《大唐开元礼》卷八六。据《礼记正义》卷六二《射义第四十六》，早在先秦时期，射礼主要分四种：大射，天子、诸侯祭祀前为选择参祭人员而举行；宾射，诸侯朝见天子或诸侯相会时举行；燕射，行于燕息之日；乡射，常与乡饮酒礼同时举行。"古者诸侯之射也，必先行燕礼。卿、大夫、士之射也，必先行乡饮酒之礼。故燕礼者，所以明君臣之义也。乡饮酒之礼者，所以明长幼之序也。故射者，进退周还必中礼，内志正，外体直，然后持弓矢审固。持弓矢审固，然后可以言'中'。此可以观德行矣。"

④ 盖金伟：《汉唐官学学礼研究》，博士学位论文，华东师范大学，2007年，第125页。

⑤ 《宋史》卷一一四《志第六七·礼一七》，中华书局，1985年，第2721页。

表1 《大唐开元礼》所载庙学行礼

类别	文献目录
吉礼	卷五二《皇帝皇太子视学》①；卷五三《皇太子释奠于孔宣父》②；卷五四《皇子束脩》③；《学生束脩》；卷六九《诸州释奠于孔宣父》《州学生束脩》；卷七二《诸县释奠于孔宣父》《县学生束脩》

---

① 《礼记》曰："天子视学，大昕鼓徵，所以警众也。众至，然后天子至，乃命有司行事，兴秩节，祭先师、先圣焉。有司卒事反命，始之养也。适东序，释奠于先老。遂设三老，五更、群老之席位焉。"（《礼记正义》卷二〇《文王世子第八》）推知，古制为天子视学，使有司释奠，天子只作壁上观，但视学与养老则相伴相随。汉以后的诸多行礼，并不完全遵照古制，《大唐开元礼》中，视学、释奠属吉礼，养老则在嘉礼，且释奠从中央至地方均行之，显示出随时而变的时代特色。视学"非常祀，天子有时而行之者"（《新唐书》卷一四《志第四·礼乐四》，中华书局，1975年，第349页）。唐初高祖、太宗时代，视学时均亲临释奠，而《大唐开元礼》不见皇帝释奠礼，可能是准皇太子行之。皇帝在释奠礼中的主持角色已完全退居幕后，自汉晋以来，又是一大变化，始行者乃为唐太宗李世民。皇太子主持成为定制，玄宗开元以后，更退而由国子祭酒主持。（高明士：《东亚教育圈形成史论》，上海古籍出版社，2003年，第99页）孔庙释奠有一套完整的礼仪制度，其中斋戒、馈享等仪程在其他国家祭祀活动中也普遍存在，是传统郊天、宗庙、社稷等重大国家宗教祭祀活动的必备礼仪制度，亦说明释奠礼为国家宗教性祭祀典制中的重要构成之一。

② 释奠礼分中祀、小祀两个级别，再分为皇太子、中央官学、州县官学三个层次。"凡国有大祀、中祀、小祀。……日月星辰、社稷、先代帝王、岳镇海渎、帝社、先蚕、孔宣父、齐太公、诸太子庙并为中祀……州县社稷、释奠及诸神祀，并同为小祀。仲春、仲秋丁，释奠于太学。孔宣父为先圣，颜子为先师。孔宣父……并用太牢。"（《大唐开元礼》卷一、卷二）"凡学，春官释奠于其先师，秋冬亦如之。"此乃四时之祭，仅及于先师。唐初四时释奠皆由学官亲自主持，祝文开首常用"博士某昭告于先圣"形式，贞观二十一年（647）太宗依中书侍郎许敬宗等人奏请，仍令国子祭酒为初献，祝词则改称"皇帝谨遣"暗示了学官主祭权的被剥夺，祭酒、司业、博士等在释奠时仅是皇帝的代表，乃是在官学祭祀活动中强化皇权的表现。（侯力：《唐代官学中的学规和学礼》，《益阳师专学报》1998年第2期，第50页）《大唐开元礼》不见四时祭祀仪注，当为令文之简略，应按时举行。相较前代先讲经后释奠的程序，隋唐的转变在于先释奠后讲经。讲经之外尚有论难、辩质疑义等，这是儒家教学的早制，如东汉以后的"都讲"一职，便为论难、辩疑专设。（余嘉锡：《晋辟雍碑考证》，见《余嘉锡文史论集》，岳麓书社，1997年，第149页；高明士：《东亚教育圈形成史论》，上海古籍出版社，2003年，第104页）另，尚有"凡始立学者，必释奠于先圣先师"（《礼记正义》卷二〇《文王世子第八》）则为释奠之临礼。

③ 皇子、国子生、州县学生行束脩礼均同，只是束脩内容和称呼略有差异，皇子束脩，博士以"皇子"呼之，若已封王，则云"王"，国子、州县学生束脩，博士以"子"呼之。参见《大唐开元礼》卷五四、卷六九、卷七二。

类别	文献目录
嘉礼	卷一〇四《皇帝养老于太学》①；卷一二七《乡饮酒》②；卷一二八《正齿位》③

　　为明晰行礼过程的空间转换，先须弄清务本坊及国子监的基本布局。观宋吕大防《长安城图》残片（图4），务本坊内有两条主要道路，呈十字交叉，"务本坊半以国子监，监东开街若两坊，街北直抵皇城南，尽一坊之地"。④经考古勘测知，坊址东西700余米，南北500余米，面积35万余平方米。坊东北为官员宅第、旅舍等，东南为景云观（先天观）。二者之间隔有南北向通道，宛如两坊。国子监自成一独立系统，居坊西街北，占地约为全坊五分之一，南北约250米，东西约250米，约6.25万平方米。⑤又据《大唐郊祀录》"其太学讲论之堂，在庙垣之西"⑥，国子监为左庙右学的排布方式。

---

　　① 人君养老有四种："一是养三老五更；二是子孙为国难而死，王养死者父祖；三是养致仕之老；四是引户校年，养庶人之老。"［《礼记正义》卷一三《王制第五》孔疏引皇氏（侃）］《大唐开元礼》养老礼由皇帝、太子、百官、使节、藩客、学生等人员参加，人数庞大，礼节严整。对于准备、仪仗、位次乃至养老礼中的迎、宴、谈、送等环节都十分讲究，体现了崇儒重教、敬老尊贤的真切意图，与东汉、曹魏、北魏、北齐，北周制度有明显的继承关系，体现了先秦古礼的基本意蕴。《大唐开元礼》之养老属此中第一条，虽有仪注之厘定，但观之有唐一代，养老礼的实施状况，恐怕有名无实。（高明士：《东亚教育圈形成史论》，上海古籍出版社，2003年，第103页）传统意义上的天子养老，在太学、国子学等中央官学体系不断完备的背景下，逐步转化成中央官学释奠礼的一个重要环节，养老礼也渐渐退出了中央官学学礼的范畴，朝着优礼高年的方面变化。（盖金伟：《汉唐官学学礼研究》，博士学位论文，华东师范大学，2007年，第115页）

　　② 《周礼》载乡饮酒礼有三："乡大夫，三年大比，兴贤者、能者，乡老及乡大夫帅其吏，与其众寡，以礼宾之，一也；党正，国索鬼神而祭祀，则礼属民而饮酒于序，以正齿位，二也；州长，春秋习射于序，先行乡饮礼，三也。"而唐时"腊蜡百神、春秋习射、序宾饮酒之仪，不行于郡国，唯贡士日设鹿鸣宴，犹古者宾兴贤能，行乡饮之遗礼也"（《宋史》卷一一四《志第六十七·礼十七》中华书局，1985年，第2720页）。唐只行乡饮酒礼于贡士之际，并及于地方，国子监不在其内，实为舍晋、隋，而回归古礼。

　　③ "正齿位"则行于县，与"乡饮酒"类同。《大唐开元礼》未载太子齿胄礼，其实在秦汉以后的历史文献中就已较少涉及，但不能据此就武断为"齿胄礼"这一古老的太子教育礼仪已废弃。早在先秦时期，世子齿胄礼就已转化成为皇太子幸太学、国子学观释奠等学礼的施行，并与学子同时举行齿胄仪式，以显示皇太子是奉行尊君、亲亲、敬长的楷模，以引导天下士子躬行此道。换言之，传统齿胄礼的仪节、内容已逐渐被释奠礼包含，且以该礼一个环节的方式长期存在。参见盖金伟《汉唐官学学礼研究》，博士学位论文，华东师范大学，2007年，第87—95页。

　　④ 〔宋〕宋敏求：《长安志》卷七，见《宋元方志丛刊》（1），中华书局，1990年，第11页。

　　⑤ 曲英杰：《孔庙史话》，中国大百科全书出版社，1998年，第71页。

　　⑥ 〔唐〕王泾：《大唐郊祀录》卷一〇《释奠文宣王》，民族出版社，2000年。

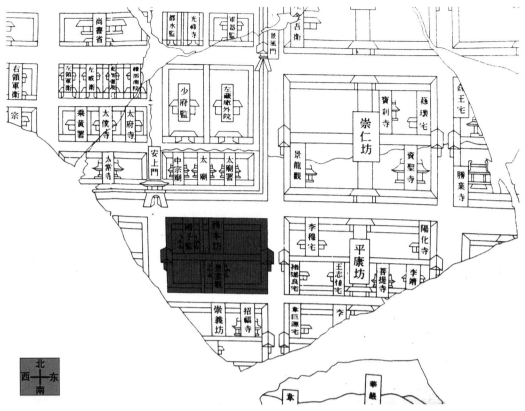

图4　宋吕大防《长安城图》中的务本坊国子监

（出自［日］平冈武夫编：《唐代的长安与洛阳（地图）》，上海古籍出版社，1991年）

以下庙学行礼的空间解读集中在视学、释奠、养老三者，着重于程序行进的空间转换及使用（表2）。至于行礼时间、参加人员、具体步骤、各步骤施行礼节等，及束脩、乡饮酒、正齿位的行礼程序，需据《大唐开元礼》另做条分缕析之文字解读，此不赘具。

表2　《大唐开元礼》重要庙学行礼过程概述

名称	行礼过程概述
皇帝皇太子视学	计陈设、出宫、视学、车驾还宫四个环节。 前三日，本司宣摄内外各供其职，做相关职属安排，并无实质性的工作；前日，方于学之内外陈设视学所需各类设施，根据陈设内容的不同性质，执行官员亦分属于不同部门。（图5） 视学当日，待从驾文武官员依时刻俱集朝堂后，帝乘马出行；仪驾将至，祭酒率监官、学官、学生等，奉迎于路东、帝先驾至讲堂北面的大次，再自北阶升堂就御座，视学最重要的讲论部分开始，事后帝折返大次再回宫。

名称	行礼过程概述
皇太子释奠于孔宣父	计斋戒、陈设、出宫、馈享、讲学、还宫五个环节。 行礼前须斋戒五日，祭祀人员因身份等级，斋戒地点和内容均有差别。 前三日，陈设开始，于皇太子所居东宫和国子监两处同时进行，因陈设内容庞杂，参与的职能部门更多。（图6） 行礼当日，皇太子自东宫嘉德殿西阁出，重明门、延喜门是重要的空间节点，有礼节施行的环节；达国子监后，先于孔庙正门外回车南向，再降车乘舆至东门外便次居停；半刻顷，始释奠，行奠币、馈享、初献、亚献、终献、饮福、撤笾豆、望瘗等；祭毕，折返东门外便次，改常服，待讲学环节的各官学及学生站位停当，皇太子乘舆出便次，至讲堂自北阶升座，讲学开始；礼毕，皇太子降自北阶，入学堂后便次，改公服；稍后，乘舆出便次，至学门外降舆，车驾回宫，至嘉德殿东阁止。
皇帝养老于太学	计陈设、銮驾出宫、养老、銮驾还宫四个环节。 陈设需三日，在皇城和国子监内同时进行。（图7） 行进过程中，宫城部分的重要节点在起点西上阁、太极门、承天门及终点东上阁；国子监部分在太学，与视学一样不及于庙，相异处在于帝至讲堂北大次后，不由北阶升堂，而是至太学门内东侧，迎三老、五更，而揖进至讲堂，且堂上御座不在视学时当中位置，而偏在东侧，行礼后又立于讲堂阶上送老。

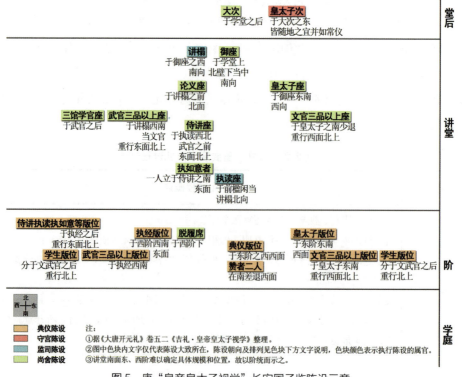

图 5 唐"皇帝皇太子视学"长安国子监陈设示意

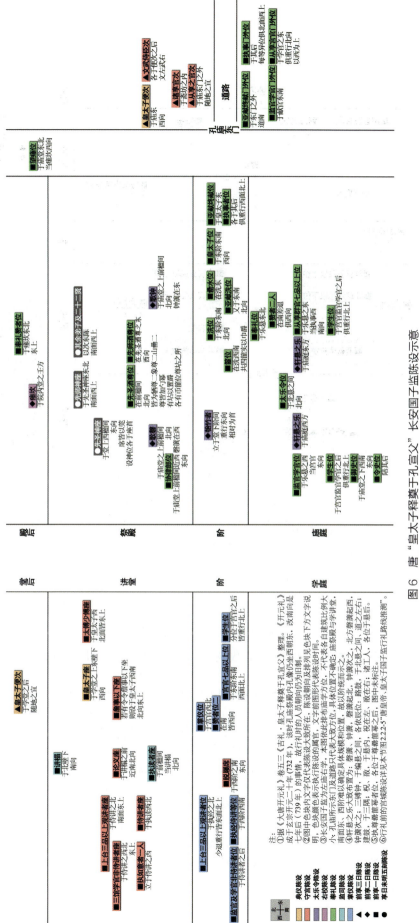

图 6　唐 "皇太子释奠于孔宣父" 长安国子监陈设示意

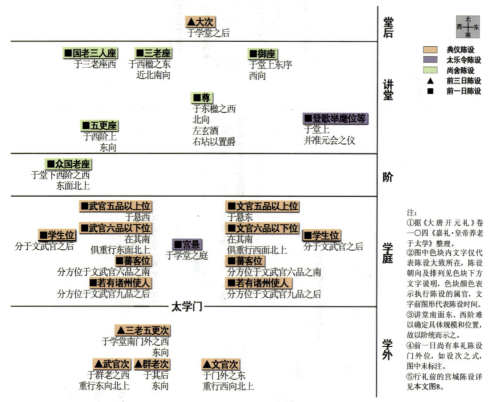

图7　唐"皇帝养老于太学"长安国子监陈设示意

概括而言，"视学"过程围绕国子监太学讲堂进行，与孔庙无甚关联。"释奠"在《大唐开元礼》中虽位列视学之后，却耗时最长、程序最为烦琐，体现了释奠礼地位之崇高。因皇太子身份特殊，计五个环节，国子、州、县则只计三个环节，除无出宫、讲学、还宫外，其他行礼过程和内容基本与皇太子释奠同。①《大唐开元礼》成于玄宗开元二十年（732），该时孔庙祭殿内孔像仍坐西朝东，改南向是七年后的事情，故记载的行礼人员朝向仍为旧制。"养老"由皇帝、太子、百官、使节、藩客、学生等人员参加，人数庞大，礼节严整，对于准备、仪仗、位次乃至

① 祭祀祝文稍异，依次为："维某年岁次月朔日子开元神武皇帝谨遣祭酒某封姓名敢昭告于……"，"维某年岁次月朔日子刺史具位姓名敢昭告于……"，"维某年岁次月朔日子县令具官姓名敢昭告于……"，"国学释奠以祭酒、司业、博士为三献（皇太子不主持时），州学以刺史、上佐、博士三献，县学以令、丞、主簿若尉三献如社祭，给明衣"。（《新唐书》卷一五《志第五·礼乐五》）州学释奠，若"刺史、上佐有故，并以次差摄；博士有故，次取参军事以上摄"。县学释奠，若"县令以下有故，并以次差摄；县官不足，以簿州官判佐以下及比县官充。"祭器、祭品方面，国学规格略高，州、县则包括："尊二、笾八、豆八、簠二、簋二、俎三（羊豕及腊各一俎）。牲体羊豕皆载，簋实稷、黍，簠实稻、粱，笾实石盐、乾鱼、刺栗、榛、菱、芡、鹿脯，豆实韭菹、醓醢、菁菹、鹿醢、芹菹、兔醢、笋菹、鱼醢，其土无者各以类充。"（《大唐开元礼》卷五四、卷六九、卷七二）

养老礼中的迎、宴、谈、送等环节都讲究有加，整个过程处处彰显了崇儒重教、敬老尊贤的真切意图，与东汉、曹魏、北魏、北齐、北周制度有明显的继承关系，体现了先秦古礼的基本意蕴。

"视学"来去皆有国子祭酒以下、学生以上并出，就监外道左奉迎或奉辞；"释奠"来时不作鼓吹，行事低调，去时已在讲学之后，可作鼓吹及接受欢送，人群仍在道东。坊内有两条主道，南北向路不符合坊"在宫城直南，不欲开北街泄气以冲城阙"①的顾虑，东西向路则以高大坊门限定，其地位不言而喻，迎送皇家的人群不至于屈居在南北向路东。若在东西向路东，则在路当中，似乎更不大可能。又，若从东坊门进入，则要穿越坊东的繁华地带，较为扰民。故，笔者推测在坊外南北向大街东侧行迎送之礼。国子监东西约250米，以正常人步距大概60—75厘米、速度约为1米/秒计算，就算走到尽头，也只是几分钟的事情，况且在行礼前后，皇帝、皇太子均会居停，人群自坊外大街至监内站位之间折返，时间是足够的。再，皇太子释奠后返宫，"车至城隅，鼓吹止。过庙，鼓吹作"。该庙当指太庙，与国子监仅一街之隔，皇太子过不作鼓乐，对祖先以示敬意，在情理之中，若皇太子直接自务本坊南北向路北出，至皇城墙所需时间无几（国子监南北约250米，且太庙即在其正北的皇城墙内），鼓吹的作、止恐怕就极为仓促了。倘上述推测成立，则皇帝或皇太子往返国子监的行进路线，除务本坊与其西侧兴道坊之间的街道外，其余皆在皇城根下（宫城、皇城及皇城墙东南线），笼罩于皇权的直接范围之内，亦符合庙学行礼中的皇家性格。（图8）

视学非常祀，"天子有时而行之者"②。唐初高祖、太宗时代，视学时皇帝均亲临释奠，而《大唐开元礼》不见皇帝释奠礼，可能是准皇太子行之，皇帝在释奠礼中的主持角色已完全退居幕后，为汉晋以来一大变化，始行者为太宗李世民，皇太子主持成为定制。而养老虽有仪注之厘定，但观有唐一代，实施状况恐怕有名无实。③这样一来，皇太子释奠时的城市行进路线，理所当然地成为皇家庙学行礼中的最主要代表，经由的城市空间仅局限于紧贴皇城东南隅的线性街道中，限制在皇城的延喜门至安上门之间。玄宗开元以后，释奠礼更退而由国子祭酒主持。④国子监原本借由皇家庙学行礼，可以将空间的触角伸至皇城内外的唯一机会，也被无情地剥夺了。

---

① 〔宋〕宋敏求：《长安志》卷七《唐京城一》，辛德勇、郎洁点校，三秦出版社，2013年，第256页。

② 《新唐书》卷一四《志第四·礼乐四》，中华书局，1975年，第349页。

③ 高明士：《东亚教育圈形成史论》，上海古籍出版社，2003，第103页。

④ 高明士：《东亚教育圈形成史论》，上海古籍出版社，2003，第99页。

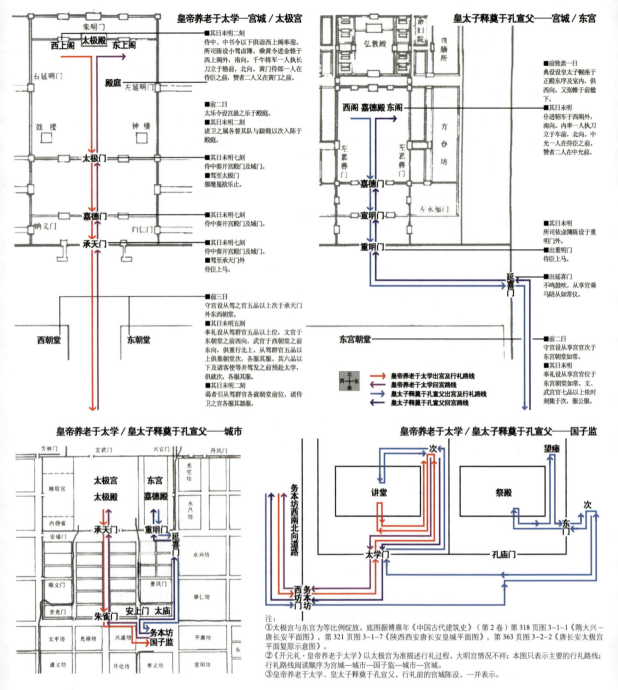

图8 唐皇帝、皇太子长安国子监行礼路线推测

三、长安国子监庙学布局

涉及长安国子监建筑布局及规制的文献只鳞片爪，且古人论建筑，常无确定名词表示，因此，对文献记载情况切不可武断论之，应结合唐人论述习惯、其他类型的庙制规格等综合考虑。经逐一解读（表3），大致可勾勒出的代宗至宪宗的国子监

庙学轮廓。有时段之限定，原因有二：（1）笔者检出的文献史料中，大多记载代宗至宪宗之间的国子监情形，且撰者亦大多生活于该时段；（2）据路远先生研究，国子监有过五次较大整修，除武则天时期存疑外，其余四次为代宗永泰二年（766）、宪宗元和十四年（819）、文宗太和初年、昭宗大顺元年（890）①。玄宗天宝十四年（755）的安史之乱使国子监遭受了巨大破坏，"太学空设，诸生盖寡。弦诵之地，寂寥无声。函丈之间，殆将不扫"②。代宗时的整修无疑是百废待举，"敕修国子学、祠堂、论堂、六馆院及官吏所居厅宇，用钱四万贯，拆曲江亭瓦木助之"③国子监规模当有所变动。

表3　有关唐长安国子监庙学概况的文献及解读

	〔唐〕虞世南《孔子庙堂碑》（《全唐文》卷一三八，中华书局，1983年，第1405页）
文献	万雉斯建，百堵皆兴，揆日占星，式规大壮。凤翥骞其特起，龙楹俨以临空。霞入绮寮，日晖丹槛，窅窅崇邃，悠悠虚白。图真写状，妙绝人功。象设已陈，肃焉如在。握文履度，复见仪形。凤跱龙蹲，犹临咫尺。 至於仲春令序，时和景淑，皎絮璧池，圆流若镜，青葱槐市，总翠成帷，清涤元酒，致敬于兹日；合舞释菜，无绝于终古。
解读	孔庙建于何时，不见明确记载。据路远先生考证④，房玄龄提出建议是在贞观二年（628）年底，此时庙应尚未完竣，只是设像置祭之事已提上日程，其完竣起码在贞观三年（629）之后。《孔子庙堂碑》作为"始立孔子庙堂"的记事碑，应刻于新庙建成之际或稍晚，可惜原碑早已不存，又无可靠的唐拓传世，西安碑林藏宋初王彦超重刻本《西庙堂碑》和山东城武之重刻本《东庙堂碑》，均无原碑刻立年月。相传此碑刻成后虞世南把墨本进呈，太宗赐其王羲之黄银印一颗，虞世南有谢表，署贞观七年（633）十月。前人或以此为碑成之日，并进而以此为新庙建成之时，在没有进一步证据之前，不妨将唐长安国子监孔庙建成时间大致定在贞观三年至七年。 至于建筑信息，则极少，只知孔庙规模较大，装饰华美，"璧池""槐市"等名词，疑为概指，不确定该建筑或场所的存在。
	〔宋〕王溥《唐会要》卷三五《褒崇先圣》
文献	开元八年（720）三月十八日，国子司业李元瓘奏改祭殿内设（所奏内容不录），玄宗准，诏曰："颜回等十哲，宜为坐像，悉令从祀。曾参大孝德冠同列，特为塑像，坐于十哲之次。因图画七十弟子及二十二贤于庙壁上。" 开元二十七年（739）八月二十四日，诏曰："两京国子监及天下诸州，夫子南面坐，十哲等东西行列。"

　　① 路远：《西安孔庙历史溯源》，见张敏杰主编：《中国孔庙保护协会论文集》，北京燕山版社，2004年，第17—18页。

　　②《旧唐书》卷一一《本纪第一一·代宗》，中华书局，1975年，第281页。

　　③〔清〕顾炎武：《历代宅京记》卷六《关中四》，中华书局，2005年，第102页。

　　④ 路远：《西安孔庙历史溯源》，见张敏杰主编：《中国孔庙保护协会论文集》，北京燕山版社，2004年，第19—23页。

解读	孔像居中、面南、坐像；十哲东西列侍、坐像；七十弟子及二十二贤，图画于庙壁。后世孔庙中的两庑未出现，祭祀人物集于一殿。

《大唐开元礼》

文献	详见上文表2，关注于行礼过程中居停和行进的场所。
解读	孔庙祭殿坐落于"陛"上，类似后世大成殿月台，可能面积不广，且有东、西二阶。庙有二门，南门、东门，且东门外有道路。有神厨、斋所，位置不详。太学正南有大门，讲堂有东、西阶，北墙开门，有北阶可直入。入堂须脱履，为坐席制。

日本"养老令"注释书《令集解》卷一五引神护景云二年（768）七月三十日官符（高明士：《东亚教育圈形成史论》，上海古籍出版社，2003年，第79页）

文献	大学寮助教膳大丘于天平胜宝四年（752）随遣唐使入唐，返国后，奏称："国子监两门，题曰文宣王庙。"
解读	"国子监两门"指国子监建筑群大门两座，或太学、孔庙各两门，或单指孔庙两门？不详。孔庙名称确定，为"文宣王庙"。

〔唐〕周存《观太学射堂赋》（《全唐文》卷五一〇，中华书局，1983年，第5195页）

文献	曩者天下无虞，羯胡生变。动摇我区域，辛螫我方面。救弊者权，必反常以合道；靖难者武，故训人以知战。于是大阅礼行，大射义息。……方今寰海谧如以无事，射堂岿然而独存。彩侯不张而远国来属，贡士不习而盛德必敦。故夫五帝殊仪，三王异礼。咸登太和与至理，莫不雍雍而济济。是知崇乐非钟鼓之器，立德为正鹄之体也。鄙生乎尧日，选乎璧池。达弓矢之妙旨，伟栋宇之宏规。
解读	周氏乃德宗时人，行文之中表达了安史之乱后重振国家的愿望。《大唐开元礼》载皇帝行射礼于射宫，其地不详。周文指出太学确有射堂，且幸免于安史之乱，那么射堂至迟在玄宗时已存在。只是射堂是否行礼和如何使用、方位、规模等，一概无证。

〔唐〕王泾《大唐郊祀录》卷一〇《释奠文宣王》

文献	其庙屋四柱七间[①]，前面两阶，堂高三尺五寸，宫垣周之。南面一屋三间，外有十戟焉，东面一屋一门。其太学讲论之堂，在庙垣之西。

---

① 高明士：《东亚教育圈形成史论》，上海古籍出版社，2003年，第51页。据"四柱七间"简单地断为遵照《周礼·考工记》"匠人"条所载"四阿重屋"形制，实为不明此指"重檐庑殿顶"。曲英杰认为高祖立庙时祭殿三间，安史之乱前曾扩为五间。（曲英杰：《孔庙史话》，中国大百科全书出版社，1998年，第73—74页）笔者存疑两点：其一，高祖诏立庙，实际完成情况并不清楚，可能是在太宗贞观初时方立庙；其二，安史之乱前并未见孔庙整修的具体记载。惜曲文未标注出处，无迹可查。笔者推测可能是将"四柱"断为祭殿正面的立柱数，导致"三间"一说。

解读	王氏为德宗贞元（785—805）、宪宗元和（806—820）时的礼官，记载应较为真实。庙学排布为左庙右学。 "宫垣周之""南面一屋三间""东面一屋一门"等均符合唐时士庶家庙①。"庙垣周之，为南门，东门，门屋"的规格，且有规定三品以上官之家庙东门外可建神厨及斋院，"神厨于庙东之少南，斋院于东门之外少北，制勿逾于庙"。虽孔庙门列"十戟"的规格并不高，相当于三品官左右的规格②，但以孔子的地位目之，建筑的实际规格当不在其下，且唐时关于孔庙祭祀的记载中均提及享官斋所及厨房杀牲等，推知孔庙东门外神厨及斋院方位亦同。有关唐时家庙祭殿规制的文献论述顺序通常为先进深、后屋顶、再开间，及于室内陈设和隔断，"其庙屋四柱七间"符合该原则，"四柱"当指进深方向为四根立柱，唐时最大私庙进深不得超过八椽（九架），孔庙祭殿恐为六椽（七架）或八椽（九架），柱网布置近似宋代的双槽，分三跨，前后跨各深一间（外槽），中跨深二间（内槽）。"七间"指开间，士庶家庙"祀五世者庙七间，祀三世者庙五间"，孔子庙七间，亦在情理之中。 "前面两阶"，可能指堂前东、西阶；亦或指两层台，底层曰陛，上层曰阶。 "堂高三尺五寸"，以唐1尺约28—31厘米计算，约1米。此"堂"若为祭殿，则矮不容人，可能指祭殿基座高度，即堂的地面标高。另，士庶家庙内每室西壁偏南距地四尺之高处有石砌的壁龛，供平日藏木主之用，此"堂"是否指此，未为可知。

① 据傅熹年《中国建筑史》，唐时士庶家庙规格为：最大私庙进深不得超过八椽（九架），祀五世者庙七间，祀三世者庙五间。"厦两头"即歇山屋顶。庙之室在中间，前后及两夹"虚之"，指室四周有一圈通廊环绕，祭时即自室内出神主置于室前。藏木主之室逐间分隔开，每室西壁偏南距地四尺之高处有石砌的壁龛，供平日藏木主之用。"无重栱、藻井"即庙屋不得用出跳栱，不许用殿堂型构架而只用厅堂型构架。庙有围墙，开东门、南门。三室以上（即三品以上官）之庙东门外建有神厨及斋院。［傅熹年主编：《中国建筑史》（第2卷），中国建筑工业大学出版社，2001年，第416页］傅氏分析总结所参照的主要文献史料，一并呈列，本文引用无标注者皆出于此三者，不赘：《唐会要》卷一九《百官家庙》："三品以上不得过九架，并厦两头。其三室庙制，合造五间，其中三间隔为三室，两头各厦一间虚之，前后并虚之。每室中，西壁三分之一近南，去地四尺，开一堵室，以石为之，可容两神主。庙垣合开南门、东门，并有门屋。"《新唐书》卷一三《志第三·礼乐志》："三品以上九架，厦两旁。三庙者五间，中为三室，左右厦一间，前后虚之，无重栱、藻井。室皆为石室一，于西墉三之一近南，距地四尺，容二主。庙垣周之，为南门、东门，门屋。三室而上间以庙，增建神厨于庙东之少南，斋院于东门之外少北，制勿逾于庙。"《大唐开元礼》："凡文武二品以上祠四庙，三品以上祠三庙，五品以上不须兼祭。四庙以外，有始封祖，通祀五庙……六品以下达千庶人祭祖祢于正寝。"

② 据《唐会要》卷三二《戟》："玄宗天宝六年（747）四月八日改仪制，庙社门宫殿门，每门各二十四；东宫，每门各十八；一品，门十六；嗣王郡王右上柱国柱国带职事二品散官光禄大夫已上镇军大将军上各司职事品及京兆河南太原尹大都督大都护，门十四；上柱国柱国、带职事三品上、护军带职事二品若中都督上州上都护，门十二；国公及上护军带职事三品若下都督中下州，门各十。"

	〔唐〕舒元舆《问国学记》
文献	行及门下，脱盖下车，循墙而趋。请于谒者曰："吾欲观礼于太学，将每事问之于子可乎？"谒者许诺，遂前导之。
	初过于朱门，门阒沉沉，问，曰："此鲁圣人之宫也。"遂拜之。
	次至于西，有高门，门中有厦屋，问之，曰："此论堂也。"予愧非鸿学方论，不敢入，导者曰："此无人，乃虚堂尔。"予惑之，遂入。见庭广数亩，尽垦为圃矣，心益惑，复问导者曰："此老圃所宅，子安得欺我耶？"导者曰："此积年无儒论，故庭化为废地，久为官于此者圃之，非圃所宅也。"循廊升堂堂中无机榻，有苔草没地，予立其上，凄惨满眼，大不称向之意。
	复为导者引，又至一门，问之，曰："此国子馆也。"入其门，其庭其堂，如入论堂。
	俄又历至三馆门，问之，曰："广文也，大学也，四门也。"入其门，其庭其堂如国子，其生徒去圣人之奥，如堂馆之芜。
解读	舒氏为宪宗元和八年（813）进士，该文记述了其人造访国子监之所见所想，去时极为恭敬，"以自为下士小儒，未尝睹天子庠序，欲往时，先三日斋沐而后行"。其时已经安史之乱，国势一蹶不振，国子监未能幸免，代宗永泰二年（766）的诏书中反映出中央官学的窘境："太学空设，诸生盖寡。弦诵之地，寂寥元声，函丈之间，殆将不扫。"[①]舒氏所见国子监满目疮痍，叹曰："而太学且犹衰凉之若此，岂非有司之不供职耶？群公卿士之不留意耶？不然，何使巍巍国庠，寂寞不闻回也赐也说绎道义之声？虽馆宇云合，鞠为荒圃，可谓大国设虚以自欺也。"
	舒氏先往孔庙，庙门为朱色，门阒沉沉。
	后往西至太学，证学在庙东，太学门高大。"循廊升堂"，说明大门、讲堂之间有廊相连。
	后至国子馆，有门，庭院布局类似太学讲堂庭院。
	再至三馆门，内为广文、大学、四门共处。以行文流畅度推测，国子馆、三馆等当在太学讲堂之后，为纵向排列。广文馆为玄宗天宝九年（750）增置于坊内西北隅[②]，以聚文学之士，可证三馆在国子监西北，即太学北侧。安史之乱后，庙堂毁坏，代宗永泰二年"敕修国子学、祠堂、论堂、六馆院及官吏所居厅宇"[③]。据此又知，国子监内六学馆、斋舍俱有。

注：

1.以文献记载内容的已知至迟时间先后排序。

2.为对照便，文献与解读行文方式对应，如分行等。

国子监占地约6.25万平方米（约为边长250米的方形地块，约合93.75亩），孔庙大致建于贞观三年（629）至七年（633），孔庙与太学排布方式为左庙右学，目

---

① 《旧唐书》卷一一《本纪第十一·代宗》，中华书局，1975年，第281页。

② 〔宋〕王谠撰，周勋初校证：《唐语林校证》卷五，中华书局，1987年，第459页。

③ 〔清〕顾炎武：《历代宅京记》卷六《关中四》，中华书局，1984年，第102页。

前尚未寻得有关庙学布局明确规定的文献记载，有学者推测可能是源自周制"左祖（宗庙）右社（社稷）"①，权作一说。又，代宗永泰二年（766）京兆尹黎干"以薪炭不给，自西市引渠"，漕渠自务本坊国子监东过（图9）。②

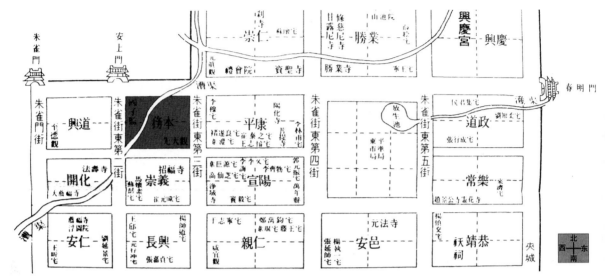

图9　唐永泰二年漕渠自长安务本坊国子监东过

（出自〔日〕平冈武夫编：《唐代的长安与洛阳（地图）》，上海古籍出版社，1991年）

孔庙周以宫垣，有二门：正门在南，为门屋、三间，饰朱色，悬"文宣王庙"额，列十戟，规格并不高；东门亦为门屋、一间，门外有道路，神厨于道北，斋院又在其后，均较为朴素。孔门圣贤集于一殿祭祀，庭院之中尚无后世孔庙为孔子从祀者专设的两庑建筑。祭殿装饰华美，基座高三尺五寸（？），有东、西两阶。屋顶形式不详，殿身面阔七间，进深七架（六椽）或九架（八椽），柱网布置近似宋代的双槽，分三跨，前后跨各深一间（外槽），中跨深二间（内槽），中间空间较大便于安放十哲坐像，七十子及二十二贤图绘于壁。坐像安置方式不明，后世对此多有臆断，如：宋朱熹认为孔庙中像置于椅上或台座均不合于古礼，当为席地而坐，其在白鹿洞讲学处所设礼殿即用坐式；宋罗大经根据"郑国列子庙，见其塑像，以石为席，而坐于地，认为"先圣像设，亦重仿此"③；宋岳珂《愧郯录》亦记载：成都府学所藏汉时礼殿石像及蜀地先圣先师木刻像，均为席地坐式④；又据《大

① 高明士：《东亚教育圈形成史论》，上海古籍出版社，2003年，第81页。
② 〔清〕徐松：《唐两京城坊考》卷四《西京·漕渠》，中华书局，1985年，第129页。
③ 〔宋〕罗大经：《鹤林玉露》卷四《甲编》，中华书局，1983年，第71页。
④ 曲英杰：《孔庙史话》，中国大百科全书出版社，1998年，第85页。

《唐开元礼》载释奠时设先圣、先师神座"席皆以莞"①，祭殿内坐像席地而坐或以石为席，似有可能。

太学为一组纵深庭院，以太学南正门起始。先为讲堂，有廊连接，连接方式难以确定。讲堂前有玄宗天宝四年（745）所建石台，刻御注并手书《孝经》，雕刻精美，碑座四周蔓草卷曲起伏，雄狮迎风吼啸；碑额祥云缭绕，长龙盘旋腾飞，一派生机。文宗大和元年（827）又创议立《开成石经》②，九年（835）开始雕刻，开成二年（837）始成③，其目的也是鉴于'经籍讹谬，博士相沿"，故"召宿儒奥学，校定元籍，准后汉故事，勒石于太学，永代作则，以正其阙"④。讲堂有东、西阶，且北墙设门，可由北阶入，堂内布陈为坐席制。代宗大历十年（775）修《大历壁经》，据儒官勘校过的经本书于太学论堂东西厢之壁，"辨齐鲁之音取其宜，考古今之文取其正。由是诸生之师心曲学、偏听臆说，咸柬之而归于大同"。如是度过了约六十年，即文宗大和八年（834）左右，壁经文字崩剥污秽，于是重修，"惩前土涂，不克以寿，乃析坚木，负墉而比之。其制如版牍而高广，其平如粉泽而洁滑"⑤。讲堂后为国子馆门，门内为二进院，类于讲堂庭院，为国子馆所在。再后为三馆门，门内为三进院，广文、大学、四门共处一院。其中，广文馆本在"国学西北隅，与安上门相对"，为玄宗天宝中增置，但"廊宇粗建，会十三年，秋霖一百余日，多有倒塌，主司稍稍毁撤，将充他用。而广文寄在国子馆中，寻属边戈内扰，馆宇至今不立"。⑥另，太学射堂、斋舍等皆备，惜所在不明（图10）。

安史之乱后，国势一蹶不振，中晚唐的几代帝王虽均力图恢复贞观、开元盛世，无奈地方割据势力日趋强大，中央权威日趋式微，终难再振雄姿。尤其德宗以后财政日绌，统治者不得不抽取一定数量的官俸来修缮学校。宪宗元和十四年（819）国子祭酒郑余庆奏"请率文官俸禄，修广两京国子监"，乃为"国学毁坏荒芜，盖以兵戎日久，而修葺未暇也"⑦；懿宗咸通间又令群臣"输光学钱，治庠序，

① 《大唐开元礼》卷五三《吉礼·皇太子释奠于孔宣父》。
② 或称《大唐石经》《唐石经》等。
③ 《旧唐书》卷一七上《本纪第一七上·文宗上》、卷一七下《本纪第十七下·文宗下》，中华书局，1975年，
④ 《旧唐书》卷一七三《列传第一百二十三·郑覃》，中华书局，1975年，第4490页。
⑤ 〔唐〕刘禹锡：《国学新修五经壁本记》，见《全唐文》卷六〇六，中华书局，1983年，第6116页。
⑥ 〔宋〕王谠撰，周勋初校证：《唐语林校证》卷五，中华书局，1987年，第459页。
⑦ 〔唐〕郑馀庆：《请抽京外官俸料修孔子庙堂奏》，见《全唐文》卷四七八，中华书局，1983年，第4886页。

宰相五万，节度使四万，刺史万"①；昭宗大顺元年（890）再令"内外文臣各于本官料钱上，每一缗抽十文，助修国学"②，并诏"有国之规，无先学校，理官之要，莫尚儒宗。故前王设垫庠，陈齿胄，所以敷扬至道，宏阐大猷者也。国学自朝廷丧乱已来，栋宇摧残之后，岁月斯久，榛芜可知。宜令诸道观察使、刺史与宾幕州县文吏等，同于俸料内量力分抽，以助修葺"③。此举演进为所谓的"光学制"，中央官学尚且如此捉襟见肘，推想地方更是难逃衰竭的厄运。

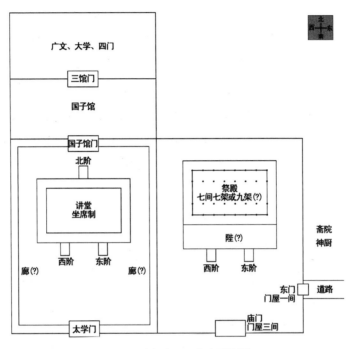

图 10　唐长安国子监布局推测

四、科考、宴集与曲江池

每年"孟冬之月"，乡贡举人与来自各级学校的生徒举人"集于京师，麻衣如雪，纷然满于九衢"，准备来年春天的科举考试，此间尚有许多例行手续。④十一月试子们进宫朝见帝王，"朝集使及贡士见于（大明宫）宣政殿"；之后谒先师，"其诸州乡贡、明经、进士，见讫宜令引就国子监谒先师，学官为之开讲，质问其义。宜令

①〔元〕马端临：《文献通考》卷四一《学校考二》，中华书局，2011年，第1214页。
②〔唐〕孔纬：《请助修孔子庙奏》，见《全唐文》卷八〇四，中华书局，1983年，第8456页。
③〔唐〕李晔：《修葺国学诏》，见《全唐文》卷九一，中华书局，1983年，第947页。
④〔唐〕牛希济：《荐士论》；转引自杨波：《长安的春天——唐代科举与进士生活》，中华书局，2007年，第2页。另外，本书提到，科举之前的例行手续包括：向尚书省报到，缴纳文解（州府所给的荐送证书）和家状（涉及家庭情况的文件），寻找保人，接受有关部门审核等。

所司优厚设食，两馆及监内得举人亦准。其日，清资官五品已上及朝集使往观礼"①。只不过此两项时行时废。科举考试虽也有早在冬季、迟至三月的，但通常在正月，二月行之，尤以正月居多；唐前期地点在尚书省，发榜可能在皇城的端门，后期则改在位于尚书省南的礼部贡院，发榜亦改在贡院的东墙。发榜后便是一系列的庆祝活动：新进士先就大明宫光范门内东廊设宴，候宰相上堂后参谒；再拜座主，地点移往主司府上；谢恩后，齐赴期集院再贺。自是，宴集的帷幕正式拉开，主要包括：闻喜宴（为官方敕令，官宴性质）、曲江游赏、杏园探花、雁塔题名等，活动范围集中在曲江及附近；其他如相识宴、樱桃宴、月灯打球、看佛牙等，则穿插于其间，只是地点、时间皆不一，非为例行节目。待进士通过吏部关试、领取春关（吏部发放的证明文书）之后，方获出身（入仕做官的资格），再以关宴作为结尾，学子们从进京科考到入仕做官的主要历程，至是告罄。（以上表述，皆为通常情况，未虑及改朝、政令或战乱等因素带来的程序改变）（表4）杨波先生详尽地描摹了唐时科举制度下长安士风的风情画卷②，从中可真切体会到在某个特定时段中，文人心态和文士作派对长安政治生活和社会关系的影响和作用。文人雅集虽不可避免地增长了奢华风气，但在丰富城市文化生活的同时，一定程度上再定义了长安部分城市空间。

表4　唐长安试子从科考至入仕的主要过程及活动地点

步骤	活动内容		地点
1	朝见		大明宫宣政殿
2	谒先师		国子监
3	科举考试		尚书省（前期）/礼部贡院（后期）
4	发榜		皇城端门（前期）/礼部贡院东墙（后墙）
5	拜宰相		大明宫光范门内东廊
6	拜座主		主司宅
7	期集院		期集院，主司宅附近租赁的供进士期集的场所
8	闻喜宴		曲江池，为官方敕令，官宴性质
9	宴集活动	曲江游赏	曲江池一带
		杏园探花	通善坊杏园
		雁塔题名	进昌坊慈恩寺大雁塔
		相识	座主宅，为家宴性质
		樱桃宴	地点不定

---

① 〔五代〕王定保：《唐摭言》卷一，中华书局，2021年，第36、37页。
② 详见杨波：《长安的春天——唐代科举与进士生活》，中华书局，2007页。

步骤	活动内容		地点
9	宴集活动	月灯打球	曲池坊西禅寺月灯阁
		看佛牙	最著名在永阳坊大庄严寺，其他有来庭、翊善二坊的宝寿寺，太平坊定水寺，崇德坊崇圣寺等
10	关试		尚书省
11	关宴		曲江池

注：据杨波《长安的春天——唐代科举与进士生活》（中华书局，2007年，第75—150页）整理。

相较隋大兴，唐长安的最大变化是高宗时营建大明宫和玄宗时的兴庆宫，前者代替太极宫成为主要正式朝廷，后者为离宫。另一变化则是增加了两处夹城：一由东苑沿长安城东垣抵曲江池芙蓉园（曲江在秦时已有，隋时开发为风景园林区，唐时又建芙蓉园）；又一由西苑沿北垣至芳林苑。二者均为帝王游幸的专用复道，来往不为平民所知。[①]东夹城的营建直接沟通了大明宫、东苑、兴庆宫三处皇家空间与曲江池芙蓉园的城市关系，建造行为实现了皇家的实质性介入，长安城东南的名胜佳处成就了皇家、平民共享城市空间的形成。很显然，在前述描摹长安科考士子的风情画卷中，宴集的最主要几个程序均在以曲江池为中心的城市空间展开，可见该处在城市、文化、景观等众多方面地位的举足轻重，且具备强大的空间辐射作用。而宴集之前的朝见、谒先师、拜宰相及之后的关试，恰是皇家游幸之外，建立的另一个皇权与城市东南部之间的空间联系。

从城市地理空间上看，与科举相关的城市活动行为主要发生在"太极宫—朱雀门大街"和"大明宫—曲江池"。天子与民同乐的主要场所则与之相对，列于后者之东，除了高悬于天的皇权空间借由东夹城的导引和保护，安然降落于以曲江池芙蓉园为代表的世俗世界，尚有长安城最具规模的皇帝会见平民百姓的广场，位在兴庆宫西南角的勤政务本楼—花萼相辉楼所面临的十字街口（胜业坊、东市、道政坊道口），玄宗常于此举行盛大的官民同欢的盛大集会，且紧邻东市。长安城南北均分，东城（万年县辖区）住户数量虽远不如西城（长安县辖区），却多高官显贵、皇亲国戚居处，也使东市相较西市多售卖奢侈品。[②]如此种种，皆体现了因皇权所在带来的空间集聚效应。（图11）

---

① 郭湖生：《中华古都》，空间出版社，1997年，第43页。
② 郭湖生：《中华古都》，空间出版社，1997年，第44页。

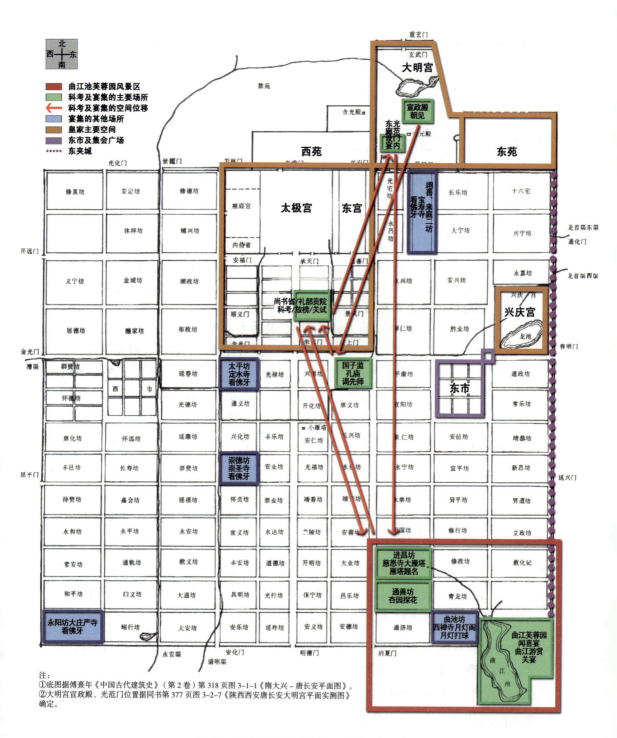

图 11　唐长安皇帝及科举试子的活动空间分析

注：
①底图据傅熹年《中国古代建筑史》（第 2 卷）第 318 页图 3–1–1《隋大兴 – 唐长安平面图》。
②大明宫宣政殿、光范门位置据同书第 377 页图 3–2–7《陕西西安唐长安大明宫平面实测图》确定。

贵为城市中轴的朱雀门大街宽近150米，有"天街"之美誉，却非为满足交通频繁所，乃因皇帝郊天仪仗所经，一年之中不过一次而已，常日只是壮阔空旷。[①]大明宫位移了唐政权的实际统治中心，与代表城市休闲文化生活的曲江池南北呼应，二者之间的空间联系发挥着一道隐性的城市轴线功用，在相当程度上置替了原有物化轴线（朱雀门大街）的城市组织角色，担负了唐中后期长安城（尤其是东城）的城市统领重任。上述发生在"大明宫—曲江池"之间的诸般空间行为，有力地促成了"圣""俗"交融，并极大地推动了城市文化活动和官宦生活重心向帝都的东部转移。

文本承陈薇教授指导，在此表示深深的谢意。

原载《建筑师》2010第3期

（沈旸，东南大学建筑学院副教授）

---

① 郭湖生：《中华古都》，空间出版社，1997年，第40页。

唐长安三朝五门布局考

贾鸿源

　　三朝五门制度来自上古礼制，后世历朝对之有不同程度的诠释，或者将之比附实际都城规划。唐代对周礼传统的重视以及相关礼典的编修，使得这一制度在唐代都城长安的布局中，出现较明显的恢复趋势。虽然唐代文献对长安宫室布局与周礼三朝五门制度之间的关系所记寥寥，但是通过观察这一制度在长安都城空间上的投影，仍然可以为我们理解唐代长安的都城政治空间格局提供一种考察的视角。

　　目前学界已经对唐代太极宫、大明宫三朝制度以及其与周礼古制之间的关系做出系统的论述。[①]诸位学者主要通过总结唐代在此二宫内不同空间位置所举行的各种政治以及礼仪活动，来判别其在古礼三朝中的具体角色，这一努力着实重要。然而相比之下，唐代君臣直接将宫城的殿、门比附三朝五门的相关记载，似乎并没有引起学界的充分注意。这些资料，应当是唐代对于古礼三朝五门的实际认识的直接反映，因此对这些文献记载的分析，不仅可以为学界现有之研究结论提供部分佐证，也可以发现唐人对于三朝五门制度在客观物质层面的遵从乃至折中之情况。

　　依据相关文献，可以认为，唐代长安三朝五门，在太极宫、大明宫各自空间范围内的执行情况并不完全一致。太极宫较为契合古礼与汉儒注疏中三朝五门的空间布局；大明宫的三大殿虽然被依次比附为三朝，但不同时期仍然出现多样式的内朝位置比附，造成大明宫的三朝格局处于变化之中，五门中的路门也存在位置变动。

---

　　① 贺业钜：《中国古代城市规划史》，中国建筑工业出版社，1996年，第481—482页；陈涛、李相海：《隋唐宫殿建筑制度二论——以朝会礼仪为中心》，见《中国建筑史论汇刊》（第1辑），清华大学出版社，2008年，第117—135页；刘思怡、杨希义：《唐大明宫含元殿与外朝听政》，《陕西师范大学学报》（哲学社会科学版）2009年第1期；杜文玉：《唐大明宫含元殿与外朝朝会制度》，见《唐史论丛》（第15辑），陕西师范大学出版总社，2012年，第1—25页；杜文玉：《大明宫宣政殿与唐代中朝制度研究》，见《乾陵文化研究》（第7期），三秦出版社，2012年，第153—166页；杜文玉、赵水静：《唐大明宫紫宸殿与内朝朝会制度研究》，《江汉论坛》2013年第7期；庞骏：《经学诠释与三朝五门制度：以隋唐宫室制度为例》，《扬州大学学报》（人文社会科学版）2013年第5期。

以下试证已说，悖谬之处，望方家正之。

一、太极宫的三朝五门布局

目前学界对唐代太极宫三朝已经有了较多的讨论。[①]学者多将《唐六典》太极宫三朝的记载，作为论证唐代太极宫三朝制度存在的重要依据。也有学者从唐代实际礼仪情况的角度出发，质疑这一制度的真实性。[②]恕能力所限，此处不对此制度本身做细致考论，而是着重分析唐人这种比附所形成的空间分布特征。既然《唐六典》明确提出太极宫三朝与古礼三朝之间存在对应关系，那么我们仍然借用《唐六典》等文献的说法。

可以认为：其一，太极宫三朝标准源自郑玄的三朝注解。其二，依据相关文献，唐代承天门又称应门，这对于观察周礼传统与唐代实际外朝的空间范围有重要参照意义。其三，《唐六典》对太极宫三朝的范围界定明确，然而太极殿从古礼名义上而言，也含有内朝的部分特征。

1.太极宫三朝之礼制渊源

太极宫存在三朝制度，核心史料出自《唐六典》对于太极宫承天门、太极殿、两仪殿分别比附外朝、中朝、内朝的注解：

> 宫城在皇城之北，南面三门：中曰承天……若元正、冬至大陈设，燕会，赦过宥罪，除旧布新，受万国之朝贡，四夷之宾客，则御承天门以听政。
>
> 原注：盖古之外朝也。
>
> 其北曰太极门，其内曰太极殿，朔、望则坐而视朝焉。
>
> 原注：盖古之中朝也。
>
> （太极殿）次北曰朱明门，左曰虔化门，右曰肃章门。……又北曰两仪门，其内曰两仪殿，常日听朝而视事焉。
>
> 原注：盖古之内朝也。[③]

《唐六典》关于外朝、中朝、内朝的划分，其理论依据，应当是汉代郑玄的三朝五门的注解。郑玄将天子五门由外向内，依次列为皋门、库门、雉门、应门、路

---

① 贺业钜：《中国古代城市规划史》，中国建筑工业出版社，1996年，第481页；庞骏：《经学诠释与三朝五门制度——以隋唐宫室制度为例》，《扬州大学学报》（人文社会科学版）2013年第5期。

② 陈涛、李相海：《隋唐宫殿建筑制度二论——以朝会礼仪为中心》，见《中国建筑史论汇刊》（第1辑），清华大学出版社，2008年，第117—135页。

③ 《唐六典》卷七《尚书工部》，中华书局，1992年，第217页。

门，《礼记·明堂位》郑玄注：

> 天子五门：皋、库、雉、应、路。①

关于三朝，晋郭璞引《周礼·秋官·朝士》郑玄注：

> 天子诸侯皆有三朝：外朝一、内朝二。其天子外朝一者，在皋门之内、库门之外，大询众庶之朝也，朝士掌之。内朝二者，正朝在路门外，司士掌之。燕朝在路门内，大仆掌之。诸侯之外朝一者，在皋门内、应门外。内朝二者，亦在路寝门之外内，以正朝在应门内，故谓应门为朝门也。②

郑玄所云三朝的位置，由外向内依次为外朝、正朝、燕朝。此一观点可与唐代具有典制准则性质的《通典》进行类比，杜佑虽然提出周制天子四朝之说，但是其实质仍然是郑玄的三朝划分法：

> 周制，天子有四朝。（但言三朝者，以询事之朝非常朝，故不言之），一曰外朝，（在皋门内，决罪听讼之朝也）……左嘉石，平罢人焉。右肺石，达穷人焉。……（王之五门，雉门为中门，雉门设两观，与官门同）……

> 二曰中朝。（在路门外）……公卿大夫辨色而入应门，北面而立，……（此王日视朝事于路门外之位）……

> 三曰内朝，亦谓路寝之朝。人君既从正朝视事毕，退适路寝听政。使人视大夫，大夫退，然后适燕寝释服。

> 四曰询事之朝，（在雉门外），小司寇掌其政，以致万人而询焉。③

首先，杜佑已指出雉门外的询事之朝"非常朝"，所以其仍将天子朝位划分为三朝。其次，杜佑的三朝依次为外朝、中朝、内朝，这里的中朝"在路门外"，公卿大夫等"入应门北面而立"，所以应门是外朝与中朝的分界。再次，杜佑所云内朝，又称路寝之朝，因人君在正朝视事完毕后退入路寝听政而得名，所以这里的中朝、内朝，实则为郑玄的正朝、燕朝。关于天子五门，杜佑《通典》载：

> 说曰：天子路寝门有五焉：其最外曰皋门，二曰库门，三曰雉门，四曰应门，五曰路门，路门之内则路寝也。皋门之内曰外朝……雉之

---

① 〔汉〕郑玄注，〔唐〕孔颖达疏：《礼记正义》卷三一《明堂位第十四》，北京大学出版社，1999年，第942页。

② 〔晋〕郭璞注，〔宋〕邢昺疏：《尔雅注疏》卷五《释宫第五》，北京大学出版社，1999年，第130—131页。

③ 〔唐〕杜佑：《通典》卷七五《礼三十五·宾二·天子朝位》，中华书局，1992年，第2039—2040页。

外，有两观连门：观外有询事之朝，在宗庙、社稷之间。……应门内曰中朝……燕朝者，路寝之朝。群公以下，常日于此朝见君……唯询事之朝，非常朝之限，故不与三朝同。①

周礼门制中，诸侯有皋、应、路三门，天子则多出库、雉二门。杜佑专门提出天子有雉门外询事之朝，似含有刻意区分诸侯三朝与天子三朝之意。此处三朝的范围，通过五门的界定，更加明确，皋门与应门之间为外朝，应门与路门之间为中朝，路门之内为内朝。

2.应门承天门

郑玄把路门作为正朝、燕朝的分界。贺业钜先生据此将太极宫两仪殿的殿门朱明门视为路门。②另外，贺业钜先生也提出，太极宫承天门，对应天子门制中的应门。③然而贺先生的这两处观点，应是依据其对《周礼·考工记》匠人营国制度的相关研究结论④，并没有注意到唐代此一方面的直接文献证据。

唐代已称承天门为应门。《诗经·大雅·緜》"乃立应门，应门将将"，郑玄笺"朝门曰应门"。又《尔雅·释宫》"正门谓之应门"，郭璞注"朝门"⑤。唐代经学家孔颖达的观点，此时当具重要参考意义，《礼记·明堂位》"九采之国，应门之外，北面东上"，孔颖达疏：

> 李巡云："宫中南向大门，应门也。"应是当也，以当朝正门，故谓之应门。⑥

孔氏不仅援引李巡之观点，而且继续解释了应门得名之因由。由此，宫城南面具有朝门特征的正门，才可称为应门。这里的朝门、应门，与《周礼·秋官·朝士职》郑玄注的解说一样，都是置于三朝五门制度中而言的。

唐代太极宫承天门又称应门，这一点可由唐代皇帝、皇后的丧仪程序予以证明。唐代宗宝应二年（763）裴士淹所作《章敬皇后哀册文》中，使用了"应门"一词。其文如下：

① 〔唐〕杜佑：《通典》卷七五《礼三十五·宾二·天子朝位》，中华书局，1992年，第2041—2042页。

② 贺业钜：《中国古代城市规划史》，中国建筑工业出版社，1996年，第481页。

③ 贺业钜：《中国古代城市规划史》，中国建筑工业出版社，1996年，第481页。

④ 贺业钜：《考工记营国制度研究》，中国建筑工业出版社，1985年，第80—84页。

⑤ 〔晋〕郭璞注：《尔雅》卷上《释宫第五》，中华书局，1985年，第42页。

⑥ 〔汉〕郑玄注，〔唐〕孔颖达疏：《礼记正义》卷三一《明堂位第十四》，北京大学出版社，1999年，第933页。

维宝应二年，岁次癸卯，闰正月乙巳朔，五日己酉，大行章敬皇后启自先殡，十六日庚申，膺册礼于行宫。粤三月二十七日庚午，将迁祔于建陵，礼也。……辞臣奉诏，敢扬徽烈，其词曰：……六宫挥涕于清禁，万寓衔冤于神理。……湘川有君，汉陵宜树。露卫攸心，礼章加数。瑞云呈紫而转妍，厥服变黄而无蠹。想层城于北阙，背寿原于东路。应门寂寂以长闭，同轨辚辚而毕赴。……吟古木于灵圃，溯悲风于渭桥。……①

按照《通典》所录《大唐元陵仪注》，新皇帝并不随灵车前往山陵，承天门外的"遣奠"环节结束后，新皇帝还宫，灵车以及六宫百官即前往山陵，所以这里"寂寂以长闭"之应门，应为太极宫的承天门。②

据前文郑玄的周礼注解，应门为外朝、正朝（即唐代中朝）的分界线，而《唐六典》已经提出太极宫承天门为唐代外朝所在，而承天门又称应门，这可以进一步证明，唐代外朝、中朝的空间划分沿袭了郑玄的观点。

至于路门，虽然可根据郑玄三朝五门的注说，判定在朱明门处，但因无直接文献证据，以故太极宫五门，至此我们只标绘出其三朝以及应门的位置，其整体布局可如图1所示。然而从以上这些结论来看，太极宫三朝、应门，与周礼以及郑玄的注解保持着较高的一致性。

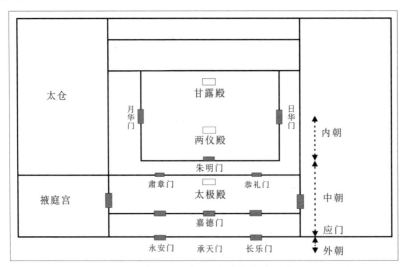

图1　唐太极宫比附周礼三朝格局示意

[据李健超先生《唐长安1∶2.5万复原图》（《西北大学学报》1993年第2期）一文中的《唐长安城图》改绘]

---

① 《文苑英华》卷八三八《后妃哀册文下》，中华书局，1982年，第4423—4424页。

② 详参贾鸿源：《〈唐重修内侍省碑〉应门考》，见《唐史论丛》（第24辑），三秦出版社，2017年，第54—71页。

3.太极宫三朝对太极殿的影响

虽然前揭已初步证实，唐太极宫三朝、应门，与周礼以及郑玄注有继承关系，然而若细致考辨周礼三朝中燕朝的定义以及唐代太极殿的实际地位，后者则并不完全对等于周礼中的中朝，甚至拥有周礼燕朝（唐代内朝）的特征。这一点，可以通过对路寝、前殿的关系探讨予以揭示。

《三辅黄图》已经将西汉未央宫前殿与周礼路寝相并举：

> 未央宫周回二十八里，前殿东西五十丈，深十五丈，高三十五丈。
>
> 注：前殿曰路寝，见诸侯群臣处也。[1]

又《艺文类聚》所引南朝陈沈炯《太极殿铭》曰：

> 太极殿者，资两仪之意焉，大壮显其全模，土圭测其正影，周曰路寝，汉称前殿，虽名号参差，其实一也。[2]

又《太平御览》引南朝宋山谦之《丹阳记》曰：

> 太极殿，周制路寝也，秦汉曰前殿，今称太极曰前殿。[3]

此处并非旨在说明南朝之太极殿与唐同制，而是欲证实，古人将周礼路寝与秦汉前殿地位相埒，可谓由来已久。

前揭郑玄注已交代，燕朝位于路门之内，而郑玄本身也称路门为路寝门，说明路门内即人君之路寝，所以《通典》直接将内朝（郑玄所云燕朝）称作路寝之朝。《唐六典》既然将两仪殿比作周礼内朝，说明此殿于唐代或有称作路寝、前殿的情况。

然而问题随即产生，唐代太极宫内的前殿，一般指的是正殿太极殿，而非两仪殿。太极宫正殿是太极殿，《旧唐书·地理一》载：

> （西内）正门曰承天，正殿曰太极。太极之后殿曰两仪。内别殿、亭、观三十五所。……东内曰大明宫，在西内之东北，高宗龙朔二年置。正门曰丹凤，正殿曰含元，含元之后曰宣政。[4]

同时，太极殿（隋大兴殿）在隋、唐两代都是太极宫（隋大兴宫）的前殿。《隋书·高祖本纪》载：

---

① 何清谷：《三辅黄图校释》卷二《汉宫》，中华书局，2005年，第114页。
② 《艺文类聚》卷六二《居处部二·殿》，上海古籍出版社，1985年，第1126页。
③ 《太平御览》卷一七五《居处部三·殿》，中华书局，1960年，第854页。
④ 《旧唐书》卷三八《地理一·关内道》，中华书局，1975年，第1394页。

八月丁卯，梓宫至自仁寿宫。丙子，殡于大兴前殿。①

又《隋书·文四子传》载：

九月壬子，车驾至自仁寿宫，翌日，御大兴殿……高祖因作色谓东宫官属曰："仁寿宫去此不远，而令我每还京师，严备仗卫，如入敌国。我为患利，不脱衣卧。昨夜欲得近厕，故在后房，恐有警急，还移就前殿。"②

唐代改大兴殿为太极殿，太极殿仍然被称作前殿，《唐语林》载：

高祖既受隋禅，坐太极前殿，会朝之次，忽报南山急，贼不测。③

直至唐末昭宗时期，太极殿仍具有前殿之地位，《新唐书·杨复恭传》载：

复恭常肩舆抵太极殿。宰相对延英，论叛臣事，孔纬曰："陛下左右有将反者。"帝矍然。纬指复恭。复恭曰："臣岂负陛下者？"纬曰："复恭，陛下家奴，而肩舆至前殿。广树不逞皆姓杨，非反邪？"④

如此可见，唐代太极宫三朝中，与内朝位置本应重合的前殿，并不在两仪殿，而是在其南部的太极殿，而此时的太极殿却被《唐六典》等明文规定为中朝所在。同样，若依照前殿的位置作为内朝的择取标准，则太极殿成为内朝，两仪殿更加类似于帝王内廷。

此处将前殿作为太极宫内朝位置的判定标准，并非牵强，因其可在唐代朝臣对于大明宫内朝位置认定的古礼依据方面得到进一步证明，对此详见下文之分析。

二、大明宫的三朝五门布局

学界多数认为，大明宫沿袭了太极殿前朝后寝的建筑布局以及三大殿制度，含元殿、宣政殿、紫宸殿分别对应外朝、中朝、内朝。⑤此外，也有学者注意到大明宫将太极宫承天门外朝的传统转移至含元殿，并通过大赦、改元等礼仪程序，将丹凤门、含元殿在空间上结合，共同作为外朝。⑥

① 《隋书》卷二《高祖纪下》，中华书局，1982年，第53页。
② 《隋书》卷四五《文四子传》，中华书局，1982年，第1233页。
③ 〔宋〕王谠：《唐语林》卷五《补遗》，古典文学出版社，1957年，第152页。
④ 《新唐书》卷二〇八《宦者下·杨复恭传》，中华书局，1975年，第5890—5891页。
⑤ 贺业钜：《中国古代城市规划史》，中国建筑工业出版社，1996年，第481—482页；〔日〕妹尾达彦：《大明宫的建筑形式与唐后期的长安》，《中国历史地理论丛》1997年第4辑；刘思怡、杨希义：《唐大明宫含元殿与外朝听政》，《陕西师范大学学报》（哲学社会科学版）2009年第1期。
⑥ 杜文玉：《唐大明宫含元殿与外朝朝会制度》，见《唐史论丛》（第15辑），陕西师范大学出版总社，2012年，第3页；庞骏：《经学诠释与三朝五门制度：以隋唐宫室制度为例》，《扬州大学学报》（人文社会科学版）2013年第5期，第95页。

吉田欢指出，大明宫中的常朝的地点，曾在宣政殿与紫宸殿之间屡次变易，玄宗到代宗时期是在紫宸殿，德宗到宪宗时期是在宣政殿，至唐敬宗时期，紫宸殿常朝开始完全替代宣政殿常朝。①另外，关于朔望朝，唐代后期其举行地点多由宣政殿移至紫宸殿，与大明宫三大殿对应三朝的传统看法相比，这二者可看作一种中朝功能的北移②，这一点学界诸先生已经指出，不容拙文赘言。可见，学界主要是从唐代所举行相关仪式的性质，来判别三朝空间的归属。

经文献爬梳，可以认为：其一，除《唐六典》以外，仍有其他相关文献直接反映了唐人将大明宫与周礼三朝制度相比附的情况，其所依据的仍是郑玄的三朝注解。其二，关于天子五门，大明宫的丹凤门在唐代礼制中被视为应门，与太极宫承天门一样，这也是审视大明宫外朝空间范围的一处重要参照。其三，唐代大明宫的这种三大殿对应三朝制度的情况并不唯一，唐代大明宫在不同时期还存在着周礼标准下的内朝南移趋势。以下即围绕这几种情况，展开简要论述。

1.大明宫三朝的古礼依据

唐代文献对于大明宫三朝制度并未有系统、完整的记载，《唐六典》仅以注文的形式，揭示了唐以紫宸殿作为内朝的情况：

> 宣政北曰紫宸门，其内曰紫宸殿，殿之南面紫宸门。
>
> 原注：即内朝正殿也。③

然而古今学者多数认为，大明宫三大殿分别对应周礼三朝，叶梦得《石林燕语》成为被广泛征引的一则证据：

> 唐以宣政殿为前殿，谓之正衙，即古之内朝也；以紫宸为便殿，谓之上阁，即古之燕朝也，而外别有含元殿。
>
> 古者，天子三朝：外朝、内朝、燕朝。外朝在王宫库门外，有非常之事，以询万民于宫中。内朝在路门外，燕朝在路门内。盖内朝以见群臣，或谓之路朝。燕朝以听政，犹今之奏事，或谓之燕寝。郑氏小宗伯注，以汉司徒府，有天子以下大会殿，为周之外朝，而萧何造未央宫，言前殿则宜有后殿。大会殿设于司徒府，则为外朝。而宫中有前后，则为内朝、燕朝，盖去周犹未远也。
>
> 唐含元殿，宜如汉之大会殿，宣政、紫宸乃前后殿——其沿袭有自来

---

① ［日］吉田欢：《隋唐长安宫城中枢部的成立过程》，《古代文化》1997年第1号。
② 杜文玉、赵水静：《唐大明宫紫宸殿与内朝朝会制度研究》，《江汉论坛》2013年第7期。
③ 《唐六典》卷七《尚书工部》，中华书局，1992年，第218页。

矣。方其盛时，宣政盖常朝，日见群臣，遇朔望陵寝荐食，然后御紫宸，旋传宣唤仗入阁，宰相押之，由阁门进，百官随之入，谓之唤仗入阁，紫宸殿言阁犹古之言寝，此御朝之常制也。①

叶梦得对大明宫三朝的空间划分，依次为含元殿外朝、宣政殿内朝、紫宸殿燕朝，其所云内朝又称中朝，燕朝又称内朝或者路寝。②如此，叶梦得的观点，就与《唐六典》紫宸殿"内朝正殿"的礼制地位解读是相符的。

唐大明宫三殿直接对应周礼三朝，也为宋代礼学权威所赞襄，《续资治通鉴长编》宋太宗淳化二年（991）右谏议大夫张洎在参与制定入阁礼仪时，曾云：

> 窃以今之乾元殿，即唐之含元殿也，在周为外朝，在唐为大朝，冬至、元日，立全仗，朝万国，在此殿也。今之文德殿，即唐之宣政殿也，在周为中朝，在汉为前殿，在唐为正衙，凡朔望起居及册拜妃后、皇子、王公、大臣，对四夷君长，试制策举人，在此殿也。今之崇德殿，即唐之紫宸殿也，在周为内朝，在汉为宣室，在唐为上阁，即只日常朝之殿也。③

此外，唐代尚有以正朝代指中朝的情况，而正朝是郑玄三朝中的概念，《旧唐书·崔龟从传》崔龟从鉴于唐文宗不在听闻大臣去世的当天辍朝，专门上奏云：

> 龟从又以大臣薨谢，不于闻哀日辍朝。奏议曰："……是知闵悼之意，不宜过时。臣谓大臣薨，礼合辍朝，纵有机务急速，便殿须召宰臣，不临正朝，无爽事体。如此，则由衷之信，载感于幽明，称情之文，无亏于典礼。"④

大明宫紫宸殿为便殿，《新五代史·李琪传》载：

> 宣政，前殿也，谓之衙，衙有仗。紫宸，便殿也，谓之阁。⑤

所以，崔龟从所云处理日常机务的正朝就是中朝，应当指紫宸殿南部的宣政殿。因此，可以认为唐大明宫三朝，仍是依托郑玄三朝观点而产生的。

2.开元十六年唐昌公主婚仪与紫宸殿内朝之地位

以上所列，主要是五代、宋人对唐大明宫三朝的观点，唐代自身对三朝进行确认的相关证据尚未得以完整展示。以下试通过唐玄宗开元十六年（728）唐昌公主下

---

① 《新五代史》卷五四《李琪传》，中华书局，1974年，第618页。
② 杜文玉、赵水静：《唐大明宫紫宸殿与内朝朝会制度研究》，《江汉论坛》2013年第7期。
③ 《续资治通鉴长编》卷三二"太宗淳化二年十一月庚戌"条，中华书局，1992年，第725—726页。
④ 《旧唐书》卷一七六《崔龟从传》，中华书局，1975年，第4572—4573页。
⑤ 《新五代史》卷五四《李琪传》，中华书局，1974年，第618页。

嫁薛鏻之事①，观察唐代朝臣如何征引周礼，以恢复三朝正统礼制，《通典》载：

> 开元十六年，唐昌公主出降，有司进仪注，于紫宸殿行五礼。右补阙施敬本等上疏曰："窃以紫宸殿者，汉之前殿，周之路寝，陛下所以负黼扆，正黄屋，飨万国，朝诸侯，人臣至敬之所，犹玄极可见不可得而升也。昔周女出降于齐，而以鲁侯为主，但有外馆之法，而无路寝之事。今欲紫宸会礼，即当臣下摄行，马入于庭，醴升于牖。主人授几，逡巡紫宸之间；宾使就筵，登降赤墀之地。又据主人辞称'吾子有事，至于寡人之室'。言辞僭越，事理乖张，既渎威灵，深亏典制。其问名纳采等事，并请权于别所。"从之。遂移于光顺门外，设次行礼。②

又据《唐会要》，参与上疏者还有左拾遗张烜、右拾遗李锐。③值得注意的是，此三位大臣都是唐玄宗朝《大唐开元礼》的撰写、参与者，《新唐书·艺文二》载：

> （张）说奏："《礼记》，汉代旧文，不可更，请修贞观、永徽五礼为《开元礼》。"命贾登、张烜、施敬本、李锐、王仲丘、陆善经、洪孝昌撰缉，萧嵩总之。④

由此，三位朝臣所提出的婚仪仪注，应当具有高度权威性，以至婚礼最终由紫宸殿移至紫宸门西侧的光顺门。⑤然而我们此时关注的重点，是施敬本等援引周礼名物制度比附紫宸殿的现象：紫宸殿被与周代路寝相类比，故其乃与周礼燕朝相承接。据郑玄注，周礼燕朝（唐之内朝）在路寝庭举行，所以，《唐六典》将紫宸殿定义为内朝正殿、古今学者将大明宫三殿视为三朝⑥，此时是可以成立的。

另外，需要引起重视的是，在施敬本等礼学权威看来，汉代前殿是与周代路寝、唐代紫宸殿等同的宫廷建筑，这一点可以证明我们前揭用太极殿兼具太极宫正殿、前殿，来指出太极殿兼具周礼内朝性质的讨论，是有周礼相关依据的。

---

① 《新唐书》卷八三《诸帝公主·玄宗二十九女》，中华书局，1975年，第3657页。

② 〔唐〕杜佑：《通典》卷五九《礼十九·嘉四·公主出降》，中华书局，1992年，第1670页。

③ 〔宋〕王溥：《唐会要》卷三〇《大明宫》，中华书局，1955年，第554页。按：此文又见《册府元龟》卷五四六《谏诤部·直谏第十三》，文渊阁《四库全书》0911，台湾故宫博物院藏本，第911—490页；《全唐文》卷三〇二《施敬本》。

④ 《新唐书》卷四八《艺文二》，中华书局，1975年，第1491页。

⑤ 〔清〕徐松：《唐两京城坊考》卷一《西京·大明宫》，中华书局，1985年，第21页。

⑥ 按：据前文学术史回顾，学界对唐大明宫外朝之范围，有含元殿、丹凤门-含元殿两种观点。虽然外朝活动分别在丹凤门、含元殿举行，更加符合古礼，但两者并不兼顾的情况也较多，此处只是借用唐代大明宫三殿对应三朝的一般观点。

3.应门丹凤门

周礼三朝，应门是外朝、中朝的分界。唐代长安城的应门位于何处，又是否同样符合周礼之传统？《文苑英华》所录唐宪宗时期令狐楚《中书门下贺赦表》，提及大赦礼仪中帝王曾登上丹凤门楼。其文曰：

> 臣某伏见今日制书，御丹凤门大赦天下者，明照六幽，泽流九有，臣等诚欢诚喜，顿首顿首，臣闻覆帱生成乾坤……今者东风发春，元日献岁，凝旒视朝于正殿，步辇临御于应门，开庞鸿之湛恩，孚涣汗之大号，万物瞻睹，兆人允怀……[①]

这篇贺表实则使用了前后呼应的文学处理手法，所以唐宪宗所御应门，就是作为颁布赦书地点的大明宫丹凤门。

除了颁布大赦外，帝王改元，也登临应门丹凤门，《册府元龟》诏书内容如下，文宗大和二年（828）六月诏曰：

> 褚遂良五代孙虔等，朕详观列圣纪册，祖宗盛业，灿然在前……且以去岁乙巳，登应门，敷大号，俾畴贤相，以访遗裔。[②]

核诸两《唐书》，敕文中"去岁乙巳，登应门、敷大号"，对应的是大和元年（827）文宗即位改元之事，《旧唐书·文宗本纪》大和元年（827）载：

> 乙巳，御丹凤楼，大赦，改元大和。[③]

据此，可以充分说明大明宫丹凤门可称应门。从上所引两处事例来看，它们所涉及的是唐代的大赦、改元等政治礼仪性活动，也是外朝最为传统、基本的标志性功能之一，因此，唐代将丹凤门视为应门，有其周礼外朝的依据存在。

然而前文已经交代，大明宫含元殿也有举行大朝会的外朝功能，郊祀礼仪中含元殿、丹凤门也多次结合使用，所以其与周礼应门外为外朝，又存在十分明显的差别，即外朝已经越过应门，向北延伸至含元殿。由此，大明宫三殿对应三朝的布局，可如图2所示。

[①] 《文苑英华》卷五五九《表七》，中华书局，1982年，第2862页。按：令狐楚此表又见诸《全唐文》卷五三九，亦无明确纪年。

[②] 《册府元龟》卷一三一《帝王部·延赏二》，文渊阁《四库全书》0911，台湾故宫博物院藏本，第1581页。

[③] 《旧唐书》卷一七上《文宗纪上》，中华书局，1975年，第525页。

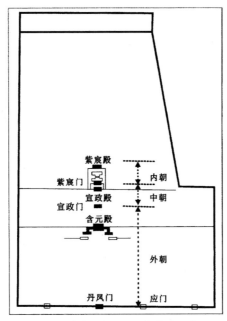

图2 唐大明宫三殿三朝布局示意

［据李健超先生《唐长安1：2.5万复原图》（《西北大学学报》1993年第2期）一文中的《唐长安城图》改绘］

4.宣政殿的内朝特征

在大明宫三大殿依次对应三朝视角下，宣政殿属中朝，主要举行礼仪性的朔望朝与百官奏事议政的常朝。[1]然而经文献爬梳，唐代大明宫其实不止此一种三朝的制度空间划分，宣政殿在唐高宗时期也被视为周礼路寝所在，因而呈现出古礼内朝的特征，这一情况尚在《唐六典》成书之前，因此值得引起关注。

（1）周礼路寝依据的再次援引

唐大明宫宣政殿含有周礼内朝特征，可通过唐高宗永隆二年（681）袁利贞关于百官、命妇宴会场所的讨论而被揭示出来，《通典》载：

> 永崇（隆）二年，敕于宣政殿会百官及命妇，太常博士袁利贞上疏曰，伏以恩旨，于宣政殿上兼设命妇坐位，奏九部伎及散乐，并从宣政门入。臣以为前殿正寝非命妇宴会之处，象阙路门非倡优进御之所。[2]

---

① 杜文玉：《大明宫宣政殿与唐代中朝制度研究》，见《乾陵文化研究》（第7辑），三秦出版社，2012年，第159页。

② 〔唐〕杜佑：《通典》卷七〇《礼三十·嘉十五·元正冬至受朝贺》；《册府元龟》卷五四三《谏诤部二十一·直谏第十》。

此一内容又见诸《唐会要》①《旧唐书·袁朗传》②《新唐书·袁朗传》③以及《唐语林》④，诸书所记略同，然以《通典》与《唐会要》所记相关地点最为详备。兹以《旧唐书·袁利贞传》对参之：

> 永隆二年，王立为皇太子，百官上礼，高宗将会百官及命妇于宣政殿，并设九部伎及散乐，利贞上疏谏曰："臣以为前殿正寝，非命妇宴会之地；象阙路门，非倡优进御之所。望诏命妇会于别殿，九部伎从东西门入，散乐一色伏望停省。若于三殿别所，自可备极恩和。微臣庸蔽，不闲典则，忝预礼司，轻陈狂瞽。"帝纳其言，即令移于麟德殿。⑤

将《通典》《旧唐书》对照，可以发现围绕着宣政殿宴会命妇之事，袁利贞以前殿正寝、象阙路门为据，指出唐高宗此举有违古礼。

前文已经言及，前殿与路寝所指相同，此处的正寝，是路寝的别称。《诗经·鲁颂·闵宫》："松桷有舄，路寝孔硕"，《毛传》："路寝，正寝也"。《春秋公羊传·庄公三十二年》"路寝者何，正寝也。"象阙路门，据《通典》，即指乐工进入宣政殿所途经的宣政门，《周礼·秋官·朝士》郑玄注：

> 周天子诸侯皆有三朝，外朝一，内朝二。内朝之在路门内者，或谓之燕朝。⑥

郑玄三朝空间位置划分中，路寝之庭为燕朝的举行场所，而且路门之内为燕朝。可见，此时的宣政殿、宣政门，已经被袁利贞视为周礼燕朝（唐内朝）、路门所在。

袁利贞时任太常博士，自当熟知相关典制，其建议被唐高宗接受，说明其对宣政殿此时在大明宫政治礼仪空间中地位的把握是精准的，其将宣政殿比附为三朝中的内朝，也是允当的。

此时，若再回看前文玄宗开元十六年（728）施敬本等论述紫宸殿地位的相关依据，可见，这两处事关朝廷礼仪的唐臣进言中，前殿正寝的周礼名物制度征引，甚至文字都没有改易，这只能说明二者依据的是同样的周礼三朝划分标准。

从这两处事例所构建的大明宫周礼三朝空间可见，内朝的位置，由高宗朝的宣政殿，向北后移至紫宸殿。在宣政殿作为内朝、含元殿–丹凤门作为外朝的前提下，

① 〔宋〕王溥：《唐会要》卷三〇《大明宫》，中华书局，1955年，第554页。
② 《旧唐书》卷一九〇上《袁朗传》，中华书局，1975年，第4984—4985页。
③ 《新唐书》卷二〇一《袁朗传》，中华书局，1975年，第5726—5727页。
④ 〔宋〕王谠：《唐语林》卷五《补遗》，古典文学出版社，1957年，第159页。
⑤ 《旧唐书》卷一九〇上《袁朗传》，中华书局，1975年，第4985页。
⑥ 〔清〕孙诒让：《周礼正义》卷六八《秋官·朝士》，中华书局，1987年，第2817页。

此时大明宫的古礼三朝，实际上并没有为中朝预留出应有的空间，其整体格局也未能如《唐六典》紫宸殿作为内朝时，整个大明宫所形成的三殿三朝空间布局完整、有序。《唐六典》在完整介绍太极宫三朝制度的前提下，对于大明宫，却只揭示了紫宸殿的内朝正殿身份，这或可视作大明宫外朝、中朝政治空间并不固定的一则旁证。

这一借助相同的周礼指导，却在大明宫中指认出不同的内朝空间的现象，其原因值得进一步深究。

（2）前殿标准下与古礼的相合

经袁利贞援引周礼名物，宣政殿成为路寝、内朝，与大明宫三殿三朝观点相比，其有违内朝传统位置的色彩无疑十分明显。然而，若注意到前殿这一标准，或可发现袁利贞称宣政殿为路寝的背后依据。

太极宫中的正殿、前殿合二为一，皆指太极殿。大明宫中的正殿、前殿，开始有了明确的位置区分，含元殿为正殿，宣政殿为前殿，《旧唐书·地理一》载：

> 东内曰大明宫，在西内之东北，高宗龙朔二年置。正门曰丹凤，正殿曰含元，含元之后曰宣政。[1]

又《新五代史·李琪传》载：

> 宣政，前殿也，谓之衙，衙有仗。紫宸，便殿也，谓之阁。[2]

若依照周代路寝、汉代前殿皆为内朝的观点，宣政殿因作为大明宫前殿，则可视为这一训诂意义下的内朝的所在。这一判断应当有部分合理性，因为以前殿作为判别周礼三朝的标准，已经在前文北宋谏议大夫张洎的奏疏中有所反映。

张洎明显是看到了含元殿、未央前殿之间共同的前殿地位，故在大明宫三殿对应三朝的传统观念以及空间限定下，将宣政殿对应周礼中朝（即郑玄之正朝），于是汉之前殿被视作周礼中朝。与之做法相仿，袁利贞是在传统的周之路寝等同于汉之前殿的前提下，单独以前殿作为内朝位置的择取标准。另外需要注意的是，袁利贞所云"前殿正寝"，此"前殿"也没有单指汉之前殿，或即代称大明宫之前殿宣政殿。

与宣政殿情况相似的是，唐代甚至存在视含元殿为路寝的情况，故有必要做一简要论述，如《新唐书·五行一》载：

> 贞元四年正月庚戌朔，德宗御含元殿受朝贺，质明，殿阶及栏槛三十余间自坏，卫士死者十余人。含元路寝，大朝会之所御也；正月朔，一岁

---

① 《旧唐书》卷三八《地理志一·关内道》，中华书局，1975年，第1394页。
② 《新五代史》卷五四《李琪传》，中华书局，1974年，第618页。

之元。王者之事，天所以儆者重矣。①

若单纯从含元殿所举行的活动来看，朔望朝明显是外朝的一项标志性活动，因此称含元殿为路寝，看似毫无根据。然而，唐人实际有时将前殿、正殿互通，《文选·甘泉赋》"前殿崔巍兮，和氏玲珑"，李善注："前殿，正殿也。诸宫皆有之。《汉书》曰：未央宫立前殿。"②

或因这一认识的存在，大明宫的正殿含元殿，权宜之下又被称为路寝，已经属于周礼意义下的内朝。另外，唐代时人对于含元殿的功能可能不尽了解，以故多将之视为皇帝居住的地点③，《旧唐书·朱泚传》泾原兵变后，朱泚"乘马拥从北向，烛炬星罗，观者万计，入居含元殿"④。这可能是《新唐书·五行志》将含元殿视为人君正居的路寝的原因之一。

因此，路寝、前殿等同于内朝，而前殿又称正殿，应当是唐代对大明宫三朝，尤其是内朝具体位置判定方面存在多种解读方式的一个重要原因。

三、小结

唐代宫城中的三朝，其各自主要功能大致为：外朝的元日、冬至朝贺礼，中朝的朔望朝与百官奏事议政的常朝，内朝的随时与特殊时刻召对群臣。这主要是我们对唐代于不同空间范围内所举行的具体政治、礼仪性活动进行总结、归纳而得出的认识。

一定程度上，周礼三朝似乎从唐代三朝的研究中脱离出去，然而这些古礼标准，仍然是唐代朝臣借以商定仪注、追溯正统的重要依据，所以对周礼三朝相关门、寝建筑的位置、标准的探讨，尤其是唐人自身将周礼比附现实建筑的情况的分析，仍然具有实际意义。既然唐代太极宫、大明宫采用的都是郑玄三朝五门的注解，古礼三朝五门此时依托现实的建筑而获得了象征性意义，也就成为审视唐代三朝五门制度空间的重要节点。

唐后期大明宫的朔望朝由宣政殿改至紫宸殿，这种原属于中朝的功能的北移趋势，已经为学界所揭示。⑤相比之下，唐代宣政殿乃前殿路寝，含元殿亦称路寝，这些依托周礼所复原的内朝的"虚拟式"位置南移趋势，似乎并未引起学界的充分关

---

① 《新唐书》卷三四《五行志一》，中华书局，1975年，第884页。

② 〔梁〕萧统编：《文选》卷七《甘泉赋》，中华书局，1977年，第113页。

③ 杜文玉：《唐大明宫含元殿与外朝朝会制度》，见《唐史论丛》（第15辑），陕西师范大学出版总社，2012年，第21页。

④ 《旧唐书》卷二〇〇下《朱泚传》，中华书局，1975年，第5387页。

⑤ 杜文玉、赵水静：《唐大明宫紫宸殿与内朝朝会制度研究》，《江汉论坛》2013年第7期。

注。需要说明的是，唐代三朝各自的实际功能已经趋于稳定，所以，这种周礼三朝空间在唐代两宫范围内的变化，很大程度上是基于不同的周礼训诂诠释。然而，这些对唐代三朝，尤其是大明宫内朝的不同训诂诠释的辨明，不仅可以使我们明确其背后的礼制依据，也为较深入把握三朝的实际功能提供了参考视角。

另外，太极宫、大明宫不同的建筑布局，正殿、前殿的位置分合，也是唐代朝臣在回溯周礼时，产生多样式礼制空间解读的重要原因。因此可见，唐代这一回归周礼古制的进程，实际充斥着较浓厚的重组、折中的色彩。

原载《唐史论丛》（第25辑），三秦出版社，2017年

（贾鸿源，鲁东大学历史文化学院副教授）

隋代大兴城贵族寺院的营建

季爱民

开皇二年（582）六月，隋朝廷决定在长安城东南一片广袤的土地上营建新的都城。大量宫苑殿阁、衙署民居陆续建成，佛教寺院也次第产生。完整的寺院需要从事佛教宣传的僧侣、组合复杂的建筑以及体现宗教信仰的绘画与雕塑装饰，联结大兴城佛寺营建中诸种要素的纽带就是关陇贵族对寺院的供养。

寺院的营建，主要指寺院建立过程中宗教资源的汇集与流动。从宗教供养的角度看，皇室供养的寺院可称为国家寺院，贵族供养的寺院是贵族寺院。学界对于后者的讨论较少。澄清贵族寺院营建的史实有助于了解贵族寺院与国家寺院的互动关系。贵族营建寺院表现为两个方面，一是通过地缘关系吸引地方佛教资源，二是迁移长安故城的资源到新的都城。

一、通过地缘关系吸引地方佛教资源

太平坊西门之北的定水寺由荆州总管上明公杨纪在开皇十年（590）为慧能禅师建立。辛德勇指出，杨纪弟弟内史通事舍人普安县开国男杨文懿、子上明国世子秘书郎杨孝偡居住在太平坊，杨家似在此聚族而居。[①]杨纪在北周时"自右侍上士累迁车骑大将军、仪同三司、安州总管长史"，与陈人屡有交往："将兵迎陈降将李瑷于齐安，与陈将周法尚军遇，击走之。"[②]入隋后，"授使持节熊州诸军事、熊州刺史。丁艰去任，寻即起复。虽金革夺礼，而栾棘在容，黾勉王事，杖然后起。又为宗正少卿，改封上明郡公……但汉地襟带，荆门遏阻，表里山川，一都之会，俞往之命，非才勿居。仁寿二年，授使持节总管荆、复、峡、都、鄂、岳、澧、朗、辰九州诸军事、荆州刺史"[③]。可见杨纪在与南人的交往以及任职荆州等地的过程中体认南方文化。

---

① 辛德勇：《隋大兴城坊考稿》，《燕京学报》2009年新27期。
② 《隋书》卷四八，中华书局，1973年，第1295页。
③ 吴钢主编：《全唐文补遗》，三秦出版社，2006年，第454页。

定水寺装饰方面具有南方风格。张彦远记载："定水寺，王羲之题额，从荆州将来。殿内东壁北二神、西壁三帝释，并张僧繇画，从上元县移来。余七神及下小神，并解倩画。殿内东壁孙尚子画维摩诘，其后屏风，临古迹帖，亦妙。中间亦孙尚子画。东间不是孙，亦妙，失人名。内东西壁及前面门上并似展画，甚妙。前面有三圆光，皆突生壁窗间。菩萨亦妙。"①其特点是寺院题额与大殿神像来自南方名手。

法琳记载荆州的地位和杨纪的政绩："荆门胜地，楚塞神乡。舻舳之所混并，水陆之所冲要。唯仁是寄，虽亲弗居。布政宣条，咸称繁赖。清风远沐，盛绩有闻。"同时描述定水寺的装饰："启兹福地，置此仁祠。月殿流辉，珠台曜彩。华开粉壁，荷发圆池。至于郑氏维摩、孙公安养，皆为绝世，妙尽丹青。"②其中，"安养"为极乐世界的异名，此处指寺院中的净土变画，可见定水寺有孙尚子的净土变和郑法士的维摩变。这一记载与张彦远所记不同。法琳曾经访问都城诸寺。到了张彦远时代，隋代寺院壁画已有剥落漫漶，描述中有疑似之词，因此，前者应更为准确。

郑法士为活跃于周、隋时期的画家，彦悰评价他"取法张公，备该万物，后来冠冕，获擅名家。在孙尚子上"。李嗣真说郑法士"伏道张门，谓之高足，邻几睹奥，具体而微。气韵标举，风格遒俊。丽组长缨，得威仪之樽节；柔姿绰态，尽幽闲之雅容……江左自僧繇已降，郑君自称独步"③。说明他师法张僧繇取得很大的成绩。

孙尚子曾任睦州建德县尉。彦悰评价其绘画"师模顾、陆，骨气有余。鬼神特所偏善，妇人亦有风态"。李嗣真说："孙、郑共师于张：郑则人物楼台，当雄霸伯；孙则魑魅魍魉，参灵酌妙。"④张彦远认为其绘画师法"顾、陆、张、郑"⑤。顾恺之、陆探微、张僧繇都是南朝画家，郑法士又师法张僧繇。可见，定水寺的绘画体现浓郁的南方风格。

---

①〔唐〕张彦远：《历代名画记》卷三，俞剑华注释，上海人民美术出版社，1964年，第67页。

②〔唐〕法琳：《辩正论》卷四，见《大正新修大藏经》（第52册），大正一切经刊行会，1929—1934年，第519页。

③〔唐〕张彦远：《历代名画记》卷八，俞剑华注释，上海人民美术出版社，1964年，第160—161页。

④〔唐〕张彦远：《历代名画记》卷八，俞剑华注释，上海人民美术出版社，1964年，第162页。

⑤〔唐〕张彦远：《历代名画记》卷二，俞剑华注释，上海人民美术出版社，1964年，第30页。

这一寺院也是南方僧人的汇集之地。[①]释法称是江南人，陈平后与白云经师一起到大兴善寺。法称以善经呗得以经常出入宫掖，晚年移居定水寺，仁寿年间卒。释慧超（546—622）是丹阳人，出家后与智顗（538—597）到光州大苏山请益于慧思（515—577），隋初应太子杨勇邀请到大兴城，勇废后移居定水寺。吉藏法师（549—623）应晋王邀请先到青龙坊日严寺，讲学由三论转向关中颇为流行的《法华经》。隋唐之际，他的声望转高，受到太平坊两座寺院同时邀请："武德之初，僧过繁结，置十大德。纲维法务，宛从初议，居其一焉。实际、定水，钦仰道宗。两寺连请，延而住止，遂通受双愿，两以居之。"其弟子智凯，在开皇时期陪同吉藏一起入关，但到都城之后学业发生改变，主要适应北方讲学环境："义业通废，专习子史。今古集传，有关意抱，辄条疏之。随有福会，因而标拟。至于唱导将半，更有缘来。即为叙引，冥符众望。隋末唐初，嘉猷渐著。每有殿会，无不仰推。"[②]

释僧凤的族祖是梁武帝，开皇初年师事大兴善寺僧粲（529—613）。贞观中年，"释门重阐。青田有秽，白首斯兴。非夫领括，无由弘护。中书舍人杜正伦下敕监掌统详，管辖奏召，以为普集寺任。寻更右迁定水上座。绥耳二寺，无越六和。妙达众心，欣其仰止。年及从心，更新诚致。萦维尘境，放旷山林"[③]。僧凤任定水寺上座称为"右迁"，说明都城寺院分为一定等级，定水寺无疑有较高的地位。

定水寺在隋唐之际吸引学问僧讲学，可能出于其南方特点。南方僧人吉藏、智凯在关中讲学所发生的变化，也可知都城佛教本身已经形成风尚，南方僧人带来的新风气融入都城佛教传统。

位于兴化坊西南隅的空观寺，由右卫大将军驸马都尉洵阳公元孝矩在开皇七年（587）舍宅建立。这一寺院的僧侣来自关东地区，擅长《大论》及《杂心》的释僧朗来自恒州，入关住空观寺，以平素的风格得到尊重："复扬讲席，随方利安。而仁恕在怀。言笑温雅。有在其席，无闷神心。宏博见知，众所推尚。时有异问，素非所览者，便合掌答云：'僧朗学所未通，解惟至此。'故英声大德咸美其识

① ［日］小野胜年：《中国隋唐长安·寺院史料集成资料篇》，法藏馆，1989年，第185—186页。

② 〔唐〕道宣：《续高僧传》卷一一，见《大正新修大藏经》（第50册），大正一切经刊行会，1929—1934年，第514页。

③ 〔唐〕道宣：《续高僧传》卷一三，见《大正新修大藏经》（第50册），大正一切经刊行会，1929—1934年，第526—527页。

分，不敢蔑其高行也。"①精通《四分律》的释玄镜来自赵州，仁寿二年（602）奉敕返回故乡无际寺置舍利塔，晚年在空观寺东院习禅②。释慧藏（522—605）为赵国平棘人，开皇七年应诏到大兴城，为六大德之一。慧藏得以宣讲原来擅长的佛经："后以般若释论群唱者，多至于契赏，皆无与尚。时有沙门智稳、僧朗、法彦等，并京室德望，神慧峰起，祖承旧习，希奉新文。乃请开讲《金刚般若论》，藏气截云霞，智隆时烈。将欲救拯焚溺，即而演之。于时年属秋方，思力虚廓。但控举纲致，标异新理，统结词义，言无浮帆。故禀益之徒恐其声止，皆崇而敬焉。"③这三人之中，僧朗到大兴城的时间似更早，因为慧藏讲《金刚般若论》的时候，僧朗已经称为"京室德望"了。

元孝矩与杨坚结为婚姻关系，在周隋之际接替杨勇镇守洛阳："（隋）高祖重其门地，娶其女为房陵王妃。及高祖为丞相，拜少冢宰，进位柱国，赐爵洵阳郡公。时房陵王镇洛阳，及上受禅，立为皇太子，令孝矩代镇。"④杨勇任洛州总管，管辖范围即北齐旧境："高祖辅政，立为世子……出为雒州总管，东京小冢宰，总统旧齐之地。"⑤法琳记载元孝矩的结衔与佛教供养："隋上柱国洛豫十七州诸军事洛州刺史左翊卫将军洵阳公元孝矩（造空观寺）。"⑥这是元孝矩任洛州刺史时的结衔，其统治范围与杨勇一致，玄镜、慧藏来自元孝矩统治地区，可知地方僧侣来到都城，选择居止的寺院与其供养人的统治地域有一定关联。

位于熙光坊南门之东的真寂寺，由高颎在开皇三年（583）舍宅奏立为寺。法琳详细记载高颎为人以及寺院的营建过程："隋上柱国尚书左仆射齐国公高颎造信（真）寂寺及积善尼寺。（颎）器局和允，识虑优长……而善达世间，早知幻化。存心出要，笃志香城。至于七觉花台，三明宝殿，琉璃梵宇，码硵禅龛，柰苑祇园，竹林檀阁。游者忘返，一一留人。凡是名僧海内大德，慧崇禅师、道彦法师等，并感其敬信，同起伽蓝。又延信行禅师，别起禅院。五众云聚，三学星罗。道

　　① 〔唐〕道宣：《续高僧传》卷一〇，见《大正新修大藏经》（第50册），大正一切经刊行会，1929—1934年，第507页。
　　② 〔唐〕道宣：《续高僧传》卷二六，见《大正新修大藏经》（第50册），大正一切经刊行会，1929—1934年，第673页。
　　③ 〔唐〕道宣：《续高僧传》卷九，见《大正新修大藏经》（第50册），大正一切经刊行会，1929—1934年，第498页。
　　④ 《隋书》卷五〇，中华书局，1973年，第1317—1318页。
　　⑤ 《隋书》卷四五，中华书局，1973年，第1229页。
　　⑥ 〔唐〕法琳：《辩正论》卷四，见《大正新修大藏经》（第52册），大正一切经刊行会，1929—1934年，第519页。

俗归依，莫斯盛也。又造积善尼寺，颇亦严华。"①

就寺院营建过程而言，法琳的记载层次清晰：高颎与慧崇、道彦是真寂寺的共同创立者。其中道彦就是道宣记载的释法彦。法彦姓张，寓居洺州，以讲学《大论》著称，"游涉法会，莫敢抗言。故齐、周及隋，京国通衢，皆畏其神爽英拔也"。高颎邀请他来都城讲学："齐公高颎（颎），访道遐方，知彦声绩，乃迎至京邑。虽复智亮冒于当时，而谦素形于声色。"他的讲学影响了高颎家族的佛教信仰："彦传业真寂，道俗承音。左仆射高颎（颎），奉以戒法，合门取信，于今不倾，并彦之开济。以大业三年卒于所住，春秋六十余矣。"②高颎及其后人或舍宅为寺，或出家为僧，或宣传报应故事，持续供养佛教。③

真寂寺创建之后六年，迎来魏郡僧人释信行（541—594）。上引法琳记载高颎为之"别起禅院"，道宣记载"仆射高颎，邀延住真寂寺，立院处之"④。《两京新记》记载"时有沙门信行，自山东来，颎立院以处之"⑤。可见他有单独的传教之院。信行来大兴城的确切时间是开皇九年（589）。太原介休人释僧邕（543—631）在信行的劝说下与之一起到都城传教。⑥这一具有个性色彩的教派后来不断扩展，与其拓展独立的传教场所不无关联。

高颎的父亲独孤宾（503—572），"字符宾，旧姓高，渤海蓨人。魏世大统中，赐姓独孤氏焉"⑦。高颎"自云渤海蓨人"⑧。可见高氏认同山东文化，法彦、信行到真寂寺也有地域因素。

二、长安故城与大兴城之间寺院的关系

尉迟迥（516—580）家族信仰佛教。北周明帝武成元年（559）二月，时任都

① 〔唐〕法琳：《辩正论》卷四，见《大正新修大藏经》（第52册），大正一切经刊行会，1929—1934年，第519页。
② 〔唐〕道宣：《续高僧传》卷一〇，见《大正新修大藏经》（第50册），大正一切经刊行会，1929—1934年，第505页。
③ 孙英刚：《想象中的真实——隋唐长安的冥界信仰与城市空间》，见荣新江主编：《唐研究》（第15卷），北京大学出版社，2009年，第163—167页。
④ 〔唐〕道宣：《续高僧传》卷一六，见《大正新修大藏经》（第50册），大正一切经刊行会，1929—1934年，第559页。
⑤ 〔唐〕韦述撰，辛德勇辑校：《两京新记辑校》卷三，三秦出版社，2006年，第57页。
⑥ 〔唐〕道宣：《续高僧传》卷一九，见《大正新修大藏经》（第50册），大正一切经刊行会，1929—1934年，第583页。
⑦ 陕西省考古研究院：《北周独孤宾墓发掘简报》，《考古与文物》2011年第5期；刘呆运、李举纲：《北周〈独孤宾墓志〉探微》，《考古与文物》2011年第5期。
⑧ 《北史》卷七二，中华书局，1974年，第2487页。

督秦渭河鄯等十四州诸军事秦州刺史的尉迟迥在渭州建造释迦牟尼像。[1]法琳记载他在长安造妙像寺，又记其弟"周太保柱国大将军吴武公尉迟纲造褒义寺及宣化尼寺"。"尉迟纲"，宋本《辩正论》卷四作"尉迟安"，元本、明本作"尉迟纲"。赞词中的"父柱国大将军长乐公，夫人尚书昌乐大长穆公主"，是尉迟纲的父母，于尉迟安则为祖父母。因此，以"尉迟纲"为是。上述记载反映尉迟家族在北周时代的佛教供养，是周武废佛之前长安寺院的珍贵记录。

尉迟氏在大兴城供养数处寺院。《长安志》记载丰安坊宣化尼寺："隋有宣化尼寺，武德中徙永平坊"[2]，这应来自《两京新记》。而金泽文库本《两京新记》永平坊"条记载"隋开皇五年，周昌乐公主及驸马都尉尉迟安舍宅立"[3]，没有隋代迁徙来源的记载。按照《两京新记》的写作体例，可知金泽文库本《两京新记》至少省略了类似"寺本在丰安坊，武德中移来"这样的字句，否则会给人寺院自开皇五年（585）建立之时就在永隆坊的印象。另外，这段记载有与史实不符处。周昌乐公主是尉迟安的祖母，已在北周明帝武成元年去世[4]，不可能在隋代建立寺院。尉迟安为纲之嫡子，入隋"历鸿胪卿、左卫大将军"[5]，是宣化尼寺的实际供养人。

尉迟氏供养的另一处寺院为嘉会坊西南隅的褒义寺。金泽文库本《两京新记》卷三记载："褒义寺，本隋太保吴武公尉迟刚宅。初，刚兄迥置妙象寺于故都城中，移都后，刚舍宅复立于此，改名褒义寺。其殿堂屋宇并故都旧寺之林木。"学者对这一段记载中的史实讹误多有讨论[6]，但未涉及新旧都城之间的关系。据上引法琳记载，尉迟纲在北周长安城已经建立宣化尼寺和褒义寺，则其子尉迟安在大兴城嘉会坊所建褒义寺就不存在改"妙象寺"为"褒义寺"的问题，而是新旧都城中不同寺院使用同一名称，表明佛教信仰在家族中的延续。另外，大兴城有妙象寺[7]，可能是尉迟迥的后人所建。转移旧都寺院林木一事则为可能之事。北周建德三年（574）五月废佛道二教的政策是"沙门道士并令还俗，三宝福财，散给臣下。寺观

① 杨皓：《武山水帘洞石窟〈拉梢寺摩崖题记〉摭谈》，《天水师范学院学报》2011年第3期，第30页。

② 〔宋〕宋敏求：《长安志》卷九，见《宋元方志丛刊》（1），中华书局，1990年，第124页。

③ 〔唐〕韦述撰，辛德勇辑校：《两京新记辑校》卷三，三秦出版社，2006年，第53页。

④ 《周书》卷二〇，中华书局，1971年，第340页。

⑤ 《北史》卷六二，中华书局，1974年，第2215页。

⑥ 〔日〕福山敏男：《校注〈两京新记〉卷第三及び解说》，见《中国建筑与金石文研究》，中央公论美术出版社，1983年，第129页。

⑦ 〔唐〕道宣：《续高僧传》卷二〇，见《大正新修大藏经》（第50册），大正一切经刊行会，1929—1934年，第590页。

塔庙，赐给王公"①。寺院财富原为贵族所供养，废教后转归贵族所有，待到隋初佛教恢复，则又成为供养物。《两京新记》致误原因，可能是注意到法琳的记载，但却没有区分新旧都城之间的延续关系，以至在宣化尼寺和褒义寺的寺院名称与供养人等方面造成混乱。

新旧都城同名寺院还有罗汉寺。北周长安的罗汉寺由豆卢宁供养："周柱国尚书仆射楚国公豆卢宁造罗汉寺及会宗寺"，法琳的赞词是："燕文明皇帝慕容晃之后，祖什，文成皇帝直寝司隶大夫，父笃，柱国大将军涪陵公。宁年始弱冠，爰初筮仕，月角称奇，星精表德……造罗汉、会宗二寺。铸像写经，相续不断"②。

怀德坊西南隅有罗汉寺。《两京新记》记载："开皇六年雍州牧、楚公豆卢绩所立也。"③豆卢绩为宁的侄子，后立为其世子。④由此可以推知，罗汉寺是豆卢绩为纪念其伯父豆卢宁而立，这是家族供养在周隋之际的延续。

常乐坊南门之西有云华寺，《长安志》卷九记载"本隋大司马窦毅宅，开皇六年，舍宅为寺"。窦毅（519—582）卒于开皇二年，则舍宅事当其后人所为。又窦毅在宣阳坊南门之西有宅，后部分舍入净域寺，窦毅曾孙仍居原地。⑤《长安志》引《酉阳杂俎》云："本曰大慈。大历初，僧俨讲经，天雨花至地咫尺而灭，夜有光烛室，敕改为云花寺，俨即康藏之师也。"今本《酉阳杂俎》续集卷五没有"本曰大慈"四字，《长安志》或另有所据。段成式记载云华寺的得名缘由并不可靠。智俨（602—668）在其晚年确曾在云华寺讲经，并赏识其世俗弟子康法藏（643—712），不过，时间不在大历年间（766—779），而在唐高宗龙朔元年（661）至总章元年（668）。⑥其实，"云花"是这一寺院的最初名称。道宣《续高僧传》有三处提到云华寺，法琳记载："隋大司马上柱国神武肃公窦毅（造云华寺）。幼称令誉，长号通人。家有赐书，门标卫载。供奉四帝，终始一心。义重龙文，财轻蝉翼。折狱动哀矜之念，临下尽宽和之仁。而护持三宝，体达五家。造寺建斋，以

① 〔唐〕道宣：《广弘明集》卷八，见《大正新修大藏经》（第52册），大正一切经刊行会，1929—1934年，第136页。

② 〔唐〕法琳：《辨正论》卷四，见《大正新修大藏经》（第52册），大正一切经刊行会，1929—1934年，第517页。

③ 〔唐〕韦述撰，辛德勇辑校：《两京新记辑校》卷三，三秦出版社，2006年，第64页。

④ 《周书》卷一九，中华书局，1971年，第310页。

⑤ 〔清〕徐松撰，李健超增订：《增订唐两京城坊考》卷三，三秦出版社，2006年，第91、93页。

⑥ Jin hua Chen, *Philosopher, Practitioner, Politician: The Many Lives of Fazang*（643—712），Leiden：E. J. Brill, 2007, pp. 121-124.

为常业。"①可见以智俨讲经为寺名来源只是盛唐以后的传说，与云华寺最初得名无涉。

窦毅叔父窦炽（507—584）在北周供养两座寺院："炽即安丰华冑也。昔专黄老，今信大乘。建白马、梵云二寺，种当来出世之业。"②安丰指东汉安丰侯窦融（前16—62），曾以河西地区归附东汉政权。

窦炽侄子荣定（530—586）在北周、隋初立有军功，妻子是隋文帝姊城安长公主。开皇十年（590），荣定子窦抗在延康坊东南隅建立静法寺。延康坊可能是窦抗一族居住之地。最近出土的抗第五子窦师纶（594—671）墓志记载其卒于延康坊③。抗第三子窦诞（581—648）有宅在辅兴坊西南隅④，则与他在唐初联姻皇室的际遇有关。

静法寺的营建材料有多种来源："寺门拆抗宅棨戟门所造。西院有木浮图，抗弟琎为母成安公主建，重叠绮丽，崇一百五十尺，皆伐抗园梨木充用，其园本西魏大统寺，周武帝废佛教，以其寺赐抗为宅焉。"⑤可见静法寺西园佛塔建筑材料来自长安故城。

惠详记载窦抗、窦琎兄弟对佛教的供养："司空陈容公窦抗，早出中衢，宿知宝所。虽贵极台辅，而凝心妙觉。爰舍净财，立静法寺，庄严轮奂，将美天宫。其弟琎，行尽色难，志穷恶道。奉为考安丰公、妣成安公主，敬造《法花》《金刚般若》各一部。"⑥静法寺建立之初，抗母城安长公主有重要影响。释慧海（550—606）在北周末曾经逃亡南方，隋朝建立之后，"城安长公主有知人之鉴，钦其德望，为立伽蓝。遂受以居之。今之静法寺是也。课业四部，三学兼弘。门徒济济，于今传美"。慧海确有寺院经营的能力："自海之立寺，情务护持，勤摄僧伦，延

① 〔唐〕法琳：《辨正论》卷四，见《大正新修大藏经》（第52册），大正一切经刊行会，1929—1934年，第519页。

② 〔唐〕法琳：《辨正论》卷四，见《大正新修大藏经》（第52册），大正一切经刊行会，1929—1934年，第517页。

③ 王庆卫：《新见初唐著名画家窦师纶墓志及其相关问题》，见《出土文献研究》（第10辑），中华书局，2011年。

④ 吴钢主编：《全唐文补遗》（第2辑），三秦出版社，1995年，第96页。

⑤ 〔宋〕宋敏求：《长安志》卷一〇，见《宋元方志丛刊》（1），中华书局，1990年，第126页。

⑥ 〔唐〕惠详：《弘赞法华传》卷一〇，见《大正新修大藏经》（第51册），大正一切经刊行会，1929—1934年，第44页。

迎宾客。凶年拯及，振名京邑云尔。"[1]释普安（530—609）在开皇初年应长公主之请居住静法寺："开皇八年，频敕入京，为皇储门师。长公主营建静法，复延住寺。名虽帝宇，常寝岩阿，以大业五年十一月五日终于静法禅院，春秋八十。"[2]总之，窦氏一族历北周、隋、唐，或联姻皇室，或建立军功，维持家族，能够在都城建造多座寺院，寺院成为这一家族兴盛的象征。

地方佛教资源向都城集中是不可避免的趋势。"中央化"的途径多样，过程曲折。北周兼并北齐，废除宗教政策随之在整个北方推广，大量僧侣逃亡江南。隋代建立，标榜恢复佛教。军功贵族通过地缘关系与僧团建立联系，这种关系成为僧侣来到都城选择居止寺院的重要因素。不同地域的佛教资源流入大兴城有先后之别。北周末年佛教逐渐恢复，社会上的佛教信仰仍以原北周地区为主，寺院供养人主要是关陇贵族，构成都城佛教信仰的关中特点。隋初迁都至平定南方前后，关东僧侣迁居关中，形成都城佛教的北方特点。平陈之后，南方佛教资源受到贵族的偏好，部分寺院因而具有南方特点。都城寺院因这种地域关系会多少呈现地方风采。大兴城佛教因僧侣讲学的互动、艺术上的融会而显示出鲜明的都市风格。大兴城具备对地方的反馈能力，成为四方取则的佛教都市。

原载《兰州学刊》2012年第11期

（李爱民，东北师范大学历史文化学院教授）

---

① 〔唐〕道宣：《续高僧传》卷一一，见《大正新修大藏经》（第50册），大正一切经刊行会，1929—1934年，第509页。

② 〔唐〕道宣：《续高僧传》卷二七，见《大正新修大藏经》（第50册），大正一切经刊行会，1929—1934年，第682页。

唐长安宣阳坊内格局分析

贺从容　王　朗

　　中国汉唐时期的都城规划有"制里割宅"的思想。汉唐文献中反复提到了晁错的一段话：

> 臣闻古之徙远方以实广虚也，相其阴阳之和，尝其水泉之味，审其土地之宜，观其草木之饶，然后营邑立城，制里割宅，通田作之道，正阡陌之界，……室屋完安，此所以使民乐其处而有长居之心也。①

　　这反映出"相地、营邑立城、制里割宅"是中国汉唐时期城市规划的基本方法和步骤：在"立城"之后先"制里"，即将城市用地划分为里坊；再"割宅"，即将里坊划分成若干宅基地分配给居民。这种城市用地划分方法在隋唐长安、洛阳的规划中得到了充分的运用，形成了整饬的城市形象。里坊的划分方法通过比较详细的文献记载和以往研究已经比较清晰，但里坊内如何分割为若干块宅基地却尚不清楚，于是本文尝试以唐长安宣阳坊为例，选择建筑信息密集的一段时期，从住宅基地规模入手，推测里坊内部割宅的格局，绘制出宣阳坊割宅的平面图。

　　宣阳坊是唐长安朱雀门东第三街从北数起的第六排里坊，西北隅靠近皇城，东临东市，北临平康坊，西靠崇义坊，南靠亲仁坊。关于宣阳坊内的建筑有较多的文献记录。

　　宋敏求《长安志》（以下简称《志》）卷八中列出了宣阳坊内有万年县廨，净域寺，李诲宅（李诲—韦温—恩国公主），窦毅宅，韦巨源宅，李乂宅，郭元振宅，奉慈寺（马周—虢国夫人杨氏—郭暖—奉慈寺），杨国忠宅，李齐物宅，薛平宅，高仙芝宅，韩公武宅，韦文恪宅，张议潮宅，以及邠宁、东川、振武、鄂州四地进奏院，榷盐院，共20项建筑。《长安志》注中又补充了刘希进宅、杨务廉宅、韦叔夏宅、单思远宅、李衮宅、郑惟忠宅共6项建筑。

　　徐松《唐两京城坊考》（以下简称《考》）卷三在此基础上，补充了天宝初驸

---

　　① 《资治通鉴》卷一五《汉纪七》，中华书局，1956年，第490页。

马独孤明宅（据《寺塔记》）、麟台正字陈子昂宅（据《独异记》）、礼部员外郎常无名宅（据墓志）、贾昌宅（据《东城父老传》）共4项建筑。

杨鸿年《隋唐两京坊里谱》（以下简称《谱》）又补充柳海友人宅、某氏宅、杨铦宅、崔尚书宅、萧俭宅、源光秉（《增订〈唐两京城坊考〉》作源光乘）宅、张翔宅、嗣曹王李皋宅、杨公宅、王定宅共10项建筑。

李健超《增订〈唐两京城坊考〉》（以下简称《增订》）补充右屯卫将军阿史那摸末宅、牛秀宅、慕容知敬宅、韦瑱宅、董务忠宅、王怡宅、秦朝俭宅、陈嗣通宅、赵璜宅共9项建筑。

以上四书列述了唐代宣阳坊内曾有49项建筑。根据资料特点，本节亦通过诸项建筑存在时间、方位、规模信息的清理，试图推测宣阳坊内某一时段的用地格局，同时试图通过文献叙述对其中居住者的生活形态进行粗浅还原。

一、坊内建筑的时间整理

《志》中所述宣阳坊的26项建筑时间比较容易分辨，且记录的多为当时的朝官和显贵之赐宅，而《考》《谱》补充的多出自墓志、笔记，常有"私第"一词出现，主人身份、建筑时间十分模糊，其为私宅的可能性很大，这也许是《志》未载的原因之一。唐朝京官升迁、外调或贬官乃常事，一般情况下，官职动迁或官员过世死后家中无官爵相近的京官，政府将收回以往的赐宅，其后是否另赐他人则未可知，私宅则有买卖变更，因此这26项建筑首先需分辨其存在的时间。

1.东南隅，万年县廨

宣阳坊的东南隅有万年县廨。《资治通鉴》卷一八五中记：

> 周明帝二年分长安为万年县，与长安并居京城。隋改为大兴县，唐受禅，复为万年，与长安并为赤县。万年县治宣阳坊，领朱雀街东五十四坊。

作为行政单位的办公地，万年县廨从初唐时直至唐末应一直存在。《长安志》注"太平公主降薛绍，于县廨设婚席"一事，说明万年县廨在太平公主降薛绍时仍存在。

2.奉慈寺

《长安志》注其基地先后为中书令马周、虢国夫人杨氏、京兆尹田乾真（安史之乱时安禄山所命）、驸马郭暧、奉慈寺所有。中书令马周于贞观二十二年（648）

卒（《旧唐书》卷七十四），马周宅大抵在648年左右。虢国夫人宅大致在杨贵妃得宠时（742—756年左右）。安史之乱时唐玄宗离京，安禄山伪命的京兆尹田乾真，其宅应该就在此期间（756—763）存在。其后，驸马郭暧尚代宗之女升平公主，居于此，文献中并没有关于升平公主和郭暧的确切生卒，只能粗略推测其宅在代宗（754—779）在位的中后期存在。而后，"今上（即宪宗）继位之初（806年左右），太皇太后为升平公主追福，奏置奉慈寺"①。

3.西南隅，净域寺

据《长安志》注所记，净域寺为隋开皇五年（585）建立，本为太穆皇后归宁宅，至大历年间（766—779）仍然存在。太穆皇后是唐高祖李渊的妻子，其父杞国公窦毅，其母为后周公主。

4.榷盐院

榷盐院（盐业管理机构），邠宁、东川、振武、鄂州进奏院，这几处建筑由于职能需要或从初唐至唐末一直存在。

5.杞国公窦毅宅

窦毅为太穆皇后之父，卒于开皇二年（582）②，窦毅宅应为582年前在宣阳坊，唐朝建立之后或易其主。窦毅宅西为皇后归宁院（后施净域寺），宅南为杞国庙。

6.谯国公李诲宅—韦温宅—恩国公主宅

李诲（628—689），垂拱（685—688）初转为秋官尚书③，其宅或在685至689年左右。韦温是韦氏从父兄，韦氏失败（710）之后被诛，因此其宅应在710年之前。韦氏诛后，此宅赐予恩国公主，关于恩国公主的记载不详。

尚书左仆射韦巨源宅在710年左右。韦巨源宅东为陕州刺史刘希进宅，仅白居易《过刘三十二故宅诗》中有："朝来惆怅宣平过，柳巷当头第一家。"提到刘姓宅，暂设其所言即此宅。

---

① 〔唐〕段成式：《酉阳杂俎》续集卷六《寺塔记下》，许逸民校笺，中华书局，2015年，第1859页。

② 《隋书》卷一，中华书局，1973年，第18页。

③ 《旧唐书》卷六〇，中华书局，1975年，第2350页。

7.益州长史李衮宅

《资治通鉴》《太平广记》《六艺之一录》中共提到了三个李衮，一为宿州土豪，一为善歌者，另一在大中十年（856）撰有《兴唐寺记》。根据其益州刺史的身份，排除前两个可能，推测其为唐宣宗时（847—860）人。

8.李娃之姨宅

《唐两京城坊考》引《李娃传》：

> ……生与娃同谒祠宇，信宿而返，策驴而后，至里北门，娃谓生曰："此东转小曲中，某之姨宅也。"将憩而觐之。生如言前行，不逾百步，果见一车门，曰："至矣。"娃引生偕入西戟门偏院中。[①]

《谱》引《太平广记》载：李娃诳郑生至宣阳坊北门某宅，言为李娃姨宅，乃摆脱郑生。《太平广记》为唐人野史小说，宣阳坊内是否有李娃姨宅未可尽信，但唐人小说多拟实物为场景，文中提到"至里北门""此东转小曲中，某之姨宅也""不逾百步""车门""西戟门偏院"等特征，或曾有类似住宅存在。到了里（坊）北门，向东转有小曲（可能是沿坊北墙的小路），不过百步（约147米）。车门、西戟门说明主人有点身份，不是普通百姓，有偏院，则宅子面积不算太小。

9.其他

用与上述八项同样的方法，通过《新唐书》《旧唐书》等史书传记对宅主的记录，大致可以推测前司空兼右相杨国忠宅在742—756年存于宣阳坊，刑部尚书李又宅在712—716年左右，少府监杨务廉宅在701—728年，国子祭酒韦叔夏宅在707年左右，光禄卿单思远宅在开元间（713—756），太子宾客郑惟忠宅在713—722年左右，兵部尚书郭元振宅在700—722年左右，右羽林大将军高仙芝宅在755年左右，京兆尹李齐物宅在756—761年左右，司徒致仕薛平宅在825—835年左右，右骁卫大将军韩公武宅在812年左右，将作监韦文恪宅在827—840年左右，右神武统军张议潮宅在845—872年左右。

《唐两京城坊考》据《寺塔记》补驸马独孤明宅天宝（742—756）初应在此坊，据《独异记》补麟台正字陈子昂宅不会超过683—702年，引《东城老父传》补贾昌宅应在712—756年，《唐两京城坊考》引《李娃传》补充宣阳坊某宅曾供人临

---

① 〔清〕徐松：《唐两京城坊考》，中华书局，1985年，第106页。

时税居，《李娃传》讲天宝年间事，故推测该宅在742—756年左右存于此坊。常无名宅时间位置不详。

《谱》补柳诲友人宅可能在咸通末年（873年）左右，崔敦礼宅在显庆元年（656）左右，杨铦宅在742—756年，崔尚书（是否即崔敦礼？）宅、萧馀宅时间和位置均不详。

《增订》通过墓志补的源光乘（《谱》作源光秉）宅在天宝五载（746）左右，张翔宅在大历十四年（779）左右，李皋宅在756—797年左右，杨公宅在大顺二年（891）左右，王定宅在总章二年（669）左右。右屯卫将军阿史那摸末宅在贞观二十三年（649）左右，牛秀宅在永徽二年（651）左右，慕容知敬宅在咸亨四年（673）左右，韦琪宅在垂拱四年（688）左右，董务忠宅在垂拱四年（688）左右，王怡宅在开元二十年（732）左右，秦朝俭宅在元和十二年（817）左右，陈嗣通宅在宝历二年（826）左右，赵璜宅在咸通十五年（874）左右。

10.宣阳坊内建筑时间列表

为便于观察，将上述时间整理如表1所示。

表1　宣阳坊内建筑时间表

序号	方位	?—704年	705—720年	721—756年	756—907年	典出
1	东南隅	万年县廨	万年县廨	万年县廨	万年县廨	《志》
2	—	四地进奏院	四地进奏院	四地进奏院	四地进奏院	《志》
3	西南隅	皇后归宁院—净城寺	净域寺	净域寺	净域寺	《志》
4	南门之西	窦毅宅（宅南杞国庙）	—	—	—	《志》
5	十字街之西北	李海—韦温宅	恩国公主宅	恩国公主宅	—	《志》
6	坊之左	马周宅	—	虢国夫人—田乾真宅	田乾真—郭暖—奉慈寺	《志》
7	虢国宅南	—	—	杨国忠宅	—	《志》
8	与杨国忠宅相接	—	—	韩国夫人宅	—	《志》
				秦国夫人宅		《志》
9	—	—	—	杨铦宅	—	《谱》
10	近净域寺	—	—	驸马独孤明宅	—	《考》
11	西门之南	—	—	高仙芝宅	—	《志》
12	东门之北	—	—	李齐物宅	—	《志》

序号	方位	？—704年	705—720年	721—756年	756—907年	典出
13	十字街北	—	李乂宅	—	—	《志》
14	李乂宅次西	—	郑惟忠宅	—	李衮宅	《志》
15	西门之北	—	韦巨源宅	—	—	《志》
16	韦巨源东	—	刘希进宅	—	—	《志》
17	—	—	—	杨务廉宅	—	《志》
18	刘宅次西北	—	韦叔夏宅	—	—	《志》
19	隔巷	—	单思远宅	单思远宅	—	《志》
20	东北隅	—	郭元振宅	—	—	《志》
21	北门里	—	—	某税居宅	—	《考》
22	位置不明	榷盐院		榷盐院	榷盐院	《志》
		陈子昂宅	贾昌宅	贾昌宅	薛平宅 韩公武宅 韦文恪宅 张议潮宅	《考》
		崔敦礼宅	—	—	柳诲友人宅	《谱》
		王定宅 阿史那摸末宅 牛秀宅 慕容知敬宅 韦瑱宅 董务忠宅	—	源光乘宅 王怡宅	李皋宅 杨公宅 张翔宅 秦朝俭宅 陈嗣通宅 赵璜宅	《增订》

另外，常无名、萧馀、崔尚书三人时间不明。

从上述分析和列表中可以看出，宣阳坊内705年之前的建筑记录不多也不详，756年之后记录不多而且坊内变化较多不能确认，705—756年坊内建筑信息比较清晰而且密集，宣阳坊集中着大量高官和杨氏家族的宅第，研究这一段的坊内格局准确性也最大。因此，根据以上的时间清理，下文将选择705—756年这一时间段对宣阳坊内的用地划分格局进行推测还原。基本上视在此段时间内，表中所列住宅并存，住宅之间在空间上没有互相重叠，唯表中第22项榷盐院、贾昌宅、源光乘宅以及王怡宅位置不明，要区别对待。

二、坊内建筑规模与方位分析

1.坊内建筑规模

拙文《隋唐长安城坊内官员住宅基址规模之探讨》[①]《隋唐长安城坊内百姓宅地规模分析》[②]曾对唐代均田制背景下不同品级官员及庶民的住宅基址规模做了一些分析和探讨，特别是对唐代城市普通百姓的宅地基址情况做了分析，使我们知道了隋唐时西京长安城中从1亩的百姓宅地到占地1/4坊的公主亲王园宅等。普通百姓宅地与官宅、王宅、公主宅之间在数量级上明显存在着两种不同的标准：一是按照官阶逐级成倍增加分配宅地面积的标准；一是按照普通百姓住户人口增多，每3至5口人增加1亩的宅地面积。参考隋唐田令和建城制度写仿唐长安的日本平城京《养老令》中的《官令》，结合大量隋唐文献记录分析，推测唐长安城中官员宅地分配标准如表2。

表2　唐长安城中官员宅地分配推测表[③]

品位	推测宅地规模	大致亩数	举例	藤原京	平城京
亲王	4区块（1/4坊）	100—312	郭子仪宅		
一品	4区块（1/4坊）	100—312		4町	4町
二品	2区块（1/8坊）	49—160	高士廉宅	2町	4町
三品	1区块（1/16坊）	24—80		2町	
四品	1/2区块（1/32坊）	12—40	程执恭宅、段成式宅、韩愈宅	1町	1町
五品	1/4区块（1/64坊）	6—20	白居易宅	1町	1町
六品	1/8区块	4—10		1/2町	1/2—1/4町
七品	1/16区块	2—5		1/4町	1/4—1/16町
八品	1/32区块	2		1/8町	1/16—1/32町
九品	1/64区块	1	一亩之宅	1/16町	1/64町

普通百姓按户计口分配宅地，"凡天下百姓给园宅地者，良口三人已下给一亩，三口加一亩；贱口五人给一亩，五口加一亩，其口分、永业不与焉"[④]。以1亩为单位

① 贺从容：《隋唐长安城坊内官员住宅基址规模之探讨》，见《中国建筑史论汇刊》（第1辑），清华大学出版社，2009年，第175—203页。
② 贺从容：《隋唐长安城坊内百姓宅地规模分析》，见《中国建筑史论汇刊》（第3辑），清华大学出版社，2010年，第275—303页。
③ 贺从容：《隋唐长安城坊内官员住宅基址规模之探讨》，见《中国建筑史论汇刊》（第1辑），清华大学出版社，2009年，第175—203页。
④ 《唐六典》卷三《尚书户部》，中华书局，1992年，第74—75页。《册府元龟》卷四九五、《文献通考》卷一、《通典》卷二○亦有记载。

给普通百姓颁发园宅地，一个3至5口人的普通百姓家庭可以拥有1亩左右的园宅地。如果家中三代同堂，或有若干奴婢，则可拥有一所较大的园宅地，或在数亩之间。试想"凡天下百姓"，包括隋唐长安城坊内的普通百姓之宅地，均应依此分配。[①]

2.坊内的十六个方位与对应区域

隋唐长安里坊内部的用地划分，据目前的考古资料和以平冈武夫、宿白、史念海先生为代表的学者研究认为，除皇城南的36坊外的72坊，每坊全坊被大十字街、小十字街（十字巷）分为16个区块[②]，每区块内有若干巷区，沿着巷区并列地建造着大量的民宅（图1）。《志》《考》等文献中常说的东北隅、东门之北、街西之南等方位描述分别对应着16个区块。"东北隅""东南隅""西北隅""西南隅"分别对应着16个区块的四角，"东门之北""东门之南""西门之北""西门之南""北门之东""北门之西""南门之东""南门之西"分别对应着16个区块中靠近坊门的位置。而中间靠近十字街的4块，则被命名为"十字街东之北""十字街东之南""十字街西之北""十字街西之南"。

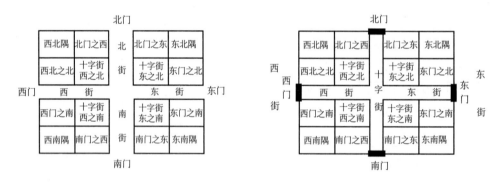

图1 《记》《志》中记录唐长安坊内方位的图解

（出自宿白：《隋唐长安城和洛阳城》，《考古》1978年第6期；中国科学院考古研究所西安唐城发掘队：《唐代长安城考古记略》，《考古》1963年第11期）

---

① 贺从容：《隋唐长安城坊内百姓宅地规模分析》，见《中国建筑史论汇刊》（第3辑），清华大学出版社，2010年，第275—303页。

② 宿白：《隋唐长安城和洛阳城》，《考古》1978年第6期；傅熹年主编：《中国古代建筑史》（第2卷），中国建筑工业出版社，2001年；中国科学院考古研究所西安唐城发掘队：《唐代长安城考古记略》，《考古》1963年第11期；〔日〕平冈武夫：《唐代的长安和洛阳（索引·资料·地图）》，上海古籍出版社，1989年；〔日〕妹尾达彦：《韦述的〈两京新记〉与八世纪前叶的长安》，见荣新江主编：《唐研究》（第9卷），北京大学出版社，2003年，第9—52页。也有沿用的，如史念海：《唐代长安外郭城街道及里坊的变迁》，见《中国古代建筑史》（第2卷），中国建筑工业出版社，2001年，第320页。

3.宣阳坊内建筑规模、方位列表

由上述宅地分配标准以及方位与区块的对应关系，我们大致可以将705—756年的20余处宅院或寺观院落整理出一个占地面积表，依照文献描述各建筑的方位，推测坊内宅地的大致规模如表3所示。虽然唐中晚期长安城中或会出现人口密度增大、宅地规模减小、析宅、兼并等变化，但政府按照官阶的官方赐宅（退休后收回）、县廨、寺院等占坊内主要用地的建筑面积仍具有一定的稳定性。

表3 705—756年宣阳坊内的建筑方位和规模推测表

序号	方位	705—720年建筑	721—756年建筑	宅主官品位	住宅面积推测
1	东南隅	万年县廨	万年县廨	—	1个区块
2	西南隅	净域寺	净域寺	原为太穆皇后宅	1个区块
3	近净域寺	—	独孤明宅	驸马都尉（正三品）	1个区块
4	坊之左	—	虢国夫人宅	—	1个区块
5	虢国宅南	—	杨国忠宅	前司空兼右相（从二品）	1个区块
6	与杨国忠宅相接	—	韩国夫人宅	—	1/4个区块
		—	秦国夫人宅	—	1/4个区块
7	—		杨铦宅	鸿胪卿（从三品）	1/2个区块
8	西门之南	—	高仙芝宅	右羽林大将军（正三品）	1个区块
9	东门之北	—	李齐物宅	京兆尹（从三品）	1个区块
10	十字街西北	韦温一	恩国公主	秋官尚书（正三品）	1个区块
11	西门之北	韦巨源宅	—	尚书左仆射（正三品）	1个区块
12	韦巨源宅东	刘希进宅		陕州刺史（三品）	1/2个区块
		杨务廉宅		少府监（从三品）	1/2个区块
13	刘宅次西北隔巷	韦叔夏宅	—	国子祭酒（从三品）	1/2个区块
		单思远宅	—	光禄卿（从三品）	1/2个区块
14	十字街之北	李乂宅	—	刑部尚书（正三品）	1个区块
15	李乂宅次西	郑惟忠宅	—	太子宾客（正三品）	1个区块
16	东北隅	郭元振宅	—	兵部尚书（正三品）	1个区块
17	北门里	—	某税居宅	普通百姓	—
18	位置不明	进奏院	进奏院	—	—
		榷盐院	榷盐院	—	—
		贾昌宅	贾昌宅 张翔宅 源光乘宅 王怡宅	普通百姓	—

从表3列述看，全坊16个区块，721—756年有位置和规模推测的前11项建筑已经占据了11个区块。剩下的5个区块，或许有一些区块集中给普通百姓居住，随着宅地买卖、析宅、兼并等变迁，形态逐渐变化，形成大大小小的住宅如北门里李娃姨宅、贾昌宅等。而进奏院、榷盐院同属行政机构，面积和位置不明，或许靠近坊门和万年县廨。

4.宣阳坊内的用地划分

按照隋大兴的城市设计，宣阳坊应为东西650步（约今956米），南北350步（约今515米），坊墙内面积约为948唐亩[①]。考古实测中宣阳坊东西1022米（合唐时695步），较文献记载宽45步；南北540米（合唐时367步）[②]，较文献记载多15步；或因实际道路和坊墙建设或发展中，坊墙的定位有所变化。实际变化尚难把握，笔者更侧重于规划中割宅方法的研究，在此仅以文献记载的设计尺寸作为绘图根据，参考上文分析的建筑方位和规模，结合拙文《（隋大兴）唐长安城坊内的道路》[③]中对坊内道路的形态和尺寸的分析，绘制宣阳坊内各建筑的用地格局如下（图2）。

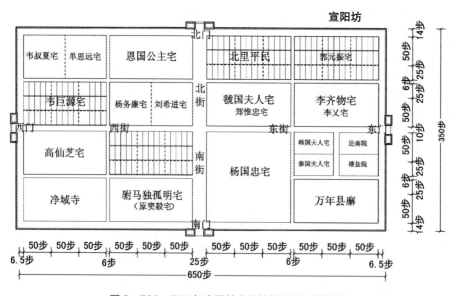

图2 720—756年宣阳坊内用地格局平面推测图

---

① 1唐步=1.47米，1唐亩=240方步。

② 贺从容：《隋唐长安城坊内官员住宅基址规模之探讨》，见《中国建筑史论汇刊》（第1辑），清华大学出版社，2009年，第603—609页。

③ 贺从容：《（隋大兴）唐长安城坊内的道路》，见《中国建筑史论汇刊》（第2辑），清华大学出版社，2009年，第219—247页。

三、宣阳坊内生活形态粗略还原

从相关文献中，我们还可以对天宝年间（742—756）年宣阳坊内的生活形态进行部分还原。

首先，从坊内空间构成来看，宣阳坊是高贵显赫之人的聚居之处。坊内既有从李渊的皇后宅改建的寺院，也集中了很多行政建筑；既有飞扬跋扈的皇亲国戚杨国忠姐弟数宅，又有戎马战功的高官显贵高仙芝宅，公主与驸马宅邸；除此以外，应该还有很多普通百姓住宅。

净域寺建于隋开皇五年（585），据《长安志》卷八"宣阳坊"条下引《酉阳杂俎》载，净域寺原本是唐高祖李渊的太穆皇后的宅第，据寺僧云三阶院外曾是神尧皇帝（唐高祖李渊）射孔雀处，《旧唐书·太穆皇后》中记载了这段郎才女貌、比武招亲的姻缘佳话。太穆皇后是隋定州总管窦毅和周武帝的姐姐襄阳长公主的女儿，年幼时就才貌出众，甚至曾向周武帝献策并被采纳，窦毅听说后就跟长公主商量用射箭的方式为女儿选择有能力的夫君：

> 毅闻之，谓长公主曰："此女（窦毅之女，即后来的太穆皇后）才貌如此，不可妄以许人，当为求贤夫。乃于门屏画二孔雀，诸公子有求婚者辄与两箭射之，潜约中目者许之。前后数十辈莫能中，高祖后至两发各中一目，毅大悦，遂归于我帝。"

净域寺还有极其精美的壁画，比如王昭隐、张孝师、皇甫轸画，与吴道玄（字道子）同时。吴道玄因其艺逼己，募人杀之（《寺塔记》）。令吴道玄都充满了妒忌之心的壁画，其精美与瑰丽可见一斑。净域寺中还有宝塔，以小金铜塔饰之。佛殿东廊为古佛堂，其像皆石作，传说隋恭帝终于此堂。

天宝年间的宣阳坊，简直就是杨氏家族的天下。虢国夫人、韩国夫人、秦国夫人、杨铦、杨国忠五家都居于此坊。仗着宫中独享娇宠的杨贵妃，杨氏家族飞扬跋扈。《长安志》卷八"宣阳坊"条下引《明皇杂录》中一段记载：

> 贵妃姊虢国夫人恩倾一时，大治第宅栋宇之盛，世无与比。其所居本韦嗣立旧宅，韦氏诸子亭午方偃息，于堂庑间忽见一妇人，衣黄帔衫，降自步辇，有侍婢数十，笑语自若，谓韦氏诸子曰："闻此宅欲货，其价几何？"韦氏降阶言曰："先人旧庐，所未忍舍。"语未毕，有工人数百登西厢，揭其瓦木。韦氏诸子既不能制，乃率家童挈其琴书委于衢路，而自叹曰："不才每为势家所夺，古人之戒将见于今日乎？"而与韦氏隙地十亩余，其他一无所酬。

杨贵妃的姐姐虢国夫人仗势欺人，抢走韦氏祖宅，仅给了韦氏隙地数十亩。杨家的飞扬跋扈、骄横强悍在这件事中暴露无遗。虢国夫人在长安大治宅第，花费无数，工匠们费尽了巧思，"某生平之能殚于此矣"（明代陈耀文《天中记》卷一四记杨贵妃姊虢国夫人宅）。可以想象，进入宣阳坊后，看见的是众多高官宅第，楼阁相望，就连信成公主（玄宗十四女）与驸马独孤明，在杨家权势下势必也日子难过。信成公主素与杨贵妃不和，据《新唐书》记载，由于建平和信成公主与贵妃不合，玄宗甚至将赐给她们的宫中之物收回，驸马都尉独孤明还因此失去了官职。

在宣阳坊中，人口最多的就是偏居北门里的普通百姓，但关于他们的史料记载却是最少的。《长安志》注《东城老父传》中提到，"老父姓贾名昌，长安宣阳里人，以斗鸡得幸玄宗……明日复出长安南门，道见妻儿于招国里，菜色黯焉"。在这片区域里可能还住着更多像东城老父贾昌一样的奇人，可能发生了更多像李娃与郑生的故事，我们只能猜测在北门之东一片巷陌中，有着盛唐长安最平凡最普通的人的生活。他们可能会去旁边的东市买东西，可能在街衢中开店做买卖，"宣阳（坊）彩缬铺张言为街使郎官置宴，张郎宜之所主也"（《北里志》），那里有供人住宿的宅第，也有仅有一官半职的最普通的官吏们平静的生活。平时，他们或许会去净域寺拜佛烧香，那里有很灵验的菩神、很精美的壁画，那里没有政治上的钩心斗角，没有东市的喧哗吵闹，有的只是平常人的生活。

从周边环境来看，宣阳坊由于临近东市和皇城与兴庆宫，对坊内居民的构成和生活都产生了一定的影响（图3）。宣阳坊东接东市，西临皇城。唐玄宗时政治重心东移到兴庆宫，距离宣阳坊也不过一坊之隔，也正因此吸引了众多的官员来此居住。不仅是开元年间，综观宣阳坊内的居民构成，从初唐至唐末，一直以官员为主，这也符合长安城东贵西富的格局。向东，直通东市，东市的繁华，给坊内的居民提供了诸多便利。盛唐时期，商业的发展也影响到了东市周围的几坊，崇仁坊、平康坊内都有店铺，宣阳坊内也有店铺和商业活动，推想当时宣阳坊内的情景，已有了几分繁华与喧闹，这也给坊内居民的生活带来了变化。

宣阳坊的生活已过千年，由于《长安城图》的缺失，相关考古资料匮乏，长安坊内当年的生活已埋进历史，只希望微文能掀开坊内真实人居之一角，窥见盛唐天宝年间宣阳坊内人们栖居的几个零碎片段。

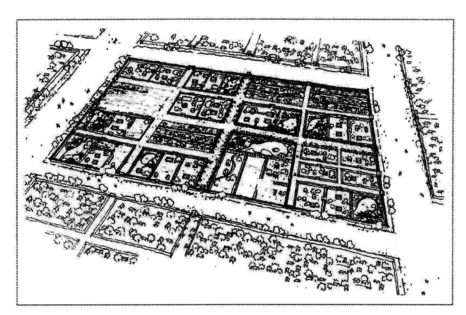

图 3　720—756 年宣阳坊内格局示意图

原载《中国建筑史论汇刊》（第4辑），清华大学出版社，2011年
（贺从容，清华大学建筑学院副教授；王朗，清华大学博士研究生）

隋唐长安城坊内百姓宅地规模分析

贺从容

　　隋大兴、唐长安城（后称"隋唐长安城"）坊内，容纳有大量官员住宅和普通百姓住宅。试想建城之初，作为中央管理机构所在的都城，不可能任居民住宅无序生长。从城市建设和管理的需要来看，政府应当会考虑一个有秩序的居民住宅用地配给标准，将用地划分为一块块的标准地块以后，便于分配给居民。目前虽未见到隋唐长安城坊内民宅分配及管理的法令、图像或文献等直接证据，也鲜见隋唐长安城坊内住宅的考古发掘实例，使得坊内住宅规模和标准的分析十分困难。隋唐采取均田制，田令中见有园宅分配的标准，可以作为隋唐长安城中普通百姓宅地分配标准的参考，日本四京的普通百姓住宅规模以及敦煌吐鲁番文书上的园宅规模也可以作为参考；而且隋唐乃至宋代的文献资料中保留了少量反映建筑基址规模的线索，敦煌壁画和出土文物中也有隋唐宅院的信息，使我们有了在制度上和实例上进一步了解隋唐长安城坊内普通百姓宅地规模和分配标准的可能。

　　因此，本文试图通过对隋唐以前的宅地分配方法的整理、对隋唐田令和日本田令中的宅地分配标准的分析，推测隋唐长安城坊内普通百姓宅地分配标准；从大量文献整理中获得隋唐长安城坊内普通宅地规模的信息，从敦煌吐鲁番文书中获得唐代普通宅地的规模信息；通过文献中的实例分析，以及敦煌壁画图像、出土陶屋资料的旁证，分析住宅实例的面积规模，以及这种规模存在的合理性，最终对隋唐长安城坊内普通百姓住宅用地规模和分配标准进行推测。

一、隋唐长安城普通百姓住宅用地分配方法分析

1.隋唐以前普通百姓住宅用地分配标准

　　中国古代一直沿用"编民"制度，按户籍分配一定的住宅用地面积来控制和稳定里内的住户。里作为居民区，最主要的功能是安顿居民、管理居民。居民定居需要建造住宅，因此里内管理的一项主要内容就是居民宅基地的分配和管理。

在"编民"制度的基础上授予宅地，使人民各得其所、安居乐业，一直是中国古代土地分配方法中的重要部分，是中国古代社会的固民之本。从中国古代统治者对土地管理的重视和文献记载可以看出，国家对于城乡居民的基本居住面积是有所规定的。

周代将土地分配给百姓，并以此统计户口、编制军队，"乃均土地，以稽其人民，而周知其数，……总计户口，乃明伍两卒旅师军之所由出也"①。其时普通百姓的居住理想，就是要创造一个由房屋、桑榆、蔬果、家禽为一体的包容一方天地的住宅空间②，"五亩之宅，树之以桑，五十者可以衣帛矣。鸡豚狗彘之畜，无失其时，七十者可以食肉矣。百亩之田，勿夺其时，数口之家可以无饥矣"（《孟子·梁惠王上》）。《孟子》言说中多次提到的五亩之宅反映出时人基本的居住模式，住宅占地面积五亩，庭院种植桑榆。《周礼》中"宅田"条下之注亦是五亩之宅。《周礼注疏》："六遂之中，家一人为正卒，'以田瑞安吃'者，田则为百亩之田，里则五亩之宅。民得业则安，故云安旷也。……有田一廛，谓百亩之居也"。而且，此"五亩之宅与田皆受之于官"（《文献通考》卷一），说明是由政府分配的住宅用地标准。

春秋时期的井田制给一户五口之家分配五亩之宅。"《春秋井田记》：人年三十授田百亩，以食五口，五口为一户，父母妻子也。公田十亩，庐舍五亩，成田一顷十五亩，八家而九顷二十亩，共为一井。"③这与孟子的言论中反复所说的"五亩之宅"模式相符。我们注意到，早期文献中"五亩之宅"与"百亩之田"作为当时一户人家的理想生存模式总是同时出现④，这种由一农夫耕种百亩田地，养活一家几口的思想，正是古代中国早期的井田制理想。同时，后世文献的反复引述说明"五亩之宅"成了一种基本居住模式的代名词⑤，甚至被当作效古的一种理想居住模

---

① 〔清〕李光坡：《周礼述注》卷七，商务印书馆，2019年，第105页。

② 王贵祥：《"五亩之宅"与"十家之坊"及古代园宅、里坊制度探》，见《建筑史》（第21辑），清华大学出版社，2005年。

③ 《后汉书》卷六七《刘宠传》，中华书局，1965年，第2478页。

④ 《汉书·食货志上》载李悝为魏文侯作尽地力之教，说"今一夫挟五口，治田百亩"。文帝时，晁错上书也称"今农夫五口之家，其服役者不下二人，其能耕者不过百亩"。

⑤ 如《全晋文》卷六一引《世说·言语篇》中的"乃经始东山，建五亩之宅"；《晋书》卷七九《册府元龟》卷九〇一中的"更不保五亩之宅邪？"《全梁文》卷三八中的"桃李须阴，望在五亩之宅"；《全梁文》卷五四中的"半顷之田，足以输税，五亩之宅，树以桑麻，啸歌于川泽之间"；《涌幢小品·卷二》中的"至周文王时，求其子，得之蜀，封以五亩之宅，使食邑焉"；唐白居易《池上篇》中的"吾有第在履道坊，五亩之宅，十亩之园，有水一池，有竹千竿"；等等。

式。文献中多有谈到西周井田制中"百亩之田，二亩半之宅"的基本住家模式①，也有些文献解释，古代一夫所受的"五亩之宅"中，二亩半是城邑之居，二亩半为城外之庐②，反映出早期城市住宅基地规模的配给标准。地广人稀的早期城市中每户可拥有的宅地或许会较大于后世。虽然后人对二亩半之数有所争议③，但均反映出周代都城中已有分配宅基地的方法。

《张载集·经学理窟·周礼》中认为周代城中宅地授予标准是民宅一亩，国宅五亩："一亩，城中之宅授于民者。……五亩，国宅，城中授于士者五亩，以其父子异宫，有东宫西宫，联兄弟也，亦无征。城外郭内授于民者亦五亩，于公无征。"④不同等级的居民分配有不同数量的宅地。

《商君书·境内》载："能得甲首一者，赏爵一级，益田一顷，益宅九亩。"⑤说的是商鞅变法用爵位田宅奖励战功，田一顷为百亩，乃一夫之地，我们不妨推测"益田一顷，益宅九亩"很有可能是当时一个住家的基本用地规模。上文提到的张家山汉简《二年律令·户律》中的两条律文也反映出"一顷田、一宅"是名田宅的一个基本单位。一宅有多大呢，上述律文中说"宅之大方卅步"，即900方步，相当于汉代的9小亩（合今1713.96平方米⑥），数字与《商君书》所述"益宅九亩"恰好吻合。⑦

除了上述二亩半、五亩、九亩的基本小农模式外，文献中还有一例"三亩之宅"的说法，但少为后人提及。⑧古代文献中颇多"一亩之宫"之说，反映中国古

---

① 《韩诗外传》："古者八家为井田，……家为公田十亩，余二十亩，共为庐舍，各得二亩半。"《公羊传》："是故圣人制井田之法而口分之。一夫一妇受田百亩，……庐舍二亩半。"

②《孟子·梁惠王上》："五亩之宅"，注云："庐井、邑居各二亩半。"

③ 〔明〕黄宗羲：《孟子师说》卷七，见《黄宗羲全集》，浙江古籍出版社，1985年，第153—154页。黄宗羲做了一个计算："匠人营国，不过方九里，九九八十一，为方一里者八十一；方一里之地，为九百亩，以八十一倍，算不过七万二千九百亩耳，其中有王宫，有左祖右社，……所存不过二三万亩耳，而六乡之民七万五千家，工商各不下万家，即人给以半亩，势所不能，况二亩半乎？……则古者一亩百步之地，当必容四五家。"标点有更正。

④ 〔宋〕张载：《张载集》，中华书局，1978年，第251—252页。

⑤ 蒋礼鸿：《商君书锥指》卷五，中华书局，1986年，第119页。

⑥ 1步6尺，1汉尺=0.23米，1步=1.38米，30步相当于41.4米，方三十步宅的面积约等于1713.96平方米。

⑦ 杨振红、秦汉：《"名田宅制"说——从张家山汉简看战国秦汉的土地制度》，《中国史研究》2003年第3期。

⑧ 刘文典：《淮南鸿烈集解》卷一，中华书局，1989年，第15—16页。"任一人之材，难以至治。一人之能，不足以治三亩之宅也。循道理之数，因天地之自然，则六合不足均也。"

代仕者（或说儒仕）基本的宅地规模或理想中的规模为"一亩之宫"。如《礼记注疏·儒行》："儒有一亩之宫，环堵之室。"孔颖达注："此明儒者仕宦能自执其操也，径一步长百步为亩，若折而方之，则东西南北各十步，为宅也，墙方六丈，故云一亩之宫……环谓周回也，东西南北唯一堵。"

清黄宗羲《孟子师说》卷七："礼记云，儒有一亩之宫。……以今世目验之，小民有地二十步，便可造屋三四间，足以成家矣。"后人也多有引"一亩之宅"为儒生的基本住宅规模，如《佩韦斋集》卷十"一亩之宅，有盈弓隙地""百亩之田，一亩之宅，可以处之终身"①"一亩之宅，清约自处，集义养浩，声利一无动于心"②。

虽然这种儒生理想中的"一亩之宅"不是实际中的颁地标准，但是它反复强调的宅地规模反映出一亩已经能够满足时人的生活需求，是比较节俭自制的儒生用以自勉的紧凑的宅地模式。到后世人口越来越多，用地越来越紧张的时候，亦有可能为统治者重新调整用地分配方法所借鉴。

拙文《隋唐长安城坊内官员住宅基址规模之探讨》③曾引用了张家山出土的汉简《二年律令·户律》中关于田宅制度的两条律文：

> 关内侯九十五顷，大庶长九十顷，驷车庶长八十八顷，大上造八十六顷，少上造八十四顷，……公卒、士五（伍）、庶人各一顷，司寇、隐官各五十亩。不幸死者，令其后先择田，乃行其余。它子男欲为户，以为其□田予之。（简312—313）

> 宅之大方卅步。彻侯受百五宅，关内侯九十五宅，大庶长九十宅，驷车庶长八十八宅，大上造八十六宅，少上造八十四宅，……公卒、士五（伍）、庶人一宅，司寇、隐官半宅。欲为户者，许之。（简314—315）

据此可以制出宅田分配表如下：

表1　《户律》以爵位名田宅数

序号	爵称	田顷数	宅规模
1	彻侯	105	105
2	关内侯	95	95
3	大庶长	90	90

---

① 〔宋〕陈襄：《古灵集》卷一八，文渊阁《四库全书》本。
② 〔元〕王冕：《竹斋集》后序，文渊阁《四库全书》本。
③ 贺从容：《隋唐长安城坊内官员住宅基址规模之探讨》，见《中国建筑史论汇刊》（第1辑），清华大学出版社，2009年，第175—203页。

序号	爵称	田顷数	宅规模
4	驷车庶长	88	88
5	大上造	86	86
6	少上造	84	84
7	右更	82	82
8	中更	80	80
9	左更	78	78
10	右庶长	76	76
11	左庶长	74	74
12	五大夫	25	25
13	公乘	20	20
14	公大夫	9	9
15	官大夫	7	7
16	大夫	5	5
17	不更	4	4
18	簪袅	3	3
19	上造	2	2
20	公士	1.5	1.5
21	公卒、士伍、庶人	1	1
22	司寇、隐官	0.5	0.5

表1中不仅表现出明显的等级制度，还可以看到作为公卒、士伍、庶人的普通百姓有"一顷田、一宅"的分地标准，可以说明当时有以"一宅"为单位授宅田的土地分配律令。从字面看，"一宅"大抵指一户宅地。"宅之大方卅步"，以汉代1步6尺、1尺21.5—23.75厘米计算，1步有1.29—1.425米，方卅步有1498—1828平方米，合3亩左右，介于"五亩之宅"与"一亩之宅"之间。这或许反映了从早期"五亩之宅"的理想农宅模式向后世用地紧俏的"一亩之宅"的过渡阶段，或也曾出现过"三亩"的宅地标准。若以汉初晁错奏折中的"然后营邑立城，制里割宅，通田作之道，正阡陌之界，先为筑室，家有一堂二内，门户

之闭，置器物焉，民至有所居，作有所用，此民所以轻去故乡而劝之新邑也"①中"一堂二内"的普通民宅尺度推测，一堂二内在18×6—20×8米，院落杂屋在18×18—20×20米，加起来在432—560平方米，合一汉亩左右②。若宅有三亩，余下两亩可种树种菜饲养家禽。

南北朝自北魏起，至唐代数百年间实行均田制，采取有计口分配宅田的方法。北魏均田制中规定三口之家才授宅田一亩，反映出宅田面积有所变小的趋势。据《魏书·食货志》载，太和九年下诏均给天下民田，"诸民有新居者，三口给地一亩，以为居室，奴婢五口给一亩。男女十五以上，因其地分，口课种菜五分亩之一"③。北齐仍旧沿用北魏均田令④。直至北齐武成帝河清三年（564）"三月辛酉，以律令班下"⑤，才有些不同。据载："（北）周文帝霸政之初，创置六官。载师掌任土之法，辨夫家田里之数，会六畜车乘之稽，审赋役敛弛之节，制畿疆修广之域，颁施惠之要，审牧产之政。司均掌田里之政令。凡人口十以上，宅五亩；口七（《隋志》作'九'）以上，宅四亩；口五以下，宅二（《隋志》作'三'）亩。有室者田百四十亩，丁者田百亩。"⑥

依文中所载而计，成年男人可有耕田100亩，成家后可有140亩；10口以上之家有宅地5亩，平均每人不多于0.5亩；7口以上之家最多可有4亩宅地，平均每人不多于0.57亩；5口以下之家2至3亩，平均每人不少于0.4至0.6亩。从五口二或三亩，七口四亩，至一户十口之家可有五亩宅地，我们可以看到，宅地的分配不是每增一口即增加0.5亩，而是将一户的容纳量分为5以下、5、7、10四档，每增一档增加1亩宅地，1亩成为比较明显的分配宅地的基本单位。

通过上述《魏书·食货志》《周礼》《商君书·境内》《张家山二年令·户律》中关于宅地的记载，我们可以看到，中国古代在隋唐之前，有以"亩"为基本计量单位，按编户分配宅地的方法。而文献中大量重复的"五亩之宅""一亩之宫"，则反映出1—5亩是中国古代比较合理、比较普遍的住宅规模范围。

---

① 《汉书》卷四九《爰盎晁错传》，中华书局，1962年，第2288页。
② 以西汉尺计算，1汉亩约合469平方米；以东汉尺计算，1汉亩约合457—485平方米。参见闻人军：《中国古代里亩制度概述》，《杭州大学学报》1989年第9期，第123—124页。
③ 《魏书》卷一一〇《食货志》，中华书局，1974年，第2854页。
④ 《通典·田制下》卷二："北齐给授田令，仍依魏朝。"
⑤ 《北齐书》卷七《武成帝纪》，中华书局，1972年，第92页。
⑥ 《隋书》卷二四《食货志》，中华书局，1973年，第679页。同样见载于《通典》卷二。

2.隋唐均田令中普通百姓的宅地分配标准

隋唐延续了北魏以来在严格的户籍管理制度基础上制定的土地分配制度①，在隋唐均田制度中，政府按照均田制的规则和政府机构需要（抑或掺杂有皇帝的个人意志），将田宅作为生存依靠和赋税之依托分配给百姓。均田法中，田地被分为桑田、露田、麻田、宅地四类，桑田和宅地实际是分给百姓的私有田地，无须归还。

> 凡天下之田，五尺为步，二百有四十步为亩，亩百为顷。度其肥瘠、宽狭，以居其人。凡给田之制有差，丁男、中男以一顷（中男年十八以上者亦依丁男给），老男、笃疾、废疾，以四十亩，寡妻妾以三十亩，若为户者则减丁之半。凡田分为二等：一曰永业，一曰口分。丁之田，二为永业，八为口分。凡道士给田三十亩，女冠二十亩，僧尼亦如之。凡官户受田减百姓口分之半。②

文中每个丁男的永业田是指子孙可以世代承袭耕种的私有田地，免课税，口分田则是纳税田，不得买卖。永业田20亩加上口分田80亩，一个丁男共分有耕地100亩，保持了中国古代一夫耕田1顷的基本小农生活模式。园宅用地另外配给，分配方式视一户为整体，仍然按人口数量分配。从隋唐田令中看，普通百姓的园宅地分配标准非常清晰。

隋文帝时令："其丁男、中男永业露田，皆遵后齐之制。并课树以桑榆及枣。其园宅率三口给一亩，奴婢则五口给一亩。"③唐代沿袭此律，至武德七年令、开元七年令和开元二十五年令中宅地分配制度依然未变："凡天下百姓给园宅地者，良口三人已下给一亩，三口加一亩；贱口五人给一亩，五口加一亩，其口分、永业不与焉。（若京城及州、县郭下园宅，不在此例。）"④

至此我们可以初步得到如下几个概念：

首先，无论是孟子理想中的"五亩之宅"，还是儒家引以为自豪的"一亩之宫"，其实都贯穿了一个基本模式，即古代中国人的住宅中，往往也包括了宅中的园圃土地，每所住宅中都有独属于自己的一方自给自足的天地。住宅既是一座供

---

① 《通典》卷三："天下户为九等，三年一造户籍，凡三本，一留县，一送州，一送户部。"
② 《唐六典》卷三，亦见载于《通典》卷二。
③ 《隋书》卷二四《食货志》，中华书局，1973年，第680页。
④ 《唐六典》卷三，亦见载于《册府元龟》卷四九五、《文献通考》卷一《田赋考一》、《通典》卷二《食货二》。日本人仁井田陞在《唐令拾遗》中，复原了武德七年令、开元七年令和开元二十五年令。

日常起居的建筑物，也是包容了一片蔬果、榆桑，甚至山阜、水池的园林化生态环境，同时有种桑养蚕、植枣充饥、豢养鸡彘等经济性功能。这样一种住宅模式，往往被称作"园宅"；这样一种住宅单元，也是中国古代城市的基本单元。

其次，以上关于从西周至隋唐城乡居民宅基地的分析，反映出中国封建早期已经非常重视住宅用地的分配问题并且有所限制或规定，至律令较为成熟的北魏时期，对于居民的住宅面积，已经可见明确的法律规定，且比较稳定地沿用至隋唐。从中我们大致可以得到一个印象，至少从周代开始，普通百姓的住宅规模以田亩为基本的度量尺度，且其住宅面积大致是从5亩减少至1亩，基本呈现出逐渐缩小的趋势。

此外，由北魏至隋唐时期，普通中国农民的住宅，是以每3口或5口人一亩园宅地的规模分配的，一个三口之家一般有1亩大小的居住园宅，如果是两三代同堂加上若干仆役的大家庭，居住园宅的规模可能在3至6亩，其建筑形式拥有2个以上的院落。从中显见，隋唐田令中已将1亩作为颁发宅基地的一个基本单位，这也是隋唐时期普通百姓一户三口之家（或五口之家）的基本住宅规模。而韩愈《上宰相书》中所言"九品之位其可望，一亩之宅其可怀"[1]也恰恰印证了这种基本宅地标准的可能性。

若按隋唐普通居民住宅基址1亩计，也就是一块10步×24步的地块面积，大约可以建造一个有3间正房的四合小院，包括带有1间门房的前院。这正与唐律中规定庶人堂屋为3间，门房为1间的住宅规制相合。

3.日本田令中的宅地分配标准分析

目前尚未见具体到唐长安城坊内普通百姓分配宅地的唐令或文献记载，坊内普通百姓住宅亦因毁坏和覆盖严重难以考古发掘，至今我们对隋唐长安城和唐洛阳城里坊内部的宅地分割、管理制度、宅地分配制度仍然缺乏具体的认识，但日本同时期都城的相关律令和考古发掘成果可以为我们提供一份有价值的参考。日本同时期都城的规划和建设受隋唐长安城、唐洛阳城的影响甚巨，从文化交流的角度来探讨日本同时期都城的坊内宅地制度，有助于反观隋唐长安城坊内的宅地分配标准。

公元6世纪至7世纪末的100余年间，正值唐王朝兴盛之时，也是日本和中国文化交流的鼎盛时期，无数的日本遣唐使在长安学习生活，带回了长安先进的文化

---

① 〔唐〕韩愈：《韩愈全集》卷三《上宰相书》："四举于礼部乃一得，三选于吏部，卒无成。九品之位其可望，一亩之宅其可怀。"

制度、法令法规、建筑技术和城市规划思想，在奈良和京都盆地先后建造了藤原京（694—710）、平城京（710—784）、长冈京（784—79年）和平安京（794—1192）等数座新都城，尤其是平城京，史学界大多认为是直接效仿唐长安和唐洛阳的形制。①从整体到细节，包括城市制度、道路系统、里坊的划分、宫城的形制以及坊名的选取等方面，平城京更多取法于唐长安城。王维坤通过在日本留学期间的硕士论文和博士论文研究，从地理位置上的选择、里坊设计上的模仿等15个方面对隋唐长安城与平城京进行了对比研究，认为唐长安城是日本平城京模仿的唯一蓝本。②

在坊内宅基地分配（日本称为"宅地班给"）方面，根据日本《养老令》中《官位令》的规定，可知藤原京坊内住宅用地的大小由主人的官阶决定。日本当时的官阶以"位"计，相当于我们唐代的"品"。③从1位至8位，每位设"正位"和"从位"（次位），8位以下还有初位（又称无位）。

据记载，藤原京的宅地班给制度大致为：右大臣（从2位）4町，4位以上2町，5位1町，6位以下根据家族人口多少，上户1町，中户1/2町，下户1/4町，直到无位庶民的1/8町、1/16町。藤原京坊内的1町为一坊被大小十字街划分为16分后的1分，面积约25.6唐亩，合14000平方米。④将上述数据整理列至表2。

表2　藤原京宅地分配制度

	2位以上	4位以上	4—5位	6—7位	7位	8位	无位
班给町数	4町	2町	1町	1/2町	1/4町	1/8町	1/16町
折合唐亩	102.4	51.2	25.6	12.8	6.4	3.2	1.6
约平方米	56000	28000	14000	7000	3500	1800	900

奈良时期的平城京宅基地的班给制度与藤原京大致原则相同，具体数字有所调整。《日本书纪》中记载了当时按官阶等级分配宅基地的规定，如表3。

---

① ［日］关野贞：《平城京及大内里考》，见《东京帝国大学纪要》（第3编），1907年；宿白：《隋唐长安城和洛阳城》，《考古》1978年第6期，第409—425页；王维坤：《日本平城京模仿隋唐长安城原型初探》，《文博》1992年第3期；王维坤：《日本平城京模仿中国都城原型探究——中日古代都城研究之二》，《西北大学学报》（哲学社会科学版）1991年第2期；王仲殊：《关于日本古代都城制度的源流》，《考古》1983年第4期；王维坤：《论20世纪的中日古代都城研究》，《文史哲》2002年第4期，第146—152页。

② 王维坤：《论20世纪的中日古代都城研究》，《文史哲》2002年第4期，第146—152页。

③ ［日］奈良国立文化财研究所：《平城京展》，朝日新闻社，1989年。

④ ［日］宫元长二郎：《平城京》，草思社，1986年，第34—35页。

表3　平城京宅地分配制度

	3位以上	4—5位	6位	6—7位	7位	7—8位	8位	无位
班给町数	4町	2町	1町	1/2町	1/4町	1/8町	1/16町	1/32町
折合唐亩	102.4	51.2	25.6	12.8	6.4	3.2	1.6	0.8
约平方米	56000	28000	14000	7000	3500	1800	900	450

　　长冈京的宅基地分配基本沿袭了平城京的制度，按照主人官位的高低宅基地面积从2町到1/32町不等。

　　平安京宅地班给的标准大致是贵族3位以上分配4町，4至5位分配1町，6位1/2町，6至7位1/4町，7位1/8町，7至8位1/16町，8位1/32町，无位1/64町，如表4。

表4　平安京宅地分配制度

	3位以上	4—5位	6位	6—7位	7位	7—8位	8位	无位
班给町数	4町	1町	1/2町	1/4町	1/8町	1/16町	1/32町	1/64町
折合唐亩	102.4	25.6	12.8	6.4	3.2	1.6	0.8	0.4
约平方米	56000	14000	7000	3500	1800	900	450	230

　　首先，从四座都城的宅地分配制度来看，宅地标准在逐渐降低，标准的降低可能是出于对人口增长的预见，但实际上平安京在9世纪初城内的居住用地并未被充分利用，据记载住人的一共只有580余町，仅占规划全部町数约1100町的一半，所以819年曾下令允许居民在城内空闲地进行耕作。①其中无位庶民的宅地1/16至1/64町可视为普通百姓最基本的生活单元，每町400尺×400尺，依照四行八门法：32分后分为四列八排32块宅基地，通过计算400尺/4=100尺，400尺/8=50尺，一块1/16至1/64町的宅基地大约为1.6至0.4亩。

　　以与唐长安城市制度最为相似的平城京来查看，普通百姓的宅地班给为1/32町，约为0.8亩，与唐令中的1亩十分接近。

　　在日本平城京坊内的考古发掘中，发现有几处分布集中，面积在1/32町左右的小规模宅院，若以1/32町为基本单位将1町分割为32格，考古发掘的宅院有的略小于1格，有的略大，有的占2至3格。总体看来与以1/32町为单位分割宅地的网格基本吻合。

---

　　① 王晖：《日本古代都城条坊制度的演变》，《国际城市规划》2007年第1期，第77—83页。

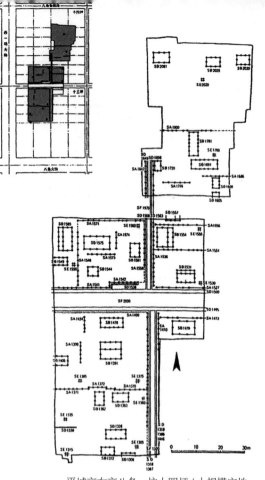

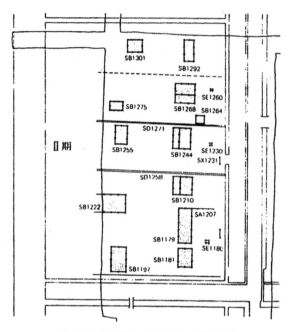

平城京右京八条一坊十四坪/小规模宅地 平城京左京储备条三坊九坪/小规模宅地

图1 日本平城京坊内小规模宅地考古发掘

（出自［日］高桥康夫、［日］吉田伸之、［日］宫本雅明等编：《图集日本都市史》，东京大学出版会，1993 年，第76 页）

二、吐鲁番、敦煌文书中反映的唐代住宅基址规模

吐鲁番和敦煌文书中含有一些隋唐时期普通百姓住宅面积的信息。池田温、唐耕耦曾对其中与住宅相关的信息集中整理，黄正建、杜绍顺、贺昌群对其中反映的宅地面积和建筑面积进行了分析。

杜绍顺引池田温《中国古代籍帐研究·录文》所录敦煌、吐鲁番出土唐代户籍残卷中老男为户主之户的受田情况，反映出唐代普通百姓所授宅田基本上在1至3亩左右[①]，与唐令中"良口三口以下给一亩，每三口加一亩，贱口五口给一亩，每五口加一亩，并不入永业口分之限"的规定相符。院落式布局就在此范围内解决，在这种规模下产生的院落尺度和布局在文书中也有体现。隋唐时期的田令十分严格，而且全国通行，对于唐长安的田宅研究有很好的参考价值。

---

① 杜绍顺：《唐代均田制平民应受田标准新探》，《中国经济史研究》1996年第3期，第132—139页。

敦煌文书伯希和第2592、3354号,斯坦因敦煌文书第3907号载唐玄宗天宝六年（747）敦煌郡敦煌县龙勒乡都乡里户籍残卷：

户主：郑恩养,载肆拾叁载,白丁,下中户,课户见输。……一顷一亩已受,……二亩居住园宅。

敦煌文书第514号载唐代宗大历四年（769）沙州敦煌县悬泉乡宜禾里手实残卷[①]：

户主：索思礼,年陆拾伍岁,老男,昭武校尉,前行右金吾卫灵州武略府别将。上柱国,不课户。……贰顷肆拾叁亩已受,……三亩居住园宅。

户主：安游璟经,年伍拾叁岁,上柱国,……下下户,不课户。……贰拾玖亩已受,……一亩居住园宅。

户主：李大娘,年肆拾肆岁,寡,……代翁承户,下下户,不课户。……廿亩永业,……一亩居住园宅。

又有杜绍顺先生引述伯希和汉文文书之3877[②],开元四年（716）敦煌一户家口不明户主的应受十六亩口分田中有一亩居住园宅：

（前缺）

计租二石

叁拾柒亩已受 　　　　　廿亩永业

合应受田壹顷伍拾壹亩　　十六亩口分

一顷一十四亩未受　　　　一亩居住园宅

（后略）

将这些文献信息整理后见表5。

表5　敦煌、吐鲁番出土唐代户籍残卷中的受田情况[③]

序号	地域	年代	户主	其他受田人口	户应受田总额/亩	已受田/亩				
						永业	口分	园宅	勋田	买田
1	敦煌	开元四年	推断	一丁男推断	151	20	16	1		
2	敦煌	开元四年	余善意	一丁男	161	20	7	1		
3	吐鲁番	开元四年	索住洛		36	8		1/6		
4	敦煌	开元十年	赵玄义		52	11				

---

① 池田温：《中国古代籍帐研究》,中华书局,1979年,"附录"；赵云旗：《唐代土地买卖研究》,中国财政经济出版社,2002年,第44—45页。

② 杜绍顺：《唐代均田制平民应受田标准新探》,《中国经济史研究》1996年第3期,第132—139页。

③ 制表依据：［日］池田温：《中国古代籍帐研究》,龚泽铣译,中华书局,1984年。

序号	地域	年代	户主	其他受田人口	户应受田总额/亩	已受田/亩				
						永业	口分	园宅	勋田	买田
5	敦煌	开元十年	推断	一丁男推断	151	20	30			
6	敦煌	天宝三载	张奴奴	一寡	82	20		2	9	
7	敦煌	天宝六载	程什住	一丁男	155	40	15		14	
8	敦煌	天宝六载	程什贞		53	77				
9	敦煌	大历四年	赵大本	四丁男	453	89		1		
10	敦煌	大历四年	索思礼	一上柱国	6153	40	167	3	19	14
11	吐鲁番	载初元年	王海隆							
12	吐鲁番	开元四年	俎渠	15	91			1		
13	敦煌	大历四年	安怀节							
14	敦煌	大历四年	令狐嗣宗							
15	敦煌	大历四年	令狐海宾	3050	3101			1		
16	敦煌	开元四年	董斯	30	131			1		
17	吐鲁番	东京国际博物馆藏	王孝顺（小男）	一寡	51	4	无	40步		

表5中有园宅标记的大致都在1亩左右，第10项一上柱应为上柱国（1至2品），应受田6153亩，园宅田才3亩，为狭乡之故或有其他原因尚未可知。

另有敦煌郡敦煌县龙勒乡户籍资料中一例：程思楚，武骑尉，全家16口，全家的田产登记是，合应受田3顷65亩。79亩已受，60亩永业，18亩口分，1亩居住园宅。2顷86亩未受。[①]

敦煌文书中也记载有比较狭窄的园宅地，如7分、4分等。因此，不能说这一时期的住宅规模都比较宽大，唐令中关于授园宅田特别提到"若京城及州、县郭下园宅，不在此例"，或许也暗示出，在人口密集的城市中，普通居民的住宅没有达到如此宽敞的地步。

《吐鲁番出土文书》第4册载有一件文书是《唐焦延隆等居宅间架簿》，其中提到了中唐焦延隆等十户人家的住房面积，现摘录如下：

焦延隆宅，东西十一步，南北九步，内房四口

麹义仕宅，东西二十，南北三十八，内房二十九

---

① 贺昌群：《汉唐间封建土地所有制形式研究》，上海人民出版社，1964年，第376、377页。

……怀宅，东西十四，南北二十，内右房九口

麹海隆宅，东西十二步，南北十四步，内房八

……宅，东西十步，南北八步，内房四口

司马欢仁宅，西九步，南北八步，内房三口

……熹宅，东西十一步，南北八步，内房五

……宅，东西十步，南北十二步，内房五口

麹隆太宅，东西二十二，南北二十步，内房十口

……东西十八步，南北二十二步，内房八口

另有敦煌文书S4707号《马法律宅舍测量》残卷：

马法律堂一口，东西并基一丈九尺九寸，南北并基一丈二尺七寸，

一百九十一尺三寸六分

东房一口，东西并基一丈四寸，南北并基八尺五寸，八十八尺四寸

小东房子一口，东西并基一丈三尺一寸，南北并基一丈八尺五寸，

一百四十五尺四寸一分

西房子一口，东西并基一丈三尺一寸，南北并基一丈一尺一寸，

一百七十五尺三寸八分

厨舍一口，东西并基一文一尺一寸，南北并基一丈五尺八寸

据此文书，我们知道马法律的宅舍共有5栋房，分别是堂一口，东房一口，小东房一口，西房一口，厨舍一口。由于东房和小东房南北排列后的尺寸（26尺9寸）与西房和厨舍南北排列后的尺寸（26尺9寸）相同，因此可以推测，这5栋房的排列组合是堂在正中，东有2栋房，西有2栋房。从文书所记载的数据可算出，马法律的住房总面积为853.28平方尺。连台基共合82.44平方米，加上房屋间空地的51.75平方米，也不过是134.19平方米，只相当于0.26唐亩。将上述资料整理成表6。

表6　敦煌、吐鲁番文书中所载部分宅地规模统计表

序号	宅名	东西/步	南北/步	面积/亩	宅内人数/口	人均面积/亩
1	焦延隆宅	11	9	0.41	4	0.1
2	麹义仕宅	20	38	3.17	29	0.11
3	……怀宅	14	20	1.17	9	0.13
4	麹海隆宅	12	14	0.70	8	0.09
5	……宅	10	8	0.33	4	0.08
6	司马欢仁宅	9	8	0.30	3	0.10
7	……熹宅	11	8	0.37	5	0.74
8	……宅	10	12	0.50	5	0.10

序号	宅名	东西/步	南北/步	面积/亩	宅内人数/口	人均面积/亩
9	麹隆太宅	22	20	1.83	10	0.18
10	……	18	22	1.65	8	0.20
11	马法律宅			0.26		

从表6可以看出，此11宅的东西宽度都在9至14步及18至22步，这有可能是一列房屋和两列房屋的区别。一列房屋的宽度在10步左右，合今14.7米；两列房屋的面阔宽度在20步左右，合今29.4米。每户的面积都不大，只在0.3至3.17亩之间，说明在此造册的（很有可能是在某一区域聚居的）是些地位低下的普通百姓，他们的住宅面积主要随人口多寡而不同，人均用地最高为0.74亩，最低为0.13亩，大致都在0.09亩左右，十分均匀。据卢向前发生考证，唐代西州居户之"居住园宅"大体为"四十步"（相当于1/6亩）、"七十步"（不足3/10亩）两类。[①]

上述吐鲁番、敦煌文书所反映的唐代住宅基址规模中，有不少1亩居住园宅的记录，也有一些更小如7分、4分甚至1分的住宅记录，住户主要为孤老、寡妻妾、幼丁，或贬至西州、瓜州的犯人。据唐代西州以均田制方式而授予的许多面积为40步与70步的园宅田来推想，在长安城的里坊中，随着人口增多，外来住户增加，以及宅地买卖和析宅的频繁，也应有许多仅能容身的面积为数十步（不足1亩）的贫民住宅存在，但与规划中的住宅分配制度关系不大。

三、从图像资料看隋唐普通百姓宅院的格局和规模

西安中堡村、山西长治的唐墓中分别出土了一组三彩庭院，这两组三彩庭院模型形象地反映了唐代普通住宅庭院的格局。虽然明器的塑造与房屋实际尺寸存在着一些差异，但从唐代明器的写实性来看，据此推测的院落格局和尺度应当具有一定的合理性和参考价值。敦煌壁画中所反映的一些宅院为我们提供了唐代住宅院落的基本结构情况。

1.西安中堡村唐墓出土陶屋中所见宅院

1959年，在西安中堡村唐墓中发现一组蓝（或绿）釉陶屋[②]，有房子八座，亭子

---

① 卢向前：《唐代西州土地的管理方式——唐代西州田制研究之三》，见荣新江主编：《唐研究》（第1卷），北京大学出版社，1995年，第396页。

② 陕西省文物管理委员会：《西安西郊中堡唐墓清理简报》，《考古》1960年第3期；傅熹年主编：《中国古代建筑史》（第2卷），中国建筑工业出版社，2001年，第444页。

二座，山池一座，可惜原位置已不明，院落格局和尺度仅能做一个合理性的推测。以当时的营造技术，这种做法的建筑单体面阔开间约在3至6米（2至4唐步），进深一步架约1至2米（1唐步左右），

从中国古代院落布局的习惯和敦煌壁画上小规模宅院的布局习惯来看，这组陶屋可以组成两个院落，大门、两个厢房、正堂组成主体院落，另外两个厢房和后堂组成服务性的后院。其中，大门面阔三开间，只前檐明间有二柱，两山为山墙，脊下明间开门次间为墙。若面阔以开间18唐尺（3唐步，合今4.41米）计，进深以一步架9唐尺（1.5唐步，合今2.21米）计，大门可达总面阔18唐尺（3唐步，合今4.41米），进深9唐尺（1.5唐步，合今2.21米）。

正堂为蓝釉屋顶，在整组陶屋中最华美，显示出地位之重要。面阔三开间，前檐明间开门，两次间墙上开有直棂窗，两山及后檐均为墙。前檐用四柱，存在立中柱承托木构架的可能，从正堂的重要地位（正堂有前檐廊，《营缮令》规定庶人堂屋不过"三间五架"）来看，进深或有5架。若面阔以明间18唐尺（3唐步，合今4.41米）、次间12唐尺（2唐步，合今2.94米）计，进深以一步架6唐尺（1唐步，合今1.47米）计，正堂可达总面阔42唐尺（7唐步，合今10.29米），进深24唐尺（4唐步，合今5.88米）。

其余六座房屋都是三开间用二柱的土木混合结构，前檐敞开，造型简单，没有刻画门窗装修，估计是厢房、厨库等辅助建筑。这些房屋的两山墙和后檐墙为承重墙，山墙上承檩和从前檐明间二柱上伸过来的撩檐枋，只在明间处左右各用一梁，梁后尾压在后檐墙上，前端由明间前檐二柱来支承。若面阔以明间18唐尺（3唐步，合今4.41米）、次间12唐尺（2唐步，合今2.94米）计，进深以一步架6唐尺（1唐步，合今1.47米）计，厢房、厨库等单体建筑可达总面阔42唐尺（7唐步，合今10.29米），进深12唐尺（2唐步，合今2.94米）。

如果按照敦煌壁画上住宅庭院与主殿的常用比例范围布置，得到的主庭院大致是南北长14唐步（合今20.58米）左右，东西宽14唐步（合今20.58米）左右，后院南北长7唐步（合今10.29米），东西与主庭院同宽。整个宅院14唐步×21唐步，占地1亩多。当然，这只是根据营造技术推测的参考尺度，它具有一定的合理性，以求寻找一个合适的宅院基址范围。

依照《营缮令》规定，这组建筑大门三间，又有两座亭子和山池，应是五品以上官员的规格。[①]但其正堂只有三间，又采用悬山顶，规格似乎并不高。可能性有二：

---

① 傅熹年主编：《中国古代建筑史》（第2卷），中国建筑工业出版社，2001年，第439页。

其一，虽然低等级的建筑规格不能僭越，但高级者可以使用低的规格，这或许是一户较低调的高级官员邸宅的模型；其二，墓葬中的陶屋没有严格按照地面建筑的等级规定，而是夸大了部分建筑的等级，这或许是一户比较富有的乡绅的宅院模型。

2.山西长治王休泰墓出土陶屋中所见宅院

1964年，在山西长治，唐大历六年（771）王休泰墓中出土了一组与上述相似的陶屋（图2）。^①这是一组南北长东西窄的长方形宅院，素夯土围墙环绕，一共有三进院落。第一进为主院，有门、堂、照壁和东西厢房，庭院和建筑尺度都较大。第二进有正屋、旁屋，院内有灶，碾盘、石臼等，应该是服务院落。第三进就一栋后房，可能是仆人居住。全组建筑除马厩为单坡顶外，其他均为悬山。

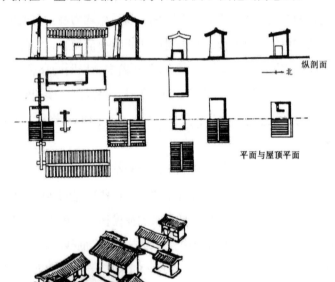

图2　山西长治王休泰墓出土陶屋

（出自晋东南文物工作组：《山西长治唐王休泰墓》，《考古》1965年第8期）

宅院前正中开门。宅门为一开间，悬山顶，门设在正脊下，符合营缮令中"一间两架"的门屋。门内一影壁，从唐人小说笔记中可见，大门内设影壁是当时常见的做法。若面阔以开间24唐尺（4唐步，合今5.88米）计，进深以一步架12唐尺（2唐步，合今2.94米）计，大门可达总面阔24唐尺（4唐步，合今5.88米），进深12唐尺（2唐步，合今2.94米）。

---

① 晋东南文物工作组：《山西长治唐王休泰墓》，《考古》1965年第8期。

第一进院内，正堂明显高于厢房，正房面阔三开间，明间开门，虽屋顶都是悬山顶，但正房两山有排山勾滴，其规格高于厢房，从《营缮令》规定庶人堂屋不过"三间五架"、堂屋的重要地位以及堂屋有前檐廊来看，进深或有5架。若面阔以明间18唐尺（3唐步，合今4.41米）、次间12唐尺（2唐步，合今2.94米）计，进深以一步架6唐尺（1唐步，合今1.47米）计，正堂可达总面阔42至48唐尺（7至8唐步，合今10.29至11.76米），进深24唐尺（4唐步，合今5.88米）左右。

以正堂为基准，从陶屋本身比例推算，东西厢房可达总面阔54唐尺（9唐步，合今13.23米），进深12唐尺（2唐步，合今2.94米）左右。

第二进院有三座房屋，都面向前，做"品"字形排列。正中一座在后、面阔三间，左右二座稍靠前，各一间，三房也是悬山屋顶，但尺度明显小于第一进院，前檐都敞开，无门窗。在三房屋之间，中轴线上置一陶灶。灶不可能露天，放在这里应是表示这三座房屋为厨库等建筑。若依照图中所示比例，此院落南北长基本在7至8唐步。

第二进院之后又有一座房屋，是马厩，其西端是马夫住所。马厩的左前方有碾盘。院内还陈列有马、骆驼、碓、车等，对墓主的食、住、行三方面都有所反映。

此宅共计有三进院落，第一进为堂室（主庭院），大致是南北长14唐步（包括正堂），东西宽13至14唐步；二进为厨库，包括建筑在内大致南北长9至10唐步，加上围墙后东西与主庭院同宽；三进为后院马厩，包括建筑大致南北长5至7唐步，加上围墙后东西与主庭院同宽。整个宅院南北长30唐步×东西宽14唐步，大约占地1至2亩。

据晋东南文物工作组考证，王休泰祖上为官，本身无职，是一富有地主，故其宅可作为一般无职庶人中型第宅的模型看待。[①]宅门一间二架，正堂三间，都和《营缮令》的规定相符。这组出土陶屋距离西安不远，能够反映长安一带民居的规模和格局。

3.敦煌壁画中的唐代宅院

萧默先生在《敦煌建筑研究》[②]一书中介绍，壁画中的院落住宅大多是四合院，有独院、前后二进院和在二进宅院一侧附建厩院三种。其中典型的布局如下。

敦煌莫高窟第85窟晚唐宅院：前后两进廊院，前院横长，主院方阔，中轴线上设大门、中门、主屋、后门，旁边附有狭长的马厩院，非常真实地反映出唐代中小型地主宅院格局（图3）。晚唐第9窟壁画中一段前院，其大门、中门相隔数步，两

---

① 晋东南文物工作组：《山西长治唐王休泰墓》，《考古》1965年第8期。

② 萧默：《敦煌建筑研究》，文物出版社，1989年，第173—183页。下述敦煌壁画资料皆源于此。

边以围廊相接的格局与85窟一致。

敦煌莫高窟第98窟五代宅院：同样是前后两进院，旁边马厩，格局与85窟如出一辙，说明这种布局是唐、五代官僚地主宅院的常见模式（图4）。

从壁画的院落中可以看见人们的休息起居活动。这种廊屋设有居住用的房间，外有一圈夯土墙，内有周围廊屋，反映出用地比较紧凑。这种带夯土外墙的廊屋亦有可能就是分户的院墙。

萧默先生通过对85窟图住宅中人物活动的研究认为，男主外女主内，中门内主院里正房坐着"治内室"的女主人，仿佛在向躬身的男仆吩咐什么事，院内其他四

敦煌莫高窟第85窟壁画 　　　　　　　　住宅前院（晚唐第9窟）

图3　敦煌第85窟、晚唐第9窟壁画中的宅院（节选）

（出自萧默：《敦煌建筑研究》，文物出版社，1989年）

图4　敦煌第98窟壁画中的宅院（节选）

（出自萧默：《敦煌建筑研究》，文物出版社，1989年）

人似都是妇女。大门和中门外有恭谨候门的男仆。将奴仆和牲畜都放在主要宅院以外的做法唐时常见，称为"外厩"，与唐代官僚地主畜有大量马匹，进出使用车马的社会现实相符。敦煌壁画中这几处宅院规模相近，其中第85窟上的宅院格局比较完整，二进院落，侧面附马厩的宅院，若以堂屋三间（通面阔6步）推算，住宅第一进院落南北大致长3至5步，第二进院落南北大致长8至12步，东西广12至15步，马厩东西广5至8步，南北长12至15步，规模在1至2亩。这样的前后几进院落，以前院为入口，第二进院为主院，旁侧和后面还附建辅助性院落的格局，是中国古代住宅普遍采用的布局，从敦煌壁画可以知道这种做法在唐代已有较多的运用。敦煌壁画所记录的唐代住宅形象和格局，或因绘画比例的取舍有点变形，因理想化而夸大门楼、堂屋的建制标准，但大体仍然能够反映唐时中原地区较好的民居常见规模、格局构成和一些生活功能分区，为分析隋唐时期的宅院规模提供了难得的图像参考。

四、文献记载中的普通百姓住宅实例分析

由于传世文献的局限性，留下记载的多为唐长安的皇族、贵族、官僚士大夫等中上阶层的历史，而那些更大数量的普通民众的住居，却在浩瀚书海中踪迹难觅。从文献记载中，仅寻得以下几例普通百姓的住宅。

1.某坊曲小宅

《太平广记》卷一九三：

> 因共入京，虬髯曰：计李郎之程，某日方到，到之明日，可与一妹同诣某坊曲小宅相访，愧李郎往复相从，一妹悬然如磬，欲令新妇祇谒，略议从容，无令前却。言毕，吁嗟而去。靖亦策马遄征，俄即到京，与张氏同往，乃一小板门，扣之，有应者拜曰，三郎令候一娘子、李郎久矣。延入重门，门益壮丽，奴婢三十余人，罗列于前，奴二十人，引靖入东厅，非人间之物，巾妆梳栉毕，请更衣，衣又珍奇。既毕，传云三郎来，乃虬髯者，纱帽褐裘，有龙虎之姿，相见欢然，催其妻出拜，盖天人也。遂延中堂，陈设盘筵之盛，虽王公家不侔也，四人对坐，牢馔毕，陈女乐二十人，列奏于前，似从天降，非人间之曲度。食毕行酒，而家人自西堂舁出二十床，各以锦绣帕覆之，既呈，尽去其帕，乃文簿钥匙耳。[①]

从文字叙述来看，此小宅不小，有"一小板门"，壮丽的"重门"，门前可以

---

① 《太平广记》卷一九三，中华书局，1961年，第1447—1448页。

罗列"奴婢三十余人",进去后又有"东厅",以及可以容纳女乐二十人"列奏于前"的"中堂"。家人外出要自"西堂"。从板门、重门、东厅到中堂,就有至少两进不小的院落,另有西堂,可能在此组院落西侧还有一组院落。

按常理推测,板门进深2步,板门至重门之间的院落进深,不应小于4步,重门进深2步。重门至东厅之间可以罗列"奴婢三十余人",东厅到中堂应是全宅最核心的院落,进深不应小于12步,中堂能容"女乐二十人列奏于前",面阔假设为15步左右,中堂假设进深六架为8步左右。中堂之后,按照一般的布局规则应当还有一进服务性的房间和院落,院进深6步左右,最后一排杂屋进深2步左右,则这组合院大约20步的面阔,36步的进深,面积大约3亩。

另外,"家人自西堂舁出二十床",主院落西侧还有一组院落似乎是内眷居住的内宅,有较大的储存空间。假设是一组辅助性的院落,占地1亩左右,则全宅见诸文字的大约有4亩用地。此种推测的具体数字未见准确,仅能获得一个唐人富有家宅的大致规模和内容。

2.寇郦三亩之宅

文献记载中亦有数亩之宅。《太平广记》卷三四四中记载的一处三亩之宅,即长安一所中小型住宅,从中或可看到宅院的格局:

> 元和十二年,上都永平里西南隅有一小宅,悬榜云:但有人敢居,即传元契奉赠,及奉其初价。大历年,安太清始用二百千买得,后卖与王姁,传受凡十七主,皆丧长。布施与罗汉寺,寺家赁之,悉无人敢入,有日者寇郦,出入于公卿门,诣寺求买,因送四十千与寺家,寺家极喜,乃传契付之。有堂屋三间,甚庳,东西厢共五间,地约三亩,榆楮数百株,门有崇屏,高八尺,基厚一尺,皆炭灰泥焉。郦又与崇贤里法明寺僧普照为门徒。其夜,扫堂独止,一宿无事。[①]

《唐两京城坊考》引《乾馔子》中的描述与《太平广记》所引《乾馔子》描述仅有个别字的差异,对于此三亩之宅的叙述完全相同。[②]

虽然民间传说的鬼神故事不尽可信,但住宅面积及布局应当是当时常见住宅院落的写照。这个基址为3亩的小宅院,有三间堂屋,有五间厢房,从字面上看东西厢房加起来共五间,门口似有影壁,而且院落中种植了数百株榆楮。可见一户3亩的小宅院中,建筑物只占很小的面积,大部分空间留给了院落,而且会种有大量树

---

① 《太平广记》卷三四四,中华书局,1961年,第2725页。
② 〔清〕徐松:《唐两京城坊考》卷四《西京·外郭城》,中华书局,1985年,第121页。

木。按照1唐亩240方步约518平方米计算，3亩的宅院有720方步约1554平方米，比较宽绰。

三间堂屋可以有两种解释：一是堂屋为三开间，二是有三栋堂屋。从叙述习惯上看应指第一种，即堂屋为三开间，宅有"堂屋三间，甚庳"，根据《营缮令》应是七品以下至庶人宅的规格[1]，比较矮小则更证明如此。限于土木技术，唐代房屋开间进深均较小，尤其是普通简陋的民居，寇鄘的这个小院尺度可以参考西安中堡村出土明器的尺度，正堂面阔在6至9米（4至6唐步），进深"一间两架"在3至4.5米（2至3唐步）。

五间厢房也可以有两种解释：一是厢房共五开间，二是有五栋厢房。从字面上看东西厢房加起来共五间。从叙述习惯上看应指第一种东西厢房共有五开间，东厢、西厢有可能不对称，假设一厢为二开间面阔在3至6米，一厢为三开间面阔在4.5至9米（3至6唐步），进深"一间两架"在3至4.5米（2至3唐步）。

门大致按照《营缮令》中的"一间两架"推算，开间1.5至4.5米（1至3唐步），进深1.5至3米（1至2唐步）。内有崇屏，即影壁，高8尺，约1.84米[2]。基厚1尺，约20厘米。皆炭灰泥焉，是炭灰泥基础。可知尽管在北齐时还只有三公府中门黄间后可设内屏，但在唐代，一般住宅都可以在门内设影壁即"内屏"了。

累加计算，正堂的面阔加上两侧厢房的进深，整个建筑主体院落的面阔在15至25米（10至17唐步左右），19至22米（13至15唐步）比较舒适。进深中轴方向有门、有崇屏、有院子、有正堂，在15至25米（10至17唐步），合理取中再以整步数计算的话，18至21米（12至14唐步）比较舒适。

据上计算，一组舒适的建筑主体院落在10×14步、15×14步的大半亩地内可以实现。此外，小宅院中应当还有更简陋的房屋和服务性的院落，加起来近1亩。而"榆楮数百株"或可看成是宅院以及宅旁或宅后的园子中的绿化。"数百株"当近三百株，除了宅院中或可种数十株，大部分应种在园中。榆、楮都属于较大乔木，设若种植间距在1.5至2米，平均每株用地在1至2方步，按照矩阵种植则需要1至2.5亩地。"大唐开元二十五年令：……每亩课种桑五十根以上，榆枣各十根以上，三年种毕。"[3]

按上述尺寸分析，参考西安中堡村出土明器的格局将半亩服务性院落放在主院后面，就会得到1至1.5亩地的完整的庶民宅院。然后将"榆楮数百株"的园子如

---

① 傅熹年主编：《中国古代建筑史》（第2卷），中国建筑工业出版社，2001年，第446页。
② 1唐营造尺＝0.231米。
③ 〔唐〕杜佑：《通典》卷二，中华书局，1988年，第30页。

"洛阳履道坊白居易宅"的位置放在旁边，或如"安禄山宅的假山花园"的位置放在后面，可以得到两种比较合适的宅院布置方案（图5）。方案一：整块宅基地的面阔为30步，进深则有24步，宅院1至1.5亩（10×24步至15×24步），园子1.5至2亩（15×24步至20×24步）。方案二：整块宅基地的面阔为15步，进深则有48步，宅院1至1.5亩（15×18步至15×24步），园子1.5至2亩（15×24步至15×28步）。

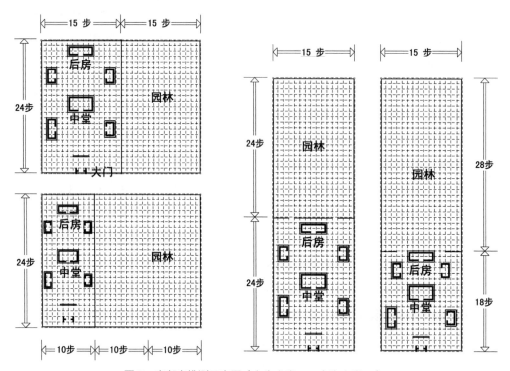

图5　寇鄘宅推测示意图（左为方案一；右为方案二）

3.平康坊三曲中的院落

《北里志》中记载平康坊北里的中曲和南曲中有一些较高级的妓所，"二曲中居者皆堂宇宽静，各有三数厅"，厅为院落中的正房，"三数厅"当对应有三个或数个院落，而且"左右对设小堂"，院落还比较宽敞。按照舒适的小庭院比例，一个院落面阔、进深有七八步，面积约1/3亩，三个或数个院落或在1至2亩。

平康坊是一个南北宽350步、东西长650步的较大的坊，去除十字街坊墙、循墙巷曲的宽度（假设为30步），南北各余150步宽。按上一章三曲的推测，每排住宅南北进深约24步。而这一区块的东西长度为150步。若以大略将横向的地块划分为12至15块，则每户的东西宽度为10至12.5步，这样划分出的一块住宅基址面积约为：24步×10步=240方步，合1唐亩左右（图6）。

但实际上，长安城中一些小户住宅的基址很可能是根据其正房的宽度来确定基址的宽度，若按每户正房为3间的可能基址宽度计算，假设当心间为一丈五，两次间各为一丈，合为通面阔35尺，折为7步，两侧厢房进深各为1.5步，合3步，以厢房前檐与正房山墙齐，且厢房后墙，即为基址边缘，则这样一组房屋的基址面阔当为10步，与上述相同。以其南北24步余的进深，可以布置一个深2至3进的小型院落式住宅。其主院有3间正房（南北深4步）一座，两座厢房东西各3间（南北长6步）的小院，合为10步。余14步，可另为两个小院。如果这一区域的宅舍基址大小比较平均，则在平康里十字街东北这一区块中，可以居住45户居民，每户有宅址1亩。

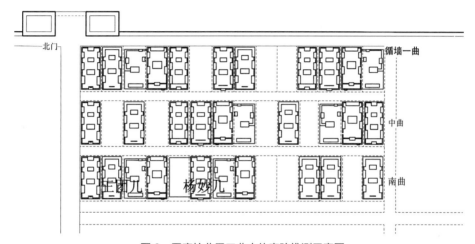

图6 平康坊北里三曲中的宅院推测示意图

4.安仁坊"孤贫"之宅

据《樊川文集》载：

> 某启，某幼孤贫，安仁旧第，置于开元末，有屋三十间而已。去元和末，酬偿息钱，为他人有，因此移去。八年中，凡十徙其居，奴婢寒饿，衰老者死，少壮者当面逃去，不能呵制。①

其中所说安仁坊"有屋三十间"的"孤贫"旧宅，若按常见的民宅格局布置，大致有2至3进院落，堂屋三间，厢房四到六间，第二进正房三间，厢房四间左右，其他杂屋、廊屋十余间，院落的基址大小大致也在数亩以内。

---

① 〔唐〕杜牧：《上宰相求湖州第二启》，见《杜牧全集》，上海古籍出版社，1997年，第155页。

5.唐洛阳通利坊小宅

《河东记》："（韦丹、胡芦至通利坊静曲幽巷）一小门入，……数十步复一板门……又十余步乃见大门"，"有人自称元浚之，流连竟日"。[①]估计这是一个大门前即有两进小院的合院，大门似为正门之意，门后应为正房，房后至少还有一进服务辅助用房，故此院落至少有四进。第一进在小门与板门之间，有数十步（三以上为数，数十步应大于30步）；第二进在板门与大门之间，只有10余步。唐时1步大约为1.47米，则小门与板门之间约有45米，板门与大门之间约有15米。设若小门不在中轴线上，以斜线距离推算，第一进院落进深也应有4至6步（6至9米）比较得体，则半宽有20余步（30余米），第二进10余步（15米以上），大门内应另有主堂、主院、厢房。此类小院的基址规模当在数亩至10亩间。

6.饶阳刘君良宅

《旧唐书》中提到饶阳刘君良宅：

> 刘君良，瀛州饶阳人也。累代义居，兄弟虽至四从，皆如同气，尺布斗粟，人无私焉。……武德七年，深州别驾杨弘业造其第，见有六院，唯一厨，子弟数十人，皆有礼节，咨嗟而去。[②]

如果一个大院子的常见规模在两三亩的话，六院的宅地加上辅助用房，在10亩左右。容纳数十人（应有30人以上），大概平均每3人1亩，与唐令中"三口一亩"的园宅规模相近。

7.城南"一亩之宫"

《太平广记》中记载了唐代诗人崔护著名的诗句"人面不知何处去，桃花依旧笑春风"背后的故事，就发生在城南的一处"一亩之宫"中，这种"一亩之宫"很有可能是当时比较普遍的居人庄宅院。

> 博陵崔护姿质甚美，而孤洁寡合。举进士第，清明日独游都城南，得居人庄，一亩之宫，花木丛萃，寂若无人。扣之久之，有女子自门隙窥之，问曰：谁耶？护以姓字对曰：寻春独行，酒渴求饮。女入，以杯水至，开门，设床命坐，独倚小桃斜柯伫立，而意属殊厚，妖姿媚态，绰有余妍。崔以言挑之，不对，彼此目注者久之。崔辞去，送至门，如不胜情而入，崔亦眷盼而归。尔后，绝不复至。及来岁清明日，忽思之，情不可

---

① 《太平广记》卷三四四，中华书局，1961年，第2725页。
② 《旧唐书》卷一八八《孝友传》，中华书局，1975年，第4919页。

抑，径往寻之，门院如故，而已扃锁之。崔因题诗于左扉曰：去年今日此
门中，人面桃花相映红。人面不知何处去，桃花依旧笑春风。[1]

从文中对宅第的描绘可以看到这是一户平常人家的宅第，一亩大小，种植有较
多的花木，有门，有院，有房（内有床）。

进一步阅读原文会有些疑问，文中凭什么能够判断为"一亩之宫"呢，崔护在
清明那天独自游城南，见到一处"花木丛萃，寂若无人"的民居，叩门进去拜访了
一下，然后与宅中女子相互倾慕，最后"眷盼而归"，这个过程说明：一，崔护对
此宅并不熟悉；二，没有时间也没有必要丈量宅地大小；三，这纯属对一次奇遇的
追忆，后来的文字记录旨在描述事件过程、溯源诗文的出处，更没有必要去丈量宅
地大小。那么"一亩之宫"的判断从何而来呢，这里可能有三种解释：其一，因为
民宅规模较小，感官上大致判断为一亩的宅院。但是，规模小完全可以描述为约宽
多少步，长多少步的宅院，也可以说一小宅院，为什么要给出准确的数字呢，哪怕
目测能力了得，也可以说是"一亩左右"的宅院。因此这种解释比较牵强。其二，
"一亩之宫"泛指小型宅院，取"儒有一亩之宫"之意，这样从上下文逻辑上可以
解释通，但对"一亩之宫"的含义解释得有些牵强。其三，唐长安的宅地划分十分
规则，一亩是分地的一个基本单元，且地块均匀，因此一看大概尺度就可以判断其
宅地规模是一亩，这种解释比较符合文本逻辑。

此外还有两份墓志铭，大致也反映出"一亩之宅，一廛之田"是时人一个基本
的生存标准。又如：

> 维唐天宝十二载九月二十九日，鲁山令河南元公终于陆浑草堂，……
> 南游陆浑，考一亩之宅，发八筥之直，唯匹帛焉。居无扃钥墙藩之禁，达
> 生齐物，从其所好，时属歉岁，涉旬无烟，弹琴读书，不改其乐。[2]

宋代《寿安县君钱氏墓志铭》："刘凝之仕既龃龉，退处庐山之阳，初无一亩
之宅，一廛之田，而凝之嚣嚣然乐若有余者。"[3]其时与唐相去不远，普通百姓的基
本生存空间仍为"一亩之宅，一廛之田"。

8.普通百姓宅地规模总结

将上述唐长安城中普通百姓的住宅基地规模整理见表7。

---

① 《太平广记》卷二七四，中华书局，1961年，第2158页。
② 〔唐〕李华：《元鲁山墓碣铭并序》，见《全唐文》卷三二〇，中华书局，1983年，
第3248－3249页。
③ 〔宋〕曾巩：《曾巩集》，中华书局，1987年，第607页。

表7 普通百姓住宅基地规模表

宅主	时代	所在坊	坊大小/步	区位	宅地面积推测
虬髯客宅	隋-唐太宗朝	?			大约4亩
日者寇廊		永平坊	350×650	西南隅	地约3亩
某孤贫宅	穆宗朝	安仁坊	350×350		屋30间，数亩以内
诸妓所	唐大中	平康坊	350×650	北里三曲	1亩左右
李娃宅		安邑里	350×650	循里垣北转第七八	1亩左右
民宅	崔护	城南			1亩
		洛阳通利坊			数亩左右
刘君良宅	武德七年	饶阳			10亩左右
出土陶屋					1亩余
出土陶屋	唐大历771年				1亩余

从目前资料所见之普通百姓的住宅在1亩至数亩。一亩之宅的基地上，大体可容1栋3间4架的正堂，2至6间厢房。正堂前有小院子，门屋一间两架，正堂后有个小杂院和几间杂屋。大门面阔一间，3唐步左右，进深1至2唐步。正堂面阔三开间6至8唐步，进深四步架4唐步左右。其余厢房、厨房、库房都是面阔一到三开间2至6唐步，进深两步架2唐步左右。如果按照敦煌壁画和出土陶屋的格局布置，可以得到南北长12唐步左右，东西宽10至12唐步的主庭院，后院南北长6唐步左右，整个宅院12唐步×18唐步，大约占地1亩（图7），与王休泰墓出土的陶屋前两进大体相当。这只是根据营造技术推测的参考尺度，它具有一定的合理性，以求寻找一个合适的宅院基址范围。

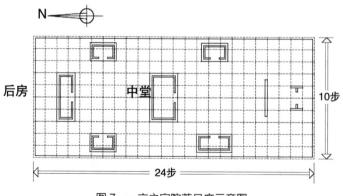

图7 一亩之宅院落尺度示意图

五、有关隋唐坊内住宅密度的四条文献记载

1.兴道坊"五百家"

据《朝野佥载》卷一记载:"开元八年,……上阳宫中水溢,宫人死者十七八。其年,京兴道坊一夜陷为池,没五百家。"①说的是一次暴雨引发的水患,一夜之间使东都(洛阳)、京城(长安)以及周边邓城等地受到相当程度的损坏,其中兴道坊就被水淹了500家。从行文来看,似乎是整坊被淹,坊内有500家。此事《旧唐书》卷三七、《新唐书》卷三六、《文献通考》卷二九六、《太平广记》卷一四〇中均有记载,内容基本相同。

据文献记载,兴道坊东西350步,南北350步,面积应有510唐亩(350步×350步/240方步≈510.4亩)。据考古实测,兴道坊东西562米(合382步),南北500米(合340步),面积28.1公顷,合541唐亩。②如果刨去坊内"一"字形道路(宽约15米,合10步)、坊墙(宽约3米,合2步)计算一下,16步×350步/240方步≈23.3亩,兴道坊内总的宅基地面积约有500唐亩。③设若当时兴道坊内真有500家,平均每户园宅地也在1亩左右。

2."居人四五百家"

另据《文苑英华》卷五七八李峤《代公主让起新宅表》载:

> 且坊为要冲,地当贵里,亩赁二三十贯,居人四五百家,夺其近市之门闾,生其破家之怨谍,虽下人之不语,岂愚妾之能安。④

这是李峤代公主写的一份很委婉地拒绝为她建新宅的奏表,说的也是一个容纳了四五百家的坊。李峤是武后至睿宗时的诗人,文中说坊内"居人四五百家",未必就准确知道坊内的实际居民数目,很有可能只是常识性的推测罢了,换个说法,当时这种类型的坊内居民编制,有可能就在四五百家。

南北朝的史籍中有一条文献与此说法相似,《梁书》卷五四:"及大同中,出

---

① 〔唐〕张鹜:《朝野佥载》卷一,中华书局,1979年,第21页。
② 宿白:《隋唐长安城与洛阳城》,《考古》1978年第6期,第409—425页。
③ 中国科学院考古研究所西安唐城发掘队:《唐代长安城考古纪略》,《考古》1963年第11期,第595—611页。1唐步=1.47米,1唐亩=240方步,(382-4)×(340-14)÷240 = 513.45唐亩,取整为513唐亩。
④ 《文苑英华》卷五七八,中华书局,1966年,第2987页。

旧塔舍利，敕市寺侧数百家宅地，以广寺域，造诸堂殿并瑞像周回阁等，穷于轮奂焉。"称之为"数百家宅地"透露出两个信息：其一，寺域的拓展规模是数百家宅地，数百家宅地是一个规模概念，其上未必已经建满数百家住宅；其二，或许当时已有颁发宅地的标准，按照普通百姓的住宅标准，可以容纳数百家。

3.洛阳三千余家"置十二坊于洛水之南以处之"

还有一个反映里坊居住密度的例子是隋初洛阳的洛水之南十二坊，据《唐两京城坊考》中引《资治通鉴》记载："（大业三年）冬，十月，敕河北诸郡送一艺户陪东都三千余家，置十二坊于洛水之南以处之。"设置12个坊容纳3000余户人家，则每坊平均有250户。

唐洛阳每坊300步见方合375唐亩，如果刨去道路（十字街50×600=30000方步=125亩）约125亩，每坊大约剩余250亩宅基地。每坊平均250户，大致每户可分得宅基址1亩左右。

4.街以西诸坊四万户

据《长安志》载，朱雀门街西的"长安县所领四万余户，比万年为多，浮寄流离，不可胜计"[①]，而街东的"万年县户口减于长安，又公卿以下居止多在朱雀街东，第宅所占勋贵，由是商贾所凑，多归西市"[②]，由此可知，朱雀门街东诸坊，由于官宦、勋贵第宅居多，人户较少，而街西诸坊，人户较多。

街西长安县所领57坊中，有2坊为西市，按"长安县所领四万余户"为余55坊所容纳，计算如下：

朱雀门大街以东第一街9坊，每坊350步×350步，去除道路约有438亩用地。9坊用地共有438×9=3942亩。

朱雀门大街以东第二街9坊，每坊450步×350步，去除道路约有560亩住宅用地。9坊用地共有560×9=5040亩。

朱雀门大街以东第三街13坊，从北到南有2坊650步×400步，2坊650步×550步，9坊650步×350步，去除道路分别有875亩、1250亩、750亩住宅用地。13坊用地共有875×2+1250×2+750×9=11000亩。

朱雀门大街以东第四街11坊（不含东市），从北到南有2坊650步×400步，2坊650步×550步，1市600步×600步，7坊650步×350步，去除道路每坊分别有875亩、

---

① 〔宋〕宋敏求：《长安志》卷十"西市"条注。
② 〔宋〕宋敏求：《长安志》卷八"东市"条注。

1250亩、750亩住宅用地。11坊用地共有960×2+1200×2+720×7=9360亩。

朱雀门大街以东第五街13坊（不含最南的和平、永阳2坊），从北到南有2坊650步×400步，2坊650步×550步，7坊650步×350步，去除道路每坊分别有875亩、1250亩、750亩住宅用地。11坊用地共有875×2+1250×2+750×9=11000亩。

计算下来朱雀门大街以东共有宅基地约40342亩，若以"长安县所领四万余户"计算，平均每户宅基地1亩左右。

葛剑雄先生在《中国人口史》[1]中通过地志、记账资料分析唐代家庭规模平均每户在3至5口人，根据吐鲁番、敦煌文书所见之家庭规模平均每户在4至5口。张国刚先生在《关于唐代家庭规模与结构的总体分析》[2]以及《唐代家庭形态的复合型特征》[3]中也认为唐代平均一户人口为5口，3至5口人的小家庭是唐代家庭结构的主流形态。而且，不仅唐代，梁方仲先生在《中国历代户口、田地、田赋统计》[4]中通过文献资料列表统计，除少数情况外，中国历代人口统计中，平均每户的人口都在5口左右。

平均每户（3至5口人）宅地1亩，比较符合唐令中3至5口一亩园宅地的规模。陈明达先生在1973年《周代城市规划杂记》中通过对居民编制、军事编制、受田制度的分别考证和相互印证，得出"州"或"县"为2500户，每户5口人，平均每户占地约480平方米。[5]与上述唐长安街以西诸坊"领四万余户"平均每户1亩（约518平方米）的密度接近[6]，反映出中国古代自西周至隋唐农业社会的基本居住密度比较接近，宅地分配密度从总体上看趋于稳定。

5.文献记载四个数据的推测小结

将上述唐长安城中有关住宅密度的四个数据整理列入表8。

---

① 葛剑雄：《中国人口史》，复旦大学出版社，2005年，第371—483页。

② 张国刚：《关于唐代家庭规模与结构的总体分析》，"多元视野中的中国历史"学术会议提交论文，清华大学历史系，2004年8月。

③ 张国刚：《唐代家庭形态的复合型特征》，《历史研究》2005年第4期，第84—99、191页。

④ 梁方仲：《中国历代户口、田地、田赋统计》，上海人民出版社，1980年，第69—72、78—85页。

⑤ 陈明达：《周代城市规划杂记》，见《建筑史论文集》（第11集），清华大学出版社，2001年。

⑥ 诸坊内虽有很多占地规模很大的寺院和王宅、官宅，但是这些寺观宅邸的户数统计，应有一定的统计方法，以利于土地管理和国家赋税管理。

表8　隋唐长安城坊普通百姓住宅密度推测表

事件	时代	位置	总亩数	户数	户均面积	典出
一夜没五百家	中宗	兴道坊	510	500家	0.8亩左右	《朝野佥载》卷一
代公主起新宅	武后—睿宗	某坊	510—1022	四五百家	0.8—1.6亩	《文苑英华》卷五七八
置十二坊	隋初	于洛水之南	3000左右	3000余家	1亩左右	《资治通鉴》卷一八〇
街东四万户		朱雀街东	41782	街东4万户	1亩左右	《长安志》卷一〇

由此我们大抵得到一个长安城中居住密度的概念，即平均1户1亩宅基地。因其统计方法不明难以得到更准确的数据，这种推测当然只能得到一个模糊概念。但是，这些推测的相互吻合十分值得注意，顺着隋唐田令的规定和几个文献实例，我们大致看到城坊内的户均面积接近平均每家1亩的水平。

此类一坊五百户的数据不由令人联想起隋唐时期一乡五百户的编户制度。隋时的"置五百家乡正……令乡正专理五百家"[1]，唐时的"百户为里，五里为乡。两京及州县之郭内，分为坊，郊外为村"[2]，"大唐令：诸户以百户为里，五里为乡，四家为邻，五家为保。每里置正一人。……在邑居者为坊，别置正一人，掌坊门管钥"[3]，似乎暗示着坊与乡有着对应的设置。

历朝历代的朝廷，都会举全国之财力和人力，进行都城的修建，扩充都城人口，使其成为全国的政治中心，同时成为全国的文化中心和军事重镇，因此隋大兴、唐长安在设计之初，对于人口容纳的规模应有所考虑。贺业钜提出"王城八师"的容量与周王城规模的关系，我们不妨大胆设想一下隋大兴建设之初，宇文恺用怎样的容量来设计大兴城的规模。以"外郭城容纳户数=郭城用地/1亩宅基地"方法推算，大致可得8万户居民，40万人口，设想宇文恺规划隋大兴时或有人口、户数容量的计划，或与此数接近。

六、小结：普通百姓的宅地规模推测

通过对田令、图像资料中的隋唐宅院和文献记载中的唐长安城坊内宅院实例的分析，本文试着对普通百姓的宅地规模做一推测。

---

① 〔唐〕杜佑：《通典》卷二，中华书局，1988年，第63页。
② 《旧唐书》卷四三《职官志二》，《通典》卷三《食货三·乡党》也有记录。
③ 〔唐〕杜佑：《通典》卷二，中华书局，1988年，第63页。

第一，中国古代从西周至隋唐的文献记载中反映出按户或计口分配宅地的方法。而从隋唐田令中"园宅率三口给一亩，奴婢则五口给一亩""良口三人已下给一亩，三口加一亩；贱口五人给一亩，五口加一亩"[①]的记载中我们进一步获知，隋唐时期以1亩为单位给普通百姓颁发园宅地，一个3至5口人的普通百姓家庭可以拥有1亩左右的园宅地。如果家中三代同堂，或有若干奴婢，则可拥有一所较大的园宅地，或在数亩之间。由此推测隋唐长安城坊内的普通百姓之宅地分配，大抵也与此相似。敦煌吐鲁番文书中记录的园宅地记录，以及本文第四节按官阶分配宅地的最后一档"一亩之宅其可怀"，作为旁证支持着这种推测。

第二，通过普通百姓住宅的实例分析与列表（表7），笔者认为一亩至数亩之宅具有普遍性和合理性。在普通百姓住宅的文献记载已经非常稀缺的情况下，整理出来的住宅实例还多为一亩、数亩的宅地规模，足见当时这种规模宅地的普遍。分析一亩宅院的基本布局，可容包括正堂、2至4间厢房的居住院落和后杂院。如果按照一家5口人的基本情况计划，户主夫妇、小孩或老人住正堂，兄弟姐妹或客人、仆人住厢房，正堂前有小院子，门屋一间两架，正堂后的小杂院和几间杂屋则用作厨房、储藏库房等，或也可只作一个院落，其他用地用于农务，具有十分合理的小农生活规模（图2、图7）。

第三，有关隋唐坊内住宅密度的四条文献记载也表现出隋唐两京城中户均面积的一致性（表8）。按兴道坊"五百家"、某坊"居人四五百家"、洛阳洛水之南"三千余家，置十二坊"、"街以西诸坊四万户"得到平均每户1亩宅基地的结果，与唐令的规定都非常接近，由此大抵得到一个长安城中居住密度的概念，即平均1户1亩宅基地。普通百姓每3口人可以有1亩的居住园宅，能维持正常的小农生活。

当然以上推测仍然只是一个大概，因其统计方法不明难以推测更具体准确的数据。将来若有更多的资料支持，深入研究时还需考虑到其他因素的存在，比如居民成分复杂多样和宅地演变的因素。

（1）设想城市中或还存有一些贫苦阶层的舍屋，也有不足1亩甚至可能不足0.5亩的面积，有如唐代西州实际的舍屋基址，小者仅在40步（0.17亩）至70步（0.29亩）左右，没有达到唐代均田制中所规定的每3口人有1亩宅基地的规模。

（2）由于经济与社会的发展，城市处于不断地变化之中，可以想象，在公元6世纪至10世纪的几百年中，唐长安城中出现了明显的变化：一是人口密度越来越

---

① 《唐六典》卷三，亦见载于《册府元龟》卷四九五、《文献通考》卷一、《通典》卷二。

大，一些临近宫廷或市场的里坊，居住的密度在增加；二是住宅的规模在减小，里坊内巷、曲的分划逐渐细密化，这一切都影响着长安城中普通居民的住宅基址面积。

原载《中国建筑史论汇刊》（第3辑），清华大学出版社，2010年

（贺从容，清华大学建筑学院副教授）

空间及其过程
——唐长安住宅的分布特征及其形成机制

张永帅

一、引言

关于唐长安住宅分布的已有研究，主要体现在三个方面。一是对唐长安住宅分布的总体特征及其影响因素的研究，以曹尔琴先生《唐长安住宅分布》和《西安历史地图集》之《唐长安城住宅图》为代表。[①]前者主要利用《长安志》《唐两京城坊考》以及出土相关碑志，对长安住宅的总体分布进行了复原。该文虽旁征博引，但存在以下三个不容忽视的问题：（1）探讨了自然环境对住宅分布的制约，而对人文社会环境与住宅分布的关系几无涉及；（2）归纳的住宅分布特征由于没有考虑到所依据资料的有效性而与事实不尽相符；（3）没有探讨住宅分布的变迁过程，缺乏动态感，难以准确反映唐长安住宅分布的真实面貌。后者以天宝十五载（756）为界将唐代分为前后两个时期，把长安住宅分不同的时代以不同的符号标示在唐长安城图上。应该说这一做法可以动态反映长安住宅的分布情况，但由于其所用材料有限，可考年代住宅仅为355处，对有些可借助现有文献考证出年代的住宅却付诸阙如，另图说文字多有印刷错误都是这一研究成果存在的缺憾。[②]二是对唐长安住宅的专题研究，以妹尾达彦《唐长安城的官人居住地》、孙英刚《隋唐长安的王府与王宅》、蒙曼《唐代长安的公主宅第》为代表[③]，动态地研究了唐代官人、王子、公主住宅的

---

① 曹尔琴：《唐长安住宅分布》，《中国历史地理论丛》1999年增刊；史念海主编：《西安历史地图集》，西安地图出版社，1996年，第92—94页。

② 如将永昌坊李伏奴印成"李汶奴"，将修政坊张九龄印成"张九令"，将崇义坊段秀实印成"殷秀实"，将常乐坊和敬公主、郭敬之、马实、关播、白居易宅印成"永嘉坊：常乐坊：和敬公主、郭敬之、马实、关播、白居易"等。

③ ［日］妹尾达彦：《唐长安城的官人居住地》，《东洋史研究》1996年第55卷第2号；孙英刚：《隋唐长安的王府与王宅》，见荣新江主编：《唐研究》（第9卷），北京大学出版社，2003年，第185—214页；蒙曼：《唐代长安的公主宅第》，见荣新江主编：《唐研究》（第9卷），北京大学出版社，2003年，第215—234页。

分布、变化及影响因素，从住宅分布变迁的角度重新审视唐代政治史和政治制度史的研究。三是在以往探讨唐长安人口的相关文章中也涉及了唐长安住宅数量、分布的论述，如妹尾达彦《唐都长安城的人口数与城内人口分布》、王社教《论唐都长安的人口数量》等。[①]

鉴于以往对唐长安住宅分布的整体的动态性研究尚嫌不足，因此本文在《长安志》《唐两京城坊考》的基础上，尽可能利用出土碑志资料，不仅探讨了唐长安住宅的空间分布，还考察了唐长安住宅分布的变迁过程。

二、资料与住宅数量的统计原则

对长安城坊及其住宅等的记述从唐代就已开始，并出了专书，韦述《两京新记》（5卷）详细记载了以韦述生活的8世纪前叶为中心的两京城内的情况，具有无可比拟的史料价值。在此之后，试图复原隋唐长安城都市景观的种种尝试接踵而出。北宋相继产生了宋敏求的《长安志》（20卷）、吕大防的《长安图》、张礼的《游城南记》（1卷）。此后，还有南宋程大昌《雍录》（10卷），元骆天骧《类编长安志》（10卷）、李好文《长安志图》（3卷），清嘉庆董祐诚等的《长安县志》和《咸宁县志》，直至道光时终于出现了堪称集大成之作的徐松的《唐两京城坊考》（5卷）。由于以上诸书记述的侧重点不同，对研究唐长安城住宅的参考价值也就有所区别。其中对住宅记载较为详细的当为《长安志》《类编长安志》和《唐两京城坊考》。除此之外，唐人诗文以及历代尤其是近代以来大量碑志的出土，对于《长安志》和《唐两京城坊考》所记载的长安住宅数量增补不少。本文对唐长安住宅数量的统计，就是依据《长安志》《唐两京城坊考》等文献和相关墓志汇编[②]，以及今人在《唐两京城坊考》的基础上，发掘古文献记载、考古调查成果以及新出土的碑志资料，对长安宫室建筑、坊里住宅进行的大量增补和考订[③]。

---

① 〔日〕妹尾达彦：《唐都长安的人口数与城内人口分布》，见《中国古都研究》（第12辑），山西人民出版社，1998年，第179—189页；王社教：《论唐都长安的人口数量》，《中国历史地理论丛》1999年增刊。

② 周绍良主编：《唐代墓志汇编》，上海古籍出版社，1992年；周绍良、赵超主编：《唐代墓志汇编续集》，上海古籍出版社，2001年；吴钢主编：《全唐文补遗》（1—7册），三秦出版社，1994—2000年；中国文物研究所、陕西省古籍整理办公室编：《新中国出土墓志·陕西（一）》，文物出版社，2000年。

③ 主要有张忱石：《唐两京坊宅补遗》，《古籍整理研究》1988年第2期；辛德勇：《隋唐两京丛考》，三秦出版社，1991年；阎文儒、阎万钧编著：《两京城坊考补》，河南人民出版社，1992年；〔清〕徐松撰，李健超增订：《增订唐两京城坊考》，三秦出版社，1996年；杨鸿年：《隋唐两京坊里谱》，上海古籍出版社，1999年。

需要特别说明的是，不论是历史文献的记载，还是各种碑志资料，绝大多数都是关于官吏和贵族住宅的记载，普通百姓的则少之又少，这难免会导致我们在住宅统计与分析时产生种种偏差。但可以肯定的是，在1000多年后的今天我们要对唐长安住宅进行不差毫厘的复原，既不可能，也没必要。其实对官员和贵族住宅分布的复原与分析，在很大程度上也反映出唐长安住宅分布的基本规律，从而探知唐人长安住宅选择与取舍的一般原则，这也正是我们的研究目的。

要探讨唐长安住宅的分布问题，就必须要有这些住宅的确切坊里位置，见诸各种史籍的住宅未必都有确切位置的记载，因此，我们对其住宅数量的统计显然要比资料所见唐长安住宅的总数要少。在此，我们对唐长安住宅数量的统计遵循了以下三个原则。

（1）古人对住宅的记述，称呼有家、家第、家舍、家寝、第、私第、赐第、舍、私舍、私室、私庐、居所、宅、宅第等等，不尽相同，但只要是记述住宅的，都属于我们统计的范围。统计时要注意聚族而居、世袭相传居住和宅第盈缩等不同情况。如《长安志》升平坊记太子太傅致仕刘勉宅，杨鸿年《隋唐两京坊里谱》引陆增祥《八琼室金石补正》卷七七《刘氏幼子墓铭》载刘从周升平里私第，又引武树善《陕西金石志补遗》上《刘氏女墓志》载升平里刘德章私第，而刘从周、刘德章均为刘勉之子，可见此刘家乃聚族而居，虽记为三个宅第，而实为一处。《唐两京城坊考》中书令张嘉贞宅在长兴坊，而子延赏宅于平康坊，与其子弘靖同宅。嘉贞、延赏父子异居，是为两处住宅，延赏、弘靖父子同居一处，则为一处住宅。《长安志》长兴坊有侍中、驸马都尉杨师道宅，其地后分裂，为左监门大将军韩琦、尚书刑部侍郎崔玄童、荆府司马崔光意居住，因此住宅数量当计为4处。

（2）由于我们探讨的是唐长安城内住宅的分布问题，因此所涉及的住宅必然要有明确的位置。以唐长安城的特征而言，也就是要有明确的坊里所在。而在我们接触的不少墓志中以京兆、上京、西京、京师、上都、乾封、京兆长安、万年、京、上京、秦京、明堂、西都等言墓主生前所在，但没有指明具体坊里，这些本属于唐长安城住宅的资料就不在我们的统计范围之内了。因此需要指出，我们所统计的唐长安住宅数目也就必然少于目前资料所见唐长安住宅的实际数目。

（3）本文对唐长安住宅不仅是对其总数的统计，而且要具体到每一个坊里住宅的确切数目。史料记载往往有错讹脱漏、不相一致甚至互相矛盾者，针对这种情况只能采取缜密的考证方法，理顺资料，将这些住宅置于其本来的位置。如《长安志》载："（长兴）坊内横街之南，中书令张嘉贞宅。"注曰："本太常少卿崔日知宅。唐书曰：贞元中裴延龄为德阳郡主治第，时将降郭钑，延龄令嘉贞之子徙所置庙，德宗不许。按韦述《记》载嘉贞宅，延龄所徙乃是庙，而嘉贞碑、宅在思顺里。今无思顺坊，未详。"《唐两京城坊考》照录《长安志》文。此按《长安志》和《唐两京城坊考》所言思顺坊为唐洛阳之一坊。裴延龄令嘉贞之子徙所置庙，而张嘉贞碑载其宅在思顺里，可见张嘉贞宅、家庙同在思顺里。宅、庙同在一坊，相邻甚至相连，在唐代是常有之事，而《长安志》和《唐两京城坊考》以《两京记》记为宅，《唐书》所言为庙而存疑惑，实大为不必。其实《两京记》所载为长安长兴坊之张嘉贞宅，而《唐书》所记之庙和张嘉贞碑所言之宅均在洛阳思顺坊。由此看来，《长安志》和《唐两京城坊考》以张嘉贞洛阳思顺坊之事为张嘉贞长安长兴坊之宅做注，显然是错误的。既然张嘉贞家庙在洛阳思顺坊，那么裴延龄所谓令嘉贞之子徙所置庙为"德阳郡主治第"的德阳郡主的宅第也就应在洛阳思顺坊了。在统计长兴坊住宅数目时，我们就当不为《长安志》和《唐两京城坊考》的错误注解所迷惑，将德阳郡主住宅计入长兴坊。

依据上述资料和统计原则，笔者共统计出唐长安住宅约1430处。[①]以下就是在这1430处住宅基础上的论述。

三、"东贵西庶"与"南虚北实"：唐长安住宅的空间分布特征

唐长安城以朱雀街为南北中轴，将外郭城分为街东和街西两部分，街东属万年县，街西属长安县，又各有南北向5条街道，东西向7条街道。两两街道之间是分布整齐的里坊，而各类住宅就置于里坊之内。但这些住宅在各里坊的分布是极不平衡的，这种不平衡性主要体现在：

1.以朱雀大街为界，呈"东多西少"的分布格局

隋唐长安城以朱雀大街为界，将外郭城分为街东和街西两部分。而这两部分就其面积而言，可以朱雀街为轴，东西是对称的；而且东西里坊数目也基本相等，东

---

① 其中，《长安志》计360余处，《唐两京城坊考》在《长安志》基础上增补290余处，碑志等其他资料再增约780处。

万年县为54坊和1市，西长安县为55坊和1市。①与此相反，长安城住宅的分布却并未呈现出这种对称性。就目前所见资料统计，朱雀街东万年县有住宅955处；朱雀街西长安县为474处，仅为万年县的一半。可见若以朱雀大街为界将唐长安城一分为二，住宅的分布则明显呈现出"东多西少"的格局。

2.从南北向来看，呈"南虚北实"的分布特征

《长安志》卷七在开明坊下记载："自朱雀门街南第六横街以南，率无居人地宅。"又注曰："自兴善寺以南四坊，东西尽郭，虽时有居者，烟火不接，耕垦种植，阡陌相连。"笔者的统计与此记载完全相符，即皇城向南第六横街以南东西尽郭39坊仅有111处住宅，尚不及1430处住宅的1/10，其空旷程度由此可见一斑。不难看出城北显然是住宅分布的重心所在，这一特点可以"南虚北实"概括。

3.皇城周围、朱雀大街两侧和太极宫、兴庆宫、大明宫之间区域为可考住宅分布密集区

以上通过对各坊里住宅数量的统计，我们认为住宅的分布从南北看来，具有"南虚北实"的特点。而城北范围广阔，在这样一个广阔的范围内各里坊的住宅也不可能是均衡分布的。住宅数量可以说明这种不均衡分布的大致状况，但考虑到唐长安坊里面积是存在大小之分的②，而分布密度（住宅数/坊面积）虽受多种因素的影响，然相较而言，其更能说明住宅分布的重心所在则应该是没有疑问的。

通过计算，我们将唐长安109坊加2市住宅的分布密度由大到小进行了排列，其住宅密度超过100处/平方公里的坊里依次是：来庭坊、长兴坊、大宁坊、翊善坊、宣阳坊、开化坊、新昌坊、靖恭坊、亲仁坊、永乐坊、太平坊、永宁坊、崇义坊、宣平坊、安仁坊、延寿坊、修德坊、永兴坊、崇贤坊、安兴坊、崇仁坊、辅兴坊、延康坊、安邑坊、胜业坊、常乐坊、光德坊、道政坊、务本坊、光宅坊、丰乐坊、善

<hr>

① 唐长安城的里坊数目，历来说法不一。据辛德勇先生考证"大兴城最初的坊里数目，即朱雀街东54坊，街西55坊"，合为109坊（辛德勇：《隋唐两京丛考》，三秦出版社，1991年，第18页）但这只是隋至唐初时的坊里数。在此之后是有变化的。唐高宗龙朔二年（662）修建大明宫，开丹凤门南北大街将郭城东北部翊善坊、永昌坊一分为二，形成光宅、翊善、永昌、来庭四坊，从而使街东增加2成56坊。但"东封后，以（皇子）年渐成长，乃于安国寺东附苑城同为大宅，分院居之，名为十王宅，令中官押之"（《长安志》引《政要》），从而使朱雀街东第五街"街东从北第一坊，尽之地筑入苑"。这样，朱雀街东就又成了55坊。唐玄宗开元二年（714）建兴庆宫占去街东兴庆坊之地。由此，街东就又恢复为原来的54坊。从此之后，长安城的里坊数基本没有变化。

② 张永禄：《唐都长安》，西北大学出版社，1987年，第122页。

和坊、永昌坊、通化坊、靖安坊、怀德坊、光福坊、兰陵坊、布政坊、延福坊、升平坊、修行坊、昭国坊、安业坊、怀远坊、兴道坊、兴化坊、崇德坊、醴泉坊、金城坊、长乐坊、晋昌坊、通义坊、怀真坊、宣义坊、休祥坊、义宁坊、嘉会坊、崇化坊、颁政坊、居德坊、永嘉坊、丰安坊、普宁坊、崇业坊、永平坊、常安坊。①以上各坊，若以300处/平方公里为住宅分布最为密集区，则以位于皇城周围、朱雀大街两侧和太极宫、兴庆宫、大明宫之间的区域住宅分布最为密集，我们不妨将此区域称作唐长安住宅分布的重心区。

综上所述，可以将唐长安住宅的分布总结为"东重西轻"、"南虚北实"、分布重心位于一街（朱雀大街）三宫（包括皇城、太极宫、兴庆宫、大明宫）之间。此三个特点，关于"南虚北实"，我们的统计与文献记载相符，应该没有什么问题，可以成立。至于其他两个特点，以文献记载"长安县所领四万余户，比万年县为多"②，又考虑到资料所见的唐长安住宅大多是官吏和贵族来看，我们以上所谓住宅分布的"东多西少"显然需要修正。③文献记载，"公卿以下民（居）止多在朱雀街东，第宅所占勋贵"④，而街西"浮寄流寓，不可胜计"⑤。就是说，官吏和贵族住宅主要集中在朱雀街以东，而朱雀街以西就主要是一般百姓、西域商人等各色人等的聚居地了。由此唐长安住宅在朱雀街东、西的分布就可以概括为为"东贵西庶"这一特征。⑥至于"重心区"，鉴于统计所用资料大多是对官吏住宅的记载，因此还只能就官吏住宅的分布而言，结合"南虚北实"即"自朱雀门街南第六横街以

① 宫城东西两侧十二坊没有考古实测数据，此以《长安志》记载据以计算。
② 〔宋〕宋敏求：《长安志》卷一〇，光绪十七年长沙思贤讲舍重刻灵岩山馆本，第6b页。
③ 在前揭文《唐长安住宅分布》中，曹尔琴先生注意到"按照道理说，百姓应当远远多于官吏，住宅理应多于官吏"，却又说"街东地势较高，引水方便是住宅多于街西的道理"。考虑到资料所见往往是官吏、贵族住宅的记载，曹先生的结论显然是需要修正的。
④ 〔宋〕宋敏求：《长安志》卷八，光绪十七年长沙思贤讲舍重刻灵岩山馆本，第10页b。
⑤ 〔宋〕宋敏求：《长安志》卷十，光绪十七年长沙思贤讲舍重刻灵岩山馆本，第6页b。
⑥ 有论者认为长安外郭城市的分别可以"东贵西富"概括。〔朱玉麒：《隋唐文学人物与长安坊里空间》，见荣新江主编：《唐研究》（第9卷），北京大学出版社，2003年，第85—128页〕然而笔者以为"贵"与"富"未必是一对相反的概念，事实上在古代社会二者往往是一致的，因此"贵"与"富"并不能宏观地反映长安城的东与西的分异。妹尾达彦的研究认为，唐长安城居住区机能分化的表现是"沿着东西走向的交通干线，形成了街东高地官僚居住区、街西低地的庶民居住区"。（〔日〕妹尾达彦：《唐代后期的长安与传奇小说：以〈李娃传〉的分析为中心》，见刘俊文主编：《日本中青年学者论中国史·六朝隋唐卷》，上海古籍出版社，1995年，第509—544页）笔者认为这一认识是对长安居住区域分异的真实概括。作为反映居住者身份和地位高低的身份表征，街东官僚居住区的为"贵"，而街西庶民居住区为"庶"（或"贱"）。如此，则长安城居住空间的东西分异就应概括为"东贵西庶"。

南，率无居人地宅"，此"重心区"内的住宅即主要是所谓的"东贵"诸宅，即所谓分布"重心区"其实是"东贵西庶"与"南虚北实"交互作用的结果。

四、变与不变：唐长安住宅空间分布特征的形成过程

以上我们只是对唐长安住宅的分布进行了一番平面的、静态的考察，应该说住宅分布的以上特征只是不同时间断面的住宅分布叠压在一起的结果。实际上住宅的分布总是随着时间推移而不断变化，也正是在不断变化中最终形成了长安住宅分布"东贵西庶""南虚北实"的特点，而对这一变化过程的探讨显然是十分必要的。考虑到影响住宅分布变化的主要因素，本文将唐代历史划分为前、中、后三个时期来探讨长安住宅分布的变迁过程：以开元十六年（728）、至德元年（756）作为划分时段的分界线，考证出不同年代的住宅复原到各个时期的唐长安城图上[1]，考察不同时期住宅的分布特征，分析住宅分布的变迁趋势，探讨变迁原因，描绘唐长安住宅变迁的时间轨迹。

（一）"东贵西庶"特征的逐渐形成

结合前文所述，住宅东西分布的变迁就其实质而言则为区域内（长安城）人群阶层分化在居住空间上的反映，其结果是形成了"东贵西庶"的居住格局。至于这一格局的形成时间，王仲殊认为早在隋建大兴城时就已见端倪[2]，而妹尾达彦则认为由于大明宫、兴庆宫的吸引作用等原因，唐代中期以后，在唐长安城东部逐渐形成了居住相对比较密集的官僚住宅区，与此相对应，在长安城的西部，则形成了西域商人和下层庶民住宅分布相对比较集中的区域。[3]辛德勇的研究说明在隋大兴城

---

① 由于住宅数量的变化和住宅所有权延承和变更的复杂〔张永帅、唐亦功：《唐长安住宅所有权的延续与转移》，《陕西师范大学学报》（哲学社会科学报）2009年第5期〕，难以对本文统计的1430处住宅全部具体安置在这三个不同的时期。对于那些根据文献和考古资料只能知道在记载中存在而不知前后延承和变更关系的住宅，我们采取了以记载时间前后相沿一代人即30年的模糊处理办法；还有一些住宅，即使采取这一做法也还难以确定将其置于哪一个时期，对于这些住宅我们则不做统计。因此，以下三个不同时期的住宅数量相加并不等于1430处。

② 王仲殊：《试论唐长安城与日本平城京及平安京何故皆以东半城（左京）为更繁荣》，《考古》2002年第11期。

③〔日〕妹尾达彦：《唐长安城的官人居住地》，《东洋史研究》1997年第55卷第2号；《长安的都市计划》第三章第一节，讲谈社，2001年，第176—214页。

中，权贵们选择住宅时较多的人更偏好城市的西部①，王静借助吐鲁番出土文书对兴昌坊变迁的研究认为，开元以来文人官僚聚集的兴昌坊，在此之前城市贫民多居此坊，②这都说明长安城的东西分异不至于早在隋代就已经出现。本文通过对不同时期街东和街西住宅数量的统计发现：前期〔武德元年（618）至开元十六年（728）〕街东为189处，街西166处，东西相差不大；中期〔开元十六年（728）至天宝十五载（756）〕街东住宅133处，街西76处，街西几乎仅为街东的一半，东西相差较前期明显增大；后期〔至德元载（756）至天祐四年（907）〕街东为424处，街西仅为175处，街东住宅几乎等于街西的2.5倍，东西相差已是悬殊。这也说明，长安城街东与街西的差异未必远自隋代，而是自唐代以来逐渐形成的。

本文的统计可以说明，在唐代近300年的历史中，长安住宅的分布有从街西向街东转移的趋势，且越往后东移的趋势越明显。前期，尽管受到大明宫兴建的影响，但朱雀街东、街西住宅的分布还略显均衡态势；中期，住宅由街西向街东转移的趋势日益明显；后期，住宅则向东转移日趋加剧，当然这种东移主要是官吏、贵族住宅的向东转移，从而最终形成了唐长安住宅分布"东贵西庶"的特点。由此看来，唐长安住宅分布的"东贵西庶"特征主要形成于开元以来，安史之乱以后由于大明宫长期作为中央政治中心，随着达官显贵住宅东移的日益加剧，在居住空间上的阶层分化也就反映得越来越明显了。

（二）"南虚北实"特征的一贯性

与"东贵西庶"特征的逐渐形成不同，"南虚北实"可谓终唐之世一以贯之。就目前资料所见，前期（武德元年至开元十六年）统计住宅为355处，城南诸坊仅有住宅27处，且越往南住宅越少；③中期（开元十六年至天宝十五年）209处住宅，城南各坊共计18处，依然十分稀少；与前两个时期相比，后期（至德元载至天祐四年）的住宅数量明显增加，在各坊的分布密度也有所增加，但与以前相似的是城南各坊住宅依然相对稀疏，在资料所见的599处住宅当中城南仅有25处，与城北形成鲜明的对比。这说明尽管长安住宅越往后来数量越多，城南诸坊住宅绝对数量也渐趋增多，但这些坊里始终保持其住宅分布相对稀疏的局面却没有多大变化。

---

① 辛德勇：《〈冥报记〉报应故事中的隋唐西京影像》，《清华大学学报》（哲学社会科学报）2007年第3期。

② 王静：《唐代长安新昌坊的变迁——长安社会史研究之一》，见荣新江主编：《唐研究》（第7卷），北京大学出版社，2001年，第229—248页。

③ "自兴善寺以南四坊，东西尽郭"39坊。

由此看来，唐长安住宅分布的"东贵西庶"与"南虚北实"两大特征并不是同时形成的。二者的形成过程可用"变"与"不变"来概括，"变"是对"东贵西庶"而言，"不变"则是对"南虚北实"而言。"东贵西庶"是逐渐形成的，没有"变"就没有"东贵"与"西庶"的分异。在隋代，妹尾达彦和辛德勇的研究都表明分布在街西的权贵宅第要多于街东，权贵对住宅的选择有偏好街西的倾向；[①]而到唐代以后，权贵们越来越倾向于将自己的住宅选择在街东才一改隋代的"西贵"倾向而逐渐形成了"东贵西庶"的格局。与此不同的是，"南虚北实"早在唐初甚至隋建大兴城时就已经形成，所谓"隋文帝以京城南面阔远，恐竟虚耗，乃使诸子并于南郭立第"。此后，在唐代近300年的历史中，虽然人口和住宅数量增加，但城南诸坊"虽时有居者，烟火不接，耕垦种植，阡陌相连"的状况并没有实质性改变。

五、变与不变的缘由：住宅分布特征及其变迁的制约因素

以上我们对唐长安住宅的分布及其变迁过程做了一番简要的叙述，那么这种分布特征和分布变化形成的原因是什么呢？诸多因素各自发挥作用时的地位又是怎样的呢？

（一）广阔的城市空间：住宅不均衡分布的前提

唐长安城继承了隋大兴城，只是略有增修，所以隋大兴城的建设从根本上规定了隋唐长安城诸建置的方方面面，当然以后唐代的增修也在很大程度上影响了长安城内诸建筑的分布格局。

隋唐长安城是我国古代占地面积最大的城市，根据考古实测，大兴城东西宽9721米（包括两城墙厚度），南北长8651米（包括两城墙厚度），周长约35.5千米，面积84平方千米。这么大的一座都城，除去宫城、皇城所占不足10平方千米外，剩下的74.6平方千米的外郭城尽为居民区，其面积之广大大超出了隋大兴城人口居住的需要，为此，"隋文帝以京城南面阔远，恐竟虚耗，乃使诸子并于南郭立第"。一方面也是由于大兴城宅第土地供严重大于求，才使隋朝大多数皇子的王宅动辄全一坊之地，占半坊之地的都算是破例。其他贵族、官吏的住宅虽不一定能及王宅，但规模也都是很大的。隋代是这样，经过上百年、几百年的发展到唐王朝人口的顶峰时期，长安城人口也不过70余万，这是就整个长安城而言，若除去宫城、皇城人

① ［日］妹尾达彦：《唐长安城的官人居住地》，《东洋史研究》1997年第55卷第2号；辛德勇：《〈冥报记〉报应故事中的隋唐西京影像》，《清华大学学报》（哲学社会科学报）2007年第3期。

口，外郭城所剩也就60余万。①以外郭城70多平方千米的面积，当然完全可以承载这60余万的人口。如此广阔的城市空间为住宅的不均衡分布创造了条件，由此，人们就可以按照自己的条件和需要自由地选择他们住宅的最佳位置了。

（二）都城空间布局特征：住宅分布"南虚北实"的决定因素

由于隋唐长安宫城、皇城均位于较北的位置，各级官吏为便于上朝、工作，也往往在靠近宫城、皇城的坊里选择居处。还有隋唐长安城的设计，东市位于朱雀街东第四街，西市位于朱雀街西第四街，两市东西对称，也处于长安城的较北位置。虽然中国封建社会一贯采取"重农抑商"政策，忽视商业对国家、社会发展的促进作用，但对于脱离生产劳动的各级官吏和贵族，还必须得依赖商业才可以满足他们的生活需求和奢侈享受。因此官吏和贵族们也往往选择离东、西两市较近便于交易的坊里置办宅第。官吏、贵族之外，一般百姓的生活不可能离开市场，一旦条件满足他们也愿意将自己住宅选择在离市场较近的位置。这样一来，唐长安住宅大多聚集于宫城、皇城和东、西两市附近，从而使得城北住宅分布大大多于城南，并随着城南各坊距宫城、皇城和两市的距离的增加，住宅也相应地越来越少。这就是说，都城空间布局的重心包括宫城、皇城、官署衙门、市场及相关设施都主要位于城北，决定了住宅的分布也就主要在城北了。都城空间布局重心位于城北是自隋代就已奠定而为唐代所沿袭，这就决定住宅分布的"南虚北实"也就具有了一贯性的特点。

（三）政治空间变化：住宅分布"东贵西庶"形成的主导原因

隋初大兴城的布局设计制约了隋唐长安的住宅分布，此后唐代的增修不仅使长安城建筑更加宏伟壮丽，而且由于在增修过程中引起宫室格局变化从而使长安城的平面布局发生局部改变，也影响了长安的住宅分布格局。唐初，长安城的布局一如隋旧，宫城以太极宫为中心，位于全城北部的中心，是皇帝起居和朝会之所、都城唯一的政治中心。贞观八年（634）十月，唐太宗李世民为备太上皇"清暑"营建大明宫，但尚未建成，太上皇李渊就于次年五月病死大安宫，大明宫的营建工程也就此停罢。"龙朔二年（662），高宗染风痹，恶太极宫卑下，故就修大明宫"，经过这次大规模的营建，大明宫基本建成。大明宫在郭城的东北处，南接都城之北，相对于太极宫居于长安城之东北。但是大明宫的建成并没有完全改变太极宫政治中心的地位。一些重要的礼仪仍在太极宫举行，何况高宗晚期和武则天时期，皇帝大

---

① 王社教：《论唐都长安的人口数量》，《中国历史地理论丛》1999年增刊。

多数时间居于洛阳，大明宫作为政治中心的作用也就没有得到完全发挥。因此，在则天朝之前（具体指武德元年至开元十六年）各级官吏和贵族住宅近宫城、皇城而处，因太极宫居长安城正中，这些住宅在街东和街西分布几乎相当，仅有的差异或为大明宫作为政治中心作用的发挥。

开元二年（714），唐玄宗以原隆庆坊"五王子宅"为帝王旧第而营建宫室，因其在兴庆坊内而取名曰"兴庆宫"。但此时的兴庆宫只是作为离宫营建，以后不断扩大建设，至开元十六年（728）唐玄宗由大明宫移入兴庆宫听政，从此这里便成为开元、天宝年间的政治中心。兴庆宫位于郭城兴庆坊，占兴庆坊一坊和永嘉、胜业各半坊之地，东尽郭城东墙，与太极宫、大明宫相比最居东。兴庆宫作为政治中心对官吏与贵族住宅选择产生影响，使得他们的住宅开始逐步由街西往街东转移，并最终使玄宗朝（具体指开元十六年至天宝十五年）时期，街东的官吏、贵族住宅很大程度上多于街西。但这只有不足30年的时间，转移幅度毕竟有限。

唐肃宗收复长安以后，弃兴庆宫转而在大明宫听政，以后各朝皇帝也都基本居于大明宫内，因此大明宫就成了最重要的政治中心。相应地，各级官吏和贵族的住宅随着大明宫作为政治中心的日益稳定，又大量地由西向东转移。这样的日益累积，在街东的官吏、贵族住宅数量必然越来越多于街西。

当然，尽管兴庆宫和大明宫的兴建使相关朝代的政治活动中心相应发生转移，但这只是就它们在王朝政治活动中的地位而言，其实在兴庆宫作为政治中心的时期，大明宫和太极宫还在发挥着一定的作用；在大明宫作为政治中心的时期，太极宫和兴庆宫也并没有完全废弃。因此从这一角度考虑，对大多数官吏和贵族来说，住宅的最好选择莫过处于太极宫、大明宫和兴庆宫之间及其附近的各坊里。

六、自然与人文：影响住宅具体选址的各种因素

生活在大唐帝国首都长安的人们对住宅的选择自然要服从于国都政治经济发展的需要，但在此大前提下又有各种影响住宅具体选址的因素，这也会在一定程度上影响住宅的分布。

（一）地形

在唐代各种居室条件尚不完备，人们在对自然的改造能力有限的情况下，选择高爽之地置宅居住有利于身心健康，也是选宅的一个共同认识。例如高宗李治"病风痹"，以太极宫地势低下，宫中湫湿而另建大明宫，迁于高敞之地居住。白居易《卜居》："宦游京都二十春，贫中无处可安贫。长羡蜗牛犹有舍，不如硕鼠解藏

身。且求容立锥头地，免似漂流木偶人。但道吾庐心便足，敢辞湫隘与嚣尘。"他就认为湫隘、嚣尘的住宅若非逼不得已是不为可取的，反映出其对高爽、幽静的追求。长安城虽处关中平原中部，但其局部地形地貌并不十分平坦，而是高低错落。由于受骊山构造抬升的影响，长安城中横亘有东西向的6条黄土原，即人们通常所说的六坡或六岗。其原面高低断续，各原两两之间有一狭长的低平地带。各条原的海拔都是自东而西逐步递减的，东西比降相差5米到20米不等。这就造成了长安城地势街东明显高于街西，街东和街西又有明显的南北错落。

人们往往选择高爽之地作为自己的住处，不仅在于其对身心健康有利，而且在京城六岗上营建私第，地形十分有利，可以使自己的住宅超越一般民居的住宅，显得高大雄伟，因此很是受贵族重视，如姚元崇宅在兴宁坊"九二"高地，苏怀宅在崇仁坊"九三"高地，杨国忠、虢国夫人宅在宣阳坊"九四"高地，李吉甫宅在安邑坊"九五"高地等都是典型的例证。[1]因此，住宅密度较高的坊里也大多位于高爽的岗阜之上。

（二）水环境

唐长安城的水源分为城内用水、运河和供风景区的水源三类[2]，首先与人们生活和居住环境关系最为紧密的是城内用水，其次才是供风景区的水源和运河。解决城内用水的主要是龙首渠、清明渠、永安渠三条渠道。龙首渠引自浐水，流经东城，主要解决东城及内苑用水；清明渠和永安渠分别源于潏水和洨水，穿西城而过，主要解决西城及皇城、宫城和禁苑的部分用水。应该指出，这三条渠道只是引水入城的主要渠道，不可能流经所有的里坊，永安渠只流经朱雀门街西第三街，清明渠也只流经朱雀门街西第二街，龙首渠更限于皇城和宫城之东直至通化门的一隅之地，里坊中的用水就需要另外凿沟将渠水引入。[3]日常生活不可离开水，建造雅静、秀丽的园林式住宅当然也不能缺了水。因而，无论是出于生活用水的便利还是营造住宅优美环境的考虑，引水的方便与否也都成为影响住宅选址的一个因素。

（三）交通

长安作为大唐帝国的首都，有政治、经济、军事等诸多方面的需要。统治者

---

① 马正林：《唐长安城总体布局的地理特征》，见《历史地理》（第3辑），上海人民出版社，1983年，第67—77页。

② 黄盛璋：《西安城市发展中的给水问题以及今后水源的利用与开发》，见《历史地理论集》，人民出版社，1989年，第6—41页。

③ 史念海：《唐长安城的池沼与林园》，《中国历史地理论丛》1999年增刊。

对交通建设一直是非常重视的，而长安城在建设之初，宇文恺等人就已经对城内的交通做了详细的规划：外郭城道路网即由十一条南北向、十四条东西向街道组成；从北由朱雀门一直向南通向明德门的朱雀大道为南北主干道，也是全城最重要的交通大道；自东郭春明门至西郭金光门的东西大道为东西向主干道；外郭南面三门直对皇城，除明德门至朱雀门的城市主干道外，又从安化门和启夏门向北直引两条大道，一直沿皇城东、西垣而达郭之北门；又皇城南面也有三门，除朱雀门外，自含光门和安上门又分别引出两条次干道；而丹凤门街由于是上朝必经之地，交通地位也显得十分重要。

另外，从长安城四出通向全国的道路选择使某些道路线的交通地位更加突出。唐长安城内设有都亭驿，为全国中心驿站，是长安通向全国的起点。据《资治通鉴》胡注，都亭驿在朱雀西街含光门北来第二坊[1]，即通化坊[2]。据辛德勇先生研究，向东出入长安城的道路有两条，即由都亭驿出发分别出通化门和春明门东去，而以通化门出入较频。向西出入长安城的道路有两条，一条是取开远门西出咸阳的道路，另一条是取金光门由长安入骆谷的道路，这两条道路也都是以都亭驿为起点的。[3]另外，向北、向南也都有出入长安城的道路，但向北的道路因以禁苑为出入必经之路，因此平时北出长安少取此道，而是以军事性见重；向南的道路或出安化门或出明德门，也是从都亭驿出发，但与向东、向西的道路相比，这两条道路显然要显得冷清。这样一来，长安城四出全国的道路则以都亭驿为起点在长安城内形成几条放射状的交通线。人们出于对交通便利的需要，自然也就会在临近这些交通线的坊里选择自己的住宅了。

（四）社会心理

在古代，甚至是现代社会，精神信仰在人们的日常生活中占有非常重要的地位，而这种精神信仰往往表达的是人们的某种心理诉求，当这种心理诉求成为整个社会普遍遵守的原则时，我们将它称为"社会心理"。社会心理是人们对自然界的

---

① 《资治通鉴》卷二六○"乾宁二年五月甲子王行瑜杀韦昭度等于都亭驿"条，中华书局，1987年，第8470页。

② 今本《长安志》文多舛漏，朱雀西街含光门北来第一、二坊缺载，《唐两京城坊考》臆补为光禄坊、殖业坊，黄永年、辛德勇二先生据《类编长安志》考证此二坊实为善和、通化。详见黄永年：《述〈类编长安志〉》，见《中国古都研究》（第1辑），浙江人民出版社，1985年；辛德勇：《隋唐两京丛考》，三秦出版社，1991年，第30—32页。

③ 辛德勇：《隋唐时期长安附近的陆路交通——汉唐长安交通地理研究之二》，《中国历史地理论丛》1998年第4辑。

朴素认识的凝结，虽然受时代局限往往包含一些非科学的成分，但它对生产、生活的影响却是显而易见的。据史书记载，"隋氏营都，宇文恺以朱雀街南北有六条高坡，为乾卦之象，故以九二置宫殿以当帝王之居；九三立百司以应君子之数；九五贵位，不欲常人居之，故置玄都观及兴善寺以镇之"①。宫城、皇城、外郭城平行排列，以宫城象征北极星，以为天中；以皇城百官衙署象征环绕北辰的紫微垣；外郭城象征向北环拱的群星。唐诗"开国维东井，城池起北辰"②说的就是这种布局效应。宋敏求《长安志》引《隋三礼图》说，皇城之南四坊以象四时；南北九坊取则《周礼》九逵之制；皇城两侧外城南北一十三坊象一年又闰。这都是社会心理因素在长安城设计上的体现。其实不唯都城设计如此，就连都城内人们住宅的选择也受到这一因素的影响。例如，长安城内位于"九四"的高冈被认为是"或曰在渊，无咎"之地，虽不及九五君位，但依然被达官显贵们视为理想的宅地。③像长宁公主府、宰相裴光庭、李林甫宅所在的平康坊，中书令张茂昭宅所在的务本坊，睿宗在藩旧邸、中书令崔圆宅所在的崇义坊，中书侍郎元载、岐国公杜佑宅所在的安仁坊，马周、杨国忠宅所在的宣阳坊，李吉甫、李德裕宅所在的安邑坊都位于所谓"九四"高岗之上或两侧。甚至有人竟将自己的仕途前程系于住址的选择，天宝年间，将作大匠康謇置宅新昌坊，"謇自辨图阜，以其地当出宰相。每命相，謇必引颈望之，宅卒为僧孺所得"④。也有些坊里由于受方士之言的影响往往成为王子贵戚宅第的理想选择，如永嘉坊："此坊隋末有方士云贵气特盛，自武德、贞观之后，公卿王主居之多于众坊。"⑤相应地，若住宅的选址不被普遍的社会心理接受也往往为时人所诟。如敬宗时裴度入相，从兴元（今汉中市）入朝，由于将私宅建在永乐坊，其地正当"九五"高岗之上，立即成为被攻击的话柄，反对派张权舆即上书云"度名应图谶，宅据高岗，不召自来，其心可见"⑥。当然，观念往往是随着时代的步伐不断变化的，观念一旦转变，其重要性当再别论了。因此，尽管我们相信它影响了人们对住宅的选择，但也不能高估它的作用。

① 〔唐〕李吉甫：《元和郡县图志》卷一《关内道》，贺次君点校，中华书局，1983年，第1—2页。

② 〔唐〕张子容：《长安早春》，见《全唐诗》卷一一六，中州古籍出版社，2008年，第545页。

③ 黄建军：《中国古都选址与规划布局的本土思想研究》，厦门大学出版社，2005年，第168页。

④ 〔清〕徐松：《唐两京城坊考》卷三《西京·安邑坊》，中华书局，1985年，第77页。

⑤ 〔宋〕宋敏求：《长安志》卷九，光绪十七年长沙思贤讲舍重刻灵岩山馆本，第2页a。

⑥ 《旧唐书》卷一七〇《裴度列传》，中华书局，1975年，第4427页。

（五）土地利用形式

隋唐长安的外郭城虽被称为居民区，但不惟住宅布列其间，除此之外，又有官廨、邸店等政府所用土地，还有佛寺、道观、百官家庙等宗教和祭祀场所也占据了大量空间。由于在唐代300多年中，长安城并无大规模的扩建，城区土地无明显增加，故而各种形式的用地之间事实上存在的是一种竞争的关系①，因此政府和宗教场所用地不仅制约了长安城内住宅的选择，而且各种土地利用方式之间的转换也一定程度上影响了长安城内住宅分布的变迁。像大兴善寺、昊天观各占靖善坊和保宁坊一坊之地，想在这两坊当中置宅自然是不可能的了。被大慈恩寺占去半坊之地的晋昌坊，被大安国寺占去半坊的长乐坊，在里面安置住宅空间也受限制。如果我们考虑到长安城内各坊被非住宅用地占用的空间，那么各坊可用于住宅的面积也就大不相同了。但是，由于我们尚难对这些非住宅用地的面积做出一个相对准确的估计，因此各坊在可用于住宅的面积条件下的住宅分布密度（住宅数/坊内可用于住宅的面积）就无从谈起。但可以肯定的是，非住宅用地使坊内住宅的可利用面积缩小，不仅限制了坊内住宅规模的扩展，也影响了长安城内住宅在该坊分布的数目。换句话说，如果没有这些非住宅用地，那么长安城内住宅在各坊的分布格局或许就是另一种情形。并且随着住宅用地越来越多的转化为非住宅用地，尤其新修的寺、观、家庙日益增多以及越来越多的私宅舍而为寺、为观，不仅对住宅的局部分布产生作用，而且影响了某些坊里住宅分布的实际密度。

（六）政治斗争与政治控制

政治从来都会反映一定的地域和空间特征，长安作为唐王朝的都城，不仅是唐帝国各项行政制度运作的舞台，而且是王朝内部政治控制和政治斗争最为激烈的地方。随着不同时代政治控制与政治斗争的变迁，相关政治人物的生活空间也相应地发生变化，尤其是与王朝政权息息相关的王子、公主的住宅以及一些大臣的住宅分布则反映出某些明显的政治特征。

唐朝的建立，高祖李渊及其诸子都起到了重要作用，在建国的政治军事斗争中，太子建成、秦王世民和齐王元吉都培养了各自的政治势力。这就是当时特殊的政治局面。一般而言，作为太子的建成居于宫中那是理所当然的，但特殊的是，世民和元吉也住在宫中。太极宫是唐帝国前期的政治核心，高祖居住在太极宫正殿太

---

① 余蔚、祝碧衡：《唐代长安城内土地利用形式的转换》，《中国历史地理论丛》2001年第4辑。

极殿，象征着皇帝的权威；太极殿以东是武德殿，元吉居住在这里；武德殿再东便是东宫，是储君所在，建成居住在这里；太极殿以西是承乾殿，世民居住在这里。这种布局在以前是很少见到的，从空间上生动地诠释了当时特殊的政治局面。这是高祖时期的情形。在此之后，诸王除非年幼则皆居于宫外。太宗、高宗时期，诸王之宅分散，没有一定之规。从武则天后期开始，王府王宅的分布从分散逐渐集中，从集中的方向上看，主要是向长安城的东北方向集中，就是大明宫、太极宫和后来的兴庆宫之间的地区①，这里面除了宫室格局变化带来的影响外，主要是皇帝为了加强政治控制、抑制诸王势力而采取的措施。玄宗时期，王宅分布继续沿着以前的集中居住和向三大内地区集中的方向前进。对于宋、申、岐、薛诸王，赐宅于上述地区；而对于诸皇子，就建立了十王宅。②就连太子也"不居于东宫，但居于乘舆所幸之别院，太子（之子）亦分院而居"③，更是唐玄宗吸取以前多次流血政变的教训，力图加强皇权而采取的措施。由十王宅而十六王宅，诸王子的政治空间越变越小，直至唐终，除有个别例外，王子们都是集中居住的。

其实不仅王子们的住宅位置变化反映了当时的政治社会背景，由于公主宅第都由国家出资建造，而不像一般妇女那样嫁入夫家从夫而居，她们的宅第分布也往往反映出一定的政治意图。④随着时间的推移以及政治形势的变化，唐代公主的分布不断地发生变化。唐初公主发挥着凝结关陇集团的纽带作用，其住宅环卫在宫城与皇城周围，形象地表达着关陇贵族集团的政治地位。从武周后期至到睿宗朝，宗室与宗室、宗室与外戚之间错综复杂的关系导致了局面的空前混乱。武则天仅存的两个儿子李显与李旦结成了不同的政治集团，彼此对抗。公主，特别是中宗的公主作为一支重要的政治力量成为中宗与韦武集团结合的纽带，她们居于武周后期以来韦武势力集中的长安城西部，与东部以李旦为首的实力抗衡。玄宗以后，随着关陇贵族集团的瓦解与政治空气的澄清，皇权空前加强。公主虽然还肩负着联结皇帝与主要

① 余蔚、祝碧衡：《唐代长安城内土地利用形式的转换》，《中国历史地理论丛》2001年第4辑；孙英刚：《隋唐长安的王府与王宅》，见荣新江主编：《唐研究》（第9卷），北京大学出版社，2003年，第192页。

② 孙英刚：《隋唐长安的王府与王宅》，见荣新江主编：《唐研究》（第9卷），北京大学出版社，2003年，第194页。

③ 《旧唐书》卷一〇七《玄宗诸子传》，中华书局，1975年，第3271页。文字据《唐会要》卷五《诸王》（中华书局，1990年，第52页）补。另，关于太子不居于东宫问题详见任士英：《长安宫城布局的变化与玄宗朝中枢政局——兼及太子不居于东宫问题》，见荣新江主编：《唐研究》（第9卷），北京大学出版社，2003年，第169—184页。

④ 蒙曼：《唐代长安的公主宅第》，见荣新江主编：《唐研究》（第9卷），北京大学出版社，2003年，第215—234页。本段主要参考该文。

社会及政治势力的责任，但其政治影响已大为减弱。这样，公主住宅逐渐集中到长安城中东部及南部的繁华区域，公主住宅分布所体现的政治色彩也随之变淡。除上述之外，住宅的选址还受到经济条件、个人需求与偏好等因素的影响。

七、结语

综上所述，唐长安住宅分布的总特征可以概括为"东贵西庶""南虚北实"，但这两大特征并不是同时形成的。其形成原因，既有自然的因素，也有人文的原因。由于隋唐长安城规模之大远远超过实际需要，不会出现土地利用紧张的现象，这使得人们可以自由地选择住宅，也为长安城具有大量闲置的土地以及住宅的分布不均创造了条件。由于隋唐长安城的设计，宫城、皇城、市场以及主要的交通线路等均位于城北，人们为了日常生活之便利纷纷将自己的住宅选择在城北，官吏和贵族尤其如此，因为长安城的布局在隋大兴城时就已基本确定，所以有唐一代近300年的时间里，在长安城土地利用未见紧张的前提下，长安城住宅分布的"南虚北实"特点不仅在唐初，甚至在隋代就已形成，而且一直延续了下来。但"东贵西庶"特点的形成显然与此不同。朱雀街东的地势比街西高，何况这一情形在整个唐代基本没有变化，人们出于对住宅高爽的追求，必然会将住宅选择在街东，这也是街东的地形优势。而街西在水环境方面却更胜一筹，前述三条主要引水入城的渠道有两条就在街西，且街西地势相对平坦，引水方便。可见街西与街东就自然环境而言显然难说孰优孰劣。[①]也正因为这样，前期人们将住宅选择在街东的倾向并不明显。只是到中期和后期，随着宫室格局的变化和中央政治中心的东移，住宅，尤其是官吏和贵族的住宅纷纷由街西向街东转移，并且愈演愈烈，最终促成了住宅分布"东贵西庶"格局的形成。在这一过程中，自然环境因素是最初的原因，但不是决定性的，而恰恰是长安城宫室格局的变化与政治中心的转移导致了住宅的东移，也才使街东

---

① 曹尔琴认为"街东地势较高，引水方便是住宅多于街西的道理"（曹尔琴：《唐长安住宅分布》，《中国历史地理论丛》1999年增刊），这显然是不正确的。街东的地势诚然高于街西，但引水却未必有街西方便。一方面，地势的原因，主要供应街西用水的永安渠和清明渠的引水比较顺利，而主要供应街东用水的龙首渠的引水则比较困难（参见肖爱玲等：《古都西安·隋唐长安城》，西安出版社，2008年，第229页）；另一方面，水的分布街西多于街东，水网也相对密集，遑论街东比街西引水方便？曹尔琴通过对文献中街东园林住宅的描述来说明街东的水环境优越，文献记载中池沼的分布，街东确多于街西（参见耿占军：《唐都长安池潭考述》，《中国历史地理论丛》1994年第2期；史念海：《唐长安城的池沼与林园》，《中国历史地理论丛》1999年增刊），但是有条件营建私家园林者往往为达官显贵，又易于被文献记载下来，因此，私家园林的分布可在一定程度上反映住宅分布的分化，而不是倒过来径直以园林的多少来说明水环境的优劣。

在地形上的优越性随之明显发挥出来。这也从一个侧面说明，长安作为唐帝国的都城，政治因素是与之相关的一切事物产生、变化的最主要原因。除此之外，政治控制与政治斗争、社会心理、土地利用方式及其转换等也是长安住宅分布发生局部变化的重要因素。可以说，长安城作为唐朝的都城，最根本的是一座政治性的城市，只有抓住这一点，才能从本质上对它以及与它相关的事物有一个准确的认识。

原载《史林》2012年第1期

（张永帅，云南师范大学历史与行政学院副院长、教授）

唐长安长乐驿与临皋驿

李久昌

长乐驿与临皋驿，分别是唐长安城东出、西行必经之第一驿，也是长安城东西最繁忙之驿站。以往学界对这两座重要驿站的地望及功能曾做过探讨①，也留下了进一步讨论的余地。本文拟在此基础上，对其地望再做考证，以纠正讹误，并就两驿功能进行较深入的探讨，阐释其在唐长安城交通和政治生活中的作用，以补充之前的不足。

一、长乐驿与临皋驿的地望

史籍中有关长乐驿的记载，相对而言，稍多一些，其所在位置也较清楚。宋敏求《长安志》卷七《唐京城一》谓："东面三门，北曰通化门，门东七里长乐坡上有长乐驿，下临浐水。"同书卷一一《万年县》则说："长乐驿，在县东十五里长乐坡下。"②《长安志》在路程记载上的差异，当是因参照物不同所致。所谓"门东七里"是指长乐驿在通化门之东7里。通化门是唐长安城东出三门中最北之门，肃宗至德年间一度改称达礼门，寻复旧。通化门位置，20世纪50年代考古探测唐长安

---

① 有关考证性的论文可见严耕望：《唐代交通图考》（第1卷），上海古籍出版社，2007年，第2—4页；李健超：《唐长安临皋驿》，见《汉唐两京及丝绸之路历史地理论集》，三秦出版社，2007年，第106—108页；辛德勇：《隋唐时期长安附近的陆路交通》，见《古代交通与地理文献研究》，中华书局，1996年，第144、155页；王文楚：《唐代两京驿路考》，见《古代交通地理丛考》，中华书局，1996年，第48页；李之勤：《柳宗元的〈馆驿使壁记〉与唐代长安城附近的驿道和驿馆》，见《中国古都研究》（第1辑），浙江人民出版社，1985年，第138页；程义：《唐代宫人斜与临皋驿地望考证》，见《唐史论丛》（第17辑），陕西师范大学出版社总社，2014年，第100—106页；等等。王静《城门与都市——以唐长安通化门为主》〔见荣新江主编：《唐研究》（第15卷），北京大学出版社，2009年，第23—50页〕主要从社会流动的角度，论述了通化门及其东面的章敬寺和长乐驿的社会功能，指出它们体现了一定的秩序和权力；杨为刚：《唐代"长安—洛阳"文学地理与文学空间》（第三章，博士学位论文，复旦大学，2009年，第143—451页），讨论京洛间馆驿文学空间，认为长乐驿是最能体现唐代馆驿特点的文学空间与文学区域。

② 〔宋〕宋敏求：《长安志》，辛德勇、郎洁点校，三秦出版社，2013年，第255、358页。

城时曾根据龙首渠遗迹认为其在今西安市长乐西路北侧陕西省电力建设总公司（原火电公司东南角）所在地。①近来李健超则论证其应在今西安市长乐西路空军军医大学（原第四军医大学）医院门南约100米，东距金花北路180米处。②此说是。而"县东十五里"是指长乐驿在长安城宣阳坊万年县廨之东15里。万年县廨在长安城宣阳坊东南隅，即今西安市城南和平门外刁家村、李家村一带。《唐两京城坊考》卷二记长乐驿位置同样作"在通化门东七里长乐坡上"。同时该书卷一复有记述谓长乐驿在光泰门东七里③，则是指长乐驿与苑城光泰门之间的距离。苑城即禁苑，"禁苑也者，隋大兴苑也，其西则汉之长安四城皆包并之内"④。光泰门是苑城东面二门中南端之门。《资治通鉴》胡注："光泰门，苑城东北门。程大昌曰：光秦门在通化门北，小城之东门，门东七里有长乐坡。"⑤由此可见，上揭诸书所记长乐驿位置是一致的。《旧唐书》卷一八三《王仁皎传》："开元七年卒，赠太尉，官供葬事。柩车既发，上于望春亭遥望之。"《新唐书》卷二〇六《王仁皎传》："卒年六十九，……官为治葬。柩行，帝御望春亭过丧。"望春亭左近望春楼，在禁苑东部，长乐坡下。⑥王仁皎是唐玄宗王皇后之父，丧车队经长乐坡（驿），唐玄宗才能在望春亭观望。日本圆仁和尚《入唐求法巡礼记》记载，圆仁于唐武宗灭佛前，由蒲津关渡河入陕西，过渭河东渭桥，至长乐驿（坡），向南行而后进入长安城。据此，长乐驿位置在唐长安城东郊的长乐坡，侧临通化门，由长乐坡向南行才能进入通化门或春明门。

长乐坡是唐长安城东北12里、浐水西岸的一个高地，南至通化门，北到光泰门，南北长10里许，东西宽约2里。浐水沿长乐坡东坡北流，与灞水汇合。⑦唐开龙首渠引浐水，在长乐坡分为两支，一支北流城内大明宫、太极宫，一支西入春明门内兴庆宫。长乐坡得名《元和郡县图志》，其卷一《关内道一》"万年县"曰："长乐坡在县东北十二里，即浐川之西岸，旧名浐坂，隋文帝恶其名，改曰长乐坡。"《雍录》卷七"通化门"条沿袭此说，云："长乐坡，下临浐水，本名

① 陕西省文物管理委员会：《唐长安城地基初步探测》，《考古学报》1958年第3期，第83页。

② 李健超：《隋唐长安城通化门遗址考》，《唐都学刊》2012年第2期，第32页。

③ 〔清〕徐松撰：《唐两京城坊考》，中华书局，1985年，第33、30页。

④ 〔宋〕程大昌：《雍录》，黄永年点校，中华书局，2002年，第195页。

⑤ 《资治通鉴》卷二三一"德宗兴元元年"胡注，中华书局，1956年，第7434页。

⑥ 王琪：《唐望春楼考》，见《陕西历史博物馆馆刊》（第13辑），三秦出版社，2006年，第131—137页。

⑦ 杨为刚：《唐代"长安—洛阳"文学地理与文学空间》，博士学位论文，复旦大学，2009年，第144页。

浐阪，隋文帝恶其名音与反同，故改阪为坡，自其北可望汉长乐宫，故名长乐坡也。"又《类编长安志》卷七《坡坂坳附》曰："长乐坡，在咸宁县东北一十里，即浐水之西岸。《十道志》曰：'旧名浐坂。隋文帝恶之，改曰长乐坡，盖汉长乐宫在其西北。'"元咸宁县即唐万年县。《资治通鉴》胡三省注和《唐两京城坊考》也都说长乐坡因北对汉长乐宫而得名。其实，长乐坡之名当源于隋长乐宫。该宫始建于隋文帝开皇年间，初名望春宫，隋炀帝大业初年（605）改名长乐宫，唐初复改回原名。因位于大兴城东、浐水西岸，背倚长乐坡，由长安东出，或自东而来，往往要经过长乐宫。唐时汉长乐宫虽仍存在，但已处于唐长安城西北，禁苑之内。自长乐坡西望，首当其冲的是隋长乐宫（望春宫），不可能再望见汉长乐宫雄姿。

今西安市长乐东路自西而东横贯长乐坡，直抵浐河桥头。路南侧有村，名长乐坡，唐时属万年县长乐乡，今属灞桥区十里铺街道，西距唐通化门遗址约3.9公里，即3900米。史载通化门到长乐驿7里。唐1里合今529.2米，7里合今3704.4米，即3.7公里。而此处正在长乐坡上，地势较低，地貌单元属浐水一级阶地。长乐东路路面稍呈弓形，两侧尚有残坡，高出地面10余米。按其方向、里距和地理形势，长乐驿故址应在今长乐坡村附近。

长乐驿建立时间和原因比较清楚。《长安志》卷一一"长乐驿"引《两京道里记》曰："圣历元年，敕：滋水驿去都亭驿路远，马多死损，中间置长乐驿，东去滋水驿一十三里，西去都亭驿一十三里。"可见长乐驿是因原来都亭驿至滋水驿距离较远，驿马多有死伤，为适应日益繁忙的交通需要而于武周圣历元年（698）增设的。因建在长乐坡上，故名长乐驿。因下临浐水，东去灞水，故又称长乐水馆，兼具陆驿与水驿的双重性质与功能。李商隐有《雨中长乐水馆送赵十五滂不及》诗云："碧云东去雨云西，苑路高高驿路低。"又因在城东，为长安东出第一驿，故又被称为城东驿。[①]

与长乐驿不同，临皋驿建立时间较早，北周武帝时曾"集诸军讲武"[②]于此，地当北周长安城（汉长安城）城西。隋开皇三年（583）在汉长安城东南1公里处新建国都大兴城，长安周边交通路线随城址变动而改变，临皋驿移至城西偏北的开远门外，因临近外郭城门即皋门而得名。但对其具体位置，学界颇有争议。

从现有资料看，最早记载临皋驿位置的是《元和郡县图志》卷一《京兆府》"咸阳县"条，其云"临皋驿在县东南二十里"。其后，《长安志》卷一三"咸阳

---

① 辛德勇：《隋唐时期长安附近的陆路交通》，见《古代交通与地理文献研究》，中华书局，1996年，第144页。

② 《周书》卷五《武帝纪上》，中华书局，1971年，第83页。

县"也持同样说法。同书卷一二"长安县"又谓"临皋驿在县西北一十里开远门外"。严耕望据此最早将临皋驿地望考证在咸阳县东南20里,长安西北20里的渭河边上。[1]如此一来,从长安西出至咸阳的驿路,就成了出长安开远门18里,西北渡渭河,又2里至临皋驿,折返渭河南,西过三桥,从此渡渭河而到咸阳。如此多次迂回折返渭河,这在情理上是无法解释的。

李健超指出,严耕望之误,在于将开远门距长安县廨"一十里"的距离,误解为开远门至临皋驿距离。而他依据的《元和郡县图志》所记临皋驿至咸阳距离同样也存在错误。长安县廨在长安城长寿坊西南隅,即今西安市西南蒋家寨村北。开远门为唐长安城西面北来第一门,建于隋初,唐改名安远门,遗址在今西安西郊大土门村,与长安县廨相距10里。唐咸阳县在今咸阳市东约5里的三姓庄附近,由此东南至开远门所在大土门村距离为30里,而非《元和郡县图志》所记的20里。临皋驿究竟在开远门外什么地方?已出唐代墓志为确定临皋驿具体位置提供了实证史料。如出土于莲湖区枣园村东的《王定墓志》说墓主王定"葬于长安县小严村北平原"[2];《史堵颖墓志》亦称墓主葬于长安县龙首乡小严里,并说"小严村即开远门外临皋驿西南"[3]。两方墓志所云小严村在今西安市玉祥门外枣园村东南。《王守节墓志》称墓主葬于"临皋之平原"[4];唐内侍省宫闱局丞《杜玄礼墓志》更明确提供了临皋驿地望的具体数据和周围景观特色,志文云:杜氏生前于"开元七年岁次庚申,于京城开远门外七里,临皋驿前,预修砖堂塔一所。水连秦甸、斜接上林,南望周原,旁临通槽,左瞻凤阙,右接鲸地,平陆土亘,实是信美"[5]。因此,李健超确定唐临皋驿在今大土门村西北7里地方,即今大土门门西北、枣园村东南,侧临开远门下。[6]此亦与《长安志》所记"临皋驿在县西北一十里开远门外"相一致。

近来,程义又将临皋驿定位在今枣园北路左近的三民村附近,但同时"颇疑临皋驿即磁门驿,二驿为同一驿,磁门驿是临皋驿之别名。……若将磁门驿比定为临皋驿,与道里、功能、史实三者皆合"[7]。其实,临皋驿与磁门驿并非一驿。磁门驿

① 严耕望:《唐代交通图考》卷一,上海古籍出版社,2007年,第5—6页。

② 鲁深:《唐初画家王定墓志铭》,《文物》1965年第8期,第7页。

③ 吴钢主编:《全唐文补遗》(第7册),三秦出版社,2000年,第123页。

④ 吴钢主编:《全唐文补遗》(第2册),三秦出版社,1995年,第25页。

⑤ 吴钢主编:《全唐文补遗》(第5册),三秦出版社,1998年,第347页。

⑥ 李健超:《唐长安临皋驿》,见《汉唐两京及丝绸之路历史地理论集》,三秦出版社,2007年,第106—108页。

⑦ 程义:《唐代宫人斜与临皋驿地望考证》,见《唐史论丛》(第17辑),陕西师范大学出版总社,2014年,第105页。

是唐长安西去驿道上驿站，位于长安、咸阳之间，东有临皋驿，西有望贤驿，曾是唐肃宗送其女宁国公主出嫁回纥所至之地，玄奘法师由印度取经回国时也曾在此居留。据辛德勇考证，磁门驿在隋唐时期的三桥附近，即今西安市未央区三桥街，因邻近秦阿房宫北门阙磁石门而得名。今三桥街西北去咸阳恰为20里左右，而《元和郡县图志》谓临皋驿在咸阳县东南20里，应是磁门驿之误。[①]由此观之，程义新说法还有可疑之处。就临皋驿地望而言，显然仍以李健超师说更为精当。

二、长安东出、西行第一驿

唐长安城既是大唐帝国的首都，也是当时的国际大都市，外郭城中110坊和东西两市常驻及流动人口达百万之众，每天往来进出长安的各色人等频繁，他们大多要经过长安城东西两边的长乐驿与临皋驿。《唐会要》卷六一"馆驿"条载："长庆元年（821）四月敕……自今以后，中使乘递，宜将卷示驿吏：据卷供马，……不得勒供。下后，从长乐、临皋等驿，准此勘合。"不过，尽管长乐驿与临皋驿最为繁忙，设置也基本相同，但因所处地理方位不同，在长安与各地及域外往来和交流中产生了实际功能的差异，表现出不同的交通表征意义。

长乐驿是唐长安东出第一驿。唐代驿路以长安为中心，呈蛛网状向外辐射，但重点在中东部，因此，通向中东部的驿路至为繁多。柳宗元《馆驿使壁记》所记唐代长安通向四面八方的7条主要驿路，其中有3条通向中东部，即由长安城向东经华州出潼关去洛阳以至江淮、山东、河北的两京道；向东南经商州出武关去荆襄以至江南、岭南的武关道；向东北经同州出蒲津关去太原以及漠北、河北的蒲关道。这3条驿道沟通了唐帝国东部半壁江山，其起点都是位于长安城内朱雀街通化坊内的都亭驿。两京道连接长安、洛阳东西两大政治中心，形成唐帝国第一大驿道，交通最为频繁。自都亭驿东出长安，多取通化门，或出春明门斜向东北至通化门外，"至合大路处"[②]，下长乐坡，至长乐驿，由此向东15里经灞桥至滋水驿（灞桥驿）。自通化门（春明门）至灞桥的大路，又称"青门道""青门大道"。灞桥是青门大道的终点，过灞桥便是分赴不同方向的陆路和水路。[③]武关道是仅次于两京道的全国第二大驿道，自都亭驿东出长安，同样是经通化门，走同一条驿路，经长乐驿，至灞

---

① 辛德勇：《隋唐时期长安附近的陆路交通》，见《古代交通与地理文献研究》，中华书局，1996年，第155页。

② 《太平广记》卷二八二引《闻奇录》：郑昌图"登第后，居长安，夜后纳凉于庭，梦为人殴击，擒出春明门，至合大路处，石桥上，乃得解"。

③ 曹尔琴：《唐长安的青门》，见《唐史研究会论文集》，陕西人民出版社，1983年，第375、378页。

上滋水驿后始分出，沿灞河东岸趋向东南。由于唐长安城北为禁苑，通向北方的蒲关道也多取通化门，经长乐驿，与东至洛阳、东南至武关，循同一条驿路，至灞上滋水驿后分道，经东渭桥过渭水北上。终唐一代，出通化门或春明门东去，至滋水驿间，只有经长乐驿的一条干线驿路。过灞桥后，东去驿路始一分为三，分别趋向正东、东南、东北。而都亭驿与滋水驿之间，无其他驿站，唯有长乐驿。长乐驿因此成为两京、武关和蒲关三道汇聚的总道口和长安东出三道的西起点，也是长安东出必经的第一个驿站，在它身上更多地体现出由长安城通往帝国中东部，尤其是通往东都洛阳第一驿的表征意义。

长安城西边的临皋驿则更多地具有自长安通往西域丝绸之路第一驿的表征意义。自长安城西行之驿路，主要有向正西经凤翔府出陇关去陇右、河西以及西域和向西北经邠州、庆州、泾州去朔方、河西以及西域、漠北两条，也是通常意义上丝绸之路东段的基本路线，二者的起点同样也都是长安城内的都亭驿。因长安城北筑有东西27里的禁苑，西连长安故城，北枕渭水，中渭桥以南为苑地，除皇室外一般行旅禁行，故由都亭驿不论西行经凤翔，去西域，还是向西北经邠州等去西域或漠北，最便捷的就是开远门。故一般行旅多由开远门，经西渭桥而行，开远门因此成为离开或抵达长安城的标志性地点。皇帝出宫西行，亦多取此门出入，西来的商人和使者也由此进入长安城。当时凡言去西域里程，均从开远门起算，开启或结束旅程。天宝年间，唐玄宗专门在开远门前竖立一座记载里程的石碑，即"立堠"，上书"西极道九千九百里"[1]。《南部新书》已卷载"平时开远门外立堠，云西去安西九千九百里，以示成人不为万里之行"[2]。安西在今新疆库车。这段话出自白居易《西凉伎歌》"平时安西万里疆，今日边防在凤翔"句下自注。唐代诗人元稹《西凉伎》诗亦有"开远门前万里堠"之句。《资治通鉴》卷二一六"玄宗天宝十二载"（753）云："是时中国威强，自安远门西尽唐境万二千里。"此是从开远门起算至西域的大致里程。胡注"长安城西面北门第一门曰安远门，本隋之开远门也。西尽唐境万二千里，并西域内属诸国言之"。此外，天宝年间又在开远门外兴建了振旅亭，作为迎接前述"成人"的建筑。《长安志》卷一〇"振旅亭"注引《谭实录》曰："天宝八载，于开远门外作振旅亭，以待兵回。"[3]可见，元稹所言"万里堠"，既是对唐帝国以西疆域范围的确定，也是开远门作为丝绸之路起终点的标志物。它和振旅亭、开远门一起成为长安城与西域交通联系的纪念碑性建筑。临皋驿

---

① 《新唐书》卷二一六下《吐蕃传》，中华书局，1975年，第6107页。
② 〔宋〕钱易：《南部新书》，黄寿成点校，中华书局，2002年，第90页。
③ 〔宋〕宋敏求：《长安志》，辛德勇、郎洁点校，三秦出版社，2013年，第346页。

618 | 古都长安的空间结构与形态特征

位于开远门外西北7里，出开远门西行必经该驿，临皋驿也因此成为唐长安城通往西部疆域的第一个驿站，也是长安西去西域及中亚、西亚、欧洲丝绸之路第一驿，在唐帝国与上述地区的往来与交流中扮演着重要的角色。

三、皇权礼仪的延伸空间

唐长安城作为大唐帝国的政治中心，也是皇权礼仪空间的中心，隆重的迎来送往仪式是其重要内容。这些礼仪活动大多在固定场所循制进行，长乐驿与临皋驿作为驿站，本不属于规定的礼仪承办之地，但因既在城外，又靠近京城的位置，礼仪性的迎送也常在这里举行，成为唐代著名的迎送场所。唐代在长乐驿的迎送，大体可分为以下四类。

一是百官奉旨集体迎送。从史籍记载看，皆发生在唐后期。如乾元元年（758）七月，郭子仪"破贼河上，擒伪将安守忠以献，遂朝京师。敕百僚班迎于长乐驿，帝御望春楼待之"[①]。会昌三年（843）太和公主自回纥还京，"诏左右神策各出军二百人，及太常仪杖卤簿，从长乐驿迎公主入城。……宰相及文武百僚则于章敬寺门立班候参"[②]。天复元年（901）昭宗被胁迫迁凤翔，朱全忠西讨，"至长安，宰相帅百官迎于长乐驿"[③]。三年朱全忠东归时，百官又以同样的仪式"班辞于长乐驿"[④]。以上史料显示，能在这里获百官集体迎送之礼的都是有特殊功勋的人物或在特殊时期临危受命的勋臣干将。唐制，皇帝迎送最远至于通化门，百僚朝班出长安城于长乐驿迎送，有整套的仪仗，代表了最隆重的礼仪，对被迎送者更是一种殊遇。胡注"班迎、班辞，非藩臣所得当"，即说明了这层含义。

二是中使奉旨迎送。对官员出任地方大员，或到京师就职者，唐皇往往都要派宦官中使至长乐驿赐宴迎送，在官方迎送中这类情况最多。如贞元十八年（802）九月，杨凭外任潭州刺史、湖南观察使，德宗遣中使至长乐驿面宣圣旨，赐宴送别，"恩荣特殊，宴饮斯及"[⑤]。十九年十月，太子宾客韦夏卿出任东都留守，德宗亦遣中使至长乐驿赐宴，"味兼海陆，品溢圆方，降自御厨，光临传舍"[⑥]。相同的

---

① 《旧唐书》卷一二〇《郭子仪传》，中华书局，1975年，第3452页。
② 〔宋〕王溥：《唐会要》卷六，上海古籍出版社，2006年，第90页。
③ 《资治通鉴》卷二六二"昭宗天复元年"条，中华书局，1956年，第8563页。
④ 《资治通鉴》卷二六四"昭宗天复三年"条，中华书局，1956年，第8605页。
⑤ 〔唐〕柳宗元：《为杨湖南谢赐设表》，见《全唐文》卷五七一，中华书局，1983年，第5777页。
⑥ 〔唐〕刘禹锡：《为东都韦留守谢赐食状》，见《全唐文》卷六〇三，中华书局，1983年，第6090页。

例子，还见于刘禹锡《为杜相公自淮南追入长乐驿谢赐酒食状》及李商隐《为中丞荥阳公赴桂林长乐驿谢设馔状》等。也有不赐宴而赐借诸物的，同样是一种"宠荣"。权德兴《谢借飞龙马状》云："今月十日，中使张少禺至长乐驿，奉宣进止，借臣前件马送出府界者。臣以庸薄，谬叨恩私，宠荣沓至，感戴难处。"[①]而最著名的赐宴饯送是在天宝三载（744），太子宾客贺知章告老还乡，玄宗"遣左右相已下祖别贺知章于长乐坡，上赋诗赠之"[②]，朝臣应制和诗者36人，冠盖之盛，极于一时。

三是迎接外国使节的郊劳仪式。唐朝外交非常活跃。按唐宾礼，诸国和诸民族使节到长安，首先要行迎劳仪式，长乐驿是行此仪式的经常性场所。有唐一代，日本多次派遣使者赴唐，在进入长安前，要先在长乐驿寄居，有五品舍人或中使专程前来迎接、宣敕劳问，然后接进长安，安置于客馆。长乐驿最为隆重的外事迎送是至德二载（757）十一月，助唐平安史之乱的回纥太子"叶护自东京至。敕百官于长乐驿迎，上御宣政殿宴劳之"[③]。这种超规格的礼遇迎接，应是此时唐与回纥特殊关系的反映。

四是私人间的迎送。于长乐驿中与友人置酒饯别，此类情况更为频繁。《唐摭言》卷六"公荐"载，大和初，礼部侍郎崔郾受命于东都试举人，"三署公卿皆祖于长乐传舍，冠盖之盛，罕有加也"。白居易《及第后归觐留别诸同年》描写在该驿饯别场景"时辈六七人，送我出帝城。轩车动行色，丝管举离声"。还有祖咏《长乐驿留别卢象裴总》，李商隐《雨中长乐水馆送赵十五滂不及》《赠孙绮新及第》，以及白居易《长乐坡送人赋得愁》《长乐亭留别》等，所记皆是长乐驿送别的场景。白居易《长乐坡送人赋得愁》诗云："行人南北分征路，流水东西接御沟。终日坡前恨离别，谩名长乐是长愁。"若不是这里曾发生过无数次戚然离别之事，断不会形成文人墨客笔下的长乐驿迎送空间和字里行间渗透着的丝丝离愁别绪。

上述四类迎送活动，前三类均属官方所为，可见长乐驿几乎成为唐廷迎送东向进出官员的固定场所，是京城之外官方最常用的饯迎赐赠场所。其原因在于它在空间上与长安城政治的密切关联。唐长安城的政治重心偏向东半城。[④]城东的通化门由于地处政治重心东内与南内之间，又临近大明宫，在唐中后期愈发凸显出在内外交

① 〔唐〕权德兴：《谢借飞龙马状》，见《全唐文》卷四八五，中华书局，1983年，第4958页。

② 《旧唐书》卷九《玄宗本纪》，中华书局，1975年，第217页。

③ 《旧唐书》卷一九五《回纥传》，中华书局，1975年，第5199页。

④ 王仲殊：《试论唐长安城与日本平城京及平安京何故皆以东半城（左京）为更繁荣》，《考古》2002年第11期。

通等方面的重要作用，长安城边界因此突破了外郭城城墙的实体限制，向外延伸。通化门及其毗邻的章敬寺、望春楼，以及东郊的长乐驿、灞桥实际构成了一个连续而又独立的迎送礼仪空间，唐廷根据与被迎送者的政治关系，决定迎送的场所。通化门作为唐皇参加迎送仪式的最远点，是唐皇对特殊人物展示隆重、尊宠和倚重的空间；章敬寺和望春楼，一个与通化门邻近，"寺抵国门"①，一个背倚长乐坡，自然是通化门的延伸空间，前者常作为迎送仪式中百官列班的场所，后者则是唐皇行劳遣之礼的地方。灞桥是秦汉以来的传统迎送之地，也是出通化门最远的送别点。

"长安祖饯，情谊笃厚者，更至此驿"②。如天复三年（903）的百官只班辞于长乐驿，崔胤独送朱全忠至灞桥，自置饯席。与灞桥相比，长乐驿位于城外，却更靠近京城，在时人的观念和行为上是一个重要的城邑边界③，符合空间意义上迎送进入或离开京城起点的惯例，而长乐驿所在的长乐坡与长安城的距离恰符合古人"十里长相送"的传统。长乐坡还是唐人经常提到的"灞浐"区域的中心。该区域是以长乐、灞桥两驿与浐灞交汇处构成的三角区域，也是长安郊区经济文化最为发达的区域之一。长乐坡南坡之东的长乐驿驿舍宏敞，既可驻足休憩，又能宴饮雅集。因此，唐朝的官方迎送活动几乎都要在长乐驿举行。这些活动往往是受皇帝旨意，既代表着所谓的重视和殊遇，也展示着皇权的无限威严和尊崇。在这些活动中，长乐驿已不仅仅被当作交通往来的驿站，亦被视为皇权礼仪空间的延伸与补充，是皇权政治及其权术运作的舞台，被最大限度地加以利用。

临皋驿作为长安西行第一驿，其地位与长乐驿相当。天复元年（901），朱全忠至长安，受到"宰相率百官迎于长乐驿"的殊遇，次日，离开长安继续西上，宰相率百官"复班辞于临皋驿"④。这是百官集体迎送。中使奉旨迎送，如天宝中，剑南节度使鲜于仲通奉召赴京至临皋驿，玄宗"令中贵人劳问，赐甲第一区，又锡名马，兼供御馔"⑤。文宗时，李固言"为西川节度使，诏云韶雅乐即临皋驿送之"⑥。王谏《为郭令公出上都赴奉天行营敕赐战袍并口脂等谢表》云："臣今日

---

① 《太平广记》卷二一三《画四》"周昉"条，中华书局，1961年，第1631页。

② 严耕望：《唐代交通图考》（第1卷），上海古籍出版社，2007年，第4页。

③ 王静：《城门与都市——以唐长安通化门为主》，见荣新江主编：《唐研究》（第15卷），北京大学出版社，2009年，第48页。

④ 《资治通鉴》卷二六二"昭宗天复元年"条，中华书局，1956年，第8563页。

⑤ 〔唐〕颜真卿：《中散大夫京兆尹汉阳郡太守赠太子少保鲜于公神道碑铭》，见《全唐文》卷三四三，中华书局，1983年，第3484页。

⑥ 《新唐书》卷一八二《李固言传》，中华书局，1975年，第5358页。

巳时至临皋驿西，开府鱼朝恩奉宣进止，赐臣锦战袍等。"私人间的祖饯迎送也在此进行。岑参《送张献心充副使归河西杂句》云"云中昨夜使星动，西门驿楼出相送。玉瓶素蚁腊酒香，金鞭白马紫游缰"，写的就是临皋驿。沈既济《任氏传》载，在长安，为郑子所眷，将适金城，其友韦君"出祖于临皋，挥袂别去，信宿至马嵬"。

临皋驿还是唐皇迎奉佛骨的场所。《旧唐书》卷一六〇《韩愈传》载，元和十四年（819），佛骨舍利从法门寺送至长安，宪宗"令中使杜英奇押宫人三十人，持香花，赴临皋驿迎"。据说，有唐一代先后举行了6次迎奉法门寺佛骨入长安仪式。法门寺位于扶风，在长安城西北，佛骨从法门寺而来，必经临皋驿入城。临皋驿作为规模宏大的宗教仪式的场所，既是临皋驿在礼仪空间内涵上的个性表现，也表明它与长乐驿一样，是长安皇权礼仪空间的又一个延伸与补充。

总之，唐代驿路纵横交错，四通八达，驿传体系非常发达，驿站作为支撑这一体系的基础设施，其主要功能是为大唐帝国传送政令、迎送官员、运送贡物、传播信息等。长乐驿与临皋驿作为长安东出、西行第一驿，除了具备上述共性功能外，还与长安城的社会政治、制度运作关系密切，而有着一些不同于其他驿站的特殊功用，为长安城市机制发挥和社会空间的延伸增添了更多不一样的内容。

原载《中国古都研究》（第34辑），陕西师范大学出版总社，2018年

（李久昌，三门峡职业技术学院教授）